Droit public

Actu concours
collection dirigée par
Jean-Philippe Cavaillé

Droit public 2021-2022

Cours et QCM

Julien Sorin

Fabrice Bretéché

Guillaume Thobaty

Eddy Fougier (QCM)

ellipses

Collection

Actu concours

Retrouvez tous les titres de la collection sur www.editions-ellipses.fr

ISBN 9782340-040618

32, rue Bargue 75740 Paris cedex 15

www.editions-ellipses.fr

Sommaire

Abréviations

AJDA : Actualité juridique – Droit administratif
CC : Conseil constitutionnel
CE : Conseil d'État
CEDH : Cour européenne des droits de l'homme
CJA : Code de justice administrative
CJUE : Cour de justice de l'Union européenne
ConvEDH : Convention européenne de sauvegarde des droits de l'homme et des libertés fondamentales
D : Recueil Dalloz
DA : Droit administratif
GAJA : Grands arrêts de la jurisprudence administrative
JCP : Semaine juridique
QPC : Question prioritaire de constitutionnalité
RDP : Revue du droit public
RDUE : Revue du droit de l'Union européenne
RFAP : Revue française d'administration publique
RFDA : Revue française de droit administratif
RFDC : Revue française de droit constitutionnel

Avant-propos

Selon les mots de Prosper Weil, le droit public assure, mission ardue entre toutes, le « miracle » de la soumission de l'État à la règle de droit. Il est ainsi moins un droit de compromis entre deux parties qu'un droit d'autodiscipline, s'imposant à son auteur, qui en constitue le principal destinataire.

Témoignant de cet effort progressif d'encadrement de la puissance publique, le droit public est, nécessairement, un droit qui hésite et évolue, par flux et reflux, recherchant les voies d'un perfectionnement continu de l'État de droit, dans le respect de l'intérêt général.

Ce sont ces mouvements juridiques récents, au moins autant que leur socle historique, que cet ouvrage (dont les précédentes éditions ont été rédigées avec le concours précieux de Matthias Fekl et de Marie Sirinelli) cherche à retracer. Cette nouvelle édition propose ainsi une actualisation de la plupart des chapitres du manuel initialement publié en 2008, mais également des chapitres qui sont venus ultérieurement le compléter, tels ceux consacrés à la sécurité juridique ou à la laïcité, qui tentent de mettre l'accent sur des principes désormais placés au cœur des préoccupations du législateur et du juge.

Nourri autant que possible d'actualité, cet ouvrage l'est toutefois également de réflexions plus anciennes, issues des *Questions de droit public* publiées par Ellipses en 2007, dont le substrat a été partiellement absorbé par ce nouveau volume, à commencer par son avant-propos.

Le souhait des auteurs est ainsi que cette nouvelle édition soit la plus riche possible, et qu'elle offre à ses lecteurs matière à des révisions sereines mais également à une réflexion dynamique sur le droit de leurs institutions et de leur administration.

Droit constitutionnel

1 Les imperfections institutionnelles de la Ve République

La Ve République est un régime mixte, mi-présidentiel, mi-parlementaire. Elle a assuré la stabilité institutionnelle voulue par le général de Gaulle, tout en faisant l'objet de critiques récurrentes, en raison notamment de la relative faiblesse du Parlement. Le « rapport Balladur » a fait de nombreuses propositions de réformes pour remédier à ces insuffisances, par un exécutif mieux contrôlé, un parlement renforcé et des droits nouveaux pour les citoyens. La loi constitutionnelle du 23 juillet 2008 a été l'occasion d'une importante révision de la Constitution sans pour autant conduire à un changement de régime. Si la loi organique du 22 janvier 2014 interdit, à compter de 2017, le cumul de fonctions exécutives locales avec le mandat de député ou de sénateur, des améliorations substantielles de nos institutions demeurent nécessaires et sont en partie prévues par la révision constitutionnelle voulue par Emmanuel Macron en 2020 après un premier échec en 2018.

Historique

1958 – De la IVe à la Ve République

La crise d'Alger et la constitution, le 13 mai 1958, d'un Comité de salut public, conduisent au retour du Général de Gaulle, investi le 1er juin par l'Assemblée nationale. Le 29 juillet, le Comité consultatif constitutionnel créé par la loi du 3 juin est saisi de l'avant-projet de Constitution préparé par le Gouvernement. Le projet de Constitution est présenté le 4 septembre aux Français par le général de Gaulle et soumis au référendum. Michel Debré et plusieurs membres du Conseil d'État ont participé à la préparation de ce projet.

Le 28 septembre 1958, la nouvelle Constitution est approuvée par le peuple français par référendum. Elle entre en vigueur le 4 octobre 1958.

1962 – Élection du président de la République au suffrage universel direct

Le 21 octobre 1958, Charles de Gaulle est élu président de la République par un collège élargi, regroupant environ 80 000 grands électeurs. Pour parachever le nouveau régime constitutionnel issu de la Constitution du 4 octobre 1958, il propose que le président soit élu non plus par un tel collège, mais par le peuple français dans son ensemble, au suffrage universel direct. Ainsi légitimé par les suffrages, le président, seul représentant de la nation tout entière, verrait confirmé son rôle de « clé de voûte » (Michel Debré) des institutions.

Cette proposition est soumise au peuple par référendum. Normalement, la Constitution prévoit, pour sa révision, une procédure spécifique, définie par l'article 89, article unique du titre XVI (« De la révision »). Cette procédure suppose cependant l'accord des assemblées, et notamment du Sénat, pour mener à bien un projet de révision constitutionnelle. Or, le Sénat est, à cette époque, farouchement hostile à l'élection du président au suffrage universel direct. C'est pourquoi, le général de Gaulle décide de soumettre le projet à référendum sur le fondement de l'article 11 de la Constitution, aux termes duquel « *Le président de la République [...] peut soumettre au référendum tout projet de loi portant sur l'organisation des pouvoirs publics* ». Le recours à cet article a été particulièrement controversé à l'époque, le président du Sénat, Gaston Monnerville, parlant même de « forfaiture ». La réforme est cependant adoptée, après avoir obtenu 62 % des suffrages exprimés lors du référendum du 28 octobre.

1971 et 1974 – Extension du contrôle de constitutionnalité

La Constitution de la Ve République met en place un organe spécifiquement en charge, avec d'autres attributions, notamment en tant que juge électoral, du contrôle de constitutionnalité des lois : c'est le Conseil constitutionnel, régi par le titre VII de la Constitution.

Initialement, le Conseil constitutionnel se définit lui-même comme un « *organe régulateur de l'activité des pouvoirs publics* » (Conseil constitutionnel 6 novembre 1962, Élection du président de la République au suffrage universel direct, n° 62-20 DC). Sa mission principale consiste à faire respecter le partage de compétences entre domaines de la loi et du règlement, posé aux articles 34 et 37 de la Constitution.

L'affirmation du Conseil constitutionnel comme véritable juge constitutionnel s'effectue ensuite en deux étapes principales :

- En 1971, dans sa décision du 16 juillet 1971 (n° 71-44 DC), dite Liberté d'association, il procède à une extension des normes de référence de son contrôle, qui va le transformer non seulement en un juge de la procédure vérifiant le respect du partage de compétences entre domaines de la loi et du règlement, mais en véritable juge du fond. En effet, dans cette décision, le Conseil constitutionnel fait référence au préambule de la Constitution de 1958. Or, celui-ci mentionne lui-même la Déclaration des droits de l'homme et du citoyen de 1789 (DDHC) et le préambule de la Constitution de 1946, lequel fait référence aux principes fondamentaux reconnus par les lois de la République (PFRLR), tout en listant les principes politiques, économiques et sociaux particulièrement nécessaires à notre temps (PPNT). À compter de cette décision, le Conseil constitutionnel incorpore ainsi les libertés publiques au « bloc de constitutionnalité ». Ce bloc est constitué de la Constitution, de la DDHC, des PFRLR, des PPNT, enrichis par les principes et objectifs de valeur constitutionnelle consacrés par la jurisprudence et complétés, enfin, avec la loi constitutionnelle n° 2005-205 du 1er mars 2005, par la Charte de l'environnement adossée à la Constitution.
- En 1974, le constituant réforme la saisine du Conseil constitutionnel, ce qui conduit à un contrôle quasi systématique de la constitutionnalité des lois. La loi constitutionnelle du 29 octobre 1974 permet en effet à soixante députés ou à soixante sénateurs de saisir le Conseil constitutionnel, tandis qu'auparavant, la saisine était réservée au président de la République, au Premier ministre, au président de l'Assemblée nationale et au président du Sénat. Cette réforme ouvre, de fait, le droit de saisine du Conseil constitutionnel à l'opposition

parlementaire, laquelle va largement utiliser ce droit de déférer les lois devant le juge constitutionnel. C'est un progrès important vers le « Gouvernement de la Constitution », pour reprendre l'expression du doyen Georges Vedel.

1992-2008 – Modernisation des institutions et construction européenne

- La période comprise entre 1992 et 2008 est la période la plus intense de révision de la constitution puisqu'en seulement 17 ans 19 des 24 révisions totales qu'aura subies la Constitution sont menées alors que la période 1958-1992 n'en avait connu que 5 et que la dernière, de portée mineure, liée à la question de l'intérim du Président de la République, remontait à 1976.
- Deux grands mouvements peuvent être schématiquement décrits : l'accompagnement de l'approfondissement de la construction européenne et la modernisation des institutions avec la poursuite du mouvement de décentralisation.

L'approfondissement de la construction européenne

- Les grandes avancées de l'intégration européenne ont nécessité des révisions de la constitution pour pouvoir ratifier les traités les plus importants (Traité de Maastricht, 1992 ; Traité d'Amsterdam, 1999 ; Traité établissant une constitution pour l'Europe, 2005 ; Traité de Lisbonne en 2008 suite au référendum du 29 mai 2005 à l'issue duquel 54,87 % des Français se sont opposés au projet de constitution européenne).

L'approfondissement de la décentralisation et la modernisation des institutions

- Sur le plan interne la constitution est modernisée avec plusieurs révisions, sur le plan institutionnel, de portée moyenne, (création de la Cour de justice de la République, 1993 ; réduction de la durée du mandat du président de la République de 7 à 5 ans, 2000) et importantes sur le plan sociétal (égalité entre les femmes et les hommes, 1999 ; insertion de la Charte de l'environnement dans le bloc de constitutionnalité, 2005 ; interdiction de la peine de mort, 2007) avant la réforme issue de la loi constitutionnelle du 23 juillet 2008 de modernisation des institutions de la Ve République qui introduit plusieurs modifications dont la question prioritaire de constitutionnalité (QPC). L'autre mouvement c'est l'approfondissement de la décentralisation. L'"acte I", le plus important, s'était déroulé sous le premier septennat de François Mitterrand, à droit constitutionnel constant. L'acte II est constitué, dans son volet constitutionnel, par la loi constitutionnelle du 28 mars 2003 qui modifie notamment l'article 1er du texte de la constitution en insérant la mention de l'organisation décentralisée de la République.

Connaissances de base

Un régime à l'équilibre singulier

- **Un régime mi-présidentiel, mi-parlementaire**

Le régime politique institué par la Constitution de 1958 est un régime mixte, mi-présidentiel, mi-parlementaire. La définition présidentialiste du régime a été donnée par le général de Gaulle dans sa conférence de presse du 31 janvier 1964. Le président y est la clé de voûte du système. Seul élu direct de la Nation tout entière, il dispose en outre d'importantes prérogatives :

- c'est lui qui nomme le Premier ministre et, sur proposition de celui-ci, les autres membres du Gouvernement (article 8 de la Constitution) ;
- il peut soumettre au référendum les projets de loi portant sur les champs énumérés à l'article 11 de la Constitution ;
- il peut dissoudre l'Assemblée nationale (article 12 de la Constitution) ;
- il signe les ordonnances et les décrets délibérés en Conseil des ministres et nomme aux emplois civils et militaires de l'État (article 13) ;
- en vertu de la tradition, il dispose d'un large « domaine réservé » en matière de politique étrangère et de défense nationale ;
- l'article 16 de la Constitution lui ouvre des pouvoirs exceptionnels en temps de crise.

Dans le même temps, la Ve République est aussi une République parlementaire. En effet, si le Premier ministre et les membres du Gouvernement tirent leur existence et leur légitimité de leur nomination par le président de la République (article 8), le Gouvernement est « responsable devant le Parlement » (article 20). Le Premier ministre peut engager devant l'Assemblée nationale la responsabilité du Gouvernement sur son programme, sur une déclaration de politique générale, ou sur le vote d'un texte, et l'Assemblée nationale peut mettre en cause la responsabilité du Gouvernement par le vote d'une motion de censure (article 49).

- **Un exécutif bicéphale**

La Ve République se distingue des principales démocraties libérales par son exécutif bicéphale.

Le droit comparé fait apparaître deux principaux types de régimes : soit, un régime clairement présidentialiste à exécutif unique, dont l'exemple type est donné par les États-Unis. Soit des régimes parlementaires, où le chef de Gouvernement est à la tête du pouvoir exécutif. Le chef de l'État est alors principalement doté de prérogatives symboliques et ne dispose que de manière résiduelle d'attributions politiques et juridiques, qu'il s'agisse d'un président dans les Républiques (comme c'est le cas en Allemagne, en Italie ou au Portugal), ou d'un roi ou d'une reine dans les monarchies parlementaires (comme en Belgique, en Espagne ou en Grande-Bretagne par exemple).

La Constitution de 1958 procède, quant à elle, à un partage subtil d'attributions entre le président de la République et le Premier ministre :

- le Premier ministre exerce ainsi le pouvoir réglementaire et nomme aux emplois civils et militaires, sous réserve des dispositions de l'article 13 (article 21 de la Constitution) ;
- de même, il contresigne, le cas échéant avec les ministres responsables, les actes du président de la République mentionnés à l'article 19 de la Constitution.

L'apogée du parlementarisme rationalisé

La Constitution de 1958 est née de l'échec des Républiques antérieures, incapables de faire face aux désastres et aux crises de l'Histoire. Or, tant la troisième que la quatrième République étaient des Républiques parlementaires, marquées par la prédominance, non seulement du Parlement, mais des partis politiques, dont les alliances faisaient et défaisaient les gouvernements et étaient source d'une instabilité gouvernementale chronique.

C'est dans ce contexte que les constituants de 1958 ont mis en place des mécanismes caractéristiques du « parlementarisme rationalisé ». Le Gouvernement y est présent et influent à tous les stades de la procédure :

- « l'initiative des lois appartient concurremment au Premier ministre et aux membres du Parlement » (article 39 de la Constitution), mais « l'ordre du jour des assemblées comporte, par priorité et dans l'ordre que le Gouvernement a fixé, la discussion des projets de loi déposés par le Gouvernement et des propositions de loi acceptées par lui » (article 48 alinéa 1), seule une séance par mois étant réservée par priorité à l'ordre du jour fixé par chaque assemblée (article 48 alinéa 3). En pratique, 90 % des lois sont d'origine gouvernementale sous la Ve République. De plus, contrairement aux propositions de lois, émanant des parlementaires, les projets de lois, d'origine gouvernementale, sont soumis à l'avis du Conseil d'État (article 39 de la Constitution), expertise juridique analysée comme un gage de qualité des textes ;
- les propositions de lois, de même que les amendements parlementaires, doivent respecter certaines règles, sous peine d'irrecevabilité : irrecevabilités financières (article 40 de la Constitution), irrecevabilités pour empiétement sur le domaine réglementaire ou méconnaissance d'une délégation conférée au Gouvernement pour légiférer par ordonnances (article 41) ;
- « la discussion des projets de loi porte, devant la première assemblée saisie, sur le texte présenté par le Gouvernement » (article 42), sans prise en compte des travaux effectués au sein des commissions parlementaires ;
- le Gouvernement peut recourir au vote bloqué sur tout ou partie d'un texte, en ne retenant que les amendements déposés ou acceptés par lui (article 44) : c'est la logique du « à prendre ou à laisser » (Guy Carcassonne) ;
- le Premier ministre peut engager la responsabilité du Gouvernement devant l'Assemblée nationale sur son programme ou sur une déclaration de politique

générale (article 49 alinéa 1) : c'est la question de confiance, à laquelle la réponse n'a jamais été négative depuis 1958 ;

- le Premier ministre peut aussi engager la responsabilité du Gouvernement devant l'Assemblée nationale sur le vote d'un texte, qui est alors considéré comme adopté, sauf si une motion de censure est votée. Le texte est donc réputé adopté, à moins que les députés ne décident d'ouvrir une crise politique majeure pouvant, le cas échéant, mener à la dissolution de l'Assemblée. Ici encore, aucune motion de censure n'a été adoptée dans ce contexte depuis 1958.

Il convient enfin d'ajouter :

- que le Gouvernement peut demander au Parlement l'autorisation de prendre par ordonnances des mesures qui sont normalement du domaine de la loi (article 38) ;
- que la possibilité pour le président de la République de dissoudre l'Assemblée nationale renforce la subordination de celle-ci à l'exécutif (article 12).

De nouveaux équilibres établis dans la période récente

• Les cohabitations ont marqué un retour à une lecture littérale et parlementaire de la Constitution

Le bicéphalisme revêt deux significations différentes selon que la majorité présidentielle et la majorité parlementaire coïncident ou non. En cas de coïncidence, le Premier ministre et son Gouvernement dépendent étroitement du président de la République, qui les a nommés, qui est, en fait sinon en droit, le véritable chef de la majorité parlementaire, et qui peut à tout moment le contraindre à démissionner. Les périodes de cohabitation (F. Mitterrand et J. Chirac de 1986 à 1988 ; F. Mitterrand et É. Balladur de 1993 à 1995 ; J. Chirac et L. Jospin de 1997 à 2002), donc d'absence de coïncidence des majorités, marquent un retour à une lecture plus parlementaire de la Constitution. Le président est plus en retrait, investi de la mission d'« arbitrage » définie par l'article 5 de la Constitution. Le Gouvernement détermine et conduit effectivement la politique de la Nation, conformément aux dispositions de l'article 20. Il est en outre davantage responsable devant le Parlement, de la majorité dont il est l'émanation, que devant le président de la République, désavoué par le suffrage.

• Le quinquennat fait évoluer les rapports entre les pouvoirs publics et accentue la présidentialisation du régime

La loi constitutionnelle n° 2000-964 du 2 octobre 2000 réduit la durée du mandat du président de la République de sept à cinq années. Mise en œuvre pour adapter le temps présidentiel à la modernité et pour minimiser les risques de cohabitation en faisant coïncider la durée du mandat présidentiel avec la durée du mandat des députés, cette réforme a eu d'importants effets sur les rapports des principaux pouvoirs publics. Elle accélère le rythme de la vie politique. Surtout, alors que le régime politique institué par la Constitution peut être qualifié de mi-présidentiel et mi-parlementaire, le quinquennat accentue sa présidentialisation en renforçant la prééminence du président de la République au détriment du Premier ministre.

Pourtant, cette présidentialisation ne s'est pas accompagnée de l'émergence de contrepoids au pouvoir présidentiel.

- **La décentralisation conforte les collectivités territoriales dans le cadre d'une République une et indivisible dont l'organisation est décentralisée**

Après l'échec du référendum de 1969 sur le projet de loi relatif à la création des régions et à la réforme du Sénat, il a fallu attendre le début des années quatre-vingt pour voir le lancement de la décentralisation (voir, en particulier, la loi n° 82-213 du 2 mars 1982). En 2003, est ensuite intervenu ce qu'il est convenu d'appeler « l'acte II de la décentralisation », qui se matérialise d'abord par la loi constitutionnelle n° 2003-276 du 28 mars 2003 relative à l'organisation décentralisée de la République. Cette loi constitutionnelle s'organise autour de cinq grands principes : le principe de subsidiarité, le droit à la spécificité, le droit à l'expérimentation, l'autonomie financière, la participation. Ces principes font l'objet d'analyses détaillées dans le chapitre relatif aux collectivités territoriales (chapitre 6). Principalement, cette révision constitutionnelle :

- complète l'article 1er de la Constitution, qui dispose désormais au sujet de la République que « son organisation est décentralisée » ;
- constitutionnalise l'existence des régions, incluses dans l'énumération des collectivités territoriales à laquelle procède l'article 72.

L'« acte II » se traduit ensuite en une série de lois, organiques et simples, votées à la suite de cette révision constitutionnelle :

- deux lois organiques en date du 1er août 2003, respectivement relatives à l'expérimentation et au référendum local ;
- la loi organique du 29 juillet 2004 relative à l'autonomie financière des collectivités territoriales, prise sur le fondement de l'article 72-2 de la Constitution ;
- la loi du 13 août 2004 relative aux libertés et responsabilités locales. Il s'agit non pas d'une loi portant sur les principes généraux de la décentralisation, mais d'un texte d'une grande technicité, qui organise concrètement les nouvelles compétences des collectivités territoriales.

De 1982 à 2003, la décentralisation était entrée progressivement dans le droit positif et dans les mœurs. Il est notable que cette évolution institutionnelle de fond se soit faite à droit constitutionnel constant, illustrant ainsi la réelle plasticité de notre norme fondamentale. La réforme de 2003 a, quant à elle, constitutionnalisé la décentralisation, tant dans son principe même que dans ses modalités concrètes. Aux termes des dispositions de l'article premier de la Constitution, la France est aujourd'hui une République indivisible dont l'organisation est décentralisée. La recherche d'un équilibre entre État unitaire et décentralisation renforcée est sans conteste un aspect institutionnel essentiel de la Ve République aujourd'hui.

C'est toujours dans cette perspective qu'est, enfin, intervenu « l'acte III de la décentralisation », avec une série de réformes adoptées à partir de 2013, destinées à renforcer l'efficacité de l'action publique et la qualité des services publics au niveau national et local. Celles-ci s'inscrivent dans plusieurs textes législatifs, parmi lesquels :

- les lois organiques et ordinaires du 17 mai 2013, qui réforment les modes de scrutin des élections municipales et cantonales (rebaptisées « départementales »), et le mode de désignation des conseillers intercommunaux ;
- la loi du 27 janvier 2014, qui entend notamment clarifier les compétences des collectivités territoriales en créant un système de chef de file, pour les compétences dont l'exercice nécessite le concours de plusieurs collectivités, et un organe de concertation entre celles-ci, baptisé « conférences territoriales de l'action publique ».
- la loi du 16 janvier 2015, qui ramène le nombre de régions de 22 à 13, à compter du 1er janvier 2016. La question de la suppression des départements reste quant à elle ouverte (voir chapitre 6).

Des propositions récurrentes pour changer de République

Les insuffisances, réelles, et les ambiguïtés, nombreuses, des institutions mises en place par le constituant de 1958 font l'objet de critiques récurrentes, qui s'inscrivent d'ailleurs dans la lignée du réformisme constitutionnel français, plus prompt à vouloir changer de régime qu'à tenter d'améliorer concrètement le fonctionnement des pouvoirs publics à cadre constitutionnel constant.

C'est ainsi que sont régulièrement conceptualisés des changements de Constitution, qui tendent alternativement à affirmer plus clairement la nature présidentielle du régime ou à conforter sa nature parlementaire, en renforçant les pouvoirs du Parlement en tant que législateur, mais aussi en tant qu'instance de contrôle du travail gouvernemental. Pourtant, le changement de République ne semble guère réaliste :

- l'on constate, en premier lieu, l'absence de consensus politique. Dès lors, ces projets de réforme ne se traduiront pas, du moins à court terme, de manière concrète, par le biais du vote d'une révision constitutionnelle ;
- l'on doit noter, ensuite, que la Constitution de 1958, confortée par les alternances politiques, a conféré à la Ve République une stabilité institutionnelle notoire, lui permettant de faire face à des crises majeures. En outre, la décentralisation, conduite à droit constitutionnel constant jusqu'en 2003, et les cohabitations successives, non imaginées par le constituant, ont montré la réelle plasticité de la Constitution et sa capacité à permettre tant le fonctionnement régulier des pouvoirs publics que la mise en œuvre de réformes de fond ;
- enfin, il convient toujours de proportionner les réformes proposées au but poursuivi. En l'occurrence, certaines insuffisances institutionnelles de la Constitution de 1958 sont notoires et incontestées. Pourtant, pour y remédier, des réformes concrètes et opérationnelles peuvent avoir le même effet, sans présenter les inconvénients liés à la lourdeur de toute révision constitutionnelle et aux bouleversements de l'édifice institutionnel. C'est dans cet esprit que

s'est inscrit le « rapport Balladur », tout comme la révision constitutionnelle du 23 juillet 2008.

Les pistes du rapport Balladur

Par décret du 18 juillet 2007, le président de la République a institué un « Comité de réflexion et de proposition sur la modernisation et le rééquilibrage des institutions de la Ve République ». Présidé par l'ancien Premier ministre Édouard Balladur, ce comité était constitué de personnalités politiques, de membres du Conseil d'État, de professeurs de droit et d'autres personnalités d'horizons divers. Il a remis en octobre 2007 un rapport intitulé « Une Ve République plus démocratique » et comportant 77 propositions de réforme, empruntant souvent, mais non systématiquement, la voie d'une révision constitutionnelle. Les réformes proposées par le comité sont significatives, tout en se situant « dans le cadre du régime actuel, caractérisé par la responsabilité du Gouvernement devant l'Assemblée nationale ».

Le rapport est structuré autour de trois grands thèmes : un pouvoir exécutif mieux contrôle ; un Parlement renforcé ; des droits nouveaux pour les citoyens. La loi constitutionnelle du 23 juillet 2008, présentée ci-dessous, a mis en œuvre bon nombre de ces propositions.

La loi constitutionnelle du 23 juillet 2008 a procédé à une importante révision de la Constitution sans remettre en cause le cadre général des institutions de la Ve République

La loi constitutionnelle du 23 juillet 2008, accompagnée de nombreux textes d'application (lois organiques, lois, décrets, modification des règlements des assemblées parlementaires) dont certains ne sont pas encore finalisés, a procédé à une réforme significative des institutions de la Ve République sans pour autant s'analyser comme un changement de régime. 47 articles de la Constitution ont été modifiés ou créés. La révision encadre certains pouvoirs propres du Président de la République sans aller au terme d'une clarification des compétences au sein de l'exécutif. Elle accroît les pouvoirs du Parlement, même si elle n'apporte pas de nouvelles limitations au cumul des mandats. Elle renforce les organes juridictionnels sans consacrer de « pouvoir judiciaire ». Et elle apporte un certain nombre de droits nouveaux aux citoyens dans le cadre d'une démocratie représentative.

- **Les réformes concernant le pouvoir exécutif**
  - les mandats consécutifs du Président de la République sont limités à deux (article 6) ;
  - les pouvoirs du Président sont encadrés : les nominations aux emplois ou fonctions déterminés par une loi organique s'exercent « après avis public de la commission permanente compétente de chaque assemblée », et le Président « ne peut procéder à une nomination lorsque l'addition des votes négatifs dans chaque commission représente au moins trois cinquièmes des suffrages exprimés au sein des deux commissions » (article 13). En outre, la mise en œuvre des pouvoirs prévus à l'article 16 est encadrée : après trente

jours d'exercice des pouvoirs exceptionnels, le Conseil constitutionnel peut être saisi par le président de l'Assemblée nationale, le Président du Sénat, soixante députés ou soixante sénateurs, pour examiner si les conditions de leur mise en œuvre sont toujours réunies ; au terme de soixante jours et à tout moment au-delà de cette durée, le Conseil constitutionnel procède de plein droit à cet examen. Enfin, le droit de grâce ne peut plus désormais s'exercer qu'« à titre individuel » (article 17), ce qui interdit les grâces collectives ;
- le Président peut désormais prendre la parole devant le Parlement réuni à cet effet en Congrès, et sa déclaration peut donner lieu, hors sa présence, à un débat qui ne fait l'objet d'aucun vote (article 18) ; ce nouveau mode de communication avec le Parlement s'ajoute aux messages que le Président peut faire lire devant chaque assemblée et qui ne donnent lieu à aucun débat.

- **Les réformes concernant le Parlement**
  - le rôle du Parlement est précisé à l'article 24 : il vote la loi, contrôle l'action du Gouvernement et évalue les politiques publiques. « La Cour des comptes assiste le Parlement dans le contrôle de l'action du Gouvernement » (article 47-2), et pour l'exercice de ces missions de contrôle et d'évaluation, « des commissions d'enquête peuvent être créées au sein de chaque assemblée » (article 51-2) ;
  - une nouvelle catégorie de lois, les « lois de programmation », définissent les orientations pluriannuelles des finances publiques. En outre, le domaine de la loi est étendu, la loi fixant les règles concernant « la liberté, le pluralisme et l'indépendance des médias » ;
  - « les assemblées peuvent voter des résolutions », sauf si le Gouvernement estime que leur adoption ou leur rejet serait de nature à mettre en cause sa responsabilité ou qu'elles contiennent des injonctions à son égard ; les assemblées pourront ainsi s'exprimer sur des sujets politiques sans pour autant donner forme de loi à de telles expressions (nouvel article 34-1) ;
  - le contrôle du Parlement sur les interventions des forces armées à l'étranger est étendu (alinéas 2 à 4 de l'article 35) : le Gouvernement informe le Parlement de sa décision de faire intervenir les forces armées à l'étranger, au plus tard trois jours après le début de l'intervention, et précise les objectifs poursuivis. Cette information peut donner lieu à un débat qui n'est suivi d'aucun vote. Lorsque la durée de l'intervention excède quatre mois, le Gouvernement soumet sa prolongation à l'autorisation du Parlement ;
  - pour limiter la tendance au recours abusif aux ordonnances et remédier à une forme de déficit démocratique dans l'élaboration de la norme, l'article 38 dispose que les ordonnances « ne peuvent être ratifiées que de manière expresse » ;
  - l'opposition se voit reconnaître des droits. D'une part, « la loi garantit les expressions pluralistes des opinions et la participation équitable des partis et groupements politiques à la vie démocratique de la Nation » (article 4). D'autre part, plus concrètement, le nouvel article 51-1 dispose que « le règlement de chaque assemblée [...] reconnaît des droits spécifiques aux groupes d'opposition de l'assemblée intéressée ainsi qu'aux groupes minoritaires ».

- enfin, la procédure législative est réformée et, à ce titre, une vingtaine d'articles sont modifiés ou créés :

1. **L'ordre du jour est désormais en principe fixé par les assemblées**. Deux semaines sur quatre sont réservées par priorité à l'examen des textes dont le Gouvernement a demandé l'inscription à l'ordre du jour ; une semaine de séance sur quatre est réservée par priorité au contrôle de l'action du Gouvernement et à l'évaluation des politiques publiques ; un jour de séance par mois est réservé à l'ordre du jour arrêté par chaque assemblée à l'initiative des groupes d'opposition et des groupes minoritaires ;
2. **Au moment du dépôt des projets et propositions de textes** : d'une part, l'article 39 dispose qu'une loi organique détermine les conditions de présentation des projets de loi et que le Conseil constitutionnel peut être saisi par le président de l'assemblée intéressée ou le Premier ministre pour veiller au respect de ces conditions. Prise en application de cet article, la loi organique du 15 avril 2009 généralise notamment, sous réserves, les études d'impact, qui « définissent les objectifs poursuivis par le projet de loi, recensent les options possibles en dehors de l'intervention de règles de droit nouvelles et exposent les motifs du recours à une nouvelle législation ». D'autre part, le dernier alinéa de l'article 39 dispose que « le président d'une assemblée peut soumettre pour avis au Conseil d'État, avant son examen en commission, une proposition de loi déposée par l'un des membres de cette assemblée, sauf si ce dernier s'y oppose ».
3. **Au cours de la procédure législative** : en plus du Gouvernement, le président de chaque assemblée peut désormais opposer l'irrecevabilité à une proposition ou à un amendement, au titre de l'article 41. Surtout, « la discussion des projets de loi porte, en séance, sur le texte adopté par la commission », et non plus sur le projet déposé par le Gouvernement (article 42) : le rôle des commissions parlementaires est ainsi renforcé et la discussion en séance plénière recentrée sur les questions de fond et les débats politiques ; dans le même temps, le nombre maximal des commissions parlementaires permanentes est porté de six à huit (article 43). Le droit d'amendement est, en outre, réformé (article 44 et 45) et les délais pour l'examen des lois sont fixés (article 42). Enfin, le recours à l'article 49 alinéa 3, qui permet au Gouvernement de faire adopter un texte sans vote, est fortement encadré. En effet, dans le souci de « limiter l'exercice de la Grosse Bertha » (Jean Gicquel), ces dispositions ne peuvent plus être utilisées que sur le vote d'un projet de loi de finances ou de financement de la sécurité sociale et « pour un autre projet ou une proposition de loi par session ».

- **Des droits nouveaux pour les citoyens**
  - la loi est désormais chargée de favoriser l'égal accès des femmes et des hommes « aux responsabilités professionnelles et sociales », et plus seulement aux « mandats électoraux et fonctions électives » (nouvel article 1er) ;

- les référendums de l'article 11 peuvent désormais être organisés à l'initiative d'un cinquième des membres du Parlement, soutenus par un dixième des électeurs inscrits sur les listes électorales : à défaut d'un authentique référendum d'initiative populaire, les référendums d'initiative « mixte » sont ainsi introduits dans le texte constitutionnel ;
- la composition et les compétences du Conseil supérieur de la magistrature sont réformées. Le Président de la République ne le préside plus, le garde des Sceaux, ministre de la justice n'en assure plus la vice-présidence. La formation compétente à l'égard des magistrats du siège est présidée par le premier président de la Cour de cassation, la formation compétente à l'égard des magistrats du parquet est présidée par le procureur général près la Cour de cassation. Le CSM peut, enfin, être saisi par un justiciable.
- est créé un Défenseur des droits (nouveau titre XI bis, et son article unique, 71-1), dans les conditions prévues par la loi organique. Aux termes de la loi organique n° 2011-333 du 29 mars 2011 relative au Défenseur des droits, celui-ci remplace plusieurs AAI (le Médiateur de la République, le Défenseur des enfants, la Commission nationale de déontologie de la sécurité – CNDS – et la Haute autorité de lutte contre les discriminations et pour l'égalité – HALDE). Il peut être saisi par toute personne et se saisir d'office (pour plus de développements sur le Défenseur de droits, voir le chapitre 17 consacré aux droits fondamentaux – aspects procéduraux).
- le Conseil économique et social devient le Conseil économique, social et environnemental. Il est réformé, avec notamment l'ouverture d'une saisine « par voie de pétition ».
- enfin, le Conseil constitutionnel, dont les membres sont désormais nommés selon la procédure prévue au dernier alinéa de l'article 13 (cf. *supra*), connaît une réforme majeure, avec l'introduction de la question prioritaire de constitutionnalité (« QPC », articles 61-1 et 62), qui permet de saisir le Conseil, à l'occasion d'une instance en cours devant une juridiction, sur renvoi du Conseil d'État ou de la Cour de cassation, lorsqu'il est soutenu qu'une disposition législative en vigueur porte atteinte aux droits et libertés que la Constitution garantit. Il s'agit d'une réforme majeure, destinée à compléter le contrôle de constitutionnalité a priori et à renforcer l'État de droit (pour un développement sur les QPC, voir le chapitre 3 sur l'avenir de la hiérarchie des normes).

- **D'importantes avancées ont été réalisées en matière de limitation du cumul des mandats**

La pratique du cumul des mandats conduit à une moindre disponibilité des députés et des sénateurs pour leurs missions de parlementaires. Comme le note le Rapport Balladur, la France est « seule parmi les grandes démocraties occidentales » à connaître – « une situation de cumul important des mandats. En dépit des législations en vigueur [...], le cumul des mandats, même limité, demeure la règle et le non-cumul l'exception : 259 des 577 députés sont maire, 21 sont présidents de conseil général, 8 sont présidents de conseil régional ; 121 des 331 sénateurs sont maire, 32 sont présidents de conseil général, 3 sont présidents de conseil régional ; et pratiquement tous les parlementaires sont, à tout le moins, conseillers municipaux ou généraux ». De plus, « les établissements publics de coopération intercommunale ne sont pas dans le champ des interdictions de cumul ». Ce constat demeure valable aujourd'hui : en juin 2014, sur 348 sénateurs, 89 sont maires, 33 sont président de conseil général, et 3 sont président de conseil régional ; à la même date, sur les 577 députés qui composent l'Assemblée Nationale, 206 sont maires, 10 sont président de conseil général, 4 sont président de conseil régional et l'un est président du conseil exécutif de l'assemblée de Corse (sources : sites internet de l'Assemblée Nationale et du Sénat).

Partant du postulat que « le mandat unique est la seule mesure qui corresponde vraiment aux exigences d'une démocratie parlementaire moderne », le rapport n'allait certes pas jusqu'à interdire le cumul entre un mandat de parlementaire et des fonctions locales non exécutives. Était cependant proposé de proscrire le cumul avec des fonctions exécutives locales, y compris pour ce qui concerne les établissements publics de coopération intercommunale, l'idée étant que l'« acheminement vers le mandat parlementaire unique [...] s'accomplisse de manière progressive à la faveur de chacune des élections municipales, cantonales et régionales à venir, à l'issue desquelles les parlementaires élus lors de ces scrutins seraient tenus de choisir entre leur mandat national et leur mandat exécutif local ». La révision constitutionnelle du 23 juillet 2008 n'a pas suivi les préconisations du rapport sur ce point.

Le Rapport de la commission de rénovation et de déontologie de la vie publique (« Pour un renouveau démocratique », remis au Président de la République en novembre 2012) a quant à lui préconisé de « rendre incompatible le mandat de parlementaire avec tout mandat électif autre qu'un mandat local simple à compter des prochaines élections locales ».

Dans ce contexte, la loi organique du 22 janvier 2014, traduisant un engagement de campagne du Président de la République, interdit le cumul de fonctions exécutives locales avec le mandat de député ou de sénateur. Entrent dans le champ de cette interdiction : les fonctions de maire, de maire d'arrondissement, de maire délégué et d'adjoint au maire ; les fonctions de président et de vice-président d'un établissement public de coopération intercommunale ; les fonctions de président et de vice-président de conseil départemental ; les fonctions de président et de vice-président de conseil régional ; les fonctions de président et de vice-président d'un syndicat mixte ; les fonctions de président, de membre du conseil exécutif de Corse et de président de l'assemblée de Corse ; les fonctions de président et de vice-président des collectivités d'outre-mer, les fonctions de président et de vice-président de l'organe délibérant de toute autre collectivité territoriale créée par la loi ; les fonctions de président de l'Assemblée des Français de l'étranger, de membre du Bureau de l'Assemblée des Français de l'étranger et de vice-président de conseil consulaire.

En outre, une loi du même jour interdit le cumul de fonctions exécutives local avec le mandat de représentant au Parlement européen.

Ces lois organique et simple s'appliqueront, d'une part, à tout parlementaire à compter du premier renouvellement de l'assemblée à laquelle il appartient suivant le 31 mars 2017 et, d'autre part, à compter du premier renouvellement du Parlement européen suivant le 31 mars 2017.

Cette réforme s'inscrit dans la logique de la révision constitutionnelle elle-même, car elle est une condition nécessaire, si ce n'est suffisante, du renforcement des pouvoirs du Parlement.

Bilan de l'actualité

1/ La réforme constitutionnelle du Président Emmanuel Macron dans sa version 2018 a été abandonnée

Le 9 juillet 2018 le Parlement (Assemblée nationale et Sénat) était réuni en Congrès à Versailles pour la déclaration du Président tel que le prévoit l'article 18 de la constitution dans sa rédaction issue la révision constitutionnelle de 2008.

Lors de son allocution le Président de la République avait présenté son projet de réforme des institutions qu'il avait déjà annoncé lors de sa première allocation en juillet 2017 dans les mêmes circonstances.

Ce projet de loi constitutionnelle, « Pour une démocratie plus représentative, responsable et efficace », examiné par le Conseil d'État le 3 mai 2018, présenté en conseil des ministres le mercredi 9 mai 2018 et dont l'examen avait débuté à l'Assemblée nationale le 26 juin était la clé de voûte d'un ensemble comprenant d'autres textes de niveau infra-constitutionnel : un projet de loi organique et un projet de loi ordinaire.

Comme en 2008 il s'agissait non pas d'une modification unique à valeur symbolique ou institutionnelle forte mais d'un ensemble de mesures destinées à moderniser le fonctionnement institutionnel.

Le projet de loi constitutionnelle comportait les principales mesures suivantes : non cumul des fonctions ministérielles et de chef d'exécutif local ; accélération de la procédure législative ; renforcement du contrôle parlementaire ; extension du rôle du Conseil Supérieur de la Magistrature (CSM) sur les nominations des juges du parquet ; transformation du CESE qui deviendrait la « Chambre de la société civile » ; suppression de la Cour de justice de la république et passage à une responsabilité pénale des ministres de droit commun devant la Cour d'appel de Paris ; suppression de la présence de droit des anciens présidents de la République au Conseil constitutionnel, inscription de la lutte contre les changements climatiques à l'article 34 ; reconnaissance du statut particulier de la Corse ; droit à la différenciation pour les collectivités.

Le projet de loi organique prévoyait lui la réduction du nombre de parlementaires et la limitation du cumul des mandats dans le temps au-delà de 3 mandats consécutifs.

Le dispositif était enfin complété par un projet de loi ordinaire introduisant une dose de proportionnelle dans le scrutin législatif et procédant au redécoupage des circonscriptions.

2/ Le projet de loi constitutionnelle pour un renouveau de la vie démocratique, qui reprenait en partie le projet de 2018, aurait dû être soumis à l'examen des assemblées à la fin de l'année 2019

Le projet de loi constitutionnel pour un renouveau de la vie démocratique a été examiné par la section de l'intérieur du Conseil d'État le 20 juin 2019[1] et soumis au conseil des ministres du 28 août 2019.

Le projet de loi constitutionnelle, comportant 13 articles, conçu en partie comme une réponse à la contestation sociale de la fin de l'année 2018 et des conclusions du Grand débat national était articulé autour de trois axes principaux :

- le renforcement de la participation citoyenne ;
- la proximité territoriale par une nouvelle étape de la décentralisation ;
- une autorité judiciaire dont il faudrait renforcer l'indépendance.

Sur l'axe 1, le projet de révision propose une série de mesures :

- permettre la mise en œuvre du service national universel afin de renforcer l'engagement de nos concitoyens les plus jeunes dans la vie de la cité ;
- élargir le champ du référendum de l'article 11 de la Constitution à de nouvelles questions ;
- introduire un nouveau titre dans la Constitution spécifiquement consacré à la participation citoyenne ;
- rénover les conditions de mise en œuvre du référendum d'initiative partagé (le « RIP ») tout en élargissant son champ ;
- créer une nouvelle institution : le Conseil de la participation citoyenne, qui viendrait remplacer le Conseil économique, social et environnemental. Cette institution démocratique d'une forme inédite serait un lieu de rencontre entre la société civile organisée et les citoyens, avec des missions nouvelles.

Sur l'axe 2, il est prévu :

- l'introduction d'un droit à la différenciation entre collectivités territoriales par modification de l'article 72 : ainsi une commune, un département ou une région pourra intervenir dans un domaine dont les autres communes, départements ou régions ne pourront pas connaître, afin qu'il puisse être tenu compte des spécificités de cette collectivité territoriale et des enjeux qui lui sont propres ; par ailleurs la révision généralise le droit de dérogation ;

1. Voir avis du Conseil d'État n° 397908 : https://www.conseil-etat.fr/ressources/avis-aux-pouvoirs-publics/derniers-avis-publies/avis-sur-un-projet-de-loi-constitutionnelle-pour-un-renouveau-de-la-vie-democratique

- la reconnaissance constitutionnelle des spécificités de la Corse ;
- les départements et les régions d'outre-mer pourront bénéficier d'un régime propre de différenciation des normes.

L'axe 3 entend enfin renforcer l'indépendance de la justice en supprimant la présence des anciens présidents de la République au Conseil constitutionnel, en abaissant de 60 à 45 le seuil du nombre de députés ou de sénateurs nécessaire à la saisine du conseil constitutionnel, en prévoyant la nomination des magistrats du parquet sur avis conforme du conseil supérieur de la magistrature et en supprimant la cour de justice de la République, la Cour d'appel de Paris devenant la juridiction de droit commun des ministres.

À l'été 2020 les projets de texte n'avaient toujours pas été déposés sur le bureau des Assemblées. La crise sanitaire liée à la pandémie de Coronavirus et le remaniement ministériel suite aux élections municipales des mois de mars et juin 2020 ayant conduit à la nomination de Jean Castex à la tête d'un gouvernement dit « des six cents jours » rendent peu probables l'aboutissement de la réforme souhaitée.

Perspectives

Au-delà des débats entourant ces projets, de nombreux chantiers institutionnels demeurent ouverts. Si d'importantes avancées ont été réalisées en matière de limitation du cumul des mandats pour les parlementaires, d'autres axes de réformes existent aujourd'hui, en particulier l'ouverture du chantier de la réforme du Sénat et la poursuite de la modernisation du Conseil constitutionnel.

Le Sénat doit être réformé pour permettre une représentation équilibrée des collectivités territoriales en son sein

Aux termes de l'article 24 de la Constitution, le Sénat « assure la représentation des collectivités territoriales de la République ». Si cette institution est parfois hâtivement, voire injustement caricaturée, elle ne peut cependant échapper au mouvement de fond de modernisation des institutions. Aujourd'hui, sa mission de représentation des collectivités territoriales est en partie faussée, dans la mesure où les délégués des conseils municipaux représentent près de 95 % du corps électoral et que les petites communes sont surreprésentées par rapport aux réalités démographiques de la France contemporaine. Sans prétention à l'exhaustivité, trois scénarios peuvent être esquissés :

- la régionalisation des élections sénatoriales, dans le cadre d'une montée en puissance de l'échelon régional (Guy Carcassonne) ;
- la suppression des élections actuelles, le Sénat devenant essentiellement composé, sur le modèle allemand, de membres de droit (les présidents des conseils régionaux et généraux, les maires des villes de plus de 100 000 habitants, auxquelles pourraient s'ajouter une centaine de sénateurs élus dans chaque région, par exemple par l'ensemble des autres maires (Guy Carcassonne) ;

- sans aller aussi loin dans les propositions de réforme, le rapport Balladur préconisait l'adaptation du collège des « grands électeurs » aux évolutions démographiques, par l'introduction d'un critère démographique dans la mission de représentation des collectivités territoriales à l'article 24.

En tout état de cause, une réforme demeure d'actualité et semble opportune pour garantir l'avenir et la légitimité du bicamérisme français.

Le Conseil constitutionnel doit être modernisé, au vu de la place nouvelle qu'il occupe au sein de nos institutions

La mise en place de la QPC conduit à des évolutions fondamentales dans le rôle du Conseil constitutionnel au sein de nos institutions. De moins en moins « conseil », de plus en plus juridiction, voire cour suprême, il ne peut que donner lieu, dans les années à venir, à des réflexions importantes. Plusieurs pistes de réforme peuvent être avancées :

- l'article 56 de la Constitution pourrait être révisé, pour mettre fin à la présence des anciens Présidents de la République en qualité de membres de droit à vie du Conseil constitutionnel ; le projet de loi constitutionelle pour un renouveau de la vie démocratique le prévoit d'ailleurs expressément ;
- conformément à ce que l'on constate en droit comparé, notamment dans les principaux pays européens, un critère de compétence juridique pourrait être exigé pour toute personne nommée au Conseil constitutionnel ;
- la procédure devant le Conseil constitutionnel pourrait être réformée et surtout codifiée. Il s'agit là d'une question importante dans le cadre de la juridictionnalisation accrue du Conseil, notamment afin d'assurer le respect des exigences du procès équitable rappelées notamment par l'article 6 § 1 de la CEDH ;
- enfin, sur un plan plus matériel, les services du Conseil constitutionnel pourraient être étoffés pour faire face à la charge de travail croissante engendrée par le développement des QPC, même si la procédure de renvoi par le Conseil d'État et la Cour de cassation relativise l'intérêt immédiat d'une telle évolution.

Ouvrages récents

- Jean-Jacques Chevallier, Guy Carcassonne, Olivier Duhamel, *Histoire de la Ve République 1958-2012*, 14e édition, Dalloz, septembre 2012.
- Guy Carcassonne, *La Constitution introduite et commentée*, 11e édition, Seuil, coll. « Points », 2013.
- Simon-Louis Formery, *La Constitution commentée article par article*, 16e édition, Hachette Supérieur, 2014.
- *Une Ve République plus démocratique*, Rapport du Comité de réflexion et de proposition sur la modernisation des institutions de la Ve République (« comité Balladur »), La Documentation française, 2007.
- *Une nouvelle Constitution ? Commentaire article par article du texte de la loi du 23 juillet 2008 de modernisation des institutions de la Ve République* – Numéro spécial des *Petites affiches*, 19 décembre 2008.
- *Les Fiches de synthèse de l'Assemblée nationale* sur les institutions françaises : http://www.assemblee-nationale.fr/connaissance/fiches_synthese/index.asp.
- *La Constitution en 20 questions* – dossier thématique sur le site du Conseil constitutionnel (http://www.conseil-constitutionnel.fr/conseil-constitutionnel/francais/documentation/dossiers-thematiques/2008-cinquantenaire-la-constitution-en-20-questions/la-constitution-en-20-questions.17418.html).

Exemples de sujets

- Les révisions de la Constitution.
- Faut-il envisager une sixième République ?
- Le Parlement fait-il la loi ?
- La cohabitation.
- L'exception d'inconstitutionnalité.
- Le Conseil constitutionnel est-il une cour suprême ?
- Faut-il généraliser le recours au référendum ?

2 Les transformations de la souveraineté nationale

La multiplication des normes d'origine internationale dans l'ordre juridique français caractérise l'évolution juridique des trente dernières années. Ce phénomène perturbe le principe traditionnel qui fait de la souveraineté nationale, définie comme la puissance suprême de l'État soumise à aucune autre, la seule source normative sur le territoire national. Il pose le problème de la persistance de la souveraineté de l'État français dans un ordre juridique international en expansion. La construction européenne s'est ainsi traduite par d'importants transferts de souveraineté au profit des institutions de l'Union. Face à ces évolutions, la question des transformations de la souveraineté nationale se pose : outre une interrogation sur son étendue (est-elle remise en cause par le développement, notamment, du droit européen ?), le questionnement peut porter sur les modalités permettant de s'assurer de son respect. Il s'agira alors d'insister sur le rôle du juge en cette matière et sur celui, appelé à se développer, du Parlement, celui-ci recouvrant une compétence en matière internationale que l'avènement de la Ve République avait très largement restreinte.

Historique

La souveraineté nationale revêt une double acception, interne et internationale.

Dans l'ordre interne, la souveraineté renvoie à la maîtrise par l'État de ses compétences. Le juriste médiéval Jean Bodin, qui a recours à cette notion pour définir celle de République, l'exprime en ces termes : la République (res publica) est « *le droit Gouvernement de plusieurs ménages et de ce qui leur est commun, avec puissance souveraine* ». Autrement dit, « *la souveraineté est la Puissance absolue et perpétuelle d'une République* ». La République est définie comme une communauté qui transcende ses composantes en ce que, seule, elle dispose d'un pouvoir de contrainte et de sanction suprême, qu'exprime la notion de « puissance souveraine ». La souveraineté est ainsi « *la qualité d'un être qui n'a pas de supérieur* » (M. Troper). Juridiquement, l'une des traductions de cette conception de la souveraineté est la maîtrise par l'État de ses propres compétences et l'indivisibilité du pouvoir normatif : nulle autre entité ne saurait, de façon générale et permanente, exercer un tel pouvoir sur le territoire national.

La souveraineté ne se partage donc pas. Elle s'exprime, d'abord, par l'exercice du pouvoir constituant, puis, de façon habituelle, par celui du pouvoir normatif de droit commun, exercé par le peuple, directement ou par l'intermédiaire de ses représentants. L'article 3 de la DDHC dispose que « *toute souveraineté réside essentiellement dans la nation* », et l'article 3 de la Constitution du 4 octobre 1958 que « *la souveraineté nationale appartient au peuple qui l'exerce par ses représentants et par la voie du référendum* ».

Sur le plan international, la souveraineté de l'État exprime l'idée selon laquelle il ne saurait être lié sans son consentement. L'État est le premier sujet de droit international, il a la personnalité morale internationale, ne se trouve au-dessus de lui aucune autorité dotée à son égard d'une puissance légale. La souveraineté, c'est ici, en fait, l'indépendance. Il n'y a pas de législateur international, il n'existe aucune instance supranationale chargée de veiller au respect de leurs engagements internationaux par les États.

Certes, l'article 23 de la convention de Vienne du 23 mai 1969, codifiant la coutume internationale relative au droit des traités internationaux, oblige les États à respecter les traités qui les lient, notamment à les faire appliquer par les pouvoirs internes : il s'agit du principe « pacta sunt servanda ». La méconnaissance de cette obligation peut être sanctionnée par l'engagement de la responsabilité internationale de l'État. Mais en l'absence d'autorité apte à contraindre l'État à réparer sa faute, la seule sanction d'une condamnation non satisfaite ne peut être que d'ordre politique. En outre, le droit international public ne réglemente pas les relations entre le droit interne et le droit international ; il revient à chaque État de déterminer les modalités d'introduction du droit international en droit interne (le plus souvent dans leurs Constitutions).

Connaissances de base

Les modalités et le degré de pénétration du droit international en droit interne relèvent des seuls États.

Deux conceptions existent : le dualisme, qui établit une stricte séparation entre les deux ordres juridiques, juxtaposés : l'État qui veut faire produire un effet au droit international doit d'abord le « nationaliser », c'est-à-dire le réceptionner (ratification, autorisation) et reprendre dans ses normes internes (loi, règlement) le contenu des normes internationales (Allemagne). Le dualisme traduit une fermeture de l'ordre interne aux règles internationales et une protection marquée de la souveraineté interne. À l'opposé, le monisme établit une continuité entre droit interne et droit international, qui produit ses effets directement. On distingue deux types de monisme : le monisme à primauté du droit international, dans lequel l'ordre juridique interne et l'ordre juridique international ne font qu'un et les traités l'emportent toujours sur les règles internes (Pays-Bas) et le monisme à primauté du droit interne, qui établit une procédure particulière de réception du droit international en droit interne, qui prime en principe le droit international.

La France est un État moniste à primauté du droit interne. Cela signifie qu'en présence de deux normes, une interne et l'autre internationale, la seconde l'emporte dès lors qu'elle a été régulièrement réceptionnée dans l'ordre juridique interne. Les normes internationales ont, selon l'article 55 de la Constitution, « une autorité supérieure à celle des lois ». Mais la portée de ce principe n'est pas absolue. Pour qu'un traité puisse produire directement des effets dans l'ordre interne, plusieurs conditions cumulatives sont nécessaires :

- Une ratification régulière : selon l'article 52 de la Constitution, c'est le président de la République qui ratifie, le cas échéant après autorisation du Parlement pour les traités les plus importants (définis à l'article 53 : traités de paix, de commerce, ceux qui engagent les finances de l'État, qui modifient des dispositions de nature législative, ceux relatifs à l'état des personnes notamment). Une simple approbation Gouvernementale suffit pour les accords de moindre importance (CE 13 juillet 1965, Société Navigator). La ratification est toujours un acte du pouvoir exécutif (le Parlement ne ratifie pas, il autorise la ratification) susceptible de faire l'objet d'un recours juridictionnel (depuis la décision CE 18 décembre 1998, Parc d'activités de Blotzheim, revirant la jurisprudence Sieur Villa de 1956). Ainsi, une ratification sans autorisation du Parlement, lorsqu'elle est exigée (article 53), est illégale : le traité ne peut produire d'effet (CE 23 février 2000, Bamba Dieng, sur un accord franco-sénégalais publié au JO sans autorisation législative ; confirmation par CE 5 mars 2003, Aggoun, qui admet que la question soit invoquée par la voie de l'exception, puis par CE 9 juillet 2010, Fédération nationale de la libre pensée). Le Conseil d'État a développé une jurisprudence – encore récente et en voie de formation – sur les domaines de l'article 53 : ainsi un traité modifiant des dispositions de nature législative est-il défini comme l'engagement dont les stipulations touchent à des matières réservées à la loi par la Constitution ou énoncent des règles qui diffèrent de celles posées par des dispositions de forme législative (décision Fédération nationale de la libre pensée précitée) ; les traités engageant les finances de l'État sont ceux qui créent une charge financière certaine et directe pour l'État et qui excèdent, par leur nature et leur montant, les dépenses de fonctionnement incombant normalement à l'administration (CE 12 juillet 2017, M. Durbano). Précisons enfin que le contrôle du juge sur l'acte de ratification connaît des limites : d'une part, les moyens tirés de la méconnaissance de la méconnaissance de la Constitution ou d'autres traités sont inopérants à l'appui d'un recours dirigé contre un décret de ratification et, d'autre part, le Conseil d'État ne contrôle pas la validité des réserves d'interprétation accompagnant l'accord international (CE 12 octobre 2018, SARL Super coiffeur).

- Une publication au Journal officiel : elle est nécessaire mais pas suffisante. Par un arrêt CE 21 mai 1990, Confédération nationale des associations familiales catholiques, il est jugé que la Déclaration universelle des droits de l'homme de 1948, publiée mais non ratifiée, ne produit pas d'effet en droit interne. La publication n'est parfois pas nécessaire : ainsi des actes de l'Union européenne de droit dérivé publiés au JOUE (CE 10 février 2016, Comité de défense des travailleurs frontaliers du Haut-Rhin).
- Une réciprocité effective : à l'exception de certains traités (importants : Union européenne, ConvEDH, traités relatifs aux droits de l'homme en général), il faut que l'autre État partie respecte lui-même les engagements nés du traité. Le ministre des Affaires étrangères a longtemps été seul compétent pour apprécier cette condition de réciprocité (CE 29 mai 1981, Rekhou ; CE 9 avril 1999, Chevrol-Benkeddach). Par un arrêt Chevrol contre France du 13 février 2003, la CEDH, si elle a reconnu la légitimité du recours au ministre des Affaires étrangères, estime que l'attitude du juge administratif qui se considère lié par l'avis du ministre est contraire à l'article 6 § 1. Il faut que la partie puisse éventuellement répondre aux observations du ministre et que le juge tranche. Le Conseil d'État s'est aligné sur cette solution par une décision CE 9 juillet 2010,

Mme Cheriet-Benseghir, par laquelle il juge que s'il lui appartient de recueillir les observations du ministre des Affaires étrangères, c'est sous réserve qu'il les soumette au débat contradictoire entre les parties et qu'il tranche, *in fine*, la question de l'application par l'autre État (voir, imposant la recherche de la réciprocité en matière d'échange de permis de conduire : CE 16 mai 2012, M. Claiman-Versini). L'appréciation de la condition de réciprocité est en pratique assez rare. Le Conseil d'État y a toutefois été confronté dans l'arrêt CE 10 juillet 2019, Association des Américains accidentels, à propos de l'accord conclu le 14 novembre 2013 entre le Gouvernement de la République française et le Gouvernement des États-Unis d'Amérique en vue d'améliorer le respect des obligations fiscales à l'échelle internationale – condition remplie en l'espèce.

- Un effet direct : pour être applicables directement, les stipulations d'un traité doivent enfin être suffisamment précises et avoir pour objet de créer des droits au profit des particuliers (un traité qui ne crée d'obligations qu'entre États n'a donc pas d'effet direct ; un justiciable ne peut l'invoquer). L'application de ce critère n'est pas identique s'agissant du droit international classique et du droit de l'Union européenne.
  - s'agissant du droit international, le principe est que les stipulations d'un accord international ne peuvent être invoquées à l'appui d'un recours pour excès de pouvoir, dirigé contre un **acte réglementaire ou individuel**, que si elles ont un effet direct, c'est-à-dire, d'une part, si elles n'ont pas pour objet exclusif de régir les relations entre États et, d'autre part, si elles ne requièrent l'intervention d'aucun acte complémentaire pour produire des effets à l'égard des particuliers (CE 11 avril 2012, GISTI). Seules les stipulations reconnues d'effet direct d'un traité peuvent utilement être invoquées à l'appui d'une demande tendant, par voie d'action, à ce que soit annulé un acte administratif (individuel ou réglementaire) ou, par voie d'exception, à ce que soit écartée l'application d'une loi ou d'un acte administratif incompatible avec la norme juridique qu'elles contiennent. Ainsi jugé par exemple que l'article 3 de la convention internationale du travail n° 87 de 1948 concernant la liberté syndicale et la protection du droit syndical, relatif à la liberté d'organisation des syndicats, crée des droits dont les particuliers peuvent directement se prévaloir (CE 18 février 2019, CGT-FO). À l'inverse, les stipulations de l'article 25 de la convention relative aux droits des personnes handicapées signée à New-York le 30 mars 2007, qui consacrent à croit à la santé de ces personnes, requièrent l'intervention d'actes complémentaires pour produire des effets à l'égard des particuliers et sont, par suite, dépourvues d'effet direct (CE 17 juin 2019, Association des accidentés de la vie). Ces critères nouveaux sont plus souples que ceux qui présidaient auparavant et qui exigeaient que les stipulations en cause soient suffisamment précises et inconditionnelles (CE 23 avril 2007, GISTI). Au-delà de l'assouplissement de sa formulation, on relèvera que le critère de l'effet direct, d'utilisation souple, peut être invoqué par le juge désireux d'éviter d'écarter une norme interne au profit d'une norme internationale. La Cour de cassation avait ainsi refusé d'appliquer en bloc la Convention relative aux droits de l'enfant par l'arrêt Lejeune du 10 mars 1993.

Le Conseil d'État, plus nuancé, a reconnu cet effet direct pour son article 4-1 par l'arrêt GISTI du 23 avril 1997, pour son article 12 par l'arrêt Mme E. du 27 juin 2008 et pour son article 20 par l'arrêt Unicef France du 5 février 2020. Mais, pratiquant ce que la doctrine appelle parfois le « dépeçage » du traité, il l'a refusé aux articles 2, 9, 20, 29 (CE 6 juin 2001, Mme Mosquera – revirement sur l'article 20 par l'arrêt Unice France précité) et 19 (CE 24 août 2011, M. Z.). La Cour de cassation a, elle, reviré sa jurisprudence Lejeune et reconnu l'effet direct de la Convention par un arrêt Civ. 1, 22 novembre 2005 ;

- s'agissant du droit de l'Union européenne, le raisonnement est plus nuancé :
  - les stipulations suffisamment précises des traités (et elles seules) ont un effet direct ;
  - les règlements ont toujours un effet direct, quelle que soit leur précision, en vertu du traité lui-même qui prévoit cet effet ;
  - l'effet direct d'une directive non transposée (avant la transposition, l'État est encore libre, après, ce sont les dispositions internes qui s'appliquent) est toujours reconnu, même si elle est imprécise, et peut fonder l'annulation d'un acte **réglementaire** ou la mise à l'écart, par la voie de l'exception, d'une loi qui méconnaîtrait ses « objectifs » (CE 3 février 1989, Cie Alitalia). En revanche, le critère de la précision et de l'inconditionnalité retrouve à s'appliquer s'agissant des recours dirigés contre les actes **non réglementaires**, notamment individuels : CE 30 octobre 2009, Mme Perreux, arrêt marquant l'abandon de la jurisprudence Cohn-Bendit de 1978 – cf. *infra*. Ce n'est que si la directive est précise et inconditionnelle que l'acte individuel la méconnaissant pourra être annulé. Le Conseil d'État a ainsi refusé de reconnaître un effet direct à certaines prescriptions de la directive du 17 juin 1985 concernant l'évaluation des incidences de certains projets publics et privés sur l'environnement, « en raison de leur imprécision » (CE 17 mars 2010, Alsace nature).

Bilan de l'actualité

Il est caractérisé par une influence croissante du droit international sur le droit interne (I) mais doit néanmoins être relativisé (II)

I. Une influence croissance du droit international sur le droit interne

A. L'accroissement des transferts de souveraineté

Les transferts de souveraineté consentis par la France ont contribué à une évolution, sinon de la notion, du moins de l'exercice de la souveraineté nationale.

La France n'a jamais été réticente à consentir des limitations de sa souveraineté. Le 14e alinéa du préambule de la Constitution de 1946, qui dispose que la France « *se conforme aux règles du droit public international* », doit ainsi être lu à la lumière du 15e alinéa du même préambule, aux termes duquel « *Sous réserve de réciprocité, la France consent aux limitations de souveraineté nécessaires à l'organisation et à la défense de la paix*». Une double condition est posée : celle de la réciprocité, et celle liée à la préservation de la paix : les limitations de souveraineté ne sont acceptées que dans la mesure où elles contribuent à l'instauration d'un ordre international pacifié.

Cette dernière condition a toutefois été entendue de façon extensive, si l'on en juge par le nombre de traités internationaux auxquels la France est partie et par la jurisprudence souple du Conseil constitutionnel sur la notion de «limitation de souveraineté».

Dans son rapport public 1992, le Conseil d'État évaluait déjà que la France était liée par plus de 5000 traités internationaux, dont 4000 bilatéraux, et plus de 20000 règlements et 2000 directives communautaires (80 % de la législation économique et sociale est d'origine communautaire ; 1 nouveau texte sur 2 est influencé par le droit communautaire ; 1 sur 6 en stock). Aujourd'hui, ce sont plus de 7000 traités qui lient la France, dont plus de 4800 bilatéraux. S'agissant du droit de l'Union européenne, plus de 9000 règlements consolidés et 4000 directives consolidés sont actuellement en vigueur. Souveraineté nationale n'est donc pas confondue, loin s'en faut, avec action unilatérale ; au contraire, les autorités françaises considèrent, depuis l'avènement de relations internationales marquées par une activité juridique intense (multiplication des traités internationaux depuis la Seconde Guerre mondiale) que l'exercice contractualisé, voire partagé (dans le cadre du droit de l'Union européenne), de la souveraineté constitue non un renoncement mais une **modalité de mise en œuvre** de cette souveraineté. Le fait que l'État se lie au plan international est d'ailleurs analysé par les internationalistes non comme un abandon mais comme un acte de souveraineté : «l'autolimitation» de l'État, c'est-à-dire sa faculté de réduire volontairement, en s'engageant juridiquement sur la scène internationale, l'étendue de sa souveraineté, «*est une limitation réelle de la liberté légale de l'État et, loin d'être logiquement incompatible avec sa souveraineté, elle procède du postulat qui fait de la souveraineté même une institution de droit*» (Jean Combacau). Ce qui explique, notamment, que la France n'hésite pas, lorsque cela est nécessaire, à modifier sa Constitution pour permettre l'application en droit interne de normes d'origine internationale (Union européenne (notamment : monnaie unique, vote aux élections municipales des ressortissants communautaires, accès à la fonction publique des ressortissants communautaires, rôle du Parlement dans le cadre du respect du principe de subsidiarité depuis le traité de Lisbonne), mandat d'arrêt européen, droit d'asile, etc.).

Si le Conseil constitutionnel exerce en effet un contrôle sur la compatibilité de certaines normes d'origine internationale avec la Constitution (sur le fondement de son article 54), l'évolution de sa jurisprudence traduit une conception souple des limitations de la souveraineté auxquelles la France peut consentir. Il avait, par une décision CC 30 décembre 1976, Élections de l'Assemblée des Communautés au suffrage universel direct, distingué les limitations des transferts de souveraineté, autorisant les premières et interdisant les seconds.

Puis, faisant évoluer sa jurisprudence, il s'est borné, à partir de 1985, à veiller à ce que les traités signés par la France ne remettent pas en cause «*les conditions essentielles d'exercice de la souveraineté nationale* » (CC 22 mai 1985, 6e Protocole additionnel à la ConvEDH). Portent atteinte à ces conditions les stipulations internationales qui empêcheraient « *d'assurer le respect des institutions de la République, la continuité de la vie de la nation et la garantie des droits et libertés des citoyens* ». Saisi d'un recours concernant la conformité à la Constitution du Traité de l'Union européenne signé le 7 février 1992, le Conseil constitutionnel a confirmé que « *le respect de la souveraineté nationale ne fait pas obstacle à ce que la France puisse conclure des engagements internationaux en vue de participer à la création ou au développement d'une organisation internationale permanente, dotée de la personnalité juridique et investie de pouvoirs de décision par l'effet de transferts de compétences consentis par les États membres* » (CC 9 avril 1992, Maastricht I). Ont ainsi été déclarées inconstitutionnelles les seules stipulations susceptibles de « *porter atteinte aux conditions essentielles d'exercice de la souveraineté* » : droit de vote attribué à tout citoyen de l'Union européenne pour les élections municipales, établissement d'une union économique et monétaire et détermination des règles de franchissement des frontières extérieures de l'Union européenne. En revanche, et plus récemment, saisi par le président de la République sur le fondement de l'article 54 de la Constitution, le Conseil a estimé que le traité sur la stabilité, la coordination et la gouvernance au sein de l'Union économique et monétaire signé le 2 mars 2012 à Bruxelles ne comportait pas de clause contraire à la Constitution (CC 9 août 2012, Traité sur la stabilité, la coordination et la gouvernance au sein de l'Union économique et monétaire). Il en va de même de l'accord économique et commercial global entre le Canada, d'une part, et l'Union européenne et ses États membres, d'autre part (dit « traité CETA » : CC 31 juillet 2017).

Il est donc désormais possible, au-delà des seules « limitations » de souveraineté, de consentir des « transferts » de cette souveraineté ce qui marque un infléchissement certain de cette notion. Cette conception extensive du partage possible de la souveraineté nationale a contribué à une pénétration croissante des normes internationales dont l'influence sur la production normative interne est de plus en plus prégnante.

B. La place croissante du droit international en droit interne

Elle est caractérisée par le respect que lui doivent, en principe, les normes internes.

La question de la place du droit international en droit interne peut être appréhendée de deux façons : quelles sont les normes internationales qui peuvent produire des effets en droit interne ? Quelles normes internes sont tenues de les respecter ?

- Les normes internationales s'imposant en droit interne sont nombreuses.

  Sous réserve du respect des conditions citées *supra*, s'imposent : les stipulations issues des traités internationaux, les normes de l'Union européenne primaires et dérivées (le Conseil d'État accepte d'écarter la loi contraire à un règlement de l'Union (CE 24 septembre 1990, Boisdet), à une directive non transposée dans les délais impartis (CE 28 février 1992, SA Rothman), ainsi qu'à un principe général du droit de l'Union (CE 3 décembre 2001, SNIP)). En revanche, les principes généraux du droit international (CE 28 juillet 2000, Paulin) et la coutume internationale (CE 6 juin 1997, Aquarone) ont une valeur infra-législative, malgré le 14e alinéa du préambule de la Constitution de 1946, aux termes duquel la France « *se conforme aux règles du droit public international* ». Relevons que la coutume est en réalité une norme supplétive, c'est-à-dire qu'elle s'applique quand aucune autre norme n'existe : par un arrêt de sa chambre criminelle du 13 mars 2001, la Cour de cassation reconnaît l'existence d'une coutume internationale selon laquelle un chef d'État ne peut être poursuivi devant les juridictions pénales d'un autre État. La CIJ a confirmé et étendu cette jurisprudence par un arrêt du 15 février 2002 : cette immunité bénéficie aussi au chef du Gouvernement et au ministre des affaires étrangères. Ces principes n'interdisent toutefois pas l'engagement de la responsabilité de l'État pour méconnaissance d'une règle coutumière qu'aucune disposition législative n'écarte : CE 14 octobre 2011, Mme S.

- À l'exception de la Constitution, toute norme interne doit être conforme aux normes internationales : la loi organique (CE 6 avril 2016, Blanc, à condition toutefois que la loi organique ne se borne pas à tirer les conséquences nécessaires de dispositions constitutionnelles), la loi ordinaire (Cass. 24 mai 1975, Jacques Vabre, CE 20 octobre 1989, Nicolo, CC 21 octobre 1988, AN, 5e circonscription du Val d'Oise, le Conseil d'État a d'ailleurs précisé que l'administration était tenue de ne pas appliquer une loi contraire à une règle communautaire : CE 30 juillet 2003, Association avenir de la langue française), ainsi que les actes administratifs (CE 28 mai 1937, Decerf, à propos d'un décret d'extradition ; CE 30 mai 1952, Dame Kirkwood) et les circulaires impératives (CE 2 juin 2006, Chauderlot). Le Conseil d'État s'assure que les décrets de transposition d'une directive respectent ses dispositions (CE 28 septembre 1984, Confédération nationale des sociétés de protection des animaux de France) et annule les dispositions d'un décret contraires aux objectifs d'une directive non transposée (CE 7 décembre 1984, Fédération française des sociétés de protection de la nature). Il a précisé que l'administration ne pouvait laisser dans l'ordre juridique interne des actes contraires au droit de l'Union (CE 3 février 1989, Alitalia) et que des dispositions législatives qui auraient pour objet ou pour effet de soustraire au contrôle du juge des actes administratifs contraires au droit de l'Union seraient elles-mêmes incompatibles avec les exigences qui découlent de l'application de ce droit (CE 8 avril 2009, Alcaly).

S'agissant des lois, le Conseil d'État exerce en principe un contrôle abstrait de la conventionnalité, en confrontant le texte de la loi à celui de la norme internationale invoquée. Il peut toutefois, « *dans certaines circonstances particulières* », estimer que l'application d'une loi jugée conventionnelle entraînerait une atteinte disproportionnée aux droits de l'intéressé (contrôle *in concreto*). Dans un tel cas, il est alors possible d'écarter la loi interne au profit de la norme internationale : CE 31 mai 2016, Mme Gonzalez Gomez (l'interdiction de l'insémination artificielle *post-mortem* ne méconnaît pas, par principe, la ConvEDH, mais peut être regardée, dans les circonstances de l'espèce, comme portant une atteinte disproportionnée aux droits qu'elle garantit (droit au respect de la vie privée et familiale en l'espèce)). Cette décision d'Assemblée n'aura peut-être pas la portée qu'on aurait pu lui prêter : elle n'a pas connu de nouvelles applications positives, le Conseil d'État l'ayant au contraire expressément écartée à propos de la disposition relative à l'anonymat des donneurs de gamètes : dans une telle hypothèse, « *aucune circonstance particulière propre à la situation d'un demandeur [de levée de l'anonymat] ne saurait conduire à regarder la mise en œuvre des dispositions législatives relatives à l'anonymat du don de gamètes* » comme méconnaissant la ConvEDH (CE 28 décembre 2017, M. Molénat). Le moyen tiré de la méconnaissance des droits garantis par ce texte est ainsi inopérant. Il en va de même s'agissant de l'impossibilité pour le juge de moduler le montant d'une amende fiscale (CE 4 décembre 2017, Société Edenred France). Il semble qu'il faille en réalité comprendre de cette architecture subtile que lorsque le législateur aura entendu régir entièrement une situation et trancher une fois pour toutes la question (anonymat du don de gamète), l'appréciation *in concreto* ne sera pas possible ; en revanche, lorsqu'il apparaîtra que le législateur a posé un principe sans nécessairement avoir entendu couvrir l'ensemble des hypothèses particulières pouvant potentiellement en relever, une telle appréciation redevient possible.

En revanche, la Constitution conserve, dans l'ordre interne, un niveau supérieur à celui des normes internationales (cf. *infra*).

C. La production normative interne est sous influence internationale, traduisant ainsi une perte de vigueur du principe de souveraineté

L'influence du droit international sur l'ordre juridique interne porte à la souveraineté nationale des atteintes réelles.

1. Influence sur la répartition des compétences entre le pouvoir exécutif et le pouvoir législatif

La tradition française de la conduite des relations internationales a été reprise à l'article 52 de la Constitution, qui confère au pouvoir exécutif la responsabilité de la conduite des négociations internationales. La ratification du traité signé peut être autorisée par le Parlement (pour les traités les plus importants énumérés à l'article 53 de la Constitution), mais dans la grande majorité des cas, son intervention n'est pas nécessaire. En outre, le Parlement a longtemps été démuni face aux actes dits de droit dérivé dont l'importance en droit de l'Union européenne n'a cessé de s'accroître. Illustrant la prédominance du pouvoir exécutif dans la définition et la conduite des relations internationales, le Conseil d'État avait estimé, dans un avis du 24 mai 1964, que même quand un règlement communautaire nécessitait des mesures d'application relevant de l'article 34, le Gouvernement pouvait être compétent pour les prendre (un avis du 22 mars 1973 opère un retour à la distinction 34/37).

Absent de la conception de la politique étrangère, le Parlement est en outre contraint, dans son activité normative, d'une part de transposer certaines normes d'origine internationale (c'est le cas des directives de l'Union, qui ont valu en 1989 au député Alain Lamassoure ce mot aussi désabusé que révélateur : « *nous ne légiférons plus, nous ratifions* »), d'autre part de respecter, dans son activité normative autonome, les normes internationales en vigueur en droit interne.

Et c'est sans doute en vain qu'on chercherait dans le mécanisme prévu à l'article 88-4 de la Constitution un palliatif à cette mise à l'écart du Parlement : malgré son extension par la révision constitutionnelle du 25 janvier 1999, les résolutions que peut adopter le Parlement sur les projets d'actes législatifs européens sont de simples déclarations d'intention dépourvues de portée juridique. En pratique, ce sont les commissions des affaires européennes des assemblées qui examinent les quelque 1 600 projets et propositions d'actes européens dont elles sont saisies chaque année et sur lesquels elles peuvent rendre des « conclusions ». Le nombre des conclusions adoptées par la commission des affaires européennes de l'Assemblée nationale sur des documents soumis par le Gouvernement au titre de l'article 88-4 demeure relativement faible : 18 sous la XIe législature (1997-2002), 77 sous la XIIe législature (2002-2007), 60 sous la XIIIe législature (2007-2012) et 84 sous la XIVe législature (2012-2017). S'agissant des résolutions, le cas échéant adoptée par l'Assemblée à la suite des conclusions de la commission des affaires européennes, l'Assemblée nationale en a adoptées 74 sous la Xe législature, 51 sous la XIe législature, 41 sous la XIIe législature, 60 sous la XIIIe législature et 79 sous la XIVe législature (source : site internet de l'Assemblée nationale).

2. Influence sur la production juridique

La loi nationale doit respecter le droit international, mais il arrive aussi que celui-ci impose, plus ou moins explicitement, l'adoption d'un comportement déterminé au législateur. La CEDH a ainsi forgé le concept d'« obligations positives », qui sont celles reposant sur les États de prendre les mesures nécessaires à la préservation des droits protégés par la ConvEDH (y compris dans les relations interindividuelles : CEDH 13 août 1981, Young, James et Webster). Il ne suffit donc pas que l'État s'abstienne de porter atteinte aux droits protégés ; encore faut-il qu'il organise les conditions de leur respect. La France a ainsi dû faire évoluer sa législation :

- sur les gardes à vue à la suite de l'arrêt CEDH 27 août 1992, Tomasi (loi du 4 janvier 1993 portant réforme de la procédure pénale), puis de l'arrêt CEDH 14 octobre 2010, Brusco (loi du 14 avril 2011 relative la garde à vue) ;
- sur les écoutes téléphoniques à la suite de l'arrêt CEDH 24 avril 1990, Huvig et Kruslin (loi du 10 juillet 1991 relative au secret des correspondances émises par la voie des télécommunications, créant notamment la Commission nationale de contrôle des interceptions de sécurité) ;
- sur les différences de traitement entre les enfants adultérins et les enfants légitimes au regard des droits à la succession à la suite de l'arrêt CEDH 1er février 2000, Mazurek (loi du 3 décembre 2001 relative aux droits du conjoint survivant et des enfants adultérins) ;
- sur la procédure de contestation juridictionnelle des ordonnances judiciaires autorisant le droit de visite et les saisines dans les locaux commerciaux à la suite de l'arrêt CEDH 21 février 2008, Ravon (loi du 4 août 2008 de modernisation de l'économie) ;

La jurisprudence communautaire peut aussi être à l'origine de l'obligation pour le Parlement de modifier la loi nationale ; ainsi de la modification du droit de la fonction publique pour en permettre l'accès à des ressortissants de l'Union européenne, ou encore des évolutions fréquentes du droit de la commande publique (obligation de publicité et de mise en concurrence).

La perte de vigueur du principe de souveraineté est liée à l'entrelacs toujours plus complexe que tissent les différents niveaux normatifs, national, européen, international, dans un secteur donné. L'exemple de la régulation financière est éclairant : la loi nationale prise indépendamment des normes externes n'est d'aucune efficacité. Pour Marie-Anne Frison-Roche, « *il ne s'agit [pourtant] plus tant d'une remise en cause destructrice des souverainetés mais d'un partage du pouvoir entre espaces normatifs poreux entre eux, entre l'espace national, communautaire, international et global* » (Règles et pouvoirs dans les systèmes de régulation, Presses de Sciences-Po-Dalloz, série « Droit et économie de la régulation », 2004, p. 154).

Il convient toutefois de ne pas exagérer l'influence internationale sur la production juridique française : différentes études, dont les conclusions sont développées dans l'article cité en bibliographie « L'UE et ses normes : prison des peuples ou cages à poules ? », montrent qu'en fait la proportion de lois nationales d'origine communautaire est plus proche de 20 % que des 80 % parfois avancés.

3. Les techniques visant à assurer la protection de la souveraineté nationale sont en outre parfois défaillantes

Les juges administratif et constitutionnel ont cherché à limiter, dans une certaine mesure, l'influence du droit international en droit interne. Le juge administratif, on l'a vu, refuse de reconnaître à la coutume internationale et aux principes généraux du droit international une valeur supra-législative. Il juge inopérant le moyen tiré de ce que la loi aurait été adoptée à l'issue d'une procédure méconnaissant la norme internationale (CE 27 octobre 2015, Allenbach : le moyen tiré de ce que la loi du 16 janvier 2015 fixant la nouvelle délimitation des régions aurait été adoptée en méconnaissance des stipulations de l'article 5 de la Charte européenne de l'autonomie locale imposant la consultation préalable des collectivités locales est inopérant). Il juge également que le moyen tiré de la méconnaissance par l'acte attaqué d'une norme internationale n'est pas d'ordre public (CE 11 janvier 1991, Morgane, confirmé par CE 6 décembre 2002, Maciolak), et, en matière de référé, que cette méconnaissance, même invoquée, ne peut fonder une suspension de l'acte attaqué (CE 30 décembre 2002, Carminati – à moins que l'inconventionnalité de la loi en cause ait déjà été reconnue par le juge administratif). On relève toutefois que cette dernière digue est en passe de céder en ce qui concerne le droit de l'Union européenne : les ordonnances Dociev (du 6 mars 2008) et Diakité (du 16 juin 2010) avaient autorisé le juge des référés, en cas d'« incompatibilité manifeste » de la disposition nationale avec le droit de l'Union, à contrôler la conventionnalité de la loi applicable. Par une décision CE 18 décembre 2015, Société routière Chambard, le Conseil d'État synthétise sa jurisprudence : « *eu égard à son office, et en l'absence de décision juridictionnelle ayant statué sur ce point, rendue soit par le juge administratif saisi au principal, soit par le juge compétent à titre préjudiciel, il n'appartient pas au juge des référés d'apprécier la conformité de dispositions législatives à des engagements internationaux, sauf lorsqu'est soulevée l'incompatibilité manifeste de telles dispositions avec les règles du droit de l'Union européenne. En revanche, il lui appartient d'apprécier, lorsqu'elles sont utilement portées devant lui, les contestations relatives à la conformité de dispositions réglementaires avec de tels engagements, notamment avec les règles du droit de l'Union européenne* ». La possibilité d'écarter une loi « manifestement incompatible » avec les engagements européens ou internationaux de la France a enfin été reconnue au juge des référés-liberté par la décision CE 31 mai 2016, Mme Gonzalez-Gomez, quelle que soit la norme internationale en cause (en l'espèce il s'agissait de la ConvEDH).

La protection de la souveraineté nationale passe aussi par le refus persistant de considérer que les traités internationaux, quelle que soit leur importance, ont une valeur supérieure à celle de la Constitution. Son article 54 dispose qu'en cas de conflit entre un traité et la norme suprême, celui-là ne peut être ratifié qu'après une modification de celle-ci. Le traité ne s'impose donc pas à la Constitution, qui demeure la norme suprême. Le Conseil constitutionnel, saisi en ce sens, apprécie la conformité du traité avec la Constitution. Le Conseil d'État a également affirmé la supériorité de la Constitution sur les traités par deux arrêts Koné du 10 juillet 1996 et Sarran du 30 octobre 1998. La Cour de cassation aussi, par un arrêt Fraisse du 2 juin 2000. Le Conseil constitutionnel enfin, dans le cadre du contrôle de constitutionnalité des lois de transposition des directives, a jugé que ne peut entrer en vigueur une telle loi qui méconnaîtrait une règle ou un principe inhérente à l'identité constitutionnelle de la France (CC 27 juillet 2006, Loi relative au droit d'auteur), c'est-à-dire qui n'aurait pas d'équivalent au niveau européen. Cette jurisprudence a été étendue à l'hypothèse où le Conseil constitutionnel est saisi sur le fondement de l'article 54 d'un accord conclu par l'Union européenne (CC 31 juillet 2017, Accord économique et commercial global entre le Canada et l'Union européenne et ses États membres).

Cette conception se heurte de front à celle de la CJUE, qui estime que le droit de l'Union prime toute norme de droit interne, quel que soit son niveau (CJCE 9 mars 1978, Simmenthal). La CPJI l'a rappelé maintes fois : « *un État ne saurait invoquer vis-à-vis d'un autre État sa propre constitution pour se soustraire aux obligations que lui imposent le droit international ou les traités en vigueur* » (CPJI avis 4 février 1932, Traitement des prisonniers de guerre polonais à Dantzig).

La protection dont bénéficie ainsi la souveraineté nationale souffre toutefois de limites. La première est liée, on l'a vu, à la conception souple des « *conditions essentielles d'exercice de la souveraineté nationale* » adoptée par le Conseil constitutionnel. La deuxième résulte de l'absence de saisine obligatoire du Conseil constitutionnel sur le fondement de l'article 54 de la Constitution, qui n'offre aux pouvoirs publics qu'une possibilité de saisine. Peuvent ainsi être ratifiés et produire leurs effets en droit interne des traités dont le Conseil constitutionnel ne se sera pas assuré de la conformité à la Constitution. Le Conseil constitutionnel refuse également d'exercer un contrôle de constitutionnalité des traités déjà ratifiés (CC 9 avril 1992, Maastricht I), contrairement à ce qu'il en est pour les lois.

Concernant plus spécifiquement le droit de l'Union, si chaque modification des traités fondateurs fait l'objet d'une transmission au Conseil constitutionnel, ce dernier n'exerce aucun contrôle sur la très importante production normative dérivée issue des institutions de l'Union et incarnée, principalement, par les règlements et les directives. Il considère en effet que le droit dérivé n'est que « *la conséquence d'engagements internationaux souscrits par la France* » (en l'occurrence le traité de Rome). La crainte est donc moins celle d'une contradiction entre traité et Constitution qu'entre celle-ci et une norme de droit dérivé. Cette difficulté est aggravée par l'importance que revêt aujourd'hui le droit de l'Union et dont l'influence sur la souveraineté nationale est de plus en plus prégnante.

4. Le droit de l'Union européenne exerce aujourd'hui une influence majeure sur la souveraineté nationale

S'il est vrai que le débat sur le niveau respectif dans la hiérarchie des normes constitutionnelles et de l'Union est plutôt théorique, sa portée symbolique est forte et cristallise les controverses autour de la « perte de souveraineté » à laquelle la construction européenne exposerait la France. D'un point de vue juridique, la supériorité formelle de la Constitution peine à masquer l'influence croissante du droit de l'Union dont l'autonomie s'affirme de plus en plus clairement.

D'abord, parce qu'il constitue un ordre juridique propre, distinct de l'ordre juridique international et « intégré au système juridique des États membres » (CJCE 15 juillet 1964, Costa c/ENEL). La CJUE a précisé que les traités « *ont institué un ordre juridique au profit duquel les États ont limité dans des domaines de plus en plus étendus, leurs droits souverains* » (CJCE 14 décembre 1991, Espace économique européen). L'objectif de la construction de l'Union n'est pas la simple coopération des États membres mais leur intégration dans un ordre juridique autonome produisant directement ses effets en leurs seins. Ainsi, le droit dérivé n'a pas besoin de procédure de ratification pour produire ses effets. Directement invocable et primant le droit interne, le droit de l'Union relève en fait d'une logique fédérale, ce que la CJUE illustre d'ailleurs par l'emploi d'expressions habituellement réservées aux États : les traités constituent ce qu'elle appelle une « charte constitutionnelle » (CJCE 10 juillet 2003, Commission c/BEI), elle évoque le « pouvoir législatif de la Communauté » (CJCE 9 mars 1978, Simmenthal) ou encore le « législateur communautaire » (CJCE 27 octobre 1992, RFA c/Commission). Par un avis CJUE 30 avril 2019, Accord économique et commercial global entre le Canada et l'Union européenne et ses États membres, elle énonce que le droit de l'Union est « *issu d'une source autonome, constituée par les traités, par sa primauté par rapport aux droits des États membres ainsi que par l'effet direct de toute une série de dispositions applicables à leurs ressortissants et à eux-mêmes. De telles caractéristiques ont donné lieu à un réseau structuré de principes, de règles et de relations juridiques mutuellement interdépendantes liant, réciproquement, l'Union elle-même et ses États membres, ainsi que ceux-ci entre eux* », rappelant ainsi l'ordre constitutionnel de l'Union.

Cette nature particulière du droit de l'Union explique l'absence de la condition de réciprocité pour son application (il existe cependant des mécanismes permettant aux États de s'assurer que leurs pairs respectent leurs obligations) ; elle explique également que le juge administratif contrôle le respect des PGD de l'Union (CE 5 juillet 2001, FNSEA), alors, on l'a vu, qu'il ne déduit pas de l'article 55 de la Constitution la supériorité sur les lois internes des normes de droit international non écrites.

Ensuite, les modalités d'adoption des normes de droit de l'Union dérivé sont caractérisées par le recours croissant à des procédures de décision à la majorité qualifiée. Ce trait est particulièrement renforcé par le traité de Lisbonne, qui étend la procédure législative ordinaire à 40 nouveaux articles, portant à 73 le nombre d'articles désormais concernés par cette procédure. La concordance procédure législative ordinaire/majorité qualifiée se retrouve dans les principaux domaines d'intervention de l'Union européenne. Les États membres peuvent donc se voir imposer des normes qu'ils n'ont pas souhaitées. L'influence sur la souveraineté nationale est ici certaine, manifestée par la dissociation entre souveraineté territoriale et souveraineté normative : la norme applicable à l'intérieur du territoire d'un État est imposée par un pouvoir normatif extérieur à cet État auquel il ne fait que participer.

Cette particularité du droit de l'Union, les transformations profondes de l'exercice de la souveraineté nationale qu'il implique, a conduit le pouvoir constituant français à modifier la Constitution afin de permettre la pleine participation de la France à la construction européenne, révélant le caractère formel de l'affirmation de la suprématie de la Constitution au regard de l'article 54. En effet, si cette suprématie peut être déduite théoriquement de cet article, en pratique, la Constitution a été modifiée à chaque étape de la construction européenne depuis le Traité sur l'Union européenne de 1992, en dernier lieu le 4 février 2008 pour permettre la ratification du traité de Lisbonne. Le Conseil constitutionnel fonde ainsi désormais l'application du droit de l'Union en droit interne non sur les dispositions constitutionnelles relatives au droit international, mais sur l'article 88-1, en vertu duquel « *La République participe à l'Union européenne constituée d'États qui ont choisi librement d'exercer en commun certaines de leurs compétences* [...] ».

Dernière manifestation de la particularité du droit de l'Union et de l'influence qu'il exerce sur l'exercice de la souveraineté nationale, la jurisprudence du Conseil constitutionnel relative aux lois de transposition des directives illustre encore un peu plus la relativité de l'affirmation de la supériorité formelle de la Constitution sur le droit de l'Union. Par une décision CC 27 juillet 2006, Loi relative aux droits d'auteurs, le Conseil refuse d'exercer un contrôle de la constitutionnalité d'une loi de transposition des stipulations claires et précises d'une directive au motif que cela reviendrait à contrôler la conformité à la Constitution de cette directive, laquelle n'est justiciable que de la seule CJUE. Si le Conseil ne juge pas formellement que la directive revêt ainsi une valeur supérieure à la Constitution, cette quasi-immunité qui lui est conférée (réserve doit être faite de l'hypothèse, assez théorique, où elle méconnaîtrait une disposition inhérente à la tradition constitutionnelle française ne trouvant pas d'équivalent en droit européen) restreint la portée pratique de la supériorité affirmée de la Constitution. On relèvera d'ailleurs qu'à l'issue du feuilleton juridique autour de l'Accord économique et commercial global entre le Canada et l'Union européenne et ses États membres, qui comprenait des stipulations relevant des compétences exclusives de l'Union et d'autres relevant des compétences partagées, que, pour éviter la nécessaire ratification par l'ensemble des Parlements nationaux imposées par la présence de ces dernières stipulations, les ministres du commerce de l'Union ont validé en mai 2018 une nouvelle approche consistant à scinder les accords en deux, permettant ainsi l'entrée en vigueur des stipulations portant sur des matières relevant de la compétence exclusive de l'Union, sans attendre la ratification par l'ensemble des Parlements nationaux ni prendre le risque d'essuyer un éventuel refus.

C'est ainsi principalement la construction de l'Union qui cristallise les débats autour de la « perte de souveraineté » de la France, nourrissant le discours de ses opposants, cependant que ses partisans insistent sur la nécessité, dans un environnement mondialisé, de mettre en commun des parcelles de souveraineté qui sont moins abandonnées que différemment exercées.

II. Une influence qui doit être relativisée

A. De nouveaux transferts de compétence impliqués par la construction de l'Union européenne...

La construction européenne est caractérisée par le transfert croissant de compétences au profit des institutions de l'Union. Il peut s'agir, selon la terminologie retenue par le traité de Lisbonne, de **compétences exclusives**, exercées par l'Union seule, auquel cas le transfert de souveraineté est total : les États perdent leur pouvoir normatif dans les domaines concernés (union douanière, établissement des règles de concurrence nécessaires au fonctionnement du marché intérieur, politique monétaire pour les États membres dont la monnaie est l'euro, conservation des ressources biologiques de la mer dans le cadre de la politique commune de la pêche, politique commerciale commune). Il peut s'agir de **compétences partagées**, pour lesquelles s'applique le principe dit de subsidiarité : l'Union européenne n'intervient que dans la mesure où son action est plus efficace que celle des États pris séparément. La plupart des compétences exercées par l'Union relèvent de cette catégorie dont l'article 4 du TFUE dresse une liste non exhaustive qui comprend le marché intérieur, la politique sociale, la cohésion économique, sociale et territoriale, l'agriculture et la pêche, l'environnement, la protection des consommateurs, les transports, les réseaux transeuropéens, l'énergie, l'espace de liberté, de sécurité et de justice et les enjeux communs de sécurité en matière de santé publique. Enfin, l'Union peut appuyer ou coordonner l'action des États membres dans certains domaines où ils demeurent totalement compétents (culture, tourisme, éducation, sport). Il s'agit des **compétences d'appui**.

Si le traité de Lisbonne modifiant le Traité sur l'Union européenne et le Traité instituant la Communauté européenne signé le 13 décembre 2007 et entré en vigueur le 1er décembre 2009 n'octroie pas de nouvelles compétences exclusives à l'Union (qui, dotée de la personnalité juridique, remplace désormais les deux communautés existantes), de nouvelles compétences partagées sont consacrées (espace, énergie), ainsi que de nouvelles compétences d'appui (protection civile, propriété intellectuelle, coopération administrative).

Plus révélatrice des transferts de souveraineté opérés à l'occasion de la construction européenne, l'extension des domaines dans lesquels la décision est adoptée au sein du Conseil des ministres à la majorité qualifiée est une caractéristique importante du traité de Lisbonne. Le système de la majorité qualifiée a été remplacé en 2017 par celui de la double majorité : pour qu'un acte communautaire soit adopté, il faut la réunion de 55 % des États membres représentant 65 % de la population. Une minorité de blocage doit inclure au moins quatre États membres.

Le traité de Lisbonne « communautarise » le troisième pilier « justice et affaires intérieures », jusqu'à présent régi par des procédures intergouvernementales, et qui le sera dorénavant, en principe, par la procédure de droit commun d'adoption des actes de l'Union (vote à la majorité au sein du Conseil des ministres dans le cadre de la procédure législative ordinaire). Dans ces domaines, un « parquet européen » pourra être créé, étape importante d'une communautarisation de la matière pénale. De façon générale, la procédure législative ordinaire avec vote à la majorité au sein du Conseil devient la procédure de droit commun d'adoption des actes de l'Union. Cette procédure est étendue à près de 50 nouveaux domaines et la majorité qualifiée à 33 nouvelles matières dont certaines sont particulièrement sensibles (contrôle aux frontières extérieures, asile, immigration, fonctionnement d'Eurojust et d'Europol, etc.).

Malgré ces avancées, le traité de Lisbonne reprend une innovation du traité établissant une Constitution pour l'Europe instituant un droit de retrait des États membres, leur permettant le cas échéant de recouvrer une souveraineté totale hors de l'Union, alors que les traités antérieurs ne prévoyaient pas ce droit de retrait (article 35 nouveau). Cet ajout traduit une volonté de préservation de la souveraineté qui peut prendre d'autres formes.

B. mais une protection accrue de la souveraineté nationale consacrée par le traité de Lisbonne

Le rejet au printemps 2005 par référendum du Traité établissant une Constitution pour l'Europe trouve, en partie, sa source dans un repli souverainiste du peuple français sans doute insuffisamment préparé à l'idée de conférer à la construction communautaire les symboles les plus visibles de souveraineté – une « Constitution », un hymne, un drapeau, une devise, un « ministre des Affaires étrangères », des « lois » et « lois-cadres » (désignation envisagée des principaux actes communautaires de droit dérivé, règlements et directives), une Charte des droits fondamentaux présente dans le texte même du traité constitutionnel.

Le traité de Lisbonne prend acte de ces réticences et de la volonté du peuple français de ne pas engager l'Union européenne sur la voie de la transformation en un État fédéral. Modestement intitulé Traité modifiant le Traité sur l'Union européenne et le Traité sur la Communauté européenne (le premier conservant son nom, le second devenant Traité sur le fonctionnement de l'Union européenne – TFUE), il ne fait plus référence à aucun de ces symboles de la souveraineté. Il n'est pas jusqu'à la Charte des droits fondamentaux qui ne soit concernée, puisqu'elle ne fait plus l'objet que d'une annexe à laquelle renvoie le texte principal. Quant aux « lois » et « lois-cadres », elles sont abandonnées au profit du maintien de la distinction actuelle entre règlement et directive. Dans le même esprit, la supériorité du droit communautaire sur le droit interne n'est pas inscrite dans le traité de Lisbonne (elle l'est en revanche dans la déclaration annexée n° 17 qui rappelle que « selon une jurisprudence constante de la Cour de Justice de l'UE, les traités et le droit adopté par l'Union sur la base des traités priment le droit des États membres »).

Les domaines les plus sensibles, tels que la sécurité sociale, la fiscalité, la politique étrangère, la défense commune demeurent quant à eux régis par la règle de l'unanimité.

S'agissant de l'attribution des compétences, l'article 5 du TUE dans sa rédaction antérieure au traité de Lisbonne stipulait que « ***la Communauté agit*** *dans les limites des compétences qui lui sont conférées et des objectifs qui lui sont assignés par le présent traité* » (nous soulignons). Poursuivant son œuvre de limitation des compétences de l'Union, le traité de Lisbonne stipule dorénavant qu'« *en vertu du principe d'attribution,* ***l'Union n'agit que*** *dans les limites des compétences que les États membres lui ont attribuées dans les traités pour atteindre les objectifs que ces traités établissent. Toute compétence non attribuée à l'Union dans les traités appartient aux États membres* » (nous soulignons). La négation introduite témoigne de la volonté des États à exercer un contrôle plus strict sur l'exercice de ses compétences par l'Union.

S'agissant de l'exercice des compétences de l'Union, l'article 5 § 3 du TUE, relatif au principe de subsidiarité, fait l'objet d'une nouvelle rédaction, plus restrictive, conformément à l'exigence de certains États membres d'une interprétation stricte des compétences de l'Union : « en vertu du principe de subsidiarité, dans les domaines qui ne relèvent pas de sa compétence exclusive, **l'Union intervient seulement si, et dans la mesure où, les objectifs de l'action envisagée ne peuvent pas être atteints de manière suffisante par les États membres**, tant au niveau central qu'au niveau régional et local, mais peuvent l'être mieux, en raison des dimensions ou des effets de l'action envisagée, au niveau de l'Union. Les institutions de l'Union appliquent le principe de subsidiarité conformément au protocole sur l'application des principes de subsidiarité et de proportionnalité. Les parlements nationaux veillent au respect du principe de subsidiarité conformément à la procédure prévue dans ce protocole » (nous soulignons). Le traité de Lisbonne prévoit également la possibilité de restituer aux États membres des compétences exercées par l'Union.

On relèvera enfin que la France a attendu le mois d'octobre 2017 pour signer la déclaration n° 52 annexée au traité de Lisbonne aux termes de laquelle seize États membres ont affirmé que le drapeau européen, l'hymne (Ode à la joie de Beethoven), l'euro, le 9 mai « *continueront d'être pour eux les symboles de l'appartenance commune des citoyens à l'Union européenne et de leur lien avec celle-ci* ». Les Pays-Bas demeurent le seul État fondateur à ne pas l'avoir signée.

C. Le Conseil constitutionnel a réaffirmé la suprématie de la Constitution et poursuivi son œuvre de protection de la souveraineté nationale

S'il est vrai que la Constitution est modifiée à chaque nouvelle étape de la construction communautaire (elle a ainsi été révisée le 4 février 2008 pour permettre la ratification du traité de Lisbonne, laquelle a été autorisée par la loi du 13 février 2008), c'est après que le Conseil constitutionnel, saisi sur le fondement de l'article 54, s'est prononcé sur la conformité de ces évolutions à la norme suprême, illustration du souci, même formel, des autorités publiques successives de conserver à la Constitution ce caractère. À l'occasion des deux dernières étapes de la construction communautaire, le Conseil constitutionnel a réaffirmé un certain nombre de principes dont la pérennité n'allait pas de soi compte tenu du contenu normatif de ces étapes, et précisé ce que recouvrait la notion de « conditions essentielles d'exercice de la souveraineté nationale ».

Dans sa décision du 19 novembre 2004 Traité instituant une Constitution pour l'Europe, le Conseil constitutionnel a d'abord réaffirmé le principe de primauté de la Constitution sur toute norme de droit communautaire, alors même que l'article I-6 du traité constitutionnel stipulait que « *La Constitution et le droit adopté par les institutions de l'Union* [...] *priment le droit des États membres* ». Selon le Conseil, cet article n'avait pas pour effet de conférer au principe de primauté du droit communautaire une portée autre que celle qui était antérieurement la sienne, laquelle résultait du respect affiché par les États membres des traditions constitutionnelles nationales et de leur absence de volonté de créer un État fédéral, l'État-nation, et sa Constitution, demeurant un horizon politique indépassable. Cette conception conduisait à reconnaître la supériorité des Constitutions nationales sur le droit communautaire. En l'absence de manifestation en sens contraire à l'occasion de l'élaboration du projet de traité constitutionnel, ces mêmes considérations ont été regardées comme ayant présidé à la rédaction de l'article I-6, lequel ne pouvait donc avoir pour effet d'entraîner la suprématie systématique du droit communautaire sur toute norme de droit interne quel que fût son niveau. Une telle lecture était pourtant audacieuse compte tenu, d'une part, de la jurisprudence de la CJCE, qui a reconnu explicitement la primauté du droit communautaire sur toute norme interne, et, d'autre part, de l'absence d'ambiguïté de l'article I-6, qui ne prêtait guère à interprétation : le Conseil aurait tout aussi bien pu prendre acte de la supériorité ainsi consacrée du droit communautaire, un principe bien établi de l'interprétation des textes étant, justement, qu'il n'y a pas lieu d'interpréter lorsque le texte est clair, ce qui semblait être le cas en l'espèce.

La position qu'a retenue le Conseil constitutionnel est donc motivée moins par une lecture strictement juridique des textes que par la volonté de préserver la primauté de la Constitution en droit interne et, *in fine*, la souveraineté nationale, dont la dimension normative est ainsi mise en avant. À défaut d'une stipulation du traité de Lisbonne comparable à l'article I-6, le Conseil n'a pas eu l'occasion de confirmer cette lecture dans la décision CC 20 décembre 2007, Traité modifiant le Traité sur l'Union européenne et le Traité instituant la Communauté européenne. Il a toutefois pris soin de confirmer « *la place de la Constitution au sommet de l'ordre juridique interne*», et l'on ne voit pas bien ce qui aurait pu être de nature à faire évoluer sa position.

Le Conseil constitutionnel a par ailleurs, à l'occasion des décisions de novembre 2004 et décembre 2007, confirmé, malgré une nouvelle rédaction du principe de subsidiarité plus contraignante pour l'Union, que sa mise en œuvre «*pourrait ne pas suffire à empêcher que les transferts de compétence autorisés par le traité revêtent une ampleur ou interviennent selon des modalités telles que puissent être affectées les conditions essentielles d'exercice de la souveraineté nationale*».

S'agissant de ces dernières, le Conseil a jugé, par ces décisions de 2004 et de 2007, que nécessitait une modification de la Constitution les quatre domaines suivants:

- Les transferts de compétence intervenant dans des matières nouvelles (en l'espèce: contrôle aux frontières, coopération judiciaire en matières civile et pénale).
- Les modalités nouvelles d'exercice de compétences déjà transférées (passage à la codécision, au vote à la majorité qualifiée au sein du Conseil des ministres notamment).
- Le passage à la majorité qualifiée en vertu d'une décision européenne ultérieure (technique dite des «clauses passerelles»: un tel passage pourra être décidé sans révision du traité, par simple décision unanime des États membres).
- Les procédures de révision simplifiée.

Au-delà de ces jurisprudences relatives à la construction communautaire, on relèvera également que, de façon générale, le refus persistant du Conseil constitutionnel d'exercer un contrôle de conventionnalité des lois (rappelé à propos de la QPC par la décision CC 12 mai 2010 Loi relative à l'ouverture à la concurrence des jeux d'argent en ligne) trouve en partie son fondement dans une forme – négative – de protection de la souveraineté: en refusant d'exercer un tel contrôle, le Conseil admet implicitement l'entrée en vigueur d'une loi potentiellement contraire à une norme internationale, mais qui n'en produira pas moins ses effets tant qu'un juge ordinaire n'aura pas écarté son application à l'occasion d'un litige.

Enfin, l'introduction du mécanisme de la question prioritaire de constitutionnalité (QPC – voir le chapitre sur la hiérarchie des normes), qui impose au juge, lorsqu'il est saisi simultanément de moyens tirés de la méconnaissance par la loi d'une disposition constitutionnelle et d'une stipulation conventionnelle, de statuer par priorité sur la première, traduit la volonté de remettre la Constitution au cœur des systèmes juridique et juridictionnel français.

D. Le renouveau du rôle du Parlement dans le cadre institutionnel de l'Union modifié

Le traité de Lisbonne prend acte de la volonté exprimée par les Parlements nationaux des États membres de mieux contrôler l'exercice par l'Union européenne de ses compétences. Il consacre ainsi un article reconnaissant la contribution des parlements nationaux «au bon fonctionnement» de l'Union, en étant informés par les institutions de l'Union et en recevant notification des projets d'actes législatifs européens, en prenant part aux procédures de révision des traités, en étant informés des demandes d'adhésion, en participant à la coopération entre parlements nationaux et avec le Parlement européen, et en veillant au respect du principe de subsidiarité. S'agissant de ce dernier point, un système « d'alerte précoce » est instauré, permettant aux parlements nationaux de contrôler le respect par les institutions de l'Union du principe de subsidiarité : si une majorité simple des parlements nationaux conteste, au nom de ce principe, l'intervention normative de l'Union, et si la Commission décide de maintenir sa proposition, le Conseil et le Parlement européen doivent se prononcer sur la compatibilité du projet avec le principe de subsidiarité.

La révision de la Constitution pour permettre la ratification du traité de Lisbonne traduit en droit interne ces compétences nouvelles au profit du Parlement national. L'article 88-6 précise les conditions dans lesquelles chaque assemblée peut adopter un avis motivé par lequel elle porte à la connaissance des institutions européennes les raisons pour lesquelles elle estime que le projet est susceptible, s'il est adopté, de méconnaître le principe de subsidiarité. Elle pourra également, si un tel acte est adopté, demander son annulation à la CJUE (par le biais du Gouvernement chargé de transmettre le recours à la CJUE). L'article 88-7 permet au Parlement de s'opposer à la modification des procédures d'adoption d'actes de l'Union dans les cas prévus par le traité de Lisbonne en matière de révision simplifiée des traités et de la coopération judiciaire civile.

L'objectif de ces mesures est une meilleure association du Parlement à l'exercice de ses missions par l'Union européenne. On relève qu'en guise d'association, il s'agit principalement de développer des pouvoirs de contrôle de cet exercice, afin qu'il n'empiète pas sur les compétences conservées par les États membres. Ce sont bien des considérations liées à la préservation de la souveraineté nationale qui ont motivé l'inscription dans le traité de Lisbonne de ces pouvoirs reconnus aux parlements nationaux. Depuis l'entrée en vigueur du traité de Lisbonne le 1er décembre 2009, le Sénat a adopté 30 résolutions portant avis motivé contestant la conformité d'un projet d'acte législatif au principe de subsidiarité, dont 4 en 2018 portant par exemple sur le marché intérieur du gaz naturel ou sur les technologies de la santé. L'Assemblée nationale est moins active, avec 5 résolutions portant avis motivées adoptées au cours de la XIVe législature (2012-2017). La CJUE n'a en revanche été saisie à ce jour d'aucun recours.

On relèvera par ailleurs que depuis janvier 2003, un débat en séance publique est systématiquement organisé avant chaque réunion du Conseil européen, qu'une séance sur quatre réservée au contrôle de l'action du Gouvernement et à l'évaluation des politiques publiques est consacrée par priorité aux questions européennes et que la commission des affaires européennes peut apporter un éclairage européen à l'occasion de l'examen des projets et propositions de loi nationale portant sur un domaine couvert par l'activité de l'Union.

Conclusion

Selon Kelsen, la constitution juridique internationale l'emporte sur les Constitutions des États, ces derniers devant seulement détenir une « sphère de compétence » déterminée qui doit remplacer le concept de souveraineté. Ainsi écrivait-il dès 1920 que « *le concept de souveraineté doit être radicalement éliminé* ». S'il n'a pas été suivi dans son analyse ni dans son vœu, sa critique de la souveraineté incarnée exclusivement au sein du modèle de L'État-nation connaît, avec la construction européenne, une destinée remarquable : cet effort conduit par un nombre croissant d'États est en effet caractérisé par des transferts toujours plus importants de « parcelles » de souveraineté au profit d'une organisation supranationale censée en faire meilleur usage. Mais dans le même temps, des réflexes souverainistes, souvent relayés par les cours constitutionnelles, rappellent que les transformations actuelles de la souveraineté nationales sont encadrées et ne doivent pas conduire à déposséder l'État de sa compétence normative suprême. Situation paradoxale conduisant à un équilibre fragile entre ce qui est abandonné et ce qui est retenu. Le dépassement de ces mouvements contraires, fortement marqués en France, serait nécessaire à l'avènement d'un État fédéral européen, pour autant que cela soit souhaitable.

Bibliographie

- « Conseil d'État », Rapport public 1992, « Considérations générales sur le droit communautaire », La Documentation française.
- « Les rapports entre l'ordre juridique interne et l'ordre juridique européen », dossier *RFDA*, 2005, n° 1 et 3.
- « Pour une meilleure insertion des normes communautaires dans le droit national », Rapport du Conseil d'État, La Documentation française, 2007.
- B. Alomar, S. Daziano, T. Lambert, J. Sorin, *Grandes questions européennes*, Armand Colin, Sédes, 5e édition, 2019.
- X. Domino, A. Bretonneau, « Les aléas de l'effet direct », *AJDA* 2012, p. 936 et *s*.
- Y. Bertoncini, « L'UE et ses normes : prison à peuples ou cages à poules ? », *Étude de Notre Europe* – Institut Jacques Delors, 19 mai 2014, disponible sur le site internet de l'Institut.
- J.-M. Sauvé, « Quelle souveraineté juridique pour les États et pour l'Union ? », discours prononcé le 21 octobre 2015, disponible sur le site internet du Conseil d'État.
- C. Nicolas, S. Roussel, « Ni vu ni connu : l'anonymat du don de gamètes à l'épreuve du contrôle de conventionnalité », *AJDA* 2018, p. 497 et *s*.
- B. Stirn, Droit de l'Union – droit national : jeux d'influences, discours prononcé le 14 septembre 2018, disponible sur le site internet du Conseil d'État.

Exemples de sujets

- La France est-elle encore souveraine ?
- Construction communautaire et souveraineté nationale.
- Droit international et droit national.

3 L'avenir de la hiérarchie des normes

La question de la hiérarchie des normes peut être abordée de façon statique ou dynamique. De façon statique, il s'agira de savoir, à un moment donné, comment elle se présente dans un ordre juridique. De façon dynamique, il s'agira de s'interroger sur les techniques permettant d'en assurer le respect et sur son éventuelle modification, une norme changeant alors de place au sein de la hiérarchie. Bien que cette dernière hypothèse soit rare, les développements du droit de l'Union européenne incitent à l'envisager. Le présent chapitre aborde ces différentes problématiques et interroge la pertinence du concept de hiérarchie des normes pour continuer à rendre compte de la structure des ordres juridiques.

Historique

À l'aune de l'histoire du droit, la notion de hiérarchie des normes est relativement récente. Elle n'apparaît de façon formalisée dans la pensée juridique qu'au début du XXe siècle, lorsque le juriste autrichien Hans Kelsen (1881-1973), qui en est à l'origine et le principal théoricien, en expose l'idée dans son ouvrage Théorie pure du droit (Reine Rechtslehre).

Selon la théorie de la hiérarchie des normes, un ordre juridique donné (tel qu'il se déploie au sein d'un État par exemple) est composé de normes de valeur juridique différente. Les normes inférieures doivent respecter les normes supérieures dont elles procèdent. Chaque norme trouve ainsi son fondement dans une norme supérieure qu'elle doit respecter, le tout formant une pyramide au sommet de laquelle se trouve la norme suprême, celle que Kelsen appelle la « Grundnorm » (norme fondamentale – une Constitution le plus souvent).

La théorie de la hiérarchie des normes est aujourd'hui au fondement de la plupart des systèmes juridiques. En France, elle a fondé la « révolution juridique » opérée par la Constitution du 4 octobre 1958 qui introduisit un contrôle de la constitutionnalité de la loi, laquelle n'exprime dorénavant plus la volonté générale que dans le respect de la Constitution. Les normes internes sont ainsi hiérarchisées : la Constitution est la norme suprême ; viennent ensuite les lois (organiques et simples), les règlements (décrets et arrêtés, sachant que les décrets en Conseil d'État priment les décrets simples), et les décisions individuelles, qui, parce que dépourvues de portée générale, ne sont pas à proprement parler des « normes », mais qui doivent être conformes aux textes sur le fondement desquels elles sont édictées.

Cette structure est compliquée par l'intrusion dans l'ordre juridique interne soit de principes prétoriens dont la place au sein de la hiérarchie peut être discutée (PGD, OVC, PFRLR, etc.), soit de normes d'origine internationale, européenne principalement. La période récente est marquée par l'importance quantitative et qualitative de ce droit d'origine externe dont de multiples obstacles tant politiques que juridiques ont longtemps empêché le plein épanouissement en droit interne. Revenu aujourd'hui à une relation avec le droit interne globalement apaisée, on peut retenir (sous réserve des précisions qui suivent) que ce droit international occupe dans la hiérarchie un niveau supérieur aux lois mais inférieur à la Constitution.

Connaissances de base

La hiérarchie des normes se caractérise d'abord par l'existence de techniques destinées à assurer le respect des normes supérieures par les normes inférieures. Seront évoquées successivement l'existence et les techniques du contrôle.

L'existence du contrôle

On évoquera la question au regard de la hiérarchie des normes en droit de l'Union européenne et en droit interne.

- **La hiérarchie des normes en droit de l'Union européenne**

Même au sein de cet ordre particulier qu'est l'ordre juridique de l'Union, le juge a pallié le silence initial des traités constitutifs sur la hiérarchie des normes en énonçant, s'agissant des relations entre le droit originaire et le droit dérivé, qu'« *au regard des principes régissant la hiérarchie des normes, l'octroi d'une exemption au moyen d'un acte de droit dérivé ne pourrait, en dehors de toute disposition du traité l'y autorisant, déroger à une disposition du traité* » (TPICE 10 juillet 1990, Tetra Pak c/Commission). Les règles posées par les traités, qui forment la « charte constitutionnelle » de l'Union (CJCE 23 avril 1986, Les Vers contre Parlement européen), se situent au sommet de la hiérarchie de l'ordre juridique de l'Union. Elles prévalent sur l'ensemble des autres sources du droit de l'Union. Cette primauté est garantie par l'existence de recours juridictionnels destinés à faire constater et condamner par la CJUE la violation par les États membres, les institutions de l'Union ou les particuliers (sous des conditions restrictives) du droit de l'Union.

Le traité de Lisbonne modifie la structure des traités et fait désormais reposer l'Union européenne sur deux traités : le traité sur l'Union européenne (TUE) et le traité sur le fonctionnement de l'Union européenne (TFUE), le traité Euratom demeurant autonome. L'article 1er TUE précise que le TUE et le TFUE « ont la même valeur juridique », refusant ainsi d'établir une hiérarchie entre les traités constitutifs de l'Union. On peut néanmoins raisonnablement estimer que, le TUE énonçant les principes fondamentaux du fonctionnement de l'Union, il servira de texte de référence à l'aune duquel seront, le cas échéant, interprétées les stipulations du TFUE, dans la lignée de l'arrêt CJCE 23 février 1988, Royaume-Uni c/Conseil par lequel la CJUE a dégagé, au sein même des traités, une hiérarchie entre les articles liminaires, qui revêtent une importance particulière, et les autres.

Par ailleurs, le traité de Lisbonne introduit, au sein des normes susceptibles d'être adoptées par l'Union, une hiérarchie, manifestant ainsi la prégnance de la conception kelsénienne de la structure de l'ordre juridique. L'article 289 § 3 TFUE stipule ainsi, par une formule nouvelle, que « *les actes juridiques adoptés par procédure législative constituent des actes législatifs* ». Une distinction entre actes législatifs et actes d'application, qui recouvre, *mutatis mutandis*, la distinction entre lois et règlements en droit interne, est donc introduite formellement en droit de l'Union (la CJUE avait hiérarchisé les mesures de portée générale et celles d'application dans l'arrêt CJCE 17 décembre 1970, Köster). Deux types d'actes d'application des actes législatifs sont prévus. L'article 290 TFUE évoque les « *actes non législatifs de portée générale qui complètent ou modifient certains éléments non essentiels de l'acte législatif* » et qui peuvent être adoptés par la Commission en vertu d'une délégation effectuée par l'acte législatif concerné. L'article 291 TFUE concerne quant à lui les « actes d'exécution » qui peuvent être adoptés par la Commission « *lorsque des conditions uniformes d'exécution des actes juridiquement contraignants de l'Union sont nécessaires* ».

On peut dorénavant soutenir que l'ordre juridique de l'Union est structuré de façon hiérarchique, conformément à la théorie kelsénienne de la hiérarchie des normes.

Le respect de cette hiérarchie est assuré par la CJUE. Les juridictions internes ne peuvent, en cas de doute sur la conformité d'une directive à un traité par exemple, que saisir la CJUE d'une question préjudicielle, et en aucun cas écarter d'eux-mêmes l'application de la directive. Le « bloc de légalité » en droit de l'Union comprend les traités constitutifs mais également certains textes fondamentaux auxquels ils renvoient, en premier lieu la ConvEDH (CJCE 22 octobre 2002, Roquette Frères). Le Conseil d'État a ainsi jugé, par un arrêt CE 10 avril 2008, Conseil national des barreaux, qu'une norme de droit dérivé devait être contrôlée au regard de la ConvEDH, et qu'il était compétent pour effectuer un tel contrôle, à moins, naturellement, qu'une difficulté sérieuse soit identifiée, auquel cas le juge administratif doit saisir la CJUE d'une question préjudicielle. Il a par la suite jugé qu'il appartient au juge administratif, saisi d'un moyen tiré de la méconnaissance par une directive des stipulations de la Charte des droits fondamentaux de l'Union européenne et de la CEDH, de rechercher si la directive est compatible avec les droits fondamentaux garantis par ces stipulations. Il lui revient, en l'absence de difficulté sérieuse, d'écarter le moyen invoqué, ou, dans le cas contraire, de saisir la CJUE d'une question préjudicielle (CE 26 mars 2014, Société Neptune Distribution). Le champ d'application des questions préjudicielles posées à la CJUE est vaste : ainsi jugé, par exemple, que le juge administratif peut renvoyer à la CJUE une question préjudicielle portant sur l'interprétation d'une décision de la Commission européenne (CE 24 octobre 2019, Société Copebi) – pour un développement sur cette question voir le chapitre « le développement des droits fondamentaux – aspects procéduraux »).

- **Le contrôle de la constitutionnalité des lois**

Adoptée par le peuple souverain, la Constitution de 1958 se situe au sommet de la hiérarchie des normes en droit interne. Le Conseil constitutionnel a contribué à consacrer cette supériorité en développant une jurisprudence encadrant les activités législatives et réglementaires.

Une fois la loi votée par le Parlement, et avant sa promulgation par le président de la République, il appartient à celui-ci, au Premier ministre ou aux présidents des deux assemblées parlementaires, s'ils l'estiment souhaitable (le refus de déférer une loi au Conseil constitutionnel est un acte de Gouvernement dont le juge administratif est incompétent pour connaître et par suite insusceptible de recours pour excès de pouvoir : CE 7 novembre 2001, Tabaka), de saisir le Conseil constitutionnel afin qu'il examine la conformité (et non la seule compatibilité) de la loi ainsi votée avec la Constitution. Le 21 octobre 1974, la Constitution a été révisée afin que soit reconnue, outre ces quatre autorités, à soixante députés ou soixante sénateurs la possibilité de saisir le Conseil constitutionnel. L'importance de cette révision est majeure : depuis cette date, il n'est guère de loi au contenu politique sensible qui n'ait été déférée au juge constitutionnel. La loi déclarée conforme à la Constitution est ainsi, en quelque sorte, « brevetée », et ne saurait souffrir, du moins dans l'ordre juridique interne, aucune contestation d'ordre juridique.

Cette faculté de saisine du Conseil constitutionnel s'agissant des lois ordinaires se double d'une obligation de saisine s'agissant des lois organiques et des règlements des assemblées parlementaires.

La révision constitutionnelle du 23 juillet 2008 a introduit un mécanisme permettant aux citoyens de saisir le Conseil constitutionnel d'une loi déjà promulguée. Cette « question prioritaire de constitutionnalité » est traitée ci-après.

- **Le contrôle de constitutionnalité des traités**

L'article 54 de la Constitution dispose qu'en cas de conflit entre un traité et la Constitution, celui-là ne peut être ratifié qu'après une modification de celle-ci. Le traité ne s'impose donc pas à la Constitution (puisqu'il est toujours loisible au pouvoir constituant de ne pas la modifier), qui demeure, dans l'ordre juridique interne, la norme suprême. Le Conseil constitutionnel, saisi en ce sens, apprécie la conformité du traité à la Constitution. L'utilisation de cet article a jalonné l'histoire de la construction européenne (CC 19 juin 1970, Ressources propres, CC 30 décembre 1976, Élection du Parlement européen au suffrage universel, CC 9 avril 1992, Maastricht I, CC 20 décembre 2007, Traité modifiant le Traité sur l'Union européenne et le Traité instituant la Communauté européenne). Le Conseil constitutionnel examine également la constitutionnalité du traité lorsqu'il est saisi sur le fondement de l'article 61, à l'occasion de l'examen de la loi de ratification (CC 29 avril 1978, FMI).

Se fondant sur le texte constitutionnel, tant la Cour de cassation (Ass. plén. 2 juin 2000, Fraisse) que le Conseil d'État (CE 30 octobre 1998, Sarran) ont consacré la supériorité de la Constitution sur la norme internationale. Mais cela ne signifie pas que le juge administratif se reconnaîtrait compétent pour contrôler la constitutionnalité des traités : par un arrêt CE 9 juillet 2010, Fédération nationale de la libre pensée, il est expressément jugé qu'il « *n'appartient pas au Conseil d'État de se prononcer sur la conformité du traité à la Constitution* » ni à d'autres accords internationaux d'ailleurs (CE 23 décembre 2011, M. Kandyrine). D'une part, l'article 55 de la Constitution ne conditionne pas la supériorité du traité sur la loi à sa conformité à la Constitution et, d'autre part, des mécanismes (article 54 notamment) existent pour s'assurer de cette conformité.

Le Conseil constitutionnel, par une série de décisions initiée par CC 10 juin 2004, Loi pour la confiance dans l'économie numérique, s'est inscrit dans la lignée des jurisprudences Sarran et Fraisse en jugeant que, s'il ne lui appartenait pas de s'assurer de la conformité d'une loi transposant les dispositions « inconditionnelles et précises » d'une directive de l'Union à la Constitution (ce qui reviendrait *de facto* à contrôler la conformité du droit de l'Union dérivé à la Constitution, lequel droit n'est justiciable que de la seule CJUE), c'était toutefois sous une double réserve :

- D'abord, il peut émettre, sur ces dispositions, une réserve d'interprétation. « L'impossibilité d'invalidation ne saurait interdire la possibilité d'interprétation qui est, en droit constitutionnel français, une mesure d'effet équivalent » (O. Gohin). Cette possibilité doit être appréciée à sa juste valeur : par l'interprétation qui en est faite, le sens ou la portée d'un texte peut sensiblement évoluer, parfois dans un sens que son auteur n'avait ni imaginé ni – plus grave – souhaité.
- Ensuite l'examen de la directive doit permettre de s'assurer qu'elle ne méconnaît pas ce que le Conseil constitutionnel a d'abord appelé « une disposition expresse contraire de la Constitution » et propre à celle-ci, puis les « règles et principes inhérents à l'identité constitutionnelle de la France » (CC 27 juillet 2006, Loi relative au droit d'auteur). Cela signifie que dans l'hypothèse où la directive méconnaîtrait un droit constitutionnel qui n'est pas par ailleurs protégé par le corpus européen des droits de l'homme (principe de l'équivalence des protections), le Conseil constitutionnel interdirait la promulgation de la loi qui en assure la transposition. Cette situation sera sans doute rare (on peut songer à la contrariété entre une directive imposant une forme de discrimination positive et la Constitution, ou méconnaissant le principe de laïcité), mais le principe est clairement affirmé : à défaut de faire l'objet d'une protection européenne équivalente, le droit en cause est examiné au regard de la Constitution et, en cas de méconnaissance de celle-ci, empêché de produire ses effets en France. Le Conseil constitutionnel a étendu l'application de cette jurisprudence aux lois adaptant le droit français à la suite de l'adoption d'un règlement européen (CC 12 juin 2018, Loi relative à la protection des données personnelles), ainsi qu'à l'hypothèse dans laquelle, saisi sur le fondement de l'article 54 de la Constitution, il est appelé à examiner la conformité d'un traité signé par l'Union européenne dans le cadre de la mise en œuvre de ses compétences exclusives en matière de politique commerciale commune (CC 31 juillet 2017, Accord économique et commercial global entre le Canada et l'Union européenne et ses États membres).

Le Conseil d'État s'est inspiré de cette jurisprudence pour juger que s'il ne lui appartenait pas d'apprécier la constitutionnalité d'un décret de transposition d'une directive, c'était sous réserve que cette directive ne méconnaisse pas une disposition spécifique à la Constitution française (CE 8 février 2007, Société Arcelor Atlantique – en l'espèce, le Conseil d'État avait posé une question préjudicielle à la CJUE, puis entériné, par un arrêt CE 3 juin 2009, Société Arcelor Atlantique, la solution qu'elle avait retenue). La même solution a été appliquée à l'hypothèse d'une QPC dirigée contre une loi de transposition des dispositions inconditionnelles et précises d'une directive : absence de transmission au Conseil constitutionnel, sauf mise en cause de l'identité constitutionnelle de la France (CE 8 juillet 2015, M. de Praingy). Lorsque les dispositions réglementaires se bornent à réitérer des dispositions législatives transposant une directive, le moyen tiré de la méconnaissance par les dispositions réglementaires de la Constitution est inopérant en vertu de la théorie de la loi-écran : dans un tel cas, il faut passer par la QPC (CE 6 décembre 2012, Société Air Algérie). En revanche, lorsque le décret ne se borne pas à une telle réitération mais ajoute à la loi en procédant à la transposition directe de certaines dispositions de la directive, la jurisprudence Arcelor s'applique (CE 3 octobre 2016, Confédération paysanne).

Cette conception se heurte à celle de la CJUE, qui estime que le droit de l'Union prime toute norme de droit interne, quel que soit son niveau (CJCE 9 mars 1978, Simmenthal, récemment confirmé par CJUE 8 septembre 2010, Winner Wetten).

- **Le contrôle de conventionnalité des traités, des lois et des actes administratifs**

1. Traité et traité

Le contrôle de conventionnalité d'un traité peut avoir lieu lorsqu'en présence d'une situation juridique donnée, deux traités sont théoriquement applicables. La détermination du traité effectivement appliqué suppose de déterminer lequel des deux l'emporte sur l'autre. La question se pose différemment dans l'ordre juridique communautaire et dans l'ordre juridique interne.

En droit de l'Union européenne, la CJUE a jugé que les traités de l'Union l'emportaient sur les autres traités conclus entre les États membres ou avec des États tiers postérieurement à leur entrée en vigueur (CJCE, Avis du 11 novembre 1975). L'article 351 TFUE (ex-307 TCE) pose en revanche le principe du maintien des traités conclus antérieurement, afin de préserver les droits des États tiers : la CJUE estime en effet que l'article 351 ne saurait permettre aux États membres de se soustraire, dans l'ordre juridique de l'Union, à leurs obligations. L'article 351 invite en revanche les États membres à recourir « à tous les moyens appropriés » pour supprimer les contrariétés existant entre le droit de l'Union et les traités signés avec des États tiers. Le Conseil d'État en a tiré la conséquence qu'il appartenait au juge administratif de s'assurer de la compatibilité d'un accord international bilatéral conclu entre la France et un État tiers avec le droit de l'Union européenne (CE 19 juillet 2019, Association des Américains accidentels).

En droit interne, le Conseil d'État a eu l'occasion de préciser les règles applicables à la résolution d'un conflit de normes internationales. Par une décision CE 23 décembre 2011, M. Kandyrine, il juge ainsi qu'il appartient au juge administratif d'essayer de concilier ces normes, en les interprétant le cas échéant au regard des règles et principes à valeur constitutionnelle et des principes d'ordre public. Si une telle conciliation n'est pas possible, il convient alors d'appliquer la norme internationale dans le champ de laquelle la décision administrative contestée a entendu se placer, en écartant en conséquence le moyen tiré de son incompatibilité avec l'autre norme internationale invoquée, sans préjudice toutefois des conséquences qui pourraient en être tirées en matière d'engagement de la responsabilité de l'État tant dans l'ordre international que dans l'ordre interne. Cette dernière réserve fait écho aux conséquences potentielles de la non-application d'une norme internationale contraire à la Constitution : si la norme ne peut produire d'effet en droit interne, sa non-application peut néanmoins conduire à l'engagement de la responsabilité de l'État. Le juge invite ainsi l'État à restreindre autant que possible la probabilité d'occurrence d'une telle situation en anticipant les éventuels conflits qui pourraient naître entre les normes constitutionnelles et internationales existantes et les nouvelles normes internationales adoptées.

2. Traités et lois

Si les juridictions françaises n'ont jamais hésité à reconnaître la supériorité des traités adoptés postérieurement à la loi, cette supériorité n'a été reconnue que tardivement dans l'hypothèse inverse (traité antérieur à la loi). La Cour de cassation, attachée à la « doctrine Matter », ne l'a reconnue que le 24 mai 1975 par l'arrêt Jacques Vabre. Le Conseil d'État, beaucoup plus réticent, a reviré sa jurisprudence dite « des semoules » (CE 1er mars 1968, Syndicat général des fabricants de semoules de France) par l'arrêt Nicolo du 20 octobre 1989. Le Conseil constitutionnel exerce également un contrôle de la conventionnalité des lois dans ses fonctions de juge électoral (CC 21 octobre 1988, Assemblée nationale, 5e circonscription du Val-d'Oise).

Le contrôle de conventionnalité des lois (même organiques : CE 6 avril 2016, M. Blanc, à condition toutefois que la loi organique ne se borne pas à tirer les conséquences nécessaires de dispositions constitutionnelles) produit aujourd'hui son plein effet, notamment à l'égard du droit communautaire. Le Conseil d'État écarte la loi contraire à un règlement communautaire (CE 24 septembre 1990, Boisdet) ainsi qu'à une directive non transposée (CE 28 février 1992, SA Rothman), étant précisé que, dans le délai de transposition, si la loi existante contraire ne saurait être écartée, le Conseil d'État, d'une part, s'efforce de l'interpréter conformément aux objectifs de la directive et, d'autre part, interdit à l'administration d'adopter des comportements méconnaissant ces objectifs. Il a par ailleurs jugé que l'État ne pouvait se prévaloir d'une directive non transposée (CE 23 juin 1995, SA Lilly France) et que des dispositions législatives qui auraient pour objet ou pour effet de soustraire au contrôle du juge des actes administratifs contraires au droit de l'Union seraient elles-mêmes incompatibles avec les exigences qui découlent de l'application de ce droit (CE 8 avril 2009, Alcaly).

Une loi jugée incompatible avec une norme internationale ne sort pas pour autant de l'ordre juridique interne ; le juge se borne à en écarter l'application au cas d'espèce, mais ne l'annule ni ne l'abroge (il n'en dispose pas du pouvoir). Elle demeure donc applicable, notamment à l'occasion d'un litige ultérieur où le requérant n'aura pas invoqué l'inconventionnalité de la loi, cette inconventionnalité n'étant pas un moyen d'ordre public, ce qui signifie que le juge ne peut la relever d'office (CE 11 janvier 1991, Morgane).

3. Traités et actes administratifs

Contrairement au contrôle de conventionnalité de la loi, celui des actes administratifs est ancien. En 1937, pour la première fois, le Conseil d'État procède à un tel contrôle à propos d'un décret d'extradition (CE 28 mai 1937, Decerf). En 1952, il accepte d'examiner le moyen tiré de la méconnaissance par un décret d'une stipulation internationale (CE 30 mai 1952, Dame Kirkwood). Le droit communautaire lui permet d'étoffer sa jurisprudence : les décrets méconnaissant les objectifs d'une directive sont annulés (CE 7 décembre 1984, Confédération des sociétés de protection de la nature), à l'instar de ceux directement contraires aux directives (CE 28 septembre 1984,

Confédération nationale des sociétés protectrices des animaux). Il avait en outre vidé de sa portée la jurisprudence Cohn-Bendit du 22 janvier 1978 selon laquelle il refusait de connaître du moyen tiré de l'incompatibilité d'un acte individuel aux dispositions suffisamment précises et inconditionnelles d'une directive, par un arrêt Tête du 6 février 1998. Le juge administratif a finalement franchi le Rubicon conceptuel qui lui interdisait de reconnaître l'invocabilité d'une directive à l'appui d'un recours dirigé contre un acte administratif non réglementaire (i. e. individuel ou d'espèce) par un arrêt CE 30 octobre 2009, Mme Perreux. Par cet arrêt, le Conseil d'État juge que « *tout justiciable peut se prévaloir, à l'appui d'un recours dirigé contre un acte administratif non réglementaire, des dispositions* ***précises et inconditionnelles*** *d'une directive, lorsque l'État n'a pas pris, dans les délais impartis par celle-ci, les mesures de transposition nécessaires* » (nous soulignons). L'effet direct des directives est donc conditionné, s'agissant des actes individuels, par leur caractère précis et inconditionnel. On ne retrouve pas cette condition s'agissant des actes réglementaires, dont l'annulation peut être obtenue dès lors qu'ils méconnaissent « les objectifs définis par les directives ». Par sa jurisprudence Alitalia du 3 février 1989, aujourd'hui inscrite à l'article L. 243-2 du code des relations entre le public et l'administration, le Conseil d'État a enfin précisé que l'administration ne pouvait laisser subsister dans l'ordre juridique interne des actes illégaux, notamment contraires au droit de l'Union européenne.

- **Le contrôle de légalité des actes administratifs**

S'assurer que l'administration agit conformément au droit suppose d'abord que le contrôle de cette action par le juge soit aussi effectif que possible ; c'est ainsi que le Conseil d'État a largement reconnu le droit au recours juridictionnel contre les actes de l'administration (CE 17 février 1950, Dame Lamotte), en adoptant notamment une conception extensive de l'intérêt pour agir, qui peut être moral, matériel, celui d'une personne physique ou d'une personne morale défendant son propre intérêt ou celui de ses membres (CE 28 décembre 1906, Syndicat des patrons coiffeurs de Limoges). Ce droit au recours a été confirmé par l'arrêt du Conseil constitutionnel CC 9 avril 1996, Polynésie française, et consacré au niveau européen par l'article 13 de la ConvEDH (pour un développement sur le droit au recours juridictionnel, cf. le chapitre « Droits fondamentaux – aspects procéduraux).

Par ailleurs si la Constitution a conféré au Gouvernement des moyens de s'assurer du respect de la répartition des compétences entre loi et règlement, en lui permettant d'empêcher l'adoption par voie législative de dispositions d'ordre réglementaire, soit en cours de débats (art. 41), soit postérieurement aux débats (art. 37 al. 2), il ne s'agit là que de facultés : le Gouvernement peut toujours décider de maintenir des dispositions réglementaires au sein de textes législatifs, pour des raisons pratiques (la distinction entre ce qui relève de la loi et ce qui relève du règlement n'est pas toujours aisée) ou d'opportunité politique, rendant ainsi ces dispositions insusceptibles de recours devant le juge administratif. Le Conseil d'État a toutefois jugé que le refus opposé par le Gouvernement d'engager la procédure de déclassement prévue à l'article 37 al. 2 de la Constitution pouvait faire l'objet d'un recours pour excès de pouvoir (CE 3 décembre 1999, Association ornithologique de Saône-et-Loire). Cette jurisprudence permet d'assurer un meilleur respect des domaines respectifs de la loi et du règlement et, par suite, de la hiérarchie des normes.

Les modalités du contrôle

- **Les normes de contrôle**

Expression de la volonté générale, la loi interne n'est limitée que par le respect qu'elle doit à la Constitution. Ce respect n'est toutefois assuré par le Conseil constitutionnel que si la loi lui est déférée avant sa promulgation (mise à part l'hypothèse de « délégalisation » offerte par la Constitution au Gouvernement (art. 37 al. 2), qui lui permet de faire déclarer de nature réglementaire des normes inscrites dans des lois et de recouvrer ainsi sa compétence). Les juges ordinaires se sont ainsi toujours refusés à contrôler, par voie d'exception, la constitutionnalité de la loi (sauf dans l'hypothèse assez rare où sont en conflit une loi antérieure à 1958 et la Constitution, la suprématie de cette dernière étant en fait assurée en vertu du principe d'abrogation implicite de la norme antérieure par la norme postérieure contraire, et non après examen de la constitutionnalité de la loi antérieure).

Le Conseil constitutionnel confronte la loi qui lui est déférée au « bloc de constitutionnalité », qui recouvre, depuis la décision CC 16 juillet 1971, Liberté d'association, outre le texte de la Constitution stricto sensu, l'ensemble des normes auxquelles le préambule, dont la portée juridique n'allait pas de soi, faisait référence. Font ainsi partie intégrante du bloc de constitutionnalité la Déclaration des droits de l'homme et du citoyen du 26 août 1789 (DDHC), le préambule de la Constitution du 27 octobre 1946, ainsi que les « principes fondamentaux reconnus par les lois de la République » (PFRLR), auxquels il renvoie, et, depuis la révision de la Constitution du 1er mars 2005, la Charte de l'environnement, dont une première application (négative) a été faite par une décision CC 28 avril 2005, Loi relative à la création du registre international français.

Le Conseil constitutionnel y a ajouté :

- les principes à valeur constitutionnelle, qu'il découvre et consacre librement (continuité du service public, protection du domaine public, normativité de la loi et, depuis la décision CC 6 juillet 2018, Délit d'aide à l'entrée, à la circulation ou au séjour irréguliers d'un étranger, confirmée par CC 6 septembre 2018, Loi pour une immigration maîtrisée, un droit d'asile effectif et une intégration réussie, principe de fraternité, fondé sur les dispositions de l'article 2 de la Constitution énonçant la devise de la République) ;
- et les objectifs à valeur constitutionnelle (OVC), qui doivent guider le législateur dans l'exercice de ses compétences en limitant ou augmentant la protection dont bénéficient les citoyens à l'égard d'une liberté (sauvegarde de l'ordre public, dont participe l'objectif de lutte contre le terrorisme, respect de la liberté d'autrui, préservation du caractère pluraliste des courants d'expression socioculturels, bonne administration de la justice, protection de l'environnement, patrimoine commun des êtres humains (CC 31 janvier 2020, Union des industries de la protection des plantes), etc.).

Figurent également au sein du bloc de constitutionnalité les lois organiques (CC 11 août 1960, Redevance radiotélévision).

S'agissant du bloc de légalité, que doit respecter l'administration dans son activité normative en vertu du « principe de légalité » que le professeur Chapus définit comme « *le principe en vertu duquel [l']activité [administrative] doit être conforme au droit* », il se compose des lois, des normes internationales, des principes généraux du droit, qui ont une valeur « supra-décrétale et infra-législative » (Chapus) et doivent ainsi être respectés aussi bien par le pouvoir réglementaire autonome (CE 26 juin 1959, Syndicat des ingénieurs-conseils) que par les ordonnances prises sur le fondement de l'article 38 de la Constitution (CE 24 novembre 1961, Fédération nationale des syndicats de police). Les règlements doivent également respecter directement la Constitution, qu'il s'agisse des règlements autonomes de l'article 37, ou des modalités d'adoption des règlements prévues par la Constitution (décrets en Conseil des ministres, en Conseil d'État, règles du contreseing, etc.).

- **Les techniques de contrôle**

Il s'agit des techniques employées par le juge pour affiner le contrôle qu'il exerce.

1. L'interprétation en est la plus importante, qui permet au juge de « sauver » un texte en lui conférant un sens qui le rende conforme aux normes supérieures. Le Conseil constitutionnel assortit ainsi ses décisions de « réserves d'interprétation » qui participent de ce qu'on a appelé la « construction de la loi ». L'idée est de conférer par l'interprétation de la loi un sens qui ne la mette pas en contradiction avec la Constitution (CC 21 janvier 1981, Sécurité et Liberté). La décision CC 13 août 1993, Maîtrise des flux migratoires est par exemple riche en réserves d'interprétation. Ces réserves sont également pratiquées dans le cadre de la QPC (CC 18 juin 2010, Époux L.). Les réserves d'interprétation peuvent être :

- stictes : « toute autre interprétation serait contraire à la Constitution » (CC 10 et 11 octobre 1984, Entreprises de presse) ;
- neutralisantes : « ces dispositions sont dépourvues de tout effet juridique », « cet article ne saurait signifier que », « ces dispositions doivent être interprétées comme imposant seulement aux auteurs des documents d'urbanisme d'y faire figurer des mesures tendant à la réalisation des objectifs qu'elles énoncent » (CC 7 décembre 2000, Loi SRU, décision qui en déduit la nature du contrôle que le juge administratif devra exercer sur les documents en cause) ;
- constructives : changement d'une « possibilité » en « droit » ;
- directives : définition des modalités d'application ; voir par exemple CC 29 décembre 2012, Loi de finances pour 2013, qui définit très précisément les conditions dans lesquelles la taxe sur les logements vacants peut être mise en œuvre.

Il revient aux juridictions ordinaires d'assurer le respect de cette interprétation par l'administration (CE 20 décembre 1985, SA Établissements Outters), laquelle est revêtue de l'autorité absolue de la chose jugée (CE 15 mai 2013, Commune de Gurmençon).

2. Le Conseil constitutionnel accepte par ailleurs de contrôler la constitutionnalité d'une loi promulguée à l'occasion de l'examen d'une loi nouvelle qui la modifie, la complète ou affecte son domaine (CC 25 janvier 1985, Loi relative à l'état d'urgence en Nouvelle-Calédonie ; pour des applications positives : CC 15 mars 1999, Loi organique relative à la Nouvelle-Calédonie (première application positive) ; CC 13 juin 2013, Loi relative à la sécurisation de l'emploi). Cette technique, relativement confidentielle jusqu'en 2012 (quatorze décisions entre 1985 et 2012), a connu un regain d'intérêt de la part du Conseil constitutionnel qui l'a employée à dix reprises entre août 2012 et décembre 2014, souvent moins pour censurer la disposition antérieure que pour l'assortir de réserves d'interprétation (par exemple CC 17 mai 2013, Loi ouvrant le mariage aux couples de personnes de même sexe). Le développement de cette modalité du contrôle *a priori*, que l'on aurait pu penser éclipsée par celui de la QPC, témoigne de la volonté du Conseil constitutionnel d'utiliser la totalité des outils à sa disposition, sans privilégier l'un par rapport aux autres, même s'il est vrai qu'elle n'a pas été mise en œuvre en 2015 et qu'elle ne l'a été qu'une fois en 2016 et 2017, deux fois en 2018 et une fois en 2019.

3. Il a également eu recours à la technique dite de « l'effet cliquet », par laquelle il veillait à ce que le législateur ne réduise pas les garanties offertes aux citoyens ; il ne pouvait que les accroître (CC 11 octobre 1984, Liberté de la presse). Cette technique a par la suite été atténuée, le législateur pouvant modifier un régime protecteur d'une liberté publique, voire supprimer certaines garanties, dès lors les nouvelles garanties instituées sont jugées suffisantes et pertinentes par le Conseil constitutionnel (CC 20 novembre 2003, Droit d'asile). Il a réitéré cette approche dans une décision CC 22 mars 2012, Loi relative à la protection de l'identité, en jugeant qu'il est loisible au législateur d'adopter des dispositions nouvelles dont il lui appartient d'apprécier l'opportunité et de modifier des textes antérieurs ou d'abroger ceux-ci en leur substituant, le cas échéant, d'autres dispositions, dès lors que, dans l'exercice de ce pouvoir, il ne prive pas de garanties légales des exigences constitutionnelles.

4. Une autre technique de contrôle consiste, tout en reconnaissant l'inconstitutionnalité de la loi, à ne pas en empêcher la promulgation et à accorder au législateur un délai pour se mettre en conformité avec les normes constitutionnelles. Par une décision CC 29 décembre 2005, Loi de finances pour 2006, le Conseil accorde ainsi au législateur un délai pour instaurer de nouveaux programmes dans une mission qui n'en comprenait qu'un, en contradiction avec la loi organique relative aux lois de finances aux termes de laquelle « *une mission comprend un ensemble de programmes concourant à une politique publique définie* ». Dans cette même décision, il identifie un risque potentiel d'atteinte à l'autonomie financière des collectivités locales (liée à la modification de la taxe professionnelle) et demande au législateur, si ce risque réalise, « *d'arrêter les mesures appropriées pour rétablir le degré d'autonomie financière* » des collectivités. Commentant ces jurisprudences sous le titre « *le temps, excuse de constitutionnalité* », un auteur relève qu'« *à trop jouer avec la ressource « temps », le Conseil pourrait ne plus censurer et inviter seulement le législateur à réparer les inconstitutionnalités que, le cas échéant, l'application de sa loi aurait révélées* » (Dominique Rousseau, Jurisprudence constitutionnelle 2006-2007, *RDP* n° 4-2007, p. 1143). Trois situations existeraient donc : les censures immédiates, les censures différées (un délai est laissé au législateur pour réparer l'erreur), les censures indirectes (si tel effet se produit, alors la loi devient inconstitutionnelle). Le Conseil constitutionnel accepte également de reporter dans le temps les effets d'une déclaration d'inconstitutionnalité (CC 19 juin 2008, Loi relative aux organismes génétiquement modifiés). Il n'a toutefois pas abusé de ces différentes techniques, dont l'application (hors QPC naturellement) demeure rarissime.

5. Les juges administratif et constitutionnel font également varier l'intensité de leur contrôle, octroyant une marge d'appréciation plus ou moins importante à l'institution contrôlée. Bien qu'il rappelle régulièrement ne pas disposer « d'un pouvoir d'appréciation et de décision de même nature que celui du Parlement », le Conseil constitutionnel contrôle l'erreur manifeste d'appréciation commise par le législateur (CC 16 janvier 1982, Loi de nationalisation ; CC 23 août 1985, Loi sur l'évolution de la Nouvelle-Calédonie ; CC 20 décembre 2019, Loi d'orientation des mobilités, à propos de l'exigence pesant sur le Parlement de mettre en œuvre l'article 1er de la Charte de l'environnement consacrant le droit de vivre dans un environnement équilibré et respectueux de la santé) et le juge administratif celle de l'administration. Modifiant la nature de son contrôle, le juge administratif peut également, dans certaines hypothèses, faire le bilan des avantages et inconvénients d'une décision et, lorsque ceux-ci l'emportent sur ceux-là, l'annuler (CE 28 mai 1971, Ville Nouvelle Est – voir sur cette question le chapitre consacré au développement des pouvoirs du juge administratif).

6. Le Conseil constitutionnel contrôle « l'incompétence négative » du législateur, c'est-à-dire son abstention normative, qui peut se caractériser par son silence ou par le transfert de sa compétence à une autre autorité normative. Ainsi par exemple de la censure d'un article de la loi du 20 juin 2018 relative à la protection des données personnelles ne définissant pas suffisamment la notion « d'autorité publique » sous le contrôle de laquelle peuvent être créés des traitements de données à caractère personnel en matière pénale (CC 12 juin 2018, Loi relative à la protection des données personnelles).

7. Enfin, on rappellera que les contrôles de constitutionnalité et de conventionnalité des lois peuvent être réalisés soit *in abstracto*, soit *in concreto*. *In abstracto*, le contrôle l'est par principe. Le contrôle *in concreto* trouve toutefois application dans le cadre de la QPC (cf. *infra*) et, s'agissant du contrôle de conventionnalité, lorsque le Conseil d'État juge que les conditions d'application d'une loi théoriquement conventionnelle peuvent conduire, dans les circonstances de l'espèce, à une méconnaissance des droits garantis par la ConvEDH (CE 31 mai 2016, Gonzalez-Gomez, avec les réserves que l'on sait quant à la portée de cette jurisprudence : cf. *supra* chapitre sur la souveraineté nationale, paragraphe sur la place croissante du droit international en droit interne).

Perspectives

La réflexion actuelle sur la notion de hiérarchie des normes peut être articulée autour de trois axes : modifications de sa structure, amélioration de son respect, atténuation de sa rigueur.

La modification de la hiérarchie des normes – la question du droit européen

Il est rare que la place d'une norme dans un ordre juridique soit modifiée. Le droit de l'Union européenne présente pourtant cette particularité qu'à deux égards son développement pourrait conduire à une modification de sa place, dans l'ordre interne et international.

Dans l'ordre interne, la question de sa place par rapport à la Constitution reste ouverte. Sans remettre en cause la supériorité de la Constitution, le Conseil constitutionnel a renoncé, de fait, à exercer un contrôle de la constitutionnalité du droit dérivé (les hypothèses dans lesquelles il exercera ce contrôle sont trop marginales pour qu'on puisse considérer qu'il s'agit du principe et non de l'exception). En revanche, le traité de Lisbonne signé le 13 décembre 2007 ne comporte pas, à la différence du Traité établissant une Constitution pour l'Europe, de stipulation relative à la primauté du droit communautaire sur le droit des États membres. On pourrait en déduire une reconnaissance implicite de la supériorité des Constitutions des États membres. Ce serait oublier, d'une part, l'adjonction au traité d'une déclaration (n° 27) mentionnant expressément la jurisprudence de la CJUE relative à la primauté du droit de l'Union sur toute norme de droit interne, et, d'autre part, l'instauration d'un droit de retrait de l'Union (article 50 TUE, mis en œuvre par le Royaume-Uni dans le cadre du Brexit le 29 mars 2017 après le référendum de 2016), qui peut être interprété comme une justification de cette primauté, l'État membre qui en refuserait les conséquences pouvant renoncer à son appartenance à l'Union.

Ces éléments n'ont pas convaincu le Conseil constitutionnel, qui a réaffirmé que l'entrée en vigueur du traité de Lisbonne n'aurait pas pour effet de conférer au droit de l'Union une supériorité à la Constitution française (CC 20 décembre 2007, Traité modifiant le Traité sur l'Union européenne et le Traité instituant la Communauté européenne).

Mais ils ne seront pas non plus de nature à faire évoluer la jurisprudence de la CJUE sur la question, perpétuant ainsi un conflit et une incertitude préjudiciables à la sécurité juridique.

Plus apaisées seront les relations entre la CJUE et la CEDH une fois l'adhésion de l'UE à la ConvEDH permise par le traité de Lisbonne (article 6-2). Cette adhésion sera de nature à conférer une supériorité au droit de la ConvEDH sur le droit de l'Union, consacrant ainsi la ConvEDH au sommet de la pyramide des normes européennes de protection des droits de l'homme. L'avis rendu par la CJUE le 18 décembre 2014 jugeant, en l'état, impossible cette adhésion éloigne toutefois, il est vrai, cette perspective, qui n'a pas connu d'actualité depuis (pour un développement sur cet avis, cf. le chapitre Droits fondamentaux – aspects procéduraux).

Les voies d'une amélioration du respect de la hiérarchie des normes

Indépendamment de son évolution, la hiérarchie des normes telle qu'elle existe appelle les développements suivants.

• L'amélioration du contrôle de constitutionnalité des lois : la question prioritaire de constitutionnalité (QPC)

1. L'origine

La question de l'introduction d'un contrôle de constitutionnalité des lois par la voie de l'exception, après les deux projets de 1990 et 1993, est revenue à l'ordre du jour dans le cadre des travaux du Comité de réflexion et de proposition sur la modernisation et le rééquilibrage des institutions de la Cinquième République instauré par le président de la République à l'automne 2007. Jean-Marc Sauvé, vice-président du Conseil d'État, s'était montré, à l'occasion de son audition par ce comité, favorable à l'instauration d'un tel contrôle, pour deux raisons principales tenant, d'une part, à ce qu'il existe des principes importants en droit français qui ne trouvent pas leur équivalent en droit européen (le principe de laïcité, le droit de grève, la continuité des services publics, certains principes consacrés par la Charte de l'environnement, certains objectifs à valeur constitutionnelle, ainsi que des principes plus techniques : l'existence d'une juridiction administrative, la libre administration des collectivités territoriales, l'indépendance des professeurs d'université, etc.) et, d'autre part, à la nécessité d'assurer un meilleur respect de la hiérarchie des normes, la primauté de la Constitution sur la loi devenant assez formelle une fois la loi promulguée.

La réforme constitutionnelle du 23 juillet 2008 a pris acte de ces éléments et a introduit en France un nouvel outil de contrôle du respect de la hiérarchie des normes : le contrôle de constitutionnalité des lois *a posteriori*, c'est-à-dire après leur promulgation. L'article 61-1 de la Constitution dispose désormais que « *Lorsque, à l'occasion d'une instance en cours devant une juridiction, il est soutenu qu'une disposition législative porte atteinte aux droits et libertés que la Constitution garantit, le Conseil constitutionnel peut être saisi de cette question sur renvoi du Conseil d'État ou de la Cour de cassation qui se prononce dans un délai déterminé* ». La loi organique du 10 décembre 2009 a précisé les conditions d'application de cet article. Le décret du 16 février 2010 en a assuré la déclinaison contentieuse, devant les juges administratif et judiciaire.

La question de constitutionnalité posée au Conseil constitutionnel est dite « prioritaire » parce que lorsque la juridiction sera saisie de moyens contestant à la fois la conformité d'une disposition législative à la Constitution et aux engagements internationaux de la France, elle devra se prononcer « par priorité » sur la question de constitutionnalité. C'est-à-dire qu'elle doit le cas échéant saisir le Conseil d'État, puis attendre la réponse du Conseil constitutionnel, alors même que la non-conformité de la loi à une convention internationale (droit de l'Union européenne, ConvEDH) ne ferait aucun doute. Sans doute était-ce l'une des conditions du succès du dispositif.

2. Le mécanisme

On peut présenter ainsi le mécanisme, entré en vigueur le 1er mars 2010, de la QPC, que la CJUE semble avoir jugé, par une décision ambiguë, conforme au droit de l'Union européenne (CJUE 22 juin 2010, Melki) :

a. Le contrôle de constitutionnalité *a posteriori* ne peut être déclenché qu'à l'occasion d'une instance juridictionnelle à l'occasion de laquelle la conformité à la Constitution d'une « disposition législative » applicable au litige sera contestée par les parties elles-mêmes, le juge ne pouvant d'office soulever un grief d'inconstitutionnalité de la disposition législative applicable. Par « disposition législative », il faut entendre la loi dans son ensemble ou seulement un ou plusieurs de ses articles, sachant que sont aussi concernées :

- les ordonnances ratifiées (CE 11 mars 2011, Benzoni, confirmé par CC 10 février 2012, Patrick E. – les ordonnances non ratifiées, de valeur réglementaire, ne peuvent donc pas faire l'objet d'une QPC, sauf leurs dispositions de valeur législative inséparables des dispositions législatives existantes qu'elles modifient : CC 5 juillet 2013, Société Numéricable et CE 16 janvier 2018, Union des ostéopathes animaliers et, depuis une décision CC 28 mai 2020, Autorisation d'exploiter une installation de production d'électricité, les dispositions relevant du domaine de la loi figurant dans une ordonnance non ratifiée mais dont le délai d'habilitation a expiré) ;
- les lois antérieures à 1958, dont la constitutionnalité peut dorénavant être contrôlée, ce qui n'était par construction pas possible dans le cadre du contrôle de constitutionnalité *a posteriori* (CC 14 octobre 2010, Compagnie agricole de la Crau) ;
- l'interprétation que donnent des lois les juridictions ordinaires (CC 6 octobre 2010, Isabelle D., CC 1er août 2013, Société Natixis, CE 20 décembre 2018, Commune de Chessy).

Ne peuvent en revanche faire l'objet d'une QPC :

- les lois de ratification de conventions internationales, puisque l'examen de leur constitutionnalité reviendrait à contrôler la constitutionnalité de la convention elle-même, ce que le Conseil ne peut en principe faire que dans le cadre de l'article 54 de la Constitution : il était peu probable qu'il s'engageât dans une « révision générale » des traités liant la France à la faveur du développement de la QPC (CE 14 mai 2010, M. Rujovic) ;
- les lois de transposition des directives, puisque l'appréciation de leur constitutionnalité impliquerait celle de la directive elle-même, la jurisprudence « Loi relative aux droits d'auteur » s'applique donc : QPC impossible, sauf méconnaissance d'un principe inhérent à l'identité constitutionnelle de la France (CC 17 décembre 2010, M. Kamel D.) ;
- les lois de programmation, parce qu'elles sont en principe dépourvues de portée normative (CE 18 juillet 2011, Fédération nationale des chasseurs) ;
- les lois organiques, qui font l'objet d'un examen intégral et automatique par le Conseil constitutionnel dans le cadre du contrôle *a priori* (CE 29 juin 2011,

Président de l'assemblée de la Polynésie française), sauf, peut-être, en cas de changement dans les circonstances (sur cette notion, cf. *infra*) ;

- les lois référendaires, pour les mêmes raisons qui les font échapper au contrôle *a priori* (CC 25 avril 2014, Province Sud de Nouvelle-Calédonie) ;
- les lois d'habilitation, par lesquelles le législateur autorise le Gouvernement, sur le fondement de l'article 38 de la Constitution, à prendre par ordonnance des mesures du domaine de la loi (CE 23 janvier 2015, Tirat) ;
- les lois qui ont produit l'intégralité de leurs effets avant l'entrée en vigueur de la Constitution (CE 4 mai 2016, Mme Fabry) ;
- les ordonnances ratifiées en cours d'instance, qui perdent de ce fait leur caractère réglementaire et prive le juge administratif de sa compétence pour se prononcer sur les recours contentieux dirigées à leur encontre (CE 13 juin 2018, Conseil national de l'ordre des infirmiers).

Le Conseil d'État a une conception souple de la notion d'applicabilité de la disposition au litige, puisqu'il accepte de transmettre une disposition « *non dénuée de rapport avec les termes du litige* ».

Une fois la disposition législative applicable identifiée, trois conditions sont nécessaires à sa transmission par le juge de première instance au Conseil d'État :

- la disposition ne doit pas avoir déjà été déclarée conforme à la Constitution. Si tel est le cas, la QPC n'est pas possible, à moins qu'un « changement des circonstances » de droit ou de fait ne permette malgré tout la saisine du Conseil constitutionnel (ainsi par exemple de l'introduction de l'article 66-1 de la Constitution postérieurement à la décision du Conseil constitutionnel sur une disposition législative : CE 8 octobre 2010, M. D. ; ou encore des « changements ayant affecté la vie politique et l'organisation institutionnelle du pays », qui ont permis le renvoi des dispositions législatives instaurant la règle de publicité des parrainages des candidats à l'élection présidentielle : CE 2 février 2012, Le Pen ; ou encore, une évolution jurisprudentielle du CC lui-même peut caractériser un changement dans les circonstances de droit : CC 5 juillet 2013, Numéricable, jugeant que constituait un tel changement sa décision du 12 octobre 2012 dans laquelle il a jugé « *que, lorsqu'elles prononcent des sanctions ayant le caractère d'une punition, les autorités administratives indépendantes doivent respecter notamment le principe d'impartialité découlant de l'article 16 de la Déclaration de 1789* »). Le Conseil d'État a adopté une conception restrictive de la notion de « *disposition n'ayant pas déjà été déclarée conforme à la Constitution* » : ainsi des dispositions législatives ne peuvent être regardées comme ayant été déclarées conformes à la Constitution par une précédente décision du Conseil constitutionnel déclarant des dispositions analogues mais distinctes conformes à la Constitution avec une réserve d'interprétation (CE 9 mai 2017, M. Herzi) ;
- la question de sa contrariété avec la Constitution ne doit pas être dépourvue de caractère sérieux, cette condition permettant au juge d'écarter les moyens tirés de l'inconstitutionnalité de la loi manifestement infondés ;

- la disposition doit porter atteinte « aux droits et libertés que la Constitution garantit » : la réforme n'a donc pas pour objet de permettre la vérification de la conformité des lois à la Constitution par rapport à d'autres dispositions constitutionnelles (on peut penser par exemple au respect de la procédure législative, ou à la répartition des compétences entre la loi ou le règlement – sauf lorsque du respect de cette répartition dépend la garantie du droit ou de la liberté en question, ou encore aux possibilités d'expérimentations offertes par l'article 37-1, qui n'est pas au nombre des droits et libertés garantis par la Constitution : CE 11 décembre 2019, Commune de Locronan). Ces droits et libertés sont ceux figurant dans la DDHC, dans le Préambule de 1946 ainsi que les PFRLR. Le Conseil constitutionnel a jugé que la Charte de l'environnement était au nombre des normes de contrôle (CC 8 avril 2011, M. Michel Z.), et que la méconnaissance par le législateur de sa propre compétence pouvait être invoquée dans le cadre d'une QPC dès lors qu'un droit ou une liberté que la Constitution garantit était affecté (CC 18 juin 2010, SNC Kimberly Clark). Il est moins évident de savoir si les objectifs à valeur constitutionnel (OVC), qui encadrent certes l'action du législateur mais ne constituent pas à proprement parler des droits, pourront être invoqués à l'appui d'une QPC. À ce jour, le Conseil constitutionnel est demeuré prudent. Il a pourtant jugé que certains OVC ne pouvaient être invoqués dans le cadre de la QPC : l'accessibilité et l'intelligibilité de la loi (CC 23 juillet 2010, M. Alain C., sauf lorsque la disposition en cause n'est pas rédigée en français : CC 30 novembre 2012, M. Christian S.), l'objectif de bonne administration de la justice (CC 10 décembre 2010, Mme Barta Z., CC 29 novembre 2013, M. Christophe D.), le consentement à l'impôt (CC 18 juin 2010, SNC Kimberly Clark), mais sans ériger en principe le caractère non invocable des OVC à l'appui d'une QPC. Il a admis une telle invocation, s'agissant de l'OVC de protection de l'environnement, patrimoine commun des êtres humains, par une décision CC 31 janvier 2020, Union des industries de protection des plantes.

b. Une fois ces trois questions préalables résolues par l'affirmative (l'existence d'une disposition législative non déjà jugée conforme à la Constitution et dont l'atteinte qu'elle porte à un droit ou une liberté n'est pas dépourvu de caractère sérieux), le juge de première ou seconde instance doit saisir le Conseil d'État ou la Cour de cassation qui dispose alors d'un délai de trois mois pour effectuer un second examen et, le cas échéant, saisir à leur tour le Conseil constitutionnel. Ce second examen porte sur trois questions : les deux premières sont identiques à celles examinées par les juges du fond, le Conseil et la Cour vérifiant l'appréciation à laquelle ils se sont livrés. En revanche, le Conseil et la Cour examinent une troisième question, qui leur est propre : la QPC doit être nouvelle ou présenter un caractère sérieux. Une question nouvelle « *est une question portant sur l'interprétation d'une disposition ou d'un principe constitutionnel dont le Conseil constitutionnel n'a encore jamais fait application* » (Maugüé et Stahl). Elle est aussi la question qui, bien que ne présentant pas un caractère sérieux, permettrait au Conseil constitutionnel de préciser sa jurisprudence, ou de trancher une question se posant dans de nombreux litiges : il y a une part d'opportunité dans la transmission de la QPC que permet la mise en œuvre de ce « critère alternatif » qu'est la question nouvelle. Enfin, contrairement aux juges du fond qui s'assurent que la question n'est pas « dépourvue de caractère sérieux », le Conseil et la Cour doivent eux s'assurer que la question « présente un caractère sérieux » : la différence est minime mais permet un nouvel examen, plus poussé, que celui des premiers juges.

c. Une fois saisi, le Conseil constitutionnel dispose d'un délai de trois mois pour statuer après une audience publique où les parties au litige mais également le président de la République, le Premier ministre et les Présidents de l'Assemblée et du Sénat peuvent présenter des observations. Le mécanisme de la QPC ne grève donc pas les délais de jugement, d'autant que la procédure suit parallèlement son cours (l'instruction se poursuit, notamment sur les questions sans rapport avec la QPC ; il est également possible de poser parallèlement une question préjudicielle à la CJUE : CC 12 mai 2010, Loi relative à l'ouverture à la concurrence des jeux d'argent en ligne), le juge pouvant dès lors statuer rapidement dès réponse du Conseil constitutionnel. Le bilan établi par le Conseil constitutionnel le 1er mars 2015 sur « cinq ans de QPC » fait état d'un délai moyen de jugement des QPC de soixante-dix jours. Il est au 1er juillet 2020 de 74 jours (source : site internet du Conseil constitutionnel)

d. Lorsque le juge a transféré la QPC au Conseil constitutionnel, il doit surseoir à statuer dans l'attente de la réponse du Conseil. Il existe toutefois des exceptions : les procédures d'urgence, les contentieux pour lesquels un délai de jugement est imposé (droit des étrangers notamment), ceux dans lesquels un sursis à statuer pourrait préjudicier aux droits d'une partie, peuvent impliquer que le juge statue sans attendre la décision du Conseil. Il en va obligatoirement ainsi (en vertu de l'article 23-3 de la loi organique), lorsqu'une personne est privée de liberté à raison de l'instance au moment où la question est soulevée ou bien lorsque l'instance a pour objet de mettre fin à une mesure privative de liberté.

e. À l'issue de la procédure devant le Conseil constitutionnel, la loi déclarée non conforme est abrogée, en principe à la date à laquelle il statue. L'article 62 de la Constitution dispose ainsi que « *Une disposition déclarée inconstitutionnelle sur le fondement de l'article 61-1 est abrogée à compter de la publication de la décision du Conseil constitutionnel ou d'une date ultérieure fixée par cette décision. Le Conseil constitutionnel détermine les conditions et limites dans lesquelles les effets que la disposition a produits sont susceptibles d'être remis en cause* ». Il y a là un avantage non négligeable de la QPC par rapport au contrôle de conventionnalité classique, dans lequel le juge se borne à ne pas appliquer au litige une loi qui demeure par ailleurs en vigueur dans l'ordonnancement juridique. S'inspirant d'un principe désormais bien établi permettant au juge de moduler dans le temps les effets des décisions qu'il rend, le constituant a offert au Conseil constitutionnel une marge de manœuvre lui permettant de moduler les conséquences de l'abrogation de la loi déclarée contraire à la Constitution. Il lui est laissé la double opportunité, d'une part, de différer la date de l'abrogation (par exemple CC 28 mai 2010, Cristallisation des pensions, sept mois étant accordés au législateur pour adopter les mesures nécessaires ; CC 30 juillet 2010, Garde à vue, un délai de onze mois étant laissé au législateur, compte tenu des risques pour l'ordre public d'une abrogation immédiate des normes relatives à la garde à vue ; CC 29 novembre 2013, Société Wesgate Charters Ltd, report de l'abrogation des dispositions du code des douanes relatives à la visite des navires par les agents des douanes au 1er janvier 2015, l'abrogation immédiate des dispositions en cause méconnaissant les objectifs de prévention des atteintes à l'ordre public et de recherche des auteurs d'infraction) et, d'autre part, de décider que certains effets passés de la loi abrogée seront remis en cause (alors qu'en principe l'abrogation ne concerne que le futur et n'a pas pour effet de remettre en cause les effets passés). Lorsqu'il décide une abrogation différée, ce qui est fréquent, la loi continue de s'appliquer jusqu'à la date d'abrogation, alors même qu'elle a été déclarée inconstitutionnelle, y compris aux parties dont le litige a été à l'origine de la décision en cause (ce qui peut avoir pour conséquence le rejet du recours dirigé contre un décret pris sur le fondement d'une loi déclarée inconstitutionnelle mais dont l'abrogation est différée : CE 14 novembre 2012, Association France nature environnement, le Conseil constitutionnel n'ayant pas « *entendu remettre en cause les effets que la disposition déclarée contraire à la Constitution avait produits avant la date de son abrogation* »). Pour remédier à cette situation indésirable, il arrive au Conseil constitutionnel d'enjoindre les juridictions de surseoir à statuer jusqu'à l'intervention de l'abrogation (CC 28 mai 2010, Cristallisation des pensions).

f. Une fois la décision du Conseil constitutionnel rendue, le juge qui en était à l'origine se retrouve saisi de plein droit du procès dont le déroulement se poursuit normalement : soit la disposition législative a été déclarée conforme, et elle sera appliquée ; soit elle a été déclarée partiellement conforme ou non conforme, et le juge devra tenir compte des conditions dont le Conseil constitutionnel a assorti l'abrogation prononcée. Dans le silence de la décision du Conseil constitutionnel sur ce point, la loi abrogée ne sera pas appliquée, et le juge devra trancher le litige en fonction des autres textes applicables, à défaut en se référant aux sources non écrites (principes généraux du droit notamment). S'agissant des autres litiges en cours soulevant la même question, il arrive au Conseil constitutionnel de prévoir explicitement l'application de la décision rendue à ces litiges (CC 11 juin 2010, M. Stéphane A.). À défaut de précision, le Conseil d'État juge que la solution retenue s'applique, même d'office, à ces litiges (CE 13 mai 2011, Mme M'Rida).

3. Le bilan après dix ans d'existence

La QPC est un succès. En un an, entre mars 2010 et mars 2011, 1042 QPC avaient été soulevées devant le juge administratif, toutes juridictions confondues. Le Conseil constitutionnel a établi le 1er mars 2015 un bilan portant sur les cinq premières années de la QPC. À cette date, le Conseil d'État et la Cour de cassation avaient été saisis de 2360 QPC, dont 465 ont été renvoyées. Mais au total, ce sont plus de 10°000 QPC qui ont été posées dans tous les tribunaux de France. Sur les 395 décisions QPC rendues, le Conseil a déclaré 70 % des dispositions conformes ou conformes avec réserve et 24 % totalement ou partiellement contraires. Au 1er juillet 2020, près de 850 décisions QPC ont été rendues.

Ces nombres élevés témoignent de la rapidité avec laquelle les acteurs du procès se sont appropriés ce nouvel outil. Ils ont également permis au mécanisme d'atteindre rapidement son rythme de croisière, les principales questions que son application soulevait ayant été rapidement résolues. On peut en outre prédire que cet engouement répond à un besoin destiné à perdurer plus qu'à l'attraction offerte par une institution juridique nouvelle et originale.

Quoi qu'il en soit, le succès de la QPC appelle à ce stade trois remarques.

- La première tient à la réappropriation de la Constitution par les justiciables et, au-delà, les citoyens. Le juge ordinaire s'étant toujours refusé à assurer le contrôle de constitutionnalité des lois, celui-ci ne pouvait l'être que dans le cadre étroit du contrôle *a priori* organisé par l'article 61 de la Constitution. Contrôle abstrait, qui a certes été à l'origine du mouvement de constitutionnalisation du droit, mais qui n'intervenait, par construction, qu'avant la promulgation de la loi. Le justiciable était donc dépendant de la décision des parlementaires de déférer la loi au Conseil constitutionnel, et ne pouvait pas, en l'absence de contrôle (par absence de saisine, ou pour les lois antérieures à 1958) ou à la suite d'un changement dans les circonstances de droit ou de fait, contester la constitutionnalité de la loi applicable à son litige. On pourra objecter, et avec raison, qu'en substance, la contestation de la loi au regard des normes internationales de protection des droits de l'homme (ConvEDH, Charte des droits fondamentaux de l'Union européenne) palliait les limites du contrôle de constitutionnalité *a priori*. Trois éléments distinguent pourtant le contrôle de conventionnalité du contrôle de constitutionnalité *a posteriori* :
  - d'abord, symboliquement, une déclaration d'inconstitutionnalité a plus de portée qu'une simple déclaration d'inconventionnalité ;
  - ensuite, la déclaration d'inconstitutionnalité d'une loi conduit à son abrogation, c'est-à-dire à sa disparition de l'ordre juridique, alors que la loi inconventionnelle est simplement écartée du litige en cause mais conserve sa vigueur par ailleurs ;
  - enfin, et ce point est important, le contrôle *a posteriori* n'est pas un contrôle abstrait mais un contrôle concret au cours duquel sont examinés non seulement le texte de la loi mais également les conditions de son application. La décision CC 30 juillet 2010, Garde à vue, est à cet égard révélatrice : c'est eu égard aux « conditions de sa mise en œuvre » qu'est examinée la constitutionnalité de la garde à vue. Constatant le recours croissant des forces de police à celle-ci et l'importance des éléments rassemblés avant son expiration, qui déterminent largement le cadre du procès à venir, le Conseil estime que les articles du code de procédure pénale la régissant « *n'instituent pas les garanties appropriées à l'utilisation qui en est faite* ». Un tel raisonnement fondé sur les conditions d'application de la loi, au-delà de son seul texte, n'est pas réalisable dans le cadre du contrôle de conventionnalité, qui est un contrôle abstrait (réserve faite de l'hypothèse, qui se rencontrera assez rarement, de la jurisprudence Gonzalez-Gomez du Conseil d'État). C'est ainsi dans la dynamique de leur mise en œuvre qu'est examinée la constitutionnalité des dispositions législatives objet d'une QPC. Cet élément est d'autant plus important que, contrairement au contrôle *a priori*, enserré dans des délais stricts, le contrôle *a posteriori* n'est soumis à aucune condition de délai, le justiciable pouvant soulever une

QPC sur toute loi applicable à son litige quelle que soit sa date d'adoption. Il permettra également un contrôle récurrent d'une même norme, à la faveur des changements des circonstances de droit ou de fait la concernant (et dont on a vu qu'ils faisaient l'objet d'une appréciation souple). La QPC pourra également porter sur des dispositions qui n'auraient pas donné lieu à un contrôle *a priori* : dispositions techniques, ou sans portée politique, ou alors au contraire ayant fait l'objet d'un consensus pour éviter la saisine du Conseil constitutionnel. Illustrant la diversité des domaines soumis au crible de la QPC, on citera la tentative – avortée au stade du Conseil d'État – de critiquer l'apprentissage obligatoire de la Marseillaise à l'école primaire : le Conseil d'État juge, sans surprise, que cet apprentissage ne méconnaît ni la liberté d'opinion ni l'égalité des citoyens devant la loi (CE 23 décembre 2011, Association DIH-Mouvement de protestation civique).

- La deuxième remarque réside dans la modification de l'équilibre juridictionnel entraîné par l'instauration de la QPC au profit du Conseil constitutionnel. Celui-ci ne s'immisce certes pas dans le litige qui en est à l'origine, mais son intervention détermine largement (mais pas exclusivement : une loi déclarée conforme à la Constitution pourra par exemple être écartée par le juge ordinaire pour méconnaissance d'une norme internationale) le droit qui lui est applicable. En outre, les occasions de sa saisine se multiplient très sensiblement, lui offrant l'opportunité d'accroître encore son influence, déjà importante, sur le droit français. Sur le fond d'abord : son intervention croissante lui offre l'occasion de raffiner encore ses techniques de contrôle de la constitutionnalité des lois et d'accroître la protection des droits des citoyens (cf. les chapitres sur les droits fondamentaux). Sur la forme ensuite : ses décisions lui offrent déjà l'opportunité, implicite mais bien réelle, d'orienter le travail législatif, en imposant au législateur de tirer les conséquences de ses décisions et d'adopter les textes qu'elles impliquent. La réforme de la garde à vue, entrée en vigueur au premier semestre 2011 après la déclaration d'inconstitutionnalité du mécanisme par la décision du 30 juillet 2010, en offre un exemple. Le Conseil constitutionnel peut également imposer aux juridictions de surseoir à statuer, voire de modifier leur jurisprudence, notamment lorsqu'il sera saisi de la conformité de leur interprétation de la disposition législative contestée à la Constitution. L'évolution de ces pouvoirs ne manquera pas de soulever des questions importantes relatives notamment aux modalités de nomination de ses membres (parfois appelés à se déporter compte tenu du rôle qui fut le leur – en tant que parlementaire ou membre du Gouvernement – pour l'adoption de la loi contestée) et à ses méthodes de travail (voir le chapitre sur les imperfections institutionnelles de la Ve République, *in fine*). À cet égard, le rapport d'information de la commission des lois de l'Assemblée nationale du 27 mars 2013 proposant de transformer le « Conseil » en « Cour » constitutionnelle, de supprimer les membres de droit, de porter à 12 le nombre de membres et d'exiger des candidats la démonstration de leurs compétences juridiques, suggère des pistes intéressantes qui achèveraient, si besoin était, de faire du juge constitutionnel une véritable juridiction.

- La troisième remarque concerne le rapport entre le contrôle de constitutionnalité et le contrôle de conventionnalité. Les autorités chargées respectivement de ces contrôles demeurent les mêmes, puisque le Conseil constitutionnel a étendu sa jurisprudence IVG à la QPC (CC 12 mai 2010, Loi relative à l'ouverture à la concurrence des jeux d'argent en ligne). En revanche, le contrôle *a posteriori* entraîne ce que Christine Maugüé et Jacques-Henri Stahl appellent un « effet de préemption » et un « effet d'éviction » (voir bibliographie en fin de chapitre). Préemption, puisque le juge est tenu d'examiner la conformité de la loi à la Constitution avant de procéder au contrôle de sa conventionnalité : le débat se déploie donc d'abord, et obligatoirement, sur le terrain constitutionnel. Dans l'hypothèse où la loi aura été déclarée inconstitutionnelle, et par suite (en principe) immédiatement abrogée et donc inapplicable au litige, la question de sa conventionnalité ne se posera plus : c'est l'effet d'éviction. Cet effet ne jouera toutefois que dans les cas d'abrogation immédiate qui ne sont il est vrai pas les plus fréquents. En cas d'abrogation différée, la loi demeure applicable au litige, et l'examen de sa conventionnalité retrouve un espace où se déployer. Mais même dans une telle hypothèse, Christine Maugüé et Jacques-Henri Stahl relèvent qu'on « *ne peut exclure que le contrôle de conventionnalité par les juridictions françaises soit, à l'avenir, influencé par les décisions qui auront été prises par le Conseil constitutionnel dans le cadre de la question prioritaire de constitutionnalité* ». On éprouve en effet quelque difficulté à imaginer un juge ordinaire juger contraire au principe de non-discrimination garanti par la ConvEDH une loi qui aura été déclarée conforme au principe d'égalité garanti par la Constitution par exemple.

Les enseignements de la QPC sont nombreux : réappropriation de la Constitution par le justiciable, renouveau du rôle du Conseil constitutionnel et renforcement de son influence sur la production juridique française, meilleure protection des droits fondamentaux des citoyens, marginalisation (relative) du contrôle de conventionnalité. L'intervention plus fréquente du Conseil constitutionnel permet en outre d'approfondir le dialogue qu'il entretient avec la CEDH et la CJUE, ainsi que l'illustre la première question préjudicielle adressée à celle-ci par le Conseil dans le cadre de l'examen d'une QPC portant sur une loi relative au mandat d'arrêt européen par la décision CC 4 avril 2013, M. Jérémy F.

- **L'extension des possibilités de saisine du Conseil constitutionnel dans le cadre du contrôle** *a priori*

L'absence de saisine automatique du Conseil constitutionnel ouvre la voie à une concertation possible visant à ne pas transmettre au Conseil l'examen d'une loi dont l'opportunité politique n'efface pourtant pas l'irrégularité (réelle ou supposée) juridique. On peut citer à titre d'exemple la loi du 4 mars 2002 relative au droit des malades, qui vise, notamment, à contrecarrer une jurisprudence de la Cour de cassation selon laquelle l'enfant né handicapé suite à une erreur médicale peut réclamer l'indemnisation du préjudice lié à sa naissance ; la loi du 30 décembre 2004 réprimant le délit d'homophobie, et qui réprime notamment ceux qui provoquent à la haine ou à la discrimination d'un « groupe de personnes » en raison de leur orientation sexuelle : l'inconstitutionnalité de cette référence à un

« groupe de personnes » est probable, le Conseil constitutionnel s'étant toujours refusé à reconnaître des spécificités communautaristes. Assez rare, mais portant sur des lois « sensibles », cette « stratégie de contournement » du Conseil amoindrit l'efficacité du contrôle du respect de la hiérarchie des normes. Au total, au cours des années 2000, le Conseil constitutionnel a été saisi annuellement d'entre 25 % et 45 % des lois adoptées par le Parlement, pour une moyenne de 30 %. En outre, si le Conseil est supposé examiner l'intégralité de la loi dont il est saisi, la longueur, la technicité et la complexité de nombre d'entre elles rendent de fait un contrôle exhaustif difficile, compte tenu, notamment, des délais dont il dispose pour statuer.

Élargir les modalités de saisine du Conseil constitutionnel ou introduire un contrôle systématique de la loi votée assurerait un meilleur respect de la Constitution, même s'il est vrai que l'introduction de la QPC relativise l'intérêt de cet élargissement, puisque la loi promulguée peut dorénavant lui être déférée (à l'instar de la loi Gayssot du 13 juillet 1990 instaurant un délit de révisionnisme visant à lutter contre les thèses négationnistes, jugée conforme à la Constitution par la décision CC 8 janvier 2016, M. Vincent R.). On peut toutefois estimer préférable que le Conseil se prononce avant son entrée en vigueur, ne serait-ce que pour éviter le risque qu'une loi inconstitutionnelle soit appliquée, ne serait-ce qu'un temps. On observe d'ailleurs que le taux des lois déférées au Conseil constitutionnel sur le fondement de l'article 61 est demeurée stable, aux alentours de 30 % par an, à la suite de l'entrée en vigueur de la QPC, en raison notamment de l'impossibilité de contrôler la procédure d'adoption de la loi dans le cadre d'une QPC. Le Conseil constitutionnel lui-même s'efforce de préserver un intérêt au contrôle *a priori* : soucieux de purger l'ordre juridique de toute disposition inconstitutionnelle, il opère dans ce cadre un recours plus soutenu à la technique des moyens et conclusions soulevés d'office (35 % des saisines entre 2003 et 2010, 62 % entre 2010 et 2017), qu'il applique aux questions de procédure (52 % des cas) mais aussi aux droits et libertés garantis par la Constitution (19 % des cas, contre 16 % dans le cadre des QPC), et a redonné une vigueur à la jurisprudence État d'urgence en Nouvelle-Calédonie, appliquée à onze reprises entre 2010 et 2017 (contre six entre 1985 et 2010), dont il a au demeurant assoupli les conditions d'application, se contentant « d'un vague lien » (voir pour un développement sur cette question l'article de Camille Fernandes, cité en bibliographie, dont sont issues les données statistiques citées).

Le Conseil constitutionnel refuse également de contrôler la constitutionnalité des lois référendaires (CC 6 novembre 1962, Élection du président de la République au suffrage universel, confirmé par CC 25 avril 2014, Province Sud de Nouvelle-Calédonie). Il y a là un double inconvénient : d'abord, la position du Conseil constitutionnel porte naturellement le risque que la loi adoptée par référendum soit contraire à la Constitution. Elle conduit ensuite le Conseil constitutionnel à ne pas censurer l'utilisation de l'article 11 pour réviser la Constitution, en lieu et place de l'article 89, pourtant expressément prévu à cet effet.

- **L'amélioration du contrôle de légalité des actes administratifs**

Un certain nombre d'actes de l'administration ne sont toujours pas susceptibles d'être soumis au contrôle du juge qui ne vérifiera par conséquent pas leur légalité. Il s'agit des mesures d'ordre intérieur (telle la décision de changer un élève de classe, de lui infliger des heures de retenue, etc.) et des actes de Gouvernement (telle la décision de déférer une loi au Conseil constitutionnel), dont l'étendue s'amenuise certes régulièrement.

L'effectivité de la hiérarchie des normes est également amoindrie par la lenteur parfois excessive de la justice : il n'est parfois guère utile de rétablir la légalité plusieurs années après les faits (sur ce sujet, voir le chapitre sur les pouvoirs du juge administratif).

- **L'amélioration du contrôle de conventionnalité**

La supériorité des traités sur les lois n'est pas systématique

Le Conseil d'État juge que le moyen tiré de l'inconventionnalité d'une loi n'est pas un moyen d'ordre public, et n'a donc pas à être soulevé d'office par le juge (CE 11 janvier 1991, Morgane ; CE 6 décembre 2002, Maciolak). Fondée sur des raisons pratiques (le juge ne peut connaître l'ensemble des traités liant la France), cette jurisprudence a l'inconvénient de faire dépendre l'application du droit international de la culture juridique des requérants. Elle a fait l'objet d'un premier infléchissement par l'arrêt CAA Paris 23 mars 1995, Comité national interprofessionnel de l'horticulture florale (qui soulève d'office le moyen tiré de la méconnaissance du premier alinéa d'un article du TCE alors que les requérants s'étaient bornés à invoquer l'alinéa 2). Une telle évolution pourrait être envisagée, ne serait-ce que parce que, contrairement à la loi ou au règlement interne, la norme internationale n'engage pas l'État de façon autonome et unilatérale : est en jeu dans l'application de cette norme le respect du contrat signé avec un tiers (un autre État). L'État s'est engagé, vis-à-vis de lui, à appliquer un contrat (le traité) : il ne serait pas anormal que l'ensemble des autorités de l'État veille à cet engagement, y compris donc le pouvoir judiciaire. La reconnaissance du caractère d'ordre public de la méconnaissance du traité international se heurterait toutefois en pratique à de sérieuses difficultés : outre que cela ne ferait que déplacer le problème de la connaissance de la norme internationale des parties au juge et donc faire dépendre l'application de celle-là de la culture juridique de celui-ci, il faudrait que le juge procède à la vérification de la condition de réciprocité et, avant, des régulières publication et ratification des normes internationales en cause. Si la correction d'une erreur commise par les parties quant à la norme applicable, sur le modèle de l'arrêt de la CAA de Paris précité, peut ainsi être envisagée, il semble plus délicat d'ériger le moyen tiré de l'inconventionnalité de la norme un moyen d'ordre public.

À cette première limite s'en ajoute une autre, également d'ordre procédural, selon laquelle le juge des référés, qui statue dans l'urgence, ne peut connaître du moyen tiré de la méconnaissance par la loi d'une norme internationale (CE 30 décembre 2002 Carminati), par exception donc au principe applicable devant le juge du fond depuis l'arrêt Nicolo du 20 octobre 1989. Cette solution est fondée sur l'office du juge des référés qui, statuant dans l'urgence, ne saurait prendre en compte les exigences du droit international. Ce à quoi il peut être répliqué que l'appréciation de la compatibilité d'une norme nationale avec une norme internationale est pour le juge un exercice devenu familier qui ne soulève guère plus de difficulté que l'appréciation de la conformité d'un règlement à une loi. Le Conseil d'État semble d'ailleurs marquer un abandon de la jurisprudence Carminati. Par une ordonnance du 6 mars 2008, Dociev, il a en effet accepté de contrôler la conformité d'une loi relative au droit d'asile à la ConvEDH. Il avait également effectué un tel contrôle par une ordonnance du 21 avril 2007, Société anonyme Antilles Télévision. La portée de ces deux ordonnances était encore incertaine jusqu'à l'ordonnance CE 16 juin 2010, Diakité, par laquelle le Conseil d'État a expressément jugé que le juge du référé-liberté pouvait procéder à un contrôle de la conventionnalité de la loi. Et si les ordonnances Dociev et Diakité subordonnaient l'accueil du moyen à une « incompatibilité manifeste » de la disposition nationale avec le droit de l'Union, l'ordonnance du 14 février 2013, M. L., abandonne cette exigence et suspend une disposition nationale pour simple « méconnaissance » d'une directive. La possibilité d'écarter une loi « manifestement incompatible » avec les engagements européens ou internationaux de la France a enfin été reconnue au juge des référés-liberté par la décision CE 30 mai 2016, Mme Gonzalez-Gomez, quelle que soit la norme internationale en cause (en l'espèce il s'agissait de la ConvEDH).

Il faut aussi mentionner la jurisprudence du Conseil d'État sur la coutume et les principes du droit international. Par un arrêt CE 6 juin 1997, Aquarone, le Conseil d'État a précisé, malgré le 14e alinéa du préambule de la Constitution de 1946, aux termes duquel la France « se conforme aux règles du droit public international », que la coutume internationale ne faisait pas partie du « bloc de conventionnalité ». N'en font pas partie non plus les principes généraux du droit international (CE 28 juillet 2000, Paulin).

Enfin, s'agissant du droit international non issu de l'Union européenne, le Conseil d'État se refuse à annuler un acte réglementaire qui méconnaîtrait les seules orientations d'une stipulation internationale : l'invocabilité de cette stipulation à l'appui d'un recours dirigé contre un acte réglementaire (*a fortiori* individuel) est subordonnée à ce qu'elle ne requiert l'intervention d'aucun acte complémentaire pour produire des effets à l'égard des particuliers (CE 11 avril 2012, GISTI, qui assouplit un peu le précédent critère du caractère suffisamment précis et inconditionnel de la stipulation en cause [CE 23 avril 1997, GISTI]). Le commissaire du Gouvernement Abraham avait pourtant proposé dans ses conclusions sur cet arrêt une évolution de jurisprudence alignant le droit international sur le droit de l'Union européenne et permettant l'annulation des actes réglementaires qui méconnaîtraient les objectifs de la norme internationale, réservant le critère de la précision et de l'inconditionnalité aux recours dirigés contre les actes individuels. Il n'a pas été suivi.

La supériorité de la Constitution sur les traités souffre également de limites

À l'instar de l'article 61, l'article 54 de la Constitution n'instaure aucune automaticité de la saisine du Conseil constitutionnel, ouvrant la voie à la ratification d'un traité non « breveté » par le Conseil. S'il est vrai que l'hypothèse est rare en ce qui concerne les traités les plus importants (relatifs à la construction européenne notamment), on relève que, depuis 1970, le Conseil constitutionnel n'a été saisi sur le fondement de l'article 54 qu'à quatorze reprises (la dernière fois le 31 juillet 2017 à propos de l'accord économique et commercial global entre le Canada, d'une part, et l'Union européenne et ses États membres, d'autre part). L'article ne permet pas non plus la prise en compte du droit de l'Union dérivé, qui concerne de plus en plus de matières intéressant directement la souveraineté nationale.

L'instauration d'une saisine obligatoire du Conseil constitutionnel pour les traités les plus importants (ceux évoqués à l'article 53 de la Constitution notamment), et le développement du contrôle de constitutionnalité des normes dérivées (qui serait réalisé de façon institutionnalisée par le Conseil d'État) pourraient pallier ces difficultés.

La question du contrôle de conventionnalité des lois par le Conseil constitutionnel

Plus fondamentalement, derrière l'évolution du contrôle du respect de la hiérarchie des normes se profile le positionnement respectif des juges ordinaires et du Conseil constitutionnel au sein de l'ordre juridictionnel français. Depuis 1975, le Conseil constitutionnel veille à préserver une distinction qui a l'apparence de la simplicité : le contrôle de constitutionnalité relève du Conseil constitutionnel, celui de conventionnalité des juges ordinaires. L'imbrication croissante du droit de l'Union européenne et du droit constitutionnel brouille toutefois les frontières. L'article 88-1 de la Constitution faisant du respect du droit de l'Union une exigence constitutionnelle, la méconnaissance de ce droit implique une méconnaissance de la Constitution. Le droit de l'Union est ainsi absorbé par le droit constitutionnel dont il devient une des composantes, un des éléments du « bloc de constitutionnalité ». La jurisprudence Loi relative au droit d'auteur de 2006 en témoigne : le Conseil constitutionnel exerce bien un contrôle de conventionnalité de la loi de transposition d'une directive, puisqu'il s'assure que cette loi n'en méconnaissait pas les stipulations : comment expliquer qu'une loi transposant incorrectement une directive encoure la censure alors qu'une loi qui ne la transposerait pas mais qui en méconnaîtrait les dispositions (parce qu'intervenant dans la même matière par exemple), y échapperait ? L'habilitation constitutionnelle relative au droit de l'Union existait en outre déjà s'agissant du droit conventionnel classique : l'article 55 de la Constitution, aux termes duquel « *les traités* [...] *régulièrement ratifiés ont une autorité supérieure à celle des lois* » permettait déjà d'inclure le droit international dans le bloc de constitutionnalité : « *puisque [cet article] a pour objet d'affirmer la supériorité du Traité sur la loi, une loi qui serait contraire à un Traité serait par là même contraire aux dispositions de l'article 55 de la Constitution* » (Dominique Rousseau). Aucun obstacle juridique ne s'oppose donc à ce que le Conseil constitutionnel exerce un contrôle de conventionnalité de la loi. Le caractère « relatif et contingent » de la supériorité du traité sur la loi n'a en outre guère de portée s'agissant du droit de l'Union européenne, eu égard à l'étendue matérielle de ce droit et à l'absence de condition de réciprocité. Une telle évolution permettrait notamment au Conseil de sortir de la situation paradoxale qui est la sienne à savoir qu'il « *interprète les principes constitutionnels à la lumière des droits fondamentaux garantis par la Convention EDH mais refuse d'étendre les normes de référence de son contrôle à celle-ci* » (Olivier Dutheillet de Lamothe). Naturellement, l'abandon de la jurisprudence IVG aurait pour effet de marginaliser le contrôle de conventionnalité du juge ordinaire, qui ne le conserverait que pour les lois sur lesquelles le Conseil constitutionnel ne se serait pas prononcé et le retrouverait en cas de changement dans les circonstances de fait et de droit depuis la déclaration de conventionnalité par le Conseil constitutionnel. Mais faudrait-il s'en plaindre ? Il peut sembler préférable d'empêcher l'entrée en vigueur d'une loi inconventionnelle plutôt que d'attendre qu'un juge hypothétiquement saisi ne fasse qu'en écarter l'application au litige qui lui est soumis ; au moins la question mérite-t-elle d'être posée, même s'il est vrai que la réponse à y apporter est loin d'être évidente.

Ce n'est pourtant pas la voie que prend le Conseil constitutionnel, qui réaffirme régulièrement son refus d'exercer un contrôle de conventionnalité des lois lorsqu'il est saisi sur le fondement de l'article 61 ou de l'article 61-1 (QPC) de la Constitution (voir, en dernier lieu, et s'agissant d'une QPC : CC 12 mai 2010, Loi relative à l'ouverture à la concurrence des jeux d'argent en ligne).

L'atténuation de la rigueur du principe hiérarchique

- **Liée à la prise en compte du principe de sécurité juridique**

Aujourd'hui, les exigences tenant au respect de la hiérarchie des normes tendent à s'effacer derrière celles relatives à la sécurité juridique des citoyens. Il est des hypothèses où le rétablissement de la légalité porte des atteintes excessives à la stabilité des relations juridiques et au respect des droits acquis. C'est ainsi que le retrait (c'est-à-dire la disparition rétroactive) d'une décision créatrice de droits au-delà d'un délai de quatre mois à compter de sa notification n'est plus possible, même si elle est illégale (CE 26 octobre 2001, Ternon, dont le principe est aujourd'hui repris à l'article L. 242-1 du code des relations entre le public et l'administration, entré en vigueur le 1er juin 2016). Le Conseil d'État tient également compte du temps qui passe en restreignant les possibilités de remettre en cause les situations juridiques résultant de l'application d'un texte : ainsi un requérant ne peut-il en principe exercer un recours contre un acte qui lui a été notifié ou dont il a eu connaissance à l'issue d'un délai d'un an, alors même que l'acte en cause ne mentionnerait pas les voies et délai de recours (CE 13 juillet 2016, Czabaj – voir sur cette importante décision le chapitre sur la sécurité juridique). On peut aussi mentionner la décision interdisant d'invoquer par la voie de l'exception l'illégalité externe d'un acte réglementaire (réserve faite de la compétence de son auteur) à l'appui d'un recours dirigé contre un acte administratif pris pour l'application de l'acte réglementaire ou dont ce dernier constitue la base légale (CE 18 mai 2018, Fédération des finances et des affaires économiques de la CFDT) : les vices de forme et de procédure dont un tel acte serait entaché ne peuvent être invoqués qu'à l'appui d'un recours direct dirigé contre cet acte.

- **Liée à la rigidité d'une hiérarchie trop formellement conçue**

1. La multiplication des niveaux de la hiérarchie en rend la lecture complexe et le respect plus incertain : en intégrant les normes européennes, se succèdent la Constitution, la ConvEDH, le TUE et le TFUE, les règlements et directives de l'Union, les lois, les règlements et les décisions individuelles (qui ne sont toutefois pas des « normes » à proprement parler). Il faut ajouter à cela les normes produites au niveau local, importantes dans les États fédéraux (compétences des Länder allemands par exemple), mais non négligeables dans les États unitaires comme la France où les collectivités territoriales disposent de compétences normatives importantes (en matière d'urbanisme et d'aménagement du territoire par exemple). Là aussi une meilleure répartition des compétences serait souhaitable. Enfin, il ne faut pas non plus négliger la multiplication des autorités détentrices de compétences normatives que sont les autorités administratives indépendantes chargées de réguler un secteur donné, ce qu'elles font notamment à travers le « droit mou » dont la place au sein de la hiérarchie est incertaine (pour un développement sur ce point, cf. le chapitre sur les mutations de la norme).

La multiplicité des autorités qui interviennent dans l'élaboration de normes de plus en plus nombreuses et complexes porte ainsi un risque de dérive, à tous les niveaux de la hiérarchie (l'article L. 111-1 du code du tourisme aux termes duquel « *l'État, les régions, les départements et les communes sont compétents dans le domaine du tourisme et exercent ces compétences en coopération et de façon coordonnée* » est à cet égard loin d'être exemplaire).

L'une des solutions pourrait passer par un meilleur respect du principe de subsidiarité, en opérant une répartition exclusive des compétences par niveau où s'élabore la norme. Le traité de Lisbonne, qui procède à une réécriture du principe de subsidiarité censée en assurer un meilleur respect, va en ce sens, en laissant aux États le soin de légiférer dans les domaines de compétences qui peuvent être mieux mis en œuvre à leur niveau. Mais l'exercice présente assez rapidement des limites, liées à l'inévitable interpénétration des niveaux de compétences, que doublent un respect commun de principes fondamentaux identiques et l'existence d'un noyau irréductible de compétences partagées.

En droit interne, le principe de subsidiarité devant présider à la répartition des compétences entre l'État et les collectivités territoriales a été inscrit dans la Constitution par la révision du 28 mars 2003. Outre des limites similaires à celles existant en droit de l'Union, il est probable que ce principe ne trouve guère de traductions concrètes, sauf à ce que le Conseil constitutionnel censure une loi confiant à une catégorie de collectivités une compétence qui aurait été selon lui mieux exercée par une autre, en cas erreur manifeste d'appréciation du législateur par exemple.

Une deuxième solution pourrait résider dans un recours plus fréquent au contrat, c'est-à-dire dans un désengagement – relatif – du pouvoir normatif unilatéral au profit d'une négociation de la norme avec ceux qui y sont directement intéressés. On pense notamment au domaine social, où une compétence accrue des partenaires sociaux pourrait être accompagnée par une forme de délégation du pouvoir normatif à leur profit.

Une autre voie possible d'amélioration de la hiérarchie tient à une meilleure qualité de la norme (voir le sujet sur les mutations de la norme).

2. De façon plus abstraite, la multiplication des autorités détentrices d'un pouvoir normatif remet en cause l'analyse kelsenienne de la structure de l'ordre juridique en termes de hiérarchie. Deux exemples illustrent cette idée. Le premier est fondé sur une analyse de la jurisprudence du Conseil constitutionnel relative à la transposition des directives de l'Union. Le raisonnement en termes hiérarchiques conduit à une grande difficulté de compréhension de cette jurisprudence : la Constitution serait supérieure par principe, perdrait cette supériorité dans l'hypothèse où le droit dont la violation est invoquée serait également protégé au niveau européen, pour la retrouver lorsque ce droit ne ferait pas l'objet d'une telle protection. Une autre lecture est possible, fondée sur la recherche de la conciliation de normes également applicables à la résolution de la question posée au Conseil constitutionnel. Ce dernier statue en effet sur la place du droit de l'Union en droit interne mais doit composer avec l'existence d'une Cour de justice exclusivement compétente en matière d'appréciation de la légalité des actes de l'Union et avec la valeur constitutionnelle de la participation de la France à la construction européenne. La recherche d'une conciliation entre l'ensemble de ces données explique mieux sa jurisprudence qu'un raisonnement fondé sur une hiérarchie introuvable entre Constitution et droit de l'Union. Ainsi que le relève V. Goesel-Le Bihan, la réserve de constitutionnalité doit être appréhendée « *non sous l'angle d'une supposée hiérarchie qui existerait entre normes de valeur juridique différente, mais sous celui de la conciliation qui doit être opérée entre normes constitutionnelles antagonistes* » (note sous CC 5 mai 1998, RFDA, 1998, p. 1256). Dans ses conclusions sur CE 10 avril 2008, Conseil national des barreaux, le commissaire du Gouvernement Mattias Guyomar relève aussi que « *la pyramide kelsénienne ne suffit plus à rendre compte des rapports entre les différents ordres juridiques* ».

L'idée est ainsi moins de rechercher quelle norme l'emporte sur l'autre que de savoir comment concilier des normes dont la place au sein de la hiérarchie est mouvante et incertaine, et comment concilier l'action des institutions chargées d'en assurer le respect. Il est aujourd'hui difficile, voire illusoire, de rechercher « la » norme qui serait au sommet de la pyramide : il y en a en fait plusieurs, qu'il convient de concilier. L'avenir se situe dans le développement du dialogue de juridictions (juridictions nationales ordinaires, constitutionnelles, CJUE, CEDH) qui chercheraient moins à imposer la supériorité de leurs corpus normatif respectifs qu'à protéger le plus efficacement possible les droits et libertés fondamentales de l'homme dans le cadre du dialogue qu'elles entretiennent.

Le second exemple est tiré du droit de la régulation (voir le sujet sur les mutations de la norme). Ainsi que le relève Marie-Anne Frison-Roche, « *la structure pyramidale des normes juridiques trouve mal à s'appliquer en matière de régulation* » (*op. cit.*), parce qu'une multitude d'autorités normatives de niveaux différents interviennent dans la régulation d'un secteur et que la valeur de la norme est plus liée à la force de persuasion de son auteur, qui aura su recueillir l'adhésion préalable de ses destinataires, qu'à son niveau hiérarchique. « *Dans ces nouvelles organisations, le législateur national ne peut plus guère s'appuyer sur une logique de souveraineté et une parole présentée comme naturellement impérative* » (*op. cit.*). La régulation impose à chaque acteur une prise de parole permanente et une justification des positions qu'il adopte, autant d'exercices auxquels le législateur national n'est guère habitué et qui contribuent à la mise en cause de sa légitimité et à la valeur de la loi en tant que norme régulatrice. Le système pyramidal n'est donc pas adapté à la nécessaire régulation des secteurs économiques qui appelle des raisonnements différents de ceux habituellement développés en termes hiérarchiques.

Bibliographie

- « La Norme internationale en droit français », Rapport du Conseil d'État, La Documentation française, 2000.
- B. Genevois, « Le Conseil constitutionnel et la primauté du droit communautaire », *RFDA* 2005, p. 239.
- Laurent Depussay, « Hiérarchie des normes et hiérarchie des pouvoirs », *RDP* 2007, p. 421 et *s*.
- S.-J. Liéber et D. Botteghi, « Mme Perreux – Où Cohn-Bendit fait sa révolution », *AJDA* 2009, p. 2385 et *s*.
- A. Roblot-Troisiez, « La QPC devant les juridictions ordinaires : entre méfiance et prudence », *AJDA* 2010, p. 80 et *s*.
- P. Fombeur, « QPC, droit constitutionnel et droit de l'Union européenne », *D.* 2010, n° 20, p. 1229 et *s*.
- C. Maugüé, J.-H. Stahl, *La question prioritaire de constitutionnalité*, Dalloz, coll. « Connaissance du droit », 3e édition, 2017.
- C. Fernandes, « Le contrôle de constitutionnalité *a priori* exercé sur les lois ordinaires depuis l'entrée en vigueur de la question prioritaire de constitutionnalité », *RFDA* 2018, p. 387 et *s*.
- Dossier AJDA « Les trente ans de l'arrêt Nicolo », *AJDA* 2019, p. 2096 et s.
- C. Malverti et C. Beaufils, « La responsabilité de l'État du fait des lois inconstitutionnelles », *AJDA* 2020, p. 509 et s.

Exemples de sujets

- Le respect de la hiérarchie des normes est-il suffisamment assuré en France aujourd'hui ?
- Hiérarchie des normes et Constitution.
- La hiérarchie des normes en droit de l'Union européenne.
- La place de la directive européenne dans la hiérarchie des normes en droit interne.
- Le concept de hiérarchie des normes suffit-il encore à rendre compte de la structure des ordres juridiques internes et internationaux ?
- Le contrôle de constitutionnalité des lois.

4 Les mutations de la norme

Le Droit objectif peut être défini comme « *l'ensemble des règles juridiques qui régissent la vie en société* » (Gérard Cornu, *Droit civil, Introduction, Les Personnes, les Biens*, Montchrestien, 7e éd., n° 10), par opposition aux droits subjectifs, qui sont les prérogatives juridiques dont disposent les sujets de droit (personnes physiques et morales) pour la satisfaction de leurs intérêts personnels. Les règles juridiques qui organisent la vie sociale sont aussi appelées normes. La norme – ou règle – juridique peut être définie comme la disposition unilatérale, générale, obligatoire, et juridiquement sanctionnée, c'est-à-dire dont le respect peut être recherché devant les tribunaux (ce qui la distingue de la contrainte religieuse ou morale). La réflexion actuelle autour de la notion de norme juridique est marquée par les mutations qui l'affectent. Moins unilatérale, la norme est aujourd'hui de plus en plus négociée ; moins générale, elle cherche à mieux s'adapter à la diversité des situations ; si son caractère contraignant n'est pas contesté, se développe en revanche un droit dit « mou », ou « souple », fait d'incitations et de recommandations plus que de contraintes. Ces réflexions se développent à la faveur d'une « crise » que traverse depuis quelques années l'activité normative. Pléthorique (on parle d'« inflation législative »), mal rédigée (crise de la légistique, qui est l'art de rédiger les lois), mal pensée (étude insuffisante de ses impacts), la norme est aujourd'hui contestée dans son existence même, à laquelle on préfère parfois un recours plus massif au contrat, à la négociation, à l'autorégulation. La question des mutations de la norme renvoie ainsi à deux problématiques principales liées entre elles : celle de sa dégradation qualitative et quantitative et celle de l'évolution de ses modalités d'élaboration.

Historique

La tradition juridique française est caractérisée par le recours à la norme unilatérale comme mode normal de production juridique et, au-delà, de régulation des rapports sociaux. Alors que les pays de *common law* accordent une place importante au contrat et au juge, ces sources normatives ont longtemps fait l'objet de défiance de la part des pouvoirs publics français. Le contrat était accusé de ne pas permettre le respect d'une stricte égalité entre les citoyens ; la méfiance à l'égard du juge se nourrissait des souvenirs des velléités expansionnistes des Parlements de l'Ancien Régime. Seule la loi, expression de la souveraineté nationale et de la volonté générale, possédait, du fait de son mode d'adoption, une légitimité suffisante et, par sa nature, les caractéristiques nécessaires pour assurer l'égalité et la paix sociale. Cet heureux temps n'est plus.

Connaissances de base

La mutation de la norme se caractérise d'abord par un rééquilibrage des rôles respectifs de ses auteurs traditionnels et du contrôle dont elle fait l'objet

Malgré l'aura dont elle a ainsi été longtemps revêtue, la loi est sûrement la norme qui a été la plus concernée par les évolutions récentes du droit français. Le dogme révolutionnaire de l'infaillibilité de la loi expression de la volonté générale a cédé face aux dérives du parlementarisme incontrôlé des IIIe et IVe Républiques. La Ve République instaure un parlementarisme « rationalisé » dont l'objectif avoué est de limiter le champ d'application de la loi et les pouvoirs du législateur. L'encadrement de ces pouvoirs est illustré par le fait que le législateur n'est pas pleinement maître de son ordre du jour (même s'il a recouvré une certaine compétence avec la réforme constitutionnelle du 23 juillet 2008), que plus de 80 % des lois sont issues de projets gouvernementaux et non de propositions parlementaires, que le domaine de la loi est aujourd'hui strictement défini et que, si elle exprime toujours la volonté générale, elle ne le fait plus que « dans le respect de la Constitution » (CC 23 août 1985, Nouvelle-Calédonie – et, serait-on tenté d'ajouter, du droit international).

Concurrencée par le niveau normatif supérieur de la hiérarchie, la loi l'a également été par le niveau normatif inférieur, c'est-à-dire par le pouvoir réglementaire. Le pouvoir réglementaire est, aux termes de l'article 37 de la Constitution, le pouvoir normatif de droit commun, c'est-à-dire, matériellement parlant, l'égal de la loi. On distingue le pouvoir réglementaire autonome du pouvoir réglementaire d'application des lois.

Le pouvoir réglementaire autonome permet à son titulaire d'intervenir, en l'absence de toute habilitation législative, pour assurer le bon fonctionnement et l'organisation du service (CE 18 août 1919, Labonne (pouvoirs de police du Premier ministre, confirmé sous la Ve République par CE 13 mai 1960, Restaurant Nicolas), CE 7 février 1936, Jamart (pouvoir d'organisation du service), CE 3 mars 2004, Association « Liberté, information, santé » : même en l'absence de loi, le ministre de la Défense est compétent pour rendre obligatoire certaines vaccinations pour les militaires, en vertu du pouvoir réglementaire qu'il détient).

Le pouvoir réglementaire d'application des lois, contraint par le respect qu'il doit à la norme qu'il met en œuvre et par l'obligation d'être exercé dans des délais raisonnables (CE 28 juillet 2000, France-Nature environnement) sous peine de voir sa responsabilité engagée (CE 13 juillet 1962, Kevers-Pascalis, CE 27 juillet 2005, Association Bretagne ateliers), conserve néanmoins des marges de manœuvre. Le Conseil d'État a ainsi reconnu la possibilité pour le pouvoir réglementaire d'instaurer des sanctions administratives, le principe de légalité des délits et des peines n'imposant pas que de telles sanctions soient prévues exclusivement par la loi lorsque le pouvoir réglementaire est compétent pour régir l'activité en cause : CE 7 juillet 2004, Benkerrou. Par la même décision, il admet que le pouvoir réglementaire puisse fixer des prescriptions complémentaires à une loi réglementant une activité économique (par exemple : subordonner l'exercice de l'activité en question à la délivrance d'une carte professionnelle, alors même que celle-ci n'était pas prévue par la loi). Il peut aussi prévoir les sanctions liées à la méconnaissance des règles qu'il impose (CE 9 décembre 2016, Métropole Nice Côte d'Azur ; CE 9 mars 2018, Crédit mutuel Arkéa, à propos du pouvoir de la Confédération nationale du Crédit mutuel d'adopter des sanctions pour méconnaissance des règles relatives au fonctionnement du réseau du crédit mutuel dont elle a légalement la charge). En revanche, lorsque la définition des obligations auxquelles est soumis l'exercice d'une activité relève, en vertu de l'article 34 de la Constitution, du législateur, il n'appartient qu'à la loi de fixer le régime des sanctions administratives dont la méconnaissance de ces obligations peut être assortie et, en particulier, de déterminer tant les sanctions encourues que les éléments constitutifs des infractions que ces sanctions ont pour objet de réprimer (CE 18 juillet 2008, Fédération de l'hospitalisation privée).

La Constitution organise en outre la défense du champ réglementaire: le Gouvernement peut, soit en cours de discussion (article 41), soit une fois adopté (article 37 alinéa 2) faire reconnaître par le Conseil d'État (pour les lois antérieures à 1958) ou par le Conseil constitutionnel le caractère réglementaire d'une disposition législative. Saisi sur le fondement de l'article 61 de la Constitution, le Conseil constitutionnel procède également, depuis une décision CC 21 avril 2005 Avenir de l'École, au déclassement d'office des dispositions de nature réglementaire contenues dans les lois qui lui sont déférées (revenant ainsi partiellement sur la jurisprudence « Blocage des prix et revenus » du 30 juillet 1982).

Le pouvoir réglementaire peut enfin connaître des extensions temporaires importantes, dans le cadre de l'article 38 de la Constitution. Les ordonnances permettent au Gouvernement de prendre, dans un domaine limité et pendant un laps de temps restreint, des mesures qui relèvent traditionnellement du domaine de la loi. Les ordonnances sont des actes administratifs tant qu'elles n'ont pas été ratifiées, explicitement ou implicitement, par la loi. Elles sont donc susceptibles de recours pour excès de pouvoir (CE 24 novembre 1961, FNSP). Les ordonnances doivent alors respecter l'ensemble du bloc de légalité (CE 4 novembre 1996, Association de défense des sociétés de courses).

La pratique a fait du président de la République le véritable auteur des ordonnances, depuis que le président Mitterrand a refusé de les signer en 1986. Peu sollicité jusqu'en 1995, le recours aux ordonnances est aujourd'hui fréquent. On les utilise traditionnellement pour **faire face à l'urgence** (événements en Algérie, hiver 1995: réforme système de sécurité sociale, ordonnances Juppé de 1996, les très nombreuses ordonnances adoptées dans le cadre de la lutte contre l'épidémie de covid-19 au printemps 2020), pour **étendre une législation à l'Outre-mer** (par exemple récemment ordonnance du 14 février 2018 relative à l'extension en Nouvelle-Calédonie, en Polynésie française et dans les îles Wallis et Futuna, de diverses dispositions en matière bancaire et financière), pour **l'application du droit de l'Union européenne** (ordonnance du 4 juin 2015 modifiant le code rural et de la pêche maritime en vue d'assurer la conformité de ses dispositions avec le droit de l'Union européenne, ordonnance du 9 mai 2018 relative au brevet européen à effet unitaire et à la juridiction unifiée du brevet), pour **réformer rapidement** quand une nouvelle majorité arrive au pouvoir (privatisations en 1986), pour **codifier** (ordonnance du 12 mars 2007 relative au code du travail, trois ordonnances du 6 mai 2010 relatives au code rural, ordonnance du 6 novembre 2014 relative à la partie législative du code de l'expropriation pour cause d'utilité publique, ordonnance du 23 octobre 2015 relative aux dispositions législatives du code des relations entre le public et les administrations, ordonnance du 26 novembre 2018 portant partie législative du code de la commande publique), pour **simplifier le fonctionnement de**

l'administration (ordonnance du 2 juillet 2004 tendant à simplifier le fonctionnement de certaines commissions administratives et à en réduire le nombre, ordonnance du 26 mars 2015 portant diverses mesures de simplification et d'adaptation dans le secteur touristique). De 2008 à 2017, ce sont ainsi en moyenne 30 ordonnances par an qui ont été adoptées (avec un pic à 79 ordonnances en 2016). En 2018, 28 ordonnances ont été adoptées, en 2019, 59, et 84 au 1er juillet 2020, principalement dans le cadre de la lutte contre l'épidémie de covid-19.

Les premières mutations de la norme sous la Ve République se caractérisent donc d'abord par un rééquilibrage des rôles respectifs de ses auteurs traditionnels et du contrôle dont elle fait l'objet. Parallèlement à cette évolution, la norme connaît d'autres mutations importantes.

La mutation de la norme se caractérise ensuite par sa « désacralisation »

- **Les manifestations**

[nous renvoyons également sur cette question au chapitre consacré à la sécurité juridique]

Classiquement, la loi a un objet précis: selon Portalis, elle «*permet, ordonne ou interdit*». On ne devrait également légiférer que «*d'une main tremblante*». Pour Montesquieu, «*les lois inutiles affaiblissent les lois nécessaires*». Ces préceptes ne sont plus respectés.

L'inflation normative est un phénomène avéré: selon l'étude du Conseil d'État du 3 mai 2018 «Mesurer l'inflation normative», il y avait à la fin de l'année 2010 en France 58 codes, 2016 lois, 600 ordonnances et 26 198 décrets réglementaires, auxquels sont venus s'ajouter chaque année en moyenne 60 lois, 60 ordonnances et 1 600 décrets. L'indicateur de suivi de l'activité normative, disponible sur le site Légifrance depuis le 7 mars 2018 (https://www.legifrance.gouv.fr/Droit-francais/Statistiques-de-la-norme2) faisait état, au total, de l'existence en droit français, au 24 avril 2019, de 84 619 articles législatifs (dont 62,84 % sont codifiés) et 233 048 articles réglementaires (dont 37,26 % sont codifiés). La version disponible au 1er juillet 2020 ne mentionne plus que l'évolution normative depuis 2002.

En termes de flux, on relève que le volume des lois a décuplé en 40 ans et doublé en 15 ans, et que la longueur de chaque loi a augmenté, le nombre d'articles de chaque loi étant passé en moyenne de 22 en 1990 à 41 en 2009, et le nombre d'articles total adoptés par le Parlement s'élevant en moyenne, sur la décennie 2007-2017, à 2108 par an, étant observé que le travail législatif en son sein accroît très sensiblement la longueur des lois, en multipliant en moyenne par 2,5 le nombre d'articles par rapport aux projets de loi déposés sur les bureaux des assemblées parlementaires.

Cette mutabilité accrue des normes n'épargne pas la plus fondamentale d'entre elle. Modifier la Constitution n'est pourtant pas une tradition française: les Français préfèrent en changer. La Ve République innove à cet égard: depuis 1958, vingt-quatre révisions ont été adoptées, en dernier lieu les trois révisions du 23 février 2007 relatives au statut de la Nouvelle-Calédonie, à la responsabilité pénale du chef de l'État et à l'interdiction de la peine de mort, celle du 4 février 2008 permettant la ratification du traité de Lisbonne et celle du 23 juillet 2008 de modernisation des institutions de la Ve République. Mais le rythme s'est accéléré : 5 révisions entre 1958 et 1992, 19 depuis, soit près d'une par an. On relève toutefois une accalmie depuis 2008, date de la dernière révision.

Le droit de l'Union européenne n'est pas épargné par ce phénomène. La Commission estime à 97 000 le nombre de pages occupées au JOCE par les textes communautaires depuis la création de la Communauté européenne. Le droit dérivé représenterait environ 17 000 règlements, directives et décisions.

La volatilité de la norme est grandissante : 10 % des articles des codes sont en moyenne créés, modifiés ou abrogés chaque année (pour le CGI, ce pourcentage atteint 37,7 % pour les deux années 2005 et 2006 : le droit fiscal change en permanence, parfois même en cours d'année sans avoir été appliqué ; depuis 2000, le nombre d'articles du CGCT a augmenté de 60 %, celui du code de la santé publique de 34 %, celui du code de procédure pénale de 66 %). Certains droits sont particulièrement touchés, alors même qu'une grande stabilité devrait être observée à leur égard : le droit des étrangers et le droit de l'éducation notamment font l'objet de modifications incessantes motivées par des réactions souvent épidermiques et irréfléchies à l'actualité, au détriment de la stabilité juridique nécessaire à la prévisibilité de l'action des pouvoirs publics (voir dernièrement la loi du 10 septembre 2018 pour une immigration maîtrisée, un droit d'asile effectif et une intégration réussie et la loi du 26 juillet 2019 pour une école de la confiance ; la précédente loi du 8 juillet 2013 d'orientation et de programmation pour la refondation de l'école de la République comprend 89 articles, 40 pages au JO, ce qui valut à un inspecteur général de l'éducation national ce mot désabusé : « *loi sur l'école : le bavardage continue !* »). Un nouveau record de mortalité infantile des textes a sans doute été battu avec la modification successive de l'article L. 213-1-1 du code de l'urbanisme par l'ordonnance du 23 juillet 2015 portant simplification du régime des associations et des fondations, puis par la loi du 6 août 2015 pour la croissance, l'activité et l'égalité des chances économiques : la version du texte issue de l'ordonnance du 23 juillet 2015 est restée en vigueur… 15 jours !

La qualité de la norme est en déclin : on constate une perte du savoir-faire législatif (la « légistique ») doublement caractérisée : par le développement des lois « DDO » (portant diverses dispositions d'ordre économique, social, etc.) et par une crise de la normativité : la loi contient des incantations sans portée normative : ainsi de la loi du 13 juillet 1991 d'orientation pour la ville créant un « droit à la ville », de la loi du 10 juillet 1989 d'orientation sur l'éducation dont l'article 3 disposait que « *la Nation se fixe comme objectif de conduire d'ici dix ans l'ensemble d'une classe d'âge au minimum au niveau du certificat d'aptitude professionnelle ou du brevet d'études professionnelles et 80 p. 100 au niveau du baccalauréat* », de la loi du 16 juillet 1984 relative à la promotion des activités physiques et sportives dont l'article 1er, aujourd'hui codifié à l'article L. 100-1 du code du sport (adopté par l'ordonnance du 23 mai 2006), dispose que « *les activités physiques et sportives constituent un élément important de l'éducation, de la culture, de l'intégration et de la vie sociale* », ou encore du nouvel article L. 111-3-1 du code de l'éducation, issu de la loi du 26 juillet 2019 pour une école de la confiance, qui dispose que « *l'engagement et l'exemplarité des personnels de l'éducation nationale confortent leur autorité dans la classe et l'établissement et contribuent au lien de confiance qui doit unir les élèves et leur famille au service public de l'éducation. Ce lien implique le respect des élèves et de leur famille à l'égard des professeurs, de l'ensemble des personnels et de l'institution scolaire* ».

- **Les causes**

Elles sont moins juridiques que politiques, voire sociales. La complexité croissante des sociétés a accru le rôle du droit en tant que mode de régulation des rapports sociaux. Il ne se cantonne plus à prescrire ou interdire : il incite, il recommande en se contentant de fixer l'objectif à atteindre : cela exige des textes plus longs, plus nombreux, plus complexes. La moindre tolérance aux événements indésirables de la vie a aussi contribué à régir de façon plus précise l'activité humaine, dans l'objectif, notamment, de pouvoir identifier un « responsable » là où, il y a encore quelque temps, on se serait borné à déplorer la cruauté du sort ; ou, au contraire, de refuser cette identification, le législateur ayant dû intervenir sur la question de savoir si naître pouvait constituer un préjudice (« *Nul ne peut se prévaloir d'un préjudice du seul fait de sa naissance* », article 1er de la loi du 4 mars 2002 relative aux droits des malades et à la qualité du système de santé, codifié à l'article L. 114-5 du code de l'action sociale et des familles).

Il convient de ne pas sous-estimer non plus l'influence des groupes de pression, qui prennent notamment la forme de fédérations professionnelles (banques, assurances) ou d'associations de consommateurs, dont l'influence, parfois discrète, n'en est pas moins très sensible au moment de l'élaboration de la norme. Il n'est guère de texte intervenant, par exemple, en droit des assurances, en droit bancaire, ou en droit de l'énergie, sans une consultation préalable des principaux destinataires de la norme (assureurs, banques, principaux opérateurs) dont les exigences sont souvent prises en considération. L'adoption de la loi du 12 mai 2010 relative à l'ouverture à la concurrence et à la régulation du secteur des jeux d'argent et de hasard en ligne en offre un exemple.

La mutation de la norme se caractérise enfin par un amoindrissement de son rôle

Les mutations de la norme ne sont pas que de nature quantitative ou qualitative. De façon plus profonde, elles affectent son essence même, l'action normative unilatérale émanant des institutions traditionnelles (Parlement, Gouvernement) voyant, dans certains domaines, son efficacité remise en cause, voire sa légitimité contestée.

Jusqu'à récemment, la norme avait vocation à régir le plus grand nombre de situations possibles, le juge étant chargé d'en adapter l'application en fonction des espèces qui lui étaient soumises. La complexité croissante des sociétés, l'autonomisation des branches du droit et le développement – notamment – du droit des activités économiques et environnementales a entraîné une parcellisation des champs d'intervention de la norme, multipliant les particularités sectorielles et accroissant corrélativement sa technicité. L'une des réponses apportées à ces évolutions a été, notamment dans le domaine économique, le recours à des autorités dites « indépendantes » chargées de réguler le secteur en cause. L'AMF, l'ACPR, l'Arcep, la CRE, la Commission bancaire, dans leurs domaines respectifs, sont ainsi chargées de définir les « règles du jeu » de leurs secteurs, notamment (mais pas toujours) en édictant des normes.

La légitimité normative se déplace et est ainsi dorénavant détenue par des autorités indépendantes auréolées de vertus d'expertise et d'impartialité. Marie-Anne FrisonRoche relève ainsi que « *la loi [est] souvent malmenée par les nouveaux modes juridiques de régulation économique, dont les règles émergent plutôt par décantation, du rapprochement de multiples décisions, voire d'une soft law, mélange de lignes directrices, de rapports annuels, voire de déclarations de presse, soft law le plus souvent produite par les régulateurs indépendants eux-mêmes* » (*op. cit.*). Ces lignes directrices, communications, recommandations, codes de bonne conduite, chartes de déontologie, sont certes dépourvues de valeur contraignante. Mais il serait erroné d'en déduire leur absence d'influence sur le comportement des opérateurs. Cette influence, très sensible, tient à un certain nombre de facteurs, au premier rang desquels figure le consensus qui se dégage autour de cette « soft law » adoptée à la suite de consultations ou de concertations avec les intéressés. Il ne faut pas non plus négliger la crainte inspirée par la sanction que peut infliger le régulateur en cas de non-respect de ce droit « mou », ou « souple », pour reprendre la terminologie employée par le Conseil d'État (sur son rapport 2013 consacré au droit souple, cf. *infra*).

On aurait ainsi moins besoin de lois ; la régulation d'un secteur d'activité économique passerait par une meilleure adéquation de la norme aux besoins spécifiques du secteur, ainsi qu'une meilleure association de ses destinataires à son élaboration, ce qui exclut de fait l'intervention d'un législateur lointain et unilatéral. La plus grande indépendance par rapport aux pouvoirs publics traditionnels de l'autorité chargée d'édicter la norme doit en outre permettre une meilleure adhésion des professionnels à celle-ci, la légitimité du législateur étant ainsi mise en doute, notamment dans les cas où l'État est encore propriétaire d'un des opérateurs (EDF, SNCF). La légitimité du régulateur résulte de son extériorité par rapport au système – on pourrait dire, plus que de son indépendance, de son impartialité. Marie-Anne Frison-Roche, dans l'article précité, évoque ainsi la « neutralité bureaucratique » et le « prestige charismatique » de l'autorité de régulation comme vertus dont serait dépourvue la norme législative ou réglementaire traditionnelle.

Pour Bruno Lasserre, s'est ainsi développé depuis plusieurs années un « État régulateur », défini comme « *l'État transformé dans ses fonctions et modalité d'action, un État qui n'est plus un opérateur direct du jeu économique, mais qui tend, par des méthodes normatives plus souples que la prescription et la contrainte, à inciter et à canaliser les comportements individuels et privés afin d'atteindre un équilibre et de garantir le fonctionnement du système complexe qu'est la société* » (voir discours en bibliographie).

Cette critique adressée à la norme traditionnelle, qui trouve des exemples concrets dans les modalités nouvelles de régulation des secteurs des télécommunications (Arcep, Hadopi), des transports, des assurances, des marchés financiers, de l'énergie, des jeux de hasard (création de l'Autorité de régulation des jeux en ligne, autorité administrative indépendante, par la loi du 12 mai 2010 ouvrant le secteur des jeux d'argent et de hasard en ligne) doit néanmoins être relativisée. Que la légitimité de la loi soit contestée ne retire d'abord en rien sa nécessité : les autorités indépendantes, notamment, n'existent que parce qu'elle les crée. Le législateur doit également déterminer les « règles du jeu » principales que doivent mettre en œuvre les régulateurs (« les points de repère du système » pour Marie-Anne Frison-Roche) ; c'est également sur lui que reposent, encore, la définition et l'imposition des obligations de service public auxquelles sont tenus les opérateurs.

Bilan de l'actualité

Les conséquences de la désacralisation de la norme

« *Quand le droit bavarde, les citoyens lui prêtent une oreille distraite* » (rapport du Conseil d'État de 1991 sur la sécurité juridique). Cette distanciation entre le citoyen et le droit qui lui est applicable, dénoncée en des termes virulents par le Médiateur de la République dans son rapport de 2011, est source d'insécurité juridique. Le principe selon lequel « nul n'est censé ignorer la loi » devient une abstraction dont les effets peuvent toutefois être bien concrets pour l'intéressé pris en défaut de culture juridique. Si l'on peut donc regretter la perte du savoir-faire légistique (d'où résulte une loi mal rédigée et donc peu compréhensible), c'est surtout dans la multiplication des lois et dans l'enchevêtrement des textes qu'il faut chercher les conséquences les plus regrettables de la situation actuelle.

La multiplication de la norme ne devrait donc pas se traduire par un désintérêt du citoyen à son égard. Au contraire, elle devrait susciter une attention plus grande, la connaissance du droit étant évidemment nécessaire à son respect, ainsi que, notamment, à la réussite économique d'un projet. Il n'est plus possible aujourd'hui d'ignorer la dimension juridique d'une entreprise économique, pas seulement pour en assurer la légalité, mais aussi parce que la parcellisation du droit, la multiplication des normes spéciales, la perte de la généralité de la norme a conduit à accroître les dérogations, les zones d'exceptions, les exemptions diverses dont la maîtrise peut constituer un atout non négligeable dans la réussite économique. Que l'on songe par exemple aux exonérations fiscales ou sociales accordées aux entreprises s'installant dans certaines zones franches, ou aux aides versées à certaines branches professionnelles, ou, plus prosaïquement, à l'intérêt que peut présenter telle forme juridique par rapport à telle autre lors de la création d'une société.

Ainsi le droit a-t-il tendance à devenir un élément de la compétitivité économique des États. C'est ainsi que les rapports « Doing Business » de la Banque mondiale classent, dans différents domaines de droit des affaires, les États en fonction du degré de souplesse, d'efficacité et de pertinence des normes applicables (le rapport

2020 classe la France au 32e rang sur 190). L'instabilité de la norme n'est donc pas seulement source d'instabilité juridique, elle est également source d'inefficience économique.

Des efforts ont été accomplis pour une meilleure maîtrise de l'inflation normative et une meilleure qualité de la norme

1. L'action du Gouvernement

Plusieurs circulaires du Premier ministre ont d'abord appelé l'attention des ministres sur la nécessité de mieux penser en amont les réformes normatives impliquées par leur action et de **limiter la production normative**. Ces circulaires, relatives à la « qualité de la réglementation », ont posé un certain nombre d'exigences à respecter dans le cadre de l'élaboration des normes : réalisation systématique (circulaire du 26 janvier 1998 relative à l'étude d'impact des projets de loi et de décret en Conseil d'État) puis au cas par cas (circulaire du 26 août 2003 relative à la maîtrise de l'inflation normative et à l'amélioration de la qualité de la réglementation) d'études d'impact sur la réforme projetée ; élaboration, par chaque ministère, d'une charte de la qualité de la réglementation (comprenant des prescriptions et bonnes pratiques pour l'élaboration des textes, et notamment des indicateurs permettant de déterminer les impacts positifs et négatifs d'une réglementation nouvelle), nomination, au sein de chaque ministère, d'un haut fonctionnaire responsable de la qualité de la réglementation.

Malgré l'impact relatif de ces circulaires, les services du Premier ministre ne relâchent pas leurs efforts : une circulaire du 17 février 2011 a pour objet de soumettre les textes intéressants les collectivités territoriales et les entreprises à une évaluation préalable. Le 7 juillet 2011, le Premier ministre signait une nouvelle circulaire « relative à la qualité du droit » qui introduit de nouvelles procédures de suivi des textes au sein des ministères. Il existe aussi des circulaires relatives à la diminution du nombre des… circulaires : ainsi de deux circulaires du 18 juillet 2013 du Premier ministre prévoyant notamment que les circulaires ministérielles devront être limitées à cinq pages et que tout nouveau projet de texte réglementaire créant des charges pour les collectivités territoriales, les entreprises ou le public ne pourra être adopté que s'il s'accompagne d'une « simplification équivalente ».

Dans la lignée de cette dernière circulaire, le Premier ministre a adressé le 26 juillet 2018 aux membres du Gouvernement une circulaire exigeant la maîtrise du flux des textes réglementaires et de leur impact et posant le principe selon lequel toute nouvelle norme réglementaire doit être compensée par la suppression ou, en cas d'impossibilité avérée, la simplification d'au moins deux normes existantes dans le même champ ministériel que la norme créée.

Par une circulaire du 5 juin 2019, relative à la transformation des administrations centrales et aux nouvelles méthodes de travail, le Premier ministre, qui regrette que, si le stock de circulaires a diminué de 65 %, le flux lui est demeuré stable avec 1 300 circulaires adoptées en 2018, demande le remplacement des circulaires interprétatives (qualifiées « d'outils du passé inadaptés aux nécessités de notre époque ») par la mise en ligne d'une documentation sur les sites internet des ministères, les circulaires traditionnelles ne pouvant plus porter, à titre exceptionnel, que sur les priorités d'actions du ministère.

Les travaux relatifs à la simplification du droit: après deux lois de simplification des 2 juillet 2003 et 9 décembre 2004, une troisième a été adoptée le 20 décembre 2007, qui comprend de nombreuses mesures mettant en œuvre ces objectifs (simplifications relatives aux particuliers, aux entreprises, aux collectivités locales, abrogation de nombreuses lois obsolètes), et dont l'une des particularités est la consécration de la jurisprudence administrative contraignant l'administration à prononcer l'abrogation des actes réglementaires illégaux ou devenus sans objet (CE 3 février 1989, Alitalia).

L'objectif de simplifier le droit a également motivé la publication de la circulaire du 19 janvier 2006 relative au respect des articles 34 et 37 de la Constitution, qui appelle les ministres à veiller au partage des compétences entre la loi et le règlement tel qu'il a été organisé par la Constitution dans le cadre des projets de loi qu'ils déposent devant le Parlement. Il s'agit d'une triple exigence juridique, démocratique (le Parlement ne devant se prononcer que sur les grands principes et ne pas être accaparé par la discussion de points de détail) et de respect du chantier gouvernemental visant à simplifier le droit.

Une nouvelle étape a été franchie avec la loi du 12 mai 2009 de simplification du droit et d'allégement des procédures, texte-fleuve de 140 articles portant sur des domaines aussi divers que l'inscription sur les listes électorales, la vente des biens en indivision, la délivrance du permis de chasser, la dématérialisation des bulletins de paye, l'affichage électronique des actes des collectivités territoriales, la modernisation du cadastre, etc.

L'effort est poursuivi par la loi du 17 mai 2011 de simplification et d'amélioration de la qualité du droit, qui, en 50 pages et 160 articles, couvre à son tour des domaines variés, allant du contentieux administratif (avec la possibilité pour le rapporteur public de ne pas conclure sur les affaires les plus simples) au développement des recours administratifs préalables obligatoires en passant par la refonte du statut du groupement d'intérêt public, la réforme des tribunaux maritimes commerciaux, des mesures de simplification en matière d'urbanisme, d'amélioration de la qualité formelle du droit dans les secteurs sanitaire, social et médico-social, l'accroissement des pouvoirs de l'Hadopi, etc.

Le rythme de simplification s'est encore accéléré avec l'adoption le 22 mars 2012 d'une nouvelle loi de simplification du droit et d'allégement des procédures, qui couvre encore une fois des champs extrêmement nombreux et variés (environnement, urbanisme, baux commerciaux, copropriété, vent de logements sociaux, modulation du temps de travail, simplification des bulletins de paie, etc.). Les notions de profession libérale et de télétravail reçoivent également une définition législative.

La loi du 12 novembre 2013 habilitant le Gouvernement à simplifier les relations entre l'administration et les citoyens s'inscrit dans cette longue liste et comporte des avancées importantes: instauration du principe selon lequel le silence gardé par l'administration pendant deux mois vaut désormais décision implicite d'acceptation et non plus de rejet, habilitation du Gouvernement à adopter des mesures relatives aux relations entre l'administration et les citoyens par voie électronique et à adopter le code relatif aux relations entre le public et les administrations.

Citons aussi la loi du 2 janvier 2014 habilitant le Gouvernement à simplifier et sécuriser la vie des entreprises, celle du 16 février 2015 relative à la modernisation et à la simplification du droit et des procédures dans les domaines de la justice et des affaires intérieures, et celle du 11 décembre 2019 tendant à améliorer la lisibilité du droit par l'abrogation des lois obsolètes, qui efface de l'ordonnancement juridique une cinquantaine de textes antérieurs à 1940.

Il semble cependant que cette mode des lois de simplification touche à sa fin : le 12 janvier 2018, le Premier ministre a adopté une circulaire préconisant leur disparition et leur remplacement par une autre technique qui consiste à assortir chaque loi sectorielle d'un volet de mesures de simplification de la matière concernée.

Les travaux relatifs à l'accès au droit : un décret du 11 janvier 2010 crée une direction de l'information légale et administrative, placée auprès du SGG, et qui est « garante de l'accès au droit. Elle veille à ce que les citoyens disposent des informations nécessaires à leurs démarches administratives ainsi qu'à la connaissance de leurs droits et de leurs obligations ». Elle remplace les directions de la Documentation française et des Journaux officiels, dont elle reprend aussi les missions.

Le développement de la codification : la loi du 12 avril 2000 relative aux droits des citoyens dans leurs relations avec les administrations consacre la valeur législative de la codification, qui a pour but de classer dans des codes thématiques l'ensemble des lois en vigueur. Le Conseil constitutionnel, dans sa décision CC 16 décembre 1999, Codification par ordonnance, avait consacré la valeur constitutionnelle de la codification à droit constant, en affirmant qu'elle constitue un moyen de renforcer la sécurité juridique, elle-même indirectement érigée en principe à valeur constitutionnelle. Cette codification se fait, essentiellement, par ordonnance. Ont, sur le fondement d'habilitations législatives, ainsi été adoptés le code du patrimoine (2004), le code de l'entrée et du séjour des étrangers et du droit d'asile (2004), le code général de la propriété des personnes publiques (2006), le code du sport (2006), le code du cinéma et de l'image animée (2009), le code des transports (2010), le code minier (2011), le code de l'énergie (2011), le code forestier (2012), le code de la sécurité intérieure (2012), le code de l'expropriation pour cause d'utilité publique (2014), le code des relations entre le public avec l'administration (2015), le code de la commande publique (2018), le code de la justice pénale des mineurs (qui entrera en vigueur le 1er octobre 2020), etc. Sont en cours d'élaboration un code de la mer, une refonte du code minier, un code général de la fonction publique, etc.

L'exercice de codification, essentiel pour assurer une meilleure clarté du droit et en faciliter l'accès, est piloté par la Commission supérieure de codification, créée en 1989, et fondée sur la technique de la codification à droit constant. Cela signifie que, « *sous réserve des modifications nécessaires pour améliorer la cohérence rédactionnelle des textes et assurer le respect de la hiérarchie des normes et harmoniser l'état du droit* », le fond de la matière traitée n'est pas modifié.

Le recours accru à l'expérimentation : cette technique permet de s'assurer, en amont de l'adoption d'une réforme envisagée, qu'elle répond aux besoins identifiés. L'application spatialement et temporellement limitée d'une politique publique évaluée afin de tester son efficacité n'est pas à proprement parler une technique nouvelle. L'expérimentation réglementaire existe depuis longtemps. Elle a été utilisée dans le cadre de l'instauration du RMI en 1988, dans celui de la gestion régionalisée des lignes de chemins de fer à partir de 1997 pour une durée de trois ans, ou encore celui de la prestation spécifique dépendance (loi 25 juillet 1994, généralisée par loi 24 janvier 1997). Certaines lois ont également fait l'objet d'expérimentation avant d'être généralisées (loi du 17 janvier 1975 relative à l'IVG votée pour une durée de cinq ans, pérennisée dès 1979). Aussi bien le Conseil d'État (CE, AG, 24 juin 1993 ; CE 18 décembre 2002, Conseil national des professions de l'automobile) que le Conseil constitutionnel (CC 28 juillet 1993, Loi relative aux établissements publics à caractère scientifique, culturel et professionnel) admettait cette pratique, dès lors qu'elle était suffisamment encadrée, à laquelle le législateur avait régulièrement recours.

La révision constitutionnelle du 28 mars 2003 a donné un fondement constitutionnel à cette pratique, en étendant son champ d'application, puisque l'on peut depuis cette révision expérimenter tant dans le cadre des normes existantes ou à venir (article 37-1), qu'au niveau local, la révision permettant aux collectivités territoriales qui le désirent d'adopter des normes dérogatoires à celles existant, y compris de niveau législatif (72 alinéa 4). Le Conseil constitutionnel avait interdit cette pratique par sa décision CC 17 janvier 2002, Statut de la Corse. Cette faculté de dérogation est toutefois strictement encadrée : elle doit être autorisée par la loi ou le décret en Conseil d'État, qui fixent sa durée (cinq ans maximum), elle porte sur un objet limité, elle ne peut porter sur « les conditions essentielles d'exercice d'une liberté publique ou d'un droit constitutionnellement garanti » (article 72), les collectivités territoriales ont un délai pour demander à bénéficier de l'expérimentation, qui est autorisée par le ministre chargé des collectivités territoriales. Les actes pris dans ce cadre sont publiés au JO (et non transmis au Préfet comme les actes de droit commun). À l'issue de la période d'expérimentation, trois possibilités sont prévues : prolongation (trois ans maximum), extension, abandon. La complexité de la procédure ainsi créée explique sans doute son faible succès : seulement quatre expérimentations ont à ce jour été menées, deux généralisées (gestion du RSA par les départements, accès à l'apprentissage jusqu'à l'âge de trente ans), une prolongée (tarification sociale de l'eau), et une abandonnée (nouvelles modalités de répartition de la taxe d'apprentissage).

En revanche, sur le fondement de l'article 37-1, le rapport du Conseil d'État de 2019 consacré aux expérimentations dénombre, au 29 juin 2019, 269 expérimentations, dont 153 sont en cours : 168 expérimentations prévues par un texte législatif, 9 par voie d'ordonnances et 92 expérimentations par un texte réglementaire. Citons à titre d'exemple la loi du 30 octobre 2018 pour l'équilibre des relations commerciales dans le secteur agricole et alimentaire et une alimentation saine, durable et accessible à tous mettant en place une expérimentation des menus végétariens dans les cantines scolaires, la loi du 23 mars 2019 de programmation 2018-2022 et de réforme pour la justice prévoyant l'expérimentation de l'accueil de jour des mineurs délinquants, ou encore la loi du 22 décembre 2018 de financement de la sécurité sociale autorisant le versement d'indemnités journalières en cas de reprise seulement partielle du travail.

Ce rapport, s'il relève le succès de la pratique expérimentale dans la conduite des politiques publiques, en pointe également les limites : parfois utilisée plus pour contourner la rigidité des normes existantes que pour tester l'efficacité d'une nouvelle politique publique, l'expérimentation est en outre souvent insuffisamment préparée, ses critères de réussite peu identifiés, son échantillon rarement construit de manière à pouvoir dégager des résultats pertinents, son pilotage et son suivi insuffisamment organisés, son évaluation trop souvent négligée.

Aussi le rapport préconise-t-il des mesures destinées à mieux encadrer et à renforcer l'efficacité de l'expérimentation. Il propose notamment la rédaction d'un document de référence exposant les principes méthodologiques des expérimentations, la simplification expérimentations décidées sur le fondement de l'article 72-4, l'élaboration d'une stratégie ministérielle en matière d'expérimentation dotée d'un budget spécifique.

2. L'action du Parlement

La modification de la procédure d'adoption des lois : onze propositions de loi ont été déposées par le président de l'Assemblée nationale le 17 janvier 2006 visant à « légiférer moins pour légiférer mieux ». Certaines ont été rejetées (celles relatives à accroître l'étanchéité entre les niveaux réglementaire et législatif, à améliorer le travail des commissions parlementaires et à globaliser le débat législatif), d'autres acceptées (restrictions des délais de dépôt des amendements d'origine parlementaire, meilleure information des députés, notamment en droit communautaire, rationalisation du traitement des motions de procédures, accroissement du rôle des commissions pour alléger les débats).

L'évaluation des politiques publiques, érigée au niveau constitutionnel par la réforme du 23 juillet 2008 confiant au Parlement le soin, outre de voter la loi et de contrôler l'action du Gouvernement, d'évaluer les politiques publiques, a également été renforcée au sein même du Parlement. La loi du 8 juillet 1983 crée l'Office parlementaire d'évaluation des choix scientifiques et technologiques, qui est une délégation commune à l'Assemblée nationale et au Sénat et qui publie en moyenne une dizaine de rapports par an (dernièrement un rapport du 6 juin 2019 sur les apports des sciences et technologie à la restauration de Notre-Dame de Paris). La loi du 14 juin 1996 crée l'Office parlementaire pour l'évaluation de la législation, chargé « *de rassembler des informations et de procéder à des études pour évaluer l'adéquation de la législation aux situations qu'elle régit* ». L'Office est également investi d'une mission de simplification de la législation. Intéressante dans son principe, l'activité de l'Office est pourtant des plus réduite : en douze ans, il n'a publié que trois rapports. Il a été supprimé en 2009, à l'instar de l'Office parlementaire d'évaluation des politiques de santé, et remplacé par le Comité d'évaluation et de contrôle des politiques publiques. Ce comité, prenant acte de la faiblesse du Parlement en matière d'évaluation, a proposé en mars 2018, par un rapport sur l'évaluation des dispositifs d'évaluation des politiques publiques, la création d'un Haut Conseil de l'évaluation des politiques publiques, chargé notamment de capitaliser les évaluations réalisées par les différentes instances en créant une base de données accessibles aux évaluateurs, d'identifier et diffuser les bonnes pratiques, et coordonner l'intervention des différents acteurs, et de doter le Parlement d'une agence d'évaluation autonome disposant de pouvoir d'enquête et chargée de contre-expertiser les études d'impact accompagnant les projets de lois et de promouvoir la compétence en évaluation au sein du Parlement.

Enfin, a été créée au sein de la Commission des finances en février 1999 une « mission d'évaluation et de contrôle » (MEC) chargée d'auditionner les responsables politiques et administratifs sur la gestion de leurs crédits et de mener des investigations approfondies sur des politiques publiques sectorielles. L'activité de la MEC est nourrie, avec trois à quatre rapports par an, portant sur des thèmes variés (dernièrement les services de l'État à l'étranger, les programmes d'armement, la gouvernance des universités, les plans de sauvegarde de l'emploi, les logements sociaux, etc.). La Commission chargée des affaires sociales a pour sa part créé la Mission d'évaluation et de contrôle des lois de financements de la sécurité sociale. Créée par la loi du 9 octobre 2007, la délégation parlementaire au renseignement s'est vue confier la mission par la loi du 18 décembre 2013 de contrôle de l'action du Gouvernement en matière de renseignement et d'évaluation de la politique publique en ce domaine.

S'agissant des collectivités territoriales, la loi du 17 octobre 2013 crée un Conseil national d'évaluation des normes applicables aux collectivités territoriales et à leurs établissements publics, consulté sur l'impact technique et financier des projets de textes créant ou modifiant des normes qui leur sont applicables.

3. L'action du Conseil constitutionnel

Le Conseil constitutionnel a relayé par sa jurisprudence les préoccupations relatives à une meilleure rédaction de la norme. En consacrant, par une décision CC 16 décembre 1999, Codification, l'objectif à valeur constitutionnelle d'accessibilité et d'intelligibilité de la loi (objectif définitivement consacré par l'abandon du principe un temps évoqué de « clarté de la loi » par la décision CC 27 juillet 2006, Loi relative au droit d'auteur), il s'est doté d'un outil lui permettant de censurer les excès législatifs les plus indésirables ou, au contraire, de valider le recours à certaines techniques d'élaboration de la norme. Cet objectif lui permet ainsi tant de censurer la complexité excessive de la loi (CC 29 décembre 2005, LF pour 2006) que d'admettre le principe de la codification par ordonnances (CC 26 juin 2003, Loi de simplification du droit). Le moyen tiré de l'inintelligibilité de la loi est fréquemment invoqué par les parlementaires, et le Conseil constitutionnel exerce un contrôle attentif du grief (voir, rappelant que la codification contribue à l'intelligibilité de la loi et écartant les griefs adressés à l'encontre du nouveau Code du travail, CC 17 janvier 2008, Loi ratifiant l'ordonnance du 12 mars 2007 relative au Code du travail ; CC 10 juin 2009, Loi favorisant la diffusion et la protection de la création sur internet).

Il a également rappelé, en se fondant sur l'article 6 de la DDHC (« La loi est l'expression de la volonté générale »), cette évidence oubliée que l'objet de la loi est d'énoncer des règles, c'est-à-dire des dispositions revêtues d'une portée normative. Le Conseil constitutionnel censure donc dorénavant des dispositions dont « *la portée normative est incertaine* » (CC 29 juillet 2004, Loi organique relative à l'autonomie financière des collectivités territoriales), ainsi que les dispositions « *manifestement dépourvues de toute portée normative* » (CC 21 avril 2005, Avenir de l'école ; CC 21 juin 2018, Loi relative à l'élection des représentants au Parlement européen, censurant une disposition législative subordonnant son application à une condition qui n'aurait en tout état de cause pu être remplie avant l'entrée en vigueur de la loi, et par suite dénuée de portée normative). En effet, « *la loi étant définie par sa portée normative, un énoncé sans portée normative n'est pas une loi et ne peut pas figurer dans une loi* » (commentaire aux Cahiers du Conseil constitutionnel). Voilà qui devrait permettre de réduire les dispositions plus politiques que juridiques figurant dans le texte même de la loi plutôt que dans l'exposé de ses motifs : ce n'est en effet pas le caractère déclaratif en soi qui est contestable, mais sa présence dans un texte normatif. Le Conseil constitutionnel exerce un contrôle attentif de la portée normative du texte qui lui est soumis. Il a ainsi jugé qu'une disposition qui soustrait les jeux d'argent et de hasard au droit commun de la liberté d'entreprendre n'est pas dépourvue de toute portée normative (CC 12 mai 2010 Loi relative aux jeux d'argent et de hasard en ligne). Il n'a toutefois, depuis 2005, prononcé qu'une censure pour défaut de portée normative.

Le Conseil constitutionnel censure également, sur le fondement de l'article 4 de la DDHC, la complexité excessive de la loi. Il a ainsi jugé que si « *des motifs d'intérêt général suffisants peuvent justifier la complexité de la loi, en l'espèce, la complexité de l'article 78 de la loi de finances pour 2006, instituant un plafonnement des avantages fiscaux, est à la fois excessive et non justifiée par un motif d'intérêt général suffisant* » et, partant, contraire à la Constitution (CC 29 décembre 2005, Loi de finances pour 2006).

4. L'action d'autres institutions publiques

C'est surtout par la contribution à la prise de conscience de la gravité de la situation que certaines institutions publiques se distinguent.

Il en est ainsi du Conseil d'État, qui a consacré deux rapports consécutifs à la question, s'agissant du droit interne (rapport pour 2006 sur la sécurité juridique) et du droit communautaire (rapport pour 2007 sur l'administration française et l'Union européenne), puis son étude de 2016, intitulée Simplification et qualité du droit (cf. *infra*), des discours des présidents de l'Assemblée nationale et du Conseil constitutionnel appelant à une responsabilisation accrue du Gouvernement et du parlement dans le cadre de leurs activités normatives.

Le droit de l'Union européenne connaît également un mouvement tendant à mieux maîtriser la production normative. Le Parlement européen, le Conseil des ministres et la Commission ont conclu, le 16 décembre 2003, un accord interinstitutionnel intitulé « Mieux légiférer » par lequel ils s'engagent à veiller « à la qualité de la législation, à sa clarté, à sa simplicité et à son efficacité ». Le but est de parvenir à une meilleure compétitivité grâce à une meilleure réglementation. Plusieurs priorités sont identifiées, visant à simplifier la norme (notamment en matière de réglementation des produits, de législation agricole, environnementale et du marché du travail, ainsi que de statistiques), à procéder à sa codification (la Commission a présenté en 2007 une centaine de propositions de codification), à retirer certains textes jugés obsolètes et certaines propositions en instance de discussion, à pratiquer systématiquement des études d'impact avant de s'engager dans une action normative, à alléger les coûts administratifs induits par la norme européenne, à inciter les États membres à améliorer leurs réglementations nationales. Dans un document adopté en octobre 2010, intitulé « une réglementation intelligente au sein de l'Union européenne », la Commission relève que la plupart des objectifs de l'accord « mieux légiférer » auront été atteints en 2012, notamment la réduction de 25 % des charges administratives. Elle appelle à un nouvel élan, fondé sur la notion de « réglementation intelligente », fondée sur trois axes principaux : meilleure évaluation de l'existant, meilleure coordination avec le Parlement européen et le Conseil, meilleure consultation des destinataires de la norme. Le 19 mai 2015, la Commission a adopté une communication intitulée « Améliorer la réglementation pour obtenir de meilleurs résultats – un enjeu prioritaire pour l'UE ». L'objectif renforcer la transparence et la consultation dans le processus décisionnel, en mettant notamment en ligne un espace où les personnes intéressées pourront s'exprimer sur les projets de norme. Le comité d'analyse d'impact des initiatives de la Commission est transformé en un comité indépendant d'examen de la réglementation dont le rôle est renforcé.

Relevons enfin que, par un arrêt CEDH 12 février 2008, Kafkaris c/Chypre, la CEDH utilise formellement, pour la première fois, les termes de « qualité de la loi », critiquant un droit qui « n'était pas formulé avec suffisamment de précision » pour permettre à l'intéressé d'en prendre la mesure. Par un arrêt CEDH 20 janvier 2020, Magyar Ketfarku Kutya Part c/ Hongrie, elle juge que la sanction infligée à un parti politique à l'initiative d'une application mobile pour permettre aux électeurs de diffuser leur vote est contraire à l'article 10 de la Convention en raison de l'imprécision de la loi.

Perspectives

Ces efforts n'ont toutefois pas porté les fruits escomptés. Pour diverses raisons mentionnées notamment dans le rapport du Conseil d'État de 2016 consacré à la Simplification et qualité du droit (cf. *infra*), l'inflation et la dégradation qualitative de la norme se sont poursuivies. Les causes sont connues, les remèdes en grande partie aussi, mais le principal d'entre eux, l'auto-restriction normative du Gouvernement et du Parlement, demeure virtuel en raison du poids des considérations politiques et d'affichage, qui priment souvent toute autre considération.

1. Les propositions

Plusieurs institutions, permanentes ou *ad hoc*, ont proposé des évolutions tendant à remédier aux maux dont souffre la norme aujourd'hui. Seront présentées les propositions du Conseil d'État et du Comité de réflexion et de proposition sur la modernisation et le rééquilibrage des institutions de la Vᵉ République.

Les propositions du Conseil d'État sont contenues dans trois rapports, de 2006 (Sécurité juridique et complexité du droit), 2007 (l'administration française et l'Union européenne) et 2016 (Simplification et qualité du droit).

- **Le premier de ces rapports préconise :**
  - une meilleure réflexion en amont sur la nécessité d'une nouvelle législation ou réglementation, au regard de l'objectif recherché et des autres actions publiques, normatives ou non, envisageables (incitations, codes de bonne conduite, régulation par une autorité indépendante) ;
  - une évaluation systématique de l'impact de la norme projetée : rappelant que le rapport Picq de 1994 contenait une proposition similaire, le Conseil d'État rappelle également que plusieurs circulaires du Premier ministre exigent la réalisation d'une telle étude, mais sont demeurées sans effet concret. Pour pallier ceci, le Conseil d'État suggérait de subordonner le dépôt d'un projet de loi devant le Parlement à une évaluation préalable de l'impact de la réforme ; cela a été fait avec la réforme de 2008 (cf. *infra*, 2)
  - un meilleur respect des articles 34 et 37 de la Constitution ;
  - une procédure simplifiée d'adoption de certains textes ne soulevant pas de difficultés particulières (comme la loi de transposition de directives et les projets de loi de codification) ;
  - un renforcement du rôle du Parlement dans le suivi de l'application des textes votés ;
  - une poursuite de l'effort de codification.
- **Le deuxième de ces rapports** insiste plus sur le processus d'élaboration de la norme communautaire, mêlant des considérations d'ordre politique et d'autres d'ordre plus technique. Au nombre de ces dernières, on notera la nécessité relevée par le Conseil d'État de mieux transposer les directives communautaires, de développer des réflexes européens en matière normative (en recensant systématiquement l'état du droit communautaire à l'occasion de la réflexion sur une évolution normative interne et en analysant le plus tôt possible les impacts de la législation projetée), d'assurer une meilleure information des citoyens sur le droit communautaire.
- **Le troisième de ces rapports** rappelle les efforts réalisés depuis plusieurs années pour lutter contre le phénomène d'inflation et de complexification législative et que nous avons exposés ci-dessus. Le bilan reste cependant décevant, en raison de l'absence de cohérence de ces efforts menés tous azimuts, de la perfectibilité des méthodes employées (la complexité des lois de simplification, appelées à disparaître en application de la circulaire du 26 juillet 2018, a pu générer des effets pervers), du scepticisme sur la finalité et l'utilité de l'exercice, que d'aucuns regardent comme une complexité supplémentaire purement technocratique, des priorités politiques, mais les efforts doivent être poursuivis : pour prévenir les risques contentieux, défendre la compétitivité de la Nation, renforcer l'État

de droit et maintenir la cohésion sociale. À cette fin, le rapport propose ni plus ni moins que de « *changer de culture normative* ». Cela passe :

- par une meilleure responsabilisation des pouvoirs publics en mettant l'impératif de simplification et de qualité du droit au cœur de leurs missions, en instaurant un réseau d'appui à la simplification et à la qualité eu droit reposant sur les secrétariats généraux des ministères dont l'action serait dirigée par le Premier ministre, créer une structure dédiée à l'évaluation des normes ;
- par une maîtrise de l'emballement de la production normative : celle-ci doit être programmée, des efforts doivent être faits pour maîtriser le contenu des normes, les ordonnances et la codification doivent être privilégiées, les études d'impact améliorées (cf. *infra* sur ce point) et le recours à l'expérimentation développé ;
- par une facilitation de l'application d'une norme plus compréhensible et dont la mise en œuvre est simplifiée (guichets uniques, réduction des procédures administratives) et assurée, notamment par le juge (recours à la médiation, renforcement de l'exécution des décisions de justice).

Le Comité de réflexion et de proposition sur la modernisation et le rééquilibrage des institutions de la Ve République créé à l'été 2007 et dont le rapport a été remis au président de la République en octobre 2007 a également formulé un certain nombre de propositions de nature à remédier aux dysfonctionnements identifiés :

- Il préconisait d'abord, dans la lignée des rapports du Conseil d'État, de développer les études d'impact : il a été suivi sur ce point (cf. *infra*, 2).
- Plus original, le Comité constitutionnel proposait, à la suite également du Conseil d'État, la création d'un « contrôleur juridique », sur le modèle du contrôleur financier, dont le rôle serait de s'assurer de l'utilité du projet de loi et dont le visa serait nécessaire avant la transmission du projet au Conseil d'État. Le contrôleur devrait également s'assurer que les décrets d'application des lois soient édictés dans des délais raisonnables.
- Le Comité constitutionnel propose également d'améliorer la qualité du travail législatif en conférant une importance accrue aux commissions parlementaires permanentes, afin que l'essentiel du travail soit réalisé au sein de ces instances, et que le débat général, qui s'engagerait non plus sur le texte du Gouvernement mais sur celui de la Commission (ce qui suppose une révision de la Constitution), ne porte que sur les grands principes du projet de loi : il a été suivi sur ce point (cf. *infra* 2a).
- Le Comité constitutionnel suggère aussi la constitutionnalisation de l'article 2 du Code civil aux termes duquel « *la loi ne dispose que pour l'avenir ; elle n'a point d'effet rétroactif* ». Un motif déterminant d'intérêt général pourra contrarier ce principe.

2. Les réalisations

2.1. La rationalisation du débat parlementaire

Le nouvel article 42 de la Constitution, issu de la révision du 23 juillet 2008, dispose que « *la discussion des projets et des propositions de loi porte, en séance, sur le texte adopté par la commission saisie en application de l'article 43 ou, à défaut, sur le texte dont l'Assemblée a été saisie* ». Contrairement à ce qu'il en était auparavant, le texte discuté par la chambre n'est donc pas celui proposé par le Gouvernement, mais celui qui ressort des travaux de la commission compétente. La modification est d'importance, puisque l'essentiel des arbitrages politiques a lieu dans le cadre de ces travaux. La réforme a permis d'accélérer et de simplifier l'examen des projets de lois par le Parlement, au détriment toutefois, il est vrai, du débat en séance, assez largement encadré par les travaux de la commission. Elle n'a en revanche pas permis de limiter l'augmentation considérable de la longueur des textes entre leur dépôt sur le bureau des assemblées et leur vote définitif : depuis 2002, le nombre d'articles des lois promulguées est systématiquement le double de celui figurant dans le projet ou la proposition déposée (par exemple pour 2018 : 737 articles contre 1535 finalement votés – source : Indicateurs de suivi de l'activité normative, site Légifrance).

2.2. Le développement – encore insuffisant – des études d'impact

La révision constitutionnelle de 2008 impose une étude systématique de l'impact des lois avant leur adoption. L'objectif est d'améliorer la qualité de la loi, en amenant son concepteur à passer son projet au crible de critères qui constituent autant de « tests » que le projet doit « passer » pour qu'on puisse en conclure qu'une nouvelle loi est nécessaire, c'est-à-dire que l'action normative présente plus d'avantages que l'inaction. L'inscription dans l'ordre juridique des études d'impact n'allait pourtant pas de soi : par hypothèse, la loi ne peut que viser l'intérêt général, le nouveau texte étant réputé améliorer l'ancien état du droit. Le contrôle préalable de cette amélioration met donc directement en cause la marge d'action du législateur. Même si l'étude d'impact revêt une dimension technique, on ne peut s'empêcher de voir dans ce nouveau pouvoir accordé au Gouvernement (auteur de l'étude d'impact) sur le Parlement (dont le débat sera nécessairement cadré par les conclusions de cette étude), une nouvelle manifestation de défiance à l'égard de celui-ci. Mais il est vrai que l'exercice du pouvoir législatif en 2013 n'a plus grand-chose à voir avec celui de 1789, la conception traditionnelle de la loi faisant de celle-ci la norme suprême quasi révélée par la raison républicaine n'étant guère plus en vogue. Pour reprendre l'expression de Bertrand Matthieu, « *la loi a franchi un palier qu'elle ne remontera plus* » (in La Loi, Dalloz, 2004, p. 133).

L'article 39 de la Constitution dans sa rédaction issue de la loi constitutionnelle du 23 juillet 2008 dispose, en son troisième alinéa, que « *la présentation des projets de loi déposés devant l'Assemblée nationale ou le Sénat répond aux conditions fixées par la loi organique* ». L'exigence d'étude d'impact n'est donc pas formalisée au niveau constitutionnel. Elle l'a été par la loi organique du 15 avril 2009, qui rend obligatoire la réalisation d'études d'impact concernant les projets de loi (et non les propositions de loi). Cela signifie qu'un projet de loi ne sera pas recevable s'il n'est pas accompagné d'une telle étude. Le législateur organique a mené à son terme un mouvement commencé en 1994 qui avait vu se multiplier les appels à cette pratique. Le rapport Picq de 1994 avait insisté sur l'importance que revêtait l'analyse préalable de l'impact des législations et réglementations nouvelles. Il avait suscité la rédaction de deux circulaires du Premier ministre en date des 26 juillet 1995 et 21 novembre 1995, complétée par celle du 26 janvier 1998 relative à l'étude d'impact des projets de loi et projets de décret en Conseil d'État, adoptée à la suite du bilan dressé par le Conseil d'État en mars 1997 de l'application de la circulaire du 21 novembre 1995. Vinrent ensuite les rapports des groupes de travail présidés par M. Dieudonné Mandelkern, en 2002, et M. Bruno Lasserre, en 2004, ainsi que deux nouvelles circulaires en 2003 relatives à la maîtrise de l'inflation normative et à l'amélioration de la qualité de la réglementation. Le Conseil d'État avait relayé ces propositions dans son rapport de 2006 consacré à la sécurité juridique.

La loi organique du 15 avril 2009 relative à l'application des articles 34-1, 39 et 44 de la Constitution instaure en droit français l'obligation d'accompagner les projets de loi d'une étude d'impact. Son article 8 dispose que « *les projets de loi font l'objet d'une étude d'impact. Les documents rendant compte de cette étude d'impact sont joints aux projets de loi dès leur transmission au Conseil d'État. Ils sont déposés sur le bureau de la première assemblée saisie en même temps que les projets de loi auxquels ils se rapportent. Ces documents définissent les objectifs poursuivis pas le projet de loi, recensent les options possibles en dehors de l'intervention des règles de droit nouvelle et exposent les motifs du recours à une nouvelle législation. Ils exposent avec précision :*

- *l'articulation du projet de loi avec le droit européen en vigueur ou en cours d'élaboration, et son impact sur l'ordre juridique interne ;* [...]
- *les modalités d'application dans le temps des dispositions envisagées, les textes législatifs et réglementaires à abroger et les mesures transitoires proposées ;* [...]
- *l'évaluation des conséquences économiques, financières, sociales et environnementales, ainsi que les coûts et bénéfices financiers attendus des dispositions envisagées pour chaque catégorie d'administrations publiques et de personnes physiques et morales intéressées, en indiquant la méthode de calcul retenue ;*
- *l'évaluation des conséquences des dispositions envisagées sur l'emploi public ;* [...] ».

L'étude d'impact est rédigée par les services administratifs auteurs des projets de loi et non, comme cela avait un temps été envisagé, par un organisme indépendant. Se développe toutefois un recours à des organismes extérieurs : en 2018, le ministère de la transition écologique a ainsi lancé un appel d'offres pour la rédaction de l'étude d'impact du projet de loi d'orientation des mobilités ; le Sénat a fait de même à propos de l'évaluation *ex ante* et *ex post* de dispositions législatives dont il aurait à connaître (voir sur cette question l'éditorial de l'AJDA 2018 p. 2417, par Bertrand-Léo Combrade).

L'article 9 de la loi organique octroie aux présidents de l'assemblée sur le bureau de laquelle le projet de loi a été déposé un délai de dix jours pour constater que l'étude d'impact respecte les dispositions de l'article 8. En cas de désaccord entre l'assemblée saisie et le Gouvernement, il est prévu un recours au Conseil constitutionnel, qui tranche, conformément à l'alinéa 4 de l'article 39 de la Constitution, dans un délai de huit jours.

On relèvera que, à l'instar de la pratique prévalant en droit de l'Union européenne, l'étude d'impact porte principalement, outre sur l'articulation du projet de loi avec ce droit (on remarquera que l'articulation avec les autres normes internationales n'est pas exigée, ce qui est regrettable), sur les conséquences économiques, financières, sociales et environnementales du projet en cause. Si ces conséquences doivent être présentées « avec précision », le Conseil constitutionnel a jugé le 9 avril 2009 que « *l'élaboration d'études particulières répondant à chacune des prescriptions [mentionnées à l'article 8] ne saurait être exigée que pour autant que ces prescriptions ou l'une ou l'autre d'entre elles trouvent effectivement à s'appliquer compte tenu de l'objet des dispositions du projet de loi en cause* ». Il n'y aura donc pas lieu d'étudier l'impact d'un projet sur une matière qui ne le concerne pas. Le Conseil d'État, dans son rôle consultatif, s'assure du caractère suffisant des études d'impact accompagnant les projets de loi qui lui sont soumis. Il peut demander des compléments et n'hésite pas à rejeter un texte qui en serait dépourvu, ainsi que l'illustre l'exemple du projet de loi de ratification d'une ordonnance relative à certaines installations classées pour la protection de l'environnement comportant des dispositions nouvelles dépourvues de toute étude d'impact. Il s'est engagé, dans le cadre de son étude annuelle de 2016 consacrée à la simplification et qualité du droit, à se montrer plus exigeant quant au contenu et à la qualité des études d'impact qui lui sont soumises.

On peut s'interroger sur la portée exacte des études d'impact. De deux choses l'une en effet : ou bien les impacts analysés par l'administration présentent plus d'inconvénients que d'avantages, auquel cas il est peu probable que le projet de loi soit présenté au Parlement. L'étude d'impact aura alors constitué un outil d'aide à la décision du Gouvernement. Ou bien les impacts se révéleront positifs, du moins pour le Gouvernement, et l'on voit mal le Parlement une fois saisi adopter une position contraire et écarter le projet de loi, sauf à contester les résultats de l'étude (ce qui supposerait que le Parlement reprenne l'étude, ce qui semble peu réaliste). L'étude d'impact apparaît ainsi plus comme un exercice de justification de la pertinence du projet présenté par le Gouvernement que comme un outil d'aide à la décision du Parlement. C'est d'ailleurs ce que montre la lecture des études d'impact réalisées jusqu'à présent qui analysent moins l'impact réel des projets que les impacts souhaités par le Gouvernement. Aussi convient-il de garder à l'esprit que si les études d'impact constituent sans doute un exercice nécessaire, il ne faut pas en surestimer la portée : elles ne permettront, à elles seules, ni la diminution du nombre des textes, ni l'amélioration de leur qualité rédactionnelle et matérielle.

Conscient de ces limites, le Sénat a adopté le 7 mars 2018 une proposition de loi organique visant à améliorer la qualité des études d'impact des projets de loi qui prévoit, notamment, d'ajouter à l'article 8 de la loi organique de 2009 l'indication de l'évaluation des moyens nécessaires à la mise en œuvre des dispositions en cause, ainsi que celle de l'apport des dispositions envisagées en matière de simplification et, en cas de création d'une nouvelle norme, les normes dont l'abrogation est proposée. Il souhaite également que les évaluations soient réalisées par une structure indépendante.

2.3. La loi Essoc : une nouvelle approche dans la lutte contre la complexité normative

La loi du 10 août 2018 pour un État au service d'une société de confiance (dite « Essoc »), introduit en droit français plusieurs dispositifs prenant acte de la complexité des normes applicables et visant à en prévenir ou en atténuer les effets indésirables pour les citoyens.

L'article L. 123-1 du code des relations entre le public et l'administration (CRPA) crée ainsi un « droit à régularisation en cas d'erreur » pour les personnes de bonne foi ayant méconnu pour la première fois une règle applicable à leur situation ou ayant commis une erreur matérielle lors du renseignement de leur situation. Dans une telle hypothèse, aucune sanction ne sera encourue si la régularisation a lieu spontanément ou dans le délai imparti à cette fin par l'administration. Ce droit est cependant limité, puisqu'il ne s'applique pas aux sanctions requises pour la mise en œuvre du droit de l'Union européenne, aux sanctions prononcées en cas de méconnaissance des règles préservant directement la santé publique, la sécurité des personnes et des biens ou l'environnement, aux sanctions prévues par un contrat et aux sanctions prononcées par les autorités de régulation à l'égard des professionnels soumis à leur contrôle.

Les articles L. 124-1 et 2 du même code créent un droit au contrôle par l'administration et à l'opposabilité des résultats issus de ce contrôle, afin d'assurer la sécurité juridique des opérateurs.

S'agissant de la régularisation des dossiers incomplets, le nouvel article L. 114-5-1 prévoit que l'absence d'une pièce au sein d'un dossier déposé par un usager en vue de l'attribution d'un droit ne peut conduire l'administration à suspendre l'instruction de ce dossier dans l'attente de la transmission de la pièce manquante, sauf s'il s'agit d'une pièce indispensable à l'instruction du dossier. Si la pièce fait toujours défaut au moment de la décision d'attribution du droit concerné, cette attribution n'est effective qu'après la réception par l'administration de cette pièce.

Plusieurs dispositions similaires sont adoptées en matières fiscale et douanière.

Les circulaires non publiées seront réputées abrogées (L. 312-2). L'article L. 312-3 consacre l'opposabilité des circulaires et instructions ministérielles, qui pourront dorénavant être invoquées par les usagers.

Une procédure de rescrit, applicable à certaines opérations d'urbanisme, en matière de droit du travail, de commerce et de concurrence, est instaurée : l'administration doit, à la demande de l'intéressé, prendre position sur l'application à sa situation des règles de droit relatives au projet en cause. Cette position sera opposable à l'administration. La loi du 27 décembre 2019 relative à l'engagement dans la vie locale et à la proximité de l'action publique crée au sein du code général des collectivités territoriales un article L. 1116-1 permettant aux collectivités territoriales de demander au préfet de prendre une « position formelle » relative à la mise en œuvre d'une disposition législative ou réglementaire régissant l'exercice de leurs compétences ou les prérogatives dévolues à leur exécutif.

Dans le même esprit est instauré un droit à l'information permettant à un usager d'obtenir une information sur l'existence et le contenu des règles régissant une activité dont la liste sera définie par décret. Toute information incomplète ou erronée à l'origine d'un préjudice pour l'usager engage la responsabilité de l'administration (article L. 114-11 CRPA).

La loi comporte enfin un très grand nombre de mesures de simplification, au profit des usagers, des rapports avec les administrations, à l'instar de l'article 40 qui prévoit que les entreprises qui y consentent, à titre expérimental, ne sont plus tenues de communiquer à une administration des informations que celle-ci détient déjà dans un traitement automatisé ou qui peuvent être obtenues d'une autre administration par un tel traitement. Elle comporte également une disposition intéressante visant à lutter contre la « surtransposition des directives » : le gouvernement doit rédiger un rapport étudiant les différentes formes de surtransposition pratiquées, leurs causes, leurs effets ainsi que leurs justifications. Ce rapport identifie les adaptations nécessaires pour remédier aux surtranspositions inutiles ou injustifiées.

Au-delà de l'aspect « fleuve » de cette loi comportant des dispositions éparses, il importe de relever qu'elle semble, en creux, prendre acte de **l'inefficacité des efforts** déployés depuis trente ans dans le cadre de la lutte contre l'inflation normative. Renonçant, au moins partiellement, à s'attaquer aux causes, c'est sur les **symptômes que les efforts sont maintenant portés** : si l'on ne peut simplifier, au moins convient-il de faire en sorte de réduire les effets indésirables de la dégradation de la norme, et contraindre l'administration à faciliter, autant que faire se peut, la vie de l'usager. Il s'agit ainsi moins de simplifier que de gérer la complexité.

2.4. La prise en compte croissante du « droit souple »

Afin de lutter contre l'inflation normative et de mieux prendre en compte les besoins spécifiques des destinataires de la norme, notamment en matière économique, une autre option réside dans le développement du « droit souple ».

Le Conseil d'État consacre son étude annuelle pour l'année 2013 à ce phénomène.

« Omniprésent », trouvant son origine dans le droit international (« gentlemen's agreements », « memorandum of agreement »), relayé par le droit de l'Union européenne (compromis de Ionannina, qui promeut, même pour les votes à majorité qualifiée, la recherche de l'unanimité, accords interinstitutionnels divers (tel que l'accord « Mieux légiférer » – cf. *supra* « Bilan » point 4), et par le droit interne (le Plan, « ardente obligation » (de Gaulle) dépourvue d'effet contraignant, les recommandations, lignes directrices, codes de conduite émanant des AAI, la négociation dans la fonction publique), le droit souple peut être défini comme l'ensemble des instruments ayant pour objet de « *modifier ou orienter les comportements de leurs destinataires en suscitant, dans la mesure du possible, leur adhésion, ne créant pas par eux-mêmes de droits ou d'obligations mais présentant, par leur contenu et leur mode d'élaboration, un degré de formalisation et de structuration qui les apparente aux règles de droit* ».

Le critère du droit souple, que le Conseil d'État oppose, « par commodité de langage », au « droit dur », résiderait donc dans le « sentiment de contrainte » ressenti par le destinataire de la « règle » ; ce qui revient à poser le critère de la normativité. Selon un courant doctrinal mentionné dans le rapport, le véritable critère du droit serait moins la contrainte étatique dont il fait l'objet que « sa fonction de modèle ou de référence ». Un autre courant doctrinal, largement dominant, également mentionné dans le rapport, estime qu'il ne peut pas y avoir d'autre critère de la norme de droit que celle de la sanction étatique, assurée par les tribunaux, dont elle fait l'objet. Les autres normes existantes (morale, religieuse, mais aussi politique, sociale, familiale, économique, etc.) peuvent avoir un degré de persuasion ou d'adhésion extrêmement élevé, autant sinon plus que la norme juridique, mais relèvent d'une autre sphère normative. Le « droit souple » n'est pas du droit, puisque sa méconnaissance ne peut être sanctionnée par les tribunaux.

Le Conseil d'État semble avoir consacré la première conception en reconnaissant la justiciabilité des actes de droit souple. Par la décision CE 21 mars 2016, Société Fairvesta International GMBH, il juge que les communiqués de l'Autorité des marchés financiers mettant en garde les investisseurs des conditions dans lesquelles certains produits de placement sont commercialisés, et susceptibles d'avoir des « effets notables » ou pour objet d'influer « de manière significative » sur le comportement des personnes auxquelles ils s'adressent, font grief aux sociétés commercialisant ces produits, lesquelles ont un intérêt à déférer au juge administratif les communiqués en cause (CE 21 mars 2016, Société Fairvesta International GMBH). Le Conseil d'État s'assure que les motifs de l'AMF ne sont pas entachés d'erreur de fait, de droit ou de qualification. Il a étendu cette jurisprudence aux délibérations et communications du CSA (CE 10 novembre 2016, Mme Marcilhacy), aux lignes directrices de l'Arcep (CE 13 décembre 2017, Société Bouygues Télécom), ou encore à l'appréciation dont la Haute autorité pour la transparence de la vie publique assortit la déclaration de situation patrimoniale d'un député (CE 19 juillet 2019, Mme Le Pen). Cette dernière décision marque une double évolution : toute autorité administrative, et non seulement celles de régulation, peut émettre des actes de droit souple ; l'exigence d'une influence « significative » est abandonnée au profit de la recherche de la seule « influence » que peut avoir l'acte en cause sur le comportement des personnes.

Il ne résulte cependant pas de ces décisions qu'un justiciable pourrait obtenir l'exécution forcée des actes de droit souple, dont la méconnaissance n'emporte aucune sanction juridique (un acteur économique reste libre de ne pas suivre les recommandations de l'AMF).

Ces actes sont ainsi caractérisés par une normativité asymétrique : leur méconnaissance ne peut être sanctionnée par les tribunaux (en ce sens ils sont comparables aux normes morales, religieuses, etc.) ; leur légalité peut cependant faire l'objet d'un contrôle juridictionnel (ils se rapprochent alors des actes de « droit dur »).

Comment expliquer cette jurisprudence au regard de la conception traditionnelle selon laquelle n'est droit que la norme dont la méconnaissance peut être sanctionnée par un tribunal ?

En principe, et la jurisprudence a longtemps été en ce sens, les simples recommandations, avis, positions, appréciations, émis par l'administration, ne peuvent faire l'objet d'un recours juridictionnel car ils ne modifient pas l'ordonnancement juridique et donc ne font pas grief. Mais il faut observer qu'une recommandation, comme celle de l'AMF de ne pas réaliser tel investissement, a des conséquences directes sur les droits de tiers (en l'espèce les sociétés qui proposent ces investissements). C'est **la prise en compte de la préservation de ces droits qui fonde la justiciabilité des actes de droit souple** : il convient de s'assurer que, ce faisant, leur auteur n'a pas porté une atteinte excessive à ces droits.

Ce mode de raisonnement, qui érige l'atteinte aux droits des tiers en critère de la justiciabilité des actes, n'est pas totalement nouveau : le Conseil d'État admet la recevabilité des recours dirigés contre les directives émanant des services administratifs (CE 11 décembre 1970, Crédit foncier de France), contre les circulaires impératives, alors même qu'elles ne modifient pas l'ordre juridique (CE 18 décembre 2002, Duvignères), contre les recommandations de bonne pratique de la Haute autorité de Santé, au seul motif qu'elles s'avèrent déterminantes pour apprécier les obligations déontologiques des professionnels de santé (CE 27 avril 2011, Association pour une formation médicale indépendante), ou encore contre une prise de position de l'Autorité de régulation des activités ferroviaires sur les dessertes intérieures d'une ligne internationale, au vu des effets de cet avis sur l'exercice par l'autorité organisatrice des transports de son pouvoir de limiter ou interdire ces dessertes (CE 30 janvier 2015, Région Provence-Alpes-Côte d'Azur).

Par une importante décision CE 12 juin 2020, Gisti, le Conseil d'État franchit une nouvelle étape en procédant à la « fusion » des jurisprudences Crédit foncier de France, Duvignères et Fairvesta, en jugeant que les documents de portée générale émanant d'autorités publiques, matérialisés ou non, tels que les circulaires, instructions, recommandations, notes, présentations ou interprétations du droit positif peuvent être déférés au juge de l'excès de pouvoir lorsqu'ils sont susceptibles d'avoir des effets notables sur les droits ou la situation d'autres personnes que les agents chargés, le cas échéant, de les mettre en œuvre. Ont notamment de tels effets ceux de ces documents qui ont un caractère impératif ou présentent le caractère de lignes directrices. Il appartient alors au juge d'examiner les vices susceptibles d'affecter la légalité du document en tenant compte de la nature et des caractéristiques de celui-ci ainsi que du pouvoir d'appréciation dont dispose l'autorité dont il émane. Le recours formé à son encontre doit être accueilli notamment s'il fixe une règle nouvelle entachée d'incompétence, si l'interprétation du droit positif qu'il comporte en méconnaît le sens et la portée ou s'il est pris en vue de la mise en œuvre d'une règle contraire à une norme juridique supérieure.

Dans d'autres domaines, on observe aussi une prise en compte croissante des droits des intéressés dans l'exercice du contrôle juridictionnel : ainsi les mesures d'ordre intérieur ne le sont désormais que sous réserve de l'absence d'atteinte aux droits et libertés fondamentaux de leur destinataire (CE 14 décembre 2007, Planchenault) ; le développement du contrôle normal sur les sanctions administratives prend en compte les droits des intéressés au détriment de la régulation du service assuré par l'exercice du pouvoir disciplinaire, le droit d'accès d'un demandeur à des archives dépend de son intérêt légitime apprécié au vu de la démarche qu'il entreprend et du but qu'il poursuit en sollicitant la consultation anticipée d'archives publiques, de la nature des documents en cause et des informations qu'ils comportent (CE 12 juin 2020, M. Graner), etc.

Il n'en reste pas moins que, normes juridiques ou pas, les instruments de « droit souple » se multiplient et présentent, à maints égards, une utilité réelle. C'est l'objet de la deuxième partie du rapport, qui identifie quatre grandes fonctions du droit souple :

- substitution au droit dur lorsque le recours à celui-ci n'est pas envisageable (par exemple certains accords internationaux) ;
- appréhension des phénomènes émergents (évolutions technologiques, mutations sociétales) aux contours encore incertains, le « droit souple » se présentant alors comme une sorte de laboratoire d'essai ;
- accompagnement du droit dur (chartes du patient hospitalisé, charte de la laïcité dans les services publics) ;
- alternative pérenne au droit dur (recommandations de bonnes pratiques sanitaires, certaines régulations économiques).

Naturellement, le recours au « droit souple » suppose que son efficacité soit assurée, ce qui implique un degré d'adhésion des destinataires suffisamment important qui ne pourra être atteint dans tous les cas, et, surtout, qu'il ne se substitue pas aux institutions légitimes à qui il incombe de légiférer, au premier chef les assemblées parlementaires. C'est ainsi que le Parlement européen, dans une résolution de 2007, a dénoncé en des termes virulents le recours croissant au « droit souple », concurrent déloyal de son pouvoir normatif. Enfin, le « droit souple » fait, par hypothèse, peser une incertitude juridique sur les instruments qui le constituent, dont on peut discuter du « degré de normativité », de la pérennité, du champ d'application, etc.

C'est pourquoi il est nécessaire de définir une doctrine de recours et d'emploi du « droit souple ». C'est ce à quoi s'emploie la troisième partie du rapport. On ne doit y avoir recours que si aux trois tests de l'utilité, de l'effectivité et de la légitimité, il présente des avantages par rapport au droit dur. Ce peut être le cas, notamment, des « lignes directrices » (ex-directives) définies par l'administration dans le cadre de la jurisprudence Crédit foncier de France, de recommandations de bonnes pratiques qui viendraient remplacer des dispositions réglementaires inutilement précises, ou alléger la réglementation s'imposant aux collectivités territoriales, etc. Par le jeu des vases communicants, le recours au « droit souple » devrait permettre une amélioration de la qualité du droit dur, moins pléthorique donc mieux pensé et centré sur un contenu purement normatif.

Conclusion

La loi est malmenée. Concurrencée par le pouvoir réglementaire, soumise au droit international, concurrencée par le développement des instruments alternatifs de régulation sociale (« droit souple »), sa légitimité même est remise en cause : les études d'impact qui l'accompagnent doivent établir les raisons pour lesquelles la loi apparaît comme l'outil le plus approprié pour parvenir à un résultat donné. Il y a là une déclinaison du principe de subsidiarité, appliqué au niveau normatif : la loi est mise en concurrence avec les autres vecteurs de l'action publique et son adoption doit être précédée de la démonstration de sa supériorité.

Aussi n'est-il pas étonnant, face à la contestation croissante de la légitimité de la norme traditionnelle, que des évolutions soient perceptibles. L'une d'elles, que commence à emprunter le législateur national, est son inscription croissante dans le concert des acteurs habilités à intervenir sur un secteur donné. Dans ce cadre, c'est moins par sa place dans la hiérarchie des pouvoirs que se mesure la légitimité d'un acteur que par la puissance de persuasion qu'il développe à travers les positions qu'il adopte, la clarté dont il fait preuve, la prévisibilité que son action assure aux opérateurs. Ainsi que le relève Jacques Chevalier, « *la force de la règle de droit ne provient plus de ce qu'elle s'énonce comme un ordre obligatoire, auquel tous sont tenus de se soumettre ; elle dépend désormais du consensus dont elle est entourée* » (in l'État postmoderne, cf. bibliographie). La Commission européenne en a pris conscience, qui procède à des annonces très en amont des évolutions normatives qu'elle projette, par la rédaction de livres « blancs » ou « verts » par lesquels elle décrit ce qu'elle va faire en même temps qu'elle demande l'avis des intéressés. Il ne suffit donc pas d'évaluer la politique passée ou l'impact d'une norme qu'on s'apprête à adopter : il faut, par un effort pédagogique (que l'on peut d'ailleurs rapprocher de l'objectif à valeur constitutionnel d'accessibilité et d'intelligibilité de la loi), anticiper les évolutions normatives à venir. Le Parlement national commence à le faire, timidement, dans le secteur des marchés financiers (rapport du sénateur Marini sur « le nouvel ordre financier mondial » de 2000, rapport du député Clément sur « le Gouvernement d'entreprise : liberté, transparence, responsabilité. De l'autorégulation à la loi » de 2003). À cet égard, le rapport de 2006 du Conseil d'État consacré à la sécurité juridique insiste sur le rôle que pourrait jouer le service public de diffusion du droit pour développer l'information sur les réformes en cours de préparation, la procédure et le calendrier prévisionnel de leur adoption.

La révision constitutionnelle du 23 juillet 2008, en élargissant les possibilités de recours aux lois dites « de programmation » (qui remplacent les lois de programme et qui peuvent porter sur l'ensemble des politiques publiques et plus seulement en matière économique et sociale), qui peuvent précisément ne pas comprendre de dispositions normatives, et en permettant au Parlement d'adopter de simples résolutions sans portée normative (article 34-1), lui offre deux outils par lesquels il peut s'exprimer au-delà du strict cadre normatif imposé par l'exercice législatif. Il reste au Parlement à se saisir de ces instruments pour faire valoir des points de vue non strictement juridiques. Mais il doit, lorsqu'il exerce sa fonction traditionnelle d'adoption des lois, revenir à plus de modération, de simplicité et de clarté.

Bibliographie

- M. Lombard (dir.), « Institutions de régulation économique et démocratie politique », *AJDA* 2005, p. 530.
- M. Lombard (dir.), *Régulation économique et démocratie*, Dalloz 2006.
- « Sécurité juridique et complexité du droit », Rapport du Conseil d'État, 2006.
- P.-Y. Gahdoun, « L'amélioration de la fabrication des lois – entre rénovation et révolution », *AJDA* 2008, p. 1872 et *s.*
- A. Haquet, « Les études d'impact des projets de loi : espérances, scepticisme et compromis », *AJDA* 2009, p. 1986 et *s.*
- « La simplification des relations entre l'administration et les citoyens », dossier *AJDA*, 2014, p. 388 et *s.*
- Le droit souple, Rapport du Conseil d'État, 2013.
- F. Lefebvre-Rangeon, « L'exigence de normativité de la loi », *AJDA* 2015, p. 1028 et *s.*
- Voir aussi le dossier consacré par la revue *Dalloz* (2014, p. 984 et *s.*) à l'ouvrage de Rémi Libchaber, *L'ordre juridique et le discours du droit* (*LGDJ*, 2013), réflexion autour de la notion de droit, défini comme « *le discours émanant d'une collectivité, par lequel elle exprime ses valeurs afin de garantir la cohésion sociale* ». Cette définition du droit, qui ne recourt pas à la notion de contrainte étatique, rejoint celle esquissée dans le rapport du Conseil d'État sur le « droit souple ». On a vu les objections qu'une telle conception pouvait soulever.
- J.-M. Sauvé, « Les 25 ans de la relance de la codification », discours prononcé le 13 octobre 2015, disponible sur le site internet du Conseil d'État.
- « Simplification et qualité du droit », Conseil d'État, Étude annuelle 2016.
- J. Chevalier, *L'État postmoderne*, 5e éd., LGDJ, 2017.
- La loi Essoc, une nouvelle vision de l'État ?, dossier *AJDA*, 2018, p. 1814 et s.
- Les expérimentations : comment innover dans la conduite des politiques publiques ? Études du Conseil d'État, La documentation française, 2019.
- C. Malverti et C. Beaufils, La littérature grise tirée au clair, *AJDA* 2020, p. 1407 et s.

Exemples de sujets

- Le déclin qualitatif de la norme : quels remèdes ?
- L'inflation législative.
- La simplification du droit.
- Le caractère unilatéral de la norme est-il remis en cause par le développement de la régulation ?

Droit administratif

5 La réforme de l'État

Thème récurrent du débat public français, la réforme de l'État est d'abord une illustration concrète du principe de mutabilité ou d'adaptabilité du service public. Ce principe, qui est l'une des « lois de Rolland » du service public, pose que le service public doit en permanence s'adapter aux mutations du contexte et des exigences politiques, économiques et sociales. La réforme de l'État est ensuite justifiée par des exigences économiques, et notamment par le poids parfois jugé excessif, de la dépense publique et des prélèvements obligatoires dans la richesse nationale. En période récente, il convient d'inscrire la réforme de l'État dans un double contexte : d'une part, la décentralisation, qui implique une réorganisation des services de l'État, en particulier un profond mouvement de déconcentration ; d'autre part, la révision générale des politiques publiques (RGPP) et son bilan. Lancée en 2007, la RGPP a constitué le cadre de la réforme de l'État jusqu'en 2012 avant d'être remplacée par la Modernisation de l'Action Publique (MAP). La principale difficulté des sujets liés à la réforme de l'État est leur caractère non immédiatement juridique. Pour assurer un bon traitement de ces questions, il convient de veiller 1) à les rattacher autant que possible au droit constitutionnel 2) à y intégrer autant que possible des considérations relatives aux institutions administratives 3) à essayer de rattacher la réforme de l'État à quelques grands principes juridiques (mutabilité, égalité et continuité du service public par exemple).

Historique

Un thème récurrent du débat public français

La réforme de l'État est un thème ancien. Elle est aussi la traduction concrète de l'une des « lois de Rolland » du service public, en l'occurrence le principe de mutabilité ou d'adaptabilité du service public aux évolutions économiques et sociales. Les gouvernements d'Alexandre Millerand (1919), de Gaston Doumergue (1934, avec notamment la création du Secrétariat général du Gouvernement) et de Léon Blum (par ailleurs auteur, en 1918, des Lettres sur la réforme gouvernementale) ont ainsi porté d'importants projets de réforme de l'État.

L'État a toujours cherché à se réformer, à adapter ses structures et son mode de fonctionnement à l'évolution de ses missions, elles-mêmes largement tributaires des conceptions philosophiques en vigueur. À l'État impérial du début du XIXe siècle, qui a donné à la France les Préfets, le Conseil d'État, première forme de modernisation après le chaos de l'époque intermédiaire 1789-1799, a succédé « l'État-gendarme », faiblement structuré, limité dans ses fonctions régaliennes (monnaie, impôt, sécurité, défense, diplomatie) de la fin du XIXe siècle, auquel s'est finalement substitué un État-providence, État social, caractérisé par des interventions fréquentes dans la vie économique, comme acteur (nationalisations) ou régulateur (contrôle des prix, autorisation administrative de licenciement), et sociale. L'État s'est alors doté d'une architecture institutionnelle propre à lui permettre de remplir ses missions. La conception que l'on se fait de l'État à un moment donné a donc une influence directe sur sa structure, sur la façon dont il envisage ses relations avec les citoyens et sur la façon dont il conçoit l'évolution de son cadre d'intervention.

La réforme de l'État, un chantier prioritaire pour tous les gouvernements

L'on retiendra notamment :

- la « circulaire Rocard » (1989) relative au « renouveau du service public », qui dresse un programme global de modernisation du service public en six points (négociations sur la formation et sur la mobilité ; mise au point d'outils de gestion prévisionnelle ; mise en œuvre de projets de service mobilisateurs ; développement de l'audit et de l'évaluation ; transparence accrue des relations avec l'usager ; élaboration de plans de modernisation pour chaque administration) ;
- le rapport de Jean Picq, « L'État en France, servir une nation ouverte sur le monde », remis au Premier ministre en 1995, qui a présenté de nombreuses pistes de réforme, qui restent souvent d'actualité, comme la réduction significative du nombre de départements ministériels ;
- la « circulaire Juppé » (26 juillet 1995) relative à la préparation et à la mise en œuvre de la réforme de l'État et des services publics, qui s'inscrit en continuité avec la circulaire Rocard tout en insistant davantage sur la notion de subsidiarité ;
- la « circulaire Jospin » (3 juin 1998), qui met notamment en place un nouvel outil, les « plans pluriannuels de modernisation des administrations » (PPM) ;
- les quatre « circulaires Raffarin » (25 juin, 26 août, 12 et 30 septembre 2003), qui mettent en place les stratégies ministérielles de réforme (SMR) et insistent sur le développement de l'administration électronique et la qualité de la réglementation ;
- la « circulaire Villepin » du 29 septembre 2005, qui met en place un programme d'audits de modernisation et inscrit la réforme de l'État dans le cadre de la loi organique relative aux lois de finances (LOLF) ;
- les programmes RGPP et MAP, lancés respectivement en 2007 et 2012 et détaillés ci-après.

Connaissances de base

Quelques conseils méthodologiques pour le traitement de sujets relatifs à la réforme de l'État

La réforme de l'État peut sembler, de prime abord, un thème peu juridique. C'est en partie vrai, puisque ce sujet doit conduire à s'interroger autant sur l'organisation des administrations que sur des textes et des jurisprudences. Pourtant, une bonne copie devra veiller à emprunter autant que possible des concepts juridiques pour illustrer son propos. L'on notera d'abord que la réforme de l'État peut s'analyser comme une concrétisation du principe de mutabilité ou d'adaptabilité du service public. C'est l'une des « lois de Rolland » du service public, selon laquelle le service public doit en permanence s'adapter aux mutations du contexte et des exigences politiques, économiques et sociales. Il convient ensuite d'emprunter des concepts à plusieurs branches du droit public au sens large, ce qui permettra de ne pas se contenter d'observations de sociologie et d'organisation administratives. En effet, la réforme de l'État est un sujet à la croisée de plusieurs champs du droit public, dont certains font l'objet de chapitres spécifiques dans le présent ouvrage, auxquels il est renvoyé pour un approfondissement:

- elle touche au droit constitutionnel, l'organisation administrative de la France se fondant sur des dispositions constitutionnelles (notamment les articles 13, 20, 21 et 72 de la Constitution de 1958);
- elle concerne aussi les institutions administratives: organisation des administrations centrales et déconcentrées, émergence des autorités administratives indépendantes et des agences;
- elle comporte un volet empruntant plus spécifiquement des concepts à la gestion publique: gestion des ressources humaines, technologies de l'information et de la communication (dont on notera qu'elles permettent, notamment par le biais de diffusion en ligne de données juridiques et publiques, de concrétiser l'objectif de valeur constitutionnelle d'accessibilité et d'intelligibilité de la loi, consacré par le Conseil constitutionnel dans sa décision du 16 décembre 1999, « Loi habilitant le Gouvernement à procéder par voie d'ordonnances à l'adoption de certains codes »);
- la dimension budgétaire de la réforme de l'État s'est sensiblement accrue en période récente, dans le cadre de la mise en œuvre de la loi organique relative aux lois de finances (LOLF).

La réforme de l'État, un dossier protéiforme

Le pilotage des différents chantiers de la réforme de l'État a conduit à la mise en place de structures spécialement dédiées à ce dossier, dont on notera qu'il s'agit, classiquement, de structures interministérielles:

- la gestion des ressources humaines incombe traditionnellement à la direction générale de l'administration et de la fonction publique (DGAFP), créée par l'ordonnance du 9 octobre 1945;
- les technologies de l'information et de la communication ont conduit à la mise en place d'une multiplicité de structures: les comités interministériels pour la société de l'information (CISI), dont le premier s'est tenu le 16 janvier 1998; la mission interministérielle de soutien technique pour le développement des technologies de l'information et de la communication dans l'administration (MTIC), créée par le décret 27 août 1998; l'Agence pour les technologies de l'information et de la communication (ATICA), créée par le décret du 22 août 2001, remplacée par l'Agence pour le développement de l'administration électronique par le décret du 21 février 2003 dont les compétences ont été transférées à la Direction générale pour la modernisation de l'État (DGME) créée par le décret du 30 décembre 2005, puis au Secrétariat général pour la modernisation de l'action publique (SGMAP – décret du 30 octobre 2012, qui comprend la direction interministérielle du numérique et du système d'information et de communication de l'État);

- la simplification administrative a été conduite successivement par plusieurs structures : la Commission pour la simplification des formalités (Cosiform, décret 18 décembre 1990), la Commission pour les simplifications administratives (COSA, décret du 2 décembre 1998), la Délégation aux usagers et aux simplifications administratives (DUSA, décret du 21 février 2003), la Direction générale de la modernisation de l'État (DGME, décret du 30 décembre 2005) et aujourd'hui la Direction interministérielle pour l'accompagnement des transformations publiques (DIATP, rattachée au SGMAP, créée par le décret du 21 septembre 2015 relatif au SGMAP).

Réforme de l'État ou démembrement de l'administration

Aux termes de l'article 20, alinéa 2 de la Constitution, le Gouvernement « *dispose de l'administration* ». Classiquement, l'administration est donc subordonnée au Gouvernement. Pourtant, depuis une trentaine d'années, de nouveaux types d'institutions administratives ont émergé, et cette émergence a souvent été analysée comme un symptôme de « l'impossible réforme », pour paraphraser le titre d'un ouvrage de Nicolas Tenzer (France : la réforme impossible ?, Flammarion, 2004).

Il s'agit, d'abord, des autorités administratives indépendantes. En droit strict, l'indépendance d'une administration semble contraire à l'article 20 de la Constitution. Pourtant, ces autorités ont connu une consécration jurisprudentielle. En effet, le Conseil constitutionnel a reconnu, dans la décision dite CSA du 17 janvier 1989, que si les dispositions combinées des articles 21 et 13 de la Constitution « *confèrent au Premier ministre, sous réserve des pouvoirs reconnus au président de la République, l'exercice du pouvoir réglementaire à l'échelon national* », ces dispositions « *ne font pas obstacle à ce que le législateur confie à une autorité de l'État autre que le Premier ministre le soin de fixer des normes permettant de mettre en œuvre une loi* », à la double condition toutefois « *que cette habilitation ne concerne que des mesures de portée limitée tant par leur champ d'application que par leur contenu* ». La formule a connu un réel succès (pour un développement, cf. le chapitre consacré aux démembrements de l'administration centrale).

En outre, la période récente a vu la mise en place de nombreuses « agences ». Leurs statuts juridiques sont variables (EPA, EPIC, GIP, services à compétence nationale), de même que leurs compétences (conception et/ou exécution de la mission de service public par exemple). La loi du 19 décembre 1990 a ainsi créé l'Agence de l'environnement et de la maîtrise de l'énergie (ADEME), celle du 4 janvier 1993, l'Agence française du médicament, et le Conseil de modernisation des politiques publiques du 12 décembre 2007 a décidé de mettre en place une agence en charge du pilotage et de la coordination des achats des administrations de l'État. Plusieurs bienfaits sont attendus de ces agences :

- la possibilité accrue d'embaucher des personnels sans être encadré par le statut de la fonction publique, notamment lorsqu'est privilégiée la formule de l'EPIC plutôt que celle de l'EPA, pour des raisons de gestion plus que pour des raisons tenant à l'activité effective de l'organisme, comme l'a relevé l'étude du Conseil d'État intitulée Les établissements publics, en octobre 2009 ;

- l'introduction aisée de concepts issus du New public management (NPM), avec notamment la responsabilisation des directeurs d'agences sur des objectifs chiffrés, l'évaluation des résultats et un lien étroit entre les déroulements de carrière des responsables et leurs performances opérationnelles.

L'émergence de ces nouveaux organismes administratifs répond donc clairement à un objectif de modernisation : réactivité, technicité et association étroite des acteurs des secteurs concernés pour les AAI ; capacités d'expertise pour les agences ; recours à des outils de gestion modernes dans les deux cas.

Pourtant, il a aussi été analysé comme le résultat d'un échec de la réforme de l'État : dans cet ordre d'idées, l'émergence de nouvelles structures refléterait l'impossibilité de réformer les administrations centrales classiques, qui demeureraient prisonnières de schémas d'organisation anciens et de statuts considérés comme obsolètes. C'est pourquoi, le rapport public du Conseil d'État pour 2001 considère que « *la création des autorités administratives indépendantes ne peut à elle seule résumer la réforme de l'État et qu'elle ne dispense pas d'une telle réforme* ».

Les propositions du « rapport Attali »

La Commission pour la libération de la croissance française, présidée par Jacques Attali, a remis le 23 janvier 2008 son rapport, 300 décisions pour changer la France, au président de la République. La troisième partie, intitulée « Une nouvelle gouvernance au service de la croissance », et notamment le chapitre 2, « Encourager un État stratège et efficient », contient de nombreuses propositions relatives à la réforme de l'État, dont certaines ont été mises en œuvre.

Parmi les mesures mises en œuvre, on relève notamment :

- l'évaluation : le rapport insiste sur la nécessité de faire évaluer tout projet de loi ou de règlement ainsi que les principaux projets de textes communautaires. Ces études d'impact des projets de loi ont été imposées par la loi organique du 15 avril 2009 (cf. le sujet sur les mutations de la norme pour un développement sur ce point) ;
- la réforme de l'État déconcentré : le rapport propose de concentrer au niveau régional l'essentiel des services déconcentrés, et de supprimer les services de l'État redondants avec ceux des collectivités territoriales (cf. *supra* et *infra*) ;
- l'e-administration : le rapport incitait à généraliser l'e-administration, en accélérant la dématérialisation des procédures et en lançant dix nouveaux programmes majeurs d'administration électronique (recouvrement des cotisations sociales, recrutement dans les emplois publics avec la mise en place d'une Bourse numérique de l'emploi, le guichet unique virtuel, la justice numérique, etc.) (cf. *supra* et *infra*).

Parmi les mesures non mises en œuvre, on relève notamment :

- la réorganisation des structures : le rapport proposait de renforcer les capacités d'arbitrage du président de la République et du Premier ministre en rattachant à Matignon, outre le Secrétariat général du Gouvernement qui serait considérablement renforcé en juristes et légistes, un ministre d'État qui serait en charge d'un office du budget ; il propose aussi de limiter par une loi organique le nombre de ministres, le nombre maximal devant être compris entre 12 et 20, ainsi que le nombre de conseillers dans les cabinets ministériels (626 à la mi-2009 selon le Gouvernement) et le nombre de directions d'administrations centrales de chaque ministère ;

- la réforme des grands corps de l'État : la commission proposait que les grands corps d'inspection soient regroupés selon des lignes de métiers correspondant aux exigences de l'économie moderne (finances, énergie, infrastructures numériques, santé, etc.), et qu'ils soient composés de fonctionnaires choisis par concours après au moins cinq ans d'exercice d'une fonction d'administrateur dans le même secteur. Il propose que le recrutement dans les hautes juridictions administratives obéisse aux mêmes principes. Serait ainsi mis un terme à l'affectation directe dans un grand corps de contrôle dès l'issue de la scolarité à l'École nationale d'administration ou dans une grande école d'ingénieurs ;
- le développement des agences : le rapport notait qu'au Royaume-Uni, le développement des agences a permis une modernisation du statut de la fonction publique, une décentralisation des responsabilités en matière de recrutement et de négociations salariales et la mise en œuvre d'une logique de performance. Il propose que la France suive cette voie, en créant des agences dans les domaines suivants : gestion de l'impôt, tenue de la comptabilité publique, INSEE, protection civile, conseil et assistance aux entreprises de moins de 20 salariés, administration pénitentiaire. Le Gouvernement nommerait les directeurs d'agences, leur fixerait des objectifs chiffrés, en contrôlerait les résultats ;
- le statut de la fonction publique : le rapport proposait de changer le mode de rémunération des fonctionnaires, en développant l'individualisation des rémunérations ; il propose de faire progressivement évoluer l'avancement à l'ancienneté vers davantage de promotions au choix, et de réserver la fonction publique de carrière aux seuls emplois stratégiques, les autres étant pourvus dans un cadre contractuel de droit commun ;

Bilan des réformes récentes

Les structures en charge de la réforme de l'État ont été rationalisées

Dans un souci de rationalisation et de cohérence, les principales structures interministérielles en charge de la réforme de l'État ont été unifiées sous le quinquennat du Président François Hollande :

- d'abord, au sein de la Direction générale de la modernisation de l'État (DGME) du ministère des finances, par le décret du 30 décembre 2005 portant création d'une DGME au sein de ce ministère ;
- puis, au sein du Secrétariat général pour la modernisation de l'action publique (SGMAP), créé par le décret n° 2012-1198 du 30 octobre 2012 modifié par le décret du 21 septembre 2015. Le SGMAP regroupe l'ancienne DGME (devenue

direction interministérielle pour l'accompagnement des transformations publiques) et la direction interministérielle du numérique et du système d'information et de communication de l'État. Il prend en charge la coordination interministérielle de la réforme des services déconcentrés de l'État, ainsi que la mission chargée de faciliter la mise à disposition des données publiques (mission dite Etalab).

Par un décret du 20 novembre 2017 le SGMAP a laissé la place à la direction interministérielle de la transformation publique (DITP) et à la direction interministérielle du numérique et du système d'information et de communication de l'État (DINSIC).

La DITP est placée sous l'autorité du ministre de l'Action et des Comptes publics, chargé de la réforme de l'État. La DINSIC est quant à elle placée sous l'autorité du ministre chargé du numérique. Les deux structures seront chargées de la mise en œuvre du programme Action Publique 2022 pilotée par le Premier ministre.

L'e-administration a connu d'importants développements au cours de la dernière décennie

Le premier programme d'envergure en la matière a été adopté en 1997 aux États-Unis, avec le programme « e-government ». En France, c'est le discours du Premier ministre à l'université d'été de la communication à Hourtin, au mois d'août 1997, qui lance véritablement la politique d'administration électronique. Le comité interministériel pour la société d'information du 16 janvier 1998 adopte ainsi le programme d'action gouvernemental pour la société de l'information (PAGSI), qui vise à la généralisation des sites Internet publics et à la mise en ligne des formulaires administratifs ; il propose aussi de créer avant 2005 le portail personnalisé « mon.service-public.fr ». Le programme est doté de 1,4 milliard d'euros sur 4 ans. Il est, ensuite, relayé par le programme RESO 2007 (pour une République numérique dans la société de l'information), présenté le 12 novembre 2002 par le Premier ministre. Les grandes lignes en sont les suivantes : créer la confiance, généraliser le haut-débit, dématérialiser les procédures. Cette dématérialisation succède à une première phase d'administration électronique qui consistait simplement à autoriser le téléchargement de formulaires. La dématérialisation va plus loin, puisqu'elle prévoit la saisie en ligne des informations par les citoyens eux-mêmes. Le Plan stratégique de l'administration électronique 2004-2007 (PSAE) mentionne pour la première fois parmi ses objectifs la contribution à la réforme de l'État, ainsi que la participation à la maîtrise des dépenses publiques. Il trouve une prolongation opérationnelle dans le programme ADELE (« administration électronique »), qui prévoit 140 mesures concrètes sur la période 2004-2007.

L'administration électronique fait aussi l'objet de mesures dans le cadre de la RGPP puis de la MAP : les conseils de modernisation des politiques publiques (instances de suivi de la RGPP) adoptent régulièrement des mesures dans ce domaine. Pour l'année 2016, peut être dressé le bilan suivant :

- la quasi-totalité des formulaires administratifs a été dématérialisée et mise à disposition sur service-public. fr ;

- 11 millions de Français peuvent dorénavant demander en ligne leur inscription sur les listes électorales (50 % de la population couverte à la fin 2011) ; en 2014, 9 % des intéressés se sont inscrits en ligne ;
- tous les usagers peuvent déclarer leurs changements de coordonnées simultanément et gratuitement auprès des douze principaux services publics (Assurance maladie ; Pôle emploi ; Caisse d'allocations familiales, Bureau du service national ; services des impôts…) sur le site monservicepublic.fr ;
- plus de 14 millions de contribuables, soit 41 %, ont télé-déclaré leur impôt sur le revenu en 2014, contre 7,4 millions en 2007 ;
- les entreprises retenues dans le cadre d'un marché public peuvent obtenir leur attestation fiscale en ligne à partir de leur compte fiscal. Près de 50 % des attestations fiscales sont aujourd'hui délivrées en ligne ;
- plus de 80 % des professionnels paient leur TVA par télé-règlement en 2010, contre 76 % en 2007 ; à compter du 1er octobre 2014, ce télépaiement a été généralisé et rendu obligatoire ;
- les entreprises payent dorénavant leurs impôts, pour 63 % d'entre elles, en ligne ;
- les remboursements de soins sont dématérialisés à près de 84 % grâce à la généralisation de la carte Vitale, ce qui représente plus d'un milliard de feuilles de soin transmises par voie électronique.

(source : site internet du SGMAP)

Le Gouvernement s'est ensuite appuyé sur les 25 propositions du rapport Riester, **Amélioration de la relation numérique à l'usager** (février 2010). Ont notamment été décidés : la rationalisation et le regroupement des sites internet des administrations centrales ; l'accélération du développement de services personnalisés, avec notamment une extension du compte « mon.service-public.fr » au compte fiscal et à Pôle emploi, permettant de se connecter avec un même authentifiant à l'ensemble des principaux services en ligne de l'administration ; la création d'un portail unique des données publiques, intitulé « data.gouv.fr », qui publie des données relatives aux impôts, au budget, aux subventions publiques versées, aux dépenses publiques, à l'aménagement du territoire, au chômage, mais également à la qualité de l'air, à la délinquance, aux statistiques du tourisme, aux résultats électoraux, aux dépenses de la Sécurité sociale, aux effectifs de la fonction publique, aux aides versées dans le cadre de la PAC, etc.

En septembre 2011, 15 nouvelles propositions ont été formulées dans un second « rapport Riester », notamment : offrir plus de services personnalisés et des aides personnalisées dans les démarches ; exploiter les potentialités des réseaux sociaux, des *smartphones* et des tablettes numériques.

Est ensuite venu le plan France numérique 2008-2012, qui était axé sur quatre priorités : permettre à tous les Français d'accéder aux réseaux et aux services numériques, développer la production et l'offre de contenus numériques, diversifier les usages et les services numériques, rénover la gouvernance et l'écosystème de l'économie numérique. Ce plan, qui comprenait 154 mesures dont 95 % ont été réalisées, a permis notamment le passage de la télévision hertzienne au tout numérique, le lancement du très haut débit mobile, l'essor du commerce électronique, la simplification des relations entre les administrations et les citoyens avec le développement des services publics en ligne.

Poursuivant la dématérialisation des rapports entre l'administration et le public, le décret du 5 novembre 2015 relatif au droit des usagers de saisir l'administration par voie électronique précise les conditions dans lesquelles ce droit peut être exercé.

Érigée en modèle d'administration moderne, la numérisation croissante des rapports avec les usagers ne va toutefois pas sans certaines difficultés dont le Défenseur des droits s'est fait l'écho dans son rapport pour 2014 : « *Avec le passage à l'ère numérique, la dématérialisation apparaît souvent comme une solution. Certains organismes sociaux mentionnent ainsi désormais sur les courriers l'adresse de leur site internet sur lequel sont disponibles les informations ou les documents sollicités. À cet égard, le Défenseur des droits entend toutefois rappeler que la fracture numérique, qui exclut en particulier les personnes les plus âgées et les plus vulnérables de l'accès à l'outil informatique, et, au-delà, la capacité de chacun à utiliser de manière autonome les nouvelles technologies, appellent une vigilance particulière. La dématérialisation permet de faciliter l'accès à l'information et de réduire les coûts de fonctionnement des organismes sociaux. Elle ne saurait cependant se substituer totalement à la relation humaine, matérialisée par l'existence de guichets ou par la possibilité d'un contact téléphonique, sauf à exclure son public prioritaire qu'est celui des usagers les plus en difficultés !* ».

Au niveau européen, l'administration électronique se met en place progressivement avec le programme « e-Europe », lancé au sommet de Lisbonne en 2000.

La réforme de l'État s'est concrétisée en période récente par son prolongement au niveau territorial

Au niveau central, le grand enjeu des prochaines années est de recentrer l'action des ministères sur leur cœur de mission, qui consiste à concevoir les politiques publiques et à contrôler leur bonne mise en œuvre.

Dans le cadre de la décentralisation, de nombreuses compétences ont été transférées aux collectivités territoriales, sans que cela ne se traduise par une réorganisation des services de l'État déconcentré, ce qui a induit des doublons, facteurs d'enchevêtrements et d'incohérences dans la conduite des politiques publiques.

Posé dès le début des années 1980 dans le cadre de la décentralisation, le principe de la déconcentration a guidé la réforme de l'État territorial, aujourd'hui pilotée par le secrétariat général du Gouvernement, et a connu des concrétisations successives, notamment :

- le décret du 1er juillet 1992 portant charte de la déconcentration en a fait le principe d'organisation ;
- le décret du 29 avril 2004 relatif aux pouvoirs des préfets, à l'organisation et à l'action des services de l'État dans les régions et les départements, qui

a amorcé la réorganisation des services déconcentrés de l'État autour des préfets, notamment par la mise en place de pôles de compétences au sein desquels sont regroupés des services menant en commun des politiques publiques.

En outre, les Conseils de modernisation des politiques publiques successifs ont pris une série de décisions pour aller vers le « nouvel État territorial », selon les termes du CMPP du 11 juin 2008. Ces évolutions peuvent être caractérisées comme suit :

- l'État en région est renforcé. Cet échelon devient le « niveau de droit commun du pilotage des politiques publiques » (circulaire du 7 juillet 2008). Est affirmée, pour la première fois, l'autorité du préfet de région sur les préfets de département relevant de lui, sauf en matière de contrôle des collectivités territoriales, de sécurité publique et en matière de droit des étrangers. Auparavant, depuis sa création en 1964, il avait une simple fonction de coordination ; les préfets de région disposent ainsi, d'une part, d'un pouvoir d'instruction et, d'autre part, d'un pouvoir d'évocation. Dans le même temps, le nombre de services autour du préfet de région sera réduit, les directions et délégations régionales passant de trente à huit (décret du 16 février 2010 relatif aux pouvoirs des préfets, à l'organisation et à l'action des services de l'État dans les régions et départements). Il s'agit, outre le rectorat, des services suivants : direction régionale des entreprises, de la concurrence, de la consommation, du travail et de l'emploi ; direction régionale de l'environnement, de l'aménagement et du logement ; direction régionale de la jeunesse, des sports et de la cohésion sociale ; direction régionale de l'alimentation, de l'agriculture et de la forêt ; direction régionale de la culture ; direction régionale des finances publiques. S'y ajoute l'agence régionale de santé, établissement public administratif de l'État ;
- l'État au niveau départemental est réorganisé et recentré sur une mission de mise en œuvre des politiques publiques. Les services ne seront plus structurés en fonction des découpages administratifs des ministères, mais en fonction des besoins des citoyens dans les territoires. Le décret du 3 décembre 2009 relatif aux directions départementales interministérielles met ainsi en place des directions départementales interministérielles, services déconcentrés de l'État relevant du Premier ministre, et placés sous l'autorité du préfet de département ; dans chaque département sont créées : une direction départementale des territoires et une direction départementale de la cohésion sociale et de la protection des populations ; dans les départements de plus de 400 000 habitants, la direction départementale de la cohésion sociale et de la protection des populations est scindée en deux directions ;
- le contrôle de légalité est allégé et son traitement centralisé dans les préfectures de département. Le contrôle de légalité est ainsi concentré sur les dossiers les plus sensibles (marchés publics, urbanisme, environnement), tandis que les sous-préfectures se recentrent sur une mission de conseil aux collectivités territoriales ;

- la politique immobilière de l'État déconcentré est modernisée, avec pour ligne directrice l'objectif de mutualisation immobilière et pour outil, notamment, les schémas pluriannuels de stratégie immobilière dans les départements.

La Révision générale des politiques publiques (RGPP), cadre de la réforme de l'État sur la période 2007-2012, a permis des avancées significatives

Au Conseil des ministres du 20 juin 2007, le président de la République et le Premier ministre ont lancé le programme « Révision générale des politiques publiques », pour remettre à plat l'ensemble des missions de l'État et adapter les administrations aux besoins des citoyens.

Cette démarche s'inspire de la « revue des programmes » effectuée au Canada entre 1994 et 1998. Dans le cadre de l'objectif de réduction des déficits, le Gouvernement canadien avait décidé de réduire sensiblement les dépenses, par le biais d'une revue des programmes et dépenses de tous les ministères. Les décisions stratégiques ont été prises au plus haut niveau de l'État, en Conseil des ministres, cette implication politique forte étant considéré comme un gage de réussite de la réforme.

La RGPP s'est concrétisée par :

- des objectifs généraux déclinés en six axes : améliorer les services pour les citoyens et les entreprises, moderniser et simplifier l'État dans son organisation et ses processus, adapter les missions de l'État aux défis du XXIe siècle, valoriser le travail et le parcours des agents, rétablir l'équilibre des comptes publics et garantir le bon usage de chaque euro, responsabiliser la culture du résultat ;
- un passage au crible de toutes les dépenses de l'État, confié à des équipes d'audit composées d'auditeurs issus des inspections générales ministérielles ou interministérielles et du secteur privé ; les équipes d'audit travaillent à partir d'une grille de sept questions : Que faisons-nous ? Quels sont les besoins et les attentes collectives ? Faut-il continuer à faire de la sorte ? Qui doit le faire ? Qui doit payer ? Comment faire mieux et moins cher ? Quel doit être le scénario de transformation ? ;
- une réflexion qui s'effectue d'abord en termes de missions en non de structures, celles-ci devant découler des objectifs assignés aux politiques publiques et non l'inverse ;
- l'examen des propositions de réforme préparées par ces équipes d'audit dans le cadre du comité de suivi de la RGPP, coprésidé par le Secrétaire général de la Présidence de la République et le directeur de cabinet du Premier ministre, et auquel participent, outre les ministres concernés, des membres permanents, notamment : le ministre du Budget, des Comptes publics et de la Fonction publique, qui en est le rapporteur général ; le secrétaire d'État à la prospective et à l'évaluation des politiques publiques ; les deux rapporteurs des commissions des finances de l'Assemblée nationale et du Sénat ; le receveur général des finances ;

- la prise de décision en Conseil de la modernisation des politiques publiques, qui réunit autour du président de la République l'ensemble du Gouvernement et les membres du comité de suivi. Depuis le lancement de la RGPP, le CMPP s'est réuni à six reprises, les 12 décembre 2007, 4 avril et 12 juin 2008, 30 juin 2010, 9 mars 2011 et 14 décembre 2011. Un peu plus de 500 mesures ont été adoptées dans ce cadre.

Le Conseil de modernisation des politiques publiques du 14 décembre 2011, le dernier, a été l'occasion d'un point de situation global sur l'avancement des différents chantiers engagés, autour de trois axes : l'amélioration des rapports entre l'administration et les citoyens et le service rendu aux usagers, la réduction des dépenses publiques et la modernisation de la fonction publique. À titre d'exemple, on peut citer :

- l'amélioration de l'accueil physique dans les administrations par l'élargissement des horaires d'ouverture des guichets et par la mise en place de plages horaires de rendez-vous, afin de réduire les temps d'attente aux guichets ;
- le développement des guichets uniques : fiscal (DGFIP), emploi (Pôle emploi, créé en décembre 2008), entreprise (Direccte), international (Ubifrance), téléphonique (« 39-39 », qui fournit des renseignements administratifs par téléphone) ;
- le renforcement de l'administration électronique, avec l'atteinte en 2012 de 80 des démarches administratives réalisables en ligne (cf. *supra* et *infra*) ;
- la réorganisation de réseaux d'administrations publiques : rationalisation de la carte judiciaire avec le passage de 1206 juridictions en 2007 à 819 en 2012), fermeture de 30 % des bureaux des douanes, réforme de l'administration territoriale de l'État (cf. le sujet sur les collectivités territoriales), le regroupement de la police et de la gendarmerie nationales, etc. ;
- la maîtrise de la masse salariale de la fonction publique avec le non-remplacement d'un fonctionnaire sur deux partant en retraite, soit environ 7 % des effectifs de l'État.

La poursuite de la réforme de l'État : la modernisation de l'action publique (MAP)

• De la RGPP à la MAP

En 2012, à la suite du changement de majorité, est décidé un « coup d'arrêt à la procédure de révision générale des politiques publiques et à l'application mécanique du non-remplacement d'un fonctionnaire sur deux ». Dès septembre 2012, les inspections générales (IGF, IGA, IGAS) ont remis un rapport intitulé « Bilan de la RGPP et conditions de réussite d'une nouvelle politique de réforme de l'État ». Nous en citons ci-après les principaux axes.

- La RGPP est une démarche nouvelle dont l'ambition initiale a été compromise par la méthode retenue. Elle s'inscrit dans la continuité des politiques de réforme de l'État tout en se singularisant par la volonté de s'interroger sur la pertinence des missions de l'État et par un processus de décision rapide. Les compétences internes et la concertation ont été négligées et la GRH n'a pas été à la hauteur des enjeux. En outre, la démarche a été mal vécue par de nombreux agents de l'État.

- La RGPP réalise un ensemble de réformes d'une très grande ampleur dont l'impact financier est réel mais difficile à évaluer. Si la RGPP n'a pas abouti à un allégement des missions de l'État, le programme des réorganisations et de rationalisations a été d'une très grande ampleur. Les actions de simplification et de dématérialisation à destination des usagers ont souvent été bien perçues. L'impact budgétaire de la RGPP est réel mais n'atteint pas l'objectif des 15 milliards d'euros défini en 2008.
- La réforme de l'État doit associer tous les acteurs sur une vision stratégique et être fondée sur les principes d'équité et de transparence.
- Propositions de méthode pour une nouvelle politique de rénovation de l'action publique : stabilisation des réformes engagées ; mobilisation de la capacité de proposition des agents ; mise en place d'un processus cyclique de revue des politiques publiques ; priorité à l'amélioration de la GRH ; nouveau mode de pilotage interministériel ; transparence à travers notamment l'association du Parlement, des partenaires sociaux et des usagers.

- **Premier bilan de la MAP**

La modernisation des politiques publiques, au bout de trois ans d'existence, a permis de prolonger les acquis de la RGPP, et notamment :

- Le développement de l'administration numérique : la part des démarches administratives effectuées par les citoyens et les entreprises sur internet croît régulièrement. Ainsi en 2014, 41 % des contribuables ont déclaré leurs revenus en ligne et 53 % ont payé leur impôt en ligne, 93 % des demandes d'extrait de casiers judiciaires ont été réalisées en ligne, 25 % des amendes ont été payées en ligne, etc. S'agissant de l'accès aux données publiques, la France s'est classée, grâce à son programme « data.gouv.fr », au 3e rang mondial de l'Open Data Index, qui évalue chaque année la disponibilité et l'accessibilité des données publiques, derrière le Royaume-Uni et le Danemark.
- Le plan France numérique 2012 – 2020 : il fait suite au plan du même nom concernant la période 2008 – 2012 (cf. *supra*). Adopté dans le cadre de la MAP, il doit permettre de poursuivre le développement de l'économie numérique et l'adaptation de l'administration à ces technologies. Il comporte cinq axes : renforcer la compétitivité de l'économie française grâce au numérique, permettre à tous les français d'accéder aux réseaux numériques, développer la production et l'offre de contenus numériques, diversifier les usages et les services numériques, et rénover la gouvernance de l'économie numérique.
- L'évaluation des politiques publiques : il s'agit d'un aspect important de la MAP, dont l'un des objectifs est le passage en revue systématique des politiques publiques évaluées par des comités d'évaluation dédiés à chaque politique et composés de représentants du ou des ministères concernés, de collectivités territoriales, d'organismes sociaux, d'opérateurs nationaux et locaux, d'experts, voire de représentants des bénéficiaires / usagers, et du

secrétariat général pour la modernisation de l'action publique (SGMAP). La maîtrise d'œuvre, c'est-à-dire la rédaction concrète du rapport, est confiée à une équipe d'évaluation, généralement composée de membres des inspections, mais aussi parfois de personnalités qualifiées, de chercheurs, d'experts ou de prestataires extérieurs. Le SGMAP anime et coordonne l'ensemble des évaluations. Au 1er juillet 2015, 59 évaluations avaient été conduites, et 17 étaient en cours (portant notamment sur la politique de mobilisation des logements vacants, la validation des acquis de l'expérience, ou encore la politique de démocratisation culturelle).

- La poursuite de la réforme territoriale : cf. le sujet sur les collectivités territoriales.

La poursuite de la déconcentration : la réforme de 2015

La MAP a également conduit à une refonte du système français de déconcentration s'inscrivant toutefois dans la lignée du décret du 1er juillet 1992 portant charte de la déconcentration. Ce décret est abrogé et remplacé par un décret du 7 mai 2015 à la dénomination identique.

La déconcentration reçoit une nouvelle définition : « *La déconcentration consiste à confier aux échelons territoriaux des administrations civiles de l'État le pouvoir, les moyens et la capacité d'initiative pour animer, coordonner et mettre en œuvre les politiques publiques définies au niveau national et européen, dans un objectif d'efficience, de modernisation, de simplification, d'équité des territoires et de proximité avec les usagers et les acteurs locaux. / Elle constitue la règle générale de répartition des attributions et des moyens entre les échelons centraux et territoriaux des administrations civiles de l'État* » (article 1er). La déconcentration est, de façon plus précise qu'en 1992, érigée en principe de droit commun de mise en œuvre des politiques publiques. L'article 2 précise ainsi que « *sont confiées aux administrations centrales et aux services à compétence nationale <u>les seules missions</u> qui présentent un caractère national ou dont l'exécution, en vertu de la loi, ne peut être déléguée à un échelon territorial* » (nous soulignons).

Est ainsi instauré un principe de subsidiarité qui préside à la répartition des compétences entre le niveau local et le niveau national de l'État, les administrations centrales étant cantonnées à un « *rôle de conception, d'animation, d'appui des services déconcentrés, d'orientation, d'évaluation et de contrôle* » (article 3).

Au niveau local, la « circonscription régionale » devient l'échelon de l'animation et de la coordination des politiques de l'État, lesquelles sont mises en œuvre à ce niveau s'agissant de l'emploi, du développement économique et de l'aménagement du territoire. La région est également compétente en matière de modernisation des services déconcentrés, de contractualisation avec les collectivités territoriales, de coordination des actions intéressant plusieurs départements. La circonscription départementale devient l'échelon de droit commun de la mise en œuvre des politiques nationales et de l'Union européenne. L'arrondissement est compétent en matière de développement local.

Le décret prévoit que les études d'impact évaluent les conséquences des projets de lois sur les missions ou l'organisation des services déconcentrés de l'État et impose que des « fiches d'impact » accompagnent les projets de décret ayant les mêmes conséquences.

Les services déconcentrés voient leurs priorités définies par les ministres dans des directives nationales d'orientation pluriannuelles.

Le préfet de région peut, pour la mise en œuvre des politiques publiques et afin de tenir compte des spécificités locales, proposer de déroger à l'organisation des services déconcentrés de l'État : le Premier ministre décide, après avis de la conférence nationale de l'administration territoriale de l'État (CNATE).

Celle-ci est créée par le décret et, présidée par le secrétaire général du gouvernement, veille à la bonne articulation des relations entre les administrations centrales et les services déconcentrés et au respect des principes de déconcentration fixés par le décret. Elle s'assure de la cohérence entre les directives nationales d'orientation élaborées par les ministres.

Dans son rapport du 11 décembre 2017 la Cour des comptes a toutefois estimé que les « *effets de ces évolutions structurelles n'étaient pas à la hauteur des objectifs attendus* » et a identifié plusieurs facteurs de blocage : maintien de compétences résiduelles de l'État en dépit des transferts effectués au profit des collectivités locales, notamment en matière sociale et économique, volonté des administrations centrales de conserver leurs prérogatives, rigidité de la gestion des ressources humaines.

La Cour a proposé une cinquantaine de propositions pour remédier à cette déconcentration inachevée et imparfaite avec 4 leviers majeurs :

- recentrer les services déconcentrés sur les missions prioritaires de l'État ;
- développer les services publics numériques ;
- rationaliser les implantations en supprimant par exemple les petits rectorats et en rassemblant toutes les directions régionales au chef-lieu de région ;
- augmenter l'autonomie de gestion des services déconcentrés pour les moyens humains et matériels.

En parallèle doit être conduite la rationalisation de la carte des sous-préfectures qui a très peu évolué depuis 1926 et sa dernière grande refonte. Au 1er janvier 2015 elles étaient au nombre de 235 : 227 en métropole et 8 en outre-mer. Dans son rapport public annuel pour 2015 la Cour des Comptes avait consacré une étude à la question intitulée « Le réseau des sous-préfectures : entre statu quo et expérimentation » dans laquelle elle avait déploré, hormis quelques expérimentations comme en Alsace-Moselle, l'absence de toute évolution.

Cette réforme est nécessaire car un mouvement de concentration des compétences et des services doit s'effectuer au niveau départemental afin, par exemple, que les services en charge du contrôle de légalité atteignent une masse critique suffisante et au niveau régional pour accompagner le mouvement de renforcement de cet échelon voulu par le législateur et décrit dans la fiche suivante.

Cette réforme est toutefois délicate à mettre en œuvre car les élus locaux sont particulièrement attachés à la présence d'une sous-préfecture et d'un sous-préfet qui incarnent souvent le maintien de la présence des services publics dans un contexte de rationalisations multiples et qui constituent des pôles de conseil pour les petites collectivités locales qui n'ont pas la taille critique pour développer une expertise juridique interne.

Plusieurs et pistes et solutions existent et doivent surtout être choisies en fonction des réalités et besoins locaux : mutualisations, maintien des sous-préfectures rurales, disparitions dans les zones fortement urbanisées…

Bilan de l'actualité et perspectives :

La réforme de l'État se poursuit aujourd'hui sous la forme du programme « Action publique 2022 », fortement axé sur le chantier de l'emploi public

Le gouvernement a lancé le 13 octobre 2017 le programme « Action publique 2022 » qui s'est donné pour ambition d'améliorer la qualité des services publics, d'offrir un environnement de travail modernisé aux fonctionnaires et de maîtriser les dépenses publiques en optimisant les moyens.

Il s'est doté d'un outil de pilotage, le Comité interministériel de la transformation publique (CITP), qui s'est réuni pour la première fois le 1er février 2018.

Au cours de ce Comité, le Premier ministre a annoncé une concertation sur une réforme de la fonction publique autour de quatre axes :

- la transformation des instances de représentation des agents publics pour un « dialogue social plus fluide et recentré sur les enjeux majeurs » ;
- une rémunération plus individualisée au mérite ;
- un recours plus fréquent à l'embauche de contractuels ;
- l'accompagnement des reconversions professionnelles rendues nécessaires par la revue des missions de l'action publique. En cas, par exemple, de suppression de missions, les agents concernés pourront être accompagnés pour une mobilité au sein des fonctions publiques ou pourront choisir de quitter la fonction publique pour le secteur privé (plan de départ volontaire). Un effort de formation sera également réalisé.

Le CITP avait par ailleurs décidé de mesures relatives à la haute fonction publique :

- élargissement des possibilités de recrutement sur les emplois d'encadrement supérieur de l'État aux contractuels ;
- encouragement des passages entre secteur public et secteur privé (pantouflage) dans le respect des règles de déontologie ;

Cette orientation s'est concrétisée par l'adoption définitive par le Parlement, le 23 juillet 2019, du projet de loi de transformation de la fonction publique

Si le statut de la fonction publique n'est pas structurellement remis en cause un certain nombre d'innovations et d'assouplissements viennent le modifier et semblent amorcer un mouvement de convergence avec le secteur privé dont les relations professionnelles sont encadrées par le code du travail.

On peut retenir comme mesures principales :

- la possibilité accrue de recruter, que ce soit en administration centrale ou dans les établissements publics, des agents publics sur contrat, y compris au niveau des postes dits « fonctionnels », c'est-à-dire des postes d'encadrement et de direction de haut niveau ;
- la création d'un mécanisme de rupture conventionnelle sur la base d'un commun accord entre un fonctionnaire titulaire et son employeur donnant droit à une indemnité de rupture dont les montants doivent être fixés par décret ainsi qu'au bénéfice de l'assurance chômage ;
- une refonte des instances du dialogue social dans la fonction publique avec, d'une part, la fusion du comité technique (CT) et du CHSCT dans une instance unique, le comité social et, d'autre part, un recentrage des commissions mixtes paritaires (CAP) sur les seules compétence disciplinaires ;

Par ailleurs il convient de relever que le chef de l'État, qui, dans une allocation du mois d'avril 2019, s'est déclaré favorable à la suppression de l'ENA, a confié à Frédéric Thiriez une mission portant sur les options permettant de prendre la suite de l'école de formation des hauts fonctionnaires français.

À l'heure où s'écrivent ces lignes, outre le fait que cette réforme n'a pas nécessairement toutes les chances d'aboutir, on retiendra qu'une des pistes consiste à fusionner, ou à tout le moins, à créer un tronc commun dans la formation des hauts fonctionnaires : magistrats, administrateurs civils, directeurs d'hôpitaux, commissaires, ingénieurs des ponts…

Pour la période 2019-2022 les mesures de réorganisation de l'État sont marquées par la volonté de rapprocher l'État des citoyens

1. Le projet de loi « décentralisation et différenciation » devenu projet de loi « 3D » pour « Décentralisation, différenciation, déconcentration » (cf. ch. 6 sur les collectivités territoriales), a fait l'objet des premières concertations en 2020 mais ses perspectives d'adoption demeurent incertaines.

2. Le 5 mars 2020 le Sénat a adopté en première lecture le projet de loi d'accélération et de simplification de l'action publique dit « ASAP ».

Le projet de texte prévoit un train de mesures concrètes comme la réduction du nombre de commissions consultatives, l'objectif d'atteindre 99 % de décisions individuelles prises par les services déconcentrés ou l'accélération des installations industrielles.

3. La création de l'Agence nationale de la cohésion des territoires (ANCT) se veut enfin le symbole de la promesse d'un accompagnement intégré de l'État et de ses opérateurs au plus près des territoires les plus fragiles : le 24 juillet 2019 a été promulguée la loi créant l'Agence nationale de la cohésion des territoires. La loi vise à concrétiser l'annonce faite par le président de la République le 17 juillet 2017 d'une agence unique pour l'action territoriale de l'État.

Cette agence, dont le délégué territorial est le préfet de département, a pour mission de soutenir les collectivités territoriales dans la définition et la mise en œuvre de leurs projets, notamment pour l'aménagement des centres-villes, la présence de services publics, les transports, la lutte contre le changement climatique, etc.

Elle rassemble les services du Commissariat général à l'égalité des territoires, de l'Établissement public national d'aménagement et de restructuration des espaces commerciaux et artisanaux (Epareca) et de l'Agence du numérique.

Loin de l'ambition intégratrice initiale elle sera avant tout un « Opérateur d'opérateurs » puisqu'elle a pour mission de coordonner l'intervention de nombreux établissements publics de l'État comme l'ANRU, l'ANAH ou le CEREMA.

Ouvrages récents

- Florence Chaltiel, « La réforme de l'État depuis quinze ans : ambitions affichées, résultats réalisés, défis à relever », *Les Petites Affiches* n° 144, 20 juillet 2006, p. 5 et s.
- *300 décisions pour changer la France* – Rapport de la Commission pour la libération de la croissance française, présidée par Jacques Attali, janvier 2008, disponible sur le site Internet de La Documentation française.
- *La conduite par l'État de la décentralisation* – Rapport thématique de la Cour des comptes, octobre 2009.
- Site internet : http://www.modernisation.gouv.fr : ce site explique, recense, et présente toutes les actions relatives à la réforme de l'État.
- *Bilan de la RGPP et conditions de réussite d'une nouvelle politique de réforme de l'État*, Rapport IGF, IGA, IGAS, La Documentation française, septembre 2012.
- Mieux simplifier – La simplification collaborative, Rapport de la Mission parlementaire de simplification de l'environnement réglementaire et fiscal des entreprises (« Rapport Mandon », août 2013).
- « *Fonction publique : pour une nouvelle stratégie* », Rapport au Premier ministre, Bernard Pêcheur, 4 novembre 2013.
- Cour des comptes, rapport thématique, *Les services déconcentrés de L'État*, 11 décembre 2017.

Exemples de sujets

- Réforme de l'État et technologies de l'information et de la communication.
- Réforme de l'État et statut de la fonction publique.
- Réforme de l'État et décentralisation.
- Quelle réforme de l'État après la RGPP ?
- Quel avenir pour les préfets ?

6 Les collectivités territoriales aujourd'hui

Les collectivités territoriales occupent une place importante dans le paysage institutionnel, administratif et économique français. Ancrées dans l'Histoire, elles ont connu, au cours des trente dernières années, des évolutions substantielles, dans le cadre du mouvement de décentralisation. Initié au début des années 1980, celui-ci a connu un acte II avec la loi constitutionnelle du 28 mars 2003. Dans la période récente, la loi de réforme territoriale du 16 décembre 2010, puis les lois concourant à l'acte III de la décentralisation, ont apporté de nouvelles modifications. Les années à venir doivent être l'occasion de mettre concrètement en œuvre les nouveaux outils mis à la disposition des collectivités territoriales par les réformes successives. Elles devront, en outre, permettre de trancher des débats de fond encore ouverts, pour adapter la France à un contexte européen et international renouvelé.

Historique

L'émergence des départements : de 1789 à 1871

Les départements ont été créés sous la Révolution française, par la loi du 22 décembre 1789, en suivant le souci d'un découpage rationnel et géométrique du territoire national. Les conseils généraux et les préfets sont mis en place dès l'année suivante. Les départements sont consacrés en tant que collectivité territoriale par la loi du 10 août 1871. Cette loi fixe des dispositions demeurées longtemps applicables : élection d'un conseiller général par canton, pour un mandat de six ans, au suffrage universel direct ; renouvellement de l'assemblée départementale par moitié tous les trois ans ; élection du président au terme de chaque renouvellement. Cependant, jusqu'à la loi du 2 mars 1982, intervenue dans le cadre de l'acte I de la décentralisation, les compétences exécutives demeurent du ressort du préfet du département.

La loi du 5 avril 1884 ou la consécration des communes

Ici encore, la création des communes, qui succèdent aux paroisses de l'Ancien Régime, intervient dès 1789, mais ce n'est qu'en 1884 que les grands principes toujours en vigueur sont déterminés. La commune se voit reconnaître une clause de compétence générale, suivant laquelle « le conseil municipal règle par ses délibérations les affaires de la commune ». Ce conseil est entièrement renouvelé lors de chaque élection municipale, tous les six ans. Il élit, en son sein, le maire. En vertu d'un « dédoublement fonctionnel », le maire est aussi investi de prérogatives de représentant de l'État. C'est à ce titre qu'il est, par exemple, en charge de l'état civil. Le maire détient en outre d'importantes compétences en matière de police administrative.

La loi du 2 mars 1982 ou l'accession des régions au statut de collectivités territoriales

Alors qu'elles n'avaient, auparavant, que le statut de simples établissements publics, la loi du 2 mars 1982 consacre la place des régions parmi les collectivités territoriales de plein exercice, le conseil régional réglant par ses délibérations les affaires de la région. Cette consécration intervient au terme d'une émergence progressive dont on peut retracer les principales étapes :

- création, en 1955, de 21 « régions de programme » ;
- remplacement de ces régions par des « circonscriptions d'action régionale » (CAR) en 1960 ;
- création, par décret du 14 mars 1964, des préfets de région, en charge du développement économique et de l'aménagement du territoire ;
- création de 22 régions, par la loi du 5 juillet 1972, établissements publics dont le pouvoir exécutif est confié au préfet de région.

Pendant plus de vingt ans, les grandes étapes de la décentralisation sont intervenues à droit constitutionnel constant

Malgré les profonds changements qu'elle a induits, la décentralisation, entre 1982 et 2003, a été menée sans aucun recours à une révision constitutionnelle, illustrant ainsi la grande plasticité de la Constitution du 4 octobre 1958. Les principales étapes sont rappelées ci-dessous, les réformes intervenues à partir de 2003 étant quant à elles analysées dans les parties « connaissances de base » et « bilan de l'actualité » du présent chapitre.

La loi n° 82-213 du 2 mars 1982 relative aux droits et libertés des communes, des départements et des régions est la première grande loi de décentralisation. Celle-ci :

- pose le principe au terme duquel « les communes, les départements et les régions s'administrent librement par des conseils élus » ;
- procède à la suppression des tutelles sur les collectivités territoriales. En particulier, le contrôle *a priori* des actes des collectivités territoriales par le préfet est remplacé par un contrôle de légalité *a posteriori*, et ces actes deviennent exécutoires de plein droit ;
- confie l'exécutif local aux présidents de conseil général et régional et non plus au préfet ;
- crée dans chaque région une chambre régionale des comptes.

La loi n° 83-8 du 7 janvier 1983 relative à la répartition des compétences entre les communes, les départements, les régions et l'État procède quant à elle à la mise en œuvre concrète de la décentralisation :

- les communes, les départements, les régions « règlent par leurs délibérations les affaires de leur compétence » ;
- les transferts aux collectivités s'opèrent par « blocs de compétences » ;

- tout transfert de charges vers les collectivités territoriales est compensé par des transferts de ressources ;
- de nombreux outils concrets sont mis à la disposition des collectivités territoriales pour conduire les politiques publiques dont elles ont la charge.

La loi n° 84-53 du 26 janvier 1984 portant dispositions statutaires relatives à la fonction publique territoriale parachève l'ensemble en mettant en place les grands principes du droit applicable à la fonction publique territoriale et dote ainsi les collectivités d'une fonction publique correspondant aux exigences spécifiques de leurs missions.

Quelques années plus tard, la loi n° 92-125 du 6 février 1992 relative à l'administration territoriale de la République fait intervenir de nouvelles adaptations. Ainsi, cette loi :

- impulse le mouvement de fond de la coopération intercommunale, en mettant en place les communautés de communes et les communautés de villes. La loi n° 99-586 du 12 juillet 1999 relative au renforcement et à la simplification de la coopération intercommunale rationalisera ensuite les dispositifs de l'intercommunalité, désormais organisée autour des communautés d'agglomération, des communautés de communes et des communautés urbaines.
- prévoit une charte de la déconcentration pour accroître l'efficacité des services de l'État. Les services déconcentrés de l'État deviennent compétents à titre principal, les administrations centrales à titre subsidiaire.
- comporte un volet dédié à la démocratie locale. Les droits de l'opposition sont renforcés : allongement des délais de convocation aux réunions, consécration d'un droit d'expression par le biais de questions orales, composition des commissions permanentes des conseils régionaux et généraux conformément à la composition politique de l'Assemblée. Enfin, les habitants des collectivités territoriales se voient reconnaître de nouveaux droits : droit des citoyens à l'information et à la participation aux décisions locales ; mise en place de dispositifs consultatifs au niveau municipal, lesquelles n'ont qu'une valeur consultative et non une valeur décisionnelle.

À l'issue de ces évolutions, le Rapport Mauroy formule, en janvier 2000, 154 propositions pour refonder l'action publique locale. Il propose notamment de poursuivre la révolution intercommunale et de démocratiser l'intercommunalité ; de rénover la collectivité départementale et de renforcer le pouvoir régional ; de mieux distribuer les compétences conformément au principe de subsidiarité ; de rénover la démocratie de proximité et de démocratiser l'accès aux fonctions électives ; de moderniser les financements locaux.

Connaissances de base

Les principes de base relatifs au droit des collectivités territoriales et de la décentralisation sont posés dans le titre XII de la Constitution (« Des collectivités territoriales »), entièrement réécrit par la loi constitutionnelle n° 2003-276 du 28 mars 2003. Le droit régissant les collectivités territoriales est par ailleurs énoncé et codifié dans le Code général des collectivités territoriales.

Inventaire des collectivités territoriales de la République (article 72 alinéa 1 de la Constitution)

L'article 72, alinéa 1 de la Constitution énonce que « les collectivités territoriales de la République sont les communes, les départements, les régions, les collectivités à statut particulier et les collectivités d'outre-mer régies par l'article 74 », et que « toute autre collectivité territoriale est créée par la loi, le cas échéant en lieu et place d'une ou de plusieurs collectivités ».

En 2017, les collectivités territoriales de droit commun sont les suivantes (source : DGCL, « Les collectivités locales en chiffres 2018 ») :

- les communes, qui sont au nombre de 35 357 (contre 36 744 en 2015), dont 255 se situent outre-mer ;
- les départements, qui sont au nombre de 101, dont 5 se situent outre-mer (Mayotte est le 101e département depuis le 31 mars 2011) ;
- les régions, qui sont au nombre de 18, dont cinq se situent outre-mer (la collectivité territoriale de Corse, collectivité à statut particulier, est généralement assimilée à une région, soit au total : 12 régions de droit commun en métropole + la collectivité territoriale de Corse + 5 régions outre-mer).

À cette typologie s'ajoutent, d'une part, les collectivités d'outre-mer (COM) : Saint-Pierre-et-Miquelon, Wallis et Futuna, Polynésie française, Saint-Martin et Saint-Barthélemy ; d'autre part, la Nouvelle-Calédonie, spécifiquement régie par le titre XIII de la Constitution.

En outre, certaines communes bénéficient d'un statut particulier : c'est le cas de Paris, de Lyon et de Marseille depuis la loi du 31 décembre 1982.

Enfin, il convient de noter que la Constitution ne consacre pas les établissements publics de coopération intercommunale (EPCI) comme collectivités territoriales. Le cadre constitutionnel actuel permet cependant au législateur, s'il le jugeait utile, de les doter d'un tel statut. L'on comptait, en 2015, 2 133 EPCI à fiscalité propre. Ce chiffre est à présent, en 2018, de 1 263.

Les dépenses des administrations publiques locales (APUL) représentent 248,2 Md€ en 2016, avec une tendance de baisse de 1 % chaque année. À comparer aux 509,4 Md€ pour les administrations publiques centrales et les 583,6 Md€ pour les administrations de sécurité sociale.

Les grands principes du droit des collectivités territoriales et de la décentralisation

- **Le principe de subsidiarité (article 72 alinéa 2 de la Constitution)**

L'article 72, alinéa 2 dispose que « les collectivités territoriales ont vocation à prendre les décisions pour l'ensemble des compétences qui peuvent le mieux être mis en œuvre à leur échelon ».

Introduit par la loi constitutionnelle du 28 mars 2003 et inspiré du principe de subsidiarité tel que posé par le droit communautaire, il signifie que, dans le cadre de la décentralisation, les compétences doivent être confiées au niveau de collectivité le plus pertinent pour les mettre en œuvre.

Ce principe « est formulé de manière assez claire pour indiquer une intention, assez vague pour ne pas trop contraindre » (Guy Carcassonne).

- **Le principe de libre administration des collectivités territoriales (article 72 alinéa 3 de la Constitution)**

L'article 72, alinéa 3 de la Constitution dispose que « dans les conditions prévues par la loi », les collectivités territoriales « s'administrent librement par des conseils élus et disposent d'un pouvoir réglementaire pour l'exercice de leurs compétences ».

Expressément consacré par la Constitution, le principe de libre administration des collectivités territoriales par des conseils élus s'exerce, en France, dans le cadre d'un État unitaire. Il convient donc de ménager un équilibre entre deux principes potentiellement contradictoires, d'ailleurs posés dès l'article premier de la Constitution : d'une part, « la France est une République indivisible », d'autre part, « son organisation est décentralisée ». La conciliation entre libre administration des collectivités territoriales et caractère unitaire de l'État a trouvé notamment les concrétisations suivantes :

- la loi peut encadrer l'exercice par les collectivités de leurs compétences, mais elle ne peut contenir de dispositions ayant pour objet ou pour effet d'entraver leur libre administration (Décision 90-277 DC) ;
- le principe de libre administration des collectivités territoriales n'interdit pas au Parlement d'imposer des sujétions à celles-ci, mais à condition que ces sujétions soient précises (Décision 90-274 DC) et qu'elles n'impliquent aucune sanction incompatible avec les dispositions de l'article 72 de la Constitution (Décision 83168 DC).

Enfin, le principe de libre administration des collectivités territoriales trouve un prolongement avec le principe d'autonomie financière de ces collectivités. Celui-ci a fait l'objet d'une consécration constitutionnelle (article 72-2) et organique (LO du 29 juillet 2004), afin de réduire la dépendance, accrue au cours des dernières années, des collectivités à l'égard de l'État.

- **L’absence de tutelle et la possibilité de « chefs de file » (article 72 alinéa 5 de la Constitution)**

Aux termes de l’alinéa 5 de l’article 72, « Aucune collectivité territoriale ne peut exercer une tutelle sur une autre. Cependant, lorsque l’exercice d’une compétence nécessite le concours de plusieurs collectivités territoriales, la loi peut autoriser l’une d’entre elles ou un de leurs groupements à organiser les modalités de leur action commune. ».

Ce nouvel alinéa consacre un principe général du droit de la décentralisation, posé dès les lois de décentralisation au début des années 1980 : l’interdiction de tutelles, que ce soit d’une tutelle de l’État sur les collectivités territoriales ou la tutelle d’une collectivité territoriale sur une autre. Il consacre, en outre, une pratique courante consistant à désigner une collectivité « chef de file » pour organiser la mise en œuvre d’une politique publique donnée, dans le souci notamment d’aplanir les difficultés de toute nature pouvant naître de l’enchevêtrement des compétences entre collectivités.

L’organisation de la démocratie représentative locale

Les collectivités territoriales sont dirigées par deux types d’organes :

- un organe délibérant, dont les membres sont élus au suffrage universel direct ;
- un organe exécutif, élu au sein de l’organe délibérant, et qui prépare et exécute les décisions de la collectivité en cause.

Les modes d’élection varient selon les types de collectivités. Le suffrage peut se faire selon un scrutin de liste (pour les élections municipales et régionales), ou selon un scrutin uninominal ou binominal à deux tours (pour les élections cantonales, devenues départementales ; cf. *infra*). Les membres des conseils délibérants sont élus pour six ans. Avant la réforme des scrutins locaux intervenue en 2013, les élections locales suivaient les règles suivantes :

- Dans les communes de moins de 3 500 habitants, le scrutin était plurinominal à deux tours, permettant aux électeurs de rayer des noms sur la liste et de procéder à un « panachage » entre candidats figurant sur des listes concurrentes. Dans les communes de 3 500 habitants et plus, le scrutin était un scrutin de liste à deux tours. Celui-ci concilie les exigences d’efficacité, en ce qu’il dégage une majorité claire, et de représentativité, en ce qu’il ménage une place à l’opposition. En effet, la moitié des sièges est attribuée à la liste victorieuse, l’autre moitié étant répartie, à la proportionnelle, entre toutes les listes ayant recueilli au moins 5 % des suffrages exprimés.
- Les élections cantonales avaient lieu tous les six ans dans chaque canton mais, au niveau du département dans son ensemble, le renouvellement du conseil général se faisait par moitié tous les trois ans. Le scrutin était uninominal majoritaire à deux tours.
- Les élections régionales se font sur un scrutin de liste à deux tours. Les listes sont présentées dans le cadre d’une circonscription régionale, avec un fractionnement en sections départementales. La liste gagnante bénéficie de

la prime majoritaire (un quart des sièges à pourvoir), le reste des sièges étant réparti en fonction des pourcentages obtenus par chaque liste.

Le Code général des collectivités territoriales

Les collectivités territoriales ont longtemps été régies par les grandes lois fondatrices citées ci-dessus (pour mémoire, respectivement, la loi du 10 août 1871 pour les communes, la loi du 5 avril 1884 pour les départements, et la loi du 2 mars 1982 pour les régions), régulièrement modifiées, ainsi que par de nombreuses lois plus spécifiques. Un premier mouvement de codification avait abouti, dans un premier temps, au code de l'administration communale annexé au décret du 22 mai 1957 puis, en 1977, au code des communes.

Puis, l'article 99 de la loi du 2 mars 1982 relative aux droits et libertés des communes, des départements et des régions pose la volonté de réunir les textes applicables aux collectivités territoriales dans un code unique.

Conformément à l'objectif de valeur constitutionnelle d'accessibilité et d'intelligibilité de la loi (C.C. 19 décembre 1999, Codification, n° 99-421 DC), et grâce aux travaux de la commission supérieure de codification, a ensuite été élaboré un Code général des collectivités territoriales, dont la partie législative est entrée en vigueur avec la loi n° 96-142 du 21 février 1996 relative à la partie législative du C.G.C.T, et la partie réglementaire, avec le décret n° 2000-318 du 7 avril 2000 relatif à la partie réglementaire dudit code.

Avec le droit constitutionnel, textuel et jurisprudentiel, et la jurisprudence administrative, ce code, fréquemment actualisé, forme l'essentiel du droit positif applicable aux collectivités territoriales.

Bilan des réformes récentes

Les collectivités territoriales ont connu un mouvement constant de démocratisation locale

La décentralisation a, de par son principe même, conduit à un accroissement substantiel des compétences des collectivités territoriales et des pouvoirs des élus locaux. Ce mouvement appelait, en contrepartie, un renforcement de la démocratie au niveau local. Ce souci a guidé l'action du législateur à compter du début des années 1990.

Les lois relatives à la démocratie locale conduisent à renforcer à la fois la démocratie locale représentative et la démocratie locale participative. La loi du 3 février 1992 est ainsi spécifiquement relative « aux conditions d'exercice des mandats locaux », qu'elle veut rendre plus transparent. Cette loi :

- vise à faciliter la conciliation entre l'exercice d'un mandat électif local et les exigences de la vie professionnelle. À cet effet, elle met en place un mécanisme de crédits d'heures que tout employeur est obligé d'octroyer à ses salariés afin de lui permettre d'exercer son mandat ; ces heures ne font pas nécessairement l'objet d'une rémunération ;

- reconnaît aux élus locaux, pour la première fois, un droit à la formation. En effet, la complexification, notamment juridique, des sociétés contemporaines induit des besoins de formation accrus, particulièrement dans certains domaines techniques ;
- réforme les règles indemnitaires, en revalorisant les indemnités des élus communaux et en mettant en place un barème pour les autres collectivités, auparavant entièrement libres de fixer le régime indemnitaire de leurs élus.

La révision constitutionnelle du 8 juillet 1999 a, par ailleurs, ajouté un dernier alinéa à l'article 3 de la Constitution, disposant que « la loi favorise l'égal accès des femmes et des hommes aux mandats électoraux et aux fonctions électives ». Sur ce fondement, la loi du 6 juin 2000 tendant à favoriser l'égal accès des femmes et des hommes aux mandats électoraux et fonctions électives met en place des modalités radicalement nouvelles pour la confection des listes présentées au suffrage des électeurs lors des élections municipales et régionales, les listes devant à présent non seulement être paritaires, mais comporter alternativement, au fil de la liste, un homme et une femme : ce sont les listes, familièrement appelées « chabadabada », qui font alterner les représentants de chaque sexe de manière systématique.

Enfin, la loi du 27 février 2002 relative à la démocratie de proximité a apporté à la démocratie locale de nouvelles adaptations. Cette loi comporte d'abord une série de dispositions destinées aux habitants des collectivités territoriales :

- l'installation de conseils de quartiers dans les villes de plus de 80 000 habitants est rendue obligatoire ; ces conseils ont une fonction consultative sur toute question intéressant le quartier ou la commune. Ils peuvent être consultés sur demande du maire ou soumettre des propositions à celui-ci. La loi prévoit aussi qu'ils puissent être associés aux actions mises en œuvre, tant au stade de la définition qu'au stade de l'évaluation des politiques publiques locales.
- les collectivités les plus importantes (régions, départements, communes de plus de 10 000 habitants, établissements publics de coopération intercommunale de plus de 50 000 habitants) doivent créer une commission consultative des services publics locaux. Cette commission est compétente pour l'ensemble des services publics exploités en délégation ou en régie directe dotée de l'autonomie financière. Elle est présidée par l'exécutif local, et comporte des membres de l'organe délibérant conformément à la représentation proportionnelle de celui-ci, ainsi que des représentants d'associations locales. La commission peut, sur sa propre initiative ou à la demande de la majorité des membres qui la composent, proposer des améliorations des services publics locaux. Elle peut aussi être consultée sur tout projet de délégation de service public ou de création de régie.

Cette loi comporte, en outre, des dispositions destinées à faciliter l'exercice d'un mandat local par les élus :

- la loi consolide le statut de l'élu local, notamment par la mise en place d'un congé préélectoral permettant de préparer les campagnes pour les élections locales dans de meilleures conditions, par le relèvement du barème de crédits d'heures mis en place par la loi du 3 février 1992, par le relèvement des congés de formation, par la création de l'allocation de fin de mandat et la formation professionnelle à l'issue du mandat;
- les droits des élus au sein de leurs conseils sont renforcés: les conseillers régionaux et départementaux, de même que les élus municipaux des communes de plus de 50 000 habitants, se voient ainsi ouvrir la faculté de demander la création de missions d'information et d'évaluation, qui ont pour objet de faire le point sur toute question d'intérêt communal.
- les droits de l'opposition locale sont également accrus: dans les départements et les régions, de même que dans les communes de 3 500 habitants et plus, leur est ainsi reconnu un droit à disposer d'un espace d'expression dans le bulletin d'information de la collectivité.

La révision constitutionnelle du 28 mars 2003 marque l'acte II de la décentralisation

Pendant plus de vingt ans, la décentralisation a pu s'effectuer à cadre constitutionnel constant: cette réforme de fond dans l'organisation territoriale de la République s'est, en effet, produite sans révision constitutionnelle s'y rapportant.

La loi constitutionnelle du 28 mars 2003 est intervenue parce que la poursuite de la décentralisation appelait un certain nombre de clarifications et d'évolutions constitutionnelles. Elle a été prolongée notamment par la loi n° 2004-809 du 13 août 2004 relative aux libertés et responsabilités locales, qui précise les modalités concrètes des transferts de compétences vers les collectivités territoriales et prévoit les financements devant les accompagner.

La révision constitutionnelle comporte d'abord des innovations en matière d'organisation générale de la décentralisation:

- le nouvel alinéa 2 de l'article 72 affirme le principe de subsidiarité, puisque « les collectivités territoriales ont vocation à prendre les décisions pour l'ensemble des compétences qui peuvent le mieux être mises en œuvre à leur échelon ». Il convient toutefois de noter que le principe de subsidiarité s'exerce dans le cadre d'un État unitaire, et que l'article 72 alinéa 2 n'a donc ni pour objet, ni pour effet de faire évoluer la France vers un État fédéral, où le respect du partage des compétences entre entités fédérale et fédérées est placé sous le contrôle du juge.
- le nouvel alinéa 3 reconnaît aux collectivités territoriales « un pouvoir réglementaire pour l'exercice de leurs compétences », dans la limite géographique fixée par le territoire de chaque collectivité.

La révision constitutionnelle, précisée par une loi organique du 1er août 2003 relative à l'expérimentation, ouvre ensuite la voie à l'expérimentation locale. Deux types de dispositifs expérimentaux sont mis en place par la Constitution:

- l'article 72 alinéa 4 permet d'expérimenter une nouvelle législation ou réglementation au niveau local, en vue, le cas échéant, de sa généralisation au niveau national ; dans leurs champs de compétences, les collectivités sont ainsi autorisées à déroger à une norme législative ou réglementaire. La loi organique n° 2003-704 du 1er août 2003 a précisé le régime juridique de ces expérimentations. Ainsi, la loi qui autorise les dérogations à titre expérimental doit définir l'objet de l'expérimentation, de même que sa durée, qui ne peut excéder cinq ans. Avant l'expiration de la durée fixée, le Gouvernement doit transmettre au Parlement un rapport d'évaluation. Toujours avant l'expiration de cette durée, au vu de l'évaluation, la loi détermine, soit les conditions de la prolongation ou de la modification de l'expérimentation, pour une durée qui ne peut excéder trois ans ; soit, le maintien et la généralisation des mesures prises à titre expérimental ; soit enfin, l'abandon de l'expérimentation. La faculté ainsi ouverte par l'article 72 alinéa 4 n'a été que peu utilisée jusqu'à présent. L'on peut mentionner l'expérimentation relative au revenu de solidarité active (RSA), ce dispositif ayant toutefois été généralisé alors que la phase d'expérimentation venait de s'ouvrir.
- dans le cadre de l'article 37-1 de la Constitution, au contraire, c'est le dispositif législatif mettant en place une expérimentation qui déroge lui-même à une norme ; peut ainsi être attribuée à une collectivité territoriale une compétence qui, normalement, ne relèverait pas de son champ de compétences ; tandis que, dans le dispositif de l'article 72 alinéa 4, l'initiative de l'expérimentation appartient aux collectivités, c'est ici le législateur lui-même qui détermine les collectivités territoriales participant à l'expérimentation, en leur transférant pour une période donnée une compétence relevant normalement de l'État.

Enfin, concernant la démocratie locale, le nouvel article 72-1 de la Constitution, complété par la loi organique n° 2003-705 du 1er août 2003 relative au référendum local, introduit deux dispositifs de démocratie directe locale.

Le premier dispositif est le référendum local. En effet, aux termes de l'alinéa 2 de cet article, « dans les conditions prévues par la loi organique, les projets de délibération ou d'acte relevant de la compétence d'une collectivité territoriale peuvent, à son initiative, être soumis, par la voie du référendum, à la décision des électeurs de cette collectivité ». C'est là « une innovation importante dans le droit local français, qui a toujours été rétif à l'introduction de la démocratie directe, assimilée souvent à une forme de démagogie » (Michel Verpeaux). Ce référendum va plus loin que la possibilité déjà reconnue au profit des communes de consulter les électeurs sur une question d'intérêt communal. Ces consultations, introduites par la loi du 16 juillet 1971 relative aux fusions de communes, puis systématisées par la loi du 6 février 1992 relative à l'administration territoriale de la République, sont, comme leur intitulé l'indique, purement consultatives. Juridiquement, elles correspondent à un simple avis, les autorités de droit commun demeurant pleinement saisies et n'étant pas liées par l'avis ainsi exprimé. Au contraire, le référendum est décisionnel et conduit, juridiquement, à l'édiction d'un acte de droit positif.

Le second dispositif est le droit de pétition, posé à l'article 72-1 alinéa 1 de la Constitution : « La loi fixe les conditions dans lesquelles les électeurs de chaque collectivité territoriale peuvent, par l'exercice du droit de pétition, demander l'inscription à l'ordre du jour de l'assemblée délibérante de cette collectivité d'une question relevant de sa compétence ».

L'importance du rapport Balladur de 2008

Annoncée par le Président de la République dans son discours de Toulon le 25 septembre 2008, puis précisée dans le discours de Saint-Dizier le 20 octobre 2009, la réforme des collectivités territoriales obéit à un souci administratif mais surtout à deux préoccupations d'ordre économique :

- souci de bonne administration, avec la nécessité de remédier à l'enchevêtrement des compétences et à l'empilement des structures, caractéristiques du « mille-feuille administratif français » ;
- souci de bonne gestion des finances publiques, avec l'objectif de maîtriser la dépense publique locale ;
- souci de compétitivité économique, avec le postulat que les institutions actuelles de la France obéreraient la croissance.

Remis au Président de la République le 5 mars 2009, le rapport du comité Balladur, intitulé « Il est temps de décider », comportait 20 propositions à ce sujet, parmi lesquelles l'idée de favoriser les regroupements volontaires de régions et de départements, et celle de désigner par une même élection, à partir de 2014, les conseillers régionaux et départementaux (et, en conséquence, de supprimer les cantons et procéder à cette élection au scrutin de liste). Le rapport proposait également d'instaurer l'élection des organes délibérants des EPCI à fiscalité propre au suffrage universel direct, en même temps et sur la même liste que les conseillers municipaux, et de créer des métropoles, ainsi qu'une une collectivité locale à statut particulier, dénommée « Grand Paris » sur le territoire de Paris et des départements de la Seine-Saint-Denis du Val-de-Marne et des Hauts-de-Seine.

La loi de réforme territoriale du 16 décembre 2010 a conduit à d'importants changements mais sa mise en œuvre a été partiellement remise en cause

• Une intercommunalité renforcée

Plus des deux tiers des articles de la loi concernent l'intercommunalité. Il s'agit là à la fois du volet le plus important et le plus consensuel de ce texte. Trois objectifs sont poursuivis à cet égard :

- achever et rationaliser le processus de regroupement des communes et communautés avant le 1er juin 2013, sur le fondement des schémas départementaux de coopération communale et sous l'égide des préfets. Les chiffres au 1er janvier 2015 sont d'ailleurs éloquents sur les progrès de l'intercommunalité au cours des dernières années : en effet, l'on compte 2133 EPCI à fiscalité propre, 9577 syndicats de communes et 3025 syndicats mixtes ;

l'intercommunalité à fiscalité propre couvre plus de 95 % des communes et près de 90 % de la population.

- démocratiser l'intercommunalité, grâce à l'élection des délégués communautaires au suffrage universel direct à compter des élections de 2014, dans le cadre d'un scrutin jumelé avec celui des élections municipales;
- poursuivre le mouvement d'intégration administrative et financière entre les communes et leurs établissements publics de coopération intercommunale, afin de réduire les doublons et d'accroître l'efficacité et l'efficience de l'action publique locale. À cette fin, doit être élaboré à chaque début de mandat, et ensuite actualisé annuellement dans le cadre du débat d'orientation budgétaire, un schéma de mutualisation de services: il s'agit non d'un outil contraignant, mais d'une incitation au dialogue communes-communautés qui doit initier des démarches gestionnaires vertueuses.

À noter que, sans être consacrés comme telles, les établissements publics de coopération intercommunale s'apparentent de plus en plus à des collectivités territoriales de plein exercice, grâce à l'étendue de leurs compétences et grâce, bientôt, à leur caractère plus démocratique.

Par ailleurs, la loi met en place de nouveaux dispositifs intercommunaux:

- **la métropole,** nouveau type d'EPCI à fiscalité propre pouvant être créé à partir de 500 000 habitants. Elle peut, contrairement aux autres EPCI, exercer des compétences relevant normalement des départements et des régions. Certains de ces transferts de compétences sont facultatifs, d'autres sont de plein droit (notamment: voirie départementale, transports scolaires, actions économiques, zones d'activité);
- **le pôle métropolitain:** il s'agit d'un EPCI créé par accord entre EPCI formant un ensemble de plus de 300 000 habitants, dont l'un de plus de 150 000 habitants, et souhaitant mener des actions en matière de développement économique, de promotion de l'innovation, de la recherche et de l'enseignement supérieur et de la culture, d'aménagement de l'espace par la coordination des SCOT et le développement des infrastructures et des services de transport.
- **la commune nouvelle** est un nouveau dispositif de fusion des communes. Une commune nouvelle peut être créée en lieu et place de communes contiguës, soit à la demande de tous les conseils municipaux, soit à la demande des deux tiers au moins des conseils municipaux des communes membres d'un même EPCI à fiscalité propre, représentant plus des deux tiers de la population totale de celles-ci, soit à la demande de l'organe délibérant d'un EPCI à fiscalité propre, en vue de la création d'une commune nouvelle en lieu et place de toutes ses communes membres, soit à l'initiative du préfet. Lorsque la commune nouvelle est créée en lieu et place de communes appartenant à un même EPCI à fiscalité propre, l'arrêté créant la commune nouvelle emporte suppression de l'EPCI à fiscalité propre dont ces communes faisaient partie. Sauf délibération contraire du conseil municipal de la commune nouvelle, sont instituées, dans un délai de six mois, des communes déléguées reprenant le nom et les limites territoriales de l'ensemble des anciennes communes. La commune

nouvelle a seule la qualité de collectivité territoriale. Au 1er janvier 2016, 317 communes nouvelles avaient vu le jour.

- **D'autres aspects de la loi du 16 décembre 2010 ont été remis en cause**

Si la loi de réforme territoriale ne procédait pas à la suppression d'un niveau de collectivités territoriales, elle remplaçait les conseillers généraux et les conseillers régionaux par un nouveau type d'élu, le conseiller territorial, appelé à compter des élections de 2014 à siéger à la fois au conseil général et au conseil régional. Il devait être élu au scrutin uninominal majoritaire à deux tours, dans des circonscriptions électorales inspirées des cantons, redécoupés. Le Conseil constitutionnel a considéré que l'institution du conseiller territorial ne portait atteinte ni à la libre administration des collectivités territoriales, ni à la liberté de vote. Il a cependant déclaré contraire à la Constitution l'article 6 de la loi et le tableau annexé portant répartition des conseillers territoriaux, au motif que six départements présentaient des écarts manifestement disproportionnés à la moyenne régionale quant à leur nombre de conseillers territoriaux, rapportés à la population du département (CC 9 décembre 2010, n° 2010-618 DC).

Par ailleurs, la loi de réforme territoriale supprimait la clause de compétence générale pour les départements et les régions, à compter du 1er janvier 2015, en la maintenant pour les seules communes. Ces principes ont toutefois connu un destin éphémère, dans le cadre de l'acte III de la décentralisation, véritablement engagé en 2013.

De nouvelles réformes territoriales ont été engagées depuis 2013

En partie remise en cause, la loi du 16 décembre 2010 appelait des clarifications, des concrétisations et des prolongements, qui sont intervenus à partir de 2013.

- **Les lois organique et ordinaire du 17 mai 2013 ont supprimé le conseiller territorial et réformé substantiellement les modes de scrutin locaux**

Le conseiller territorial a fait l'objet de critiques au niveau politique, de la part de l'opposition nationale de l'époque, bien sûr, mais aussi dans les rangs de la majorité : en premier lieu, il a été reproché au mode de scrutin retenu d'induire un recul de la parité (après les élections de mars 2010, 48 % des conseillers régionaux, élus au scrutin de liste, sont des femmes, tandis qu'au lendemain des élections cantonales de mars 2011, seuls 12,3 % des conseillers généraux, élus au scrutin uninominal majoritaire à deux tours, sont des femmes). En deuxième lieu, il a été souligné que le conseiller territorial institutionnalisait le cumul des mandats, en faisant siéger un même élu dans les organes délibérants de deux collectivités distinctes. En troisième lieu, a été évoqué le risque d'une « cantonalisation » des conseils régionaux : ceux-ci deviendraient certes davantage une collectivité de proximité, mais au détriment de leur rôle stratégique de préparation de l'avenir, qui exige une approche régionale des politiques publiques.

En conséquence, les lois organique et ordinaire du 17 mai 2013 ont :

- supprimé le conseiller territorial ;
- défini un nouveau mode de scrutin pour les conseillers généraux, désormais appelés « conseillers départementaux » et élus lors d'« élections départementales », à raison de deux par canton, lors d'un scrutin binominal majoritaire à deux tours. Chaque binôme sera composé d'un homme et d'une femme ;
- redécoupé les cantons, notamment pour tenir compte de la démographie ;
- réformé les modalités d'élection pour les intercommunalités, les premiers de liste siégeant désormais au sein des intercommunalités (« fléchage ») ;
- réformé les modalités d'élection pour les conseillers municipaux, qui sont désormais élus au scrutin de liste au-delà de 1 000 habitants contre 3 500 auparavant.

- **La loi du 27 janvier 2014 de modernisation de l'action publique territoriale et d'affirmation des métropoles procède à plusieurs réformes importantes**

Aux termes de la réforme territoriale, on l'a vu, la clause de compétence générale des départements et des régions devait disparaître en 2015. La loi du 27 janvier 2014 la rétablit. Elle crée également les chefs de file, pour les compétences dont l'exercice nécessite le concours de plusieurs collectivités.

La région est ainsi chargée d'organiser, en qualité de chef de file, les modalités de l'action commune des collectivités territoriales et de leurs établissements publics pour l'exercice des compétences suivantes : l'aménagement et le développement durable du territoire, la protection de la biodiversité, le climat, la qualité de l'air et l'énergie, le développement économique, le soutien de l'innovation, l'internationalisation des entreprises, l'intermodalité et la complémentarité entre les modes de transports, le soutien à l'enseignement supérieur et à la recherche. De même, le département est chef de file pour l'action sociale, le développement social et la contribution à la résorption de la précarité énergétique, l'autonomie des personnes, la solidarité des territoires. Enfin, la commune endosse ce rôle pour la mobilité durable, l'organisation des services publics de proximité, l'aménagement de l'espace, le développement local.

La loi crée, en outre, dans chaque région, une nouvelle instance de concertation, la conférence territoriale de l'action publique, présidée par le président du conseil régional. L'État confie également aux régions ou, le cas échéant, pour des programmes opérationnels interrégionaux, à des groupements d'intérêt public mis en place par plusieurs régions, à leur demande, tout ou partie de la gestion des programmes européens.

Elle met, enfin, en place un EPCI à statut particulier, « la métropole du Grand Paris », au 1er janvier 2016, et précise le statut des métropoles, qui disposeront de compétences accrues par rapport à celles des autres intercommunalités.

- **Deux lois ont parachevé la réforme des territoires en 2015**

La loi du 16 janvier 2015, tout d'abord, a ramené, à compter du 1er janvier 2016, le nombre de régions métropolitaines de 22 à 13, par addition de certaines régions et sans modification des départements qui les composent. Ce nouveau découpage entend permettre la constitution de régions plus fortes, supposées assurer des gains d'efficacité et faciliter l'engagement de coopérations interrégionales en Europe ; il a été entériné lors des élections régionales intervenues en décembre 2015. La question de la suppression des départements, évoquée par le Président de la République à l'horizon 2020, reste quant à elle ouverte ; elle nécessiterait une révision constitutionnelle (cf. mention des catégories de collectivités territoriales à l'article 72 de la Constitution).

La loi du 7 août 2015 portant nouvelle organisation territoriale de la République, enfin, constitue le dernier acte, à ce jour, de la réforme des territoires. Mettant fin à un épisode de revirements législatifs particulièrement singulier, ce texte supprime la clause générale de compétence pour les départements et les régions. Il confie de nouvelles compétences économiques aux régions, qui seront notamment responsables de la politique de soutien aux petites et moyennes entreprises et aux entreprises de taille intermédiaire, et auront également la charge de l'aménagement durable du territoire et des transports. Les départements demeurent, pour leur part, responsables des compétences de solidarité. Enfin, à compter du 1er janvier 2018, la collectivité de Corse deviendra une collectivité à statut particulier en lieu et place de la collectivité territoriale de Corse et des départements de Corse du Sud et de Haute-Corse.

Renforçant l'intercommunalité et les régions, tout en singularisant de plus en plus les statuts des collectivités, la carte territoriale revêt ainsi aujourd'hui un nouveau visage qui doit encore trouver son équilibre propre pour la mise en œuvre des politiques locales.

Bilan de l'actualité et Perspectives

1. Dans un cadre budgétaire contraint la réforme de la fiscalité locale et l'autonomie financière réelle des collectivités locales apparaissent comme les deux enjeux actuels majeurs.

Dans son rapport sur les finances publiques locales de 2016 la Cour des comptes, tout en soulignant que les lois MAPTAM et NOTRE constituaient une “première étape” de la rationalisation du maillage territorial, rappelait qu'aucun échelon n'avait été supprimé. Ces choix restent à faire.

L'autre champ d'action c'est l'équilibre à trouver entre la réduction de la dépense publique, la rigueur budgétaire et la libre administration des collectivités locales qui dépend en partie de leur autonomie financière.

L'enjeu majeur réside dans la concertation entre l'État, qui dispose d'un levier d'action avec les dotations budgétaires qu'il leur verse, et les collectivités locales.

La loi de programmation des finances publiques pour la période 2018-2022, dont la constitutionnalité a été validée par le Conseil constitutionnel le 19 janvier 2018, impose aux collectivités (au nombre de 322) qui sont retenues dans le champ d'application de la loi de s'engager sur des objectifs d'évolution des dépenses réelles de fonctionnement et de réduction des besoins de financement.

Un taux plafond de 1,2 % d'augmentation de la dépense par an a été fixé et peut varier dans une fourchette et être adapté en fonction de critères fixés par la loi (démographie, construction de logements, revenus…).

Les contrats devaient être signés au 30 juin 2018. En cas de non-respect du plafond de dépenses l'État peut reprendre des ressources jusqu'à 75 % de l'écart entre les dépenses constatées et le plafond.

Les associations d'élus ont fait part de leur scepticisme sur une méthode de contractualisation obligatoire qu'ils perçoivent comme trop unilatérale et uniforme et ne prenant pas en compte les recettes d'exploitation des services et les effets des éventuelles mesures prises par l'État sur leurs dépenses de fonctionnement.

De façon plus générale, les attentes suscitées chez les élus par la révision constitutionnelle de 2003 qui n'a pas inscrit l'expression d'autonomie financière dans la constitution, ont été globalement déçues, notamment en raison de la jurisprudence du conseil constitutionnel et du Conseil d'État (voir récemment CE, 21 février 2018, Région PACA, 404879 qui juge que l'absence de compensation prévue par un texte modifiant des règles relatives à l'exercice de compétence transférées est sans incidence sur sa légalité et CE, Département du Calvados, 21 février 2018, qui précise la notion de charges nouvelles impliquant une compensation par l'État en vertu du 2e alinéa de l'article L. 1614-2 du CGCT) plutôt protectrice pour les marges de manœuvre de l'État et hésitant à utiliser cette notion d'autonomie financière comme un principe de rang pleinement constitutionnel.

La réforme de 2003 n'a jamais entendu octroyer aux collectivités la maîtrise de leurs ressources. Tout juste, complétée par la loi organique du 29 juillet 2004, a-t-elle sanctuarisé le niveau de leurs ressources propres au niveau constaté en 2003. Les collectivités peuvent en outre décider d'augmenter le taux d'un impôt local mais pas de modifier son assiette et encore moins de créer une taxe.

Le chantier annoncé de la réforme de la taxe d'habitation, taxe dont chacun s'accorde à penser qu'elle constitue un impôt injuste car défini sur des bases aujourd'hui obsolètes, est un enjeu majeur car cette recette fiscale bénéficie d'une véritable dynamique depuis plusieurs années, est bien acceptée par les contribuables et ne saurait être remplacée par une simple dotation au risque de s'exposer à une censure constitutionnelle.

Un constat s'impose toutefois : cette notion d'autonomie financière est à repenser. Le concept est mal défini, le périmètre des ressources propres est trop extensible, la localisation de la fiscalité transférée est artificielle et la différence entre dotations et fiscalité transférée est souvent surestimée.

Un débat démocratique et institutionnel s'imposera donc : soit l'on tire les conséquences de la révision constitutionnelle sémantique de 2003 en consolidant, à moyen terme, le pouvoir fiscal des collectivités locales soit l'on fait le choix, dans un souci de cohésion nationale et d'efficacité des politiques de rationalisation budgétaire, de maintenir une forme de tutelle financière, peut-être indispensable le temps que l'ensemble des réformes structurelles soient accomplies, notamment la rationalisation du maillage territorial, et que les trajectoires budgétaires soient définitivement rétablies.

2. Le projet de loi constitutionnelle pour un renouveau de la vie démocratique prévoit un ensemble de mesures destinées à renforcer le pouvoir d'initiative des collectivités territoriales en s'appuyant sur un principe de différenciation qui n'est pas jusqu'ici inscrit dans la culture institutionnelle française.

L'article 72 de la Constitution serait modifié en deux points pour introduire un droit à la différenciation entre collectivités territoriales. Il s'agit tout d'abord de permettre que certaines collectivités territoriales exercent des compétences – en nombre limité – dont ne disposent pas l'ensemble des collectivités de la même catégorie. Cette possibilité sera ouverte par la loi, dans des conditions définies par une loi organique, sans que les conditions essentielles d'exercice d'une liberté publique ou d'un droit constitutionnellement garanti puissent être mises en cause. Dans le même temps, le projet de révision ouvre aussi la possibilité pour les collectivités territoriales et leurs groupements de déroger, lorsque la loi ou le règlement l'ont prévu, aux dispositions législatives ou réglementaires qui régissent leurs compétences. Cette dérogation pourra intervenir, le cas échéant, après une phase d'expérimentation que permet déjà aujourd'hui l'article 72 de la Constitution, mais qui pourra désormais conduire, non à une généralisation de la mesure, mais à une différenciation pérenne.

Afin de reconnaître la spécificité de la seule île du territoire européen de la France aux dimensions d'une région, le projet de loi constitutionnelle inscrit la Corse dans la Constitution à l'article 72-5, dans le respect du principe d'indivisibilité de la République.

En proposant de modifier l'article 73 de la Constitution, le projet organise enfin une nouvelle procédure permettant aux collectivités ultra-marines de fixer elles-mêmes les règles applicables sur leur territoire dans un nombre limité de matières, relevant de la loi ou du règlement. Elles y seront habilitées par décret en conseil des ministres, pris avec avis du Conseil d'État – ce qui sera de nature à faciliter la mise en œuvre de cette faculté. En effet, le dispositif actuel qui impose, au préalable, le vote d'une loi lorsqu'il est question du domaine législatif, constitue un frein à l'utilisation de cette procédure.

3. La révision constitutionnelle étant dans l'impasse, des réformes par le biais de lois ordinaires ont été lancées ou étaient prévues à l'été 2020

- Le 27 décembre 2019 le Président de la République a promulgué la loi n° 2019-1461 relative à l'engagement dans la vie locale et à la proximité de l'action publique.

Parmi les innovations à retenir :

Le renforcement du rôle des communes et des maires dans les intercommunalités :

- l'incitation à la modification des périmètres des intercommunalités en autorisant les communautés de communes et d'agglomération à se scinder en un ou plusieurs EPCI. Il est prévu également d'étendre la procédure de retrait dérogatoire permettant à une commune de se retirer d'une communauté de communes pour rejoindre un autre EPCI aux communautés d'agglomération.
- Le texte crée un « pacte de gouvernance » pour régler les relations entre les intercommunalités et les maires. Un certain nombre d'entre eux considèrent aujourd'hui que leur place n'est pas suffisamment reconnue au sein des organes délibérants des EPCI. Grâce à l'adoption d'un tel pacte, un conseil des maires peut être institué (jusqu'ici obligatoire pour les seules métropoles).
- S'agissant des compétences, l'eau et l'assainissement sont transférés au niveau intercommunal en 2020 et, en 2026, pour les communautés de communes.

De nouveaux pouvoirs de police pour les maires sont instaurés :

- En cas de non-respect de fermeture d'un établissement recevant du public, les maires peuvent décider d'une astreinte de 500 euros maximum par jour et faire procéder à la fermeture de l'établissement. La même procédure d'astreinte est prévue pour faire appliquer les arrêtés de péril.
- Les maires peuvent aussi imposer des astreintes financières journalières pour faire mettre en conformité des constructions irrégulières et prononcer une nouvelle amende administrative de 500 euros pour des arbres ou des haies posant des problèmes de sécurité sur la voie publique, pour des encombrants ou des occupations irrégulières sur la voie publique.

Des mesures valorisant et encourageant l'engagement dans la vie politique locale :

- Les salariés ou agents publics peuvent bénéficier de 10 jours de congés pour faire campagne pour les élections municipales ou cantonales, y compris dans les communes de moins de 1 000 habitants (le seuil de 1 000 habitants disparaît).
- La protection fonctionnelle des maires (qu'ils soient victimes ou mis en cause) devient un droit réel pour tous les maires. Un dispositif d'assurance obligatoire à l'égard de toutes les communes, quelle que soit leur taille, est créé. Le coût engendré par cette assurance est compensé par l'État pour les plus petites communes « en fonction d'un barème fixé par décret ».
- Pour assurer la sécurité juridique de leurs actes, les collectivités locales peuvent demander aux préfets des « conseils de légalité » sous la forme de prises de position formelle. Le but de cette disposition est d'étendre le rescrit administratif aux collectivités pour l'exercice de leurs compétences.

À noter enfin qu'au début de l'année 2020 le gouvernement a lancé un cycle de concertation avec les élus locaux et la société civile dans les différentes régions au sujet d'un projet de loi dit « 3D » pour « Décentralisation, Différenciation, Déconcentration » qui, aux dires mêmes de la ministre de la cohésion des territoires, Jacqueline Gourault, n'avait pas pour ambition de réaliser un nouveau « big bang » territorial. À l'été 2020, ce projet de texte, suscitait encore une opposition résolue des associations d'élus, lui opposant notamment les 50 propositions « pour le plein exercice des libertés locales » dévoilées par le président du Sénat le 2 juillet 2020.

Ouvrages récents

- Collectif, *Les collectivités territoriales : trente ans de décentralisation*, La Documentation française, 2011.
- Michel Verpeaux, *Les Collectivités territoriales et la décentralisation*, La Documentation française, coll. « Découverte de la vie publique », 6e édition, 2011.
- Le site internet de la Direction générale des collectivités locales : http://www.dgcl.interieur.gouv.fr (et notamment, « Les collectivités locales en chiffres 2015 »).
- *Contribution à un bilan de la décentralisation*, Rapport d'information 679 du sénateur Edmond Hervé au nom de la délégation du Sénat aux collectivités territoriales, juin 2011.
- Cour des Comptes, 5e rapport sur les finances publiques locales, octobre 2017.

Exemples de sujets

- Y a-t-il trop de collectivités territoriales en France ?
- Le contrôle des collectivités territoriales.
- La démocratie locale.
- L'élu local.
- Le maire.
- L'autonomie des collectivités territoriales.

7 Les démembrements de l'administration centrale : établissements publics et autorités administratives indépendantes

L'administration en France est traditionnellement concentrée : les structures administratives, situées à Paris, forment un bloc homogène dont l'une des caractéristiques est leur soumission au Gouvernement, en vertu de l'article 20 de la Constitution. Le principe hiérarchique essaime en outre dans toute l'administration, dont la structure pyramidale doit permettre l'application identique en tout point du territoire de la norme édictée au niveau central.

Cette présentation ne rend toutefois pas compte de l'intégralité du phénomène administratif : les pouvoirs locaux, bien que soumis à l'autorité de « la centrale », ont toujours disposé d'une marge de manœuvre ; surtout, des structures soumises à un pouvoir hiérarchique allégé sont apparues dès le début du XIXe siècle. Il s'agissait alors de conférer à certaines missions une autonomie de gestion et une visibilité que leur insertion dans le carcan administratif classique ne permettait pas d'atteindre. Les établissements publics, dont la doctrine et le Conseil d'État allaient rapidement dessiner les principaux contours juridiques, étaient nés. Le développement, tout au long des XIXe et XXe siècles, de la déconcentration et de la décentralisation allait également illustrer les limites d'un mode d'administration exclusivement concentré.

Le présent chapitre illustre ce propos en prenant l'exemple de deux « démembrements » de l'administration centrale : les établissements publics, dont l'intérêt ne s'est jamais démenti, et les autorités administratives indépendantes, structures plus récentes imposées par l'exigence croissante d'indépendance et d'expertise exprimée par les administrés.

Historique

Le développement des établissements publics

La notion d'établissement public est apparue, sous cette appellation, dans le code civil de 1804 et dans la loi de finances pour 1813. Elle servait à l'époque à qualifier les personnes publiques qui ne pouvaient être rattachées à aucune catégorie juridique existante. Le rapport de 2009 du Conseil d'État consacré aux établissements publics rappelle que dès 1806 le Conseil d'État avait affirmé le principe selon lequel la création d'un établissement public devait être strictement encadrée. C'est la jurisprudence qui a contribué à définir le contour d'une notion qui allait bientôt être associée de façon quasi ontologique à la notion de service public. Hauriou voyait ainsi dans l'établissement public un « service public personnalisé », quand Duguit le définissait comme un « service public patrimonialisé » et Michoud un « service public doué de personnalité », ces trois définitions, assez proches, mettant l'accent sur l'une des caractéristiques majeures de l'établissement public : sa personnalité morale, et donc sa capacité à disposer d'un patrimoine propre lui permettant d'assurer la mission de service public qui lui a été confiée. Il peut à cette fin contracter, ester en justice, gérer ses biens, etc.

La formule de l'établissement public allait connaître, tout au long des XIXe et XXe siècles, un réel succès. Parce qu'il est une personne publique, il bénéficie de prérogatives de puissance publique qui lui permettent de développer son activité dans un confort relatif : il peut avoir recours à l'expropriation, posséder un domaine public inaliénable et insaisissable et bénéficier, lorsqu'il est doté d'un comptable public, de la prescription quadriennale des dettes qu'il a contractées. Sa souplesse de fonctionnement, surtout lorsque son objet est industriel et commercial, explique également ce succès. Le chef de l'établissement dispose d'un pouvoir réglementaire et, s'il est soumis à un pouvoir de tutelle (l'établissement public est nécessairement « rattaché » à une autre personne publique : État ou collectivité territoriale), il échappe à tout pouvoir hiérarchique, en vertu du principe d'autonomie lié à sa personnalité morale. La personnalisation du service public qu'il permet en assure également une meilleure visibilité et une gestion plus fine. S'il est vrai, en revanche, que le principe de spécialité, élevé au rang de principe général du droit (CE 4 mars 1938, Consorts le Clerc), encadre ses possibilités d'action, en imposant un respect strict de l'objet pour lequel il a été créé, les principaux établissements publics ont bénéficié d'une définition suffisamment large de leur mission pour ne pas entraver leur développement. Il en va ainsi de la CDC (créée en 1816), des Voies Navigables de France (créées en 1912), du Centre des monuments nationaux (créé en 1913), de l'Inao (créé en 1935), du Centre national de la cinématographie (créé en 1945), du Commissariat à l'énergie atomique (créé en 1945), d'ADP (créé en 1945), du Centre national du livre (créé en 1946), d'EDF et GDF (créés en 1946), de la RATP (créée en 1959), de l'ONF (créé en 1964), et plus tard de la SNCF (1982), de La Poste (1991), de France Telecom (1990), etc.

Les autorités administratives indépendantes

Contrairement aux établissements publics, le développement des AAI est France est relativement récent. La présence de structures similaires à l'étranger est en revanche attestée de longue date. Des agences de régulation indépendantes existent ainsi aux États-Unis depuis le début du XXe siècle et constituent un élément important de la régulation fédérale. La première de ces agences fut l'*Interstate Commerce Commission*, créée en 1887, pour réguler et contrôler le commerce et les transports entre les différents États fédérés. Elles jouissent d'une grande indépendance, la Cour Suprême ayant posé le principe, dès 1935, que le Président ne pouvait révoquer un de leurs membres. Mais la logique de développement de ces structures est cependant propre au système institutionnel des États-Unis : créées par le législateur, elles sont issues du jeu de concurrence qui existe en régime présidentiel entre le pouvoir exécutif et le pouvoir législatif.

Les AAI sont également nées de l'influence des structures indépendantes britanniques, qui opèrent notamment dans le domaine des communications et télécommunications. L'*Independant Broadcasting Authority* a ainsi inspiré la création du CSA, tandis que l'*Oftel* influençait celle de l'ART (aujourd'hui ARCEP). Selon les pays, les équivalents des AAI peuvent d'ailleurs intervenir dans des secteurs différents, suivant les besoins de chaque société nationale : ainsi, au Canada, une instance est chargée de régler les conflits du travail (*Canadian Industrial Relation Board*), alors qu'en Belgique existe une Commission permanente du contrôle linguistique.

Le modèle scandinave de l'*Ombdusman* a enfin servi de modèle au développement des médiateurs, dont se sont dotées tant la France (en 1973) que l'Union européenne qui dispose, depuis 1994, de son propre médiateur.

En France, la première AAI a été instaurée en 1941 par le régime de Vichy. Il s'agissait d'une commission de contrôle des banques. L'année 1967 a vu la naissance de la Commission des opérations de bourse. Ce n'est toutefois qu'à partir des années 1970 que le phénomène allait prendre une réelle ampleur. Le médiateur a été créé en 1973, la commission de la concurrence, qui allait devenir en 2008 l'Autorité de concurrence, en 1977, la Commission nationale de l'informatique et des libertés (CNIL) et la Commission d'accès aux documents administratifs (CADA) en 1978. Les années 1980 voient la naissance du CSA, de la Commission de contrôle des assurances (future ACAM puis ACP), du Comité de la régulation bancaire. Le phénomène est encore relancé dans les années 1990, au cours desquelles sont créées la Commission nationale des comptes de campagnes et des financements politiques (1990), la Commission nationale de contrôle des interceptions de sécurité (1991), l'Autorité de régulation des télécommunications (1996, devenue Autorité de régulation des communications électroniques et des postes (ARCEP) avec la loi du 20 mai 2005), le Conseil de prévention et de lutte contre le dopage (1999), l'Autorité de contrôle des nuisances sonores aéroportuaires (1999), etc. Enfin, sont créées au cours des années 2000 la Commission de régulation de l'énergie (CRE, 2000), l'Autorité des marchés financiers (AMF, 2003), l'Agence française de lutte contre le dopage (AFLD, 2006), l'Agence d'évaluation de la recherche et de l'enseignement supérieur (AERES, 2006), l'Autorité de contrôle des assurances et des mutuelles (ACAM, 2003, remplacée par l'Autorité de contrôle prudentiel (ACP) en 2010, puis ACP et de Résolution), la Haute autorité de santé (HAS, 2004), l'Autorité de régulation et activités ferroviaires (ARAF, 2009), etc. On insistera enfin sur la création d'une autorité administration indépendante constitutionnelle, le Défenseur des droits, par la révision du 23 juillet 2008, devenue effective à la suite des lois organique et ordinaire du 29 mars 2011 (pour un développement sur cette nouvelle AAI, voir le chapitre sur les droits fondamentaux – aspects procéduraux).

Les secteurs concernés sont au nombre de trois principaux :

- la régulation économique et financière (AMF, ACPR, Autorité de la concurrence, etc.),
- l'information et la communication audio-visuelle (CSA, ARCEP, Commission des Sondages, Commission nationale des comptes de campagnes, CADA),
- les relations entre les administrations et les administrés (médiateurs, CNIL, CNCIS, Défenseur des droits).

Dans son rapport 2001, le Conseil d'État en relèvait 34. Le rapport préparé par Patrice Gélard pour l'Office parlementaire d'évaluation de la législation (juin 2006), intitulé « Les Autorités administratives indépendantes : évaluation d'un objet juridique non identifié », en dénombrait 39. Il y en a aujourd'hui 26 depuis la promulgation des lois 2017-54 et 2017-55.

Connaissances de base

Les établissements publics : une catégorie juridique autonome personnifiant un service public

- **Une entité autonome et dotée d'une certaine souplesse**

1. Une autonomie contrôlée

L'établissement public peut être défini comme un service public isolé et doté de la personnalité morale. Il constitue une étape d'autonomisation ultime dans la palette des outils juridiques dont dispose l'administration, à l'opposé, par exemple, des « services à compétence nationale » qui peuvent être isolés depuis le décret du 9 mai 1997 et qui disposent des délégations de signature et des ressources budgétaires nécessaires à leur action, tout en restant intégrés au sein de l'État. Les établissements publics sont, pour leur part, entièrement détachés des collectivités publiques, et disposent d'un budget propre et d'une autonomie de gestion ; ils peuvent ainsi définir les règles et décisions qui les concernent, dans le cadre légal en vigueur.

À l'inverse des AAI, ils ne sont cependant pas indépendants, puisqu'ils restent sous le contrôle d'une tutelle, d'intensité variable selon les établissements. Cette tutelle prend notamment la forme du pouvoir de désignation des dirigeants de l'établissement (90 % des établissements publics nationaux voient ainsi leur directeur nommé directement par l'État), ou également d'un contrôle en matière de budget et d'opérations comptables. La plupart des établissements publics sont ainsi rattachés à une collectivité de tutelle, que ce soit l'État, ou une collectivité territoriale. Par exception, quelques établissements ne font l'objet d'aucun rattachement ; c'était notamment le cas des chambres de commerce et d'industrie, avant qu'elles aient été qualifiées d'établissements publics de l'État par décision du Conseil d'État (CE 13 janvier 1995, CCI de la Vienne).

L'article 34 de la Constitution dispose que la loi « *fixe les règles concernant [...] la création des catégories d'établissements publics* ». Cette disposition, qui donne un statut constitutionnel à l'établissement public, lui confère en outre un mode de création assez souple, puisque l'intervention du législateur ne sera nécessaire que pour la création d'une catégorie (les lycées, les hôpitaux, etc.). Cette notion recouvre des établissements soumis à une même tutelle et dédiés à une spécialité analogue ; certains établissements peuvent ainsi constituer à eux seuls une catégorie (par exemple la Caisse des dépôts et consignations ou le Commissariat à l'énergie atomique, ou encore l'Agence de l'environnement et de la maîtrise de l'énergie (ADEME) : CE 20 février 2013, Fédération chimie énergie CFDT). Au sein d'une catégorie (par exemple, les établissements d'enseignement), l'administration est donc libre de créer de nouveaux établissements.

2. Un compromis juridique entre souplesse et protection

Par rapport à une gestion administrative directe, le statut de l'établissement public peut introduire une certaine souplesse, en permettant souvent à l'établissement d'échapper aux règles du droit administratif classique, parmi lesquelles le statut général des fonctionnaires ou les règles de la comptabilité publique. Le Conseil d'État avait ainsi relevé, dans une étude consacrée aux établissements publics nationaux (1985), que cette formule permettait de substituer aux rapports hiérarchiques une relation de tutelle moins pesante et d'éviter certaines lourdeurs en matière de gestion des personnels.

Au surplus, en sens inverse, cette formule juridique offre des protections dont ne bénéficient pas les organismes de droit privé, en donnant la possibilité de recourir à certains procédés de droit public. Ainsi, les établissements publics bénéficient par exemple du principe selon lequel les biens des personnes publiques sont insaisissables (Cass. 21 décembre 1987, BRGM). Il faut cependant préciser qu'ils ne sont, pour autant, pas à l'abri de toute procédure d'exécution, dès lors que des voies d'exécution administratives, renforcées par une loi du 16 juillet 1980, permettent que l'autorité de tutelle crée, au sein du budget de l'organisme concerné, les ressources nécessaires au paiement de sa dette.

3. Un service spécialisé

L'établissement public est la traduction juridique d'une finalité : ses compétences doivent permettre d'atteindre certaines fins déterminées. Il est ainsi gouverné par un principe de spécialité (CE 22 mai 1903, Caisse des Écoles du VIe arrondissement). Un établissement public ne peut donc sortir légalement du cadre de sa mission ; à cet égard, sa spécialité peut être fonctionnelle (par exemple : CE 3 juillet 1974, Dame Hurter : une caisse de crédit municipale ne peut se livrer à une activité de prêt sur gage), mais aussi revêtir un caractère géographique (CE 23 janvier 1970, Dame Veuve Coffier).

Le principe de spécialité ne constitue pas seulement une contrainte, puisqu'il protège aussi l'établissement public de l'empiétement d'autres personnes publiques, et notamment de sa collectivité de rattachement (CE 10 août 1917, Commune de Vivonne : l'affectation a un caractère exclusif).

En outre, les activités complémentaires sont admises avec une relative souplesse par le juge, si elles sont le « complément normal » de la mission statutaire principale et s'il s'agit d'activités d'intérêt général directement utiles à l'établissement public (CE avis 7 juillet 1994, EDF/GDF ; en revanche, interdiction pour une communauté urbaine, qui est un EPCI, d'octroyer une subvention pour l'organisation des « rencontres internationales pour la paix », le soutien à ce type de manifestation n'entrant pas dans le champ des compétences défini aux articles L. 5215-19 et suivants du CGCT : CE 4 mai 2012, Fédération de la libre pensée et d'action sociale du Rhône). Enfin, la mission de l'établissement peut se voir complétée par règlement ou (s'il constitue à lui seul une catégorie d'établissement public) par un texte législatif ; une loi du 14 décembre 2002 a ainsi autorisé la RATP à exploiter des réseaux de transport de voyageurs hors de la région parisienne.

- **La diversité des établissements publics recouvre les enjeux du service public**

La distinction fondamentale entre EPIC et EPA est issue de la jurisprudence (CE 16 novembre 1956, Union syndicale des industries aéronautiques), qui retient trois critères. Le premier a trait à l'objet de l'établissement public : l'EPIC a un but de production économique, tandis que l'EPA poursuit une mission administrative traditionnelle (réglementation, action sociale, etc.). Les deux autres critères concernent les règles d'organisation et de fonctionnement de l'établissement, et ses modalités de son financement (subvention ou ressources propres, notamment par vente des produits fabriqués).

Parmi le millier d'EPA qui existent aujourd'hui, on trouve ainsi, par exemple, l'Assistance publique – Hôpitaux de Paris, la Bibliothèque nationale, Pôle emploi (CE 23 juillet 2014, Syndicat Sud-travail affaires sociales : Pôle emploi est un EPA, « *alors même qu'il est largement soumis à des règles de droit privé* »), l'Institut de France (CE 12 décembre 2003, USPAC CGT), les Agences régionales de santé (décret du 31 mars 2010), ou encore l'Agence nationale de la santé publique, créée par l'ordonnance du 14 avril 2016 et qui regroupe les compétences de l'Institut national de prévention et d'éducation pour la santé (INPES), de l'Institut de veille sanitaire (IVS) et de l'Établissement de préparation et de réponse aux urgences sanitaires (EPRUS).

La SNCF ou les Charbonnages de France constituent en revanche des EPIC rattachés à l'État. Le juge peut en tout état de cause rectifier la qualification d'un établissement public, si elle n'a pas été fixée par la loi et qu'elle n'est pas en accord avec l'activité réellement exercée (TC 24 juin 1968, Distilleries bretonnes).

La différence principale entre EPIC et EPA tient au droit applicable à leur activité. L'EPA est commandé essentiellement par le droit administratif : ses agents sont régis par le même statut que les fonctionnaires de l'État, et les règles de comptabilité publique s'appliquent. À l'inverse, l'EPIC est principalement régi par le droit privé : sa comptabilité est d'un type commercial et son personnel relève du code du travail (à l'exception de son directeur et de son comptable public : CE 26 janvier 1923, Robert Lafreygère et CE 8 mars 1957, Jalenques de Labeau). Il reste néanmoins protégé dans une certaine mesure des règles du droit privé dès lors que la jurisprudence consacre de manière constante l'inapplicabilité des procédures collectives aux EPIC ; en effet, les lois relatives au redressement et à la liquidation judiciaire des entreprises ne s'appliquent qu'aux personnes morales de droit privé. Par ailleurs jugé par CE 31 mai 2013, Consorts Déjardin, que lorsqu'un établissement public tient de la loi la qualité d'EPIC (en l'espèce l'ONF), les litiges nés de ses activités relèvent de la compétence de la juridiction judiciaire, à l'exception de ceux relatifs à celles de ses activités qui, telles la réglementation, la police ou le contrôle, ressortissent par leur nature de prérogatives de puissance publique et ne peuvent donc être exercées que par un service public administratif.

La distinction entre EPIC et EPA est en réalité venue se couler sur celle, dégagée par le Tribunal des conflits, existant entre service public administratif (SPA) et service public industriel et commercial (SPIC) (TC 21 janvier 1921, Société commerciale de l'Ouest africain). Depuis cette décision, la diversité des services publics, dans leur objet et leur gestion, s'est sans cesse développée et c'est un peu par un effet miroir que les statuts des établissements publics ont été modelés. L'EPA est ainsi, dans sa vocation, un «*service public administratif personnalisé*», et l'EPIC un «*service public industriel et commercial personnalisé*» (G. Braibant/B. Stirn). Cette lisibilité fonctionnelle permet à chaque établissement d'épouser au mieux sa mission et rend possible une évaluation adaptée de ses résultats.

Cette personnalisation d'un service public par un établissement public connaît néanmoins quelques imprécisions, voire quelques incohérences. Dans un rapport consacré à la réforme des établissements publics (1972), le Conseil d'État avait déjà dénoncé la «*faible densité juridique*» d'une «*notion aux frontières imprécises*». La distinction entre EPA et EPIC n'est ainsi pas toujours rigoureuse dans les faits; certains établissements, à «double visage» (B. Genevoix), ont en réalité un caractère mixte, comme par exemple les Chambres de commerce et d'industrie, qui sont des EPA mais peuvent aussi exercer des activités industrielles et commerciales, ou Pôle emploi, EPA dont une partie du personnel et le régime juridique des relations collectives relèvent, en vertu de la loi, du droit privé. On observe même parfois une dissociation totale entre la nature des établissements publics et celle des services publics gérés par ces établissements. L'Office national des forêts (ONF) est ainsi un établissement investi d'une mission administrative, dont les agents bénéficient d'un statut de fonctionnaire, mais qualifié par les textes d'établissement industriel et commercial. Le rapport du Conseil d'État de 2009 souligne également les motivations purement gestionnaires (en termes de personnel et de comptabilité) qui peuvent conduire à qualifier d'EPIC un établissement dont les missions sont administratives et les dangers qu'elle comporte, surtout lorsque cette qualification est d'origine réglementaire et peut donc être remise en cause, plusieurs années après la création de l'établissement, par le juge, qui confère toujours aux institutions juridiques leur véritable nature. Ces approximations, et l'insécurité juridique qui en découle, témoignent, malgré ses avantages, des limites de la formule de l'établissement public, et expliquent, en partie, le développement de structures publiques alternatives.

Les AAI : une catégorie juridique hybride

- **Leur dénomination énonce leurs caractéristiques**

1. Il s'agit d'abord d'«autorités». Ce vocable ne doit pas induire en erreur: toutes les AAI ne disposent pas de pouvoir de régulation normative de leur secteur ni de pouvoirs de sanction disciplinaire. Si la plupart en sont dotées, certaines ne disposent pour imposer leurs visions que d'une magistrature morale, d'un pouvoir d'influence. Ainsi du Comité national consultatif d'éthique pour les sciences de la vie, qui émet de recommandations, de la CADA, qui émet des avis sur la communicabilité des documents administratifs ou du Défenseur des droits, qui peut formuler des propositions et des recommandations, mais ne peut contraindre l'administration concernée à adopter un comportement déterminé. Ce «*pouvoir d'influence et de persuasion, voire d'imprécation*» (rapport public du Conseil d'État, 2001) ne doit toutefois pas être négligé.

Mais le plus souvent les AAI ont des pouvoirs plus importants, leur permettant de prendre des décisions exécutoires destinées à modifier l'ordonnancement juridique (pouvoir de prendre des décisions individuelles ou des actes réglementaires, en particulier les AAI chargées de la régulation d'un secteur économique : CRE, ARCEP, AMF, ACP), de procéder à des contrôles ou à des investigations (Autorité de la concurrence, AFLD par exemple) et de sanctionner des comportements illégaux (Autorité de la concurrence). Le Conseil constitutionnel a reconnu, dans la décision CSA du 17 janvier 1989, que si les dispositions combinées des articles 21 et 13 de la Constitution « *confèrent au Premier ministre, sous réserve des pouvoirs reconnus au président de la République, l'exercice du pouvoir réglementaire à l'échelon national* », ces dispositions « *ne font pas obstacle à ce que le législateur confie à une autorité de l'État autre que le Premier ministre le soin de fixer des normes permettant de mettre en œuvre une loi* », à la double condition toutefois « *que cette habilitation ne concerne que des mesures de portée limitée tant par leur champ d'application que par leur contenu* » (voir, recourant à des critères similaires s'agissant des autorités indépendantes européennes (autorité européenne des marchés financiers en l'espèce) : CJUC 22 janvier 2014, Royaume-Uni c/ Parlement et Conseil). Ce pouvoir s'étend à celui d'infliger des sanctions administratives et disciplinaires. Le Conseil d'État veille toutefois à ce qu'il résulte d'une habilitation expresse : il a ainsi annulé une décision de la HAS fondée sur un décret lui confiant le pouvoir d'édicter des normes réglementaires alors qu'aucune norme législative n'avait expressément confié l'exercice de ce pouvoir à cette AAI (CE 17 novembre 2010, Société Arthus Consulting).

Certains auteurs ont ainsi pu observer l'émergence d'une « administration-juge » (L. Favoreu et L. Philip), aux sanctions de laquelle s'appliquent bien sûr les principes fondamentaux tels que la non-rétroactivité des sanctions pénales et la nécessité ou la proportionnalité des peines ; il a été rappelé, en outre, qu'une sanction administrative de nature pécuniaire ne pouvait se cumuler avec une sanction pénale (CC 27 juillet 1996).

Si certaines AAI ne détiennent aucun pouvoir de décision, d'autres participent à l'activité régalienne de l'État d'une manière très complète (ainsi l'AMF dispose des pouvoirs de surveillance, réglementation, autorisation, et sanction). Selon Marie-Anne Frison-Roche, ces autorités sont ainsi instituées « *comme de petits États sectoriels, en quasi-lévitation par rapport à l'État traditionnel à la fois unifié et conçu sur la séparation des pouvoirs* ».

2. Ces autorités sont ensuite « administratives » c'est-à-dire elles ne relèvent ni du pouvoir judiciaire ni du pouvoir législatif mais du pouvoir exécutif. L'une de leurs caractéristiques est en outre qu'elles ne disposent pas (en principe) de la personnalité morale : elles sont intégrées à l'État dont elles ne se distinguent juridiquement pas et exercent leurs compétences à ce niveau (sur les « autorités publiques indépendantes », dotées de la personnalité morale, cf. *infra*). Leurs membres sont en général issus de la fonction publique. Leur caractère administratif est enfin révélé par leur soumission au juge administratif : par l'arrêt Retail du 10 juillet 1981, le Conseil d'État affirme la nature administrative du Médiateur de la République.

Le Conseil d'État admet également de connaître des instruments de « droit souple » (sur cette notion, cf. le chapitre 4 sur les mutations de la norme) utilisés par les AAI, dès lors qu'ils revêtent un « caractère impératif » et, donc, relèvent en réalité du « droit dur » : CE 3 mai 2011, SA Voltalis, à propos d'une « communication » de la CRE). Il a, par une décision d'Assemblée, étendu son contrôle aux actes des AAI qui, sans être impératifs, « *sont de nature à produire des effets notables, notamment de nature économique, ou ont pour objet d'influer de manière significative sur les comportements des personnes auxquelles ils s'adressent* » (CE 21 mars 2016, Société Fairvesta international).

Le Conseil constitutionnel est allé dans le même sens dans ses décisions du 18 septembre 1986, Loi relative à la liberté de communication, et 28 juillet 1989, Loi relative à la transparence et à la sécurité du marché financier. La détention de pouvoirs de sanction et, parfois, de règlement des différends ne s'opposent donc pas à leur qualification d'autorités administratives, même s'il est vrai que la doctrine reste partagée s'agissant de l'Autorité de la concurrence (cf. l'article de R. Poésy en bibliographie).

Le juge administratif veille par ailleurs à leur indépendance : par l'arrêt Ordonneau du 7 juillet 1989, le Conseil d'État juge ainsi que l'atteinte par un président d'AAI de la limite d'âge dans son corps d'origine ne s'oppose pas à ce qu'il poursuive jusqu'à son terme son mandat au sein de cette AAI, en vertu du principe d'indépendance et d'irrévocabilité de leurs membres. Mais il veille aussi aux conditions dans lesquelles elles déploient leur activité et les soumet, comme toute autre autorité exécutive, au principe de légalité (CE 12 mars 1982, CGT, à propos de la faculté d'un ministre de demander, par la voie du recours pour excès de pouvoir, l'annulation d'un acte réglementaire d'une AAI ; CE 3 décembre 1999, Didier, à propos de la soumission du Conseil des marchés financiers à l'article 6 de la ConvEDH ; CE 30 octobre 2009, Mme Poreux, jugeant, contrairement à la Halde, que la discrimination syndicale alléguée en l'espèce n'était pas établie ; CC 10 juin 2009, Hadopi, jugeant inconstitutionnelle la possibilité accordée à une AAI de suspendre l'accès à internet, seule une juridiction pouvant restreindre la liberté de communication).

3. Ces autorités administratives sont enfin « indépendantes ». Les AAI présentent une particularité importante au regard des principes traditionnels d'organisation de l'État, qui font remonter jusqu'au ministre l'ensemble des administrations étatiques et les soumettent au pouvoir hiérarchique ou de tutelle du Gouvernement (aux termes de l'article 20 de la Constitution, « *le Gouvernement dispose de l'administration* » – nous soulignons). Elles constituent ainsi un « oxymore juridique » (rapport de l'Office parlementaire d'évaluation de la législation, 2006) rassemblant les termes antinomiques d'administration et d'indépendance.

Au-delà des mots, il faut comprendre que, dans l'exercice de leurs missions, elles ne sont soumises à aucune instruction ni à aucun contrôle gouvernemental : il s'agit de la condition première de leur crédibilité et de leur efficacité, puisque les AAI trouvent leur origine précisément dans la volonté du législateur d'ériger en garant de la régulation d'un secteur économique, ou de la préservation des certains droits et liberté, des institutions imperméables aux influences politiques, économiques ou professionnelles. Elles bénéficient ainsi de ce que Pierre Rosanvallon appelle une légitimité « d'impartialité », complément nécessaire à la légitimité « d'établissement » liée à la représentation traditionnelle.

Les AAI/API sont soumises à des exigences d'impartialité plus strictes que celles qui s'imposent à toute administration en vertu d'un principe général du droit (v. en ce sens le commentaire de la décision du 12 octobre 2012 du Conseil constitutionnel). Au nombre de ces exigences figure l'obligation de séparer les fonctions de poursuite et les fonctions de jugement des manquements qu'une autorité administrative indépendante est compétente pour sanctionner (v. not. Cons. const., 24 novembre 2017, n° 2017-675 QPC ; Cons. const., 2 février 2018, n° 2017-688 QPC).

Le Conseil constitutionnel s'assure d'ailleurs ab initio que la loi a bien prévu les garanties de l'indépendance des AAI (CC 28 juillet 1989, Commission des opérations de bourse). Les AAI sont ainsi placées hors de la hiérarchie administrative classique. L'indépendance de l'AAI est aussi assurée par le statut de ses membres, qui sont irrévocables, pour quelque cause que ce soit (alors que la Cour suprême des États-Unis admet que le Président puisse révoquer à tout moment le responsable principal d'une agence, dès lors qu'il existe un motif adéquat : arrêt du 28 juin 2010, Free enterprise fund). L'atteinte de la limite d'âge du président d'une AAI dans son corps d'origine ne saurait ainsi fonder une révocation (CE 7 juillet 1989, Ordonneau). Il n'est pas jusqu'au mode de nomination des membres des AAI qui fasse l'objet de la recherche de la plus grande impartialité possible : si le Président de la République joue à cet égard un rôle important (il nomme 3 des 7 membres du collège de l'ARCEP, 3 des 5 membres de ceux de l'ASN et de la CRE, 4 des 7 membres de celui de l'ARAF), deux lois récentes inversent un peu cette tendance : la loi du 15 novembre 2013 relative à l'indépendance de l'audiovisuel public limite à 1 sur 7 le nombre des membres du collège du CSA désignés par le Président de la République, les 6 autres étant nommés par les présidents de l'Assemblée nationale et du Sénat sur avis conforme de la commission des affaires culturelles statuant au 3/5 de ses membres ; la loi du 11 octobre 2013 relative à la transparence de la vie publique procède de la même manière (1 sur 7, 2 membres désignés par le Conseil d'État et la Cour de cassation et 2 par les présidents de l'Assemblée nationale et du Sénat sur avis conforme de la commission compétente).

La CJUE veille également à l'indépendance des AAI : par un arrêt CJUE 9 mars 2010, Commission c/Allemagne, elle juge contraire au droit de l'Union la soumission à une tutelle des autorités chargées du traitement des données à caractère personnel, alors que la directive du 14 octobre 1995 exigeait une « totale indépendance » de ces autorités. La Cour se livre à l'occasion de cet arrêt à une définition des AAI, « *situées en dehors de l'administration hiérarchique classique et plus ou moins indépendantes du Gouvernement* » et qui « *ont souvent des fonctions régulatrices ou exercent des missions qui doivent être soustraites à l'influence politique, tout en restant soumises au respect de la loi, sous le contrôle des juridictions compétentes* », pour admettre leur légitimité démocratique.

Liste des AAI

Cette première liste des AAI, établie à partir du rapport établi par le sénateur Patrice Gélard, est rappelée à titre indicatif et pour permettre la comparaison avec la nouvelle liste, plus restreinte, qui figure en annexe des lois 2017-54 et 2017-55 du 20 janvier 201.

- Agence d'évaluation de la recherche et de l'enseignement supérieur (2006)
- Agence française de la lutte contre le dopage (2006)
- Autorité de la concurrence (2008)
- *Autorité de contrôle des assurances et des mutuelles* (2003) (remplacée par l'Autorité de contrôle prudentiel et de résolution en 2010)
- Autorité de contrôle des nuisances sonores aéroportuaires (1999)
- Autorité de contrôle prudentiel et de résolution (2010)
- Autorité de régulation des mesures techniques de protection (2006)
- Autorité de régulation de l'activité ferroviaire (2009)
- Autorité de régulation des communications électroniques et des postes (2005)
- Autorité de régulation des jeux en ligne (2010)
- Autorité des marchés financiers (2003)
- Autorité de sûreté nucléaire (2006)
- Bureau central de tarification (1978)
- Comité national consultatif d'éthique pour les sciences de la vie et de la santé (2004)
- Comité national d'évaluation des établissements publics à caractère scientifique, culturel et professionnel (1989)
- Commission d'accès aux documents administratifs (1978)
- *Commission bancaire* (1984) (remplacée par l'ACP en 2010)
- Commission centrale permanente compétente en matière de bénéfices agricoles (1941)
- Commission consultative du secret de la défense nationale (1998)
- Commission des infractions fiscales (1977)
- Commission nationale consultative des droits de l'homme (2007)
- Commission nationale des comptes de campagne et des financements politiques (2003)
- Commission nationale de contrôle de la campagne électorale relative à l'élection du président de la République (1964)
- Commission nationale de contrôle des interceptions de sécurité (1991) (remplacée en 2015 par la Commission nationale de contrôle des techniques de renseignement)
- Commission nationale de contrôle des techniques de renseignement (2015)
- Commission nationale du débat public (2002)
- *Commission nationale de déontologie de la sécurité* (2000) (remplacée en 2011 par le Défenseur des droits)
- Commission nationale d'équipement commercial (1993)
- Commission nationale de l'informatique et des libertés (1978)
- Commission paritaire des publications et agences de presse (1950)
- Commission des participations et des transferts (1986)
- Commission de régulation de l'énergie (2000)
- Commission de sécurité des consommateurs (1983)
- Commission des sondages (1977)
- Commission pour la transparence financière de la vie politique (1988) (remplacée en 2013 par la Haute autorité pour la transparence de la vie publique)
- *Conseil de la concurrence* (1986) (remplacé en 2008 par l'Autorité de la concurrence)

- Conseil supérieur de l'Agence France Presse (1957)
- Conseil supérieur de l'audiovisuel (1989)
- Contrôleur général des lieux de privation de liberté (2007)
- Défenseur des droits (2011)
- *Défenseur des enfants* (2000) (remplacé en 2011 par le Défenseur des droits)
- *Haute Autorité de lutte contre les discriminations et pour l'égalité* (2004) (remplacée en 2011 par le Défenseur des droits)
- Haute Autorité pour la transparence de la vie publique (2013)
- Haute Autorité de la santé (2004)
- Haute Autorité pour la diffusion des œuvres et la protection des droits sur internet (2009)
- Haut Conseil du commissariat aux comptes (2005)
- Haut Conseil de l'évaluation de la recherche et de l'enseignement supérieur (2013)
- *Médiateur de la République* (1973) (remplacé en 2011 par le Défenseur des droits)
- Médiateur du cinéma (1982)
- Médiateur de l'enseignement agricole technique et supérieur (2014)

Liste issue des lois 2017-54 et 2017-55 du 20 janvier 2017 :
Il existe aujourd'hui une liste fermée de 26 AAI dont 8 ont la statut d'API :

Les 8 autorités publiques indépendantes sont :
- Agence française de lutte contre le dopage (AFLD)
- Autorité de régulation des transports (ART)
- Autorité des marchés financiers (AMF)
- Conseil supérieur de l'audiovisuel (CSA)
- Haut Conseil du commissariat aux comptes (H3C)
- Haute autorité de santé (HAS)
- Haute autorité pour la diffusion des œuvres et la protection des droits sur internet (HADOPI)
- Médiateur national de l'énergie.

Les 18 autorités administratives indépendantes sont :
- Autorité de contrôle des nuisances sonores aéroportuaires (ACNUSA)
- Autorité de la concurrence
- Autorité de régulation de la distribution de la presse (ARDP)
- Autorité de régulation des communications électroniques et des postes (ARCEP)
- Autorité de régulation des jeux en ligne (ARJEL)
- Autorité de sûreté nucléaire (ASN)
- Comité d'indemnisation des victimes des essais nucléaires (CIVEN)
- Commission d'accès aux documents administratifs (CADA)
- Commission de régulation de l'énergie (CRE)
- Commission du secret de la défense nationale (CSDN)
- Commission nationale de contrôle des techniques de renseignement (CNCTR)
- Commission nationale de l'informatique et des libertés (CNIL)
- Commission nationale des comptes de campagne et des financements politiques (CCFP)
- Commission nationale du débat public (CNDP)
- Contrôleur général des lieux de privation de liberté (CGLPL)

- Défenseur des droits
- Haut Conseil de l'évaluation de la recherche et de l'enseignement supérieur (HCERES)
- Haute autorité pour la transparence de la vie publique (HATVP)

L'établissement public est aujourd'hui concurrencé par d'autres supports du service public

- **Le statut d'EPIC contesté**

Dans un article publié en 2006, Martine Lombard posait la question suivante: « *L'établissement public industriel et commercial est-il condamné ?* » (cf. orientations bibliographiques en fin de sujet). Il est vrai que l'on assiste depuis quelques années à la disparition progressive de certains des EPIC les plus importants, transformés en société anonyme: France Télécom, en 1996, EDF et Gaz de France, par une loi du 9 août 2004, les Aéroports de Paris, par une loi du 20 avril 2005, La Poste, par une loi du 9 février 2010. Les uns comme les autres sont désormais des sociétés, gouvernées par le droit privé. Si ces lois prévoient en général que l'État conserve la majorité du capital, des modifications ultérieures peuvent réduire ce pourcentage et conduire, à terme, à la privatisation de l'entreprise en cause. L'article L. 111-68 du code de l'énergie (adopté par l'ordonnance du 9 mai 2011), dispose ainsi que « *l'entreprise dénommée GDF-Suez est une société anonyme, dont le capital est détenu à plus de 30 % par l'État* ».

Il faut rechercher les causes de ces évolutions principalement dans les protections que comporte la formule de l'EPIC qui s'articulent parfois difficilement avec les exigences concurrentielles posées par le droit communautaire. Par une décision du 16 décembre 2003, la Commission européenne a ainsi constaté que « *l'impossibilité pour EDF d'être soumise à une procédure de redressement ou de liquidation judiciaire, et par conséquent de faire faillite, équivaut à une garantie générale portant sur l'ensemble des engagements de l'entreprise* » et que « *cette garantie qui est illimitée dans sa couverture, dans le temps et dans son montant, constitue une aide d'État* ». Si la Commission a néanmoins accepté la clôture de la procédure, c'est parce que la France s'était déjà engagée à modifier le statut d'EDF. La Commission a néanmoins lancé des procédures similaires concernant le Laboratoire national d'essai et de La Poste (avant sa transformation en société anonyme – décision de la Commission du 26 janvier 2010). La question de la garantie apportée par l'État aux EPIC se pose donc de façon générale et n'avait reçu que des réponses partielles, liées au sort des établissements visés par la Commission, avant l'intervention du jugement du Tribunal de l'Union européenne du 20 septembre 2012 France c/Commission relatif au statut de La Poste: le Tribunal juge que le statut d'EPIC est, en lui-même, porteur d'une aide d'État, notamment dans la mesure où les dettes contractées par un EPIC sont supportées par l'État en cas d'insolvabilité. Le créancier d'un EPIC, contrairement à celui d'une entreprise de droit privé, ne court donc aucun risque et se trouve dans une situation plus favorable, et donc anticoncurrentielle, que celle du créancier d'une personne privée. Cet arrêt a été confirmé par la CJUE par une décision CJUE

3 avril 2014, France c/ Commission. Reste à savoir quelles conséquences en tirer pour les centaines d'EPIC nationaux et locaux français.

Cela étant, cette influence du droit communautaire est aussi à relativiser. Ainsi, pour l'électricité et le gaz, celui-ci impose seulement une séparation entre les fonctions de transport et de fourniture, sans préjuger de la nature juridique de l'exploitant. La forme sociétaire de RTE EDF Transport, fixée par décret du 30 août 2005, découle donc principalement d'un choix national. Aussi doit-on également rechercher, dans la disparition progressive des EPIC, des causes plus intrinsèques. À cet égard, on peut observer que les avantages attachés au statut d'établissement public ne sont souvent plus regardés comme des contreparties suffisantes aux contraintes capitalistiques et organisationnelles que rencontrent ces établissements. Ainsi, le choix de recourir à des capitaux privés, sans avoir à mettre en place des montages contractuels, peut être un facteur d'abandon de la formule de l'EPIC. La transformation en société privée peut aussi être justifiée par la contrainte du principe de spécialité. Car si, comme on l'a vu, l'objet d'un établissement public peut être complété par un nouveau texte, « *la lourdeur d'une telle procédure est peu en harmonie avec la rapidité du rythme des évolutions technologiques et économiques contemporaines* » (M. Lombard). Dans ce cadre, l'abandon de la forme d'établissement public peut paraître à certains la condition même de la survie des entreprises du secteur public, un « *véritable enjeu de pérennité* » des entreprises publiques (M. Poyet).

- **La concurrence d'autres supports du service public**

1. Par les organismes privés chargés d'une mission de service public

La concurrence entre établissements publics et personnes privées en charge d'un service public est ancienne. Déjà, au XIXe siècle, les établissements publics s'étaient développés par différenciation par rapport aux établissements d'utilité publique, personnes morales de droit privé, telles la Croix Rouge. Les frontières entre établissements publics et organismes privés ont souvent été floues : on se souvient de Maurice Hauriou se désolant (« *on nous change notre État* ») après que des associations syndicales de propriétaires, gérant des intérêts collectifs mais privés, avaient été qualifiées d'établissements publics (TC, 9 décembre 1899, Association syndicale du Canal de Gignac). Le critère principalement retenu était la détention de prérogatives de puissance publique, auquel la jurisprudence peut ajouter d'autres indices, telles la mission de service public et la création par une personne publique (CE 22 mai 1903, Caisse des écoles du VIe arrondissement).

Dans la mise en œuvre de ce faisceau d'indices, la jurisprudence se livre à des appréciations de plus en plus délicates. Ainsi, et alors que la qualité d'établissement public n'a pas été admise pour des organismes de plus en plus nombreux, les personnes privées dotées de prérogatives de puissance publique se sont développées (CE 13 mai 1938, Caisse primaire « Aide et protection » ; CE 31 juillet 1942, Monpeurt : comités d'organisation ; CE 2 avril 1943, Bouguen : ordres professionnels). Plusieurs organismes pour la caractérisation desquels l'hésitation était permise se sont pourtant vus dénier la qualification d'établissement public : centres de lutte contre le cancer (TC 20 novembre 1961, Bourguet), bourses du travail, fédérations départementales des chasseurs, etc. Au-delà de la difficulté à distinguer, en théorie comme en pratique, ces deux formes juridiques, les organismes privés en charge d'un service public semblent donc empiéter dans une certaine mesure sur le terrain des établissements publics.

2. Par d'autres personnes publiques spécialisées

On observe aujourd'hui le développement de personnes publiques qui, sans être des collectivités locales, ne sont pas pour autant des établissements publics, et bousculent donc les catégories traditionnelles.

La **Banque de France**, d'abord, a été qualifiée de personne publique *sui generis* par le Conseil d'État, qui a précisé « *qu'elle n'a pas le caractère d'un établissement public mais revêt une nature particulière et présente des caractéristiques propres* » (CE 22 mars 2000, Syndicat national autonome du personnel de la Banque de France). Parmi ces caractéristiques propres, on relève que la Banque de France ne connaît pas de tutelle de l'État sur ses missions de participation au système européen de banques centrales, et qu'elle possède un capital propre.

Si la Banque centrale constitue un exemple isolé, l'apparition des **groupements d'intérêt public (GIP)** a entraîné la création d'une nouvelle catégorie. Apparus pour la première fois dans la loi du 15 juillet 1982 sur la recherche et le développement technologique, les GIP, aujourd'hui régis par la loi du 17 mai 2011 de simplification et d'amélioration de la qualité du droit et le décret du 26 janvier 2012, qui prévoit notamment l'approbation par l'État de leur convention constitutive, sont des personnes de droit public créées sur une base contractuelle pour exercer des activités ou gérer des équipements communs à des personnes de droit public et des personnes de droit privé. Empruntant à l'association, par leur convention constitutive, les GIP se caractérisent par « *une absence de soumission de plein droit* [...] *aux lois et règlements régissant les établissements publics* » (TC 14 février 2000, GIP Habitat et interventions sociales pour les mal-logés et les sans-abri c/Verdier). Ils se sont développés dans le domaine de la recherche (entre laboratoires publics et privés), de la santé (agences régionales de l'hospitalisation avant leur remplacement par les agences régionales de santé, qui sont des EPA), de l'aide sociale (maisons départementales des personnes handicapées) ou de l'accès au droit (maisons des services publics). Sauf si les statuts en disposent autrement, ils sont régis par des règles de comptabilité privée. S'ils sont parfois conçus dans une logique transitoire, pour précéder la création de véritables établissements publics (ainsi de l'Agence nationale de la recherche, GIP transformé en EPA en 2006), ils constituent également parfois une alternative à ces établissements, dotée de plus de souplesse. Permettant d'associer en leur sein personnes publiques et privées, les GIP semblent, à certains égards, plus en adéquation avec les enjeux auxquels doivent faire face les politiques publiques.

On citera également à titre d'exemple du développement de structures alternatives à l'établissement public la loi du 28 mai 2010 pour le développement des **sociétés publiques locales (SPL)**, venue considérablement renforcer les possibilités de recourir à ces sociétés créées en 2006 mais limitées jusqu'alors à l'aménagement du territoire. Ces sociétés sont, juridiquement, des sociétés anonymes. Leur capital doit néanmoins être détenu dans sa totalité par les collectivités territoriales et leurs groupements. Elles sont compétentes pour réaliser des opérations d'aménagement, des opérations de construction ou pour exploiter des services publics à caractère industriel ou commercial ou toutes autres activités d'intérêt général, ce qui leur permettra d'intervenir dans tous les domaines de compétences des collectivités. Les SPL bénéficient de la souplesse de fonctionnement des structures de droit privé, tout en échappant, au stade de leur création, au droit de la concurrence, aucune mise en concurrence préalable n'étant imposée préalablement à celle-ci. Il en va naturellement différemment au stade de leur fonctionnement : si elles peuvent intervenir au profit de leurs membres sans mise en concurrence préalable, en vertu de la relation « in house » qui unirait chacun de ces membres à la SPL, c'est à la condition, a rappelé la CJUE, que ces membres détiennent, chacun pris séparément, un pouvoir de contrôle analogue à celui qu'ils détiennent sur leurs propres services (CJUE 29 novembre 2012, Econord). Ce qui, en pratique, vide en grande partie de son intérêt le recours au SPL, du moins celles dites « tentaculaires » : comment justifier que chacune des cinquante ou cent communes présentes au capital d'une SPL exerce sur celle-ci un contrôle analogue à celui qu'elles exercent sur leurs propres services ?

Enfin, le développement des **autorités administratives indépendantes**, qui aujourd'hui ont trouvé leur place dans le paysage administratif français, illustre également la concurrence que subit l'établissement public. Parmi elle, les nouvelles « autorités publiques indépendantes », qui sont, comme lui, dotées de la personnalité morale, et qui se développent depuis la création de l'Autorité des marchés financiers (par une loi du 1er août 2003), méritent un examen particulier.

Les AAI ont trouvé leur place dans le paysage administratif français

S'il est vrai que la multiplication des AAI soulève la question de la responsabilité du pouvoir politique, auquel échappe la régulation de pans entiers de la vie économique et administrative, il est aussi vrai qu'aujourd'hui les avantages procurés par les AAI sont reconnus et l'emportent sans doute sur leurs inconvénients.

L'existence même des AAI est fondée sur la volonté de mettre des domaines jugés sensibles à l'abri des influences politiques, économiques ou professionnelles, les structures classiques étant considérées comme inaptes à satisfaire la régulation de certains secteurs. L'administration classique est parfois, peut-être à tort, jugée insuffisamment neutre, trop proche du pouvoir politique. L'AAI permet de rétablir des bornes, des limites au Gouvernement, de constituer des « contre-pouvoirs », de développer la fonction arbitrale de l'État central.

Il s'agit également de mieux associer les professionnels à la régulation de secteurs dans lesquels l'adhésion des acteurs repose sur la crédibilité du régulateur. Cela est particulièrement vrai en matière économique et explique la multiplication des AAI dans ce secteur (Autorité de la concurrence, ACPR, ARCEP, etc.). Les avantages sont doubles : l'indépendance à l'égard du Gouvernement et une meilleure expertise, permise par la spécialisation de l'autorité dans la matière concernée.

Il ne faut pas non plus sous-estimer l'efficacité accrue de l'action de l'État permise par les AAI : elles décident plus vite, elles ne sont soumises à aucun cabinet, leur circuit de décision est plus court que dans une administration classique.

Enfin, les AAI autorisent également la diversification des moyens de régulation : à la logique des décisions unilatérales et des sanctions de l'administration classique succède une logique plus souple, faite de recommandation, d'avis, de conseils, de rapports, etc. Pour n'être généralement pas du droit, ces instruments n'en peuvent pas moins contribuer à influer sur le comportement de leurs destinataires.

Le succès de la formule ne s'est pas tari depuis quarante ans, et a même essaimé au point de donner naissance à une nouvelle catégorie de personnes morales de droit public : les autorités publiques indépendantes.

Le développement des AAI dotées de la personnalité morale : les autorités publiques indépendantes

La loi du 1er août 2003 de sécurité financière a doté l'AMF de la personnalité morale et de ressources propres, créant ainsi la première « autorité publique indépendante » (API), dont la qualification juridique au regard des catégories existantes en droit public français pouvait laisser perplexe. Ni véritablement AAI, SCN (service à compétence national) ou autre démembrement de l'administration centrale, puisque dotée de la personnalité morale, ni véritablement établissement public, puisque cette appellation lui est expressément refusée, notamment en raison de l'absence totale de tutelle, l'AMF était, au jour de sa création, une personne morale de droit public d'un type nouveau et qui allait demeurer *sui generis* pendant un an.

Puis d'autres autorités de ce type ont suivi : la Haute autorité de santé (HAS, créée par la loi du 13 août 2004), l'Autorité de contrôle des assurances et des mutuelles (ACAM, créée par la loi du 15 décembre 2005, remaniant la Commission de contrôle des assurances, des mutuelles et des institutions de prévoyance), l'Agence française de lutte contre le dopage (AFLD, créée par la loi du 5 avril 2006, transformant le Conseil de prévention et de lutte contre le dopage), l'Autorité de régulation de l'activité ferroviaire (ARAF, créée par la loi du 8 décembre 2009 relative à l'organisation et à la régulation du secteur ferroviaire). On relèvera toutefois que l'AAI ayant succédé à l'ACAM, l'ACPR (autorité de contrôle prudentiel et de résolution) est, elle, dépourvue de personnalité morale, cette circonstance illustrant les atermoiements du législateur quant aux raisons qui le conduisent à doter une autorité de la personnalité morale.

Au nombre de huit, les API sont néanmoins aujourd'hui suffisamment nombreuses pour que l'on puisse parler de catégorie à part entière, venant s'ajouter à la liste des personnes morales de droit public (État, collectivités territoriales, établissements publics, groupements d'intérêt publics). Il s'agit de personnes morales de droit public spécialisées qui se distinguent des autres, et notamment des établissements publics, par l'indépendance à l'égard du pouvoir politique qui les caractérisent.

L'attribution de la personnalité morale est liée à la recherche d'une plus grande souplesse de gestion, notamment en matière financière et de personnel, mais également d'une clarification en termes de responsabilité, un renforcement de l'autorité exercée et de l'indépendance de l'institution, désormais totalement découplée de l'administration de l'État, étant ainsi visée. On peut aussi souligner une meilleure visibilité à l'égard des acteurs, notamment internationaux.

On peut toutefois s'interroger sur la pertinence des avantages ainsi attendus.

D'abord, la garantie d'indépendance est en réalité plus liée aux modalités de nomination des membres de l'autorité et à leur statut une fois nommés qu'au statut juridique de l'autorité. S'agissant en effet de la gestion budgétaire et du personnel, des mesures ont été prises pour assurer une indépendance totale de gestion aux autorités dépourvues de personnalité morale : la charte de gestion du 24 mars 2005 prévoit ainsi que les crédits des autorités disposant d'un budget opérationnel de programme autonome sont isolés en gestion et ne peuvent faire l'objet de mesure de fongibilité que sur leur demande, relativisant ainsi l'intérêt de la détention de cette personnalité au regard de la gestion budgétaire. S'agissant des modalités de nomination, on constate que, hors le cas de l'AFLD, le pouvoir politique intervient systématiquement, qu'il s'agisse d'AAI traditionnelles ou d'API. Le président de l'AMF est ainsi nommé par décret du Président de la République, à l'instar de celui de l'ACPR et de l'HAS, mais également à l'instar de celui de l'ARCEP et de l'ASN, pourtant dépourvues de personnalité morale. Mais dans tous les cas, les membres des AAI et des API sont soumis au même régime : ils sont inamovibles et échappent à tout contrôle et à tout pouvoir de tutelle.

Ensuite, on ne constate pas de différences de pouvoirs importantes entre les AAI et les API. Si l'AMF et l'ART ont des pouvoirs de régulation et de sanction, l'HAS est, elle, cantonnée à des missions d'expertise et d'évaluation. À l'inverse, si l'ASN a également à titre principal une mission d'expertise, d'autres AAI classiques disposent de pouvoirs de régulation et de sanction (ARCEP, CSA par exemple).

Enfin, les API comme les AAI demeurent soumis au Parlement s'agissant de leur dotation budgétaire et de leur existence même : au regard de la pérennité de l'institution, les API ne se distinguent pas des AAI traditionnelles.

Aussi est-il difficile de percevoir les motifs qui déterminent le choix du législateur de créer une API au lieu d'une AAI. Sans doute la volonté d'afficher une indépendance plus importante à l'égard du pouvoir politique préside-t-elle en grande partie à ce choix. Mais il y a là, nous l'avons vu, plus une question d'affichage, précisément, que de fond. On sait cependant qu'en matière de régulation, les apparences ont aussi leur importance.

Le développement des agences

En outre, la période récente a vu la mise en place de nombreuses « agences ». Leurs statuts juridiques sont variables (EPA, EPIC, GIP, SCN (services à compétence nationale)), de même que leurs compétences (conception et/ou exécution de la mission de service public par exemple). Ont ainsi été créées l'Agence de l'environnement et de la maîtrise de l'énergie (Ademe, EPIC, 1990), l'Agence française de sécurité sanitaire des produits de santé (Afssaps, EPA, 1999), l'Agence française de sécurité sanitaire environnementale (Afsse, EPA, 2001), l'Agence française pour le développement et la promotion de l'agriculture biologique (Agence Bio, GIP, 2001), l'Agence nationale pour la rénovation urbaine (Anru, EPIC, 2003), l'Agence de la biomédecine (EPA, 2004), l'Agence des participations de l'État (Ape, SNC, 2004), l'Agence nationale pour la recherche (Anr, GIP en 2005, puis EPA en 2006), l'Agence nationale pour la cohésion sociale et l'égalité des chances (Acsé, EPA, 2006), l'Agence du patrimoine immatériel de l'État (Apie, SCN, 2007), l'Agence nationale de sécurité sanitaire de l'alimentation, de l'environnement et du travail (Anses, 2010). Plusieurs bienfaits sont attendus de ces agences :

- la possibilité accrue d'embaucher des personnels sans être encadré par le statut de la fonction publique pour les agences créées sous la forme de GIP et d'EPIC ;
- l'introduction aisée de concepts issus du New public management (NPM), avec notamment la responsabilisation des directeurs d'agences sur des objectifs chiffrés, l'évaluation des résultats et un lien étroit entre les déroulements de carrière des responsables et leurs performances opérationnelles.

L'émergence de ces nouveaux organismes administratifs répond donc clairement à un objectif de modernisation : réactivité, technicité et association étroite des acteurs des secteurs concernés ; capacités d'expertise ; recours à des outils de gestion modernes.

Pourtant, il a aussi été analysé comme le résultat d'un échec de la réforme de l'État : dans cet ordre d'idées, l'émergence de nouvelles structures refléterait l'impossibilité de réformer les administrations centrales classiques, qui demeureraient prisonnières de schémas d'organisation anciens et de statuts considérés comme obsolètes. C'est pourquoi, le rapport public du Conseil d'État pour 2001 considère que « *la création des autorités administratives indépendantes ne peut à elle seule résumer la réforme de l'État et qu'elle ne dispense pas d'une telle réforme* ». C'est à l'aune de cette mise en garde que les perspectives suivantes concernant ces structures peuvent être tracées.

Les voies de la réforme

L'actualité est marquée par la multiplication des réflexions sur les démembrements de l'État central, dont se dégagent **trois grandes tendances** : la reconnaissance de l'utilité des structures plus ou moins indépendantes de la hiérarchie administrative traditionnelle ; la nécessité, néanmoins, de rationaliser le développement aujourd'hui anarchique de ces structures ; l'exigence de conservation par l'État (et notamment par le Parlement) d'un pouvoir de contrôle. Cinq de ces études sont présentées. À moins d'une précision contraire, les propositions qu'elles formulent n'ont pas encore été adoptées et demeurent donc d'actualité.

Les propositions du « rapport Attali » sur le développement des agences de 2008

La Commission pour la libération de la croissance française, présidée par Jacques Attali, a remis le 23 janvier 2008 son rapport, 300 décisions pour changer la France, au président de la République. La troisième partie, intitulée « Une nouvelle gouvernance au service de la croissance », et notamment le chapitre 2, « Encourager un État stratège et efficient », contient de nombreuses propositions relatives à la réforme de l'État et notamment au développement des agences : le rapport note qu'au Royaume-Uni, ce développement a permis une modernisation du statut de la fonction publique, une décentralisation des responsabilités en matière de recrutement et de négociations salariales et la mise en œuvre d'une logique de performance. Il propose que la France suive cette voie, en créant des agences dans les domaines suivants : gestion de l'impôt, tenue de la comptabilité publique, INSEE, protection civile, conseil et assistance aux entreprises de moins de 20 salariés, administration pénitentiaire. Le Gouvernement nommerait les directeurs d'agences, leur fixerait des objectifs chiffrés, en contrôlerait les résultats.

C'est dans ces perspectives que s'inscrit notamment la création de l'Agence de financement des collectivités locales, au mois d'octobre 2013, sous le nom d'Agence France Locale, composée de deux structures : « L'AFL société territoriale », qui est chargée du pilotage et de la gestion stratégique (les collectivités adhérentes en détiendront la totalité du capital et en dirigeront le Conseil d'administration) et « l'AFL société financière », qui exercera de façon autonome l'activité de levée de fonds sur les marchés et de prêt. Cette agence n'a pas vocation à remplacer une structure existante, mais à s'ajouter aux organismes traditionnels de financement des collectivités territoriales (CDC, établissements de crédits, etc.). Elle repose sur le concept de mutualisation entre les collectivités membres, qui contribuent à son financement et bénéficient en retour de prêts et d'aides diverses (montage de projet, conseils juridiques, etc.).

Les propositions du Conseil d'État sur l'avenir des établissements publics de 2009

Le Conseil d'État a consacré en 2009 une étude, la troisième, aux établissements publics. Il y relève d'abord que, la formule de l'établissement public, malgré les incertitudes qui pèsent sur elle et la concurrence d'autres personnes publiques, n'a pourtant jamais été remise en cause, comme en témoigne le recours constant des pouvoirs publics à cette structure. Le Conseil d'État recense ainsi 782 établissements publics nationaux, auxquels il faut ajouter les quelque 8 000 établissements d'enseignement (écoles, collèges, lycées) et 2 583 établissements publics de coopération intercommunale à fiscalité propre qui illustrent aussi la vitalité de la notion. Le rythme de création des établissements publics s'est accéléré : de 4 à 6 établissements par an à la fin des années 1990, on est passé à 12 nouveaux établissements en 2005 et 15 en 2006. En outre, on constate une tendance au renforcement des moyens dont disposent certains établissements : l'Agence nationale pour la rénovation urbaine dispose ainsi d'un budget de 6 milliards d'euros pour la période 2004-2013, la Caisse nationale de solidarité et d'autonomie d'un budget pour 2008 de 17 milliards d'euros.

Le rapport du Conseil d'État relève par ailleurs que ni le droit de la concurrence, qui ne s'applique pas aux EPA et qui ne s'oppose pas, par principe, au statut d'EPIC (la garantie prétendument apportée par l'État pouvant au demeurant être contestée à la fois dans son existence et dans ses conséquences économiques – du moins avant l'arrêt de la CJUE évoqué ci-dessus), ni l'émergence d'autres structures (AAI, API, GIP, SCN), qui ne s'est pas accompagnée d'une baisse du recours aux établissements publics, ne sont de nature à entraîner la disparition de ces établissements dont les atouts (personnalité morale, autonomie, souplesse, gestion financière en phase avec les exigences de la LOLF) garantissent la vitalité.

Le Conseil d'État dégage toutefois plusieurs pistes qui devraient permettre aux établissements publics de conserver tout leur attrait :

- il prône d'abord une simplification de la répartition des compétences entre loi et règlement pour la création des établissements publics : aujourd'hui, relèvent de la même catégorie les établissements ayant des spécialités analogues, c'est-à-dire exerçant des activités de même nature et intervenant dans le même domaine. Cette dernière condition est d'appréciation délicate et a, de fait, connu un début d'assouplissement ces dernières années, le Conseil d'État ayant adopté, dans ses formations administratives, une conception très large de la notion de « domaine d'intervention ». Le rapport propose un abandon de cette notion pour « *ne plus apprécier le critère de la spécialité analogue qu'au regard de la nature des activités exercées* ». L'intervention du législateur ne serait ainsi nécessaire que lorsque l'établissement projeté devrait exercer une activité non déjà exercée par un autre établissement, et ce quel que soit le domaine concerné ;
- afin de limiter également le recours à la loi, le Conseil d'État préconise que celle-ci n'intervienne plus que pour fixer le régime de « catégories » d'établissements publics, auxquelles seraient rattachés les établissements existants, et que, corrélativement, le législateur s'abstienne de créer des établissements « uniques » ;
- enfin, le Conseil d'État fait une série de propositions plus techniques, destinées à assouplir le cadre régissant l'organisation et le fonctionnement des établissements publics : il s'agirait de rendre les établissements publics affectataires du domaine public qui s'attache nécessairement à l'exercice de leur activité, et leur permettre de valoriser ce domaine, de leur donner plus largement la possibilité de recourir à l'arbitrage, de ne confier leur tutelle qu'un à seul ministre (au lieu de plusieurs, parfois, aujourd'hui), de contractualiser les rapports entre la tutelle et les établissements.

Le rapport du Comité d'évaluation et de contrôle des politiques publiques de 2010 sur les AAI plaidait pour une rationalisation des autorités et un renforcement de leur indépendance

La rationalisation du paysage institutionnel débute en 2010 avec la fusion de deux AAI (l'ACAM et la Commission bancaire) au sein de l'Autorité de contrôle prudentielle et de résolution (ACPR), adossée à la Banque de France, puis, en 2011, avec la fusion du Médiateur de la République, du médiateur des enfants, de la HALDE et la Commission nationale de déontologie de la sécurité au sein du Défenseur des Droits, première AAI « constitutionnelle ».

La poursuite de l'effort de rationalisation est selon les auteurs du rapport indispensable. Il passe par des regroupements permettant d'atteindre une taille critique et de générer des gains d'échelle :

- le Contrôleur général des lieux de privation de liberté (CGLPL) devrait, à terme, être intégré au Défenseur des droits ;
- les quatre AAI chargées de la surveillance de la vie politique devraient être regroupées, au sein d'une Haute autorité de la transparence de la vie politique dont la compétence s'étendrait au redécoupage électoral ;
- l'ARCEP, le CSA et HADOPI seraient rapprochés (convergence numérique) ;
- la Commission de régulation de l'énergie (CRE) et le Médiateur national de l'énergie seraient fusionnés au sein d'une autorité unique ;
- un regroupement des différentes autorités en charge de la concurrence devrait être envisagé à terme (Autorité de la concurrence, CRE et ARAF) ;
- les AAI les plus modestes devraient faire l'objet de regroupement.

Le rapport insiste également, au-delà de cette nécessité de rationalisation des AAI existantes de renforcer le contrôle exercé par le Parlement sur les AAI avec notamment un pouvoir de nomination, ou au moins à une validation, du Président par une majorité des trois cinquièmes au Parlement, afin de renforcer son autorité et son indépendance.

Le rapport propose également de financer certaines AAI qui ne disposent pas de moyens financiers et humains suffisants pour remplir les missions qui leur sont assignées (CNIL, AFLD) par une contribution supportée par le secteur régulé, en contrepartie des services dont il bénéficie.

L'évaluation des AAI devrait enfin être renforcée.

Le rapport de l'Inspection générale des finances de mars 2012 dressait un tableau critique des démembrements de l'administration centrale

L'IGF a rendu en mars 2012 un rapport consacré à « l'État et ses agences ». Par le terme « agences », l'IGF fait référence aux établissements publics nationaux (administratifs et industriels et commerciaux), aux services à compétence nationale, aux groupements d'intérêt public et aux autorités administratives indépendantes.

Le rapport débute par des éléments statistiques : le nombre des « agences » de l'État est ainsi estimé, en 2010, à 1244, dont 1 101 sont dotées de la personnalité morale. Leur poids en termes de personnels et de moyens financiers croit régulièrement : elles emploient ainsi un peu plus de 440 000 agents et gèrent un budget global de près de 50 milliards d'euros. Elles représentent au total près de 20 % du budget de l'État et de ses effectifs, devenant ainsi un « *enjeu déterminant de gestion publique* ».

Le nombre et la diversité des agences rendent très difficile un contrôle efficace de leur action, notamment par le Parlement et par le gouvernement dans le cadre de son pouvoir de tutelle. Le rapport préconise ainsi un rééquilibrage des rapports de force entre les agences et leurs tutelles, en faveur des secondes.

Il critique également les conditions de création de ces agences, créées de façon ponctuelle, sans cohérence d'ensemble et sans réflexion systématique sur leurs conséquences pour le reste de la sphère publique. L'IGF estime ainsi que « *l'État est allé trop loin dans son démembrement. Il doit désormais rationaliser le paysage de ses agences* ». L'IGF propose à cette fin :

- de supprimer les doublons qui peuvent exister entre l'État et ses agences ou entre agences : ainsi en matière médicale la répartition des compétences entre la Haute autorité de Santé (HAS), l'Agence nationale d'appui à la performance des établissements de santé et médico-sociaux (ANAP) et l'Agence nationale de l'évaluation et de la qualité des établissements et services sociaux et médico-sociaux (ANESM) gagnerait-elle à être éclaircie ;
- de regrouper les agences de petite taille, tels les petits musées du ministère de la culture, ou l'ANESM et l'ANAP ;
- de ne créer qu'à bon escient de nouvelles agences, en respectant cinq principes :
  - un principe d'efficience de l'action publique, qui doit conduire à ne créer une agence qu'en cas de nécessité, c'est-à-dire si son coût au regard de la mission impartie est justifié et si aucun autre service ou agence de l'État n'est en mesure d'assurer la mission en cause ;
  - un principe de spécialité, qui suppose que les résultats de l'unique tâche confiée soient mesurables et exploitables par la tutelle ;
  - un principe d'autonomie, qui suppose notamment que l'agence puisse gérer seule son personnel ;
  - un principe de contrôle, qui rappelle que l'agence n'existe que pour assurer une mission qui incombe à l'État, lequel doit conserver un contrôle effectif de la façon dont elle s'en acquitte ;
  - un principe de cohérence juridique, en veillant à ne conférer la personnalité juridique que lorsque la nature des missions confiées à l'agence le justifie.

À partir de ces principes, l'IGF identifie trois configurations possibles :

- pour l'exercice de missions dans le domaine des libertés publiques et de la régulation économique, le recours à des AAI est désormais l'usage, bien qu'il ne doive pas être généralisé au point de voir disparaître toute possibilité de tutelle ;

- pour la fourniture de services de masse, ou l'exercice d'une mission nécessitant une expertise de pointe, le recours à des agences est aussi justifié ; leur statut doit être adapté à la nature des missions confiées ;
- dans tous les autres cas, la création d'une nouvelle agence doit être passée au crible des cinq principes dégagés et n'être décidée qu'au cas par cas, après une réflexion sur la plus-value qu'elle serait susceptible d'apporter par rapport aux structures existantes.

Les exigences de rationalisation et de regroupement des agences, dont se font l'écho tous ces rapports, a conduit la ministre chargée de la santé mettre en place une mission de préfiguration en vue de la création d'une Agence nationale de santé publique reprenant les missions, personnels et obligations de trois agences sanitaires : l'Institut de veille sanitaire (IVS), l'Institut national de prévention et d'éducation pour la santé (Inpes) et de l'Établissement pour la préparation et la réponse aux urgences sanitaires (Éprus). L'ordonnance du 14 avril 2016 portant création de l'Agence nationale de la santé publique, effective au 1er mai 2016, concrétise ce projet.

Le rapport de la Commission d'enquête du Sénat sur les AAI de novembre 2015 et ses suites législatives

En novembre 2015, le sénateur Jacques Mézard a déposé un rapport consacré aux AAI par lequel il appelle à un meilleur contrôle de leur « *prolifération* ». Intitulé « *Un État dans l'État* », ce rapport dresse un bilan sévère de la dérive des trente dernières années en matière d'AAI, dont « *le mouvement de création et de renforcement apparaît incontrôlé* ». Dénonçant des raisons d'être parfois incertaine, l'absence de contrôle réel du Parlement, un manque de rationalisation et une concentration excessive des membres issus des grands corps (les membres du Conseil d'État, de la Cour des comptes et de la Cour de cassation occupent 30 % des sièges et 60 % des présidences des AAI, le rapport évoquant « *un sentiment d'entre-soi, de consanguinité ou d'endogamie* »), le rapport propose une reprise en main parlementaire de ces dérives en formulant onze propositions réparties en trois grands thèmes : mettre fin à l'incohérence juridique en définissant un cadre législatif ; fixer un « statut général » des AAI ; permettre un véritable contrôle parlementaire des AAI. Au nombre des propositions principales on relèvera celle consistant à réserver à la loi le pouvoir de qualifier un organisme d'AAI, d'en limiter dans un premier temps leur nombre à 20, de diversifier la composition de leurs collèges, de rendre les mandats de leurs membres non renouvelables, de soumettre la désignation de leurs présidents à un vote des commissions permanentes du Parlement.

Ce rapport a trouvé une traduction concrète dans une proposition de loi organique relative aux AAI et aux API et une proposition de loi portant statut général des API et des AAI adoptées en deuxième lecture par le Sénat le 2 juin 2016, qui limitent notamment à 23 le nombre d'AAI et définissent leur organisation, les règles déontologiques auxquelles elles sont soumises, leur fonctionnement et le contrôle dont elles font l'objet. Ces 23 AAI sont l'AFLD, l'ACNSA, l'ARCEP, l'Autorité de la concurrence, l'ARDP, l'ARAFR, l'ARJL, l'AMF, l'ASN, la CADA, la CSDN, le CGLPL, la CNCCFP, la CNCTR, la CNIL, la CRE, le CSA, le Défenseur des Droits, l'HAS, le HCERES, le HCCC, la HADOPI et la HATVP.

Bilan de l'actualité et perspectives

Ces réflexions ont en partie trouvé leur aboutissement avec l'adoption du statut général des autorités administratives indépendantes (AAI) le 20 janvier 2017

L'hétérogénéité statutaire des AAI, liée notamment à leur développement empirique, avait donc conduit depuis une quinzaine d'années la doctrine, les rapports des institutions de contrôle de l'activité administrative et le Parlement à plaider pour une rationalisation de ce secteur.

Ce nouveau statut général, issu d'un travail consensuel des deux Assemblées, est constitué par la loi organique n° 2017-54 du 20 janvier 2017 relative aux autorités administratives indépendantes et autorités publique indépendantes et par une loi ordinaire n° 2017-55 du même jour portant statut général des autorités administratives indépendantes et des autorités publique indépendantes.

Les principes directeurs de ce statut sont les suivants :

- fixation du périmètre des AAI et des API par la loi (voir *infra* la nouvelle liste issue de cette loi et qui y figure en annexe) ; certaines autorités sortent donc de la liste comme le Comité consultatif national d'éthique, la commission des sondages ou la commission nationale consultative des droits de l'homme mais en échange de garanties d'indépendance dans leurs missions qui se poursuivent ;
- le législateur a entériné sa compétence pour fixer les règles relatives à la composition et aux attributions ainsi qu'aux principes fondamentaux des AAI et des API, ce qui fait concrètement l'objet de la loi ordinaire ;
- renforcement des garanties d'indépendance avec le caractère irrévocable des mandats, limitation du cumul des mandats dans le temps ; renforcement des incompatibilités, notamment l'interdiction de siéger dans plusieurs AAI ; prévention des conflits d'intérêt ;
- harmonisation des règles de fonctionnement et de contrôle : exigence d'un règlement intérieur, reconnaissance législative de la personnalité morale des API, transmission du rapport annuel d'activité au Parlement ; publicité des avis des AAI et des API sur les projets de loi qui leur sont soumis ; annexion au PLF annuel d'un rapport de gestion sur les AAI et les API par le gouvernement

Dans le prolongement de son étude annuelle consacrée en 2013 au droit souple le Conseil d'État a cherché à étendre son contrôle sur les actes des AAI et des API

Quand le Conseil d'État, en 2013, donne une visibilité au « droit souple » constitué par la multiplication des recommandations, chartes, bonnes pratiques, codes de bonne conduite, lignes directrices… non seulement il procède à la consécration d'un concept doctrinal dont il définit mieux les contours mais, surtout, en officialisant cette extension du champ normatif, il étend corrélativement celui de son office et de son contrôle.

Après la phase de réflexion le mouvement juridictionnel et jurisprudentiel s'amorce en 2016 quand le Conseil d'État accepte de contrôler, se libérant du seul critère de « l'impérativité » des dispositions en cause en procédant à une appréciation plus concrète et au cas par cas de leurs effets, la légalité d'un communiqué de presse de l'Autorité des marchés financiers (AMF) par sa décision CE, 21 mars 2016, Sté Fairvesta, une prise de position de l'Autorité de la concurrence (CE, 21 mars 2016, Sté NC Numéricable), ou encore une délibération et un communiqué de presse du CSA (CE, 10 novembre 2016, Mme Z et a).

Cette évolution jurisprudentielle témoigne avant tout de la volonté de mieux contrôler les actes émis par les AAI et les API et de donner un cadre à l'édiction et à l'utilisation du droit souple.

La technique casuistique et empirique consistant à lier la recevabilité des recours en excès de pouvoir aux effets concrets des actes de droit souple sur les comportements des acteurs revient aussi à envoyer aux AAI et aux API un signal clair : quel que soit le vecteur le juge administratif pourra exercer son contrôle sur un acte modifiant les comportements, notamment économiques.

En contrepartie le Conseil d'État accepte d'assouplir les catégories de son contrôle de légalité et de l'adapter à ce nouveau droit, notamment sur le plan de la légalité externe ou de la motivation des actes en question.

Le Conseil d'État entend désormais exercer son contrôle sur tous les actes des AAI de nature à influencer les comportements des acteurs : il a ainsi jugé (CE, 16 octobre 2019, 433069) que pouvait faire l'objet d'un recours pour excès de pouvoir l'acte, révélé par deux communiqués de presse qui présentent le plan d'actions élaboré par la Commission nationale de l'informatique et des libertés (CNIL) dans le domaine du ciblage publicitaire en ligne, qui constitue une prise de position publique de la commission quant au maniement des pouvoirs dont elle dispose, en particulier en matière répressive, pour veiller au respect des règles applicables au recueil du consentement au dépôt de cookies et autres traceurs.

Propos conclusif

La multiplication des structures publiques de conduite des politiques publiques (AAI, API, GIP, SPL, SCN, etc.) illustre les insuffisances des structures existantes (administrations centrales « classiques », établissements publics) à faire face aux enjeux auxquelles ces politiques sont confrontées. Les exigences de souplesse, de visibilité, d'indépendance, d'expertise, ne s'accommodent pas avec la conception traditionnelle de l'administration en France, centralisée, hiérarchisée, soumise à des pesanteurs en interdisant une gestion réactive et fortement dépendante du pouvoir politique. L'impression de foisonnement parfois incontrôlé qui en résulte ne doit toutefois pas masquer l'intérêt réel que présentent ces nouvelles structures : leur existence ne fait que traduire la complexité croissante de la conduite des politiques publiques et les exigences de ses destinataires : qu'on le regrette ou qu'on s'en félicite, c'est un fait que ces exigences, notamment celle d'indépendance, ne peuvent plus être ignorées par les pouvoirs publics. On retrouve ici l'une des déclinaisons d'**une tendance très forte qui caractérise l'évolution du droit public**, à savoir la perte de l'unilatéralisme de l'action administrative au profit d'une association croissante des destinataires des normes à leur élaboration : l'amélioration des relations avec les administrés, leur consultation plus systématique, l'association des acteurs économiques à l'élaboration des règles régissant le secteur, le développement du procédé contractuel convergent pour saper les fondements de l'administration traditionnelle agissant autoritairement et unilatéralement. Ce n'est pas un hasard si des rapports publics récents du Conseil d'État ont été consacrés au contrat et à la consultation, et qu'il a récemment rédigé une étude sur les établissements publics traitant également des AAI en appelant chaque fois à une rationalisation du recours à ces nouvelles méthodes d'administration. Ces rapports, ainsi que celui du Parlement sur les AAI, constituent autant de manifestations d'une prise de conscience de la nécessité de mieux penser les évolutions à l'œuvre en ce domaine. Cette prise de conscience ne saurait toutefois faire l'économie d'une réflexion sur les rapports qu'entretient l'État avec ses structures démembrées et, plus globalement, sur l'opportunité d'émietter encore un peu plus le mille-feuilles de l'organisation administrative de l'État central, au risque de voir celui-ci dépouillé de toute légitimité et de tout pouvoir.

L'adoption récente du statut général des AAI et des AAI, qui s'est accompagnée d'une réduction de leur nombre et l'évolution de la jurisprudence du Conseil d'État sur le droit souple issu de l'activité de ces structures témoignent sans conteste, de la part du législateur et du juge de la volonté de ne pas laisser s'installer dans le paysage institutionnel français des électrons administrativement trop libres.

Ouvrages récents

- « Les Autorités administratives indépendantes et LOLF – Le bilan », numéros 330 et 335 de la revue *Regards sur l'actualité*, La Documentation française, avril et novembre 2007.
- *300 décisions pour changer la France* – Rapport de la Commission pour la libération de la croissance française, présidée par Jacques Attali, janvier 2008, disponible sur le site Internet de La Documentation française.
- M. Degoffe, « Les autorités publiques indépendantes », *AJDA* 2008, p. 622 et s.
- R. Poésy, « La nature juridique de l'Autorité de la concurrence », *AJDA* 2009, p. 347 et s.
- Julien Mouchette, *La magistrature d'influence des autorités administratives indépendantes*, Paris, LGDJ, coll. « Thèses », 2019.

8 La sécurité juridique

« Besoin juridique élémentaire », selon Jean Carbonnier, l'exigence de sécurité juridique est d'abord assurée par l'existence de normes décidées par les représentants des citoyens et qui s'imposent à eux dans une loi accessible et égale pour tous qui permet de connaître à l'avance les obligations et les limites à l'exercice de leurs droits.
L'exigence de stabilité a trouvé différentes traductions dans les systèmes juridiques qui se sont succédés. La plus ancienne est l'institution de la prescription extinctive de 40, puis de 30 ans, applicable à toutes les actions personnelles et réelles par le code théodosien, puis le code justinien. La prescription répond à la préoccupation de « Ne pas agiter ce qui est paisible » (Quieta non movere) qui postule que plus le temps s'écoule, plus le souci de stabilité des situations existantes doit l'emporter sur le rétablissement de la légalité.
Une autre préoccupation impose au titulaire d'un droit subjectif de faire diligence pour faire valoir ses prétentions et de ne pas attendre indéfiniment.
L'exigence de stabilité des situations consolidées par l'effet du temps transparaît dans deux articles de la Déclaration des droits de l'homme et du citoyen du 26 août 1789 : l'article 2, qui énonce que « Le but de toute association politique est la conservation des droits naturels et imprescriptibles de l'Homme », au nombre desquels figure la « sûreté » et l'article 16 qui fait référence à la « garantie des droits ».

Le principe de sécurité juridique comporte deux dimensions auxquelles correspondent deux ensembles de règles :
1) le premier corpus de règles vise à assurer la stabilité des situations juridiques, c'est-à-dire dire la permanence de celles-ci au moins relative dans le temps ;
2) le second corpus exige la certitude des règles et des situations juridiques, c'est-à-dire dire la clarté et la précision des règles et des décisions étatiques, et donc une certaine qualité dans leur formulation.

La dimension « stabilité des situations juridiques » s'inscrit dans la tension entre l'exigence de préservation et de continuité des activités légalement entreprises, le respect de légalité des décisions administratives et la nécessité de faire évoluer les règles.
En dehors de l'application du droit de l'Union européenne, le Conseil d'État n'a reconnu le principe de sécurité juridique sous cette dénomination qu'en 2006 (décision CE, Ass., 24 mars 2006, Société KPMG et autres, n° 288460) dans sa dimension relative à l'obligation d'examiner la nécessité de prendre des mesures transitoires, mais l'exigence de sécurité juridique irrigue les principes traditionnels créés et garantis par le juge administratif.

Ainsi, l'annulation d'un acte réglementaire n'a pas d'effet sur un acte individuel d'application devenu définitif et créateur de droits (CE 3 déc.1954, Caussidéry et autres, Lebon 640 ; retrait sous condition d'illégalité et dans un délai de 4 mois, CE Ass. 26 octobre 2001, Ternon). Sont aussi justifiés par la préservation de la stabilité juridique : la non-rétroactivité des actes réglementaires (CE Ass. 25 juin1948, Société du journal L'Aurore), l'absence de conséquences directes de l'annulation d'un concours sur les nominations intervenues à l'issue de ce concours et définitives (CE Sect. 10 octobre 1997, Lugan).

Mais, ce principe doit céder devant la nécessité de modifier les règles et les situations juridiques pour adapter constamment les règles à une société changeante et à des besoins et exigences induits par les évolutions technologiques ou par des décisions démocratiques prises par la majorité ; c'est le principe de mutabilité des actes réglementaires qui ne créent pas de situation acquise.

> D'un autre côté, la sécurité juridique requiert la stabilité et le respect des situations existantes sur la base desquelles des investissements ont été réalisés.
> L'autre tension s'opère entre le principe de légalité et la nécessité de ne pas bouleverser des situations régulièrement et paisiblement acquises.
> La prise en compte de la sécurité juridique intervient pour déterminer la portée donnée à des constats d'illégalité afin d'adapter les effets d'une annulation à son impact sur les intérêts publics et privés affectés par les bouleversements rétroactifs d'une règle de droit.
> Le président Labetoulle faisait observer que dans certains cas « assurer la stabilité des situations acquises paraît parfois préférable à l'application pure et simple de la règle de droit » (Mélanges Braibant, Principe de légalité et principe de sécurité juridique, Dalloz, 1996, p. 403).

Historique

La consécration de ce principe n'empêche pas aujourd'hui une mise à mal du principe en raison de la complexification et l'empilement à l'infini de normes.

Le thème de la « sécurité juridique » a donné lieu à deux rapports annuels de la section du rapport et des études du Conseil d'État.

En 1991, les considérations générales intitulées « De la sécurité juridique » regrettaient « le sentiment d'insécurité que peut éprouver aujourd'hui le citoyen » compte tenu de « l'accumulation des textes » et non moins à raison de la « fréquence des changements ». Dans son rapport de 1992 sur l'urbanisme, le Conseil d'État avait déploré que « l'instabilité de la règle locale d'urbanisme remet en cause la sécurité juridique de ses usagers » (p. 80 et ss.).

En 2006, dans son rapport public à la sécurité juridique et à la complexité du droit, le Conseil d'État indique que « Le principe de sécurité juridique implique que les citoyens soient, sans que cela appelle de leur part des difficultés insurmontables, en mesure de déterminer ce qui est permis et ce qui est défendu par le droit applicable. Pour parvenir à ce résultat, les normes édictées doivent être claires et intelligibles, et ne pas être soumises, dans le temps, à des variations trop fréquentes, ni surtout imprévisibles ».

Ce principe constitue un principe général du droit communautaire (CJCE Algera 1957), qui se traduit concrètement par 3 dimensions :

- l'interdiction de rétroactivité des normes (CJCE 22 février 1984, Kloppenburg, Rec. p. 1075),
- le principe de confiance légitime qui a pour objet « de protéger la confiance que les destinataires de règles ou de décisions de l'État sont normalement en droit d'avoir dans la stabilité, du moins pour un certain temps, des situations établies sur la base de ces règles ou de ces décisions », ce qui peut conduire à une indemnisation d'un de personnes qui ont été indûment lésées par le caractère trop brusque qu'a revêtu le changement de réglementation, en l'absence de toute information sur le changement de norme envisagé (CJCE 14 mai 1975, CNCTA c/ Commission, Rec. p. 533)

- et par la modulation des effets dans le temps de la portée des jugements de la cour.

Ce pouvoir de déterminer la portée dans le temps des décisions juridictionnelles résulte pour le contentieux de l'annulation de l'article 264 du traité sur le fonctionnement de l'Union européenne qui prévoit que : « *Si le recours est fondé, la Cour de justice de l'Union européenne déclare nul et non avenu l'acte contesté. Toutefois, la Cour indique, si elle l'estime nécessaire, ceux des effets de l'acte annulé qui doivent être considérés comme définitifs* ». Il a été étendu par la Cour aux arrêts rendus sur renvoi préjudiciel (aff. 43/75, Defrenne c/ Sabena, Rec. p. 454).

La Cour européenne des droits de l'homme a reconnu le « principe de sécurité juridique, nécessairement inhérent aux droits de la convention comme au droit communautaire » (CEDH 13 juin 1979, Marckx c/ Belgique). Le principe de sécurité juridique permet d'admettre que l'État, qui a méconnu la convention, soit néanmoins dispensé « de remettre en cause des actes ou situations juridiques antérieurs au prononcé du présent arrêt ».

Dans le cadre de l'application de la convention européenne de sauvegarde des droits de l'homme et des libertés fondamentales (CEDH), le Conseil d'État peut se prononcer au regard de l'existence d'une espérance légitime d'obtenir une somme d'argent pour déterminer si un requérant a été irrégulièrement privé du respect d'un bien au sens de l'article 1er du premier protocole additionnel à la CEDH (Conseil d'État Société EPI du 9 mai 2012).

En droit interne, le principe de sécurité juridique n'est pas en tant que tel un principe constitutionnel, mais ses conséquences concrètes transparaissent dans deux notions de rang constitutionnel :

- la sûreté (« droit naturel et imprescriptible de l'homme », aux termes de l'article 2 de la Déclaration des droits de l'homme et du citoyen de 1789), qui couvre toutefois davantage la protection contre les privations arbitraires de liberté ;
- et surtout, la « garantie des droits », qui figure à l'article 16 de cette déclaration, aux termes duquel : « Toute société dans laquelle la garantie des droits n'est pas assurée, ni la séparation des pouvoirs déterminée, n'a point de Constitution ».

Le Conseil constitutionnel, sans employer l'expression de principe de sécurité juridique, rattache à la garantie des droits de l'article 16 de la Déclaration de 1789 la protection des « situations légalement acquises » contre toute atteinte résultant de l'imprévisibilité, de l'instabilité, ou de l'absence de clarté de la norme, qui ne serait pas justifiée par un motif d'intérêt général suffisant.

En 1994, le Conseil constitutionnel a lui-même évoqué « le risque d'instabilité juridique » résultant de la multiplicité des recours en matière d'urbanisme comme étant susceptible de justifier des restrictions au moins partielles à l'invocation de l'exception d'illégalité (21 janvier1994, décision n° 93-335).

Le principe de sécurité juridique a été consacré par le Conseil d'État comme un principe général du droit, à la faveur d'une décision censurant un acte réglementaire qui ne prévoyait pas de mesures transitoires pour l'application d'une réglementation nouvelle plus contraignante à des contrats en cours de la profession de commissaire aux comptes (CE 24 mars 2006, Société KPMG et autres). Ce principe jurisprudentiel d'obligation de prendre des mesures transitoires a été consacré par la loi dans le Code des relations entre le public et l'administration à l'article L. 221-5.

Ce principe peut impliquer une dérogation à l'application immédiate des règlements. Dans une décision du 25 juin 2007, Syndicat CFDT du MAE, le Conseil d'État a examiné au regard du principe de sécurité juridique la légalité des arrêtés du 12 février 2007 qui modifiaient le programme des épreuves des concours interne et externe des affaires étrangères. Il a jugé que : « l'exercice du pouvoir réglementaire implique pour son détenteur la possibilité de modifier à tout moment les normes qu'il définit sans que les personnes auxquelles sont le cas échéant imposées les nouvelles contraintes puissent invoquer un droit au maintien de la réglementation existante ; qu'en principe les nouvelles normes ainsi édictées ont vocation à s'appliquer immédiatement, dans le respect des exigences attachées au prince de non rétroactivité des actes administratifs ; que, toutefois, il incombe à l'autorité investie du pouvoir réglementaire, agissant dans les limites de sa compétence et dans le respect des règles qui s'imposent à celle, d'édicter, pour des motifs de sécurité juridique, les mesures transitoires qu'implique, s'il y a lieu, cette réglementation nouvelle, qu'il en va ainsi lorsque l'application immédiate de celle-ci entraîne au regard de l'objet et de l'effet de ces dispositions, une atteinte excessive aux intérêts publics et privés en cause ».

En l'espèce, le Conseil d'État a estimé que ces arrêtés de février 2007 qui réduisaient le nombre de langues obligatoires et facultatives et modifiaient le contenu des épreuves de langue et de civilisation de ces concours dont les épreuves d'admissibilité se déroulaient au mois d'octobre 2007 causaient à ces candidats des perturbations excessives par rapport à l'objectif poursuivi et qu'en ne prévoyant pas le report, d'une année à tout le moins, de l'entrée en vigueur de ces arrêtés, afin de permettre aux candidats de disposer d'un délai raisonnable pour s'y adapter, le ministre des affaires étrangères a méconnu le principe de sécurité juridique.

Cette obligation peut même justifier que soit repoussée, pour des motifs impérieux, la transposition d'une directive au-delà du délai de transposition qu'elle prévoit (CE 3 novembre 2014, Fédération autonome des sapeurs-pompiers professionnels), ou que soit annulé un arrêté abrogeant tardivement des dispositions tarifaires dont les opérateurs économiques avaient pu déjà anticiper les effets (CE 15 juin 2016, ANODE).

Le principe de sécurité juridique est appliqué par le juge administratif en tant que principe général du droit communautaire lorsque se pose une question relative à la mise en œuvre du droit communautaire. Le principe de sécurité juridique et le principe de confiance légitime font partie des normes communautaires que le droit national doit respecter dans une situation qui est directement régie par le droit communautaire (CE 16 mars 1998, Association des élèves, parents d'élèves et professeurs des classes préparatoires vétérinaires et Mlle Pujol, Lebon p. 84).

Par exemple, le Conseil d'État a été amené à examiner la conformité au droit communautaire d'un décret modifiant le régime de soutien direct aux agriculteurs français qui relève de la politique agricole commune et est donc directement régi par le droit communautaire. (CE Ass. 11 juillet 2001, FNSEA et autres, RFDA 2002, p. 33, concl. François Séners, p. 43, note Louis Dubouis). Le Conseil d'État en mettant en œuvre les techniques d'interprétation propres à la Cour de justice des Communautés européennes, a écarté le moyen tiré de la méconnaissance de la confiance légitime, après avoir constaté que le gouvernement avait publiquement annoncé son intention de modifier le régime de soutien aux agriculteurs, et avait recueilli, avant de prendre une telle décision, l'avis d'un organe consultatif au sein duquel siégeaient des représentants des organisations syndicales d'agriculteurs. Il conclut : « que, dans ces conditions, les producteurs avisés ont été mis en mesure dès avant le début de l'année 2000 de prévoir l'adoption de la mesure litigieuse ; que, par suite, les moyens tirés de la méconnaissance des principes de confiance légitime et de non-rétroactivité doivent être écartés ».

En revanche, hors des situations régies par le droit communautaire, un moyen tiré de la méconnaissance du principe de confiance légitime est inopérant devant le juge administratif (voir en particulier la décision KPMG, « Considérant que le principe de confiance légitime, qui fait partie des principes généraux du droit communautaire, ne trouve à s'appliquer dans l'ordre juridique national que dans le cas où la situation juridique dont a à connaître le juge administratif français est régie par le droit communautaire ; que tel n'est pas le cas en l'espèce [...] »).

Connaissances de base

La sécurité juridique comporte, selon la typologie retenue par le Conseil d'État dans son rapport public 2006, des exigences relevant de deux volets :

- Le premier volet de règles vise à assurer la stabilité des situations juridiques, c'est-à-dire la permanence de celles-ci au moins relative dans le temps et la garantie des droits acquis légalement (approche temporelle).
- Le second volet est relatif à la clarté et la précision dans la formulation des normes (approche matérielle).

Approche temporelle : la garantie d'une certaine stabilité des situations juridiques

La sécurité juridique implique la prévisibilité, et donc la stabilité, de la norme. Ce principe peut se traduire de deux manières principales :

- **La non-rétroactivité de la règle**

Afin que les citoyens puissent agir au sein d'un cadre juridique connu, il importe qu'ils ne voient pas appliquer à leurs actes passés une règle nouvelle. Cela nécessite tout d'abord un encadrement de la rétroactivité des actes administratifs, qui se traduit par des règles contraignantes concernant tant l'apparition de ceux-ci que leur disparition :

- Apparition : l'acte administratif ne peut produire d'effet que pour l'avenir. La non-rétroactivité des actes administratifs, principe général du droit (CE 25 juin 1948, Société du journal l'Aurore), empêche donc l'administration de faire remonter l'effet de sa décision en amont de la date à laquelle elle intervient, sauf si la loi l'autorise expressément (CE 16 mars 1956, Garrigou) ou encore si cela est autorisé par un acte de droit international (CE 8 avril 1987, Procopio) ;
- Disparition : si l'abrogation consacre la disparition de l'acte administratif pour l'avenir seulement, le retrait permet sa disparition rétroactive, et est donc tout particulièrement encadré.

Le code des relations entre le public et l'administration (CRPA) entré en vigueur le 1er janvier 2016 a donné une définition législative de l'abrogation et du retrait à son L. 240-1.

L'article L. 243-3 du CRPA a d'abord unifié le régime de retrait et d'abrogation des décisions individuelles créatrices de droit qu'elles soient implicites ou expresses en étendant les conditions de la jurisprudence Ternon (CE, sect. 26 octobre 2001) aux décisions implicites qui étaient régies par l'article 23 de la loi du 12 avril 2000 qui est abrogé.

« *L'administration ne peut retirer un acte réglementaire ou un acte non réglementaire non créateur de droits que s'il est illégal et si le retrait intervient dans le délai de quatre mois suivant son édiction.* »

L'article L. 242-2 prévoit des dérogations :

« *Par dérogation à l'article L. 242-1, l'administration peut, sans condition de délai : 1° Abroger une décision créatrice de droits dont le maintien est subordonné à une condition qui n'est plus remplie ; (Cet alinéa reprend les conditions fixées par la jurisprudence CE, sect., 6 nov. 2002, Soulier). 2° Retirer une décision attribuant une subvention lorsque les conditions mises à son octroi n'ont pas été respectées.* »

Les actes administratifs réglementaires ne sont jamais créateurs de droit (voir CE 27 janvier 1961 Vannier, p. 60).

Le CRPA a codifié la possibilité de retirer et d'abroger un acte réglementaire et un acte non réglementaire non créateur de droits.

L'article L. 243-3 du CRPA prévoit : « L'administration ne peut retirer un acte réglementaire ou un acte non réglementaire non créateur de droits que s'il est illégal et si le retrait intervient dans le délai de quatre mois suivant son édiction. »

L'article L. 243-1 prévoit qu'« Un acte réglementaire ou un acte non réglementaire non créateur de droits peut, pour tout motif et sans condition de délai, être modifié ou abrogé sous réserve, le cas échéant, de l'édiction de mesures transitoires dans les conditions prévues à l'article L. 221-6. »

La loi du 12 avril 2000 puis le CRPA ont consacré la jurisprudence Alitalia qui avait érigé en principe général du droit l'obligation d'abroger les règlements illégaux qu'ils soient illégaux dès l'origine ou en raison de circonstances de droit ou de faits à son article L. 243-2 : « L'administration est tenue d'abroger expressément un acte réglementaire illégal ou dépourvu d'objet, que cette situation existe depuis son édiction ou qu'elle résulte de circonstances de droit ou de fait postérieures, sauf à ce que l'illégalité ait cessé. »

La sécurité juridique est ensuite au fondement de la jurisprudence du Conseil constitutionnel limitant les possibilités de rétroactivité de la loi. Si, aux termes de l'article 2 du Code civil, la loi ne dispose que pour l'avenir, le principe de non-rétroactivité des lois n'a valeur constitutionnelle qu'en matière pénale (l'article 8 de la Déclaration des droits de l'homme et du citoyen précisant que « nul ne peut être puni qu'en vertu d'une loi établie et promulguée antérieurement au délit »). Mais le Conseil constitutionnel encadre néanmoins très étroitement la rétroactivité des lois, de deux manières :

- il limite la rétroactivité des lois non répressives en exigeant, en ce cas, l'existence d'un « motif d'intérêt général suffisant », exerçant ainsi un contrôle de proportionnalité entre l'intérêt général en cause et l'atteinte aux droits individuels susceptible de découler de la rétroactivité de la loi (voir en particulier, en matière fiscale : DC 18 décembre 1998, Loi de financement de la sécurité sociale pour 1999) ;
- il protège l'économie des contrats légalement conclus, en estimant que le législateur ne peut apporter de modifications à des contrats en cours d'exécution que pour un motif d'intérêt général suffisant (voir, notamment DC 13 janvier 2003, concernant la loi relative aux salaires, au temps de travail et au développement de l'emploi, qui assouplissait le régime de 35 heures en revenant sur des conventions déjà conclues).

Les lois de validation rétroactives

Le juge national exerce ainsi un contrôle particulièrement attentif en matière de lois de validation, c'est-à-dire de lois venant rétroactivement valider des actes administratifs susceptibles d'être annulés par le juge dans le cadre de litiges en cours. Son contrôle dans ce domaine s'est, en effet, renforcé sous l'influence de la Cour européenne des droits de l'homme, celle-ci ayant estimé contraire à la Convention européenne de sauvegarde des droits de l'homme et des libertés fondamentales une disposition législative auparavant admise par le Conseil constitutionnel, en indiquant que « si, en principe, le pouvoir législatif n'est pas empêché de réglementer en matière civile, par de nouvelles dispositions à portée rétroactive, des droits découlant de lois en vigueur, le principe de la prééminence du droit et la notion de procès équitable consacré par l'article 6 s'opposent, sauf pour d'impérieux motifs d'intérêt général, à l'ingérence du pouvoir législatif dans l'administration de la justice dans le but d'influer sur le dénouement judiciaire du litige » (CEDH 28 octobre 1999, Zielinski c. France).

En se fondant sur le principe de la séparation des pouvoirs et sur l'article 16 de la Déclaration des droits de l'homme et du citoyen, le Conseil constitutionnel recherche donc si un « but d'intérêt général suffisant » justifie l'atteinte portée au droit au recours du justiciable (par exemple : DC 21 décembre 1999, Loi de financement de la sécurité sociale pour 2000 ; DC 13 janvier 2005, Loi de programmation pour la cohésion sociale). Le juge administratif a, pour sa part, adopté la formule jurisprudentielle européenne en recherchant, pour mesurer la conventionnalité des lois de validation, l'existence d'« impérieux motifs d'intérêt général » (CE 23 juin 2004, SA Laboratoires Genevrier n° 257797). Le juge constitutionnel lui-même s'est récemment rallié à cette formulation.

Le Conseil constitutionnel en matière de lois de validation a d'abord exigé un motif « suffisant » d'intérêt général puis un motif « impérieux », (QPC n° 2013-366, 14 février 2014), notion retenue par le Conseil d'État.

5 conditions encadrent désormais l'adoption d'une loi de validation selon la jurisprudence du Conseil constitutionnel :

1°) la validation doit poursuivre un but d'intérêt général impérieux,

2°) la validation doit respecter les décisions de justice ayant force de chose jugée ;

3°) la validation doit respecter le principe de non-rétroactivité des peines et de sanctions,

4°) l'acte validé ne doit méconnaître aucune règle, ni aucun principe de valeur constitutionnelle, sauf à ce que le but d'intérêt général impérieux visé par la validation soit lui-même de valeur constitutionnelle,

5°) la portée de la validation doit être strictement définie. Application récente (CC n° 2015-525 QPC du 2 mars 2016, SCI PB 12).

Paradoxalement, cependant, c'est aussi fréquemment pour préserver la sécurité juridique, menacée par la perspective de l'annulation en série d'actes administratifs, que de telles lois rétroactives continuent d'être utilisées, illustrant ainsi les équilibres subtils, et parfois contradictoires, qui sous-tendent cette exigence.

La prohibition des annulations en cascade :

Une autre évolution est directement sous-tendue par des préoccupations de sécurité juridique : la limitation des effets des annulations d'une décision collective ou d'une décision d'espèce sur les décisions individuelles prises pour son application : l'annulation d'un concours, d'un tableau d'avancement d'une liste d'aptitude ne doit pas contaminer les décisions individuelles prises sur sa base.

L'intangibilité des droits acquis fait aussi obstacle à la rétroactivité d'une annulation. Ainsi, l'annulation d'un acte réglementaire n'a pas d'effet sur un acte individuel d'application devenu définitif et créateur de droits (CE 3 déc. 1954, Caussidéry et autres, Lebon 640 ; Sect., 1er avr. 1960, Quériaud, Lebon 245, concl. Henry ; 227439 du 24 janv. 2001, Guillerme).

« La circonstance que le décret portant fixation des limites des cantons dans lesquels se sont déroulées les élections est ensuite annulé par le juge de l'excès de pouvoir n'a pas pour effet de mettre fin aux mandats des conseillers généraux définitivement élus, dès lors que ces mandats n'ont été contestés ni dans leur principe, faute de réclamation régulière contre l'élection, ni dans leur durée, faute de contestation du tirage au sort ayant fixé le terme des mandats. » (Conseil d'État 24 janvier 2001 Guillerme 227439 A).

Dans le droit de la fonction publique, depuis l'arrêt Rodière (CE 26 décembre 1925, Lebon p. 1065; RD publ. 1926, p. 32, concl. Cahen-Salvador), l'annulation d'une décision par le juge administratif (il s'agissait en 1925 d'un refus de promotion, mais le même raisonnement est valable pour les concours) la fait disparaître de l'ordonnancement juridique. Pour exécuter la décision de justice, l'administration doit procéder rétroactivement à une reconstitution de carrière de la personne illégalement évincée et ne pas tenir compte des nominations qui ont résulté du concours annulé (dans les faits, une validation législative des nominations liées au concours annulé vient le plus souvent simplifier la situation).

La jurisprudence a limité les effets de l'annulation d'une décision collective ou d'espèce comportant les noms des personnes accédant à fonction publique ou à un grade supérieur à l'égard des décisions individuelle concernant les fonctionnaires figurant sur la liste des nommés ou promus.

Auparavant, l'annulation d'une liste d'aptitude ou d'un tableau d'avancement obligeait l'administration à réviser rétroactivement les nominations et promotions intervenues sur le fondement de cette liste ou de ce tableau, même si elles n'avaient pas fait l'objet d'un recours (pour un tableau d'avancement : CE, ass., 10 déc. 1954, Cru et autres, Lebon 659, D. 1955. 198, concl. A. Jacomet; 4 févr. 1955, Marcotte, Lebon 70; 14 juin 1967, Poujol, Lebon 253; Ass., 5 juin 1970, Puisoye, Lebon 386; pour une liste d'aptitude : CE 21 nov. 1962, Pelbois, Lebon 624; pour la nomination d'un stagiaire : Sect., 3 nov. 1995, Mme Velluet, Lebon 389).

Par souci de préserver la sécurité juridique, le Conseil d'État a opéré un revirement de jurisprudence et juge désormais que l'annulation d'un concours est sans incidence sur les nominations intervenues à l'issue de ce concours, si elles n'ont pas fait l'objet d'un recours contentieux (CE Sect. 10 octobre 1997, Lugan, Lebon p. 346; AJDA 1997, p. 1014; RFDA 1998, p. 21, concl. Valérie Pécresse). Dans une telle hypothèse, les agents nommés à la suite d'un concours, ultérieurement annulé, se trouvent, malgré l'illégalité des opérations ayant conduit à leur recrutement, dans une situation définitivement légale. L'annulation d'un concours ne peut entraîner la remise en cause de nominations, créatrices de droit pour leurs bénéficiaires, qui ont été effectuées à l'issue de ce concours et qui sont définitives.

Cette jurisprudence a été étendue :

- aux listes d'aptitude par une décision Fabre (CE 10 mars 2004, Fabre, Lebon T 753). L'annulation de la liste d'aptitude aux fonctions de président de chambre régionale et territoriale des comptes n'entraîne pas par elle-même l'annulation des nominations prononcées au vu de cette liste et devenues définitives.

- et aux tableaux d'avancement par une décision n° 30387 Orfeuil B du 24 juillet 2009. L'annulation d'un arrêté établissant un tableau d'avancement pour une année donnée n'a pas d'effet sur les nominations prononcées sur son fondement, dès lors qu'elles sont devenues définitives, faute d'avoir été contestées dans le délai du recours contentieux. L'exécution de la chose jugée n'implique donc pas que le ministre établisse un nouveau tableau d'avancement.

Le contrat de recrutement d'un agent non titulaire crée des droits au profit de celui-ci. Par conséquent, l'Administration est tenue de chercher à le régulariser lorsqu'il méconnaît une disposition législative ou réglementaire (CE, sect., 31 déc. 2008, M. Cavallo, n° 283256). Si en vertu de la jurisprudence « Cavallo », l'administration doit régulariser le contrat irrégulier d'un agent non-titulaire, ce contrat peut cependant être retiré dans le délai de quatre mois prévu par la jurisprudence « Ternon ».

En dehors du droit de la fonction publique, les droits acquis par le titulaire d'une autorisation de radiodiffusion ne peuvent être remis en cause par l'annulation du refus d'autorisation opposé à un autre demandeur (CE 10 oct. 1997, Sté Strasbourg FM).

En matière d'urbanisme, l'annulation d'un plan local d'urbanisme ou la constatation de son illégalité n'a pas d'effet sur les autorisations d'urbanisme délivrées sous son emprise qui ne sont pas des actes d'application du PLU, sauf si ces dispositions ont été spécialement édictées pour permette l'opération autorisée (Conseil d'État Gepro 54701 du 12 décembre 1986).

Désormais c'est la loi qui limite les effets d'annulations et de déclarations d'illégalité des documents d'urbanisme sur les autorisations d'urbanisme (permis de construire et non opposition à déclaration). Aux termes de la nouvelle rédaction de l'article L. 600-12-1 du Code de l'urbanisme impôt issue de la loi du 28 novembre 2018 : « L'annulation ou la déclaration d'illégalité d'un schéma de cohérence territoriale, d'un plan local d'urbanisme, d'un document d'urbanisme en tenant lieu ou d'une carte communale sont par elles-mêmes sans incidence sur les décisions relatives à l'utilisation du sol ou à l'occupation des sols régies par le présent code délivrées antérieurement à leur prononcé dès lors que ces annulations ou déclarations d'illégalité reposent sur un motif étranger aux règles d'urbanisme applicables au projet. » En revanche, ce même article n'est pas applicable aux décisions de refus de permis ou d'opposition à déclaration préalable. Pour ces décisions, l'annulation ou l'illégalité du document d'urbanisme leur ayant servi de fondement entraîne l'annulation de ladite décision. en effet, les refus de permis sont des décisions d'application du document d'urbanisme (possibilité de faire jouer d'exception d'illégalité).

C'est aussi un impératif de sécurité juridique qui a conduit le Conseil d'État à neutraliser les effets du défaut de délivrance d'un accusé de réception comportant les voies et délai de recours (l'article 19 de la loi du 12 avril 2000) aux recours administratifs présentés par des tiers attaquant une décision créatrice de droit au profit d'un autre administré, tel un tiers attaquant le permis de construire délivré au profit de son voisin. Le délai de recours du tiers contre la décision implicite de rejet du recours administratif dirigé contre le permis de construire de son voisin court dès la naissance de cette décision implicite, qu'il ait été ou non accusé réception de ce recours, alors que l'article 19 de la loi du 12 avril 2000 sanctionne normalement le défaut d'un accusé de réception régulier par une inopposabilité des délais de recours. (CE, Sect., 15 juillet 2004, Époux Damon, n° 266479).

Le Conseil d'État a ainsi fait prévaloir la sécurité juridique des droits conférés au titulaire d'un permis de construire, sur l'information des tiers quant à leur droit à un recours juridictionnel.

Approche matérielle

Celle-ci concerne enfin l'accessibilité de la norme, la sécurité juridique impliquant à cet égard tant la diffusion que la codification des textes nouveaux et anciens.

- **La diffusion des textes**

Celle-ci passe tout d'abord par l'obligation de publication des principaux textes normatifs. Pour les décrets, comme pour les lois, les ordonnances et les traités internationaux, cette publicité doit prendre la forme d'une publication au Journal officiel ; l'ordonnance du 20 février 2004 prévoit également leur publication, le même jour, sous forme électronique. Pour le reste des actes administratifs, la procédure est moins précise : il peut s'agir du bulletin officiel des ministères, ou du recueil des actes administratifs du département pour les arrêtés préfectoraux. La loi du 17 juillet 1978 a ajouté l'obligation de publier les directives, instructions et circulaires, ainsi que les notes et réponses ministérielles comprenant une interprétation du droit ; depuis le décret du 8 décembre 2008, les instructions et circulaires ministérielles doivent, en outre, être publiées sur internet.

Plus largement, l'article 2 de la loi du 12 avril 2000 dont les règles figurent désormais au Code des relations entre le public et l'administration a imposé aux autorités administratives d'organiser « un accès simple aux règles de droit qu'elles édictent », en déclarant « mission de service public » la mise à disposition et la diffusion des textes juridiques. Cette exigence se double aujourd'hui d'un effort accru en termes de développement de bases de données juridiques sur internet (legifrance.gouv.fr ou service-public.fr).

- **La codification**

L'accès des citoyens au droit peut également être facilité par la codification des textes. Depuis la rédaction des codes napoléoniens, le rassemblement thématique des textes existants est, en effet, un outil essentiel de l'accès au droit ; susceptible d'intervenir ou non à droit constant, celui-ci offre, dans tous les cas, une présentation cohérente et ordonnée des règles juridiques. Le Conseil constitutionnel considère ainsi que la codification répond à l'objectif a valeur constitutionnelle d'accessibilité et d'intelligibilité de la loi (DC 16 décembre 1999, Codification).

Cet effort a connu un essor sans précédent depuis 1989, année de création de la Commission supérieure de codification. Sous l'égide de cette commission, une vaste entreprise de codification à droit constant, recourant à la procédure des ordonnances prévue à l'article 38 de la Constitution, a conduit à l'adoption de très nombreux codes, parmi lesquels le code de justice administrative, le code de l'entrée et du séjour des étrangers et du droit d'asile ou le code de la sécurité intérieure. La loi du 12 avril 2000 est venue définir cet effort, indiquant à son article 3 que « la codification législative rassemble et classe dans des codes thématiques l'ensemble des lois en vigueur à la date d'adoption de ces codes. Cette codification se fait à droit constant, sous réserve des modifications nécessaires pour améliorer la cohérence rédactionnelle des textes rassemblés, assurer le respect de la hiérarchie des normes et harmoniser l'état du droit ». On recensait ainsi 61 codes en 2007, et près de 70 fin 2015 (certains comprenant des milliers d'articles, tel le code général des impôts).

- **La normativité de la loi**

La loi se doit, en premier lieu, d'être normative, c'est-à-dire dire porteuse d'un contenu juridique réel. Le Conseil d'État dénonçait ainsi, dès1991, le développement d'un « droit à l'état gazeux », déclaratif et insaisissable. Dans son rapport public pour 2006, il revient à la charge, rappelant que la loi doit prescrire, interdire ou sanctionner, sauf à créer un doute sur l'effet des règles qu'elle édicte, car « la loi non normative affaiblit la loi nécessaire ».

Longtemps, l'absence de portée normative de la loi n'a pas été sanctionnée par le juge. Le Conseil constitutionnel estimait ainsi que les griefs dirigés contre des dispositions dépourvues de portée normative étaient inopérants, et que ces dispositions n'étaient pas inconstitutionnelles ; cette position rejoignait l'approche du Conseil d'État à propos des rapports annexés aux lois (CE 5 mars 1999, Confédération nationale des groupes autonomes de l'enseignement public et Rouquette et autres). Depuis 2004, cependant, la jurisprudence du Conseil constitutionnel s'est infléchie, celui-ci jugeant désormais qu'il résulte de l'article 6 de la Déclaration des droits de l'homme et du citoyen de 1789 (aux termes duquel « la loi est l'expression de la volonté générale ») que, « sous réserve de dispositions particulières prévues par la Constitution, la loi a pour vocation d'énoncer des règles et doit, par suite, être revêtue d'une portée normative » (DC 29 juillet 2004, Loi organique relative à l'autonomie financière). Désormais, des dispositions dépourvues de valeur normative sont donc considérées comme étant inconstitutionnelles, sauf si elles entrent dans la catégorie des lois de programme à caractère économique et social prévues par l'article 34 de la Constitution. C'est ainsi, par exemple, que le Conseil constitutionnel a censuré les dispositions non normatives de la loi d'orientation et de programme pour l'avenir de l'école (DC 21 avril 2005), mais le conseil n'examine pas systématiquement la question de la portée normative d'un projet de loi.

- **L'intelligibilité de la loi**

La loi doit, en second lieu, être claire et intelligible. Le Conseil constitutionnel juge ainsi traditionnellement que les dispositions législatives en matière pénale doivent être rédigées en termes suffisamment clairs et précis, sur le fondement du principe de légalité des délits et des peines formulé par l'article 8 de la Déclaration des droits de l'homme et du citoyen (par exemple, DC 18 janvier 1985, Loi relative au redressement et à la liquidation judiciaire des entreprises). Plus récemment, il a estimé qu'un principe de clarté de la loi découlait, plus largement, de l'article 34 de la Constitution (DC 10 juin 1998, Loi d'orientation et d'incitation relative à la réduction du temps de travail).

Renforçant cette jurisprudence, le Conseil constitutionnel reconnaît désormais une valeur constitutionnelle à l'objectif « d'accessibilité et d'intelligibilité de la loi », qu'il a dégagé en se fondant notamment sur les articles 6 et 16 de la Déclaration des droits de l'homme et des citoyens, estimant que l'égalité devant la loi et la garantie des droits ne sauraient être effectives en l'absence d'une connaissance suffisante, par les citoyens, des normes applicables (DC 16 décembre 1999, Codification).

Après quelques tentatives de juxtaposition du principe de clarté et de l'objectif d'intelligibilité ainsi dégagés (par exemple : DC 12 janvier 2002, Loi de modernisation sociale), le Conseil constitutionnel semble désormais privilégier le second comme norme de référence unique en la matière (DC 27 juillet 2006, Loi relative au droit d'auteur et aux droits voisins dans la société de l'information). Il s'agit ainsi pour le législateur, suivant le considérant de principe désormais utilisé par le juge constitutionnel, « d'adopter des dispositions suffisamment précises et des formules non équivoques », « afin de prémunir les sujets de droit contre une interprétation contraire à la Constitution ou contre le risque d'arbitraire ».

Dans sa décision Fédération des syndicats généraux de l'Éducation nationale et de la Recherche publique SGEN CFDT et autres (CE 8 juillet 2005, à mentionner aux tables du Lebon ; AJDA 2005, p. 1544), le Conseil d'État a jugé que le moyen tiré de la violation de l'objectif de valeur constitutionnelle de clarté et d'intelligibilité de la norme peut être invoqué à l'encontre d'un acte administratif, ce qui permet au juge administratif d'annuler des textes trop imprécis ou de les interpréter pour leur donner un sens guidé par l'intention des auteurs.

Le souci de clarté et d'intelligibilité est se traduit aussi dans l'obligation d'accomplir des mesures de publicité et d'information des actes administratifs. Pour les actes réglementaires, l'article L. 221-2 du code des relations entre le public et l'administration qui subordonne l'entrée en vigueur des actes réglementaires à l'accomplissement de formalités de publications et l'article L. 221-8 qui conditionne l'opposabilité des décisions individuelles à leur notification.

- **La modération législative**

La stabilité de la norme exige également que le corpus de règles ne subisse pas d'incessantes modifications. Aussi l'inflation législative qui semble marquer les dernières décennies a-t-elle été dénoncée à plusieurs reprises, notamment par le Conseil d'État qui, en 1991, rappelait dans son rapport public que « quand le droit bavarde, le citoyen ne lui prête qu'une oreille distraite » ; le rapport notait alors un accroissement du nombre annuel des lois de 35 % en 30 ans.

Le constat n'a guère changé à l'issue des quinze années suivantes : selon les chiffres du rapport public du Conseil d'État pour 2006, chaque année, en moyenne, 70 lois, 50 ordonnances et 1 500 décrets s'ajoutaient à l'état du droit en vigueur, et plus de 10 % des articles de chaque code étaient modifiés. Plus nombreuses, les lois sont aussi plus longues : le recueil des lois de l'Assemblée nationale est ainsi passé de 433 pages en 1973 à 1067 pages en 1983, et 3721 pages en 2004; et le *Journal Officiel*, de 15000 pages par an dans les années quatre-vingt à 23000 en moyenne ces dernières années. Ce phénomène se traduit également au niveau européen: la Commission estime que le total des textes communautaires adoptés depuis la création de la Communauté européenne représente 97000 pages de *JOCE* (devenu JOUE).

Cette inflation législative trouve tout d'abord une explication dans l'apparition de nouveaux domaines de législation très techniques (biotechnologies, protection de l'environnement, droit économique et financier, régime juridique de l'outre-mer, etc.). On peut également y voir une traduction de la conception moderne du rôle de l'État, qui a entraîné l'intervention du législateur dans un nombre accru de secteurs de la vie sociale, tandis que le développement du droit international nécessitait parallèlement de plus en plus de lois de transposition. Enfin, a pu être évoquée la pression de certains groupements, combinée à une médiatisation de plus en plus marquée de l'action publique; ces derniers éléments se conjuguent dans l'effet assiduis, terme désignant le « phénomène par lequel le législateur est porté à légiférer sous l'aiguillon des réclamations dont les catégories intéressées l'assaillent » (CE, Rapport public 1991).

- **Le souci de simplification des textes**

La première loi habilitant le Gouvernement à simplifier le droit, datée du 2 juillet 2003, est à l'origine d'une trentaine d'ordonnances, parmi lesquelles celle du 22 décembre 2003, supprimant le droit de timbre devant le juge administratif, ou celle du 24 mars 2004, simplifiant les formalités administratives pour les entreprises. Elle dispose, en outre, à son article 1er qu'« un Conseil d'orientation de la simplification administrative formule toute proposition pour simplifier la législation et la réglementation ainsi que les procédures, les structures et le langage administratif ». Le recours aux ordonnances pour réaliser de telles réformes de simplification a été validé par le Conseil constitutionnel, en raison de l'encombrement de l'ordre du jour parlementaire (DC 26 juin 2003). Plusieurs lois de simplification du droit ont suivi depuis, le 9 décembre 2004, le 20 décembre 2007 ou le 12 mai 2009. Sur leur fondement, de très nombreuses ordonnances ont procédé à différents types de simplifications: création de guichets uniques, suppressions de commissions administratives, simplification de formalités, etc. La simplification administrative se traduit ainsi aussi bien par la simplification des démarches, la dématérialisation des procédures en ligne, la simplification des formulaires ou du langage administratif.

Sur cette base, le Conseil d'État a étendu le principe de l'article 70 de la loi du 17 mai 2011 de simplification et d'amélioration de la qualité du droit qui ne concernait que les vices dans la procédure de consultation à tous les vices de la procédure l'administrative préalable, dans sa décision d'Assemblée du 23 décembre 2011, Danthony et autres, n° 335033.: "En vertu d'un principe dont s'inspire la règle énoncée, s'agissant des irrégularités commises lors de la consultation d'un organisme, par l'article 70 de la loi n° 2011-525 du 17 mai 2011 de simplification et d'amélioration de la qualité du droit, si les actes administratifs doivent être pris selon les formes et conformément aux procédures prévues par les lois et règlements, un vice affectant le déroulement d'une procédure administrative préalable, suivie à titre obligatoire ou facultatif, n'est de nature à entacher d'illégalité la décision prise que s'il ressort des pièces du dossier qu'il a été susceptible d'exercer, en l'espèce, une influence sur le sens de la décision prise ou qu'il a privé les intéressés d'une garantie."

La lecture de la rédaction de décision Danthony montre une inversion du principe. Désormais un vice affectant la procédure administrative préalable n'entraîne pas l'annulation de la décision. Ce n'est qu'en cas de privation d'une garantie ou d'irrégularité susceptible d'influencer le sens de la décision que la neutralisation n'est pas opérée.

Les dernières avancées de ce mouvement désormais continu sont la loi du 22 mars 2012 relative à la simplification du droit et à l'allégement des démarches administratives, qui entend simplifier l'environnement juridique et le quotidien des PME françaises dans de nombreux domaines, notamment en droit du travail, et qui a été complétée par la loi du 2 janvier 2014 de simplification et de sécurisation de la vie des entreprises.

La loi du 12 novembre 2013 habilitant le Gouvernement à simplifier les relations entre l'administration et les citoyens a prévu l'adoption du code relatif aux relations entre le public et les administrations (entré en vigueur en janvier 2016).

La loi n° 2017-1340 du 15 septembre 2017 a habilité le gouvernement à prendre par ordonnances des mesures réformant le code du travail.

Bilan de l'actualité

La sécurité juridique comme faisant obstacle à un droit de recours illimité dans le temps contre les décisions administratives : le délai raisonnable de recours

Avant même l'affaire Société KPMG, le Conseil d'État avait reconnu la « sécurité juridique des collectivités publiques » comme l'un des fondements de la prescription quadriennale : cf. (CE, 5 décembre 2005, Mme Tassius, n° 278183).

La sécurité juridique n'est pas réservée aux particuliers dans leurs relations avec l'administration ou aux entreprises pour l'exercice d'une activité économique. De plus, les décisions administratives se situent souvent dans un rapport triangulaire et bénéficient à un titulaire d'une autorisation tout en pouvant préjudicier à d'autres personnes tierces à cette autorisation : un concurrent, un voisin, un fonctionnaire du même grade.

Comme le soulignent les professeurs Auby et Dero-Bugny, le principe de sécurité juridique : « est un instrument de protection contre l'instabilité du droit et il ne joue pas nécessairement en faveur des particuliers. [...] Il s'agit d'une composante essentielle du contrat social, d'un bien commun à tous les sujets de droits, personnes publiques comprises. La sécurité juridique revêt un caractère objectif et bénéficie à la société dans son ensemble. »

Ce principe est également invocable par la personne publique auteur de l'acte administratif, à l'égard du particulier qui en est le destinataire, pour protéger la situation qui s'est constituée à la suite de sa décision.

Le délai du recours contentieux est l'un des points névralgiques où s'équilibrent le principe de légalité et la stabilité des situations juridiques. Comme l'écrit le président Odent : « L'existence d'un délai de recours correspond à une double idée ; d'une part, il faut laisser aux justiciables un laps de temps qui leur permette [...] de réfléchir, de se renseigner, de se faire une opinion sérieuse sur la valeur juridique de cette décision et sur les chances qu'ils peuvent avoir d'en obtenir la réformation ou l'annulation. [...] Mais d'autre part, l'intérêt général exige que la stabilité des situations administratives ne puisse être discutée que pendant un bref délai : le fonctionnement normal des services publics risquerait d'être entravé si les menaces d'annulation pesaient trop longtemps sur l'administration ».

La jurisprudence rendue sur principe de sécurité juridique, a pris en considération dès 2006 dans un bilan entre le principe de légalité et la stabilité des situations juridiques, « l'atteinte excessive aux intérêts publics ou privés en cause » qu'entraînerait l'application immédiate d'une réglementation nouvelle : CE, Sect., 13 décembre 2006, Mme Lacroix, n° 287845, p. 540.

De plus, la faculté de contester indéfiniment une décision administrative peut affecter la sécurité juridique de la personne publique, mais aussi des 1/3 qui sont intéressés au maintien de la décision dans le cas des contentieux triangulaires. C'est le cas de refus opposés par l'administration aux demandes d'autorisations d'urbanisme ou d'autorisations d'exploitation d'une installation classée, qui peuvent être favorables aux riverains, ou encore aux décisions refusant une nomination à un agent public, dont les autres agents appartenant à la même administration et concurrents de l'intéressé peuvent souhaiter le maintien (CE, 16 mars 1966, Marcantetti, n° 57470, p. 214). Dans le cas d'un permis de construire, une défaillance dans la conservation de la preuve de l'affichage du permis sur le terrain d'assiette pourrait conduire à une annulation du permis qui a été concrétisé par l'édification d'un immeuble, même si le décret n° 2007-18 du 5 janvier 2007 a introduit dans le code de l'urbanisme une irrecevabilité des recours engagés plus d'un an après l'achèvement des travaux.

Pratiquement, le délai de deux mois était indéfiniment inopposable lorsque les voies et délais de recours ne figuraient pas sur la décision ou lorsque la preuve de la notification n'a pas été conservée. L'administration se trouve en effet confrontée, pour tous les actes relativement anciens, au dépérissement des preuves : le débiteur d'une obligation ne peut être contraint de conserver au-delà d'une durée raisonnable la preuve qu'il s'est bien acquitté de celle-ci.

Or, la règle de l'article R. 421-5, qui prévoit que l'absence de mention des voies et délais de recours fait obstacle à ce que le délai de recours commence à courir, fait peser sur l'administration, une obligation de conserver la preuve de la notification régulière des actes individuels jusqu'au décès de leurs destinataires et parfois même, pour les pensions, jusqu'au décès des ayants droit de leurs destinataires. Elle oblige à conserver la preuve de l'accomplissement des consultations et de la composition des organismes.

Dans le cas de figure des actes non notifiés ou dont la preuve de notification n'a pas été conservée, ou notifiés avec une information incomplète sur les voies et délais de recours, la règle de l'article R. 421-5 aboutit à conférer un recours juridictionnel perpétuel.

Dans sa décision M. Czabaj du 13 juillet 2016, le Conseil d'État a jugé que le principe de sécurité juridique fait obstacle à ce qu'une décision puisse être indéfiniment contestée, devant le juge, par son destinataire, dès lors qu'il est établi que celui-ci en a eu connaissance. Il a jugé que « le principe de sécurité juridique [...] fait obstacle à ce que puisse être contestée indéfiniment une décision administrative individuelle qui a été notifiée à son destinataire, ou dont il est établi, à défaut d'une telle notification, que celui-ci a eu connaissance » (CE, ass., 13 juill. 2016, n° 387763).

Certes, en l'absence d'information sur les voies et délais de recours conforme aux exigences de l'article R. 421-5, le délai de deux mois ne lui sera pas opposable. Mais le Conseil d'État a instauré une limitation du recours à un délai raisonnable qu'il a fixé à un an pour le recours pour excès de pouvoir et a jugé que

"le principe de sécurité juridique, qui implique que ne puissent être remises en cause sans condition de délai des situations consolidées par l'effet du temps, fait obstacle à ce que puisse être contestée indéfiniment une décision administrative individuelle qui a été notifiée à son destinataire, ou dont il est établi, à défaut d'une telle notification, que celui-ci a eu connaissance; qu'en une telle hypothèse, si le non-respect de l'obligation d'informer l'intéressé sur les voies et les délais de recours, ou l'absence de preuve qu'une telle information a bien été fournie, ne permet pas que lui soient opposés les délais de recours fixés par le code de justice administrative, le destinataire de la décision ne peut exercer de recours juridictionnel au-delà d'un délai raisonnable; qu'en règle générale et sauf circonstances particulières dont se prévaudrait le requérant, ce délai ne saurait, sous réserve de l'exercice de recours administratifs pour lesquels les textes prévoient des délais particuliers, excéder un an à compter de la date à laquelle une décision expresse lui a été notifiée ou de la date à laquelle il est établi qu'il en a eu connaissance."

Le Conseil d'État a aussi statué sur la modulation de ce revirement de jurisprudence qui est écartée pour les raisons suivantes: « Considérant que la règle énoncée ci-dessus, qui a pour seul objet de borner dans le temps les conséquences de la sanction attachée au défaut de mention des voies et délais de recours, ne porte pas atteinte à la substance du droit au recours, mais tend seulement à éviter que son exercice, au-delà d'un délai raisonnable, ne mette en péril la stabilité des situations juridiques et la bonne administration de la justice, en exposant les défendeurs potentiels à des recours excessivement tardifs; qu'il appartient dès lors au juge administratif d'en faire application au litige dont il est saisi, quelle que soit la date des faits qui lui ont donné naissance ».

- **Délai raisonnable et recours administratif préalable obligatoire**

Le Conseil d'État a adapté cette jurisprudence au cas où est organisé un recours administratif préalable obligatoire, dans une décision de Section 389842 ministre des Finances et des comptes publics c/M. Amar du 31 mars 2017. En matière fiscale, le recours administratif préalable d'assiette doit être présenté dans un délai de deux ans plus l'année en cours suivant la mise en recouvrement du rôle ou la notification d'un avis de mise en recouvrement. Le délai de recours ne court pas si l'obligation de présenter un RAPO et le délai de recours n'ont pas été mentionnés sur l'avis d'imposition ou de mise en recouvrement. Le Conseil d'État a jugé que dans les hypothèses où la mention des voies et délais de recours a été omise ou la preuve de la notification n'a pas été conservée, le délai de réclamation court à compter de l'année au cours de laquelle il est établi que le contribuable a eu connaissance de l'existence de l'imposition et que, dans ces cas, le recours juridictionnel ne peut pas être exercé au-delà d'un an après l'expiration du délai normal de réclamation.

- **Délai raisonnable et décision implicite de rejet**

Dans une décision du 18 mars 2019 M. JOUNDA NGUEGOH n° 417270, le Conseil d'État a transposé ce délai supplétif aux décisions implicites de rejet. Le Conseil d'État a jugé que le délai de recours « raisonnable » d'un an est également applicable à la contestation d'une décision implicite de rejet née du silence gardé par l'administration sur une demande présentée devant elle, lorsqu'il est établi que le demandeur a eu connaissance de la décision.

Mais le Conseil d'État a adapté pour les décisions implicites les modalités de preuve de la connaissance de la décision : « La preuve d'une telle connaissance ne saurait résulter du seul écoulement du temps depuis la présentation de la demande. Elle peut en revanche résulter de ce qu'il est établi, soit que l'intéressé a été clairement informé des conditions de naissance d'une décision implicite lors de la présentation de sa demande, soit que la décision a par la suite été expressément mentionnée au cours de ses échanges avec l'administration, notamment à l'occasion d'un recours gracieux dirigé contre cette décision ».

Ainsi, il doit être clairement établi que le destinataire de la décision a eu connaissance de la décision. C'est notamment le cas si l'intéressé a formé un recours gracieux à l'encontre de cette décision.

En dernier lieu, le Conseil d'État a défini le point de départ du calcul du « délai raisonnable » d'un an : « Le demandeur, s'il n'a pas été informé des voies et délais de recours dans les conditions prévues par les textes cités au point 2, dispose alors, pour saisir le juge, d'un délai raisonnable qui court, dans la première hypothèse, de la date de naissance de la décision implicite et, dans la seconde, de la date de l'événement établissant qu'il a eu connaissance de la décision ».

Concrètement, le destinataire du rejet tacite qui n'a pas été informé des voies et délais de recours, dispose d'un délai de recours d'un an à compter de la date de naissance de la décision implicite s'il est établi qu'il a été clairement informé des conditions de naissance d'une décision implicite lors de la présentation de sa demande ou à compter de la date de l'événement permettant d'établir que l'administré a eu connaissance de la décision si la décision de refus implicite a été expressément mentionnée lors d'échanges avec l'administration, tel qu'à l'occasion d'un recours gracieux.

- **Délai raisonnable appliqué à un moyen soulevé dans le cadre d'une exception d'illégalité**

Le Conseil d'État a transposé le délai raisonnable au délai pour présenter un moyen tiré d'une exception d'illégalité (27 février 2019 M. LAW-TONG n° 417270). Un retraité avait contesté son titre de pension et soulevant contre ce titre un moyen présenté par voie d'exception et tiré de l'illégalité l'illégalité du refus de promotion, notifié sans indication des voies et délais de recours, dont l'intéressé a eu connaissance au plus tard le 6 janvier 2014. À la date du recours introduit le 21 avril 2016 contre le titre de pension, le moyen tiré de l'illégalité du refus de promotion est irrecevable du fait qu'il a été soulevé après l'expiration d'un délai raisonnable courant à compter de la date à laquelle il est établi que l'intéressé en a eu connaissance.

Délai raisonnable et recours de plein contentieux

Autant en matière de recours pour excès de pouvoir, la jurisprudence Czabaj a connu une extension, autant son application au domaine du plein contentieux a donné lieu à une jurisprudence nuancée voire contradictoire.

- **Délai raisonnable et jurisprudence Lafon**

Dans un 1er temps, le Conseil d'État a étendu la limite du délai raisonnable aux « faux » recours de plein contentieux relevant de la jurisprudence Lafon. (CE, Section, 2 mai 1959, Ministre des finances c/ Lafon). Il s'agit de recours en responsabilité fondée sur l'illégalité fautive d'une décision à objet purement pécuniaire. Dans sa décision Lafon, le Conseil d'État a jugé irrecevables les recours en plein contentieux tendant au « versement d'une indemnité pour réparation du préjudice causé par l'illégalité fautive » d'une décision ayant procédé au prélèvement d'une somme d'argent dès lors que cette décision est définitive. Cette jurisprudence vise à éviter que dans un contentieux qui relève par nature du recours pour excès de pouvoir, un requérant qui a laissé passer le délai de recours en annulation revienne par la porte du recours indemnitaire. Dans sa décision du 3 septembre 2018 B Communauté de communes du pays roussillonnais n °405355, le Conseil d'État a étendu l'interdiction d'un délai de recours illimité aux recours en plein contentieux tendant au « versement d'une indemnité pour réparation du préjudice causé par l'illégalité fautive en jugeant que :

> « si le délai permettant d'introduire un recours en annulation contre une décision expresse dont l'objet est purement pécuniaire est expiré, faisant obstacle à ce que soient présentées des conclusions indemnitaires ayant la même portée, il y a lieu, le cas échéant, de faire application de la règle selon laquelle le destinataire d'une décision administrative individuelle qui en a eu connaissance ne peut exercer un recours juridictionnel au-delà d'un délai raisonnable. »

- **Délai raisonnable et recours de plein contentieux contre un titre exécutoire**

Dans une décision du 09 mars 2018 société Sanicorse n° 401386, le Conseil d'État a étendu au recours de plein contentieux dirigés contre les titres exécutoires l'application d'un délai raisonnable d'un an : « s'agissant des titres exécutoires, sauf circonstances particulières dont se prévaudrait son destinataire, le délai raisonnable ne saurait excéder un an à compter de la date à laquelle le titre, ou à défaut, le premier acte procédant de ce titre ou un acte de poursuite a été notifié au débiteur ou porté à sa connaissance ».

Le Conseil d'État justifie l'absence de modulation de l'application dans le temps de la nouvelle règle : “La règle énoncée ci-dessus, qui a pour seul objet de borner dans le temps les conséquences de la sanction attachée au défaut de mention des voies et délais de recours, ne porte pas atteinte à la substance du droit au recours, mais tend seulement à éviter que son exercice, au-delà d'un délai raisonnable, ne mette en péril la stabilité des situations juridiques et la bonne administration de la justice, en exposant les défendeurs potentiels à des recours excessivement tardifs. Il appartient, dès lors, au juge administratif d'en faire application au litige dont il est saisi, quelle que soit la date des faits qui lui ont donné naissance”.

- **Délai raisonnable non applicable en matière de responsabilité d'une personne publique**

Mais dans une décision du 17 juin 2019 CENTRE HOSPITALIER DE VICHY n° 413097, le Conseil d'État a cantonné l'application de la règle du délai raisonnable aux seuls recours de plein contentieux contre les titres exécutoires et les décisions tendant au « versement d'une indemnité pour réparation du préjudice causé par l'illégalité fautive », **mais a refusé de l'étendre aux recours tendant à la mise en jeu de la responsabilité d'une personne publique** en jugeant que :

« cette règle ne trouve pas à s'appliquer aux recours tendant à la mise en jeu de la responsabilité d'une personne publique qui, s'ils doivent être précédés d'une réclamation auprès de l'administration, ne tendent pas à l'annulation ou à la réformation de la décision rejetant tout ou partie de cette réclamation mais à la condamnation de la personne publique à réparer les préjudices qui lui sont imputés. La prise en compte de la sécurité juridique, qui implique que ne puissent être remises en cause indéfiniment des situations consolidées par l'effet du temps, est alors assurée par les règles de prescription prévues par la loi n° 68-1250 du 31 décembre 1968 relative à la prescription des créances sur l'État, les départements, les communes et les établissements publics ou, en ce qui concerne la réparation des dommages corporels, par l'article L. 1142-28 du code de la santé publique (CSP). »

Perspectives

Le dilemme légalité/stabilité

Comme l'illustre l'exemple des lois de validation rétroactives, le principe de légalité et celui de sécurité juridique peinent parfois à se concilier, ce qui exige de rechercher perpétuellement un équilibre entre les règles garantissant la stabilité de la norme et celles permettant de remettre en cause une norme illégale. Ainsi, c'est l'exigence de sécurité juridique qui justifie que l'annulation ou la suspension d'un acte administratif ne puisse être demandée que dans un délai de deux mois à compter de son entrée en vigueur (article R 421-1 du code de justice administrative).

Dès lors que la condition de publicité a été respectée, l'acte administratif ne peut plus, au-delà de ce délai, être porté devant le juge qu'indirectement, dans les conditions suivantes :

- par la voie de l'exception d'illégalité, à la faveur d'un recours contre une décision prise pour son application (avec toutefois des encadrements ponctuels, précisément destinés à renforcer la sécurité juridique dans certains domaines ; voir, par exemple, l'article L. 600-1 du code de l'urbanisme) ;
- ou dans le cadre de la contestation du refus opposé par l'administration à une demande de retrait ou d'abrogation de cet acte.

Dans sa décision d'Assemblée CFDT du 18 mai 2018, le Conseil d'État a limité les moyens pouvant être soulevé, après l'expiration du délai de recours contentieux, contre le refus d'abroger un acte réglementaire ou dans le cadre d'une exception d'illégalité d'un acte d'application d'un règlement : les moyens tirés des conditions d'édiction de cet acte, les vices de forme et de procédure présentés par voie d'exception sont inopérants.

Cette jurisprudence est réaliste au regard des conditions de conservation des documents par l'administration. Il ne peut pas être exigé qu'elle conserve pendant des siècles la justification de la convocation des membres d'une commission consultative par exemple, la loi lui interdisant par ailleurs de conserver des documents contenant des données nominatives au-delà d'un certain temps.

Suivant cette même logique, la Cour européenne des droits de l'homme admet que le principe de sécurité juridique puisse entraîner des restrictions au droit d'accès à un tribunal, si celles-ci ne touchent pas « à la substance du droit et, en particulier, si elle[s] poursui[ven]t un but légitime et s'il existe un rapport raisonnable de proportionnalité entre les moyens employés et le but visé » (CEDH 28 mai 1985, Ashingdane c. Royaume-Uni).

La question de la sécurité juridique, si elle est étroitement liée à celle de l'accès au juge, l'est également à celle des effets de ses décisions. C'est ainsi le souci de sécurité juridique a pu conduire le juge administratif, dans certaines circonstances, à admettre de moduler les effets de ses décisions dans le temps (CE 11 mai 2004, Association AC !) ou de définir des mesures transitoires suite à une annulation pour excès de pouvoir (CE 14 mai 2014, Addmedica), ou encore de neutraliser l'effet rétroactif d'un revirement jurisprudentiel (CE 16 juillet 2007, Société Tropic Travaux Signalisation). La CEDH admet pour sa part que l'application, nécessairement rétroactive, d'un revirement de jurisprudence à l'affaire qui en est le support n'est pas contraire à l'article 6 de la Convention européenne de sauvegarde des droits de l'homme et des libertés fondamentales (CEDH 18 décembre 2008, UNEDIC c. France).

Dans le domaine contractuel, le juge administratif doit, en raison du principe de stabilité des relations contractuelles, privilégier la poursuite de l'exécution du contrat, éventuellement sous réserve de mesures de régularisation prises par la personne publique ou convenues entre les parties, et ne peut désormais prononcer l'annulation d'un contrat administratif (CE 28 décembre 2009, Commune de Beziers) qu'en raison seulement d'une irrégularité, tenant au caractère illicite du contenu du contrat ou à un vice d'une particulière gravité relatif notamment aux conditions dans lesquelles les parties ont donné leur consentement. Il peut prononcer, le cas échéant avec un effet différé, après avoir vérifié que sa décision ne portera pas une atteinte excessive à l'intérêt général, la résiliation du contrat.

Suivant la même logique, si le Conseil d'État a récemment ouvert à tous les tiers justifiant d'un intérêt lésé par un contrat administratif la possibilité de contester sa validité, ceux-ci ne pourront se plaindre que des illégalités particulièrement graves ou en rapport direct avec leur intérêt lésé, et ce afin précisément de concilier le principe de légalité avec la préoccupation de stabilité juridique (CE 4 avril 2014, Département de Tarn-et-Garonne). Enfin, et s'agissant cette fois d'actes unilatéraux, c'est également le souci de stabilité juridique qui a justifié récemment l'octroi au juge d'une possibilité de sursis à statuer, afin de permettre la régularisation des illégalités affectant certains documents d'urbanisme (cf. ordonnance du 18 juillet 2013 relative au contentieux de l'urbanisme).

La réforme relative à la question prioritaire de constitutionnalité illustre tout particulièrement la recherche de l'équilibre entre légalité et sécurité juridique, modifiant cet équilibre en faveur de la première. Depuis le 1er mars 2010, tout justiciable peut en effet soutenir, à l'occasion d'une instance devant une juridiction judiciaire ou administrative, « qu'une disposition législative porte atteinte aux droits et libertés que la Constitution garantit », en application de l'article 61-1 de la Constitution, issu de la révision constitutionnelle du 23 juillet 2008. La loi organique du 10 décembre 2009 relative à l'application de cet article prévoit que la question portée devant les tribunaux et cours peut être transmise au Conseil d'État et à la Cour de Cassation, qui peuvent décider à leur tour de la transmettre au Conseil constitutionnel. Aux termes de l'article 62 de la Constitution, une disposition ainsi déclarée inconstitutionnelle est abrogée, à compter de la décision du Conseil constitutionnel ou d'une date ultérieure fixée par cette décision (voir, pour plus de développements sur ce sujet, le chapitre 3). On le voit, la loi promulguée n'est désormais plus l'acte « incontestable » décrit par le doyen Vedel, et si la légalité de l'ordre juridique interne y gagne très certainement, sa stabilité, on le comprend, recule tout autant.

La poursuite des efforts liés à l'élaboration de la norme

La réflexion récurrente concernant la sécurité juridique, marquée par la remise de nombreux rapports, a mis en lumière une panoplie de techniques susceptibles d'améliorer la qualité de la norme juridique. Si celles-ci sont loin d'être inédites, elles constituent des voies d'amélioration qui doivent et seront encore renforcées dans les années à venir :

La première concerne la recherche d'alternatives à la réglementation, en limitant le plus possible la création de nouvelles normes, car « mieux réglementer serait [...] moins réglementer, ou plutôt réglementer de façon appropriée » (Rapport du groupe de travail interministériel sur la qualité de la réglementation présidé par D. Mandelkern, 2002). Un Guide pour l'élaboration des textes législatifs et réglementaires a ainsi été rédigé par le Secrétariat général du Gouvernement et le Conseil d'État, qui recommande de « se poser les questions de savoir pourquoi un texte est préférable à une autre solution et, si ce texte est nécessaire, pourquoi chacune des normes qu'il se propose de fixer est elle-même nécessaire et optimale ». De manière complémentaire, la circulaire du 17 juillet 2013 relative à la mise en œuvre du gel de la réglementation prévoit ainsi qu'« un projet de texte réglementaire nouveau créant des charges pour les collectivités territoriales, les entreprises ou le public ne pourra être adopté que s'il s'accompagne, à titre de « gage », d'une simplification équivalente ».

Cette règle de modération législative rejoint les efforts des dernières décennies pour développer l'élaboration d'études d'impact, permettant d'apprécier la justification des textes nouveaux et de préciser les abrogations susceptibles d'accompagner leur adoption (cf. circulaire Juppé du 21 novembre 1995, circulaire Jospin du 26 janvier 1998, circulaires Raffarin des 26 août et 30 septembre 2003, etc.). Objet du rapport Lasserre, en 2004 (Pour une meilleure qualité de la réglementation), les études d'impact voient désormais leur statut renforcé par l'article 8 de la loi organique du 15 avril 2009, qui a complété l'article 39 de la Constitution, dans sa rédaction issue de la loi constitutionnelle du 23 juillet 2008. En vertu de ces dispositions, le Gouvernement est tenu d'accompagner tout projet de loi d'une étude d'impact détaillée, exposant notamment les motifs du recours à une nouvelle législation, l'articulation du projet avec le droit européen et l'évaluation des conséquences économiques, financières, sociales et environnementales des dispositions du projet.

Dans son étude annuelle pour 2013, le Conseil d'État a enfin analysé l'utilisation croissante du « droit souple » (codes de bonne conduite, recommandations de bonnes pratiques, nouvelle gouvernance économique de l'Union européenne, etc.), dont l'objet est de modifier ou d'orienter les comportements en suscitant, dans la mesure du possible, l'adhésion de ses destinataires sans toutefois créer de droits ou d'obligations. Il y formule différentes propositions pour un emploi raisonné de ce droit, recommandant notamment de favoriser la rédaction de textes législatifs et réglementaires plus brefs, qui ménagent la possibilité pour les autorités chargées de leur exécution de préciser leur portée par des lignes directrices ou des recommandations. Ainsi, pour Jean-Marc Sauvé, vice-président du Conseil d'État, en donnant un plus grand pouvoir d'initiative aux acteurs, et au-delà plus de responsabilités, le droit souple contribue à oxygéner notre ordre juridique. Par un emploi raisonné, il peut pleinement contribuer à la politique de simplification des normes et à la qualité de la réglementation » (http://www.conseil-etat.fr/Decisions-Avis-Publications/Etudes-Publications/Rapports-Etudes/Etude-annuelle-2013-Le-droit-souple).

Le Conseil d'État a fait évoluer sa jurisprudence sur la possibilité de déférer au juge de l'excès de pouvoir les actes de droit souple qui n'apportent pas de modification à l'ordonnancement juridique, ce qui constituait une condition de l'acte faisant grief susceptible de recours.

La circonstance qu'il fasse grief à un administré ne suffit pas à rendre ce dernier recevable à former un recours pour excès de pouvoir, si cet acte n'est pas susceptible par lui-même de modifier sa situation juridique ».

Dans ses décisions du 21 mars 2016 société Fairvesta international gmbh et autres et Numéricable, le Conseil d'État a étendu la possibilité de présenter un recours pour excès de pouvoir contre les décisions de droit souple prise par les autorités de régulation. La justiciabilité de ces recommandations au regard du recours pour excès de pouvoir est examinée par rapport à leurs effets économiques sur des opérateurs et non plus par la modification de l'ordonnancement juridique.

En dernier lieu, par une décision Gisti n° 418142 du 12 juin 2020, le Conseil d'État a unifié les condtions d'inviolabilité des circulaires, des actes de droit souple et des directives en fusionnant les jurisprudences Crédit foncier de France (sect., 11 déc. 1970, n° 78880) sur les directives devenues lignes directrices, Duvignères (CE, sect., 18 déc. 2002, n° 233618) sur les circulaires et Fairvesta sur la contestation des actes de droit souple (CE, ass., 21 mars 2016, n° 368082). Le GISTI demandait l'annulation d'une « note d'actualité » de la police aux frontières relatives aux fraudes documentaires sur les actes d'état civil en Guinée. Le Conseil d'État a jugé que les « documents de portée générale émanant d'autorités publiques, matérialisés ou non, tels que les circulaires, instructions, recommandations, notes, présentations ou interprétations du droit positif peuvent être déférés au juge de l'excès de pouvoir lorsqu'ils sont susceptibles d'avoir des effets notables sur les droits ou la situation d'autres personnes que les agents chargés, le cas échéant, de les mettre en œuvre. Ont notamment de tels effets ceux de ces documents qui ont un caractère impératif ou présentent le caractère de lignes directrices. »

Dans ce cadre, « Il appartient au juge d'examiner les vices susceptibles d'affecter la légalité du document en tenant compte de la nature et des caractéristiques de celui-ci ainsi que du pouvoir d'appréciation dont dispose l'autorité dont il émane. Le recours formé à son encontre doit être accueilli notamment s'il fixe une règle nouvelle entachée d'incompétence, si l'interprétation du droit positif qu'il comporte en méconnaît le sens et la portée ou s'il est pris en vue de la mise en œuvre d'une règle contraire à une norme juridique supérieure. »

Ouvrages récents

- Conseil d'État, « Le droit souple », Étude annuelle 2013, La Documentation française.
- X. Domino et A. Bretonneau, « Jurisprudence Danthony: bilan après 18 mois », *AJDA* 2013, p. 1733.
- Camille Mialot, « L'arrêt Danthony du point de vue du justiciable », *AJDA* 2012 p. 1484.
- Conseil d'État, « Sécurité juridique et complexité du droit », Rapport public 2006, La Documentation française.
- Anne-Laure Valembois, « La constitution de l'exigence de sécurité juridique en droit français », *Cahiers du Conseil constitutionnel*, n° 17, mars 2005.
- Manuel Delamarre, « La sécurité juridique et le juge administratif français », *AJDA* 2004 p. 186.
- Dieudonné Mandelkern (Groupe de travail interministériel sur la qualité de la réglementation), « La qualité de la réglementation », La Documentation française, 2002.

Exemples de sujets

- La simplification du droit.
- L'acte administratif et le temps.
- Le juge administratif et la qualité de la norme.

9 La procédure administrative non contentieuse

Longtemps « passager clandestin » (H. Sérieyx), l'usager évolue aujourd'hui au sein d'une procédure administrative modernisée et plus transparente, qui lui garantit non seulement le droit de se défendre face à la décision publique, mais également celui de la comprendre et de participer à son élaboration. La procédure administrative non contentieuse est ainsi marquée par un mouvement plus général qui fait du citoyen moins un administré passif qu'un partenaire impliqué dans le processus décisionnel. Si cette évolution représente un progrès certain, elle ne saurait toutefois conduire à la perte, par l'administration, de son pouvoir de définition de l'intérêt général, pouvant s'opposer à des promoteurs d'intérêts particuliers se présentant comme des défenseurs de l'intérêt général.

Historique

L'administré entretient avec l'administration un rapport parfois tendu, du fait de l'organisation unitaire et hiérarchique, décrite en particulier par Max Weber, qui induit nécessairement une forme de distance et de rigidité. Toutefois, au cours des dernières décennies, l'administration a dû s'adapter à de nouvelles contraintes, économiques, technologiques et sociologiques, qui ont profondément modifié la place de l'administré au sein de la procédure non contentieuse. Selon Jean Rivero, cet administré, dont le statut se réduisait à l'origine à l'obligation d'obéir, s'est progressivement vu reconnaître la qualité d'usager des services publics puis, même, de participant à l'action administrative. En suivant une analyse proche, René Chapus observe qu'à l'expression d'administré, qui désigne des objets plus que des sujets de droit, a succédé celle d'usager, puis de citoyen.

Le développement des modes de participation des citoyens à la prise de décision, qui constitue aujourd'hui la prolongation des procédures plus traditionnelles de consultation, traduit une façon nouvelle de concevoir et de conduire les politiques publiques. Mais ces évolutions, tout en modernisant la procédure administrative, ont également introduit des éléments nouveaux de complexité procédurale et juridique, qui peuvent, dans une certaine mesure, ralentir le travail de l'administration voire, paradoxalement, perdre l'administré dans de nouveaux dédales.

Les principales lois marquant l'évolution de la procédure administrative non contentieuse sont les suivantes :

- loi du 6 janvier 1978 relative à l'accès aux fichiers informatiques ;
- loi du 17 juillet 1978 posant le principe de la liberté d'accès aux documents administratifs ;
- loi du 11 juillet 1979 relative à la motivation des décisions administratives ;
- loi du 2 février 1995 relative au renforcement de la protection de l'environnement, créant la Commission nationale du débat public ;

- loi du 12 avril 2000 relative aux droits des citoyens dans leurs relations avec l'administration ;
- la loi du 15 juillet 2008 introduisant le principe de la libre communicabilité des archives ;
- lois (organique et ordinaire) du 19 mars 2011 relatives au Défenseur des droits.

Ces lois ont été abrogées et codifiées dans le code des relations entre le public et l'administration (CRPA) issu de l'ordonnance du 23 octobre 2015 qui a été complétée par le décret du 23 octobre 2015 relatif aux dispositions réglementaires du code des relations entre le public et l'administration. Les dispositions du CRPA sont, en principe, entrées en vigueur le 1er janvier 2016.

Connaissances de base

L'action administrative est traditionnellement marquée par un principe d'assujettissement de l'administré

- **Les prérogatives de l'administration pour l'édiction d'actes unilatéraux**

L'administration dispose, avant toute chose, d'une prérogative exorbitante du droit commun qui lui permet d'énoncer des règles unilatérales, en exerçant son pouvoir réglementaire ou en édictant des décisions individuelles. Ces actes ont la particularité d'être exécutoires d'office (CE 2 juillet 1982, Huglo et autres) ; le prévilège du préalable oblige l'administré à appliquer la décision unilatérale, même s'il l'a contestée devant un juge. En vertu de l'article L. 4 du code de justice administrative, le recours devant le juge contre un acte de l'administration n'est, en principe, pas suspensif, même s'il s'agit de sanctions (retrait d'autorisation, suspension d'activité, amende, etc.). Le Conseil constitutionnel autorise leur existence dès lors qu'elles n'impliquent aucune privation de liberté (DC 28 juillet 1989, COB), en précisant néanmoins que seule la loi peut les instituer et que doivent être respectés les principes de nécessité des peines et de non-rétroactivité de la loi pénale plus sévère (par exemple, DC 13 août 1993, Loi relative à la maîtrise de l'immigration).

L'action administrative ne crée, par ailleurs, aucun droit acquis pour les administrés, ce que traduit, en particulier, le principe de mutabilité du service public. Ainsi, « les usagers d'un service public administratif n'ont aucun droit au maintien de ce service ; [...] il appartient à l'administration de prendre la décision de mettre fin au fonctionnement d'un tel service lorsqu'elle l'estime nécessaire » (CE 27 janvier 1961, Vannier). L'administration a le devoir d'édicter des règles variant en fonction des évolutions législatives et d'une conception modifié de l'intérêt général et doit être libre de réorganiser les services publics.

Enfin, l'action administrative peut même s'affranchir du principe de légalité dans certaines circonstances. Ainsi, la théorie des circonstances exceptionnelles, appelée à l'origine « théorie des pouvoirs de guerre », permet à l'administration de s'écarter des règles qui encadrent son action lorsque les circonstances semblent l'exiger.

Au nom de l'impératif de sécurité publique, l'administration peut alors bénéficier d'un assouplissement des règles de procédure (CE 28 juin 1918, Heyriès) ou se voir reconnaître des pouvoirs dont elle ne dispose pas habituellement, l'autorisant par exemple à porter certaines atteintes aux libertés publiques (CE 28 février 1919, Dames Dol et Laurent).

- **Les prérogatives de l'administration dans sa relation contractuelle**

Le rapport contractuel avec l'administration place également l'administré dans une situation inégale. Les contrats administratifs peuvent, en effet, comprendre des clauses exorbitantes du droit commun et garantir à l'administration des prérogatives importantes, parmi lesquelles un pouvoir de résiliation (CE 2 mai 1958, Distillerie de Magnac Laval), un pouvoir de modification unilatérale des conditions d'exécution du contrat (CE 21 mars 1910, Compagnie générale française des tramways), et un droit de direction, de contrôle et même de sanction (CE 31 mai 1907, Deplanque), qui trouvent leurs justifications dans l'intérêt général. Le cocontractant, quoique partenaire de l'administration, lui est ainsi, également, assujetti.

L'administré bénéficie parallèlement d'un principe de protection au sein de la procédure administrative

- **Le respect des droits de la défense**

Le principe des droits de la défense (CE 5 mai 1944, Dame Veuve Trompier-Gravier) a été consacré comme principe général du droit (CE 26 octobre 1945, Aramu). Ce principe impose deux exigences avant qu'une mesure administrative défavorable ne soit imposée: il faut d'une part que l'intéressé ait été informé de l'intention de l'administration et des griefs formulés à son encontre; il faut d'autre part qu'il ait été mis en mesure de présenter utilement ses observations (conclusions de Mme MAUGÜE, Commissaire du Gouvernement sous 137858 CPAM de Montpellier du 26 juillet 1996). En matière de fonction publique, ce principe impose également la communication du dossier de l'intéressé (CE 24 juin 1949, Nègre).

L'exigence d'une procédure contradictoire préalable figure désormais à l'article L. 121-1 du CRPA qui prévoit: « *Exception faite des cas où il est statué sur une demande, les décisions du CRPA individuelles qui doivent être motivées en application de l'article L. 211-2, ainsi que les décisions qui, bien que non mentionnées à cet article, sont prises en considération de la personne, sont soumises au respect d'une procédure contradictoire préalable* ». Le champ d'application de cette procédure est limité aux décisions qui doivent être motivées en vertu de l'article L. 211-2.

Les obligations qui résultent de la mise en œuvre de la procédure contradictoire sont définies à l'article L. 122-1 qui prévoit que ces décisions « n'interviennent qu'après que la personne intéressée a été mise à même de présenter des observations écrites et, le cas échéant, sur sa demande, des observations orales. Cette personne peut se faire assister par un conseil ou représenter par un mandataire de son choix [...] ».

L'article L. 122-2 instaure une obligation supplémentaire pour les sanctions en prévoyant que les mesures à caractère de sanction ne peuvent intervenir qu'après que la personne en cause a été informée des griefs formulés à son encontre et a été mise à même de demander la communication du dossier la concernant.

Les obligations qui en découlent sont limitées à la possibilité de présenter des observations écrites et, le cas échéant, orales. L'administré doit être mis à même de le faire, ce qui suppose d'adresser un 1er courrier informant l'intéressé qu'une mesure est envisagée et lui laisser un délai pour présenter des observations avant que la position définitive ne soit adoptée. L'omission de cette formalité substantielle conduit à une annulation.

L'exception la plus importante est le cas où il est statué sur une demande présentée par l'intéressé.

Les dispositions de L. 122-1 ont, cependant, un caractère subsidiaire ; l'administration ne doit les mettre en œuvre qu'à défaut de procédure contradictoire établie par un texte spécial. Par exemple, en matière de procédures d'éloignement des étrangers, le Conseil d'État a jugé que le législateur a entendu déterminer l'ensemble des règles de procédure administrative et contentieuse auxquelles sont soumises l'intervention et l'exécution des arrêtés de reconduite à la frontière et, par là, il a entendu exclure l'application de la procédure contradictoire de droit commun (Avis Barjamaj rendu par Conseil d'État 28 novembre 2007 n° 307999).

Il est observé que le droit de toute personne d'être entendue avant qu'une mesure individuelle l'affectant défavorablement ne soit prise à son encontre affirmés à l'article 41 de la Charte des droits fondamentaux de l'Union européenne, n'est pas invocable à l'encontre d'une décision prise par une autorité nationale, et non européenne, mais le principe général du droit de l'Union relatif au respect des droits de la défense peut, en revanche, l'être utilement, mais il doit être justifié que la personne a été empêchée de faire valoir un élément déterminant (CJUE 5 novembre 2014, Mme Mukarubega).

- **La motivation des actes administratifs : condition de l'exercice effectif des droits de la défense**

Les droits de la défense dont dispose l'administré ne peuvent s'exercer de façon effective qu'à la condition que les décisions dont il fait l'objet soient motivées. En ce domaine, si le principe reste que les décisions administratives n'ont pas à être motivées, la loi du 11 juillet 1979 intégrée désormais aux articles L. 211-1 et suivants du CRPA a élargi le champ de la motivation obligatoire. Doivent ainsi être motivées les décisions individuelles défavorables (sanctions, mesures de police, retraits ou abrogation de décisions créatrices de droit listées à l'article L. 211-2), ou celles qui dérogent aux règles générales (L. 211-3). L'article L. 211-5 du CRPA précise que la motivation « doit être écrite et comporter l'énoncé des considérations de droit et de fait qui constituent le fondement de la décision ». Cette obligation ne peut être ignorée qu'en cas d'urgence absolue, ou pour des raisons liées au secret médical ou à la défense nationale. L'article L. 232-4 prévoit, enfin, qu'en cas de décision implicite, l'intéressé peut demander la communication des motifs dans le délai de recours contentieux.

Le développement progressif d'une véritable citoyenneté administrative

Au-delà des droits garantissant la protection des administrés, une citoyenneté administrative plus active s'est développée lors des dernières décennies. Ces évolutions ont doté l'administré, en plus des armes défensives dont il disposait face à l'administration, de droits plus offensifs, qui peuvent se décliner au fil de la procédure administrative selon trois exigences principales : voir, comprendre et agir.

- **Voir : la transparence, ou la « fin du secret » (J. Rivero)**

L'accès aux documents administratifs

Alors qu'un principe de communication existe chez certains de nos voisins (la Suède, par exemple) depuis le XIXe siècle, l'accès aux documents administratifs est, en France, un droit relativement récent. La loi du 17 juillet 1978 a ainsi posé le principe de la liberté d'accès aux documents administratifs (codifiée aux articles L. 311-1 et suivants du CRPA), en aménageant quelques exceptions pour respecter les secrets d'intérêt national ou privé. Le droit d'accès aux documents administratifs est ainsi désormais rangé au nombre des garanties fondamentales accordées aux citoyens pour l'exercice des libertés publiques (CE 29 avril 2002, Ullman). Dans ce cadre, la Commission d'accès aux documents administratifs (CADA) est chargée d'émettre des avis sur les demandes qui présentent des difficultés pour l'administration (plus de 5 300 avis en 2013) ; son intervention est un préalable à tout recours contentieux (CE 19 février 1982, Mme Commaret).

L'ordonnance du 6 juin 2005, complétée d'un décret du 30 décembre 2005, a procédé à la simplification de ce régime et doté la CADA de pouvoirs de sanction (amendes), qui peuvent s'exercer lorsque la réutilisation des informations publiques communiquées méconnaît l'obligation d'obtention d'une licence. Elle a également déterminé de manière plus claire le champ des documents communicables, en précisant qu'ils doivent être détenus « dans le cadre d'une mission de service public », et en y intégrant les documents détenus par l'administration mais n'émanant pas d'elle.

L'ordonnance n° 2005-650 du 6 juin 2005 relative à la liberté d'accès aux documents administratifs et à la réutilisation des informations publiques, prise pour la transposition de la directive 2003/98/CE du Parlement européen et du Conseil du 17 novembre 2003 concernant la réutilisation des informations du secteur public (dite « directive PSI ») a, introduit un droit de réutilisation des informations publiques.

La loi n° 2016-1321 du 7 octobre 2016 pour une République numérique a précisé le niveau d'exigence en matière d'accessibilité des données des administrations publiques, sous peine de sanctions pécuniaires.

Elle étend la compétence de la CADA au nouveau régime d'accès aux documents administratifs inséré dans le code général des collectivités territoriales par l'article 106 de la loi NOTRe du 6 août 2015.

Enfin, le droit d'accès aux documents est désormais transposé, pour ce qui concerne les institutions européennes, à l'article 42 de la Charte des droits fondamentaux de l'Union européenne.

Par ailleurs, la loi du 15 juillet 2008 (codifiée au sein du code du patrimoine) a introduit le principe de la libre communicabilité des archives, en vertu duquel les documents administratifs restent communicables sans restriction après leur versement aux archives. Des délais de consultation particuliers sont néanmoins fixés pour les documents, administratifs ou non, qui comportent des intérêts ou des secrets protégés (de 25 à 100 ans, selon la nature de ces intérêts). Une dérogation peut toutefois être accordée par l'administration des archives, pour autoriser la consultation avant l'expiration de ces délais.

Les fichiers informatiques

La loi du 6 janvier 1978, relative à l'accès aux fichiers informatiques, pose le principe du droit d'accès de chaque citoyen aux informations le concernant, dans les fichiers publics ou privés, ainsi que le droit d'en obtenir la rectification s'il y a lieu, sous le contrôle de la Commission nationale de l'informatique et des libertés (CNIL). La loi du 6 août 2004 est venue réformer ce régime conformément au droit communautaire, en harmonisant les règles de déclaration des fichiers entre secteur privé et secteur public, et en donnant de nouveaux pouvoirs de perquisition à la CNIL.

- **Comprendre : la simplicité administrative**

Les interlocuteurs administratifs

L'article L. 114-2 du CRPA prévoit une obligation de transmission des demandes mal dirigées des administrés : « Lorsqu'une demande est adressée à une administration incompétente, cette dernière la transmet à l'administration compétente et en avise l'intéressé ».

L'article L. 114-3 prévoit des modalités différentes de computation des délais donnant lieu à l'intervention d'une décision implicite selon qu'il s'agit d'une décision implicite d'acceptation ou de rejet : dans le 1er cas, le délai court à compter de la date de réception de la demande par l'autorité compétente ; dans le second cas, le point de départ est la date de réception par l'autorité initialement saisie.

La loi prévoit également que les décisions doivent, en plus de sa signature, comporter les prénom, nom et qualité de leur auteur.

La loi du 12 avril 2000 a fixé des règles quant aux demandes présentées par les administrés.

Le mot « demande » désigne aussi bien les demandes et réclamations initiales que celles formulées à l'occasion d'un recours gracieux ou d'un recours hiérarchique.

Désormais, ces règles figurent à l'article L. 112-3 du code des relations entre le public et l'administration selon lequel « Toute demande adressée à l'administration fait l'objet d'un accusé de réception ».

L'article R. 112-5 fixe les mentions de l'accusé de réception sur lequel doivent figurer la date de réception de la demande et la date à laquelle, à défaut d'une décision expresse, celle-ci sera réputée acceptée ou rejetée. Il indique si la demande est susceptible de donner lieu à une décision implicite de rejet ou à une décision implicite d'acceptation. Dans le premier cas, l'accusé de réception mentionne les délais et les voies de recours à l'encontre de la décision. Dans le second cas, il mentionne la possibilité offerte au demandeur de se voir délivrer l'attestation prévue à l'article L. 232-3.

L'article L. 112-6 prévoit que la sanction de la non-délivrance de l'accusé de réception ou de l'insuffisance de ses mentions est l'inopposabilité du délai de recours, sauf lorsqu'une décision expresse a été régulièrement notifiée avant l'expiration du délai au terme duquel est susceptible de naître une décision implicite.

L'article L. 114-5 crée une obligation pour l'administration d'indiquer au demandeur les pièces et informations manquantes exigées par les textes législatifs et réglementaires en vigueur et de fixe un délai pour la réception de ces pièces et informations et l'article L. 114-6 oblige l'administration à inviter l'auteur d'une demande affectée par un vice de forme ou de procédure susceptible d'être couvert dans les délais légaux, à la régulariser en lui indiquant le délai imparti pour cette régularisation.

L'accès au droit

À côté des règles de publication plus anciennes qui concernaient les textes juridiques principaux, la loi du 17 juillet 1978 a ajouté l'obligation de publier les directives, instructions et circulaires ainsi que les notes et réponses ministérielles comprenant une interprétation du droit. Plus largement, la loi du 12 avril 2000 (article 2) impose aux autorités administratives d'organiser « un accès simple aux règles de droit qu'elles édictent », en déclarant « mission de service public » la mise à disposition et la diffusion des textes juridiques.

L'administré doit pouvoir, en outre, avoir accès à des services auxiliaires qui l'aident à se mouvoir face aux problématiques juridiques et administratives ; les efforts dans ce domaine sont encouragés et coordonnés par des conseils départementaux d'accès au droit, instaurés par la loi du 10 juillet 1991 (réformée par la loi du 18 décembre 1998). Le Conseil d'État préconisait également, dans son rapport 2006 (Sécurité juridique et complexité du droit), la création d'interlocuteurs administratifs uniques, sur le modèle des « Small business units » britanniques, dont on peut voir une première ébauche dans les relais services publics, guichets d'accueil polyvalents mis en place au niveau local depuis 2006. Vont, enfin, également dans ce sens les efforts importants de codification et, plus récemment, de simplification du droit engagés par une série de textes, parmi lesquelles la loi du 12 novembre 2013 habilitant le Gouvernement à simplifier les relations entre l'administration et les citoyens.

- **Agir : la participation des administrés**

En matière de relations sociales, le principe de participation est inscrit au huitième alinéa du préambule de la Constitution de 1946. Mais la participation des administrés en amont de la décision s'est développée dans d'autres domaines, en particulier ceux de l'environnement et de l'aménagement. Les enquêtes publiques, modernisées par les lois du 12 juillet 1983 et du 12 juillet 2010, permettent ainsi de solliciter l'avis des citoyens sur des projets importants en matière d'environnement et d'urbanisme ; on en compte plusieurs milliers par an. En pratique, un commissaire-enquêteur recueille les observations des administrés, dans un registre ou éventuellement en organisant une réunion publique, et émet un avis destiné aux autorités publiques. Le droit de participer à l'élaboration des décisions ayant une incidence sur l'environnement est, en outre, désormais consacré par l'article 7 de la Charte de l'environnement, qui figure au préambule de la Constitution ; le Conseil constitutionnel a reconnu, dans ce domaine, l'existence d'un « droit matériel constitutionnellement garanti » (QPC 14 octobre 2011, Association France Nature environnement), qui peut ainsi conduire à l'abrogation de dispositions législatives ne prévoyant pas sa mise en œuvre (QPC 13 juillet 2012, Association France Nature Environnement).

Le principe du débat public a, pour sa part, été renforcé par la loi du 2 février 1995 relative à la protection de l'environnement, créant une Commission nationale du débat public chargée d'assurer l'information et la participation des citoyens sur des projets d'aménagement et d'équipement d'intérêt national présentant un enjeu socio-économique ou environnemental. Elle doit être obligatoirement saisie par les maîtres d'ouvrage en cas de projets dépassant certains seuils financiers, et peut l'être également par dix parlementaires, les collectivités locales ou établissements publics de coopération intercommunale intéressés, ou encore des associations agréées de protection de l'environnement. La commission n'est jamais tenue d'organiser un débat, mais ses refus peuvent être contestés devant le juge administratif (CE 17 mai 2002, Association France Nature Environnement). La loi du 27 février 2002, intégrant les principes de la Convention d'Aarhus sur l'accès à l'information, la participation du public au processus décisionnel et l'accès à la justice en matière d'environnement (entrée en vigueur en France le 6 octobre 2002, et dont certaines dispositions produisent même des effets directs en droit interne : CE 12 avril 2013, Association coordination interrégionale stop THT) a encore renforcé le rôle de cette commission, en lui conférant le statut d'autorité administrative indépendante et en élargissant son champ de compétences. Enfin, la loi du 12 juillet 2010 portant engagement national pour l'environnement a élargi ses attributions et modifié sa composition, tout en créant une possibilité de saisine ministérielle de la commission en matière de développement durable.

Entérinant l'importance de la place donnée à la participation, le Conseil d'État a jugé, dans une affaire concernant le projet d'aéroport de Notre-Dame des Landes, que, sur le fondement des textes législatifs existant en la matière, l'État pouvait procéder à une consultation des électeurs concernés, alors même qu'aucune autorisation n'était plus nécessaire au projet et que celui-ci avait déjà été déclaré d'utilité publique (20 juin 2016, Association citoyenne intercommunale des populations concernées par le projet d'aéroport de Notre-Dame-de-Landes).

Bilan de l'actualité

Une interaction administration/administrés de plus en plus sophistiquée

Les outils facilitant la relation entre les administrés et l'administration, qu'ils soient procéduraux ou technologiques, ont connus des évolutions importantes au cours des dernières années.

- **D'un point de vue procédural : les évolutions de la médiation**

Les citoyens disposent d'un certain nombre d'instances renforçant leurs possibilités d'interaction avec l'administration. Parmi celles-ci, le Médiateur de la République, autorité indépendante instituée par une loi du 3 janvier 1973, intervenait auprès des services administratifs pour trouver les moyens de satisfaire les réclamations des administrés en cas de différends. Nommé par décret en Conseil des ministres, il était saisi par l'intermédiaire d'un parlementaire et bénéficiait, depuis 1986, du concours de délégués départementaux. Sans pouvoir de décision, il disposait en revanche de pouvoirs d'instruction et de recommandation, qui pouvaient lui permettre d'établir un dialogue avec l'administration et de mettre fin au conflit entre les parties, ainsi que d'un pouvoir de suggestion, en vertu duquel il pouvait formuler des propositions plus larges de réforme.

Le rôle du Médiateur a récemment évolué avec la création du Défenseur des droits, par la loi constitutionnelle du 23 juillet 2008 ; aux termes du nouvel article 71-1 de la Constitution, celui-ci « veille au respect des droits et libertés par les administrations de l'État, les collectivités territoriales, les établissements publics, ainsi que par tout organisme investi d'une mission de service public, ou à l'égard duquel la loi organique lui attribue des compétences. Il peut être saisi, dans les conditions prévues par la loi organique, par toute personne s'estimant lésée par le fonctionnement d'un service public ou d'un organisme visé au premier alinéa. Il peut se saisir d'office […] ». Comme le Médiateur, le Défenseur des droits est nommé par le président de la République pour un mandat de six ans non renouvelable ; il doit rendre compte de son activité au président de la République et au Parlement. Les deux lois (organique et ordinaire) relatives au Défenseur des droits ont été promulguées le 29 mars 2011, et celui-ci s'est ainsi vu transférer les missions du Médiateur, mais également celles de plusieurs autres autorités indépendantes (Défenseur des enfants, Haute Autorité de lutte contre la discrimination et pour l'égalité, Commission nationale de déontologie et de sécurité). Si certaines de ces institutions ont fait état de leur crainte de voir chacune de leur mission se diluer dans cette nouvelle institution, et s'il est trop tôt pour apprécier le bien-fondé d'une telle réserve, on observera que les administrés bénéficient désormais d'un interlocuteur unique et polyvalent pour traiter de leurs différends avec l'administration, ce qui, à tout le moins, constitue un progrès en termes de clarté et de simplicité institutionnelles.

La loi n° 2016-1547 du 18 novembre 2016 de modernisation de la justice du XXIe siècle a introduit un chapitre consacré à la médiation dans le code de justice administrative définie à l'article L. 213-1 comme « tout processus structuré, quelle qu'en soit la dénomination, par lequel deux ou plusieurs parties tentent de parvenir à un accord en vue de la résolution amiable de leurs différends, avec l'aide d'un tiers, le médiateur, choisi par elles ou désigné, avec leur accord, par la juridiction». L'article L. 213-4 permet aux parties de saisir la juridiction pour homologuer et donner force exécutoire à l'accord issu de la médiation.

L'article L. 213-5 prévoit que les parties peuvent, en dehors de toute procédure juridictionnelle, demander au président du tribunal administratif d'organiser une mission de médiation et de désigner la ou les personnes qui en sont chargées, ou lui demander de désigner la ou les personnes qui sont chargées d'une mission de médiation qu'elles ont elles-mêmes organisée.

L'article L. 213-7 instaure une médiation à l'initiative du juge en prévoyant que président de la formation de jugement peut, sur un litige dont est saisi la juridiction et après avoir obtenu l'accord des parties, ordonner une médiation pour tenter de parvenir à un accord entre celles-ci.

La médiation a pour effet d'interrompre les délais de recours contentieux et de suspendre les prescriptions à compter du jour où les parties conviennent de recourir à la médiation qui recommencent à courir à compter de la date à laquelle soit l'une des parties ou les deux, soit le médiateur déclarent que la médiation est terminée.

L'article L. 213-10 prévoit la possibilité d'instaurer à titre expérimental dans des domaines relatifs à la fonction publique, au logement et à l'aide sociale des procédures de médiation préalable prescrites obligatoirement avant toute saisine du juge. Le décret du 16 février 2018 portant expérimentation d'une procédure de médiation préalable obligatoire en matière de litiges de la fonction publique et de litiges sociaux a défini des catégories de décisions et des circonscriptions des administrations dans lesquelles le passage par médiateur est une condition préalable obligatoire à la saisine du juge. L'absence de recours à la médiation rend la requête irrecevable.

- **D'un point de vue technologique : les évolutions de l'informatisation**

Les nouvelles technologies constituent un tremplin essentiel pour améliorer la relation avec les administrés. Dès 1999, le programme d'action pour l'entrée de la France dans les nouvelles technologies avait, par exemple, entraîné la mise en place systématique des sites internet des préfectures ou d'autres services administratifs. Ont suivi la création du site Legifrance et la publication systématique des textes les plus importants sur internet (en vertu d'une ordonnance du 20 février 2004 complétée, pour les circulaires et instructions ministérielles, par un décret du 8 décembre 2008). L'interaction se renforce également avec le développement des télé-procédures, par exemple avec la déclaration d'impôt des particuliers sur internet. Un décret du 5 novembre 2015 est ainsi venu définir les conditions de saisine de l'administration par voie électronique.

La loi n° 2016-1321 du 7 octobre 2016 pour une République numérique énonce le principe selon lequel les informations publiques qui ont été communiquées ou rendues publiques sont librement réutilisables à d'autres fins que la mission de service public pour laquelle elles ont été produites ou reçues. Elle crée un droit d'accès aux règles définissant les traitements algorithmiques utilisés par les administrations publiques et aux principales caractéristiques de leur mise en œuvre, lorsque ces traitements débouchent sur des décisions individuelles.

Outil d'information des administrés, internet participe en effet également à leur association au processus préparatoire à la décision, dans le cadre de consultations ouvertes qui passent désormais par la création de forums ou de lieux virtuels de discussion. Illustrant cette tendance, l'article 16 de la loi du 17 mai 2011 de simplification et d'amélioration de la qualité du droit instaure une mesure inédite d'articulation entre les procédures de concertation électronique et de consultation obligatoire. En effet, sous réserve d'exceptions, il autorise l'administration à remplacer une consultation obligatoire par une concertation ouverte, par voie d'internet, instituant clairement une préférence pour cette seconde méthode.

Le Code des relations entre le public et l'administration contient des règles relatives au « Droit de saisine par voie électronique » issues de l'ordonnance n° 2005-1516 du 8 décembre 2005 relative aux échanges électroniques entre les usagers et les autorités administratives et entre les autorités administratives.

L'article L. 112-8 prévoit que toute personne, dès lors qu'elle s'est identifiée préalablement auprès d'une administration, peut, dans des conditions déterminées par décret en Conseil d'État, adresser à celle-ci, par voie électronique, une demande, une déclaration, un document ou une information, ou lui répondre par la même voie. Cette administration est régulièrement saisie et traite la demande, la déclaration, le document ou l'information sans lui demander la confirmation ou la répétition de son envoi sous une autre forme.

L'article L. 112-9 permet à une administration d'imposer au public l'utilisation d'un téléservice en prévoyant : « *Lorsqu'elle a mis en place un téléservice réservé à l'accomplissement de certaines démarches administratives, une administration n'est régulièrement saisie par voie électronique que par l'usage de ce téléservice* ».

Cette possibilité d'instaurer une obligation de passer par un portail électronique pour certains requérants a été concrétisée pour les transmissions de pièces entre les avocats, les administrations et les juridictions administratives.

Télérecours : accès à la justice par voie électronique.

L'article R. 414-1 issu du décret n° 2016-1481 du 2 novembre 2016 relatif à l'utilisation des téléprocédures devant le Conseil d'État, les cours administratives d'appel et les tribunaux administratifs a instauré une obligation pour les avocats et les administrations de transmettre leur requête par la voie d'une application appelée télérecours. Cet article prévoit que : « Lorsqu'elle est présentée par un avocat, un avocat au Conseil d'État et à la Cour de cassation, une personne morale de droit public autre qu'une commune de moins de 3 500 habitants ou un organisme de droit privé chargé de la gestion permanente d'un service public, la requête doit, à peine d'irrecevabilité, être adressée à la juridiction par voie électronique au moyen d'une application informatique dédiée accessible par le réseau internet. La même obligation est applicable aux autres mémoires du requérant. Lorsqu'elle est présentée par une commune de moins de 3 500 habitants, la requête peut être adressée au moyen de cette application [...] »

L'article R. 414-2 du code de justice administrative prévoit que l'identification de l'auteur de la requête vaut signature pour l'application des dispositions du présent code.

Le décret n° 2018-251 du 6 avril 2018 relatif à l'utilisation d'un téléservice devant le Conseil d'État, les cours administratives d'appel et les tribunaux administratifs ouvre aux justiciables qui ne sont pas soumis à l'obligation de saisir les juridictions administratives dans les conditions prévues à l'article R. 414-1 du code de justice administrative, la faculté d'utiliser un téléservice « télécours citoyen » pour communiquer par voie électronique avec les juridictions administratives de droit commun.

Mais ce que certains qualifient aujourd'hui de nouvelle démocratie électronique présente également des risques qui justifient un renforcement des garanties procédurales dans ce domaine. Dans son rapport public 2011, le Conseil d'État propose ainsi de poser des principes directeurs du droit de la concertation en ligne, invitant notamment ces concertations à être circonscrites, conduites de manière impartiale par des tiers et à faire l'objet de bilans.

Le développement des procédures consultatives

Au-delà des outils nouveaux qui permettent la modernisation des rapports avec les administrés, c'est bien l'association croissante de ceux-ci à la prise de décision administrative qui marque l'évolution des années les plus récentes. Le Conseil d'État a d'ailleurs choisi de consacrer à ce sujet son rapport public 2011, intitulé « Consulter autrement, participer effectivement ». Si le développement de la consultation témoigne d'une ouverture de la procédure administrative, elle est toutefois également facteur de nouvelles complexités.

• De nouvelles formes de consultation viennent s'ajouter aux modalités d'association traditionnelles

Le recours à la consultation n'est pas nouveau pour l'administration. Les organismes qu'elle consulte remplissent une mission d'expertise (CADA, autorité de sûreté nucléaire, etc.) ou de concertation (Commission nationale consultative des gens du voyage), ou encore, plus largement, de réflexion (Comité consultatif national d'éthique, par exemple). Ces consultations peuvent être facultatives, l'opportunité de saisine étant alors appréciée par l'administration (qui ne commet donc pas d'illégalité en ne consultant pas : CE 3 septembre 1997, Syndicat national du négoce indépendant des produits sidérurgique), ou obligatoire ; ainsi le Conseil d'État est-il obligatoirement consulté sur les projets de loi et d'ordonnance, ainsi que sur certains projets de décret, tandis que d'innombrables textes contraignent l'administration à saisir un organe consultatif préalablement à l'adoption d'une décision.

Au-delà de ces modalités traditionnelles, de nouvelles formes de consultation sont marquées par une concertation publique très ouverte. La première de ces procédures d'un nouveau genre fut organisée à l'occasion de la réforme des postes et des télécommunications qui, après une vaste consultation publique et un rapport synthétisant les échanges, aboutit à la loi du 2 juillet 1990. Le « Grenelle de l'environnement », qui s'est tenu entre juillet et décembre 2007, a plus récemment associé l'État, les collectivités territoriales, les entreprises, les associations et enfin les organisations syndicales. Sur d'autres sujets, la consultation publique peut prendre la forme « d'États généraux » (de la santé, de la bioéthique, etc.) ou de « Débats » (sur l'avenir de l'école, l'identité nationale, etc.). Si la concertation ouverte est ainsi devenue une méthode de plus en plus utilisée, à l'impact médiatique certain, on peut toutefois s'interroger, selon les sujets qu'elle aborde, sur son opportunité et sa légitimité, d'autant qu'elle présente, comme le souligne le Conseil d'État dans son rapport public 2011, certaines insuffisances formelles, son organisation et son suivi ne donnant pas lieu à un encadrement rigoureux et systématique.

- **Des tentatives de rationalisation de la consultation**

Le nombre des organes consultatifs (commissions, conseils, comités, etc.) fait régulièrement l'objet de critiques, tant ils sont coûteux par les ressources et le temps qu'ils mobilisent. Ainsi, un programme de simplification et de suppression des commissions administratives a été initié par les lois du 2 juillet 2003 et du 9 décembre 2004 habilitant le Gouvernement à simplifier le droit. Plus récemment, plusieurs décrets successifs ont procédé à leur réorganisation, par la suppression ou la fusion de certaines d'entre elles (le décret du 23 mai 2013 a ainsi supprimé 64 commissions administratives à caractère consultatif, et le décret du 17 février 2014, 33). Parallèlement, le décret du 8 juin 2006 relatif à la composition et au fonctionnement de commissions administratives à caractère consultatif (modifié par celui du 4 juin 2009) a unifié les règles de création et de fonctionnement de ces commissions ; toute création doit ainsi désormais être précédée d'une étude vérifiant sa nécessité. Au total, le nombre des instances existantes en 2014 (cf. projet de loi de finances) est de 594, contre 799 en 2009.

Dans son arrêt du 23 décembre 2011, *Danthony,* le Conseil d'État a dégagé un principe selon lequel un vice dans une procédure préalable qu'elle soit obligatoire ou facultative ne peut entacher une décision d'illégalité que s'il ressort des pièces du dossier qu'il a été susceptible d'exercer une influence sur le sens de la décision prise ou qu'il a privé les intéressés d'une garantie (voir chapitre 8 sur la sécurité juridique).

Perspectives

Le spectre de la paralysie administrative

Tandis que le développement des procédures de consultation rallonge dans une certaine mesure les délais de prise de décision, l'action de l'administration peut également être ralentie par les demandes répétées des usagers. Comme le notait déjà une circulaire du 23 février 1989 sur le renouveau du service public, il n'est pas facile de « sortir du dilemme entre l'usager passif et l'usager critique ». Aussi la nécessité d'accorder à ceux-ci de nouveaux droits s'accompagne-t-elle du besoin de mieux sanctionner les demandes abusives, pour consacrer plus de temps aux demandes justifiées. L'article L. 112-3 du CRPA, qui prévoit l'obligation d'accuser réception des demandes des administrés, exclut ainsi de son champ les « demandes abusives, notamment par leur nombre, leur caractère répétitif ou systématique ». Une telle approche demande néanmoins de nouveaux efforts de tri analytique au sein des différents services administratifs.

Ces dévoiements, qui rallongent le travail de l'administration, peuvent s'avérer d'autant plus problématiques qu'ils s'accompagnent d'une accélération du temps administratif. Ainsi, alors que l'action administrative se trouve parfois rendue plus complexe par les exigences de transparence et de participation, le rythme de cette action se trouve, dans le même temps, resserré face aux demandes des administrés. En témoigne, par exemple, l'évolution de la portée conférée au silence de l'administration.

Dans sa version antérieure à 2013, l'article 21 de la loi du 12 avril 2000 prévoyait que : « Sauf dans les cas où un régime de décision implicite d'acceptation est institué dans les conditions prévues à l'article 22, le silence gardé pendant plus de deux mois par l'autorité administrative sur une demande vaut décision de rejet ».

L'article 22 prévoyait que le silence gardé pendant deux mois par l'autorité administrative sur une demande vaut décision d'acceptation dans les cas prévus par décrets en Conseil d'État.

Dans le cadre du choc de simplification, l'article 1er de la loi n° 2013-1005 du 12 novembre 2013 habilitant le Gouvernement à simplifier les relations entre l'administration et les citoyens a renversé ce principe pour instaurer le principe inscrit à l'article L. 231-1 selon lequel « Le silence gardé pendant deux mois par l'administration sur une demande vaut décision d'acceptation » (voir, à ce sujet, l'étude du Conseil d'État concernant « *L'application du nouveau principe "silence de l'administration vaut acceptation"* », janvier 2014).

Le législateur a circonscrit le champ d'application de ce nouveau principe et a défini directement au niveau législatif des cas d'exception à l'article L. 231-4. Il a aussi renvoyé à des décrets en Conseil d'État et en conseil des ministres le soin de définir d'autres dérogations, de fixer un délai différent ou de maintenir la règle silence vaut rejet eu égard à l'objet de la décision ou pour des motifs de bonne administration.

L'article L. 231-4 prévoit que le silence gardé par l'administration pendant deux mois vaut décision de rejet dans les relations entre les autorités administratives et leurs agents ou lorsque la demande ne tend pas à l'adoption d'une décision présentant le caractère d'une décision individuelle, ne s'inscrit pas dans une procédure prévue par un texte législatif ou réglementaire, présente le caractère d'une réclamation ou d'un recours administratif, présente un caractère financier.

L'article L. 231-5 prévoit que d'autres exceptions peuvent être édictées par décret en Conseil d'État et en conseil des ministres et maintenir le principe selon lequel silence vaut rejet eu égard à l'objet de certaines décisions ou pour des motifs de bonne administration.

Dans un souci de sécurité juridique, la loi a prévu la publication d'une liste des procédures pour lesquelles le silence gardé sur une demande vaut décision d'acceptation sur un site internet relevant du secrétariat général du gouvernement. Cette liste mentionne l'autorité à laquelle doit être adressée la demande, ainsi que le délai au terme duquel l'acceptation est acquise.

Par exemple, sont désormais soumis à acceptation implicite mais à un délai dérogatoire de 3 mois les inscriptions dans une école en dehors du secteur scolaire.

Cette évolution favorable à l'usager demandeur ne prend pas en compte les principes de base de la vie économique qui est fondée sur le principe de rareté des ressources. Par exemple, le réseau numérique terrestre ne peut pas comporter autant de fréquences que de demandeurs et le nombre de place dans une filière universitaire ou dans un collège ne peut faire abstraction des capacités d'accueil. Le principe silence vaut rejet était le seul compatible avec ce principe de rareté et d'allocation optimale des ressources.

Néanmoins, elle constitue une incitation forte, pour l'administration, à décider plus vite sous peine de faire naître un accord implicite.

Au total, il n'est pas illégitime de se demander si les nouvelles procédures d'association, conjuguées à ces délais raccourcis, restent toujours propices à la recherche de la bonne décision, dans le respect de l'intérêt général. C'est en ce sens que l'on peut estimer, avec Jean Rivero, qu'aller plus loin en matière de concertation des administrés « risquerait de compromettre l'intérêt général au profit des seuls intérêts particuliers défendus par des lobbies plus puissants face à l'administration qu'ils ne le sont face au législateur » (cf. article mentionné en fin de fiche). Car le véritable citoyen administratif est celui qui, doté de droits importants, a appris à les utiliser dans son intérêt individuel dans l'univers fragile que gouverne la recherche de l'intérêt général.

Améliorer la qualité de la relation entre le public et les administrations

- **Les principes d'une « administration délibérative »**

Si l'association des administrés à la procédure non contentieuse présente des risques et des imperfections, elle reste une nécessité dont les modalités peuvent être améliorées. Dans son rapport public 2011, le Conseil d'État trace diverses pistes destinées à rationaliser et rendre plus effectifs ces modes d'association à la procédure administrative.

Partant du constat que la légitimité de la décision est fonction de la clarté et de la loyauté de la procédure, le Conseil d'État s'attache à trouver des pistes pour améliorer le caractère délibératif de celle-ci. Il s'appuie ainsi sur la notion de « démocratie délibérative », chère à Jürgen Habermas ou Bernard Manin, selon laquelle une décision est légitime non pas tant du fait de son contenu qu'en raison de la procédure qui a conduit à sa formulation.

Par analogie, « l'administration délibérative » se définit donc par le respect des procédures associant les citoyens à l'élaboration des décisions et politiques publiques, et répond pour cela à un certain nombre de principes, parmi lesquels :

- la recherche du compromis aussi souvent que possible, au moyen de méthodes de concertation et de négociation ;
- la garantie d'une information claire et accessible pour chacun, et l'obligation de rendre des comptes aux participants à l'issue des concertations ;
- le développement d'une culture en réseau, et non plus seulement hiérarchique, pour les agents de l'administration.

Alors que la loi organique du 15 avril 2009 a renforcé la portée des études d'impact accompagnant les projets de loi, le Conseil d'État suggère, dans son rapport 2011, d'utiliser cet outil pour mieux articuler les phases de concertation et de consultation, en amont et en aval de toute réforme. Les études d'impact pourraient ainsi faire état de la diversité des approches et des raisons qui ont conduit à choisir l'une plutôt que l'autre. Le rapport propose, en outre, d'étendre cette procédure aux projets de décrets.

Enfin, le rapport du Conseil d'État suggère de transposer dans d'autres domaines les procédures de concertation souples existant en droit du travail (article L. 1 du code du travail, issu de la loi du 31 janvier 2007) ou de l'urbanisme (article L. 300-2 du code de l'urbanisme).

- **La montée en puissance du principe de loyauté**

Plus accessible et plus ouverte, l'administration se doit aujourd'hui d'être également loyale vis-à-vis des administrés. Le principe de loyauté trouve ainsi une traduction de plus en plus affirmée dans la jurisprudence, qu'il concerne les relations contractuelles de l'administration (CE 28 décembre 2009, Commune de Béziers), ou ses relations unilatérales (s'agissant de l'obligation de loyauté de l'administration vis-à-vis de ses agents, s'agissant plus particulièrement de la preuve apportée en matière disciplinaire : CE 16 juillet 2014, M. G.). Ainsi la procédure administrative non contentieuse poursuit-elle son évolution, la montée du principe de loyauté témoignant, comme un point d'orgue, de l'ensemble des efforts permettant de renforcer la qualité de la relation avec les administrés.

Ouvrages récents

- Maud Vialettes, Cécile Barrois de Sarigny, « Questions autour d'une codification », *AJDA* 2015, p. 2421, 21 décembre 2015.
- « La simplification des relations entre l'administration et les citoyens », dossier *AJDA*, 2014, p. 388 et *s*.
- X. Domino et A. Bretonneau, « Jurisprudence Danthony : bilan après 18 mois », *AJDA* 2013, p. 1733.
- Conseil d'État, « Consulter autrement, participer effectivement », Rapport public 2011, La Documentation française.
- « Information et participation du public », dossier *AJDA*, 11 décembre 2006.
- M. Chauvière et M. Jaeger, « Démocratie consultative ou administration consultative », *Vie sociale*, 2005, n° 2, p. 97 et *s*.
- Jean Rivero, « L'administré face au droit administratif », *AJDA* (numéro spécial), 20 juin 1995.

Exemples de sujets

- L'administré.
- Jusqu'à quel point l'administration doit-elle être participative ?
- Le principe de participation est-il compatible avec le principe majoritaire présidant à la démocratie.

10 Les mutations du service public en France

Le service public, défini comme l'activité d'intérêt général exercée sous la responsabilité d'une personne publique, a, tout au long de son histoire, fait l'objet de remises en cause lui contestant parfois jusqu'à son existence. Ces remises en cause ont pris deux aspects, d'abord chronologiquement distincts, et qui convergent aujourd'hui dans la critique d'une notion accusée d'être à la fois insaisissable et dangereuse.
Le premier de ces aspects est lié à la difficulté d'identifier le service public. L'absence de critères fiables, le caractère évolutif de la notion rendent toute tentative d'en faire la pierre angulaire du droit administratif vaine. Cette critique, très appuyée au lendemain de la seconde guerre mondiale, n'a cessé de faire l'objet de développements et de débats doctrinaux jusqu'à aujourd'hui, au point qu'il peut paraître assez miraculeux que la notion de service public continue, malgré tout, d'être placée au centre du droit administratif français, sinon en son cœur. Sans doute est-ce, paradoxalement, la plasticité de la notion qui lui a permis de traverser ce siècle, oscillant en permanence entre déclin et renouveau.
Cette oscillation se retrouve, plus récemment, dans le second aspect que recouvrent les critiques adressées au service public. Le recul de la place de l'État dans l'économie due à la progression des thèses libérales à partir des années 1980 a pu inciter certains à appeler à un abandon pur et simple d'un service public accusé d'inefficacité et de porter en germes des atteintes inacceptables aux libertés publiques. D'inspiration libérale, la construction européenne contribuerait à cet égard à remettre en cause la conception française du service public, conception philosophique et juridique qui fait du service public l'un des vecteurs essentiels de la solidarité nationale que l'État est censé mettre en œuvre indépendamment des exigences du marché.
Malgré ces critiques, on ne peut que constater la persistance du service public, à la fois en tant qu'élément essentiel à la définition et à la compréhension du droit administratif qu'en tant que facteur de cohésion sociale. C'est que la mort annoncée n'a pas eu lieu, pour deux raisons principales. La première est liée à l'impossibilité de fonder le droit administratif exclusivement sur la notion de puissance publique. La seconde est due à la reconnaissance croissante par le droit communautaire du rôle des services publics. Plus fondamentalement, le service public a su s'adapter, certes parfois contraint, à l'environnement économique libéral nouveau. Encore une fois, en ce début de XXIe siècle, le déclin annoncé correspond en fait au renouveau d'une notion dont on peut douter qu'elle soit un jour abandonnée.

Historique

Par la décision Blanco du 8 février 1873, le Tribunal des Conflits emploie la notion de service public en droit français pour distinguer le régime de responsabilité des personnes publiques et des personnes privées. La liaison entre service public, personne publique et droit public que la doctrine du début du XXe siècle a souhaité rendre indéfectible s'est pourtant rapidement révélée illusoire. À l'existence d'un service public soumis au droit privé s'est en effet ajoutée celle d'un droit administratif appliqué indépendamment du service public.

La notion de SP ne commande pas nécessairement l'application du droit administratif

La notion de SP est apparue au XIXe siècle, notamment avec l'arrêt TC 8 février 1873 Blanco duquel ressort l'idée que la responsabilité de l'État peut être engagée pour les dommages causés par le fait des personnes qu'il emploie dans le service public et qu'elle ne peut être régie par les principes qui sont établis dans le code civil pour les rapports entre particuliers. La doctrine de l'époque a voulu établir une adéquation entre le service public et ce droit dérogatoire qui allait devenir le droit administratif, ainsi qu'une adéquation entre ce droit et la juridiction compétente pour statuer sur son fondement : le juge administratif. Cette tentative allait pourtant rapidement avorter : dans son arrêt CE 6 février 1903 Terrier, le Conseil d'État reconnaît l'existence d'un service public d'extermination des nids de vipères, mais Romieu, dans des conclusions célèbres, fait remarquer que l'État peut agir comme une personne privée, physique ou morale, et relever, dans cette hypothèse, du droit privé et du juge judiciaire.

La doctrine a fait cependant de la notion de service public le fondement du droit administratif, en soulignant, à l'instar de Léon Duguit, que l'État est « une coopération de services publics organisés et contrôlés par des gouvernants ». Gaston Jèze voit lui dans le service public la « pierre angulaire » du droit administratif.

L'évolution de la jurisprudence allait pourtant largement remettre en cause le lien service public-droit administratif-personne publique. Le célèbre arrêt CE 22 janvier 1921 Société commercial de l'Ouest africain (affaire du bac d'Eloka) énonce que les services publics exploités dans des conditions industrielles et commerciales relèvent du droit privé. Le service public ne commande donc pas nécessairement l'application du droit public. L'arrêt CE 13 mai 1938 Caisse primaire Aide et protection juge qu'une personne privée peut gérer un service public, lequel n'est donc pas nécessairement assuré par une personne publique. Enfin, les agents des services publics industriels et commerciaux sont en principe soumis au droit privé (CE 26 janvier 1923 De Robert Lafrégeyre). Le service public n'emploie donc pas exclusivement des agents publics.

Le droit administratif peut trouver à s'appliquer indépendamment de la notion de service public

C'est le deuxième facteur qui interdit une assimilation parfaite entre service public et droit public. Ainsi, un contrat peut être administratif parce qu'il comporte des clauses exorbitantes du droit commun, et cet alors même qu'il n'a pas pour objet l'exécution du service public (CE 31 juillet 1912 Granit porphyroïdes des Vosges). Le droit public régit également toute une partie de l'activité de l'administration indépendamment de ses activités de service public. On sait par exemple qu'aux termes d'une jurisprudence constante la gestion du domaine privé des personnes publiques n'est pas considérée, bien que cela soit critiqué par une partie de la doctrine, comme une activité de service public (CE 3 novembre 1950 Giudicelli). Il n'en demeure pas moins que certains des actes pris à l'occasion de cette gestion sont des actes administratifs relevant au contentieux du juge administratif ; que ces biens ressortissant du domaine privé bénéficient également de l'insaisissabilité conférée au domaine public, parce que cette insaisissabilité est liée à la nature de la personne propriétaire et non à celle du bien détenu ; qu'enfin, ces biens sont soumis à un régime fiscal dérogatoire.

L'administration est aussi soumise à des règles d'ordre général qui s'appliquent sans que la considération d'activité de service public entre en compte. Par exemple, l'interdiction faite aux personnes publiques de consentir des libéralités ; ou encore la prérogative de puissance publique de protection que constitue la prescription quadriennale des dettes qu'elles ont contractées. Enfin, la compétence du juge administratif est définie par référence à l'exercice des prérogatives de puissance publique, et non à l'exécution d'un service public (CC 23 janvier 1987 Conseil de la concurrence).

Connaissances de base

La dissociation du lien entre droit public et service public permet de fonder une présentation de ses caractéristiques principales sur les incertitudes qui l'entourent et sur les remises en cause dont il fait l'objet. Il faut ici rappeler la définition du service public que donne le professeur Chapus : « *une activité constitue un service public quand elle est assurée ou assumée par une personne publique en vue d'un intérêt public* ». Les autres considérations sont indifférentes : l'activité de service public peut être une activité matérielle (production concrète d'un service, par exemple transport, ou enlèvement des ordures ménagères) ou intellectuelle (adoption d'une réglementation : CE 31 juillet 1942, Monpeurt) ; l'exercice de prérogatives de puissance publique n'est pas non plus nécessaire à la qualification de service public d'une activité (CE 22 février 2007, APREI, décision revenant sur CE 28 juin 1963, Narcy – même si, naturellement, la présence de telles prérogatives constituent un indice fort pour la reconnaissance du service public : CE 20 octobre 2014, Association « Œuvre d'assistance aux bêtes d'abattoirs : « *Les organismes certificateurs, qui octroient la certification des produits bénéficiant du signe « agriculture biologique », assurent une mission d'intérêt général pour laquelle ils sont investis de prérogatives de puissance publique. Ils sont ainsi chargés d'une mission de service public, qui présente un caractère administratif* » ; voir récemment CE 7 juillet 2019, SA HLM Antin Résidence, qualifiant de service public l'activité des sociétés anonymes d'HLM, alors même qu'elles sont dépourvues de prérogatives de puissance publique). Contrairement à une opinion reçue, la gratuité n'est pas au nombre des lois du service public : cela paraît assez évident pour les SPIC, mais le Conseil d'État a également eu l'occasion de rappeler, à propos d'un SPA, qu'aucun principe général du droit ni aucune disposition législative ne font obstacle à ce que certains services rendus par une personne publique fassent l'objet d'une rémunération (CE 10 juillet 1996, Société Direct mail Promotion – voir, pour un approfondissement de la question de la gratuité des services publics, le dossier qu'y consacre l'AJDA 2020, p. 979 et s.). Malgré cette définition *a priori* simple, c'est la complexité qui caractérise la notion de service public.

Une notion difficile à cerner

Cette difficulté se dédouble : la notion d'intérêt général (ou public) est évolutive et la distinction entre les SPIC et les SPA de plus en plus relative.

- **La difficulté d'identifier l'intérêt général**

Dans l'imaginaire collectif français, le service public recouvre une dimension affective et émotionnelle forte, son action s'étant enrichie pour contribuer au maintien de la cohésion sociale, générant des attentes auxquelles il doit aujourd'hui faire face. Ces éléments expliquent partiellement la difficulté d'identifier le service public à partir de critères précis.

Certains commissaires du Gouvernement au Conseil d'État à la fin des années 1940 avaient d'ailleurs proposé de ne plus employer la notion de service public, qu'ils estimaient dépourvue de signification. Si l'on peut contester cette affirmation, en soulignant que le service public se définit aisément, on ne peut en revanche que souscrire à l'idée selon laquelle l'identification du service public est malaisée. La difficulté principale tient ici à savoir ce que recouvre exactement la notion « d'intérêt général ».

Il est ainsi jugé que le sport constitue un service public (CE 22 novembre 1974 Fédération des industries françaises d'articles de sport), à l'instar des lâchers de taureaux lors des fêtes municipales (TC 22 avril 1985 Laurent). En revanche, les centres de formation relevant d'une association ou d'une société sportive ne revêtent pas ce caractère, alors même qu'ils exercent une mission d'intérêt général (CE 20 février 2012, Association Nice Volley-ball). Ce qui n'empêche pas l'exploitation des pistes de ski de constituer un service public à part entière (CE 28 avril 2014, Commune de Val d'Isère). Quant aux courses de chevaux, si le Conseil d'État a longtemps refusé d'y voir un service public (CE 9 février 1979 Société d'encouragement pour l'amélioration des races de chevaux), il a dû modifier sa jurisprudence à la suite de la loi du 12 mai 2010 relative à l'ouverture à la concurrence et à la régulation du secteur des jeux d'argent et de hasard en ligne, selon laquelle les sociétés de course « *participent, notamment au moyen de l'organisation des courses de chevaux, au service public d'amélioration de l'espèce équine et de promotion de l'élevage* » (CE 12 octobre 2018, M. Boutin).

Les autres jeux et paris étaient, eux, des services publics jusqu'à l'arrêt CE 27 octobre 1999 Rolin : ce revirement de jurisprudence important illustre le caractère « relatif et contingent » de la notion d'intérêt général qui recouvre un aspect subjectif marqué. En porte confirmation, s'il en était besoin, l'arrêt CE 19 mars 2012, SA Groupe Partouche, par lequel le Conseil d'État juge que si les jeux de casinos ne constituent pas, par eux-mêmes, une activité de service public, les conventions obligatoirement conclues [avec les communes] pour leur installation et leur exploitation, dès lors que le cahier des charges impose au cocontractant une participation à des missions d'intérêt général en matière de développement économique, culturel et touristique et que sa rémunération est substantiellement assurée par les résultats de l'exploitation, ont le caractère de délégation de service public. Présente ce même caractère la convention par laquelle un centre hospitalier confie l'exploitation de « *la mission d'intérêt général, liée à l'activité de soins de l'hôpital, consistant à mettre en œuvre l'ensemble des moyens et activités permettant d'assurer la communication des patients avec l'extérieur selon des modes adaptés à leurs besoins actuels* » : CE 7 mars 2014, CHU de Rouen, qui crée le « service public de la communication extérieure des patients » (concrètement, l'installation et la location des télévisions dans les chambres).

Pour Didier Truchet, le service public constitue ainsi un « label » que l'on accole à une activité dès lors que l'on désire lui faire suivre un régime particulier (en la soumettant notamment aux « lois » du service public : continuité, égalité, adaptabilité). Il n'existe pas de véritable critère permettant de savoir à l'avance, c'est-à-dire avant que se prononce le juge, ce qui sera ou ne sera pas considéré comme service public. Cette incertitude contribue à atténuer la portée de la notion et son ancrage dans la définition du droit administratif.

Cette difficulté d'identification du service public est peut-être à l'origine de la décision du Conseil constitutionnel (CC 23 janvier 1987 Conseil de la concurrence, confirmée en dernier lieu par CC 28 juin 2019, Union syndicale des magistrats administratifs) fondant la compétence du juge administratif non sur la notion de service public mais sur celle de prérogatives de puissance publique, relançant ainsi le débat entre les écoles dites du service public et de la puissance publique autour du critère du droit administratif. La notion de SP ne permet ni de fonder la compétence du juge administratif ni d'imposer automatiquement l'application du droit administratif. Le contentieux de la puissance publique est donc, certainement, un contentieux administratif où est appliqué le droit administratif ; le contentieux du service public, lui, peut aussi être un contentieux judiciaire où est appliqué le droit privé.

- **La difficulté de distinguer SPA et SPIC**

Un autre facteur d'incertitude est lié à la difficulté d'identifier ce qui relève du service public administratif et ce qui relève du service public industriel et commercial. La distinction commande pourtant l'application d'un droit différent par des juridictions différentes : droit privé et juge judiciaire pour les SPIC ; droit public et juge administratif pour les SPA. Or la distinction SPIC/SPA est complexe. Le Conseil d'État en a énoncé les critères dans l'arrêt CE 16 novembre 1956 Union syndicales des industries aéronautiques : un service public ne sera reconnu comme industriel et commercial que si aux points de vue de son objet (peut-il être assuré par une personne privée ? non s'il s'agit par exemple de prêts sans intérêt : TC 15 janvier 1959 Caisse de crédit municipal de Toulon), de ses ressources (subventions versées par la personne publique ou redevances perçues sur les usagers) et de son mode de fonctionnement (toute possibilité de bénéfice exclue, service gratuit), il peut être assimilé à une entreprise privée. Il suffit qu'un critère fasse défaut pour que le service public soit tenu pour administratif. La distinction peut toutefois être complexe à faire : il existe des services publics « à double visage », à la fois SPIC (s'agissant du droit applicable à l'institution qui le gère) et SPA (s'agissant du droit concernant le fond de l'activité assurée) : les CCI (TC 23 janvier 1978 Marchand), l'ONF (TC 9 juin 1986 ONF). La distinction est aussi évolutive : le bac reliant la terre à une île était SPIC en 1921, il devient SPA en 1974 (CE 10 mai 1974 Denoyez et Chorques). Relevons également que le contentieux généré par les activités de réglementation, de police ou de contrôle d'un EPIC, qui met en œuvre à cette fin des prérogatives de puissance publique, relèvent du juge administratif (CE 2 février 2004, Epoux Blanckeman).

À cette difficulté s'en ajoute une autre, liée à la perte de la particularité des régimes respectivement applicables aux SPIC et aux SPA. La notion de SPIC avait été créée pour contourner les rigidités du droit public. À l'inverse, la qualification de SPA devait entraîner l'application d'un régime totalement public au service en cause.

Mais la distinction n'a jamais été aussi tranchée, et sa radicalité tend à s'émousser.

Les actes d'organisation du SPIC ont ainsi été jugés administratifs, et relevant par suite du juge administratif (TC 15 janvier 1968, Époux Barbier, TC 17 avril 2000, Préfet du Val-de-Marne) ; le directeur et le comptable public d'un SPIC ont la qualité d'agents publics (CE 8 mars 1957, Jalenques de Labeau) ; la responsabilité d'une personne privée chargée d'un SPIC relève en principe du juge judiciaire, mais le juge administratif redevient compétent lorsque le dommage trouve son fondement dans l'exercice par cette personne de prérogatives de puissance publique : TC 6 novembre 1978, Bernardi).

À l'inverse, un SPA peut être soumis à des règles de droit privé : il est soumis à la TVA dès lors que l'activité exercée est susceptible d'entrer en concurrence avec celle d'une personne privée ; l'administration doit également veiller à ne pas méconnaître les règles du marché lorsqu'elle assure, par exemple, le service public de la police administrative (CE 22 novembre 2000, Société L et P Publicité).

Un régime complexe

Une fois la notion de service public identifiée, encore faut-il connaître précisément le régime qui est le sien. Là encore, la complexité est présente.

- **La création des services publics**

1. Les services publics nationaux

Les services publics nationaux peuvent être créés par la loi ou par le règlement. Une loi est nécessaire pour créer une nouvelle catégorie d'établissement public, pour mettre en œuvre une compétence de l'article 34 de la Constitution (exercice des libertés publiques, Défense nationale, fiscalité, enseignement, préservation de l'environnement, etc.) ou d'un autre article de la Constitution (la Justice s'agissant de l'article 64, la diplomatie s'agissant de l'article 52, etc.).

La question se pose de l'existence de services publics nationaux obligatoires. On peut d'abord relever que la Constitution n'exige pas explicitement la création de services publics mais implique nécessairement l'existence de certains d'entre eux : celui de l'enseignement, celui de la protection sociale, certains services publics régaliens (justice, défense, diplomatie), les services publics énoncés par le préambule de la Constitution de 1946 : santé, formation professionnelle, etc.

Par ailleurs, par une décision CC 25 et 26 juin 1986 Privatisations, le Conseil constitutionnel juge que la nécessité de certains services publics nationaux découle de principes de valeur constitutionnelle ; l'existence de ces services est exigée par la Constitution. Mais la notion demeure floue : le Conseil constitutionnel n'a explicitement désigné aucun service public national constitutionnel à ce jour. En revanche, on sait que ne présentent pas un tel caractère le service public du crédit, la distribution de prêts bonifiés, la télévision par voie hertzienne, le service public des télécommunications (CC 23 juillet 1996, France Télécom), celui de la communication audiovisuelle (CC 25 et 26 juin 1986, Privatisations), celui de la fourniture de gaz (CC 30 novembre 2006, Loi relative au secteur de l'énergie), celui de l'exploitation des aéroports d'Orly et de Roissy (CC 16 mai 2019, Loi relative à la croissance et la transformation des entreprises), celui de l'exploitation des autoroutes (CE 27 septembre 2006, Bayrou).

Il existe en revanche des services publics qui, pour ne pas être constitutionnels, n'en sont pas moins nationaux : il s'agit des services publics dont l'existence n'est pas exigée par la Constitution, mais qui déploient leurs effets sur l'ensemble du territoire. Le Conseil constitutionnel a ainsi jugé que, avant la loi relative au secteur de l'énergie du 7 décembre 2006, le service public de fourniture de gaz aux particuliers assuré par GDF était un service public national non constitutionnel. Le régime de cette catégorie de services publics est déterminé par l'alinéa 9 du préambule de la Constitution de 1946 aux termes duquel « tout bien, toute entreprise, dont l'exploitation a ou acquiert les caractères d'un service public national ou d'un monopole de fait doit devenir la propriété de la collectivité ». Le Conseil constitutionnel en tire la conséquence qu'un service public national, tel celui de la fourniture de gaz, ne peut être privatisé que si le législateur « prive l'entreprise qui en était chargée des caractéristiques qui en faisaient un service public national » (CC 30 novembre 2006, Loi relative au secteur de l'énergie). Cette loi a précisément pour objet de priver GDF de ces caractéristiques, autorisant ainsi, le moment venu, un désengagement de l'État dans le capital de la société anonyme que constitue GDF depuis 2004.

2. Les services publics locaux

Les services publics locaux sont créés par délibération de l'assemblée locale. On distingue les services publics locaux obligatoires (gestion des établissements d'enseignement par exemple) et facultatifs (camping, piscine, etc.). S'agissant de ces derniers, la protection due de l'initiative privée a longtemps constitué un frein à leur création. Il résultait en effet de la jurisprudence CE 30 mai 1930 Chambre syndicale du commerce en détail de Nevers qu'un intérêt public et des circonstances particulières de temps et de lieu, liées à la défaillance de l'entreprise privée (absence ou insuffisance pour faire face à un besoin important), étaient nécessaires pour qu'un tel service puisse être créé. Dorénavant, les carences du secteur privé peuvent constituer un élément d'appréciation de la légalité de la création d'un service public local, mais l'existence d'un service privé n'interdit plus invariablement l'intervention publique. L'arrêt CE 31 mai 2006, Ordre des avocats au barreau de Paris, abandonne ainsi l'exigence de carence de l'initiative privée mais subordonne l'intervention de l'administration au respect des règles de concurrence. Le Conseil d'État avait peu de temps avant jugé que la création d'un SPIC (transport aérien en l'espèce) était légale alors même qu'aucune carence de l'initiative privée n'était établie, dès lors que cette création se rattachait à la mise en œuvre d'une politique publique plus générale, celle de l'aménagement du territoire en l'espèce : CE 18 mai 2005 Territoire de la Polynésie française. Par une décision CE 3 mars 2010, Département de la Corrèze, le Conseil d'État a également jugée légale la création d'un service public de téléassistance aux personnes âgées alors même que des entreprises privées proposaient le même type de service. En revanche, si les conditions de création des services publics locaux facultatifs ont été assouplies, pourvu, c'est la contrepartie, que l'intervention ainsi permise de la puissance publique dans l'économie respecte le libre jeu de la concurrence, la jurisprudence selon laquelle les usagers n'ont jamais droit au maintien d'un service public (CE 27 janvier 1961 Vannier) est elle demeurée, déclinaison du principe selon lequel nul n'a de droit acquis au maintien en vigueur d'une réglementation (voir, pour un développement sur ce point, le chapitre sur l'administration et le droit privé).

3. Actualité : l'essor des sociétés publiques locales d'aménagement d'intérêt national

Le mécanisme des sociétés publiques locales, créées en 2010 et qui ont connu un véritable succès (plus de 270 SPL en 2017), vient d'être étendu à un nouveau mode de coopération entre l'État et les collectivités territoriales à la suite du rapport remis en septembre 2015 par Thierry Lajoie, président de Grand Paris Aménagement à la ministre du logement. La loi n° 2017-257 du 28 février 2017 permet en effet la création de sociétés publiques locales d'aménagement d'intérêt national (SPLA-IN) à capital 100 % public avec des participations croisées entre l'État et les collectivités locales, l'une d'entre elles devant disposer d'au moins 35 % du capital. La première, « Porte Sud du Grand Paris », a été créée dans le département de l'Essonne. A par exemple été créée en juin 2018 la SPLA-IN Noisy-Est destinée à aménager le secteur de la gare de Noisy-Champs dans la perspective de l'extension de la ligne 15 Sud du Grand Paris Express. Ce nouvel outil est régi par l'article L. 327-3 du code de l'urbanisme.

• Les modes de gestion des services publics

On distingue deux modes principaux : la régie, c'est-à-dire la gestion directe par la personne publique elle-même, et la gestion déléguée. Le choix de gérer un service public en régie ou d'en déléguer l'exploitation est une pure question d'opportunité qui ne fait de la part du juge l'objet d'aucun contrôle, pas même restreint. Une commune peut ainsi décider de gérer elle-même un SPIC (par exemple la gestion des pistes de ski, qui « *constitue un service public industriel et commercial, même lorsque la station de ski est exploitée en régie directe par la commune* » : CE 19 février 2009, Mlle Beaufils). La gestion déléguée recouvre les hypothèses de concession, d'affermage et de régie intéressée. Leur régime a été déterminé par la loi du 29 janvier 1993 qui soumet les procédures de passation de ces délégations à des contraintes de publicité et de mise en concurrence, en laissant toutefois la liberté du choix final à la personne publique concernée.

La jurisprudence porte principalement sur la distinction entre les contrats délégant une mission de service public, qui relèvent de la loi Sapin du 29 janvier 1993, de ceux se bornant à acheter une prestation à une personne privée, qui relèvent du code des marchés publics. Après avoir fondé le critère de distinction entre marchés publics et délégations de service public sur l'origine de la rémunération du cocontractant (prix payé par l'administration ou redevance perçue sur les usagers: CE 15 avril 1996, Préfet des Bouches-du-Rhône), le Conseil d'État a adopté un critère plus dynamique lié au risque financier réellement supporté: si ce risque repose sur le cocontractant, il s'agit d'une délégation de service public; sinon, il s'agit d'un marché public (CE 7 novembre 2008, Département de la Vendée, confirmé, en accentuant encore le recours à la notion de « risque d'exploitation », par CE 5 juin 2009, Société Avenance-enseignement et santé).

La technique de la gestion déléguée est aujourd'hui couramment utilisée: l'exploitation des réseaux divers (eau, électricité, gaz), des théâtres, des pompes funèbres, des ports et aéroports, de la voirie, la gestion des ordures ménagères, les transports en commun, etc., en relèvent le plus souvent.

Bilan de l'actualité

Le service public fait aujourd'hui face à des critiques récurrentes, internes et européennes, qui en contestent jusqu'à l'existence même. Ces critiques doivent toutefois être relativisées, le service public continuant d'être une notion centrale du droit administratif français et conservant des spécificités lui permettant d'échapper en partie aux lois du marché.

I. Le service public fait face à des critiques récurrentes

a. Remises en cause internes

Le service public a été accusé de porter en germes des atteintes aux libertés publiques. Une partie de la doctrine publiciste, d'inspiration libérale, considère ainsi que « *le service public constitue une menace pour les libertés publiques; la notion de service public elle-même comporte cette menace* » (Pierre Delvolvé). L'idée soutenue est que les libertés publiques doivent pouvoir s'exercer indépendamment de toute intervention des pouvoirs publics. Or, en raison de son caractère à la fois imprécis et extensif, la notion de service public permet une multiplication des interventions des administrations publiques dans la sphère privée des individus et menace ainsi, au moins potentiellement, le libre exercice de leurs droits.

Par exemple, l'interventionnisme économique des personnes publiques limite corrélativement la liberté du commerce et de l'industrie reconnue aux personnes privées. Pendant longtemps, cet interventionnisme n'a été permis qu'à titre exceptionnel (CE 29 mars 1901 Casanova), puis sous réserve de circonstances de temps et de lieu particulières (CE 30 mai 1930, Chambre de commerce en détail de Nevers): le respect des libertés fondait encore l'impossibilité de créer un service public. La tendance s'est inversée: aujourd'hui, l'interventionnisme des personnes publiques est admis, par principe, dès lors que le libre jeu de la concurrence est respecté. Ainsi que le relevait le commissaire du Gouvernement Kahn dans ses conclusions sous

CE 23 décembre 1970 Commune de Montmagny, « *c'est l'intérêt public qui permet de passer outre aux intérêts privés* ».

Cette analyse visionnaire a été confirmée par l'arrêt CE 31 mai 2006 Ordre des avocats au barreau de Paris, par lequel le Conseil d'État confirme l'abandon de l'exigence de carence de l'initiative privée et permet, en principe, aux collectivités publiques de développer une activité économique. Inversement, les personnes publiques peuvent pourvoir elles-mêmes à leurs besoins, quand bien même il en résulterait une atteinte à l'activité des personnes privées évoluant sur le marché en cause (CE 26 octobre 2011, Association pour la promotion de l'image, jugeant légale la prise par l'État de clichés photographies des personnes demandant un passeport, « *quand bien même ce dispositif aurait pour conséquence de priver les professionnels de la photographie d'une partie de leur activité liée à la réalisation des photographies d'identité* »). La thèse de l'accroissement constant des activités de l'État au détriment de l'initiative privée peut donc se réclamer d'un fondement solide et contribuer à alimenter la critique à l'égard du service public.

La critique est d'autant plus vive qu'il est relevé par ailleurs que les administrations publiques sont seules compétentes pour dire, sous le contrôle du juge, ce qui est ou non service public. André de Laubadère souligne ainsi que « *l'État, seul juge des exigences de l'intérêt général, apprécie librement si, à tel moment, la satisfaction de tel besoin d'intérêt général doit donner lieu à la création d'un service public* ». Le service public est ainsi contesté en tant qu'il constitue un outil d'interventionnisme étatique que certains jugent attentatoire aux libertés publiques.

Plus radicalement, le service public contribuerait à légitimer l'action publique, fournissant ainsi aux gouvernants un concept commode (on pourrait dire un alibi) pour développer une politique publique sans autre justification que sa participation prétendue à la satisfaction d'un intérêt général difficilement saisissable.

De façon plus prosaïque, les critiques se dirigent aussi vers une remise en cause de l'efficacité intrinsèque des services publics. Ce manque d'efficacité est lié d'abord aux moyens, notamment financiers, qui ne permettent pas de faire face aux enjeux actuels. La dérive des finances publiques, régulièrement dénoncée par la Cour des comptes, interdit toute dotation complémentaire et oblige à conduire des politiques de rigueur dont souffre nécessairement la qualité du service rendu. Il n'est qu'à songer aux déficits chroniques des régimes de sécurité sociale, aux délais de jugement des litiges par certaines juridictions judiciaires, au manque de moyens dans les hôpitaux, que l'épidémie de covid-19 au printemps 2020 a tragiquement mis en lumière, aux difficultés du système scolaire de donner à l'élève les outils nécessaires à son entrée dans la vie active, à la « fuite des cerveaux », conséquence des difficultés de la recherche publique, ou encore à la « déshumanisation du service public » dénoncée par le Médiateur de la République en 2010 à propos de la difficulté croissante rencontrée par les usagers pour pouvoir joindre la personne responsable de leur dossier. Le constat est demeuré le même près de dix ans après : dans son rapport 2019, le Défenseur des Droits s'inquiète du recul du service public, du développement de la dématérialisation qui exclut certains citoyens de l'accès aux services (personnes âgées, personnes vivant dans les zones blanches, personnes les plus démunies, détenus, étrangers, etc.), de la privatisation de certains services, de la complexité des dispositifs, évoquant une « fatigue d'être usager ». L'impossible équilibre entre droit de grève et continuité du service public contribue également à stigmatiser des services (transports en commun notamment) dont on peut douter qu'ils fonctionnent réellement « en continu ». Ce qui est en jeu dans la « crise » du service public, ce n'est donc pas seulement la difficulté juridique d'identifier ce que recouvre la notion, c'est également une certaine conception du service public « à la française », dont l'étiolement constitue l'une des manifestations de la distanciation du lien social que génère l'ouverture croissante des marchés, des économies et des sociétés à la mondialisation.

D'un point de vue plus juridique, le Conseil constitutionnel a jugé, que, contrairement à ce qu'avait estimé le Conseil d'État (CE avis 18 novembre 1993, Statut de France Télécom), aucune disposition ni aucun principe constitutionnels n'imposaient que les corps de fonctionnaires soient constitués ou maintenus en vue de pourvoir à l'exécution de missions de service public. Un fonctionnaire peut donc exercer ses fonctions au sein d'une entreprise privée n'assurant aucun service public, comme c'est le cas de France Télécom (CC 12 octobre 2012, Syndicat de défense des fonctionnaires). Le lien entre service public et fonction publique est donc distendu. Pouvant être employé par une personne privée indépendamment de l'accomplissement de toute activité de service public, « *on n'est pas loin alors de définir le fonctionnaire – si tant est qu'il s'agisse d'une définition – comme étant l'agent que la loi qualifie comme tel* » (Agnès Roblot-Troizier).

À ces critiques internes s'est ajoutée une remise en cause au niveau européen.

b. Remises en cause européennes

1. Le droit communautaire

Celui-ci a entraîné la déréglementation de certains services publics. Le traité de Rome aborde la question des services publics au travers des règles de la concurrence. Les articles 81 et 82 du Traité interdisent ainsi les ententes, les pratiques concertées et les abus de position dominante. Mais l'article 86-2 précise que ces règles générales ne s'appliquent aux « *entreprises chargées de la gestion de services d'intérêt économique général* » que dans la mesure où elles ne contrarient pas « *l'accomplissement de la mission particulière qui leur est impartie* ». Quant à l'expression « service public », le traité de Rome n'y fait qu'une brève allusion à propos des transports, en autorisant des aides pour compenser les « *servitudes inhérentes à la notion de service public* » (art. 73).

Au regard des catégories du droit public français, ces stipulations appellent deux remarques. D'abord, c'est moins au service public dans son ensemble qu'aux services industriels et commerciaux (qui correspondent aux services d'intérêt économique général (SIEG)) que le droit communautaire s'intéresse. L'organisation et le fonctionnement des services publics administratifs (régaliens : défense, sécurité, justice, diplomatie, ou sociaux : éducation, santé, solidarité, culture, environnement) continuent de relever – pour une très large part – de la seule compétence des États. Ensuite, le principe de libre concurrence, s'il s'applique aux SPIC, tient toutefois compte des particularités de leur mission. Ainsi les principes du droit européen n'impliquent pas la disparition totale des monopoles publics, ni l'application intégrale des règles de marché.

Il est cependant apparu que le maintien des monopoles nationaux ne permettrait qu'une réalisation partielle du marché commun. En particulier, l'approche française du service public pouvait permettre à tout État membre de décider unilatéralement, selon des critères organiques et non matériels, de faire échapper aux règles communautaires de la concurrence un secteur d'activité, au risque de fausser la concurrence au sein du Marché intérieur.

La Commission a donc décidé de faire usage des dispositions communautaires relatives à la concurrence pour procéder à une déréglementation des services publics opérant ou susceptibles d'opérer sur un segment concurrentiel, par le biais de nombreuses directives :

- On peut citer, concernant l'électricité, la directive du 19 décembre 1996, transposée par la loi du 10 février 2000 ; concernant le gaz, la directive du 22 juin 1998, transposée par la loi du 3 janvier 2003. Plus récemment, dans ces deux domaines, les lois du 9 août 2004 sur le service public de l'électricité et du gaz et du 7 décembre 2006 relative au secteur de l'énergie ont transposé des directives du 26 juin 2003 et transformé EDF en société anonyme dont l'État détient plus de 70 % du capital et autorisé la privatisation de GDF. Depuis le 1er juillet 2007, les marchés de production, de transport, de distribution et de fourniture d'électricité et de gaz sont totalement ouverts.
- Concernant les services postaux, les directives du 15 décembre 1997 et du 10 juin 2002, ont été transposées, respectivement, par la loi du 25 juin 1999 pour l'aménagement et le développement durable du territoire (qui introduit en droit français la notion de service universel postal) et par la loi du 20 mai 2005 relative à la régulation des activités postales (qui crée l'Autorité de régulation des communications électroniques et des postes – ARCEP). La directive du 20 février 2008 modifiant la directive de 2007 en ce qui concerne l'achèvement du marché intérieur des services postaux de la Communauté a achevé le processus d'ouverture du marché postal, effectif pour sa totalité depuis le 1er janvier 2011.
- En matière de télécommunication, la directive « télévision sans frontière » du 3 octobre 1989 pose le principe de la libre diffusion dans l'ensemble des pays de l'Union : sauf motif impérieux, un État ne peut interdire la réception sur son territoire des émissions en provenance d'un autre État. La France, qui avait déjà libéralisé le secteur, a accompagné ce mouvement en confiant à l'ARCEP, autorité administrative indépendante, le soin d'en assurer la régulation.
- Dernier exemple, la libéralisation des transports ferroviaires s'est étendue sur une vingtaine d'années et est en cours d'achèvement. De la directive du 29 juillet 1991 au « quatrième paquet ferroviaire » constitué par plusieurs directives adoptées en 2016, une libéralisation progressive a eu lieu, qui s'est traduite en France par le vote de la loi du 8 décembre 2009 relative à l'organisation et à la régulation du secteur ferroviaire qui crée une Autorité de régulation de l'activité ferroviaire et ouvre, à compter du 13 décembre 2009, à la concurrence les services de

transports internationaux de passagers : toute entreprise ferroviaire européenne est désormais libre de proposer des liaisons entre deux villes de deux États membres différents et d'assurer en chemin des dessertes purement internes à un État (« cabotage ») dès lors que ces dessertes demeurent secondaires par rapport à l'objet principal de la prestation qui doit demeurer la liaison internationale. Cette ouverture à la concurrence s'ajoute à celle déjà existante s'agissant des marchés international et national de transport de marchandises (effective depuis mars 2006). Reste l'ouverture du marché national de transport de voyageurs, la plus sensible et la plus difficile techniquement à mettre en œuvre, que le 4e paquet ferroviaire rend effectif à compter du 3 décembre 2019 pour les trains intercités et à compter du 14 décembre 2020 pour les TGV. La loi du 27 juin 2018 pour un nouveau pacte ferroviaire, l'ordonnance du 30 avril 2019, qui porte transposition de ce paquet, et la loi du 3 juin 2019, qui transforme notamment l'ensemble des établissements du groupe en sociétés anonymes, accompagnent cette ouverture à la concurrence.

La construction européenne a également imposé une évolution des structures, privilégiant le concept anglo-saxon de régulation, qui consiste à confier à des structures indépendantes les fonctions de réglementation technique, ainsi que des pouvoirs de décisions individuelles et d'autorisation. On distingue ainsi les autorités chargées de réguler un service public en réseau (Autorité de régulation des communications électroniques et des Postes, Commission de régulation de l'énergie, Autorité de régulation des activités ferroviaires et routières) des personnes en assurant l'exploitation commerciale dans un cadre concurrentiel (France Télécom, Bouygues, Cégétel ; EDF, GDF ; SNCF, etc.). Ces autorités de régulation sont aussi chargées de gérer les infrastructures, à l'instar de l'EPIC Réseau Ferré de France, créé par la loi du 13 février 1997, propriétaire et chargé du développement des infrastructures ferroviaires, alors que la SNCF se borne à en assurer l'exploitation commerciale. Le professeur Dubouis relève ainsi que l'administration n'est plus seulement un « *ensemble de services qui accomplissent des missions d'intérêt général* », c'est un « *acteur du marché* », de par son nouveau pouvoir régulateur.

2. La réaction française

Quelques extraits de rapports suffisent à faire comprendre l'incompréhension qui a marqué, en France, les débuts de cette politique communautaire. Un rapport du Sénat de 1993 dénonce les positions de la Commission comme se situant « à la limite du dogmatisme ». Le rapport public du Conseil d'État de 1994 énonce quant à lui que « *L'Europe n'instruit pas le procès du ou des services publics ; elle fait pire : elle ignore largement la notion de service public* ». Le Conseil d'État reprochait en particulier à l'Europe de n'identifier aucune zone intermédiaire entre les services publics régaliens et les entreprises ordinaires (c'est-à-dire de traiter les services d'intérêt économique général comme toute entreprise). Un rapport de l'Assemblée nationale de 1995 poursuit : « *Faut-il conclure que la renonciation à toute spécificité est la seule solution et qu'il ne nous reste plus qu'à imiter nos partenaires les plus libéraux ?* ». Cela dit, en réalité, ce dernier rapport marque aussi lui-même l'esquisse d'une évolution des esprits à propos de cette question délicate, puisque sa première partie était intitulée : « *le service public reste l'alibi de multiples dérives* ».

De ces critiques internes et remises en cause européennes, le service public « à la française » sort incontestablement affaibli. L'intérêt général ne suffit plus à lui seul à fonder l'existence d'un service public qui doit prouver qu'il satisfait mieux cet intérêt que ne le ferait une entreprise privée. Mais ces critiques doivent, au moins juridiquement, être relativisées.

II. Le service public demeure une notion essentielle du droit administratif

Les années 1950 ont été celles du « renouveau du service public », le juge administratif se fondant sur cette notion pour soumettre au droit public plusieurs aspects de l'action administrative. La notion de service public commande ainsi encore largement l'application du droit administratif, les principes dégagés à cette époque étant toujours applicables aujourd'hui.

Par un arrêt CE 4 juin 1954 Vingtain et Amortit, le Conseil d'État fait de l'agent public celui qui exerce son activité au sein d'un SPA (que cet agent soit titulaire ou contractuel : TC 25 mars 1996 Berkani, abandonnant ainsi la jurisprudence TC 25 novembre 1963 Dame Veuve Mazerand – on a vu que le Conseil constitutionnel avait mis un terme à ce lien par sa décision CC 12 octobre 2012, Syndicat de défense des fonctionnaires, par laquelle il juge qu'aucune disposition ni aucun principe constitutionnels ne s'oppose à ce que des fonctionnaires exercent leurs fonctions dans une entreprise privée même dépourvue de toute mission de service public). L'arrêt TC 28 mars 1955 Effimieff fait des travaux publics ceux effectués dans un but de service public. L'arrêt CE 20 avril 1956 Époux Bertin dit administratif tout contrat portant délégation de service public. L'arrêt CE 19 octobre 1956 Société Le Béton, défini ainsi le domaine public : il s'agit du domaine affecté au service public et ayant fait l'objet d'un aménagement spécial. Enfin, l'arrêt TC 10 juillet 1956 Société des steeple-chases de France juge que relève du juge judiciaire le contrat conclu entre l'occupant privé du domaine public et le gestionnaire privé de ce domaine lorsque celui-ci n'est pas délégataire d'un service public. Cet arrêt a été confirmé par TC 14 mai 2012, Mme Gilles. Ces règles n'ont pas été remises en cause, assurant ainsi au service public une stabilité qui lui avait été, dès ses débuts, contestée.

On rappellera par ailleurs que les SPIC ne sont pas totalement étrangers au droit administratif : les arrêts De Robert Lafrégeyre (26 janvier 1923) et Jalenques de Labeau (8 mars 1957) énoncent que le directeur du service et son comptable lorsqu'il a la qualité de comptable public relèvent du droit de la fonction publique ; les décisions réglementaires prises pour l'organisation du service relèvent de la compétence du juge administratif ; ils doivent naturellement respecter les principes de continuité, d'adaptabilité et d'égalité ; l'engagement de leur responsabilité doit être recherché devant le juge administratif lorsque le dommage trouve sa cause dans la mise en œuvre de prérogatives de puissance publique.

Enfin, il sera observé que les exigences du service public, et notamment celle liée à la continuité de son fonctionnement, continuent de fonder des solutions dérogatoires : par exemple, la passation à titre provisoire d'un contrat de délégation de service public en méconnaissance des règles de publicité préalables, « *en cas d'urgence résultant de l'impossibilité soudaine dans laquelle se trouve la personne publique, indépendamment de sa volonté, de continuer à faire assurer le service par son cocontractant ou de l'assurer elle-même* » (CE 4 avril 2016, Communauté d'agglomération du centre de la Martinique). Par une décision du 14 février 2017, Société de manutention portuaire d'Aquitaine, le Conseil d'État supprime la condition tenant au caractère soudain de l'impossibilité de continuer à faire assurer le service.

III. Le droit de l'Union européenne reconnaît la spécificité des SIEG

a. La reconnaissance juridictionnelle des SIEG

La CJUE a progressivement admis la conventionnalité des droits exclusifs et spéciaux permettant des aménagements au droit de la concurrence afin de prendre en compte le rôle des services d'intérêt économique général (« SIEG », qui recouvrent *mutatis mutandis* les SPIC français : poste, électricité, gaz, pompes funèbres, transports ferroviaires et aériens, distribution de l'eau, offre publique de placement de la main-d'œuvre, activités portuaires, etc., mais également les services sociaux (aides au logement, à la personne, à la formation…) et culturels). Elle a en effet donné une large portée à la notion de SIEG, notamment par les arrêts CJCE 19 mai 1993, Corbeau, et CJCE 27 avril 1994, Commune d'Almelo. La Cour a jugé que le service postal et le réseau d'électricité sont des SIEG et que, pour leur bon accomplissement, les entreprises qui les exploitent pouvaient être dotées de droits exclusifs permettant des compensations entre activités rentables et non rentables afin d'assurer la couverture de l'ensemble du territoire (arrêt Corbeau) ou des dérogations aux règles de la concurrence (arrêt Commune d'Almelo). En outre, dans un arrêt Commission c/France du 23 octobre 1997 (sur EDF et GDF et leur monopole d'importation), la CJUE précise que pour bénéficier du régime dérogatoire, il n'est pas nécessaire que la survie de l'entreprise soit menacée : il suffit qu'en l'absence de droits exclusifs, il soit fait échec à l'accomplissement des missions particulières qui lui sont imparties.

Mais c'est principalement au regard du droit des aides d'État que la particularité du régime des SIEG apparaît. Par un arrêt du 24 juillet 2003, Altmark Trans, la CJUE a explicitement pris position en faveur de la reconnaissance de l'utilité économique et sociale des services publics : cette décision juge notamment que le financement public des missions de service public d'un opérateur ne constitue pas, si certaines conditions sont réunies, une « aide d'État » au sens du traité. En conséquence, cette subvention n'a pas à être notifiée au préalable à la Commission et échappe, de façon générale, à la réglementation, très stricte, relative aux aides d'État. Quatre conditions cumulatives sont néanmoins exigées, qui contribuent à atténuer la portée de la jurisprudence Altmark : l'entreprise gestionnaire du SIEG doit avoir été expressément chargée par la personne publique d'assurer des missions de service public clairement définies ; des paramètres objectifs de calcul de la compensation versée par la personne publique à l'entreprise, destinée à compenser le surcoût lié aux obligations de service public qui pèsent sur elle, doivent avoir été préalablement établis ; un contrôle de l'absence de surcompensation doit avoir été instauré ; la mission de service public doit avoir été confiée à l'entreprise à l'issue d'une procédure de marché public ou, à défaut, le montant de la compensation doit être calculé en référence aux coûts qu'une entreprise en situation de concurrence aurait à supporter.

Ces quatre conditions sont en pratique rarement réunies : les obligations de service public ne sont pas souvent « clairement » définies, et encore moins les conditions de financement de la compensation du surcoût. Mais c'est surtout la quatrième condition qui est problématique : en France, de très nombreuses missions de service public, notamment local, n'ont pas été confiées à l'issue d'une procédure de mise en concurrence adéquate. Et en l'absence de jurisprudence suffisamment nourrie sur la notion de « coûts supportés par une entreprise en situation de concurrence », cette dernière condition, pour le moins floue, est rarement mise en œuvre de sorte que, importante sur le plan des principes, la jurisprudence Altmark ne trouve guère d'applications concrètes.

C'est pour pallier ces limites que la Commission avait adopté le 28 novembre 2005 deux communications exposant les principes régissant les aides apportées par les personnes publiques aux entreprises chargées de SIEG. Ces deux communications, respectivement « décision Monti » et « encadrement Monti » (du nom du commissaire de l'époque), étaient donc applicables lorsque la jurisprudence Altmark ne l'était pas. La « décision Monti » permettait à certaines aides de déroger à la procédure normalement applicable (elles ne sont pas communiquées préalablement à la Commission), lorsque leur montant modeste n'était pas susceptible d'avoir un impact significatif sur les échanges intracommunautaires (aides inférieures à 30 millions d'euros annuels octroyées aux entreprises dont le chiffre d'affaires est inférieur à 100 millions d'euros) ou lorsqu'elles intervenaient dans certains secteurs spécifiques (hôpitaux, logement social). L'« encadrement Monti » précisait dans quelles conditions les aides n'entrant pas dans la « décision Monti » pouvaient être, après notification à la Commission, reconnues compatibles avec le marché intérieur. Ces conditions étaient assez proches de celles définies par la jurisprudence Altmark (un acte public ayant investi une entreprise d'une mission de service public, un coût de la compensation déterminé en fonction de paramètres préétablis, un mécanisme destiné à éviter la surcompensation).

Afin de rendre plus souples et plus claires les règles relatives aux SIEG et à leur financement, de nouvelles lignes directrices ont été définies par la Commission dans ce qu'il est convenu d'appeler le « paquet Almunia », du nom du commissaire européen à la concurrence. Publié au JOUE de janvier 2012, ce paquet comprend, à l'instar du paquet Monti, une décision et un encadrement, recouvrant les mêmes champs que les décision et encadrement précédents mais en modifiant les critères d'exemption de la notification préalable à la Commission (nouveau mode de calcul du montant des aides, avec suppression notamment du plafond de chiffre d'affaires, consécration de la notion de services sociaux d'intérêt général qui recouvrent les soins de santé et de longue durée, la garde d'enfants, l'accès et la réinsertion sur le marché du travail, le logement social et les soins et l'inclusion sociales pour les groupes vulnérables, plus largement exemptés). Le paquet Almunia comprend aussi, et cela est nouveau, une communication précisant que le paquet ne s'applique qu'aux entreprises percevant des compensations au plus égales au coût exposé pour la réalisation de la mission d'intérêt général qui leur incombe et développant ce que recouvrent ces notions (entreprise et compensations qui ne donnent pas d'avantages). Il comprend également, autre nouveauté, un règlement relatif aux aides de *minimis* accordées à des entreprises fournissant des SIEG (règlement n° 360/2012 de la Commission du 25 avril 2012 relatif à l'application des articles 107 et 108 du traité sur le fonctionnement de l'Union européenne aux aides *de minimis* accordées à des entreprises fournissant des services d'intérêt économique général).

b. La reconnaissance textuelle des SIEG

La reconnaissance institutionnelle et textuelle des SIEG a été progressive. Le traité de Maastricht affirme le rôle des services publics dans la promotion de la cohésion territoriale et sociale de l'Union. S'agissant de la cohésion territoriale il met en valeur les grands services en réseau, en affirmant (article 129-B) que « la Communauté contribue à l'établissement et au développement de réseaux transeuropéens dans les secteurs des infrastructures de transport, des télécommunications et de l'énergie » et que son action vise à favoriser « l'interconnexion et l'interopérabilité des réseaux nationaux ». S'agissant de la cohésion sociale, le Traité stipule en son article 130-A que la communauté doit poursuivre « son action tendant au renforcement de la cohésion économique et sociale ». Ouverture du marché et cohésion ne sont pas antinomiques mais vont au contraire de pair. Or le service public est au premier chef un instrument de cohésion.

Le traité d'Amsterdam place quant à lui les SIEG « parmi les valeurs communes de l'Union » et souligne leur rôle « dans la promotion de la cohésion sociale et territoriale de l'Union » (article 16 TCE).

La Charte des droits fondamentaux de l'Union (CDFU), proclamée à Nice le 7 décembre 2000, prône la reconnaissance et le respect de l'accès au SIEG, « afin de promouvoir la cohésion sociale et territoriale de l'Union » (article 36).

Le traité de Lisbonne apporte une nouvelle pierre, importante, à la reconnaissance institutionnelle des SIEG. L'article 14 TFUE (ex-16 TCE) stipule désormais que « [...] eu égard à la place qu'occupent les services d'intérêt économique général parmi les valeurs communes de l'Union ainsi qu'au rôle qu'ils jouent dans la promotion de la cohésion sociale et territoriale de l'Union, l'Union et ses États membres [...] veillent à ce que ces services fonctionnent sur la base de principes et dans des conditions, notamment économiques et financières, qui leur permettent d'accomplir leurs missions ». Par ailleurs, le protocole n° 9 sur les services d'intérêt général annexé au traité de Lisbonne rappelle l'attachement des États membres à des SIEG de qualité. Si l'on peut regretter que sous l'intitulé de « SIG » il ne soit en réalité question que de SIEG, ce protocole insiste opportunément sur les besoins, les préférences et les droits des « utilisateurs » des SIEG, qui doivent notamment tenir compte des disparités qui peuvent exister « en raison de situations géographiques, sociales ou culturelles différentes », les États membres se réservant ainsi le droit de prévoir des réglementations spécifiques adaptées aux particularités locales. Le protocole rappelle également la large autonomie des États membres en matière de SIEG et l'importance d'un niveau élevé de qualité, de sécurité, du caractère financièrement abordable des SIEG, de l'égalité de traitement et de l'accès universel des utilisateurs, instituant ainsi quelques-unes des « lois du service public européen » tel qu'il est appelé à se développer sur le fondement de l'article 14 TFUE et du protocole n° 9.

c. La notion de service universel

Cette notion, apparue aux États-Unis et intégrée par le droit de l'Union européenne dans les années quatre-vingt, constitue « le service de base ouvert à tous dans l'ensemble – de la communauté à des conditions tarifaires abordables et avec un niveau de qualité standard » (rapport de la Commission de 1992 sur les télécommunications). Il s'agit du contenu minimum des prestations offertes par les SIEG, lesquels peuvent naturellement aller au-delà.

Le service universel a pour vocation d'offrir au citoyen européen un accès égal à un service de qualité, universel, continu, adaptable et transparent. Apparaissant ainsi comme une préfiguration d'un service public de l'Union européenne traduisant l'émergence d'un intérêt général communautaire. Il concerne essentiellement les services en réseau et vise à éviter que le libre jeu de la concurrence ne fasse disparaître de certaines régions le service public en question, dont le fonctionnement est structurellement déficitaire. Les coûts générés par l'accomplissement du service universel sont compensés par l'attribution d'aides publiques. Le service universel repose sur un (EDF, La Poste) ou plusieurs opérateurs.

La loi française a repris cette notion de service universel à propos des télécommunications (loi du 26 juillet 1996 qui évoque un « service universel téléphonique », loi du 7 octobre 2016 pour une République numérique). France Télécom a été désignée par un arrêté du 3 mars 2005 opérateur public chargé de ce service universel (qui comprend un service téléphonique de qualité à des prix abordables avec transmission gratuite des appels d'urgence, un service de renseignement et d'annuaire, une mise à disposition d'au moins une cabine téléphonique dans chaque commune). La loi du 20 mai 2005 confie à La Poste une mission de « service universel postal », qui se traduit notamment par le fait que la loi interdit que plus de 10 % de la population d'un département se trouve éloignée de plus de 5 km et de plus de 20 minutes de trajet en automobile des plus proches points de contact de La Poste. EDF et GDF sont également chargées de missions de service universel de fourniture d'électricité et de gaz.

IV. Les principes traditionnels du service public ont été renforcés

a. Le principe de continuité est appelé à être mieux assuré

On prendra les exemples des transports, de l'éducation et de la santé, après avoir relevé que la loi du 6 août 2019 de transformation de la fonction publique prévoit la possibilité pour les collectivités territoriales et les organisations syndicales de conclure des accords « visant à assurer la continuité des services publics de collecte et de traitement des déchets des ménages, de transport public de personnes, d'aide aux personnes âgées et handicapées, d'accueil des enfants de moins de trois ans, d'accueil périscolaire, de restauration collective et scolaire dont l'interruption en cas de grève des agents publics participant directement à leur exécution contreviendrait au respect de l'ordre public, notamment à la salubrité publique, ou aux besoins essentiels des usagers de ces services ». La loi précise qu'à défaut de conclusion d'accord dans un délai de douze mois après le début des négociations, les services, les fonctions et le nombre d'agents indispensables afin de garantir la continuité du service public sont déterminés par délibération de l'organe délibérant.

1. S'agissant des transports, depuis le 1er janvier 2008, les dispositions de la loi du 21 août 2007 sur le dialogue social et la continuité du service public dans les transports terrestres réguliers de voyageurs (codifiées aux articles L. 1222-1 et suivants du code des transports) sont applicables et mises en œuvre au sein de la SNCF et de la RATP. Concernant la prévention des conflits, connue sous le nom « d'alarme sociale », la SNCF a négocié, et signé le 13 décembre 2007, avec les organisations syndicales un avenant à son accord de 2004 sur l'amélioration du dialogue social. Conformément à la loi, cet avenant, signé par 5 organisations syndicales (CFDT, CFTC, FGAAC, UNSA, et SNCS) prévoit que tout dépôt de préavis devra désormais être obligatoirement précédé d'une négociation préalable de huit jours francs (démarche dite de « concertation immédiate »).

La mise en place du service minimum dépend également de la construction d'un « plan de prévisibilité », qui devra notamment prévoir :

- la mise en place en cas de perturbation prévisible, d'un plan de transport adapté garantissant, dans le cas d'une grève, deux ou trois niveaux de services. Ces plans de transport ont été élaborés sur la base des dessertes prioritaires définies par les autorités organisatrices ou par les préfets, sur la base des propositions faites par l'entreprise ;
- le recensement des ressources en personnels et en matériels indispensables à l'exécution des plans de transport adaptés ;
- l'obligation et les modalités d'une déclaration individuelle d'intention, au moins 48 heures avant, pour les agents prévoyant de participer à une grève, et relevant des catégories suivantes : conducteurs, contrôleurs, agents des postes d'aiguillage ;
- la possibilité pour l'entreprise de réaffecter le personnel disponible pour assurer « dans les meilleures conditions » le plan de transport et mettre en œuvre le plan d'information des voyageurs. Tous les personnels sont concernés par le dispositif de réaffectation, « les agents étant réaffectés dans le respect des règles en vigueur en matière d'aptitude et d'habilitation ».

Un plan de prévisibilité concerté a été lancé à la RATP, le 4 janvier 2008, après une réunion avec l'ensemble des organisations syndicales. Sur la prévention des conflits, un avenant au protocole relatif au droit syndical et à l'amélioration du dialogue social à la RATP (en vigueur depuis 1996) a permis une mise en conformité du dispositif actuel d'alarme sociale qui est devenu obligatoire.

2. S'agissant du service public de l'éducation nationale, la loi du 20 août 2008 instituant un droit d'accueil dans les écoles maternelles et élémentaires (codifiée aux articles L. 133-1 et suivants du code de l'éducation) a créé un « service minimum d'accueil » permettant d'assurer, sinon la continuité du service public de l'enseignement en tant que tel (les enseignants en grève ne sont pas remplacés et l'enseignement n'est pas assuré), du moins celle, précisément, de l'accueil dans les établissements publics d'enseignement. Ce service d'accueil repose sur l'État si le nombre prévisionnel de grévistes d'une école est inférieur à 25 % et sur les communes s'il est supérieur. Malgré la réticence de certaines communes, parfois justifiée par les difficultés de mettre à disposition du personnel municipal pour accueillir les enfants, le dispositif a rapidement été mis en place. On relève en outre qu'il est accompagné par un mécanisme de prévention des conflits dans le premier degré organisé par le décret du 1er décembre 2008. Une négociation et la recherche d'un accord entre l'État et les organisations syndicales des enseignants est obligatoire préalablement au dépôt d'un préavis de grève. Les enseignants grévistes doivent se déclarer au moins 48 heures avant la date prévue, afin de permettre l'organisation du service minimum d'accueil.

3. S'agissant du service public hospitalier la loi du 20 janvier 2016 de modernisation de notre système de santé réintroduit dans le code de la santé publique la notion de « service public hospitalier » que la loi du 21 juillet 2009 portant réforme de l'hôpital avait supprimé. L'article L. 6112-1 CSP dispose ainsi, dans sa nouvelle rédaction, que « le service public hospitalier exerce l'ensemble des missions dévolues aux établissements de santé par le chapitre Ier du présent titre ainsi que l'aide médicale urgente, dans le respect des principes d'égalité d'accès et de prise en charge, de continuité, d'adaptation et de neutralité et conformément aux obligations définies à l'article L. 6112-2 ». Au nombre de ces obligations figure « la permanence de l'accueil et de la prise en charge » des patients. Jugé, sur le fondement de ce principe, que le directeur d'un centre hospitalier est habilité à interdire l'exercice du droit de grève, dans la stricte limite de ce qui est nécessaire pour assurer la continuité des soins (CE 7 janvier 1976, Centre hospitalier régional d'Orléans), ou que le directeur d'une Agence régionale de santé peut dissoudre un conseil départemental de l'ordre des médecins lorsque, par le fait de ses membres, la continuité du service public ou le bon exercice des missions sont gravement compromis (CE 28 janvier 2019, Ministre des solidarités et de la santé).

b. Le principe d'égalité s'accompagne du principe de neutralité

Le principe d'égalité, élément fondamental du droit public français et européen, est un principe général du droit (CE 9 mars 1951 Société des concerts du conservatoire), qui concerne tant l'accès au service public que le fonctionnement du service public. Il ne faut toutefois pas confondre égalité et égalitarisme : le principe d'égalité supporte des accommodations justifiées par la différence de situation des usagers du service public ou par des considérations d'intérêt général (CE 10 mai 1974 Denoyer et Chorques).

Ce principe a trouvé une dimension nouvelle à travers celui de neutralité qui en est une déclinaison : le service public doit fonctionner en tenant compte, exclusivement, des exigences de l'intérêt général. La traduction de ce principe en matière de laïcité a été largement médiatisée. Par un avis CE 27 novembre 1989, le Conseil d'État énonce que, si le port d'insignes religieux n'est pas, par lui-même, incompatible avec la laïcité (liberté d'expression religieuse), il ne saurait toutefois constituer un acte de prosélytisme ou être porté de façon ostentatoire, ni perturber l'organisation des activités d'enseignement. Ces principes ont été déclinés au contentieux. Par un arrêt CE 2 novembre 1992 Kherouaa est jugée illégale une interdiction du port du foulard formulée par le règlement intérieur d'un collège dans des termes généraux et absolus (alors qu'une telle interdiction est légale pour les personnels des services publics : CE avis 3 mai 2000 Mlle Marteaux). À l'inverse, l'arrêt CE 10 mars 1995 Aoukili juge légale une expulsion justifiée par les manifestations estimées prosélytes du père des élèves exclues. La loi du 15 mars 2004 a finalement interdit le port de tout signe religieux ostensible dans les établissements d'enseignement élémentaire et secondaire. Pour plus amples développements sur le principe de neutralité, voir le chapitre sur la laïcité.

V. De nouveaux principes du service public sont apparus

À côté des principes traditionnels que sont l'égalité, la continuité et l'adaptabilité, des exigences nouvelles pèsent dorénavant sur le service public.

À la suite de la circulaire du 23 février 1989 relative au renouveau du service public, la circulaire du Premier ministre du 26 juillet 1995 relative à la préparation à la mise en œuvre de la réforme de l'État et des services publics évoquait déjà de nouvelles exigences pesant sur les services publics, telles la qualité, l'accessibilité, la transparence, la participation. Traduisant ces exigences nouvelles, la loi du 10 février 2000 sur l'électricité rappelle que le service public de l'électricité est géré « dans le respect des principes d'égalité, de continuité et d'adaptabilité », et ajoute « et dans les meilleures conditions de sécurité, de qualité, de coûts, de prix et d'efficacité économique, sociale et énergétique » (article 1er al. 4 ; reprise par loi 9 août 2004, qui instaurent de nouveaux contrats État/EDF-GDF). L'affirmation de ces principes tend de fait à rapprocher le fonctionnement des services publics de ceux des entreprises privées.

Trois exemples l'illustrent. Si le principe de qualité n'est pas encore un principe du service public, le Conseil d'État y a fait référence dans un arrêt CE 27 juin 1994 Charpentier à propos de la qualité du service d'adduction d'eau. L'article L. 35-1 du code des postes et télécommunication énonce quant à lui le principe selon lequel « le service universel des télécommunications fournit à tous un service téléphonique de qualité à un prix abordable ». Le principe de l'accessibilité, qui se rapproche de l'adaptabilité, consiste à renforcer « la bonne marche » du service. Il relève aussi du service universel lorsqu'il prévoit que le service doit être accessible à tous sans distinction de position géographique ou sociale. L'accessibilité prend aujourd'hui forme essentiellement dans le cadre des maisons des services publics (créées par la loi du 12 avril 2000 relative aux droits des citoyens dans leurs relations avec les administrations) et dans les concepts de simplification et de meilleur accès au droit (CC 16 décembre 1999 : le principe d'accessibilité et d'intelligibilité de la norme est un objectif à valeur constitutionnelle). Enfin, le principe d'efficacité suppose que le service public doit dorénavant répondre à un critère de performance.

Marie-Laure Basilien-Gainche peut ainsi relever que « *le traditionnel triptyque égalité – continuité – mutabilité semble se muer en une nouvelle trilogie promettant équité, fiabilité et qualité* ».

Symptomatique est à cet égard la Stratégie nationale d'orientation de l'action publique annexée à la loi Essoc (voir pour un développement sur cette loi le chapitre sur les mutations de la norme), selon laquelle « *les rapports entre le public et l'administration sont fondés sur les principes de loyauté, de simplicité et d'adaptation* ».

La prise en compte de l'usager dans la gestion des services publics devient ainsi prédominante. Or l'un des domaines d'amélioration les plus évidents réside précisément dans l'accueil réservé aux usagers. Ainsi des « maisons de services au public », au nombre de 1676 en février 2019 (source : site internet du commissariat général à l'égalité des territoires), rassemblent en un point unique divers services (prestations sociales, accès à l'emploi, transport, énergie, santé, services postaux, etc.), des dispositifs de « guichet unique » se sont développés (comme le guichet d'entreprises, érigé en service à compétence nationale en 2015 et offrant sur internet une série de services relatifs, notamment, à la création d'entreprises). Aujourd'hui, après la « charte Marianne » de l'accueil des usagers généralisée en 2005, c'est le « référentiel Marianne », mis en œuvre par plus de 4 500 organismes publics, qui précise les engagements qualité des services de l'État accueillant du public, autour de trois axes : un service public plus proche, un service public efficace, un service public simple.

De même, les simplifications administratives déployées jusqu'à présent doivent encore être approfondies : simplification des démarches, refonte des formulaires administratifs, développement de l'administration électronique, simplification du langage administratif, des structures administratives, codification des lois et règlements, etc.

À cette fin, une expérimentation appelée « Services Publics + » a été lancée en novembre 2018. Elle vise à tester des solutions pour simplifier et améliorer le service public de proximité rendu aux administrés en réduisant leurs déplacements et le nombre d'interlocuteurs auxquels ils doivent s'adresser. Grâce à l'implication de l'ensemble des services publics, qu'ils relèvent des collectivités locales ou de l'État, un usager pourra effectuer toutes ses démarches administratives dans un point d'accueil unique (source : site internet modernisation.gouv.fr).

On assiste ainsi à un renforcement progressif de la dimension marchande du service public. Cette évolution est d'ailleurs partiellement due à la libéralisation de certains secteurs qui ont offert la possibilité aux usagers de s'adresser à des prestataires autres. Il s'agit de passer d'une logique d'usager à une logique de client dans les services publics en réseaux.

Conclusion

L'adaptation du service public aux réalités contemporaines est le gage de sa vitalité. L'effort est important, il implique à la fois une réaffirmation des principes fondamentaux de fonctionnement des services publics et l'émergence de nouveaux principes. Si l'idée d'un déclin est aujourd'hui à la mode, c'est sans doute plus d'évolution ou de processus d'adaptation qu'il conviendrait de parler. Ce processus, la construction européenne peut y contribuer : la distinction européenne entre ce qui ne l'intéresse pas (le régalien) et ce qui l'intéresse (les services d'intérêt économique général) permet en effet de clarifier les différents aspects du service public, et de les distinguer du reste de l'activité industrielle et commerciale. À travers l'Union européenne, c'est donc une conception et un fonctionnement nouveaux du service public, influencés par d'autres expériences nationales, qui sont apparus. L'exemple du service universel l'illustre. Bertrand Seiller relève ainsi que « *loin de provoquer un appauvrissement, il est résulté [de la rencontre entre service universel et service public] un relatif enrichissement théorique, juridique et même social de la notion et de son contenu* ».

Bibliographie

- *RFDA*, « Les mutations du service public », dossier, 2008, p. 1 et *s*.
- F. Chaltiel, « Les apports du traité de Lisbonne au service public », *AJDA* 2008, p. 1575 et *s*.
- J.-M. Sauvé, « La notion de service d'intérêt économique général », Discours prononcé le 14 octobre 2011, disponible sur le site internet du Conseil d'État.
- P. Thieffry, « Compensation des charges de service public – les contradictions du paquet Almunia », *AJDA* 2012, p. 300 et *s*.
- « Les vingt ans de la loi Sapin », dossier *AJDA*, 2013, p. 1428 et *s*.
- J. Chevallier, *Le service public*, PUF, coll. « Que sais-je ? », 11e édition, 2018.
- Q. Barnabé, Léon Aucoc, une vision actuelle du service public, *RFDA* 2018, p. 577 et *s*.
- La gratuité des services publics, dossier *AJDA* 2020, p. 979 et *s*.

Exemples de sujets

- L'avenir du service public est-il exclusivement européen ?
- Service public et liberté du commerce et de l'industrie.
- Citoyen, usager, consommateur et service public.
- Le service public entre déclin et renouveau.
- La distinction SPIC/SPA a-t-elle encore un sens ?

11 Les évolutions récentes de la notion d'ordre public

> « *La conciliation de l'ordre public et de la liberté est l'éternel problème des sociétés humaines* » (Guizot). Il est vrai que la notion d'ordre public peut entrer en tension avec l'exercice des libertés publiques, la sauvegarde de celui-ci pouvant nécessiter de restreindre celui-là, même si le maintien de l'ordre est aussi une condition nécessaire à l'exercice des libertés, ce dont se fait l'écho l'article 12 de la DDHC aux termes duquel « *la garantie des droits de l'Homme et du Citoyen nécessite une force publique : cette force est donc instituée pour l'avantage de tous, et non pour l'utilité particulière de ceux auxquels elle est confiée* ». L'ordre public trouve donc un fondement dans la nécessité qu'il représente pour permettre le libre exercice des droits fondamentaux. C'est dire qu'il ne saurait y avoir d'ordre public autonome, détaché de l'exercice des libertés, sauf à renoncer à l'État de droit au profit d'un État de police qui ferait de l'ordre une fin en soi. La définition traditionnelle de la notion d'ordre public a connu des extensions et de nouvelles concrétisations en période récente. Elle demeure mise en œuvre sous le contrôle vigilant du juge, tant administratif que judiciaire. Le contexte des attentats terroristes depuis 2015 et les nombreuses modifications du cadre législatif intervenues depuis constituent un cadre inédit pour la question de la compatibilité de l'État de droit et des mesures exceptionnelles destinées à garantir sa survie.

Connaissances de base

Les fondements constitutionnels de la notion d'ordre public

L'ordre public trouve l'un de ses fondements dans le bloc de constitutionnalité, puisque plusieurs articles de la Déclaration des droits de l'homme et du citoyen de 1789 s'y rapportent :

- « *le but de toute association politique est la conservation des droits naturels et imprescriptibles de l'homme. Ces droits sont la liberté, la propriété, la sûreté et la résistance à l'oppression* » (article 2 DDHC) : la sûreté est le devoir qui pèse sur l'État de maintenir l'ordre en même temps que la garantie accordée aux citoyens de la préservation de leur intégrité physique (absence d'arrestation arbitraire (pratique des lettres de cachet sous l'Ancien régime), absence de dommages corporels causés par la puissance publique (« *Habeas corpus* » (tu as un corps), 1679 en Angleterre)) ;
- « *la liberté consiste à pouvoir faire tout ce qui ne nuit pas à autrui : ainsi l'exercice des droits naturels de chaque homme n'a de bornes que celles qui assurent aux autres Membres de la Société la jouissance de ces mêmes droits. Ces bornes ne peuvent être fixées que par la Loi* » (article 4 DDHC) ;
- « *La Loi n'a le droit de défendre que les actions nuisibles à la Société. Tout ce qui n'est pas défendu par la Loi ne peut être empêché, et nul ne peut être contraint à faire ce qu'elle n'ordonne pas* » (article 5 DDHC) : est ainsi instauré un régime dit « répressif » et non un régime « préventif », plus attentatoire aux libertés dont l'exercice est conditionné à une autorisation préalable ;

- « *nul ne doit être inquiété pour ses opinions, même religieuses, pourvu que leur manifestation ne trouble pas l'ordre public établi par la Loi* » (article 10 DDHC).

La sauvegarde de l'ordre public est ainsi susceptible de justifier des restrictions à l'exercice des libertés publiques. C'est pourquoi, une définition rigoureuse de la notion d'ordre public est nécessaire, sans quoi, des atteintes excessives et infondées aux libertés pourraient survenir.

La définition traditionnelle de la notion d'ordre public

En doctrine, l'on peut citer les définitions suivantes de la notion d'ordre public :

- Maurice Hauriou a proposé une définition objective : « *l'ordre public, au sens de la police, est l'ordre matériel et extérieur* [...]. *La police* [...]] *n'essaie point d'atteindre les causes profondes du mal social, elle se contente de rétablir l'ordre matériel* [...] *En d'autres termes, elle ne poursuit pas l'ordre moral dans les idées* » (*Précis de droit administratif*, édition de 1927). L'activité de police administrative consiste donc pour l'essentiel à prévenir les troubles extérieurs, à éviter le désordre public, sans jamais se confondre avec l'ordre moral ;
- Marcel Waline considérait, de même, que la police administrative avait pour but de prévenir les atteintes à l'ordre public ; la police administrative est ainsi l'ensemble des interventions de l'administration tendant à imposer à la libre action des particuliers la discipline exigée par la vie en société, dans le respect des dispositions constitutionnelles et législatives pertinentes ;
- plus près de nous, le professeur Chapus définit la police administrative comme « *l'activité de service public qui tend à assurer le maintien de l'ordre public dans les différents secteurs de la vie sociale* ».

Pour le Conseil constitutionnel, la prévention des atteintes à l'ordre public comme la recherche des auteurs d'infractions sont « *toutes deux nécessaires* à *la sauvegarde de droits et de principes de valeur constitutionnelle* » (CC 13 mars 2003 Loi pour la sécurité intérieure). La sauvegarde de l'ordre public constitue un objectif à valeur constitutionnelle (CC 28 juillet 1989 Séjour des étrangers en France). Cependant, les limitations apportées aux libertés publiques par l'autorité de police ne sont légales que si et dans la mesure où le maintien de l'ordre public les rend nécessaires (CE 27 octobre 1995 Commune de Morsang-sur-Orge).

En droit positif, c'est le Code général des collectivités territoriales qui pose la définition traditionnelle de l'ordre public. En effet, l'article L. 2212-2 de ce code, qui reprend les dispositions de la loi du 5 avril 1884, dispose que « *la police municipale a pour objet d'assurer le bon ordre, la sûreté, la sécurité et la salubrité publiques* ».

L'ordre public est ainsi traditionnellement défini par une trilogie : la tranquillité, la sécurité, la salubrité publiques. Intemporelle, cette trilogie connaît néanmoins des évolutions liées à celles de la société : les exigences de sécurité et de salubrité évoluent et se traduisent par l'édiction de mesures beaucoup plus diverses qu'autrefois. La sécurité de la circulation est ainsi relativement récente ; la sécurité environnementale s'est récemment développée (sûreté nucléaire, lutte contre la pollution atmosphérique, etc.), la sécurité alimentaire a connu des évolutions marquées par les scandales sanitaires des années 1990 et 2000.

Les développements ultérieurs de la notion d'ordre public

Les textes et la jurisprudence ont progressivement intégré d'autres critères à la notion d'ordre public, qui s'est ainsi progressivement étendue, en faisant preuve d'une réelle plasticité.

Constituent ainsi des buts en vue desquels la police administrative peut s'exercer :

- la défense de l'esthétique : plusieurs polices spéciales ont été instituées à cet effet, notamment dans les domaines de la police de l'affichage, de la police de sites, et dans le cadre de la législation relative à la protection des monuments historiques ;
- la moralité publique, « *quatrième composante de la notion d'ordre public* » selon le Professeur Chapus : la trilogie traditionnelle a été complétée par la notion de « bon ordre » (article L. 2212-2 CGCT), dont la signification exacte laisse perplexe. Certains y voient un « écho » à la notion de tranquillité, une sorte de redondance à laquelle il ne faudrait pas prêter trop d'attention (Georges Vedel et Pierre Delvolvé). D'autres pensent que cette notion ouvre la voie à « *d'autres finalités, plus contemporaines* », en précisant toutefois que « *le concept ne saurait être trop généreusement élargi* » (Jacqueline Morand-Deviller). Il est difficile de trancher, le Conseil d'État n'ayant jamais défini ce que recouvrait cette notion. En revanche, il a expressément jugé que le maintien du « bon ordre et de la décence » n'autorisait pas le maire à réglementer l'aspect des monuments funéraires dans un cimetière (CE 18 février 1972 Chambre syndicale des entreprises artisanales du bâtiment de la Haute-Garonne). Le bon ordre n'est donc pas un bon ordre « esthétique ». Peut-il être un « bon ordre moral », comme certains auteurs le soutiennent ? Sans doute : le maire peut prendre des mesures de police administrative en cas d'atteintes portées à la décence, concernant des lieux de débauche ou de prostitution (CE 17 décembre 1909, Chambre syndicale de la corporation des marchands de vins et de liquoristes de Paris ; CE 11 décembre 1946, Dames Hubert et Crepelle) ; il peut édicter une réglementation applicable à la tenue des baigneurs sur une plage (CE 30 mai 1930, Beaugé). En outre, en matière de police du cinéma, « *un maire, responsable du maintien de l'ordre dans sa commune, peut [...] interdire sur le territoire de celle-ci la représentation d'un film auquel le visa ministériel d'exploitation a été accordé mais dont la projection est susceptible d'entraîner des troubles sérieux ou d'être, à raison du caractère immoral dudit film et de circonstances locales, préjudiciable à l'ordre public* » (CE Sect. 18 décembre 1959, Société « Les films Lutétia ») ;
- la régulation de l'économie : le rôle de la police de l'économie s'est développé à mesure que l'État se désengageait de l'activité économique et acceptait une libéralisation plus importante du marché. Afin d'éviter les manifestations indésirables d'un marché libre de toute entrave, l'État a développé des techniques de régulation de l'activité économique qui s'apparente largement

à des mesures de police spécifique tendant à assurer le maintien d'un certain ordre économique. On peut ainsi parler d'une « police des prix », d'une « police monétaire et financière », d'une « police des relations extérieures » (voir Pierre Delvolvé, Droit public de l'économie, Dalloz, 1998, p. 427 et s.). L'administration, soumise au principe de légalité, doit aussi respecter le droit de la concurrence. Le juge administratif s'assure du respect de ce droit. Ainsi l'autorité de police doit-elle, dans l'édiction des mesures nécessaires à la sauvegarde de l'ordre public, « *prendre en compte la liberté du commerce et de l'industrie et les règles de concurrence* » (CE Sect. Avis contentieux 22 novembre 2000, Société L et P Publicité SARL ; voir également CE 4 décembre 2009, Société AAD : « *en interdisant les déclencheurs automatiques de parachute fabriqués par une société pour des motifs de sécurité des utilisateurs, l'autorité administrative a fait une exacte application de l'article L. 133-3 du code l'aviation civile et n'a pas pris une mesure de police disproportionnée, eu égard notamment au principe de la liberté du commerce et de l'industrie* »).

Ordre public et police administrative

La préservation de l'ordre public est assurée par l'intervention des autorités auxquelles est confiée une compétence en matière de police administrative.

1. La police administrative est distincte de la police judiciaire

Elle en diffère par son objet, selon le critère finaliste mis en exergue par le Conseil d'État (CE 11 mai 1951, Consorts Bau), puis par le Tribunal des Conflits (TC 7 juin 1951, Noualek). Relèvent ainsi d'une activité de police judiciaire : la recherche et la constatation d'infractions à la loi pénale, la recherche de preuves de telles infractions et de leurs auteurs. La police judiciaire est donc une activité répressive placée, selon le droit commun, sous le contrôle des tribunaux judiciaires. Relèvent, au contraire, d'une activité de police administrative : les opérations de maintien de l'ordre public non dirigées vers la recherche d'une infraction ; les opérations tendant à éviter les troubles à l'ordre public. La police administrative est donc une activité préventive, placée sous le contrôle du juge administratif (pour un rappel : CE 9 novembre 2015, AGRIF : « *il appartient à l'autorité investie du pouvoir de police de prendre toute mesure pour prévenir une atteinte à l'ordre public* »). Ainsi la mesure de police permettant de conduire une personne trouvée en état d'ivresse sur la voie publique au poste le plus voisin ou dans une chambre de sûreté, pour y être retenue jusqu'à ce qu'elle ait recouvré la raison, dont l'objet est relatif tant à la protection de la personne concernée qu'à la préservation de l'ordre public, ne relève pas d'une opération de police judiciaire mais constitue un acte de police administrative. Par suite, les litiges relatifs aux dommages pouvant survenir à l'occasion de son exécution ressortissent à la compétence des juridictions de l'ordre administratif (TC 18 juin 2007, Mme Ousset).

Les deux polices diffèrent aussi en fonction des autorités qui en sont investies, selon une classification fonctionnelle. Le préfet est ainsi une autorité de police administrative, tandis que le procureur de la République est une autorité investie de compétences en matière de police judiciaire. L'on notera toutefois que certaines autorités cumulent des attributions tant en matière de police administrative que de police judiciaire. Il en va ainsi, par exemple, des commissaires et inspecteurs de police, des gardiens de la paix ou encore des gendarmes.

2. La police administrative peut être appréhendée selon deux grilles d'analyse

a. La première typologie consiste à distinguer entre police administrative générale et police administrative spéciale

- la compétence en matière de pouvoir de police administrative générale s'applique à l'ensemble des activités de l'ensemble des administrés sur un territoire donné; elle appartient, au niveau national, au Premier ministre et, au niveau local, au préfet et au maire;
- la police administrative spéciale ne s'applique qu'à une catégorie spécifique d'administrés (police des étrangers, par exemple), ou encore à un type d'activité ou de situation clairement distingué (police des débits de boissons, police de la chasse, police des immeubles menaçant ruine). La loi instituant chaque police spéciale en détermine le régime et définit l'autorité détentrice du pouvoir de police en question. C'est à ce seul titre que les ministres peuvent être détenteurs d'un pouvoir de police, le ministre en charge de la culture étant par exemple compétent en matière de police du cinéma, le ministre de l'Intérieur en matière de police des jeux ou de police des publications étrangères.

Cette distinction a été rappelée par le commissaire du Gouvernement Dérapas dans ses conclusions sur sept décisions (CE 19 mars 2007, Mme Le Ga et autres): « *Les critères permettant de distinguer la police administrative générale de la police spéciale sont de deux ordres. Le premier est l'objet du régime de police: la police générale vise à assurer le respect par l'ensemble des citoyens des trois composantes fondamentales de l'ordre public: la sécurité, la tranquillité et la salubrité publique; la police spéciale vise à la préservation d'un intérêt public spécifique allant au-delà de ces éléments de base de l'ordre public: la préservation de l'esthétique, des espèces animales ou végétales, du domaine public, etc. Le second élément de distinction est la particularité du régime défini par les textes: est considéré comme une législation de police spéciale tout corpus attribuant le pouvoir de police à une autorité autre que celles de droit commun (maire, préfet, Premier ministre) ou prévoyant des procédures spécifiques* ».

b. La seconde typologie consiste à distinguer en fonction du niveau géographique auquel s'exerce le pouvoir de police administrative générale

Deux niveaux peuvent être distingués:

- <u>le niveau national:</u> le pouvoir de police général appartient au Premier ministre, ainsi que l'a rappelé le Conseil d'État en 1973 (CE Ass. 2 mai 1973, Association cultuelle des Israélites nord-africains de Paris): « *si la police des abattoirs ressortit, d'une manière générale, à la compétence des communes sur le territoire desquelles ces établissements sont installés, il appartient au Premier ministre, en vertu de ses pouvoirs propres, d'édicter des mesures de police applicables à l'ensemble du territoire* ». Cette décision actualise la jurisprudence Labonne du 8 août 1919 qui, sous le régime de la IIIe République, confiait ce pouvoir au président de la République. Sous la Ve République, celui-ci conserve une compétence d'attribution, dans le cadre des dispositions des articles 13 et 16 de la Constitution. Le Conseil constitutionnel a confirmé cette analyse (CC 20 juillet 2000 Loi relative à la chasse : « *l'article 34 de la Constitution ne prive pas le chef du gouvernement des attributions de police générale qu'il exerce en vertu de ses pouvoirs propres et en dehors de toute habilitation législative* »).

- le niveau local : le pouvoir de police appartient principalement à deux autorités : le préfet et le maire. L'article L. 2215-1 du Code général des collectivités territoriales précise les modalités d'exercice de ce pouvoir. On peut en retenir les principaux points suivants. Le maire exerce le pouvoir de police générale sur le territoire de sa commune. Le représentant de l'État est compétent, principalement, dans deux grandes séries d'hypothèses. D'une part, il peut prendre, pour toutes les communes du département ou pour plusieurs d'entre elles, toute mesure relative au maintien de la salubrité, de la sûreté et de la tranquillité publiques, dans le cas où les autorités municipales n'y auraient pas pourvu, et après mise en demeure de ces autorités. D'autre part, le représentant de l'État dans le département est seul compétent pour prendre des mesures relatives à l'ordre, à la sûreté, à la sécurité et à la salubrité publiques dont le champ d'application excède le territoire d'une commune. À cela s'ajoutent des pouvoirs résiduels de police du président du conseil général, en matière de police du domaine départemental, notamment de police de la circulation.

L'articulation entre ces différents pouvoirs de police se fait de la manière suivante :

- articulation entre pouvoirs de police national et local : le détenteur du pouvoir de police général au niveau local peut intervenir alors même que le détenteur de ce pouvoir au niveau national serait déjà intervenu dans la même matière, mais alors, il peut seulement aggraver les dispositions prises au niveau national et non les alléger ni les modifier (CE 18 avril 1902, Commune de Néris-les-Bains) ; de même, le détenteur d'un pouvoir de police générale au niveau local peut aggraver une mesure de police spéciale édictée au niveau national (CE 18 décembre 1959, Société « Les films Lutétia ») ;
- articulation entre pouvoirs de police général et spécial : soit le texte qui met en place le pouvoir de police spéciale institue un régime d'exclusivité, et l'autorité détentrice du pouvoir de police général est dessaisie de sa compétence ; soit, et ce sont les cas les plus fréquents, le texte ne prévoit pas de tel régime, et les autorités détentrices du pouvoir de police générale ne sont pas dessaisies de leurs compétences ;
- articulation entre polices spéciales : les autorités investies de tels pouvoirs de police ne peuvent jamais être dessaisies de leurs compétences en la matière, si bien qu'elles doivent veiller scrupuleusement à ne pas sortir de leur champ de compétences strictement déterminé.

Il convient enfin de réserver le cas spécifique de la ville de Paris, où les compétences de police administrative du maire concernent la police des foires et marchés et la police des concessions sur la voie publique, le préfet de police de Paris exerçant les compétences appartenant, en droit commun, aux maires. Enfin, les attributions relatives à la police de la circulation et du stationnement font l'objet de compétences partagées entre ces deux autorités.

Ordre public et libertés publiques

L'exercice du pouvoir de police peut conduire à restreindre de manière substantielle l'exercice des libertés publiques.

La liberté n'est pas absolue : elle fait l'objet de limites, justifiée par le nécessaire maintien de l'ordre public. Ordre public et liberté sont ainsi souvent présentés comme antagoniques : le premier constituerait la limite de la seconde. Elle en serait détachée : elle interviendrait à la fois pour en permettre et, le cas échéant, en limiter, l'exercice.

Une analyse plus approfondie révèle toutefois que le Conseil constitutionnel considère en fait l'ordre public moins comme s'opposant aux libertés qu'en en faisant partie intégrante. « *La prise en compte de l'ordre public par le Conseil constitutionnel témoigne de ce que celui-ci paraît admettre que le degré le plus élevé de notre ordre juridique conçoit l'essence de la liberté comme incluant simultanément l'idée de garantie et l'idée de limite* » (Christophe Vimbert). Voilà qui permet d'expliquer que malgré l'absence de fondement constitutionnel solide le Conseil constitutionnel excipe de la nécessité de maintenir l'ordre public pour reconnaître la constitutionnalité de lois portant atteinte à une liberté. La liberté comporte donc sa propre limite : elle n'est liberté que parce qu'elle est reconnue comme non absolue et susceptible de variations selon les circonstances.

En vertu de pouvoirs de police administrative, peuvent ainsi être restreintes, à titre d'exemples :

- la liberté d'aller et de venir, comme c'est le cas en matière de police des étrangers ou de police de la circulation ;
- la liberté de réunion, comme dans le cas de l'espèce ayant conduit à la célèbre jurisprudence d'assemblée *Benjamin* du 19 mai 1933 ; il ne peut y être porté atteinte que sous plusieurs conditions, à la fois strictes et cumulatives : l'interdiction de la réunion doit être le seul moyen dont dispose l'autorité pour prévenir une atteinte à l'ordre public ; la menace d'une telle atteinte doit être d'une exceptionnelle gravité ; l'autorité ne doit pas disposer des forces de l'ordre susceptibles, en l'encadrant, d'assurer le bon déroulement de la réunion. Pour une illustration, voir CE Ord. 7 mars 2011, École Normale Supérieure : l'ENS, « *comme tout établissement d'enseignement supérieur, doit veiller à la fois à l'exercice des libertés d'expression et de réunion des usagers du service public de l'enseignement supérieur et au maintien de l'ordre dans les locaux comme à l'indépendance intellectuelle et scientifique de l'établissement, dans une perspective d'expression du pluralisme des opinions [...] ; si les*

élèves de l'ENS ont droit à la liberté d'expression et de réunion dans l'enceinte de l'École, cette liberté ne saurait permettre des manifestations qui, par leur nature, iraient au-delà de la mission de l'école, perturberaient le déroulement des activités d'enseignement et de recherche, troubleraient le fonctionnement normal du service public ou risqueraient de porter atteinte à l'ordre public [...] il incombait à la directrice de l'ENS, en vue de donner ou de refuser son « accord préalable » à la mise à disposition d'une salle, de prendre toutes mesures nécessaires pour à la fois veiller au respect des libertés dans l'établissement, assurer l'indépendance de l'école de toute emprise politique ou idéologique et maintenir l'ordre dans ses locaux, aux fins de concilier l'exercice de ces pouvoirs avec le respect des principes rappelés ci-dessus » ;

L'exercice du pouvoir de police est soumis à un contrôle étroit du juge administratif.

Le juge exerce un contrôle rigoureux sur les mesures de police administrative. La nécessité démocratique d'encadrer toute atteinte aux libertés publiques a conduit à un approfondissement continu des modalités de contrôle du juge.

La philosophie qui guide le contrôle opéré par le juge de l'excès de pouvoir sur les actes restreignant les libertés publiques a été posée dès le début du siècle dernier par le commissaire du Gouvernement Corneille dans ses conclusions sur CE 10 août 1917, Baldy : « *la liberté est la règle, la restriction de police l'exception* ».

Le juge administratif vérifie ainsi que l'exercice des pouvoirs de police de l'administration visant à maintenir l'ordre public sont compatibles avec le respect des libertés publiques :

- l'administration est tenue d'exercer son pouvoir de police pour assurer le respect de l'ordre public ; elle n'a pas de pouvoirs d'appréciation : CE 23 octobre 1959, Doublet et CE 17 juin 1932, Ville de Castelnaudary : le pouvoir de police administrative ne peut se déléguer, il ne peut faire l'objet d'un contrat.
- l'administration ne peut en principe soumettre une activité à déclaration ou autorisation préalable (CE 22 juin 1951, Daudignac) ni prononcer des interdictions à caractère général et absolu (CE 15 décembre 1961, Chiaretta ; CE 13 juillet 2006, Fédération nationale des syndicats de propriétaires forestiers sylviculteurs : des arrêtés qui interdisent de manière générale la destruction, l'altération ou la dégradation du milieu particulier de chacune des espèces protégées et prévoient que cette interdiction s'applique sur tout le territoire national et en tout temps, sont entachés d'excès de pouvoir).
- par l'arrêt CE 19 mai 1933 Benjamin, le juge administratif a décidé d'exercer un contrôle de proportionnalité, qui est un contrôle normal, sur les mesures de police administrative. Le Conseil constitutionnel exerce un contrôle similaire lorsqu'il recherche si la loi qui lui est déférée et qui limite l'exercice des libertés publiques est proportionnée aux buts à atteindre, c'est-à-dire la nécessité de préserver l'ordre public (CC 12 février 1977, Fouilles des véhicules : autorisations trop générales de fouiller les véhicules).

Ce contrôle de proportionnalité a évolué et rejoint la méthode de contrôle qui émerge comme le standard international en la matière, à partir de la grille élaborée par la Cour constitutionnelle allemande, consacrée par la CJUE, et à laquelle se sont ralliés tant le Conseil constitutionnel (CC 21 févr. 2008, Loi relative à la rétention de sûreté et à la déclaration d'irresponsabilité pénale pour cause de trouble mental, n° 2008-562 DC, point 13) que le Conseil d'État (CE 26 octobre 2011, Association pour la promotion de l'image et autres, n° 317827, CE 9 novembre 2015, AGRIF), à savoir le « test de proportionnalité » en trois étapes : pour être légale, une mesure de police portant atteinte à une liberté doit être « adaptée, nécessaire et proportionnée » :

- adaptée, c'est-à-dire pertinente par rapport au but recherché ;
- nécessaire, ce qui signifie à la fois qu'elle ne doit pas excéder ce qu'exige la réalisation du but poursuivi et que cet objectif ne pourrait être atteint par d'autres moyens moins attentatoires à la liberté ; le CE a ainsi censuré un arrêté du maire de Béziers (CE, Ligue des droits de l'homme, 6 juin 2018, 410774) instaurant un couvre-feu pour les mineurs car les risques n'étaient pas suffisamment caractérisés ;
- proportionnée, c'est-à-dire qu'elle ne doit pas, par les charges qu'elle crée, être hors de proportion avec le résultat recherché.
- à titre d'illustration le 13 juin 2020, le juge des référés du Conseil d'État (CE, 440846) a suspendu l'interdiction générale et absolue de manifester qui, dans le cadre de l'épidémie de Covid, découlait de l'article 3 du décret du 31 mai 2020 interdisant les rassemblements de plus de dix personnes dans l'espace public.

On observera enfin que si l'autorité judiciaire a été érigée par la Constitution en « *gardienne de la liberté individuelle* » (article 66), le Conseil constitutionnel a fortement restreint la portée de cette disposition en la cantonnant aux mesures privatives de liberté, ce qui exclut les mesures restrictives de liberté. Ne relève ainsi par exemple pas de la compétence judiciaire les décisions portant atteinte à la liberté d'aller et de venir qui ne se traduisent pas par l'enfermement permanent de l'intéressé (CC 19 janvier 2006, Lutte contre le terrorisme). Les mesures d'assignation à résidence prises dans le cadre de l'état d'urgence relèvent ainsi du contrôle du juge administratif et non du juge judiciaire (CC 22 décembre 2015, M. Cédric D.).

Par ailleurs, le Conseil d'État et le Tribunal des Conflits ont réduit la portée de la notion de voie de fait qui commande la compétence judiciaire. Le Conseil d'État a d'abord jugé, par un arrêt CE 23 janvier 2013, Commune de Chirongui, que le juge des référés-libertés était compétent pour faire cesser une atteinte grave et manifestement illégale au droit de propriété, « *quand bien même cette atteinte aurait le caractère d'une voie de fait* ». Plus fondamentalement, le Tribunal des Conflits a, par un arrêt TC 17 juin 2013, M. Bergoend, redéfinit la notion de voie de fait, laquelle ne peut plus désormais être reconnue, et avec elle la compétence du juge judiciaire, que lorsque l'acte ou la décision de l'administration porte atteinte à la liberté individuelle ou aboutit à « *l'extinction d'un droit de propriété* ».

Le Tribunal des conflits vient ainsi (TC, 12 février 2018, n° 4110) de considérer que le juge administratif était compétent pour juger d'une demande d'indemnisation présentée par une personne dont les documents ont été retenus par la police de l'air et des frontières.

Les mesures prises dans le cadre de l'état d'urgence, qui ont notamment consisté à transférer une partie du contentieux des libertés du juge judiciaire au juge administratif, ont suscité un certain émoi jusqu'au plus haut niveau de la juridiction judiciaire. Le juge administratif veille pourtant à la préservation des compétences du juge judiciaire : c'est la raison pour laquelle il a transféré au Conseil constitutionnel une QPC portant sur les assignations à résidence, dont le Conseil a jugé, de façon très prévisible au regard de son interprétation de l'article 66 de la Constitution, que le contentieux relevait bien du juge administratif (CC 22 décembre 2015, M. Cédric D). Exerçant par ailleurs un contrôle de proportionnalité sur les mesures attentatoires aux libertés, notamment les assignations à résidence, le juge administratif a montré qu'il pouvait, aussi, être un gardien efficace des libertés (cf. *infra* les développements sur l'état d'urgence).

Ordre public et Convention européenne de sauvegarde des droits de l'homme et des libertés fondamentales

La CEDH prend elle aussi en compte la notion d'ordre public, qui peut fonder des restrictions à certains droits de l'homme et libertés fondamentales garantis par les stipulations de la convention. Elle ménage un équilibre entre respect des libertés, qui est la règle, et possibilités d'en restreindre l'exercice, qui constituent une exception. L'on peut citer :

- l'article 8, relatif au droit au respect de la vie privée et familiale. Celui-ci stipule en effet : « *1. Toute personne a droit au respect de sa vie privée et familiale, de son domicile et de sa correspondance. / 2. Il ne peut y avoir ingérence d'une autorité publique dans l'exercice de ce droit que pour autant que cette ingérence est prévue par la loi et qu'elle constitue une mesure qui, dans une société démocratique, est nécessaire à la sécurité nationale, à la sûreté publique, au bien-être économique du pays, à la défense de l'ordre et à la prévention des infractions pénales, à la protection de la santé ou de la morale, ou à la protection des droits et libertés d'autrui* » ;
- l'article 9, relatif à la liberté de pensée, de conscience et de religion : « *1. Toute personne a droit à la liberté de pensée, de conscience et de religion ;* [...] *2. La liberté de manifester sa religion ou ses convictions ne peut faire l'objet d'autres restrictions que celles qui, prévues par la loi, constituent des mesures nécessaires, dans une société démocratique, à la sécurité publique, à la protection de l'ordre, de la santé ou de la morale publiques, ou à la protection des droits et libertés d'autrui* » ;
- l'article 10, relatif à la liberté d'expression : « *1. Toute personne a droit à la liberté d'expression. Ce droit comprend la liberté d'opinion et la liberté de recevoir ou de communiquer des informations ou des idées sans qu'il puisse y avoir ingérence d'autorités publiques et sans considération de frontière. [...] 2. L'exercice de ces libertés comportant des devoirs et des responsabilités peut être soumis à certaines formalités, conditions, restrictions ou sanctions prévues par la loi, qui constituent*

des mesures nécessaires, dans une société démocratique, à la sécurité nationale, à l'intégrité territoriale ou à la sûreté publique, à la défense de l'ordre et à la prévention du crime, à la protection de sa santé ou de la morale [...] »;

- l'article 11, relatif à la liberté de réunion et d'association : « *1. Toute personne a droit à la liberté de réunion pacifique et à la liberté d'association, y compris le droit de fonder avec d'autres des syndicats* [...]; *2. L'exercice de ces droits ne peut faire l'objet d'autres restrictions que celles qui, prévues par la loi, constituent des mesures nécessaires, dans une société démocratique, à la sécurité nationale, à la sûreté publique, à la défense de l'ordre et à la prévention du crime, à la protection de la santé ou de la morale, ou à la protection des droits et libertés d'autrui* »;
- enfin, l'article 2 du Protocole n° 4 à la convention, signé à Strasbourg le 16 septembre 1963, article relatif à la liberté de circulation : « *Quiconque se trouve régulièrement sur le territoire d'un État a le droit d'y circuler librement et d'y choisir librement sa résidence. /2. Toute personne est libre de quitter n'importe quel pays, y compris le sien. /3. L'exercice de ces droits ne peut faire l'objet d'autres restrictions que celles qui, prévues par la loi, constituent des mesures nécessaires, dans une société démocratique, à la sécurité nationale, à la sûreté publique, au maintien de l'ordre public, à la prévention des infractions pénales, à la protection de la santé ou de la morale, ou à la protection des droits et libertés d'autrui* ».

Chacun de ces articles prévoit ainsi une clause d'ordre public, qui confère aux États parties à la convention une marge d'appréciation pour mettre en œuvre des restrictions aux droits et libertés garantis. La Cour admet d'ailleurs que la lutte contre le terrorisme et l'urgence de la situation justifient des assouplissements aux garanties procédurales habituellement requises (CEDH 20 octobre 2015, Sher c/ Royaume-Uni). L'article 15 de la ConvEDH permet également d'en suspendre l'application en cas de d'état d'urgence (cf. *infra*).

Évolutions récentes et bilan de l'actualité

L'institution du référé-liberté par la loi du 30 juin 2000 a renforcé l'efficacité du contrôle opéré par le juge administratif

Le juge administratif était souvent démuni pour sanctionner de manière efficace et effective les atteintes portées par l'administration à une liberté fondamentale. En effet, ses décisions intervenaient souvent trop tardivement, ce qui a conduit le juge judiciaire, soucieux de combler les lacunes dans le contrôle opéré par le juge administratif, à avoir un recours extensif à la théorie de la voie de fait, étendant ainsi sa compétence au-delà de la stricte délimitation des compétences entre les deux ordres de juridiction.

La loi du 30 juin 2000 réformant les procédures de référé devant le juge administratif a remédié à ces carences, notamment en instituant le référé-liberté. Celui-ci est défini par les dispositions de l'article L. 521-2 du Code de justice administrative : « Saisi d'une demande en ce sens justifiée par l'urgence, le juge des référés peut ordonner toutes mesures nécessaires à la sauvegarde d'une liberté fondamentale à laquelle une personne morale de droit public ou un organisme de droit privé chargé de la gestion d'un service public aurait porté, dans l'exercice d'un de ses pouvoirs, une atteinte grave et manifestement illégale. Le juge des référés se prononce dans un délai de quarante-huit heures ».

Ont été notamment reconnues comme des atteintes graves à une liberté fondamentale :

- le droit de propriété (CE 23 mars 2001, Société Lidl) ;
- le droit à une vie familiale normale (CE 30 octobre 2001, Mme Tbila) ;
- la liberté d'aller et venir (CE 9 janvier 2001, Deperthes) ;
- le droit de grève (CE 9 décembre 2003, Mme Aguillon) ;
- le droit au respect de la vie privée (CE 25 octobre 2007, Mme Y) ; (CE, 26 juin 2020, Caméras thermiques à Lisses) ;
- le droit de l'enfant handicapé d'accéder à une scolarisation adaptée (CE 15 décembre 2010, Ministre de l'éducation nationale) ;
- les libertés d'expression et de réunion des usagers du service public de l'enseignement supérieur (CE 7 mars 2011, École normale supérieure) ;
- le droit au respect de la vie (CE 16 novembre 2011, Ville de Paris) ;
- le droit à un hébergement d'urgence pour toute personne sans abri qui se trouve en situation de détresse médicale, psychique et sociale (CE 10 février 2012, Fofana) ;
- le droit du patient de consentir à un traitement médical et de ne pas subir un traitement qui serait le résultat d'une obstination déraisonnable (CE 14 février 2014, Mme Lambert).

Voir, pour un développement sur l'article L. 521-2, le chapitre sur les pouvoirs du juge administratif.

L'ordre public s'est enrichi d'une nouvelle composante : le respect de la dignité de la personne humaine

Le Conseil d'État a consacré le respect de la dignité de la personne humaine comme l'une des composantes de l'ordre public (CE Ass. 27 octobre 1995, Commune de Morsang-sur-Orge ; CE 9 novembre 2015, AGRIF) qu'il revient aux maires d'assurer dans l'exercice de leurs pouvoirs de police. En vertu de cette décision, l'autorité investie du pouvoir de police municipale peut, même en l'absence de circonstances locales particulières (c'est ce qui distingue le recours à la notion de dignité du recours à celle de « bonnes mœurs »), interdire une attraction portant atteinte au respect de cette dignité. En l'occurrence, le Conseil d'État a jugé que l'attraction du « lancer de nain » portait atteinte, par son objet même, à la dignité de la personne humaine, et que le maire pouvait donc légalement en prononcer l'interdiction. Avant ces décisions, le Conseil constitutionnel avait consacré le principe de valeur constitutionnelle de « *sauvegarde de la dignité de la personne humaine contre toute forme d'asservissement et de dégradation* », sur le fondement du Préambule de la Constitution du 27 octobre 1946 (CC 27 juillet 1994, Lois sur la bioéthique), et le

Conseil d'État avait accepté que le maintien de l'ordre public s'étende jusqu'à la protection des individus contre eux-mêmes (CE 4 juin 1975 Bouvet de la Maisonneuve, sur l'obligation, légale, de port de la ceinture de sécurité). La notion de dignité de la personne humaine a connu d'autres concrétisations jurisprudentielles :

- en matière de racisme et d'antisémitisme : le Conseil supérieur de l'audiovisuel (CSA) peut légalement sanctionner une chaîne de radio diffusant des propos racistes et antisémites tenus par des auditeurs, dès lors que ces propos sont attentatoires à la dignité de la personne humaine dont les titulaires d'autorisations d'émettre doivent assurer le respect (CE 9 octobre 1996, Association « Ici et Maintenant ») ; le préfet de Loire-Atlantique n'a pas commis, dans l'exercice de ses pouvoirs de police administrative, d'illégalité grave et manifeste, en interdisant un spectacle pour risques de troubles à l'ordre public, ce spectacle contenant des propos de caractère antisémite, qui incitent à la haine raciale, et font, en méconnaissance de la dignité de la personne humaine, l'apologie des discriminations, persécutions et exterminations perpétrées au cours de la Seconde Guerre mondiale (CE Ord, 9 janvier 2014, Ministre de l'Intérieur c/ Soc. Les Productions de La Plume et M. Dieudonné M'Bala M'Bala) (« affaire Dieudonné ») ;
- en matière d'étalage de faits morbides et de propagation de rumeurs : les animateurs d'une émission de radio, informés par des auditeurs de la découverte des corps d'un enfant et d'une femme morts dont les noms ont été révélés à l'antenne, ont encouragé les auditeurs à multiplier les témoignages sur l'état de ces cadavres et les ont incités à fournir des détails choquants. Cette attitude, uniquement destinée à accroître l'audience de l'émission par l'étalage de faits morbides, constitue une atteinte à la dignité de la personne humaine et peut ainsi fonder une mise en demeure du CSA de respecter les obligations de respect de la dignité de la personne humaine et d'ordre public, exigences incluses dans la convention signée entre la chaîne et le CSA (CE 30 août 2006, Association Free Dom).
- en matière cinématographique : le visa d'exploitation d'un film peut être refusé ou assorti de conditions pour des motifs tirés de la protection de l'enfance et de la jeunesse ou du respect de la dignité humaine (article L. 211-1 du code du cinéma et de l'image animée ; voir, interdisant le film « Saw 3D Chapitre final » au moins de dix-huit ans : CE 1er juin 2015, Association Promouvoir).

Mais la notion connaît aussi des limites, et les autorités détentrices de pouvoirs de police ne sauraient l'invoquer pour fonder toute mesure restrictive en matière de mœurs :

- ainsi un maire ne peut-il procéder à une interdiction générale de toute publicité en faveur de « messageries roses » en l'absence de circonstances locales le justifiant, dès lors notamment qu'il n'apporte aucun élément établissant que cette interdiction serait justifiée par la nécessité de prévenir une atteinte à la dignité de la personne humaine (CE 8 décembre 1997, Commune d'Arcueil contre Régie publicitaire des transports parisiens) ;

- de même le ministre en charge de la culture n'a-t-il pas méconnu le principe de dignité de la personne humaine en accordant un visa d'exploitation à un film qui comportait certes des scènes de grande violence et des scènes de sexe non simulées justifiant son interdiction aux mineurs de dix-huit ans, mais ne revêtait pas pour autant le caractère d'un film pornographique ou d'incitation à la violence, ces catégories de films étant soumises à un régime spécifique particulièrement rigoureux tant en termes financiers qu'en termes de possibilités de distribution (CE 14 juin 2002, Association Promouvoir).
- enfin, un maire n'est pas tenu de faire usage de son pouvoir de police pour interdire l'exposition, dans la vitrine d'une boulangerie, de pâtisseries figurant des personnages de couleur noire présentés dans une attitude obscène et s'inscrivant délibérément dans l'iconographie colonialiste. Le Conseil d'État juge en effet que « *si ces faits sont de nature à choquer, l'abstention puis le refus de l'autorité investie du pouvoir de police municipale, à qui il appartient de prendre toute mesure pour prévenir une atteinte à l'ordre public dont la dignité de la personne humaine est une composante, de faire usage de ses pouvoirs pour y mettre fin, ne constituent pas en eux-mêmes une illégalité manifeste portant atteinte à une liberté fondamentale qu'il appartiendrait au juge administratif des référés de faire cesser* » (CE 16 avril 2015, Société Grasse boulange).

Les composantes traditionnelles de la notion d'ordre public connaissent une nouvelle actualité

• L'enrichissement progressif de la notion de salubrité publique

La salubrité publique, composante traditionnelle de la notion d'ordre public, a connu un important regain. La salubrité correspond pour l'essentiel au respect de l'hygiène et de la santé, ce dernier élément ayant, en période récente, connu d'importantes concrétisations. D'un point de vue général, l'on pourra rappeler la mise en place par la loi du 1er juillet 1998 de trois agences, structures souples et réactives destinées à prendre en charge des missions d'expertise et d'alerte : l'Agence nationale de sécurité du médicament et des produits de santé (ANSM), l'Institut de veille sanitaire (IVS – aujourd'hui absorbé par l'Agence nationale de la santé publique), et l'Agence nationale chargée de la sécurité sanitaire de l'alimentation, de l'environnement et du travail (ANSES).

La lutte contre le tabagisme fournit une illustration concrète de cette préoccupation : la loi du 9 juillet 1976, dite loi Veil, interdit de fumer dans les lieux à usage collectif dans lesquels cette pratique s'avérait dangereuse pour la santé. La loi du 10 juillet 1991, dite loi Évin, va plus loin, en posant le principe de l'interdiction de fumer dans les lieux à usage collectif et les moyens de transport collectif. La possibilité de fumer devient dérogatoire, puisqu'elle est subordonnée à la mise en place d'espaces réservés aux fumeurs. Le décret n° 2006-1386 du 15 novembre 2006 a durci les modalités d'application de cette loi, puisqu'il étend le champ des lieux où il est interdit de fumer, renforce les normes techniques auxquelles doivent correspondre les espaces dédiés aux fumeurs, et facilite l'application d'amendes en cas de méconnaissance des textes applicables, celles-ci pouvant désormais être acquittées sans qu'une juridiction n'ait statué. Le Conseil d'État a rappelé qu'il appartient au Premier ministre de prendre les mesures de police applicables à l'ensemble du territoire et justifiées par les nécessités de l'ordre public, au nombre desquelles figurent les impératifs de santé publique et que, lorsque le législateur était intervenu dans ce domaine, il incombait au Premier ministre d'exercer son pouvoir de police générale sans méconnaître la loi ni en altérer la portée (CE 19 mars 2007, Mme Le Ga et autres).

- **L'actualisation de la notion de tranquillité publique**

Conformément à la nécessité de faire respecter la tranquillité publique, la lutte contre le bruit et les nuisances sonores aéroportuaires a été progressivement érigée en véritable politique publique :

- la loi du 31 décembre 1992, dite loi Royal, propose pour la première fois une approche globale de cette question, le texte renforçant et mettant en cohérence les dispositifs déjà en vigueur ; en effet, la loi met en place des mesures en matière de prévention des émissions sonores et de réglementation d'activités source de bruit. Elle précise de nouvelles normes, protectrices contre le bruit, en matière d'urbanisme et de constructions à proximité d'infrastructures bruyantes ; elle accroît aussi les dispositifs répressifs destinés à sanctionner le non-respect de la réglementation existante ;
- la lutte contre les nuisances sonores aéroportuaires est aujourd'hui assurée par une autorité administrative indépendante spécialement instituée à cet effet par la loi du 12 juillet 1999. Cette autorité de contrôle des nuisances sonores aéroportuaires (ACNUSA) dispose de larges attributions consultatives. Elle peut prononcer des amendes administratives à l'encontre des transporteurs aériens ne respectant pas les créneaux de décollage ou d'atterrissage ou les valeurs maximales de bruit à ne pas dépasser ;
- l'ordonnance du 12 novembre 2004 prise pour prise pour la transposition de la directive 2002/49/CE du Parlement européen et du Conseil du 25 juin 2002 relative à l'évaluation et à la gestion du bruit dans l'environnement crée des plans de prévention du bruit dans l'environnement tendant à prévenir les effets du bruit, à réduire, si nécessaire, les niveaux de bruit, ainsi qu'à protéger les zones calmes.
- le décret n° 2006-1099 du 31 août 2006 relatif à la lutte contre les bruits de voisinage, codifié au Code de la santé publique, réglemente les bruits de comportements et les bruits provenant des activités (activités professionnelles ou activités sportives, culturelles ou de loisir organisées de façon habituelle), ainsi que les bruits provenant des chantiers. Pour chacun de ces bruits, le décret pose les critères destinés à apprécier si un bruit de voisinage porte, ou non, atteinte à la tranquillité du voisinage ou à la santé.

- **Le développement des mesures législatives en matière de sécurité publique**

Les quinze dernières années ont été marquées par un effort législatif très soutenu visant à conférer aux autorités administratives les moyens de maintenir un ordre public menacé notamment par la hausse de la criminalité et l'accroissement de la menace terroriste. On peut citer, notamment:

- la loi n° 2002-1094 du 29 août 2002 d'orientation et de programmation pour la sécurité intérieure;
- la loi n° 2002-1138 du 9 septembre 2002 d'orientation et de programmation pour la justice;
- la loi n° 2003-239 du 18 mars 2003 pour la sécurité intérieure;
- la loi n° 2003-495 du 12 juin 2003 renforçant la lutte contre la violence routière;
- la loi n° 2004-204 du 9 mars 2004 portant adaptation de la justice aux évolutions de la criminalité;
- la loi n° 2005-1549 du 12 décembre 2005 relative au traitement de la récidive des infractions pénales;
- la loi n° 2006-64 du 23 janvier 2006 relative à la lutte contre le terrorisme et portant dispositions diverses relatives à la sécurité et aux contrôles frontaliers;
- la loi n° 2007-1198 du 10 août 2007 renforçant la lutte contre la récidive des majeurs et des mineurs;
- la loi n° 2008-174 du 25 février 2008 relative à la rétention de sûreté et à la déclaration d'irresponsabilité pénale pour cause de trouble mental;
- la loi n° 2008-582 du 20 juin 2008 renforçant les mesures de prévention et de protection des personnes contre les chiens dangereux;
- la loi n° 2010-201 du 2 mars 2010 renforçant la lutte contre les violences de groupes et la protection des personnes chargées d'une mission de service public;
- la loi n° 2011-267 du 14 mars 2011 d'orientation et de programmation pour la performance de la sécurité intérieure, qui comporte des dispositions intéressant de nombreux domaines (vidéosurveillance, dénommée « vidéo-protection »; sécurité routière; prévention de la délinquance; droit des étrangers; création de la réserve civile de la police nationale; etc.). Treize dispositions de cette loi ont été déclarées contraires à la Constitution par le Conseil constitutionnel (10 mars 2011, n° 2011-625 DC);
- la loi n° 2012 1432 du 21 décembre 2012 relative à la sécurité et à la lutte contre le terrorisme;
- la loi n° 2013-1117 du 6 décembre 2013 relative à la lutte contre la fraude fiscale et la grande délinquance économique et financière;
- la loi n° 2013-1168 du 18 décembre 2013 relative à la programmation militaire pour les années 2014 à 2019 et portant diverses dispositions concernant la défense et la sécurité nationale;
- la loi n° 2014-1353 du 13 novembre 2014 renforçant les dispositions relatives à la lutte contre le terrorisme;
- la loi n° 2015-588 du 2 juin 2015 relative au renforcement de la protection des installations civiles abritant des matières nucléaires;

- la loi n° 2015-1501 du 20 novembre 2015 prorogeant l'application de la loi n° 55-385 du 3 avril 1955 relative à l'état d'urgence et renforçant l'efficacité de ses dispositions (cf. *infra*).
- La loi n° 2017-1510 du 30 octobre 2017 renforçant la sécurité intérieure et la lutte contre le terrorisme ;

Les activités de police administrative sont plus fréquemment déléguées

Il est de longue date interdit, en principe, de déléguer des pouvoirs de police administrative à des personnes de droit privé par voie contractuelle (CE Ass. 17 juin 1932, **Ville de Castelnaudary**). Est ainsi consacré et protégé le caractère essentiellement régalien de ces pouvoirs. Il est possible de fonder cette conception des pouvoirs de police sur l'article 12 de la Déclaration des Droits de l'Homme, qui dispose : « La garantie des droits de l'homme et du citoyen nécessite une force publique : cette force est donc instituée pour l'avantage de tous et non pour l'utilité particulière de ceux auxquels elle est confiée ».

Cependant, en période récente, le secteur privé occupe une place accrue dans les missions de police :

- la loi n° 83-629 du 12 juillet 1983 réglementant les activités privées de sécurité est le premier grand texte général applicable à la sécurité privée ;
- L'article 1er de la loi du 21 janvier 1995 d'orientation et de programmation relative à la sécurité (LOPS) dispose que « *la sécurité privée concourt à la sécurité générale de la Nation* » ;
- La loi du 26 novembre 2003 relative à la maîtrise de l'immigration autorise la signature de contrats portant sur l'éloignement matériel des étrangers ;
- Le code de la sécurité intérieure impose à certains commerces (L. 271-1) ou organisateurs de manifestations sportives (L. 211-11) d'assurer la sécurité des clients et spectateurs ;
- En pratique, des missions aussi diverses que le gardiennage, la surveillance, les transports de fonds, la sécurité des personnes lors de grands rassemblements, la vidéosurveillance ou la sûreté aéroportuaire sont fréquemment exercées par des opérateurs privés, bien au-delà de la seule protection de locaux privés.

Ainsi l'installation, l'entretien des parcmètres, la mise en place de la signalisation, la collecte des droits de stationnement peuvent être délégués à des personnes privées. Et si la décision de mise en fourrière des véhicules irrégulièrement stationnés ne peut être déléguée, tel n'est pas le cas de la prestation matérielle d'enlèvement et du transport du véhicule (CE 24 mai 1968, Chambrin). La mise en fourrière des chiens errants peut aussi être déléguée (CE 13 juillet 2012, Commune d'Aix-en-Provence), à l'instar de la surveillance des plages déléguées (CE 21 juin 2000, Sarl Plage Chez Joseph) ou de la mise en œuvre des mesures sanitaires de lutte contre l'épizootie (CE 10 octobre 2011, Jonet).

Mais par la décision CC 10 mars 2011 sur la loi du 14 mars 2011 d'orientation et de programmation pour la performance de la sécurité intérieure, le Conseil constitutionnel a limité la possibilité pour les personnes privées d'assumer des missions de surveillance générale de la voie publique, censurant la disposition rendant possible la délégation à une personne privée des compétences de police administrative générale inhérentes à l'exercice de la « force publique » nécessaire à la garantie des droits.

La période récente a démontré l'efficacité des dispositifs permettant à l'administration d'agir en situation d'urgence

Plusieurs dispositifs existent à cet égard :

- l'état d'urgence, institué par la loi du 3 avril 1955 ;
- l'état de siège, prévu à l'article 36 de la Constitution. Il est décrété en Conseil des ministres et sa prorogation au-delà de douze jours ne peut être autorisée que par le Parlement. Comme pour l'état d'urgence, l'état de siège permet d'apporter des restrictions importantes aux libertés publiques. Il conduit, de plus, contrairement à l'état d'urgence, à transférer des pouvoirs de police des autorités civiles aux autorités militaires ;
- les pouvoirs exceptionnels prévus par l'article 16 de la Constitution ;
- enfin, l'administration dispose de prérogatives de réquisition en période de crise.

S'agissant des pouvoirs exceptionnels, la loi constitutionnelle du 23 juillet 2008 a complété l'article 16 de la Constitution par les dispositions suivantes : « *Après trente jours d'exercice des pouvoirs exceptionnels, le Conseil constitutionnel peut-être saisi par le Président de l'Assemblée nationale, le Président du Sénat, soixante députés ou soixante sénateurs, aux fins d'examiner si les conditions énoncées au premier alinéa demeurent réunies. Il se prononce dans les délais les plus brefs par un avis public. Il procède de plein droit à cet examen et se prononce dans les mêmes conditions au terme de soixante jours d'exercice des pouvoirs exceptionnels et à tout moment au-delà de cette durée* ».

L'état d'urgence est régi par les dispositions de la loi du 3 avril 1955, dont l'article 1er prévoit sa déclaration soit « *en cas de péril imminent résultant d'atteintes graves à l'ordre public, soit en cas d'événements présentant, par leur nature et leur gravité, le caractère de calamité publique* ». Il est déclaré par décret en Conseil des ministres. Sa prolongation au-delà du délai de douze jours ne peut être autorisée que par la loi. Cet état exceptionnel offre à l'administration des pouvoirs particuliers permettant :

- de porter atteinte à la liberté d'aller et de venir,
- de réglementer le séjour des personnes en certaines zones du territoire,
- d'assigner à résidence des personnes dont il existe de sérieuses raisons de penser que leur comportement constitue une menace pour la sécurité et l'ordre publics,

- de fermer les lieux publics,
- d'ordonner la remise d'armes et de munitions,
- de perquisitionner en tous lieux lorsqu'il existe des raisons sérieuses de penser que les lieux visés sont fréquentés par une personne dont le comportement constitue une menace pour la sécurité et l'ordre publics.

La loi du 20 novembre 2015 procède à d'importantes modifications de la loi du 3 avril 1955, élargissant les possibilités d'assignation à résidence et de perquisition.

La grave crise dans certaines banlieues a conduit, à la fin de l'année 2005, à la mise en œuvre de l'état d'urgence. À la suite de violences urbaines, le Premier ministre a, par décret du 8 novembre 2005, appliqué la loi de 1955. Ce décret ayant une durée de validité limitée à 12 jours, une loi en date du 18 novembre 2005 a prorogé l'état d'urgence pour une durée de trois mois à compter du 21 novembre 2005. Un décret du 3 janvier 2006 a mis fin, à compter du lendemain 4 janvier, à l'état d'urgence, les conditions justifiant le maintien de l'état d'urgence ayant disparu.

L'état d'urgence a de nouveau été mis en œuvre au lendemain des attentats islamistes du 13 novembre 2015. Le décret du 14 novembre 2015 portant application de la loi du 3 avril 1955 a été adopté dès le lendemain des massacres perpétrés au Bataclan et à ses alentours, puis prorogé pour une durée de trois mois par les lois des 20 novembre 2015 et du 19 février 2016 et pour une durée de deux mois par la loi du 20 mai 2016.

La mise en œuvre de ces pouvoirs n'échappe cependant pas à tout contrôle juridictionnel.

Le Conseil d'État s'est d'abord reconnu compétent pour connaître de la décision du Président de la République refusant de mettre fin à l'état d'urgence, ainsi que l'y autorisent les lois de 2015 et 2016 (CE Ord. 27 janvier 2016, Ligue des droits de l'homme). Le juge des référés a relevé que le péril imminent d'attentats n'ayant pas disparu, le refus du Président de la République de mettre fin à l'état d'urgence n'a pas porté une atteinte grave et manifestement illégale à une liberté fondamentale.

Le Conseil d'État a admis que des assignations à résidence (dont la constitutionnalité a été reconnue par le Conseil constitutionnel et qui, ne constituant pas des mesures privatives de liberté, relèvent du juge administratif : CC 22 décembre 2015, M. Cédric D.) pouvaient être fondées sur des risques autres que ceux ayant motivé l'application du régime de l'état d'urgence. Il exerce cependant un contrôle normal de l'excès de pouvoir sur les mesures d'assignation à résidence prononcées dans le cadre de la mise en œuvre de ce régime (CE 11 décembre 2015. M. Domenjoud – s'agissant d'une assignation à résidence motivée par le risque de troubles à la COP 21). Le juge des référés-libertés peut être saisi d'un recours dirigé contre une telle mesure. La condition d'urgence est présumée remplie (même décision). Il n'hésite pas à suspendre des assignations à résidence dont les motifs ne lui apparaissent pas suffisamment convaincants (pour la première suspension : CE Ord. 22 janvier 2016, Abdelmalek). Au 1er juillet 2016, il avait suspendu cinq décisions d'assignation à résidence.

S'agissant de la fermeture de lieu de culte, le Conseil d'État s'assure que l'autorité administrative ne porte pas une atteinte grave et manifestement illégale à la liberté religieuse : CE Ord. 25 février 2016, Bourosain, à propos de la fermeture de la mosquée de Lagny, jugeant en l'espèce cette fermeture légale, eu égard à l'islam radical qui y était prêché.

Le Conseil d'État a par ailleurs (CE, 26 janvier 2018, Association Fraternité musulmane Sanâbli-Les Épis) confirmé la légalité de deux décrets de dissolution de deux associations islamistes en se fondant sur les notes blanches particulièrement circonstanciées des services de renseignement et en estimant qu'était sans incidence la circonstance que ni les associations ni aucun de leurs membres n'avait fait l'objet de poursuites ou de sanctions pénales.

Pour sa part, le Conseil constitutionnel, saisi d'une QPC posée par le Conseil d'État, a jugé conforme à la Constitution le recours aux perquisitions administratives, alors même que par hypothèse elles interviennent avant l'éventuelle saisine du juge, dès lors que les intéressés pouvaient le cas échéant engager la responsabilité de l'État. Mesures de police administrative, ces perquisitions n'affectent pas la liberté individuelle au sens de l'article 66 de la Constitution et n'ont par suite pas à être placées sous la direction et le contrôle de l'autorité judiciaire. En revanche, la saisine de données informatiques non préalablement autorisée par un juge est inconstitutionnelle (CC 19 janvier 2016, Ligue des droits de l'homme).

On rappellera enfin qu'il existe également une théorie jurisprudentielle de la situation d'urgence en matière de maintien de l'ordre public, dite théorie des circonstances exceptionnelles. Elle est apparue au début du XXe siècle. Appelée à l'origine « théorie des pouvoirs de guerre », elle permet à l'administration de s'écarter de la stricte légalité lorsque les circonstances de temps l'exigent. Par deux arrêts fondamentaux (CE 28 juin 1918 Heyriès et CE 28 février 1919 Dames Dol et Laurent), le Conseil d'État énonce que lorsque l'impératif de sécurité publique est dominant, l'administration peut se voir reconnaître des pouvoirs dont elle ne dispose habituellement pas. Ainsi, le Président de la République peut, par décret, suspendre l'application d'une loi (Heyriès), l'administration peut porter des atteintes aux libertés publiques qui seraient illégales en temps normal (extension des pouvoirs de police administrative : Dames Dol et Laurent) ou constitutives de voie de fait (TC 27 mars 1952 Dame de la Murette). L'octroi de ces pouvoirs spéciaux est motivé et légitimé par la nécessité de maintenir l'OP. L'urgence, qui est une déclinaison de la théorie des circonstances exceptionnelles, permet également, pour assurer le maintien de l'ordre public, de s'écarter de la légalité : l'exécution d'office des décisions de l'administration, en principe interdite, est permise, en cas d'urgence : « *quand la maison brûle, on ne va pas demander au juge l'autorisation d'y envoyer les pompiers* » (Romieu, sur CE 2 décembre 1902, Sté immobilière Saint-Just).

Dans le domaine du contrôle juridictionnel par le Conseil d'État des mesures prises dans le contexte de l'État d'urgence, plusieurs interrogations et critiques se sont fait jour.

Premier élément : l'administration de la preuve dans le cadre de l'appréciation de la réalité de la menace. Cette dernière est souvent objectivée par les notes blanches (rapports non datés et non signés) des services de renseignement, notamment de la DGSI, auxquelles le Conseil d'État accorde, en dépit de leur caractère anonyme, une présomption de véracité et dont le contenu est ensuite librement débattu dans le cadre de la procédure juridictionnelle contradictoire (CE, 11 décembre 2015, 394989).

Ce contentieux, notamment celui de l'assignation à résidence, fait courir le risque aux personnes de bonne foi d'être placée dans une situation de preuve négative où le juge lui réclame, face aux affirmations de l'administration, de justifier qu'il ne fréquente pas telle ou telle personne ou organisation ou ne participe pas au financement d'activités illégales, ou à tout le moins de renversement de la charge de la preuve puisque le requérant est placé dans la situation d'avoir à réfuter les écrits des services de renseignement.

La surcharge de travail des forces de sécurité a ensuite entraîné le développement de la reconnaissance d'une menace « par ricochet » puisque le Conseil d'État accepte que l'autorité administrative justifie une mesure d'interdiction de déplacement de supporters de football, non pas seulement en raison des troubles à l'ordre public qu'un tel déplacement est susceptible de créer, mais aussi en raison de la mobilisation des effectifs de police et de gendarmerie pour la sécurisation des populations dans le cadre du plan vigipirate qui ne sont pas en mesure d'être mobilisées pour encadrer un tel déplacement (CE, 18 décembre 2015, 395339 et CE, 30 décembre 2016, 395337, Association nationale des supporters).

L'État d'urgence a pris fin officiellement le 1er novembre 2017

La loi du 11 juillet 2017 a prolongé une dernière fois pour une durée de six mois l'État d'urgence. Depuis son instauration par décret le 14 novembre 2015, l'état d'urgence aura donc connu sa plus longue période d'application depuis sa création par la loi du 3 avril 1955.

Entre le 14 novembre 2015 et le 30 juin 2017 4 534 perquisitions auront été réalisées, 708 assignations à résidence, 71 zones de protection établies, 618 interdictions de séjour et 46 fermetures de lieux de réunion décidées.

Le 31 octobre 2017 la loi renforçant la sécurité intérieure et la lutte contre le terrorisme a pris le relais. La loi comporte cinq mesures principales :

- l'Instauration des périmètres de protection pour assurer la sécurité d'évènements ou de lieux particulièrement exposés (réunions sportives, culturelles.). Le préfet pourra y autoriser des inspections visuelles des bagages et des palpations de sécurité par des agents de sécurité privés, sous contrôle des policiers et gendarmes. À noter que le préfet de police de Paris a utilisé ce cadre juridique pour les « fans zones » organisées dans la capitale lors de la coupe de monde de football.

- la fermeture des lieux de culte lorsque « *des propos, des écrits, des activités, des idées ou des théories* » incitant ou faisant l'apologie du terrorisme ainsi que des incitations « à *la haine et à la discrimination* » s'y tiennent.
- la mise en place, hors assignation, de contrôles administratifs et de mesures de surveillance individuelle à l'encontre de toute personne à l'égard de laquelle il existe des raisons sérieuses de penser que son comportement constitue une menace d'une « particulière gravité » et qui entre en relation habituelle avec des personnes ou organisations aux visées terroristes ou qui soutient ou adhère à des thèses incitant au terrorisme.
- l'autorisation donnée aux préfets d'ordonner, après autorisation du juge des libertés et de la détention, la visite de tout lieu dont il existe des raisons sérieuses de penser qu'il est fréquenté par une personne qui représente une menace terroriste ou qui est en relation avec de telles personnes.
- la possibilité de mener des enquêtes administratives pour les fonctionnaires exerçant des fonctions d'autorités et qui présentent des risques de radicalisation, et d'en tirer les conséquences nécessaires le cas échéant soit par une mutation, une suspension ou une radiation.

Le Premier ministre a enfin présenté, le 13 juillet 2018, un plan d'action contre le terrorisme incluant 32 mesures structurées autour de 5 axes d'action, avec notamment la création d'un parquet national anti-terroriste (PNAT).

Perspectives

Vers une consécration de l'ordre public immatériel ?

Le Conseil d'État a remis au premier ministre, le 30 mars 2010, une étude sur les possibilités juridiques d'interdiction du port du voile intégral.

Il y rappelle que les significations juridiques de cet objectif de valeur constitutionnelle qu'est l'ordre public diffèrent et qu'il est assis sur trois piliers traditionnels, la sécurité publique, la tranquillité publique et la salubrité publique.

Il a bien précisé toutefois que l'ordre public comprenait également une dimension, souvent qualifiée de « non-matérielle », qui englobe historiquement les « bonnes mœurs », le « bon ordre » ou la dignité.

Le Conseil d'État a donc envisagé, pour ne pas la retenir au cas d'espèce, une conception renouvelée et élargie de l'ordre public, qui serait défini comme les règles essentielles du vivre-ensemble.

Celles-ci pourraient impliquer, dans notre République, que, dès lors que l'individu est dans un lieu public au sens large, c'est-à-dire dans lequel il est susceptible de croiser autrui de manière fortuite, il ne peut dissimuler son visage au point d'empêcher toute reconnaissance.

En 2018, lors d'une interview télévisée, le chef de l'État, Emmanuel Macron, questionné sur les accompagnatrices voilées de sorties scolaires, avait évoqué un comportement "contraire à la civilité dans notre pays".

Cet ordre public immatériel n'est en fait pas issu des seules affaires contemporaines et médiatiques comme le voile intégral ou le lancer de nains mais se retrouve dans le contexte des délits de presse, l'ordre public esthétique, l'outrage au drapeau national, le respect dû aux morts ou encore dans toutes les discussions liées à la bio-éthique.

Son contenu est certes plus difficilement objectivable. Il fait référence à un état de la société et aux valeurs collectives qui la fondent. Ces valeurs ne sont pas contenues dans la constitution ou le droit positif. Elles font la plupart du temps l'objet d'un débat politique. Elles sont, de par leur caractère absolu, rétives à l'application du contrôle juridictionnel de proportionnalité.

Conséquence, cet ordre public immatériel est parfois suspecté de dissimuler un ordre moral.

En fait cette notion se réfère aux traits d'une civilisation commune qui ne sont pas nécessairement intégrés au droit positif mais qui, faisant l'objet de pratiques coutumières souvent anciennes, dessinent implicitement un vivre-ensemble.

Cet ordre public immatériel, qui a des bases constitutionnelles indirectes comme les articles 5 ou 10 de la DDHC pourrait peut-être représenter un élément d'équilibre dans des sociétés démocratiques libérales où la seule extension des droits individuels ne suffit plus à faire société face à l'étiolement de la notion d'intérêt général et à la disparition d'un ordre symbolique collectif admis et respecté de tous.

Bibliographie

- Bernard Stirn, *Les Libertés en questions*, Montchrestien, coll. « Clefs politiques », 9e édition, deux volumes, 2015.
- Conclusions du commissaire du Gouvernement Patrick Frydman sur CE Ass. 27 octobre 1995, Commune de Morsang-sur-Orge et Ville d'Aix-en-Provence, *RFDA* 1995, p. 1204.
- C. Deffigier, Jusqu'où déléguer des activités en lien avec la puissance publique ?, La semaine juridique Administrations et collectivités territoriale, n° 1, 12 janvier 2015, act. 2.
- C. Vautrot-Schwarz (dir.), *La police administrative*, Thémis Essai, PUF, 2014. Cet ouvrage, qui rassemble les actes du colloque organisé en 2013 à la Faculté de droit de Nancy, comporte une série d'articles faisant remarquablement le point sur les principes et l'actualité de la police administrative. On s'y réfèrera avec profit.
- B. Stirn, Ordre public et libertés publiques, discours prononcé le 17 septembre 2015, disponible sur le site internet du Conseil d'État.
- L. Dutheillet de Lamothe et G. Odinet, L'urgence dans tous ses états, *AJDA* 2016, p. 247 et s.
- C. Haguenau-Moizard, La législation sur l'état d'urgence – une perspective comparative, Dalloz, 2016, p. 665 et s.
- C. Tukov, L'autorité judiciaire, gardienne exclusive de la liberté individuelle ?, *AJDA* 2016, p. 936 et s.
- J-E. Schoettl, Réflexions sur l'ordre public immatériel, *RFDA*, mars-avril 2018.

Exemples de sujets

- Ordre public et libertés publiques.
- Ordre public, urgence, libertés publiques.
- Le droit en périodes d'urgence.
- Le respect de la dignité de la personne humaine.
- L'ordre public est-il un ordre moral ?
- Faut-il constitutionnaliser l'État d'urgence ?

12 Le recours croissant de l'administration aux techniques de droit privé

L'une des évolutions marquantes de l'activité de l'administration est le recours à des techniques s'inspirant de celles utilisées en droit privé, qu'il s'agisse du recours au procédé contractuel, de la gestion du domaine public, de l'évolution de la fonction publique, des modalités d'intervention de l'administration au sein de l'économie.

Historique

En dépit des efforts conceptuels de la doctrine de la fin du XIXe et du début du XXe siècle, la liaison indéfectible entre personne publique, service public et droit public, selon laquelle l'administration ne devait agir que par les procédés offerts par le droit public et assurer exclusivement les missions de service public dont elle avait la charge, allait vite être dépassée.

La liaison entre personne publique et actes de droit public a été abandonnée dès l'arrêt CE 31 juillet 1912, Société des granits porphyroïdes des Vosges, par lequel le Conseil d'État juge que sont administratifs les contrats conclus par une personne publique comportant une clause exorbitante du droit commun. *A contrario*, ceux n'en comportant pas sont des contrats de droit privé, dont le régime est celui du droit commun des obligations tel qu'il résulte du Code civil. Le lien entre service public et droit public a été abandonné peu après, par l'arrêt CE 22 janvier 1921, Société commerciale de l'Ouest africain (affaire dite du bac d'Eloka), selon lequel certains services publics, parce qu'ils s'apparentent à des missions qui pourraient être exercées par des personnes privées, peuvent être qualifiés d'« industriels et commerciaux » et relever, pour la plus grande part de leur régime, du droit privé. Achevant la privatisation de la gestion des services publics, l'arrêt CE 13 mai 1938, Caisse primaire « aide et protection », juge qu'une personne privée investie à cette fin (par la loi en l'espèce) peut gérer un service public, quand bien même elle emploie des personnes de droit privé (CE 26 janvier 1923, De Robert Lafrégeyre : les agents des services publics industriels et commerciaux sont des agents de droit privé).

Il existe donc des services publics industriels et commerciaux gérés par des personnes privées employant des agents selon le droit privé et sous l'empire du droit privé depuis… 1938 ! Des pans entiers de l'activité de l'administration se développent donc sous un régime de droit privé, illustrant la formule du commissaire du Gouvernement Latournerie dans ses conclusions sur l'arrêt Caisse primaire « aide et protection » pour lequel « *l'aspect que notre droit offre à présent n'est pas celui d'une séparation absolue et tranchée entre le domaine du droit public et celui du droit privé, mais celui d'une gradation, d'une hiérarchie des services, où, d'échelon en échelon, les deux droits se combinent et s'entre-pénètrent* ».

Cette oscillation permanente du droit de l'administration (entendu comme le droit applicable à l'administration, qui est donc bien plus vaste que le seul droit administratif) entre droit privé et droit public condamne en outre les théories du service public et de la puissance publique dans leur ambition de rendre compte des fondements du droit administratif. Le service public ne commande pas nécessairement l'application de ce droit, puisqu'il peut être régi par les règles du droit privé ; le droit administratif peut toutefois s'appliquer indépendamment de la mise en œuvre de prérogatives de puissance publique (par exemple au régime des services publics gérés par des personnes privées dépourvues de telles prérogatives : CE 22 février 2007, Association du personnel relevant des établissements pour inadaptés).

Connaissances de base

L'activité administrative est marquée par le caractère dérogatoire du droit qui la régit

Parce qu'elle détient la puissance publique, l'administration ne saurait être considérée comme une personne comme les autres. Aussi ses conditions d'intervention au sein de l'économie, la gestion de son domaine ou de son personnel ont longtemps relevé d'un régime entièrement dérogatoire au droit commun.

- **La notion et les moyens de la puissance publique**

La notion de puissance publique

La puissance publique peut être définie comme l'ensemble des pouvoirs des personnes publiques mis en œuvre pour parvenir à leurs fins (service public et ordre public). Elle est la manifestation concrète de la souveraineté de l'État, notion indissociable de celle de puissance publique. Au sens large, elle est l'ensemble des attributs de la souveraineté : lever une armée, conduire les relations internationales, battre monnaie, rendre justice, lever les impôts, assurer l'ordre public. Dans un sens plus strict, il s'agit de la mise en œuvre des prérogatives de puissance publique que détient l'administration. Ces prérogatives sont détenues par l'ensemble des personnes publiques (État, collectivités locales [TC 29 février 1908, Feutry], établissements publics [TC 8 décembre 1899, Canal de Gignac]) et par les personnes privées chargées d'un service public (CE 31 juillet 1942, Monpeurt).

La notion de puissance publique est une notion qui emporte des conséquences en droit positif : le législateur y a recours (la loi du 26 juillet 1991 restreint l'accès de la fonction publique aux ressortissants communautaires en se fondant sur cette notion). Elle constitue un critère du bloc de compétence irréductible de la juridiction administrative : « relève en dernier ressort de la compétence de la juridiction administrative l'annulation ou la réformation des décisions prises, dans l'exercice des prérogatives de puissance publique » (CC 23 janvier 1987, Conseil de la concurrence).

Elle est critère de répartition des compétences entre juge judiciaire et juge administratif ; le juge administratif est compétent pour connaître de la responsabilité extracontractuelle des personnes privées chargées d'un service public dans l'exercice de prérogatives de puissance publique (CE 23 mars 1983, Bureau Veritas ; CE 21 décembre 2007, Lipietz).

Les moyens de la puissance publique : les prérogatives de puissance publique

René Chapus distingue les prérogatives d'action des prérogatives de protection. Parmi les premières, on trouve le pouvoir que détiennent les personnes publiques de prendre des décisions unilatérales qui s'imposent aux administrés et qui bénéficient d'une présomption de légalité. C'est ce qu'on appelle le privilège du préalable, consacré par CE 30 mai 1913, Préfet de l'Eure. Le Conseil d'État y voit « la » règle fondamentale du droit public (CE 2 juillet 1982, Huglo). Figurent également au nombre des prérogatives d'action la possibilité d'infliger des sanctions administratives, le pouvoir de constituer une personne débitrice, de recourir, dans certaines hypothèses, à l'exécution forcée de ses décisions (CE 2 décembre 1902, Société immobilière de Saint-Just), la disposition de la force publique, l'expropriation, la réquisition, la préemption, la nationalisation, etc.

Les prérogatives de protection sont également importantes. On peut citer la règle de la prescription quadriennale des créances détenues sur l'administration (loi du 31 décembre 1968, jugée conforme à la Constitution par la décision CC 18 juin 2012, M. Boualem, dans le cadre d'une QPC), l'impossibilité de recourir aux voies d'exécution de droit commun pour recouvrer ces créances (Cass. civ. I, 21 décembre 1987, BRGM), le caractère imprescriptible du domaine public, le caractère en principe non suspensif des recours contentieux (qui est une déclinaison du privilège du préalable), l'existence d'un régime de responsabilité spécifique, l'interdiction des libéralités, etc.

L'administration détient également des pouvoirs tout à fait exorbitants en tant que partie contractante : elle dispose dans la relation contractuelle d'un pouvoir de direction, de contrôle sur l'exécution du contrat, de modification unilatérale des termes du contrat (CE 11 mars 1910, Compagnie des Tramways) et de sanction (CE 31 mai 1907, Desplanque).

- **Les possibilités d'intervention de l'administration dans l'économie ont longtemps été limitées**

Le caractère dérogatoire du droit auquel est soumise l'administration est aussi illustré, de façon négative, par les limites qui lui ont longtemps été imposées par la jurisprudence d'intervenir en matière économique. Le principe de la liberté du commerce et de l'industrie, consacré par le décret d'Allarde et la loi Le Chapelier des 2 et 17 mars 1791 et repris par la jurisprudence (CE 22 juin 1951, Daudignac, CC 16 janvier 1982, Nationalisations), a longtemps été interprété comme limitant la possibilité de création des services publics industriels et commerciaux (CE 13 novembre 1953, Chambre syndicale des industries et du commerce des armes) ou comme interdisant l'octroi d'aides publiques (CE 29 mars 1901, Casanova, pour une commune rémunérant un médecin). La seule réserve était l'hypothèse, consacrée par l'arrêt CE 30 mai 1930, Chambre syndicale de commerce en détail de Nevers, de l'existence de « circonstances particulières de temps et de lieu » desquelles pouvait résulter un intérêt public justifiant l'intervention de l'administration dans la sphère commerciale.

- **Le domaine de l'État bénéficie d'un droit particulièrement protecteur**

Les moyens dont dispose l'administration pour réaliser ses fins sont également soumis à un droit dérogatoire. Le principe d'inaliénabilité (consacré par l'Édit de Moulins de 1566) gouverne ainsi son domaine public, tant pour protéger les biens qui en relèvent que pour restreindre les possibilités de l'administration d'en disposer. De ce principe découle celui d'imprescriptibilité qui interdit que l'on devienne propriétaire d'un bien relevant du domaine public par prescription, celui interdisant la constitution de droits réels (servitude, usufruit, emphytéose, etc.) sur le domaine public (CE 6 mai 1985, Association Eurolat), celui selon lequel le domaine public ne peut faire l'objet d'une expropriation.

- **La fonction publique est régie par des règles dérogatoires au droit commun du travail**

Les fonctionnaires sont placés dans une situation statutaire et réglementaire et ne négocient donc ni leurs fonctions ni leur rémunération. Ils ont vocation à passer leur carrière au sein de la fonction publique, selon le système de la carrière, par opposition au système de l'emploi.

L'administration a cependant toujours eu recours à des techniques de droit privé

- **La détention de la puissance publique par l'administration n'a pas empêché le juge administratif de la soumettre à certaines règles de droit privé**

Le juge administratif applique à l'administration, par l'intermédiaire des principes dont s'inspire le code civil, les règles contenues aux articles 1153 et s. du Code civil relatifs aux intérêts moratoires, aux articles du même code relatifs à la garantie décennale des constructeurs, les articles 1376 et s. du même code relatifs à la répétition de l'indu ou à la prescription. Mais cette technique a ses limites lorsque la numérotation ou le contenu des articles du code civil est modifié comme en matière de prescription ou de responsabilité décennale des constructeurs. Le Conseil d'État a cessé de se référer aux « principes dont s'inspirent les articles 1792 et 2270 du code civil dans la mesure où les dispositions de l'article 2270 relatives au délai décennal, sont reprises au nouvel article 1792-4-1 depuis la loi n° 2008-561 du 17 juin 2008 portant réforme de la prescription en matière civile. Le Conseil d'État vise désormais le code civil dans son ensemble et ne fait plus référence qu'aux « principes régissant la garantie décennale des constructeurs » (CE 15 avril 2015 n° 376229 commune de Saint-Michel-sur-Orge).

En matière de droit de la fonction publique, le juge administratif n'hésite pas à s'inspirer des principes applicables en droit du travail. Il juge ainsi que les fonctionnaires, soumis au droit public, peuvent se voir appliquer les principes du droit du travail en l'absence de dispositions spéciales les concernant (CE 8 juin 1973, Dame Peynet, sur l'interdiction de licencier les femmes enceintes).

Le juge administratif a également récemment consacré le principe, « dont s'inspire l'article 1152 du code civil » (relatif à la clause pénale), selon lequel le juge pouvait modérer ou augmenter les pénalités de retard prévues dans un contrat administratif si ces pénalités atteignent un montant manifestement excessif ou dérisoire eu égard au montant du marché (CE 29 décembre 2008, OPHLM de Puteaux).

En matière contractuelle, on remarque d'ailleurs que le Conseil d'État veille en principe à ne s'écarter des solutions dégagées par la Cour de cassation que pour des motifs sérieux. C'est ainsi en s'alignant sur le droit privé qu'il a résolu des litiges portant sur l'existence et la portée des obligations post-contractuelles (CE 21 novembre 2007, Société IBM), sur la valeur du préambule d'un contrat (CE 5 avril 2006, SCNF), ou encore sur l'enrichissement sans cause (CE 10 avril 2008, Société Decaux).

- **La détention de la puissance publique n'a pas non plus empêché l'administration de recourir régulièrement au contrat**

Malgré le privilège du préalable dont elle bénéficie et le principe d'action unilatérale qui en découle, l'administration a toujours eu recours au contrat dans le cadre des politiques publiques qu'elle met en œuvre. D'abord parce qu'elle ne peut vivre en autarcie et produire elle-même les biens dont elle a besoin (ordinateurs, véhicules, immeubles bâtis ou non bâtis, infrastructures, prestations intellectuelles, etc.). Ensuite, parce que le contrat est nécessaire pour combler des besoins de main-d'œuvre ou de financement (le recours à l'emprunt prend la forme de contrats). Enfin, parce que le contrat constitue une modalité d'association des personnes privées à la réalisation des missions de service public dont elle a la charge : le développement du contrat au XIXe siècle a été réalisé par le biais des contrats de concession portant sur les grandes infrastructures en réseau (voies ferrées et installations ferroviaires, ouvrages de production et de distribution de gaz et d'électricité, réseaux d'adduction d'eau, etc.). Par la suite, le recours au contrat a permis d'assurer la gestion de nouveaux services publics, aujourd'hui le plus souvent délégués : enlèvement des ordures ménagères, pompes funèbres, réseaux d'autoroutes, théâtres, installations sportives, centres d'activités municipaux, etc. Il a également permis d'accompagner la mise en œuvre de politiques publiques, à l'instar des contrats conditionnant l'octroi d'une aide à une entreprise à des engagements relatifs au maintien de l'emploi.

La principale limite du recours au contrat réside dans la spécificité de certaines actions de l'administration par nature exclues du domaine du contrat : la gestion des fonctionnaires ne peut ainsi être contractualisée (CE 23 janvier 1981, Siméon), pas plus que le maintien de l'ordre public (CE 17 juin 1932 Ville de Castelnaudary, CE 29 décembre 1997, Commune d'Ostricourt, CC 10 mars 2011, LOPPSI II, sur l'interdiction de déléguer la vidéosurveillance à une personne privée, décision importante dissipant les interrogations qui pouvaient subsister sur la possibilité de recourir à des personnes privées pour assurer certaines (mais pas toutes : cf. le sujet sur l'ordre public) pour les missions matérielles de police).

- **Les conditions d'intervention de l'administration dans l'économie se sont largement assouplies**

L'arrêt Chambre du commerce en détail de Nevers n'a pas empêché le développement des activités économiques de l'administration. D'abord, le champ matériel d'intervention de l'administration a été largement entendu : distractions de plein air (CE 12 juin 1959, Syndicat des exploitants de cinématographe de l'Oranie), cabinet dentaire (CE 20 novembre 1964, Ville de Nanterre), desserte aérienne (CE 18 mai 2005, Territoire de la Polynésie française), etc.). Ensuite, le Conseil d'État a accepté de ne pas s'en tenir aux « circonstances particulières de temps et de lieu ». Aux insuffisances quantitatives de l'initiative privée ont été ajoutées les insuffisances qualitatives, puis a été reconnu le principe de la liberté d'intervention, indépendamment de toute circonstance particulière, dès lors qu'un intérêt public le justifie (CE 23 décembre 1970, Commune de Montmagny ; CE 31 mai 2006, Ordre des avocats au barreau de Paris, arrêt abandonnant l'exigence de carence de l'initiative privée mais subordonnant l'intervention de l'administration au respect des règles de concurrence ; voir également CE 3 mars 2010, Département de la Corrèze, à propos du service public de téléassistance aux personnes âgées légalement créé par le département alors que des entreprises privées proposaient le même type de service).

Le principe selon lequel la disparition des circonstances qui ont justifié la création du service public ne remet pas en cause sa légalité (CE 24 novembre 1933, Zénard), celui autorisant l'exploitation d'un service public qui constitue le prolongement d'un service public existant (CE 27 février 1942, Mollet : la cité universitaire est le complément nécessaire du service public de l'enseignement) et celui autorisant l'administration à satisfaire elle-même ses besoins même s'il en résulte une privation d'une partie de l'activité des entreprises exerçant leur activité sur le marché en cause (CE 26 octobre 2011, Association pour la promotion de l'image, consacrant la possibilité pour l'administration de prendre les clichés numériques des visages de demandeurs de passeports) contribuent enfin à concrétiser l'approche souple développée par le juge administratif des interventions de l'administration dans l'économie.

- **Le domaine de l'administration peut faire l'objet d'une valorisation économique**

Malgré la protection dont il bénéficie, le domaine public peut être géré de sorte qu'une valorisation économique en soit possible. L'administration peut ainsi y exploiter des activités économiques (CE 29 janvier 1932, Société des autobus antibois) ; elle peut également autoriser des personnes privées à y exercer une activité commerciale, en contrepartie du versement de redevances (L. 2125-1 CG3P) à la double condition que l'utilisation du domaine soit compatible avec son affectation et sa conservation et que la délivrance des autorisations ne soit pas de nature à fausser le libre jeu de la concurrence (CE 26 mars 1999, Société EDA, confirmé par CE 23 mai 2012, RATP). L'obligation de percevoir des redevances à la hauteur de l'utilité économique procurée à l'occupant est consacrée par l'article L. 2125-1 du CG3P, qui en fait le principe, à moins – c'est l'exception – qu'un intérêt général justifie la gratuité. L'article L. 2125-3 prévoit que la redevance due pour l'occupation ou l'utilisation du domaine public tient compte des avantages de toute nature procurés au titulaire de l'autorisation.

La valorisation par l'administration des biens relevant de son domaine privé est également importante. « *Font partie du domaine privé les biens des personnes publiques qui ne relèvent pas du domaine public* » (article L. 2211-1 CG3P). Le domaine privé comprend ainsi des éléments du patrimoine de l'État dont la valeur économique est importante : la plupart de ses biens meubles (les innombrables véhicules, ordinateurs, outils de tout genre servant à l'administration quotidienne de la Nation, les droits de propriété intellectuelle, les brevets d'invention, les logiciels (CE 28 mai 2004, Aéroports de Paris), les actions et obligations détenues par l'État dit « actionnaire » dans les quelque 1 800 entreprises dont il détient une part du capital, mais également ses immeubles non affectés au public ou au service public, ainsi que, par détermination de la loi, les forêts, les chemins ruraux, les biens communaux, les réserves foncières, les immeubles à usage de bureau (L. 2211-1 CG3P).

Bilan de l'actualité

Le recul constant de l'action unilatérale au profit de l'action concertée

Ce recul prend deux formes principales : l'accroissement de la consultation et celui du recours au contrat.

- **Le recours croissant à la consultation traduit une atténuation du caractère dérogatoire de l'activité administrative**

Malgré des efforts de rationalisation (par exemple, décret du 8 juin 2006 relatif au fonctionnement de commissions administratives de l'État, modifié par le décret du 23 mai 2013 portant suppression de commissions administratives à caractère consultatif (64 au total)), les procédures de consultation ont été multipliées.

Certains organismes consultatifs interviennent indépendamment de tout processus décisionnel, saisis par les pouvoirs publics ou autosaisis afin de donner leur avis sur la conduite de telle politique publique. Créé en 1983, le Comité consultatif national d'éthique pour les sciences de la vie et de la santé fait régulièrement part des orientations qu'il souhaite inspirer ou des dangers qu'il perçoit en matière de bioéthique (voir par exemple l'avis du 31 mars 2015 concernant la contre-indication permanente du don de sang pour tout homme déclarant avoir eu des relations sexuelles avec un ou plusieurs hommes, l'avis du 1er juillet 2013 relatif à la fin de vie, l'autonomie de la personne et la volonté de mourir). Dans le domaine de la lutte contre les discriminations, la multiplication des organismes consultatifs traduit autant le besoin d'expertise que la sensibilité politique du sujet (Conseil supérieur de l'égalité professionnelle entre les femmes et les hommes (décret du 22 février 1984), Commission nationale consultative des droits de l'homme (décret du 30 janvier 1984), Haut conseil à l'intégration (décret du 19 décembre 1989), Commission nationale consultative des gens du voyage (décret du 27 août 1999), Haute autorité de lutte contre les discriminations et pour l'égalité (loi du 30 décembre 2004), Commission nationale de l'admission exceptionnelle au séjour (loi du 24 juillet 2006)). Il serait toutefois possible de simplifier le paysage consultatif en la matière.

On note également une association croissante des destinataires d'une norme à son élaboration, voire à son adoption (dans le cadre des référendums locaux dont la possibilité a été introduite par la révision constitutionnelle de 2008, à l'article 72-1 de la Constitution). Les conseils de quartiers introduits par la loi du 27 février 2002 relative à la démocratie de proximité illustrent, à l'instar du référendum consultatif, la volonté de privilégier les modes d'élaboration concertée de la norme au détriment de l'action unilatérale traditionnelle. Deux exemples en témoignent.

En matière d'environnement et d'urbanisme, plusieurs lois ont organisé la participation des citoyens à l'élaboration des projets portés par les collectivités publiques. La loi du 12 juillet 1983 relative à la démocratisation des enquêtes publiques et à la protection de l'environnement tend à associer les citoyens aux décisions ayant un impact sur l'environnement (défrichements, travaux hydrauliques, travaux de voirie routière, etc.). La loi du 2 février 1995 crée la Commission nationale du débat public dont le rôle est d'organiser une consultation des citoyens au niveau national pour les projets les plus importants et d'intérêt national (réseau express Grand Lille, autoroute A31 bis, parc éolien en mer de Dieppe-le Tréport, etc.). La loi relative à la démocratie de proximité du 27 février 2002 élargit ses attributions et abaisse les seuils déterminant sa compétence. L'article L. 300-2 du code de l'urbanisme impose la consultation des citoyens dans le cadre de l'élaboration des principaux documents d'urbanisme (schéma de cohérence territoriale, plan local d'urbanisme, zone d'aménagement concerté, etc.). L'article 7 de la Charte de l'environnement consacre le droit de toute personne à « *participer à l'élaboration des décisions publiques ayant une incidence sur l'environnement* ». Ce principe est invocable à l'appui d'une QPC (CC 14 octobre 2011, Association France nature environnement, décision par laquelle est censurée l'incompétence négative du législateur qui n'avait pas prévu les modalités de participation du public à l'élaboration de la nomenclature des installations classées pour la protection de l'environnement). C'est en application de ce principe que la loi du 27 décembre 2012 relative à la mise en œuvre du principe de participation du public défini à l'article 7 de la Charte de l'environnement a instauré une nouvelle procédure de participation du public aux décisions publiques ayant une incidence sur l'environnement. Chaque projet de décision non individuelle (donc les décisions réglementaires et d'espèce ; les lois en sont exclues) de l'État (y compris les AAI) et de ses établissements publics ayant une incidence sur l'environnement doit être mis à disposition du public par voie électronique (une version papier est disponible en préfecture) qui peut formuler ses observations dans un délai qui ne peut être inférieur à vingt-et-un jours. Le projet de décision ne peut être adopté avant la rédaction d'une synthèse de celles-ci en permettant la prise en considération. Au moment de la publication de la décision, l'autorité administrative publie cette synthèse, en indiquant les observations dont il a été tenu compte, et les motifs de sa décision. L'ordonnance du 5 août 2013 étend ce mécanisme, adapté pour les petites collectivités, aux décisions des collectivités territoriales (sauf lorsqu'il existe déjà une procédure de consultation, telle l'enquête publique) et aux décisions individuelles (avec également une procédure adaptée). Le Conseil d'État a précisé, dans la lignée de la jurisprudence du Conseil constitutionnel, que n'étaient, dans tous les cas, concernées que les décisions ayant une incidence « directe et significative » sur l'environnement (CE 12 juin 2013, Fédération des entreprises du recyclage).

En matière de droit social, la loi du 31 janvier 2007 de modernisation du dialogue social dispose que, sauf urgence, « *tout projet de réforme envisagé par le Gouvernement qui porte sur les relations individuelles et collectives du travail, l'emploi et la formation professionnelle* [...] *fait l'objet d'une concertation préalable avec les organisations syndicales de salariés et d'employeurs représentatives au niveau national et interprofessionnel en vue de l'ouverture éventuelle d'une telle négociation* ». À l'issue de cette procédure de négociation préalable, les projets de textes législatifs et réglementaires élaborés sont soumis selon le cas à la Commission nationale de la négociation collective, au Comité supérieur de l'emploi ou au Conseil national de la formation professionnelle tout au long de la vie. L'élaboration concertée de la norme devient ainsi le droit commun en matière de relations individuelles et collectives du travail.

Ce développement des consultations parfois dites « citoyennes » doit éviter deux écueils :

- Celui de l'excès : on peut à cet égard s'interroger sur les dérives auxquelles peut conduire la consultation des citoyens érigée en mode d'élaboration des normes : l'initiative du président de l'Assemblée nationale d'ouvrir un site internet, ouvert quinze jours en février 2015, permettant de recueillir l'avis de tout un chacun sur le projet de loi sur la fin de vie a été diversement accueillie. Quelle peut-être l'utilité d'une telle « consultation citoyenne », qui a recueilli près de 12 000 contributions exprimant presque autant de points de vue ?
- Celui du risque contentieux : le développement des procédures consultatives et de leur complexité peut soulever des difficultés contentieuses. L'article 70 de la loi du 17 mai 2011 de simplification et d'amélioration de la qualité est intervenue pour neutraliser les vices de la procédure consultative. Le Conseil d'État a considéré dans un arrêt important que cette disposition législative s'inspirait du principe selon lequel « *si les actes administratifs doivent être pris selon les formes et conformément aux procédures prévues, un vice affectant le déroulement d'une procédure administrative préalable, suivie à titre obligatoire ou facultatif, n'est de nature à entacher d'illégalité la décision prise que s'il ressort des pièces du dossier qu'il a été susceptible d'exercer, en l'espèce, une influence sur le sens de la décision prise ou qu'il a privé les intéressés d'une garantie* » (CE 23 décembre 2011, Danthony). Le principe est donc qu'une irrégularité de procédure n'entraîne pas l'illégalité de la décision affecté de ce vice. Le juge est obligé de passer par une phase d'examen de la possibilité de neutralisation du vice de la procédure administrative préalable. Cette décision équilibrée s'inscrit dans la dialectique opposant respect des procédures et efficacité de l'action administrative, qui peut parfois conduire, au profit de celle-ci, à éviter le « *fétichisme de la forme* » et à « *rompre avec la fatalité du vice de procédure*

générateur d'annulations systématiques », (Jean-Marc Sauvé – cf. bibliographie en fin de chapitre).

Voir, pour un développement sur l'association croissante des destinataires de la norme à son élaboration, le sujet sur la procédure administrative non contentieuse.

- **Le recours au procédé contractuel s'est accru ces dernières années**

Quelques exemples permettent d'illustrer cette idée, étant rappelé que le Conseil d'État un dégagé un principe de liberté contractuelle des personnes publiques (CE 29 janvier 1998, Société Borg Warner) :

- Outre le recours constant aux contrats traditionnels (marchés publics, délégation de service public, occupation du domaine public), le recours par l'administration au procédé contractuel a été encouragé par la création des nouveaux instruments contractuels tels que les contrats dits complexes ou de **partenariat public/privé** (**PPP** – loi du 28 juillet 2008 relative aux contrats de partenariat, loi du 17 février 2009 pour l'accélération des programmes de construction et d'investissements publics et privés, qui assouplit dans certaines hypothèses les conditions du recours aux PPP : lorsque l'intérêt économique et financier est démontré à l'issue d'une évaluation des différents modes d'action dont dispose la personne publique pour répondre à ses besoins ; à titre expérimental et pour une période limitée (jusqu'au 31 décembre 2012), dans des domaines où les besoins immédiats sont avérés (enseignement supérieur et recherche, immeubles affectés à la police et à la gendarmerie nationale, infrastructures de transport notamment)).
- Ces contrats permettent de faire financer un investissement public par un partenaire privé, d'y associer une prestation de conception, de construction, de maintenance, de gestion et/ou de service de longue durée rémunérée par un paiement public différé et de transférer la maîtrise d'ouvrage à l'opérateur privé retenu après mise en concurrence. Ces contrats complexes ont d'abord été spécifiquement élaborés pour des domaines précis (immeubles affectés à la police ou à la gendarmerie (loi du 29 août 2002), à la justice s'agissant des établissements pénitentiaires (loi du 9 septembre 2002), infrastructures médicales (ordonnance du 4 septembre 2003)), puis étendus à tout type d'opération par l'ordonnance du 17 juin 2004 relative aux contrats de partenariat, s'inspirant des « *private finance initiatives* » connues au Royaume-Uni. Leur caractéristique réside dans le financement des infrastructures par les partenaires privés qui se rémunéreront grâce à l'exploitation d'une partie du service public en cause ou par un prix versé par l'État au fur et à mesure de l'utilisation de l'équipement. Leur principale justification est liée aux besoins d'un État à la recherche d'économies imposées, notamment, par le cadre budgétaire communautaire.
- Si les collectivités territoriales y ont eu recours pour la réalisation de stades sportifs, de collèges, de lycées, de musées, d'équipement de vidéo-protection, de systèmes d'éclairage public, d'équipement d'internet en haute définition, ces contrats ont entraîné une explosion des coûts de réalisation des équipements publics par rapport aux modes de gestion traditionnels. La recommandation

n° 1 de la Cour des comptes de l'Union européenne dans un rapport spécial rendu public le 20 mars 2018 consiste à demander qu'en l'état du droit et de la pratique, il faut cesser de recourir aux partenariats public-privé (PPP).

- Dans un rapport de décembre 2017, la cour des comptes a déploré le coût considérable des partenariats public-privé qualifié de « fuite en avant » pour la construction de prisons ou de palais de justice qui pèsent sur les finances publiques. Seize PPP ont ainsi été conclus entre 2006 et 2014 par le ministère de la Justice, dont deux pour le palais de Justice de Paris, avec Bouygues. Pour cet unique immeuble, il en coûtera au final plus de 2,3 milliards d'euros au contribuable, jusqu'en 2044. La Cour des comptes a ainsi regretté que ce recours aux PPP soit guidé « par des considérations budgétaires à court terme ». Le rapport préconise qu'à l'avenir ce type de financement soit abandonné.
- Le recours au contrat fonde également le développement des relations entre l'État et les grandes entreprises chargées de la gestion d'un service public : SNCF, Air France, France Télécom, La Poste, la RATP, EDF, GDF, etc. La conclusion de contrats permet tant d'imposer des obligations de service public que de continuer à guider les orientations stratégiques de ces entreprises.
- Le recours au contrat caractérise également de plus en plus le développement des modes alternatifs de règlement des litiges, au premier rang desquels la transaction, qui est un contrat par lequel les parties préviennent un conflit à naître ou mettent un terme à un conflit en procédant à des concessions réciproques (en général, versement d'une indemnité en échange de la renonciation au recours juridictionnel). Le développement du recours à la transaction a permis au Conseil constitutionnel de préciser que même dans le cadre d'une contravention ayant porté préjudice à la commune, le maire pouvait proposer à son auteur une transaction (CC 30 mars 2006, Loi pour l'égalité des chances).
- En jugeant qu'« *aucun principe ou règle de valeur constitutionnelle ne s'oppose à ce que l'État passe des conventions avec les diverses collectivités territoriales de la République [ayant] pour objet d'harmoniser* » leur action respective (CC 19 juillet 1983, Nouvelle-Calédonie), le Conseil constitutionnel a autorisé le développement du recours au contrat dans le cadre de la conduite de certaines politiques publiques. Il se traduit par le recours au procédé contractuel entre plusieurs personnes publiques distinctes et, de façon plus originale, par la conclusion de contrats au sein d'une même personne publique :
  - au titre de la première hypothèse, plusieurs domaines sont concernés : aménagement du territoire (contrats de plan État-région, qui sont des contrats (CE 8 janvier 1998, CUS) dont la réalisation n'est pas obligatoire (CE 25 octobre 1996, Association Estuaire-Écologie), « projets d'intérêt majeur » créés par la loi du 24 mars 2014 pour l'accès au logement et un urbanisme rénové, prenant la forme de contrats conclus entre l'État et une commune ou un EPCI), lutte contre la complexité de l'organisation administrative (contrats de pays, contrat d'agglomération, les contrats de transfert de services (qui sont de véritables contrats : CE 31 mars 1989, Département de la Moselle), qui permettent la mise en commun de compétences éclatées), accompagnement de décentralisation (contrats de mise à disposition de personnel de l'État,

contrats par lesquels une collectivité peut mettre à la disposition d'une autre certains de ses services (par exemple un département met à la disposition d'une commune son service d'urbanisme pour l'assister dans l'élaboration de ses documents d'urbanisme), conventions que les régions peuvent conclure entre elles pour l'exercice de leurs compétences, etc.), politique de la ville (contrats locaux de sécurité qui regroupent l'État (préfet, procureur, recteur) et les collectivités locales (après la circulaire du 28 octobre 1997, une circulaire du 4 décembre 2006 prévoit la conclusion d'une nouvelle génération de CLS, au nombre de 603 en 2002)), politique de santé publique (contrats pluriannuels d'objectifs et de moyens conclus entre l'ARH et les établissements publics de santé, dans le but de déterminer « les orientations stratégiques des établissements » ; les conventions d'objectifs et de gestion conclus entre l'État et les organismes de sécurité sociale qui « déterminent [des] objectifs pluriannuels de gestion »), enseignement supérieur (contrats d'établissement entre l'État et les universités), etc. ;

- la seconde hypothèse révèle que la mode contractuelle essaime au sein même des personnes publiques, différents services relevant d'une même personne morale contractant entre eux. À titre d'illustration, citons, au sein de l'État, les programmes pluriannuels de modernisation de l'administration qui donnent lieu chaque année à des contrats entre chaque ministère et les ministères de la fonction publique et du budget, les « centres de responsabilité » créés par la circulaire du 23 février 1989 relative au renouveau du service public (dite circulaire Rocard) faisant l'objet d'un contrat entre les services déconcentrés et l'État central, relayés par les « contrats de service » imposés par la circulaire du 26 juillet 1995 relative à la préparation et à la mise en œuvre de la réforme de l'État et des services publics (circulaire Juppé), regroupant les mêmes institutions. Il existe aussi des contrats au sein d'un même département ministériel. Ainsi des « contrats pluriannuels de performance » signés par certaines directions du ministère de l'économie (les douanes, la DGCCRF, le Trésor, l'Insee) avec la direction du budget et le secrétaire général et retraçant les principales orientations de leur action au cours de la période concernée.

- **Des possibilités toujours plus grandes de recruter des agents contractuels : la loi de transformation de la fonction publique**

L'article 3 de la loi n° 83-634 du 13 juillet 1983 portant droits et obligations des fonctionnaires consacre une fonction publique de carrière en prévoyant qu'en principe les emplois permanents des collectivités publiques sont occupés par des fonctionnaires : « *Sauf dérogation prévue par une disposition législative, les emplois civils permanents de l'État, des régions, des départements, des communes et de leurs établissements publics à caractère administratif sont, à l'exception de ceux réservés aux magistrats de l'ordre judiciaire et aux fonctionnaires des assemblées parlementaires, occupés soit par des fonctionnaires régis par le présent titre, soit par des fonctionnaires des assemblées parlementaires, des magistrats de l'ordre judiciaire ou des militaires dans les conditions prévues par leur statut.* »

La distinction entre le grade et l'emploi figurant à l'article 12 de la loi du 13 juillet 1983 est la caractéristique essentielle du système de carrière. Il permet au fonctionnaire de changer d'attributions à son initiative ou à celle de l'administration. Ce même article prévoit : « *En cas de suppression d'emploi, le fonctionnaire est affecté dans un nouvel emploi dans les conditions prévues par les dispositions statutaires régissant la fonction publique à laquelle il appartient.* »

L'article 4 de la loi n° 83-634 du 13 juillet 1983 portant droits et obligations des fonctionnaires prévoit : « Le fonctionnaire est, vis-à-vis de l'administration, dans une situation statutaire et réglementaire ».

Mas dans sa décision 2019-790 DC du 1er août 2019 relative à la loi de transformation de la fonction publique, le conseil constitutionnel a refusé d'intégrer dans les principes constitutionnels un principe réservant les emplois permanents de l'État à des fonctionnaires et a validé la possibilité de recourir à des contractuels en vue de pouvoir à des emplois permanents sous réserve de mesures de recrutement permettant de respecter l'égal accès aux emplois publics en fonction du mérite et des capacités.

Il a jugé que le principe d'égal accès aux emplois publics qui découle de l'article 6 de la Déclaration des droits de l'homme et du citoyen de 1789 selon lequel « tous les citoyens sont également admissibles à toutes dignités, places et emplois publics, selon leur capacité, et sans autre distinction que celle de leurs vertus et de leurs talents », n'interdit pas au législateur de prévoir que des personnes n'ayant pas la qualité de fonctionnaire puissent être nommées à des emplois qui sont en principe occupés par des fonctionnaires.

Il a estimé que l'ouverture aux contractuels d'emplois supérieurs doit respecter une procédure garantissant l'égal accès aux emplois publics. À ce titre, l'autorité compétente assure la publicité de la vacance et de la création de ces emplois. Il a aussi jugé que, conformément au paragraphe I de l'article 32 de la loi du 13 juillet 1983, il appartient aux autorités compétentes, sous le contrôle du juge, de fonder leur décision de nomination sur la capacité des intéressés à remplir leur mission, y compris pour les emplois pour lesquels la procédure mentionnée au paragraphe précédent ne s'applique pas. Au surplus, en application de l'article 34 de la loi déférée, le recrutement d'un agent contractuel occupant un emploi dont le niveau hiérarchique ou la nature des fonctions le justifient fait l'objet d'un contrôle déontologique, qui donne lieu, le cas échéant, à un avis de la Haute autorité pour la transparence de la vie publique.

Concernant les exigences déontologiques, les contractuels sont dans une situation identique aux fonctionnaires en vertu de l'article 32 de la loi du 13 juillet 1983.

La loi n° 2019-828 du 6 août 2019 de transformation de la fonction publique a élargi considérablement la possibilité de recours à des contractuels en instaurant des dérogations très larges au principe selon lequel les emplois permanents de l'État et des établissements publics de l'État sont pourvus par des fonctionnaires.

L'article 3 de la loi n° 84-16 du 11 janvier 1984 portant dispositions statutaires relatives à la fonction publique de l'État fixe désormais une liste des emplois permanents de l'État et des établissements publics de l'État qui ne sont pas soumis à une obligation d'occupation par un fonctionnaire.

Cette liste comprend :

1° Les emplois supérieurs dont la nomination est laissée à la décision du Gouvernement, en application de l'article 25 du présent titre ;

1° bis Les emplois de direction de l'État. Un décret en Conseil d'État fixe les conditions d'application du présent 1° bis, notamment la liste des emplois concernés, les modalités de sélection permettant de garantir l'égal accès aux emplois publics ainsi que les conditions d'emploi et de rémunération des personnes recrutées en application du présent 1° bis. Les agents contractuels nommés à ces emplois suivent une formation les préparant à leurs nouvelles fonctions, notamment en matière de déontologie ainsi que d'organisation et de fonctionnement des services publics. L'accès d'agents contractuels à ces emplois n'entraîne pas leur titularisation dans un corps de l'administration ou du service ni, au terme du contrat, qui doit être conclu pour une durée déterminée, la reconduction de ce dernier en contrat à durée indéterminée ;

2° Les emplois des établissements publics de l'État, sous réserve des dispositions du code de la recherche pour les agents publics qui y sont soumis ;

4° Les emplois des centres hospitaliers et universitaires occupés par des personnels médicaux et scientifiques mentionnés aux articles L. 952-21 du code de l'éducation nationale et L. 6151-1 du code de la santé publique ;

5° Les emplois occupés par du personnel affilié aux régimes de retraite institués en application du décret n° 2004-1056 du 5 octobre 2004 relatif au régime des pensions des ouvriers des établissements industriels de l'État, de l'article L. 6527-1 du code des transports et du code des pensions de retraite des marins ;

6° Les emplois occupés par les assistants d'éducation, les maîtres d'internat et les surveillants d'externat des établissements d'enseignement.

La loi n° 2019-828 du 6 août 2019 de transformation de la fonction publique a créé de nouveaux cas prévus aux 2a) et 2b) de l'article 4 de la loi du 11 janvier 1984 énumérant les cas où il est permis de recruter un agent contractuel :

« 1° Lorsqu'il n'existe pas de corps de fonctionnaires susceptibles d'assurer les fonctions correspondantes ;

2° Lorsque la nature des fonctions ou les besoins des services le justifient, notamment :

a) Lorsqu'il s'agit de fonctions nécessitant des compétences techniques spécialisées ou nouvelles ;

b) Lorsque l'autorité de recrutement n'est pas en mesure de pourvoir l'emploi par un fonctionnaire présentant l'expertise ou l'expérience professionnelle adaptée aux missions à accomplir à l'issue du délai prévu par la procédure mentionnée à l'article 61 ;

3° Lorsque l'emploi ne nécessite pas une formation statutaire donnant lieu à titularisation dans un corps de fonctionnaires. »

L'article 6 prévoit un cas dans lequel il existe une obligation de confier un emploi à un agent contractuel pour les « fonctions qui, correspondant à un besoin permanent, impliquent un service à temps incomplet d'une durée n'excédant pas 70 % d'un service à temps complet ».

La loi de transformation de la fonction publique instaure pour la 1re fois la possibilité de conclure dès l'origine un contrat à durée indéterminée à l'article 6 bis de la loi du 11 janvier 1984 : « *Les contrats conclus en application du 2° de l'article 3 (Les emplois des établissements publics de l'État) et des articles 4 et 6* ***peuvent l'être pour une durée indéterminée***. »

Antérieurement en application d'une directive de l'Union européenne, il était déjà prévu à cet article que le renouvellement du contrat d'un agent qui justifie d'une durée de services publics de six ans était conclu par contrat à durée indéterminée.

La création de possibilités de recruter des contractuels sur des postes de direction et l'extension du choix de l'administration pour les autres emplois aboutit dans les faits à vider de toute substance le principe selon lequel les emplois permanents de l'État sont occupés par des fonctionnaires. Dans l'état du droit résultant de la loi du 6 août 2019 de transformation de la fonction publique, le recours à un fonctionnaire relève plus du choix que de l'obligation.

La loi du 6 août 2019 de transformation de la fonction a aussi introduit d'autres techniques contractuelles : la rupture conventionnelle et le contrat de projet.

Ainsi son article 72 consacre le principe du recours à la **rupture conventionnelle** pour les fonctionnaires et les contractuels en CDI. Il s'inscrit aux côtés d'autres dispositifs existant comme un mode de cessation amiable de la relation de travail dans le secteur public.

L'article 17 de la loi de transformation de la fonction publique prévoit la création du **« contrat de projet »** en introduisant un article 7 bis dans la loi du 11 janvier 1984 qui prévoit que : « Les administrations de l'État et les établissements publics de l'État autres que ceux à caractère industriel et commercial peuvent, pour mener à bien un projet ou une opération identifié, recruter un agent par un contrat à durée déterminée dont l'échéance est la réalisation du projet ou de l'opération.

Ainsi, contrairement aux CDD « classiques », dont la durée est fixée in abstracto, la durée du contrat de projet correspond à la durée réelle de réalisation du projet ou de l'opération qui l'a justifié.

En revanche, les règles applicables aux contractuels et aux fonctionnaires s'unifient sous la pression de la Cour de justice de l'Union européenne qui a jugé dans un arrêt du 20 juin 2019, qu'une une réglementation nationale réservant le bénéfice d'un complément de rémunération aux fonctionnaires statutaires, à l'exclusion des agents contractuels employés à durée était contraire au principe de non-discrimination.

Traditionnellement, le Conseil d'État considère que, compte tenu de leurs modalités de recrutement, contractuels et fonctionnaires « ne se trouvent pas dans la même situation juridique au regard du service public » (CE, 12 décembre 2014, n° 367.562), ce qui autorise une différence de traitement, en particulier en matière de rémunération (CE, 11 janvier 1980, n° 11.112 ; CE, 15 décembre 2004, n° 261.215 ; CE, 16 mars 2011, n° 322.206).

Cette jurisprudence devra évoluer pour être compatible avec celle rendue par la CJUE le 20 juin 2019, Daniel Ustariz Arostegui c. Departemento de Educacion del Gobierno de Navarra, aff. C-72/18.

Dans cette affaire, un professeur contractuel contestait, devant un tribunal administratif de la région de Navarre, en Espagne, le refus qui lui était opposé par son administration de lui accorder un complément de rémunération réservé aux professeurs titulaires. Saisie d'une question préjudicielle par ce tribunal, la Cour de Luxembourg a rappelé tout d'abord que le principe de non-discrimination « exige que des situations comparables ne soient pas traitées de manière différente et que des situations différentes ne soient pas traitées de manière égale, à moins qu'un tel traitement ne soit objectivement justifié » (§ 28 de l'arrêt).

La Cour de justice a considéré, contrairement au Conseil d'État, qu'une différence de statut ne constituait pas une différence de situation justifiant une différence de traitement, mais s'est attaché à prendre en compte « la nature du travail, les conditions de formation et les conditions de travail » des contractuels et des titulaires afin de déterminer si ceux-ci se trouvent ou non dans une situation comparable (§ 34 de l'arrêt).

Elle a constaté qu'en l'espèce « il n'existe aucune différence entre les fonctions, les services et les obligations professionnelles assumés par un professeur fonctionnaire et ceux assumés par un professeur agent contractuel de droit public » tel que le requérant, la Cour de justice a conclu que ceux-ci se trouvaient bien dans une situation similaire (§ 36 de l'arrêt) et a jugé que « le recours à la seule nature temporaire du travail des agents contractuels de droit public » n'était pas susceptible de constituer une « raison objective » – entendue comme visant des circonstances précises et concrètes justifiant une différence de traitement (§ 41 de l'arrêt).

La cour a conclu que, « sous réserve des vérifications qu'il incombe à la juridiction de renvoi d'effectuer à cet égard, il n'existe, en l'occurrence, aucune "raison objective" [...] susceptible de justifier l'exclusion des agents contractuels de droit public ayant accompli la période de service requise du bénéfice du complément de rémunération en cause au principal » (§ 49).

Le sujet de l'alignement des régimes à fonctions égales entre fonctionnaires et contractuels risque de se poser avec d'autant plus d'acuité que la loi adoptée le 23 juillet 2019 portant sur la transformation de la fonction publique accentue très largement le recours aux contractuels sur des emplois permanents qui sont aussi occupés par des fonctionnaires.

La soumission de l'administration au droit de la concurrence

L'administration est désormais considérée, lorsqu'elle intervient dans la sphère marchande, comme une personne privée et est soumise au droit de la concurrence, ce qu'illustre une jurisprudence aujourd'hui bien assise.

L'ordonnance du 1er décembre 1986, codifiée aux articles L. 410-1 et suivants du Code de commerce, confie le contentieux de la concurrence au Conseil de la concurrence sous le contrôle de la Cour de cassation. Elle pose le principe de la prohibition des pratiques anticoncurrentielles (ententes et abus de position dominante principalement). Elle prévoit son application « à toutes les activités de production, de distribution et de services, y compris celles qui sont le fait de personnes publiques ». Une distinction était donc instituée entre les activités proprement dites et les actes des personnes publiques. Le Tribunal des Conflits et le Conseil d'État en ont dans un premier temps déduit que seules étaient soumises au droit de la concurrence les activités de production, distribution et service des personnes publiques, mais pas les actes par lesquels elles organisaient ces activités (et notamment les actes ayant pour objet l'organisation des services publics (telles les concessions) : TC 6 juin 1989, Ville de Pamiers, confirmé par CE 23 juillet 1993, CGE : l'organisation du service public de la distribution de l'eau à laquelle procède une commune ne constitue pas une activité mentionnée par l'ordonnance, laquelle ne s'applique donc pas à cet acte).

Le juge administratif a fait évoluer sa jurisprudence, en deux temps. Il a d'abord soumis l'administration dans l'exercice de son pouvoir unilatéral au respect des normes communautaires de la concurrence (CE 29 juillet 1994, Camif, et CE 8 novembre 1996, FFSA), notamment parce que lorsqu'elle intervient dans l'économie l'administration est considérée comme une « entreprise » au sens que le droit communautaire confère à ce terme (CJCE 23 avril 1991, Höfner et Elner). Puis, par l'arrêt CE 3 novembre 1997, Million et Marais, il a confronté la légalité des actes de délégation de service public à l'ordonnance du 1er décembre 1986, c'est-à-dire au droit interne de la concurrence.

La compétence du juge administratif porte sur les actes qui n'ont pas pour objet une activité de production, distribution ou service directe, lesquelles continuent de relever du juge judiciaire (TC 19 janvier 1998, Chronopost : litige ne mettant pas en cause « l'exercice de prérogatives de puissance publique du service postal » et relevant par suite du juge judiciaire). Ces actes, variés, sont relatifs à la dévolution des services publics (Million et Marais), à la commande publique, aux autorisations d'occupation du domaine public en tant que support à l'exercice d'activités économiques (CE 26 mars 1999, Société EDA ; CE 10 avril 2002, SARL Somatour ; CE 23 mai 2012, RATP), à l'autorisation d'exercer une activité économique, notamment en matière d'urbanisme commercial (CE 17 décembre 2003, Commune de Nanterre), aux arrêtés d'extension des conventions collectives (CE 30 avril 2003, Syndicat professionnel des exploitants indépendants des réseaux d'eau et d'assainissement), etc.

On relève par ailleurs que lorsqu'elle entend confier à une entreprise chargée de la gestion d'un service d'intérêt économique général un droit exclusif pouvant faire obstacle à l'application des règles du traité de Rome relatives à la concurrence, ces restrictions à la concurrence ne doivent pas excéder les limites de ce qui est nécessaire à l'accomplissement de la mission particulière de cette entreprise et doivent rester proportionnées à ces nécessités (CE 26 janvier 2007, Syndicat professionnel de la Géomatique).

Cette orientation jurisprudentielle s'est traduite par des évolutions dans des domaines variés : l'atteinte à la concurrence peut créer une situation d'urgence pouvant justifier une décision de suspension (CE 19 janvier 2004, Société On-Line France) ; une personne publique se portant candidate à un marché public ne saurait profiter de sa situation pour proposer des prix excessivement bas (CE avis 8 novembre 2000, Société JLB Consultants, à propos d'un EPA, CE 30 décembre 2014, Société Armor SNC, à propos d'un établissement public de coopération intercommunale, dont la candidature est conditionnée à un intérêt public, c'est-à-dire constitue le prolongement d'une mission de service public, dans le but notamment d'amortir des équipements, de valoriser les moyens dont dispose le service ou d'assurer son équilibre financier) ; la responsabilité d'un opérateur public peut désormais être engagée pour méconnaissance des règles de la concurrence lorsqu'il accorde une autorisation d'occupation du domaine public (CAA Paris 4 décembre 2003, Société d'équipement de Tahiti et des Îles).

Le respect de la concurrence s'impose également à l'administration dans ses activités qui ne relèvent pas directement de la sphère marchande. Elle ne doit ainsi pas méconnaître la concurrence lorsqu'elle adopte des mesures fiscales ou budgétaires (CE 17 mai 2000, Association pour l'épargne retraite des fonctionnaires), ni lorsqu'elle met en œuvre ses pouvoirs de police (CE avis 22 novembre 2000, Société L et P Publicité). S'agissant de cette dernière hypothèse, le Conseil d'État juge que si l'autorité administrative peut légalement adopter des mesures de police de nature à affecter des activités de production, de distribution ou de services, c'est sous réserve que ces mesures présentent un caractère « nécessaire et proportionné » aux objectifs d'ordre public poursuivis (CE 15 mai 2009, Société Compagnie des bateaux-mouches – ici la sécurité des passagers des « bateaux-mouches » parisiens, la mesure litigieuse consistant à imposer un nombre minimal de membres d'équipage sur le bateau).

En matière d'occupation du domaine public, le Conseil d'État avait réaffirmé qu'aucun principe ni aucune disposition n'imposent à une personne publique d'organiser une procédure de publicité préalable à la délivrance d'une autorisation ou à la passation d'un contrat d'occupation du domaine public, même lorsque l'occupant dudit domaine est un opérateur sur un marché concurrentiel (CE 3 décembre 2010, Ville de Paris et Association Paris Jean-Bouin) annulant une décision contraire du TA de Paris.

Mais la Cour de Justice de l'Union Européenne a jugé que les autorisations domaniales devaient faire l'objet d'une mise en concurrence préalable (CJUE, 14 juill. 2016, Promoimpresa Srl Mario, C-458/14 et C-67/15).

L'article 34 de la loi n° 2016-1691 du 9 décembre 2016, dite Sapin 2, relative à la transparence, à la lutte contre la corruption et à la modernisation de la vie économique, a habilité le gouvernement à prendre, par ordonnance, les nouvelles règles d'occupation et de sous-occupation du domaine public.

L'ordonnance n° 2017-562 du 19 avril 2017 relative à la propriété des personnes publiques, applicable au 1er juillet 2017 soumet à une mise en concurrence certains titres d'occupation privative du domaine public. Ne sont concernées ni l'occupation du domaine privé, ni les autorisations non exercées en vue d'une exploitation économique.

L'administration cherche de plus en plus à valoriser son domaine

L'assouplissement de la gestion du domaine public, la consécration de la possibilité de constituer des droits réels sur le domaine public et la valorisation des patrimoines financier, immobilier et immatériel de l'État traduisent l'obligation pour l'administration de mieux valoriser son domaine. Nous renvoyons sur ces questions au chapitre sur la domanialité publique.

Perspectives

La réflexion sur le recours au contrat se poursuivra dans les années à venir

- **Le Conseil d'État consacre son rapport 2008 au contrat**

Ce rapport, intitulé « Le contrat, mode d'action publique et de production de normes », analyse le développement du recours au contrat, la diversité des domaines concernés, la difficulté croissante de distinguer ce qui relève du contrat et de l'action unilatérale et préconise une rationalisation du recours au contrat. Ses conclusions sont encore largement actuelles.

Le Conseil d'État rappelle d'abord que le recours au contrat ne doit pas remettre en cause l'égalité des citoyens devant la loi, notamment lorsque sont passés des marchés publics ou des délégations de service public. Le droit régissant ces contrats encadre l'action de l'administration pour éviter ces dérives (sur les DSP : CE 10 mars 2006, Commune d'Houlgate, s'agissant du traitement égal du délégataire en place et des candidats dans le cadre du renouvellement d'une concession d'exploitation d'un casino).

Le recours au contrat n'est ensuite pas possible dans tous les cas : les fonctions de souveraineté ne peuvent être déléguées par contrat. Le Conseil d'État relève toutefois que la volonté de l'administration de se recentrer sur ses missions essentielles peut justifier, dans une certaine mesure, un recours au contrat sur des aspects accessoires (approvisionnement, transport dans les armées, surveillance d'une piscine municipale, etc.), l'administration conservant le pouvoir de supervision et de décision. En revanche, le Conseil d'État est hostile à toute contractualisation de la sanction pénale elle-même.

Au nombre des avantages du contrat, figurent la meilleure acceptabilité et la meilleure garantie d'application de la norme, l'administration consultative et la politique participative constituant les « nouveaux idéaux du Gouvernement des hommes». Le contrat permet également de profiter de l'expertise du partenaire et d'accroître ainsi l'efficacité de l'action publique. Il favorise la responsabilisation des cocontractants et clarifie la répartition des risques, possède des vertus d'adaptation supérieures à la norme unilatérale et permet une meilleure individualisation de la norme et de l'action publique, adaptée à la spécificité de la situation traitée.

Mais parallèlement à ces avantages existent des risques non négligeables, d'ambiguïté et de dissimulation, de fragilité (contrat nouvelle embauche, contrat première embauche...), d'inégalité, d'arbitraire et d'opacité, d'affaiblissement du rôle de l'État, dont le rôle de définition unilatérale de l'intérêt général est remplacé par celui d'arbitre des différents intérêts évoluant au sein de la société.

Dans ces conditions, un meilleur usage du contrat est possible. Le Conseil d'État préconise ainsi :

de conforter la représentativité des acteurs sociaux et veiller à l'éthique des négociations : dans le domaine des relations professionnelles naturellement, mais également dans d'autres domaines : le développement du recours au contrat passe par l'identification de partenaires suffisamment représentatifs (la question de la représentativité des associations en matière environnementale a par exemple été soulevée lors du Grenelle de l'environnement) ;

- de ne pas remplacer les fonctionnaires par des contractuels ;
- de reconnaître une valeur juridique aux conventions d'objectifs et de moyens qui essaiment de plus en plus dans l'univers administratif, deux ou plusieurs services contractualisant leurs relations afin d'assurer un meilleur service au citoyen ;
- de développer le recours au contrat par les autorités de régulation de secteurs économiques ;
- de développer le recours aux modes alternatifs de règlement des litiges : le recours à la transaction est encouragé dès que la responsabilité de l'administration est engagée de manière certaine et qu'un préjudice est avéré ; la loi du 18 novembre 2016 de modernisation de la justice du XXIe siècle a créé à l'article L. 213-7 du code de justice administrative une possibilité pour le juge administratif de prendre l'initiative de recourir à une médiation dans un litige dont il est saisi.
- de veiller à la sécurité juridique du contrat en mettant en œuvre diverses mesures qui vont du renforcement de l'expertise contractuelle au sein des collectivités publiques à l'assouplissement des conditions de cession ou de reprise des contrats en passant par une meilleure articulation du contrat avec la loi (notamment en matière sociale) et par une clarification du droit des contrats par l'adoption d'un code de la commande publique.

La valorisation du domaine de l'État est appelée à se développer dans le cadre du développement des activités des services récemment créés que sont l'APE, France Domaine et l'APIE

Voir le chapitre consacré aux mutations du droit de domanialité publique.

« Avons-nous encore besoin d'un droit administratif ? »

La question, posée notamment par Didier Truchet (cf. bibliographie à la fin du chapitre) n'est pas inédite en doctrine. À mesure que le droit administratif se rapproche, dans ses principes et ses objectifs, du droit privé, et que l'administration, sous l'effet notamment du droit de l'Union européenne, est assimilée pour une part croissante de ses activités à une entreprise privée, la question de la pertinence de son maintien est régulièrement posée. « *Le droit administratif français est en crise* » relève ainsi Bertrand Seiller, qui développe ce constat en évoquant les rapprochements matériel (l'administration n'est pas seulement une entité de réglementation, elle offre également des prestations), organique (les personnes publiques sont de plus en plus individualisées (établissements publics, autorités administratives indépendantes, etc.) et associent régulièrement des personnes privées à leur action) et juridique (le service public est aussi soumis au droit privé, l'administration a recours aux techniques du droit privé (contrat, association)) entre les personnes publiques et les personnes privées. Le coût exorbitant du recours au partenariat public-privé dont la Cour des comptes française et la Cour des comptes de l'Union européenne préconisent l'abandon pur et simple montre que l'efficacité de la dépense publique n'est pas renforcée par la dévolution des missions au secteur privé. Ces évolutions contribuent en outre à rapprocher la personnalité publique de la personnalité privée et à favoriser l'émergence d'une « *théorie des droits subjectifs des personnes publiques* » (Philippe Yolka, qui appelle à un effort de conceptualisation de ce phénomène des « droits subjectifs publics » détenus par les personnes morales de droit public – cf. bibliographie).

En outre, le droit de l'Union européenne contribue à banaliser les personnes publiques françaises, qui, pour trouver grâce à ses yeux, doivent renoncer à leurs spécificités et se comporter comme les personnes privées. « *Le régime des aides publiques et des entreprises publiques, la séparation des régulateurs et des opérateurs, les notions de pouvoirs adjudicateurs ou d'entité adjudicatrice, etc. ne recoupent pas la distinction française des personnes publiques et des personnes privées* » (Didier Truchet). On peut ajouter les remises en cause dont souffre le service public et l'immixtion du droit de la concurrence au sein même des prérogatives les plus essentielles de l'administration (police notamment).

Sans remettre en cause la persistance nécessaire d'une puissance publique garante de l'intérêt général et soustraite au droit commun, ces évolutions supposent une diversification des normes appliquées par le juge administratif qui ne sont pas limitées au droit administratif.

Ouvrages récents

- Guide de présentationde laloi n° 2019-828 du 6 août 2019de transformation de la fonction publique et de son calendrier de mise en œuvre, DGAFP
- Laurent Derboulles, Quel statut pour le contrat au sein d'une fonction publique transformée ?. AJFP. 2019
- Sophie Nicinski, « Les évolutions du droit administratif de la concurrence », *AJDA* 2004, p. 751 et s.
- « Collectivités publiques et concurrence », Rapport du Conseil d'État, EDCE, 2002.
- Brigitte Ferrari, « Le déclin du droit administratif français : entre chimère et réalité », *AJDA* 2006, p. 1021 et *s*.
- « La codification du droit des propriétés des personnes publiques, dossier », *AJDA* 2006, p. 1073 et *s*.
- Olivier Fuchs, « La conciliation des intérêts dans le contentieux administratif de la concurrence », *AJDA* 2006, p. 746 et *s*.
- D. Truchet, « Avons-nous encore besoin d'un droit administratif ? », Mélanges en l'honneur de Jean-François Lachaume, *LGDJ*, 2007, p. 1039 et *s*.
- « Le contrat, mode d'action publique et de production de normes », Rapport du Conseil d'État, *EDCE*, 2008.
- N. Boulouis, « Regards d'un rapporteur public du côté du droit privé des contrats », *AJDA* 2009, p. 921 et *s*.
- « Le contrat dans le secteur social et médico-social », dossier, *Revue de droit sanitaire et social*, n° 1, janvier-février 2012, p. 3 et *s*.
- J.-M. Sauvé, « Les nouveaux modes de décision publique », Discours prononcé le 30 mars 2012, disponible sur le site internet du Conseil d'État.
- J.M. Sauvé, « Le juge administratif et les actes et activités de droit privé », Discours prononcé le 27 juin 2012, disponible sur le site internet du Conseil d'État.
- « Les contrats entre personnes publiques », dossier *AJDA*, 2013, p. 833 et *s*.

Exemples de sujets

- Administration et droit privé.
- L'existence d'un droit administratif se justifie-t-elle encore aujourd'hui ?
- Le recours au procédé contractuel est-il légitime ?
- Les nouvelles manifestations de l'intérêt général.

13 Les mutations du droit de la domanialité publique

D'un droit gouverné par un impératif de protection, le régime de la domanialité publique a évolué vers un droit de la valorisation. En effet, s'il reste avant tout le support d'un patrimoine et d'un service public, le code général de la propriété des personnes publiques impose la valorisation du domaine public considéré comme un bien, soumis à une logique économique. La théorie de « l'échelle de domanialité » développée par Duguit, en vertu de laquelle les règles applicables doivent être diversifiées selon « la nature de la chose, la catégorie du service, le mode d'affectation ou d'emploi », trouve ainsi aujourd'hui une illustration frappante, selon que les biens du domaine sont affectés au public ou consacrés aux activités économiques.

Historique

Le domaine de l'État, tout comme celui des autres personnes publiques, est constitué de l'ensemble des biens meubles et immeubles dont il est propriétaire, et se partage entre domaine public et domaine privé. Cette dernière distinction, apparue au XIXe siècle, a été formalisée par la doctrine et la jurisprudence au cours du siècle suivant.

Le domaine public se partage lui-même entre domaine public naturel et domaine public artificiel. Le premier regroupe le domaine public maritime (le plus ancien, déjà désigné par l'ordonnance de Colbert sur la marine de 1681), le domaine public fluvial (constitué par l'ensemble des cours d'eau sur lesquels peuvent circuler des embarcations, soit environ 17 500 km) et le domaine public hertzien (depuis la loi du 17 janvier 1989).

Le domaine public artificiel est, pour sa part, constitué de biens qui doivent remplir certaines conditions pour y entrer. Longtemps, ces conditions ont découlé de l'arrêt du Conseil d'État Société Le Béton (19 octobre 1956) ; dans la lignée des arrêts Bertin et Grimouard (CE, 20 avril 1956), qui conféraient à la notion de service public un rôle déterminant dans la définition des contrats administratifs et des travaux publics. Une dépendance du domaine public devait remplir les conditions cumulatives suivantes :

- être, en principe, un bien immobilier. La soustraction des biens meubles au régime de la domanialité publique s'explique par le souhait de ne pas faire peser les contraintes de ce régime sur des biens de faible valeur ;
- appartenir à des personnes publiques (l'État, bien sûr, mais également les collectivités territoriales ou les établissements publics) ;
- être affectés directement à l'usage du public (un parc, par exemple) ou à un service public (un port, par exemple) et, dans le cas de l'affectation au service public avoir été spécialement aménagé à cet effet. Il fallait ainsi que la personne publique ait manifesté, par l'aménagement spécial auquel elle avait procédé, sa volonté d'affecter le bien à un service public.

Cette condition d'aménagement spécial contrairement à ce que certaines décisions ont pu suggérer (par ex., CE 22 avril 1960, Berthier) n'était pas exigée en cas d'affectation à l'usage direct du public. Le Conseil d'État dans les décisions les plus récentes n'exige pas un aménagement spécial en cas d'affectation à l'usage direct du public, mais constate seulement que souvent l'aménagement est nécessaire pour réaliser cet accès au public (CE 26 janvier 2018, société Var auto) : « Avant l'entrée en vigueur, le 1er juillet 2006, du code général de la propriété des personnes publiques, l'appartenance d'un bien au domaine public était subordonnée à la condition que le bien ait été affecté au service public et spécialement aménagé en vue du service public auquel il était destiné ou affecté à l'usage direct du public après, si nécessaire, son aménagement. »

Ces critères sont aujourd'hui repris à l'article L. 2111-1 du Code général de la propriété des personnes publiques (ci-après CG3P), entré en vigueur le 1er juillet 2006 qui prévoit que font désormais partie du domaine public les biens appartenant à une personne publique, « qui sont soit affectés à l'usage direct du public, soit affectés à un service public pourvu qu'en ce cas ils fassent l'objet d'un aménagement indispensable à l'exécution des missions de ce service public ». Le domaine public connaît donc une définition légèrement modifiée, qui **substitue à l'exigence d'un aménagement spécial celle d'un aménagement indispensable**, supposée être plus restrictive. Les biens appartenant au domaine public en application des règles jurisprudentielles antérieures à l'entrée en vigueur du CG3P n'en sont pas sortis par le seul effet de l'adoption de ce code (Conseil d'État, 3 octobre 2012, Commune de Port-Vendres).

Le domaine privé trouve, pour sa part, une définition en creux qui regroupe tous les biens des personnes publiques qui n'appartiennent pas au domaine public. Ainsi, « font partie du domaine privé les biens des personnes publiques qui ne relèvent pas du domaine public » (article L. 211-1 du CG3P). Ce domaine couvre la plupart des biens meubles possédés par les personnes publiques : véhicules, ordinateurs, brevets, logiciels (CE 28 mai 2004, Aéroports de Paris), actions et obligations détenues par l'État... S'y rangent également les immeubles non affectés au public ou au service public ainsi que, **par détermination de la loi**, les forêts, chemins ruraux, réserves foncières et immeubles à usage de bureau. La valeur du domaine privé des personnes publiques est ainsi beaucoup plus importante que celle des biens de leur domaine public (pour la partie quantifiable de ce dernier) ; l'État posséderait, par exemple, près de 10 % du patrimoine foncier bâti national.

Connaissances de base

Le domaine public est avant tout caractérisé par un régime juridique très protecteur

Le juge administratif rattache la protection du domaine public à un « impératif d'ordre constitutionnel » (CE 21 mars 2003, Syndicat intercommunal périphérie de Paris pour l'électricité et les réseaux). Si le Conseil constitutionnel n'a jamais formellement consacré une obligation de protection du domaine public en tant que telle, il a jugé que la protection constitutionnelle du droit de propriété par l'article 17 de la déclaration des droits de l'homme e du citoyen de 1789 valait aussi pour celle de « l'État et des autres personnes publiques » (DC 26 juin 1986, Loi autorisant le gouvernement à prendre diverses mesures d'ordre économique et social). Témoignent de cette logique de protection la définition souple du domaine public et les prérogatives qui s'attachent à sa gestion.

- **Une définition extensive qui a été corrigée par la loi**

L'article L. 1 du code général de la propriété des personnes publiques prévoit que ce code s'applique aux biens et aux droits, à caractère mobilier ou immobilier, appartenant à l'État, aux collectivités territoriales et à leurs groupements, ainsi qu'aux établissements publics.

Les critères, définissant le domaine public, ont été souplement appréciés par le juge, et accompagnés de constructions théoriques contribuant à étendre le champ de ce domaine, qui ne semblent pas, pour la plupart, avoir été remises en cause par l'entrée en vigueur du CG3P.

Tout d'abord, certains biens culturels (collections des musées, archives, engins militaires ou de travaux publics, etc.) font, malgré leur caractère mobilier, partie du domaine public (article L. 2112-1 du CG3P) ; cette exception est destinée à assurer la protection des biens à l'intérêt historique ou culturel élevé.

En outre, le critère lié à l'aménagement spécial, dont l'objet était de limiter l'extension du domaine public, a été apprécié de façon pragmatique, le juge se contentant d'aménagements extrêmement modestes (CE 11 mai 1959, Dauphin : une simple chaîne protégeant l'allée des Alyscamps, à Arles, peut être regardée comme un aménagement spécial) ; l'aménagement en cause doit, toutefois, se trouver sur la parcelle elle-même, et non seulement à proximité (CE 28 avril 2014, Commune de Val d'Isère). Par ailleurs, la théorie jurisprudentielle de la domanialité publique « virtuelle », qui admettait qu'un bien immeuble incorporait le domaine public dès que son affectation au public ou à un service public avec dans ce cas la réalisation d'un aménagement, étaient prévus de manière certaine (donc avant même d'avoir été réalisés) (Conseil d'État Association ATLALR du 8 avril 2013). La théorie du domaine public virtuel a été confirmée par le Conseil d'État après l'entrée en vigueur du CG3P. En effet, dans sa décision du 13 avril 2016, Commune de Baillargues, le Conseil d'État a jugé que : « Quand, postérieurement à l'entrée en vigueur du code général de la propriété des personnes publiques (CG3P), une personne publique a pris la décision d'affecter un bien qui lui appartient à un service public et que l'aménagement indispensable à l'exécution des missions de ce service public peut être regardé comme entrepris de façon certaine, eu égard à l'ensemble des circonstances de droit et de fait, telles que, notamment, les actes administratifs intervenus, les contrats conclus, les travaux engagés, ce bien doit être regardé comme une dépendance du domaine public ». Le tribunal des conflits a jugé dans le même sens que *: « En l'absence de toute disposition en ce sens, l'entrée en vigueur de ce code n'a pu, par elle-même, avoir pour effet le déclassement de dépendances* *qui appartenaient antérieurement au domaine public et qui ne rempliraient plus les conditions désormais fixées, depuis le 1er juillet 2006, par son article L. 2111-1 (…) En l'absence de tout acte de déclassement, il en est encore ainsi à la date des désordres constatés* » (TC C4181 *EARL Finucchiola* du 11 mai 2020).

En vertu de la théorie de l'accessoire, un bien est également considéré comme relevant du domaine public dès lors qu'il est physiquement indissociable d'un élément de ce domaine, ou contribue à son fonctionnement (CE 14 juin 1972, Eidel : un logement de fonction dans un parc, par exemple). Sur ce point, l'article L. 2111-2 du CG3P qui prévoit que « font également partie du domaine public les biens des personnes publiques […] qui, concourant à l'utilisation d'un bien appartenant au domaine public, en constituent un accessoire indissociable semble donc restreindre le champ de cette théorie, en rendant les conditions, physique et fonctionnelle, cumulatives (voir également CE 28 avril 2014, Commune de Val d'Isère).

Le juge administratif a le monopole de la délimitation du domaine public. Le Conseil d'État juge que : « Il appartient au juge administratif de se prononcer sur l'existence, l'étendue et les limites du domaine public, sauf à renvoyer à l'autorité judiciaire une question préjudicielle en cas de contestation sur la propriété du bien litigieux dont l'examen soulève une difficulté sérieuse. » (Conseil d'État, Section, Commune du Bugue du 16 novembre 1960 n° 44537, Rec. p. 627, TC, 28 avril 1980, SCIF Résidence des Perriers, n° 02160, p. 506). La première condition d'appartenance d'un bien, mobilier ou immobilier, au domaine public de l'État étant qu'il appartienne à ce dernier, la détermination du propriétaire vient en principe en amont dans l'ordre d'examen des questions. Le caractère sérieux de la contestation s'apprécie au regard des prétentions contraires des parties et au vu de l'ensemble des pièces du dossier. Le juge doit prendre en compte tant les éléments de fait que les titres privés invoqués par les parties (392122 M. de Vibraye 28 juillet 2017). Les modes de preuve de la propriété sont libres, cette preuve pouvant par exemple résulter, en l'absence de titre, de la production d'attestations ou de la prescription acquisitive de l'article 2261 du code civil. Le Conseil d'État peut écarter des demandes de renvoi préjudiciel en relevant que les intéressés ne font état d'aucun titre de propriété (cf. CE, 23 janvier 2012, n° 334360, Département des Alpes-Maritimes et M. et M Servetti).

Avant de statuer, il doit s'assurer que la dépendance relève du domaine public à la date à laquelle il statue. À cette fin, il lui appartient de rechercher si cette dépendance a été incorporée au domaine public, en vertu des règles applicables à la date de l'incorporation, et, si tel est le cas, de vérifier en outre qu'à la date à laquelle il se prononce, aucune disposition législative ou, au vu des éléments qui lui sont soumis, aucune décision prise par l'autorité compétente n'a procédé à son déclassement (par exemple, CAA Douai, n° 13DA01831).

Dans son arrêt 290937 société brasserie du théâtre du 28 décembre 2009, le tribunal des conflits a jugé que le juge ne doit pas s'arrêter à la qualification donnée par les parties à une convention d'occupation d'un bien et doit s'attacher à la réalité de l'affectation, ce qui marque une limite à l'extension continue du domaine public.

« Indépendamment de la qualification donnée par les parties à une convention par laquelle une personne publique confère à une personne privée le droit d'occuper un bien dont elle est propriétaire, l'appartenance au domaine public d'un tel bien était, avant la date d'entrée en vigueur du code général de la propriété des personnes publiques, sauf si ce bien était directement affecté à l'usage du public, subordonnée à la double condition que le bien ait été affecté au service public et spécialement aménagé en vue du service public auquel il était destiné ; que, dès lors, en se fondant, pour juger, par adoption des motifs retenus par le tribunal administratif, que les locaux mis à la disposition de la SARL BRASSERIE DU THÉÂTRE appartenaient au domaine public communal, sur les seules circonstances que ces locaux étaient situés dans l'enceinte du théâtre municipal et qu'en outre, ils avaient été mis à la disposition de cette société par un contrat expressément qualifié par les parties de « convention d'occupation du domaine public », **sans rechercher si ces locaux, qui n'étaient pas directement affectés à l'usage du public**, devaient être regardés comme étant eux-mêmes affectés au service public culturel de la commune de Reims et spécialement aménagés à cet effet, la cour administrative d'appel de Nancy a commis une erreur de droit « (Tribunal des conflits du 22 novembre 2010SARL Brasserie du Théâtre c/ Commune de Reims C3764 A).

Ainsi, le Tribunal des conflits a estimé qu'une brasserie située dans les locaux d'un théâtre municipal dont l'accès aux locaux s'effectue par une entrée distincte de celle du théâtre municipal de Reims et bénéficie du « droit exclusif » de vendre pendant les représentations théâtrales des produits au buffet du théâtre n'occupe pas des biens affectés au service public culturel de la commune de Reims ou constituant un accessoire du domaine public communal.

Les locaux de cette brasserie constituent une dépendance du domaine privé de la commune. L'acte par lequel le maire a refusé à la société Brasserie du Théâtre le renouvellement d'un titre d'occupation consenti par une convention ne comportant aucune clause exorbitante, n'est pas détachable de la gestion du domaine privé et relève de la compétence du juge judiciaire.

Le législateur a aussi procédé à un cantonnement du domaine public. L'article L. 2211-1 du Code général des propriétés des personnes publiques prévoit que les biens immobiliers à usage de bureaux font partie du domaine privé des personnes publiques « *à l'exclusion de ceux formant un ensemble indivisible avec des biens immobiliers appartenant au domaine public* ». Dans une importante décision du 23 janvier 2020, le Conseil d'État a jugé que les locaux à usage de bureau appartiennent au domaine privé même s'ils sont affectés à un service public ou affectés à l'usage direct du public (430192, 430359 commune de Bussy-Saint-Georges du 23 janvier 2020). Il a jugé qu'un tribunal avait méconnu l'article L. 2211-1 du code général de la propriété des personnes publiques en regardant comme appartenant au domaine public communal des locaux occupés par des services municipaux au motif qu'ils avaient fait l'objet d'un aménagement indispensable à l'exécution d'un service public de la culture, du sport et de la petite enfance en raison de la réalisation d'un point d'accueil et d'orientation qui avait pour seul objet l'accueil téléphonique ainsi que l'information et l'orientation des personnes reçues dans les bureaux. Cet aménagement n'est pas de nature retirer à ceux-ci leur caractère de biens immobiliers à usage de bureaux exclus du régime de la domanialité publique.

- **Droit à l'image**

Le droit à l'image du domaine public n'appartient pas aux biens protégés par la domanialité publique et ne constitue pas un accessoire indissociable de ce bien comme l'a jugé le Conseil d'État, dans une importante décision d'Assemblée du 13 avril 2018. La CAA de Nantes avait annulé deux titres de recettes émis par l'Établissement public du domaine national de Chambord qui tendaient à réclamer à la société Kronembourg le paiement de sommes pour l'exploitation de photographies du château de Chambord dans une publicité commerciale, ce qui correspondait selon l'établissement à l'exploitation de l'utilisation privative du domaine public.

Le Conseil d'État a d'abord jugé que les personnes publiques ne dispose pas d'un droit exclusif sur l'image des biens leur appartenant, celle-ci n'étant pas au nombre des biens et droits mentionnés à l'article L. 1 du code général de la propriété des personnes publiques. Il en résulte que l'image d'un bien du domaine public ne saurait constituer une dépendance de ce domaine ni par elle-même, ni en qualité d'accessoire indissociable de ce bien au sens des dispositions de l'article L. 2111-2 du code général de la propriété des personnes publiques.

Il a ensuite jugé que si l'opération consistant en la prise de vues d'un bien appartenant au domaine public est susceptible d'impliquer, pour les besoins de la réalisation matérielle de cette opération, une occupation ou une utilisation du bien qui excède le droit d'usage appartenant à tous, une telle opération ne caractérise toutefois pas, en elle-même, un usage privatif du domaine public et que l'utilisation à des fins commerciales de l'image d'un tel bien ne saurait être assimilée à une utilisation privative du domaine public, au sens de l'article L. 2125-1.

Le Conseil d'État relève ensuite que le législateur, dans le but de protéger l'image des domaines nationaux et de permettre leur valorisation économique, a prévu, à l'article L. 621-42 du code du patrimoine, la possibilité pour les gestionnaires des domaines nationaux de soumettre à autorisation préalable l'utilisation à des fins commerciales de l'image des immeubles qui constituent ces domaines, lesquels peuvent relever d'un régime de domanialité publique, et précisé que cette autorisation peut prendre la forme d'un acte unilatéral ou d'un contrat, assorti ou non de conditions financières, la redevance éventuellement mise à la charge du titulaire de l'autorisation tenant compte des avantages de toute nature que celle-ci lui procure, mais que ce régime n'était pas applicable aux années en cause.

Enfin, le Conseil d'État juge que, même lorsque les conditions d'appartenance au domaine public ne sont plus remplies, le bien continue d'en relever jusqu'à ce que la collectivité publique prenne une décision expresse de déclassement (CE 17 mars 1967, Ranchon).

- **Des prérogatives de protection**

Le domaine public bénéficie d'un droit particulièrement protecteur, illustrant singulièrement les prérogatives « de protection » traditionnellement distinguées par René Chapus des prérogatives « d'action » de l'administration.

En vertu de l'article L. 3111-1 du CG3P : « *Les biens des personnes publiques mentionnées à l'article L. 1, qui relèvent du domaine public, sont inaliénables et imprescriptibles*». Le principe d'inaliénabilité du domaine public (consacré par l'Édit de Moulins de 1566) signifie, tout d'abord, que les biens appartenant à ce domaine ne peuvent être vendus. L'administration doit ainsi faire basculer un bien dans le domaine privé si elle désire le céder. Pour ce faire, une désaffectation puis un déclassement sont nécessaires (un déclassement sans désaffectation préalable étant illégal : article L. 2141-1 du CG3P). Dans ce cadre, le Conseil constitutionnel s'assure que le déclassement d'un bien appartenant au domaine public ne puisse avoir pour effet de priver de garanties légales les exigences constitutionnelles qui résultent de l'existence et de la continuité des services publics auxquels il reste affecté (par exemple, DC 14 avril 2005, Loi relative aux aéroports).

Du principe d'inaliénabilité découlent d'autres conséquences importantes :

- le principe d'imprescriptibilité, selon lequel on ne peut devenir propriétaire d'un bien relevant du domaine public par voie de prescription, c'est-à-dire après une durée privative d'occupation, aussi longue soit-elle (article L. 3111-1 du CG3P) ;
- l'impossibilité, en principe, de constituer des droits réels (servitude, usufruit, emphytéose, etc.) sur le domaine public ;
- enfin, la règle selon laquelle les biens relevant du domaine public ne peuvent faire l'objet d'une expropriation.

L'insaisissabilité des biens appartenant aux personnes publiques concerne quant à elle tant leur domaine public que leur domaine privé. Il s'agit d'un principe général du droit (TC 9 décembre 1899, Association syndicale du Canal de Gignac), aux termes duquel les voies d'exécution de droit commun ne peuvent être utilisées contre les biens appartenant aux personnes publiques. La Cour de cassation considère ainsi que, « s'agissant des biens appartenant à des personnes publiques, même exerçant une activité industrielle et commerciale, le principe d'insaisissabilité de ces biens ne permet pas de recourir aux voies d'exécution du droit privé » (Civ. 1re 21 décembre 1987, Bureau de recherches géologiques et minières). Ce principe figure désormais à l'article L. 2311-1 du CG3P.

Le domaine public fait également l'objet d'une protection particulière contre les dégradations. Les contraventions de grande voirie désignent ainsi les atteintes portées au domaine public autres que celles concernant la voirie routière (dont le contentieux relève du juge judiciaire). Il s'agit là d'une protection spéciale de droit pénal, qui constitue une survivance unique en contentieux administratif : la détérioration du domaine public immobilier demeure, en effet, une infraction pénale sanctionnée par le juge administratif. Lorsqu'une telle détérioration est commise, l'administration est tenue de poursuivre le contrevenant, selon une logique de compétence liée ; celui-ci encourt une amende et la condamnation à remettre le bien en état (le cas échéant sous astreinte, que le juge peut prononcer d'office : CE 15 octobre 2014, Voies navigables de France).

Le domaine public est enfin protégé contre l'utilisation privative. Ainsi, l'occupation privative du domaine public est-elle possible, mais nécessairement précaire et révocable, et donc soumise à un régime strict :

- elle nécessite tout d'abord une autorisation, qui peut être accordée contractuellement ou unilatéralement. En l'absence d'une telle autorisation, l'administration doit assurer l'évacuation de l'occupant sans titre, et peut alors agir elle-même ou demander au juge d'ordonner l'expulsion ;
- elle fait l'objet d'une redevance due par le bénéficiaire de l'autorisation ;
- elle est toujours, quel que soit son mode d'octroi, délivrée à titre précaire, l'administration n'étant jamais tenue de l'accorder et pouvant, pour des motifs d'intérêt général, y mettre fin à tout moment (moyennant indemnité, en l'absence de faute du titulaire de l'autorisation).

- **La valorisation économique du domaine public**

L'article L. 2122-1 du code général de la propriété des personnes publiques prévoit que : « Nul ne peut, sans disposer d'un titre l'y habilitant, occuper une dépendance du domaine public d'une personne publique mentionnée à l'article L. 1 ou l'utiliser dans des limites dépassant le droit d'usage qui appartient à tous ».

Malgré la protection dont il bénéficie, le domaine public peut faire l'objet d'une valorisation économique. Dans ses conclusions sous l'arrêt *Compagnie maritime de l'Afrique orientale* (CE 9 mai 1944), le commissaire du Gouvernement Chenot relevait ainsi que « le domaine public n'est plus seulement un objet de la police administrative, c'est un bien dont l'administration doit assurer, dans l'intérêt collectif, la meilleure exploitation ».

Le propriétaire du domaine dispose d'une grande liberté dans sa gestion dès lors que ses décisions doivent être motivées par l'intérêt du domaine ou l'intérêt général. Le Conseil d'État juge de façon constante qu'il « appartient à l'autorité chargée de la gestion du domaine public de fixer, tant dans l'intérêt de ce domaine et de son affectation que dans l'intérêt général » les conditions de son occupation (Section du 20 décembre 1957, Société nationale d'éditions cinématographiques, n° 7365, au Recueil p. 702).

Le domaine public est en principe affecté à l'usage de tous (article L. 2122-1 du code général de la propriété des personnes publiques). L'utilisation privative du domaine public, qui déroge à ce principe, est soumise à une autorisation qui est temporaire, précaire et révocable selon les articles L. 2122-2 et 3 du CG3P. Elle ne peut être accordée, conformément au principe posé par l'article L. 2121-1 du même code, que si l'utilisation qui doit en être faite est compatible avec le respect de l'affectation du domaine à l'utilité publique. Aucun droit ne peut être consenti s'il fait obstacle au respect de cette affectation. Il n'y a donc aucun droit au bénéfice d'une autorisation privative du domaine public, voir Conseil d'État du 2 novembre 1956, sieur Biberon, n° 23551, au Recueil p. 403.

Mais, dans la mesure où, en mettant à la disposition d'un opérateur économique une parcelle du domaine public pour y exercer son activité, il lui procure un avantage économique, le Conseil d'État a ajouté section du 26 mars 1999, Société Eda, n° 202260, que le gestionnaire devait prendre en compte non seulement l'intérêt du domaine et l'intérêt général mais aussi le principe de la liberté du commerce et de l'industrie ainsi que les règles relatives au droit de la concurrence. Cette décision fait suite à la décision de section du 3 novembre 1997, Société Million et Marais, n° 169907, au Recueil p. 406, et aux grands arrêts de la jurisprudence administrative n° 101, qui a fait entrer le droit de la concurrence dans le bloc de légalité dont le respect s'impose aux autorités administratives.

Au titre des pouvoirs de gestion du domaine public, la réglementation de l'utilisation privative du domaine public est soumise à la liberté du commerce et de l'industrie Conseil d'État 15 mars 1996, Syndicat des artisans, fabricants de pizzas non sédentaires Provence Côte-d'Azur, n° 133080, au Recueil p. 78, ce qui implique de s'assurer que la mesure de police administrative restreignant la LCI est bien justifiée par un motif d'intérêt général et est proportionnée à l'objectif poursuivi (Conseil d'État 22 juin 1951, Daudignac p. 362).

Mais lorsqu'est en cause une décision portant autorisation d'occuper le domaine public, une atteinte au principe de la liberté du commerce et de l'industrie ne peut être invoquée. Lorsque le gestionnaire du domaine entend refuser la demande d'autorisation d'occupation privative du domaine public qui ne constitue pas un droit, le gestionnaire est libre de refuser une demande d'autorisation sous réserve que sa décision ne procède pas d'un motif discriminatoire portant atteinte au principe d'égalité : (Conseil d'État 27 janvier 1954 Syndicat des marchands du carreau du Temple, 10127).

Dans sa décision du 23 mai 2012, RATP, (n° 348909, A ; voir également CE, 29 octobre 2012, Commune de Tours, n° 341173, A), le Conseil d'État a jugé que l'autorité chargée de la gestion du domaine public peut autoriser une personne privée à utiliser une dépendance de son domaine public mobilier en vue d'exercer une activité économique, à la condition que cette utilisation soit compatible avec son affectation et sa conservation. Mais « la décision de délivrer ou non une telle autorisation, que l'administration n'est jamais tenue d'accorder, n'est pas susceptible, par elle-même, de porter atteinte à la liberté du commerce et de l'industrie ».

- **D'une possibilité de valorisation à une obligation de valorisation**

L'obligation de percevoir des redevances est consacrée en principe par l'article L. 2125-1 du CG3P qui prévoit que « toute occupation ou utilisation du domaine public d'une personne publique mentionnée à l'article L. 1 donne lieu au paiement d'une redevance sauf lorsque l'occupation ou l'utilisation concerne l'installation par l'État des équipements visant à améliorer la sécurité routière ou nécessaires à la liquidation et au constat des irrégularités de paiement de toute taxe perçue au titre de l'usage du domaine public routier ».

Cet article définit les exceptions permettant une occupation gratuite, lorsque l'occupation ou l'utilisation, soit concerne un ouvrage bénéficiant gratuitement à tous, soit contribue directement à assurer l'exercice des missions de sécurité des services de l'État, soit permet l'exécution de travaux relatifs à une infrastructure de transport public ferroviaire ou guidé ou est délivrée aux associations à but non lucratif qui concourent à la satisfaction d'un intérêt général.

La valorisation du titre à occuper le domaine à la mesure de l'utilité retirée par l'occupant est devenue une obligation pour le gestionnaire du domaine.

L'article L. 2125-3 prévoit que : « La redevance due pour l'occupation ou l'utilisation du domaine public tient compte des avantages de toute nature procurés au titulaire de l'autorisation ».

Les possibilités d'extension de la propriété publique illustre tout particulièrement le caractère exorbitant de ce régime. Reprenant l'état du droit antérieur, l'article L. 1111-1 du CG3P indique que « les personnes publiques [...] acquièrent à l'amiable des biens et droits, à caractère mobilier et immobilier [...] suivant les règles du droit civil ». Des modes plus exceptionnels et autoritaires d'accès à la propriété existent néanmoins pour l'administration.

- **L'expropriation**

La possibilité reconnue à l'État d'acquérir des biens immobiliers par voie d'expropriation constitue un privilège singulier, fondé sur l'article 17 de la Déclaration des droits de l'homme et du citoyen, aux termes duquel : « La propriété est un droit inviolable est sacré, nul ne peut en être privé, si ce n'est lorsque la nécessité publique, légalement constatée, l'exige évidemment, et sous la condition d'une juste et préalable indemnité ». Ainsi, malgré l'existence des textes fondamentaux protégeant le droit de propriété, ce droit peut s'effacer presque entièrement au profit de la sphère publique, sous réserve d'indemnisation ; il y a là une traduction juridique du principe selon lequel le caractère absolu du droit de propriété doit céder devant les exigences de l'intérêt général.

La procédure d'expropriation comprend deux phases. La phase administrative est principalement conduite par le préfet. Elle doit permettre l'étude du projet et la constatation de son utilité publique, la déclaration d'utilité publique étant précédée d'une enquête publique permettant un débat contradictoire. C'est le juge administratif qui est compétent pour connaître de la légalité des actes relevant de cette première étape. La seconde phase est ensuite conduite par le juge judiciaire, qui prononce le transfert de propriété et fixe le montant des indemnités ; il peut, seul, prononcer l'expropriation, suivant les règles posées par le code de l'expropriation pour cause d'utilité publique (articles L. 221-1 et suivants).

L'expropriation, privilège remarquable de l'administration, reste néanmoins très encadrée par la loi et la jurisprudence. Le législateur, tout d'abord, a renforcé les exigences de transparence et de participation des citoyens aux procédures conduisant à la déclaration d'utilité publique ; la loi du 12 juillet 1983, relative à la démocratisation des enquêtes publiques et à la protection de l'environnement, a ainsi allongé la durée de l'enquête publique pour les projets pouvant porter atteinte à l'environnement et accru l'indépendance du responsable de l'enquête, tandis que la loi du 27 février 2002, relative à la démocratie de proximité, a renforcé la légitimité de cette enquête en la décentralisant (pour les projets susceptibles d'affecter l'environnement, elle confie l'ouverture de l'enquête au président de l'organe délibérant de la collectivité locale, et non plus au préfet). L'enquête est désormais conduite par un commissaire enquêteur désigné par le président du tribunal administratif compétent. L'ensemble de ces règles a fait l'objet d'une re-codification en 2014, sous la forme d'un code de l'expropriation pour cause d'utilité publique venant remplacé le code de l'expropriation qui existait depuis 1977 et était partiellement devenu obsolète.

Le juge administratif se livre, dans ce domaine, à une appréciation globale des intérêts en cause, selon ce que l'on désigne désormais traditionnellement comme la théorie du bilan. Le Conseil d'État juge ainsi qu'une « opération ne peut être déclarée d'utilité publique que si les atteintes à la propriété privée, le coût financier et éventuellement les inconvénients d'ordre social qu'elle comporte ne sont pas excessifs eu égard à l'intérêt qu'elle représente » (CE 28 mai 1971, Ville Nouvelle-Est). Le juge administratif vérifie de cette manière que les avantages que la collectivité publique retirera de l'expropriation sont suffisants pour justifier l'atteinte portée au droit de propriété, se livrant ainsi à un contrôle particulièrement approfondi. Cette théorie jurisprudentielle est cependant peu utilisée, et comporte surtout un intérêt préventif (néanmoins, pour un exemple d'annulation d'une déclaration d'utilité publique concernant la réalisation d'une bretelle d'autoroute : CE 20 octobre 1972, Société civile Sainte Marie de l'Assomption ; ou, s'agissant d'un projet de construction d'une ligne à haute tension : CE 10 juillet 2006, Association pour la protection du lac de Sainte Croix).

- **Les nationalisations**

La nationalisation est l'une des procédures les plus remarquables permettant l'intervention de l'État dans le fonctionnement de l'économie. Il s'agit, en effet, d'une mesure par laquelle celui-ci peut retirer à des personnes privées la propriété de leur entreprise, pour s'approprier son patrimoine tant mobilier qu'immobilier. Elle trouve son fondement à l'article 17 de la Déclaration des droits de l'homme et du citoyen et à l'alinéa 9 du préambule de la Constitution de 1946, aux termes duquel « tout bien, toute entreprise, dont l'exploitation a ou acquiert les caractères d'un service public national ou d'un monopole de fait, doit devenir la propriété de la collectivité ». Sur le fondement de ces textes, la nationalisation est admise sous réserve que le législateur ne commette pas d'erreur dans l'appréciation de l'intérêt public en cause et qu'une indemnisation soit prévue (DC 16 janvier 1982, Nationalisations). Cette pratique varie selon les conceptions économique et politique dominantes, la dernière grande phase de nationalisations ayant eu lieu au cours des années quatre-vingt. Ses conditions de réalisation concrète varient également (maintien de la structure nationalisée, ou création d'une nouvelle structure à laquelle est apporté le patrimoine de l'entreprise nationalisée).

Bilan de l'actualité

Le CG3P marque une évolution vers une obligation de valorisation des biens qui doit être conciliée avec les sujétions qui limitent les possibilités d'exploitation du domaine public.

L'assouplissement de la gestion du domaine public

L'adoption du CG3P a été l'occasion d'assouplir le régime du domaine public, facilitant ainsi sa gestion :

- le déclassement d'un bien peut désormais suffire à le faire sortir du domaine public artificiel de l'État, alors même qu'il y demeure affecté, à condition que l'acte de déclassement fixe un délai pour la désaffectation, délai qui ne pourra être supérieur à trois ans (article L. 2141-2). Un immeuble peut ainsi désormais être cédé avant sa désaffectation, ce qui offre une souplesse de gestion accrue. Un projet de loi actuellement en cours d'examen prévoit d'étendre ce mécanisme de déclassement anticipé aux collectivités territoriales ;
- exception au principe d'inaliénabilité, les transferts de propriété entre personnes publiques sont autorisés, dès lors que le bien en cause continue d'être affecté au service public (article L. 3112-1) ;
- des servitudes conventionnelles (de vue, de passage, etc.) peuvent être instaurées sur le domaine public, ce qui permet une meilleure coexistence des propriétés publiques et privées (article L. 2122-4).

Au-delà, et plus généralement, ce sont diverses lois qui ont été adoptées, au cours des dernières décennies, afin de faciliter la valorisation économique du domaine public par la constitution de droits réels.

La consécration de la possibilité de constituer des droits réels sur le domaine public

La loi du 5 janvier 1988 a ainsi permis aux collectivités locales de délivrer sur leur domaine des droits réels prenant la forme de baux emphytéotiques (d'une durée de 18 à 99 ans), sous réserve que le preneur conduise une mission d'intérêt général (CE 25 février 1994, SOFAP Marignan-Immobilier). La loi du 25 juillet 1994 a créé un instrument distinct au profit du domaine de l'État, avec la possibilité de délivrer des autorisations d'occupation du domaine public assorties de droits réels, pour les constructions d'ouvrages immobiliers, le preneur bénéficiant ainsi de prérogatives dévolues habituellement au propriétaire. Des instruments sectoriels se sont, en outre, développés, tels les partenariats public-privés, la loi du 28 juillet 2008 autorisant les cocontractants de l'administration à exploiter le domaine à l'occasion d'activités étrangères au service public, ou les baux emphythéotiques administratifs de valorisation, créés par une loi du 23 juillet 2010, qui permettent la restauration ou la mise en valeur de biens immobiliers appartenant à l'État et aux chambres consulaires.

La loi du 5 janvier 1988 a été codifiée au sein du Code général des collectivités territoriales (CGCT), et celle du 26 juillet 1994 au sein du CG3P. Le CGCT étend enfin la possibilité de délivrer des autorisations d'occupation constitutives de droits réels sur le domaine public des collectivités locales, en créant à leur profit un mécanisme proche de celui que la loi de 1994 avait instauré pour l'État. En revanche, et en raison des droits garantis au titulaire d'un bail commercial, qui sont incompatibles avec le caractère précaire et personnel des titres d'occupation du domaine public, une collectivité ne saurait conclure un tel bail sur son domaine public (CE 24 novembre 2014, Société des remontées mécaniques Les Houches-Saint-Gervais).

De nouvelles méthodes de valorisation du patrimoine de l'État

Au vu de la complexité des règles actuelles, qui découle de la volonté louable de concilier des principes initialement antagonistes, on comprend toutefois qu'un effort d'unification et de simplification des régimes juridiques en est encore nécessaire.

Au-delà de ces évolutions juridiques, la valorisation du domaine de l'État, qu'il soit public ou privé, passe également par le lancement de politiques publiques destinées à mieux gérer son patrimoine financier, immobilier et immatériel.

S'agissant du patrimoine financier, le décret du 9 septembre 2004 a créé un service à compétence nationale, l'Agence des participations de l'État, qui exerce, en veillant sur ses intérêts patrimoniaux, la mission de l'État actionnaire dans les entreprises et organismes qu'il contrôle ou détient, majoritairement ou non, directement ou indirectement. L'activité de l'Agence doit permettre une meilleure valorisation du patrimoine de l'État actionnaire, les produits de la cession des actions qu'il détient étant affectés au désendettement.

S'agissant du patrimoine immobilier, et en vertu de l'ordonnance du 19 août 2004, les immeubles à usage de bureaux de l'État appartiennent à son domaine privé, ce qui lui évite les contraintes du droit de la domanialité publique. Une circulaire du 28 février 2007 confie par ailleurs à France Domaine (service à compétence nationale) la gestion du patrimoine immobilier de l'État. Cette circulaire définit une « stratégie immobilière de l'État », visant notamment les objectifs suivants : un parc moins onéreux et mieux adapté au service public, l'optimisation de l'implantation et de l'occupation des sites, la cession de ceux qui sont sans usage. C'est ainsi dans le cadre de cette stratégie que l'État conduit, par exemple, une politique de cession de son parc de logements sociaux, qui l'a conduit à vendre 40 000 logements de ce type à l'Union sociale pour l'habitat, en décembre 2007 ; un « Programme national 2008-2012 de mobilisation du foncier public en faveur du logement et de l'aménagement durable » a, en outre, été élaboré, sous l'égide du comité interministériel pour le développement de l'offre de logement, et complété par la loi du 18 janvier 2013 relative à la mobilisation du foncier public en faveur du logement. Au-delà de ces cessions, les locaux possédés par l'État et utilisés par l'administration elle-même seront valorisés dans le cadre de conventions d'occupation, négociées depuis le 1er janvier 2007 avec France Domaine ; ainsi les services administratifs paieront-ils dorénavant un loyer au titre des immeubles qu'ils occupent.

S'agissant, enfin, du patrimoine immatériel, un arrêté du 23 avril 2007 crée une Agence du patrimoine immatériel de l'État, sous la forme également d'un service à compétence nationale, afin d'optimiser l'impact sur l'économie de la gestion de ce patrimoine (licences, brevets, fréquences, marques, bases de données, droits d'accès, images publiques, etc.), et d'en assurer la meilleure valorisation possible. L'Agence doit ainsi apporter une assistance méthodologique et opérationnelle aux gestionnaires publics pour le recensement, la protection et la valorisation de leurs actifs immatériels. Suivant cette nouvelle approche, le décret du 10 février 2009 permet désormais la rémunération de certains services rendus par l'État aux personnes publiques ou privées (cession de droits de propriété intellectuelle, mise à disposition d'informations, formations, etc.), pour la valorisation de son patrimoine immatériel. Ce patrimoine, qui ressort majoritairement du domaine privé des personnes publiques, est estimé à environ un milliard d'euros; sa valorisation représente donc un enjeu d'importance (et a pu justifier, par exemple, l'organisation par le Conseil d'État, le 16 mars 2012, d'un colloque qui lui était spécialement dédié).

Différents procédés et institutions sont ainsi désormais dédiés à la valorisation économique des biens des personnes publiques, qui ne doit toutefois « pas conduire à sacrifier d'autres exigences d'intérêt général, telles que la préservation de leur intégrité ou de leur valeur patrimoniale ou encore leur affectation à un service public » (J.-M. Sauvé, intervention dans le cadre du colloque consacré le 6 juillet 2011 à la « Valorisation économique de la propriété des personnes publiques », cf. bibliographie en fin de chapitre).

Perspectives

Qu'il réponde à un impératif de protection ou, de plus en plus, à un objectif de valorisation, le régime de la domanialité publique reste marqué par des règles très particulières, qui incarnent mieux qu'aucune autre le caractère exorbitant du droit réservé aux personnes publiques. Confortée par la jurisprudence nationale, cette singularité pourrait néanmoins s'éroder, dans une certaine mesure, sous l'influence du droit de l'Union européenne.

Le régime exorbitant du domaine public est limité par la soumission à des obligations de publicité et de mise en concurrence en cas de valorisation économique

Le Conseil d'État a, par un certain nombre d'arrêts récents, rappelé et conforté le caractère exorbitant du droit du domaine public. Il a ainsi jugé que l'autorité gestionnaire de ce domaine pouvait modifier unilatéralement les conditions pécuniaires de l'occupation, du fait de la survenance d'une circonstance postérieure à la conclusion de la convention (CE 5 mai 2010, Bernard).

Il a également précisé les conditions dans lesquelles une personne publique peut solliciter l'expulsion de l'occupant du domaine, sur le fondement de l'article L. 521-3 du code de justice administrative, en cas d'urgence et d'absence de contestation sérieuse de la demande d'expulsion (CE 11 avril 2012, Société Prathotels, n° 355356).

Le respect des règles de la domanialité publique a également reçu un soutien au niveau européen, par le biais de deux arrêts de la CEDH datés du 29 mars 2010, Depalle c. France et Brosset-Triboulet et autres c. France. Dans ces affaires, la Cour a considéré que le refus fait aux requérants de continuer d'occuper une maison illégalement construite sur le domaine public maritime ne portait pas atteinte au respect de leur domicile et à leur droit de propriété (respectivement reconnus aux articles 8 de la Convention européenne de sauvegarde des droits de l'homme et des libertés fondamentales et à l'article 1er du Protocole n° 1 à cette convention) et ce, bien que cette occupation ait été tolérée par les autorités publiques pendant plusieurs décennies ; allant jusqu'à admettre la démolition de la demeure sans indemnisation, elle a en particulier jugé que, « eu égard aux règles sur le domaine public, et considérant que le requérant ne pouvait ignorer le principe de non-indemnisation, qui était clairement précisé dans toutes les autorisations d'occupation temporaire du domaine public qui lui ont été consenties [...], l'absence d'indemnisation ne saurait passer, de l'avis de la Cour, pour une mesure disproportionnée à la réglementation de l'usage des biens du requérant, opérée dans un but d'intérêt général ». On notera toutefois que l'intérêt général reconnu par la Cour en l'espèce n'est pas explicitement la protection du domaine public, comme le soutenait le Gouvernement devant elle, mais la promotion d'un « libre accès au rivage » (qui découle néanmoins, en l'espèce, des règles de gestion du domaine public sur le littoral).

Le Conseil d'État avait réaffirmé le principe de liberté gouvernant la conclusion des conventions d'occupation domaniale, sauf si, bien évidemment, l'administration elle-même en décide autrement ou si l'objet de la convention la fait basculer dans un autre régime (par exemple celui des délégations de service public, si l'activité exercée sur le domaine public est telle) en jugeant qu'aucun principe ni aucune disposition n'imposent à une personne publique d'organiser une procédure de publicité préalable à la délivrance d'une autorisation ou à la passation d'un contrat d'occupation du domaine public, même lorsque l'occupant dudit domaine est un opérateur sur un marché concurrentiel (CE 3 décembre 2010, Ville de Paris et Association Paris Jean-Bouin).

Mais la Cour de Justice de l'Union Européenne a jugé que les autorisations domaniales impliquant l'exercice d'une activité économique devaient faire l'objet d'une mise en concurrence préalable (CJUE, 14 juill. 2016, Promoimpresa Srl Mario, C-458/14 et C-67/15).

L'article 34 de la loi n° 2016-1691 du 9 décembre 2016, dite Sapin 2, relative à la transparence, à la lutte contre la corruption et à la modernisation de la vie économique, a habilité le gouvernement à prendre, par ordonnance, les nouvelles règles d'occupation et de sous-occupation du domaine public.

L'ordonnance n° 2017-562 du 19 avril 2017 relative à la propriété des personnes publiques, applicable au 1er juillet 2017 soumet à une mise en concurrence certains titres d'occupation privative du domaine public. Ne sont concernées ni l'occupation du domaine privé, ni les autorisations non exercées en vue d'une exploitation économique.

L'article L. 2122-1-1 du Code général de la propriété des personnes publiques prévoit que lorsque l'autorisation permet à son titulaire d'occuper ou d'utiliser le domaine public en vue d'une exploitation économique, l'autorité compétente organise librement une procédure de sélection préalable présentant toutes les garanties d'impartialité et de transparence, et comportant des mesures de publicité permettant aux candidats potentiels de se manifester.

La procédure de mise en concurrence ne s'applique qu'en cas d'exploitation économique. Une exception est prévue pour une utilisation autorisée de courte durée ou si le nombre d'autorisations disponibles pour l'exercice de l'activité économique projetée n'est pas limité. Dans ces cas, est suffisante une publicité préalable à la délivrance du titre, de nature à permettre la manifestation d'un intérêt pertinent et à informer les candidats potentiels sur les conditions générales d'attribution.

En cas de soumission à l'obligation de publicité ou de mise en concurrence, les articles L. 2122-1-2 et L. 2122-1-3 du Code général de la propriété des personnes publiques prévoient des exceptions lorsque la délivrance du titre s'insère dans une opération donnant déjà lieu à une procédure de mise en concurrence, lorsque le titre d'occupation est conféré par un contrat de la commande publique ou que sa délivrance s'inscrit dans le cadre d'un montage contractuel ayant, au préalable, donné lieu à une procédure de sélection, lorsque l'urgence le justifie (la durée du titre ne peut alors excéder un an), et lorsque le titre a pour seul objet de prolonger une autorisation existante, mais sa durée totale ne doit pas restreindre ou limiter la libre concurrence au-delà de ce qui est nécessaire pour assurer l'amortissement des investissements projetés et une rémunération équitable et suffisante des capitaux investis, ou que cette prolongation excède la durée nécessaire au dénouement, dans des conditions acceptables notamment d'un point de vue économique, des relations entre l'occupant et l'autorité compétente. L'autorisation, même si elle fait l'objet d'une mise en concurrence préalable, présente toujours un caractère précaire et révocable. La procédure de sélection préalable est librement déterminée.

L'influence du droit européen pourrait toutefois entraîner certains ajustements du régime de la domanialité publique

L'articulation de certains principes traditionnels de la domanialité publique avec le droit communautaire reste encore source d'interrogations. Le principe d'insaisissabilité, lorsqu'il est accordé aux établissements publics industriels et commerciaux, ne pourrait-il, par exemple, être regardé comme une aide d'État, incompatible avec le libre-jeu de la concurrence ?

Plus précisément, la directive 2006/123/CE (dite directive Services), datée du 12 décembre 2006, comporte différentes dispositions susceptibles d'influencer le régime juridique des autorisations d'occupation du domaine public. Comme évoqué plus haut, ce régime est aujourd'hui assez souple, l'autorité publique détenant, en particulier, un large pouvoir d'appréciation quant aux motifs d'intérêt général permettant d'accorder ou de refuser de tels titres, sous le contrôle du juge (par exemple, CE 21 juin 1996, Commune de Villefranche sur Saône). Or, l'article 12 de la directive crée une obligation de transparence et d'impartialité qui pourrait se traduire par l'édiction de nouvelles contraintes, en particulier en termes de publicité. Certaines autorités gestionnaires ont, d'ailleurs, d'ores et déjà institué de telles formalités, la SNCF organisant, par exemple, des avis de mise en concurrence pour l'attribution des conventions d'occupation du domaine public ferroviaire.

La directive européenne renforce, en outre, les obligations de l'autorité publique s'agissant de la durée de l'occupation. En effet, son article 12 prévoit que « l'autorisation est octroyée pour une durée limitée appropriée », ce qui devra trouver à s'articuler avec l'admission, par le juge administratif, de titres ne prévoyant aucun terme (CE 5 février 2009, Association Société centrale d'agriculture, d'horticulture et d'acclimatation de Nice et des Alpes-Maritimes). Enfin, dès lors que l'article 11 de la directive ne prévoit pour les États la possibilité de retirer les autorisations d'occupation que lorsque les conditions d'octroi de ces autorisations ne sont plus réunies, on peut se demander si ces dispositions demeureront compatibles avec la liberté actuellement reconnue par le juge national à l'autorité gestionnaire, qui peut se fonder sur des motifs d'intérêt général pour retirer de telles autorisations et n'est pas tenue de motiver sa décision, lorsque celle-ci n'a pas le caractère d'une sanction.

On le voit, les règles nationales découlant des objectifs de protection et de valorisation du domaine public, toujours clairement ancrées en droit interne, pourraient être amenées à perdre une partie de leur spécificité dans les années à venir, sous l'influence du droit de l'Union européenne.

Ouvrages récents

- Conseil d'État, « La valorisation économique des propriétés des personnes publiques » (actes du colloque organisé le 6 juillet 2011 à l'École nationale d'administration), La Documentation française, coll. « Droits et Débats », 2012.
- Conseil d'État, Le droit de préemption, Étude publiée à La Documentation française, 2008.
- « La Codification du droit des propriétés des personnes publiques », dossier *AJDA* 2006, p. 1073 et *s*.
- L'État actionnaire, Rapport annuel établi par l'Agence des Participations de l'État, La Documentation française (également disponible sur le site internet http://www.ape.minefi.gouv.fr).

Exemples de sujets

- L'État est-il un bon propriétaire ?
- La valorisation du domaine public.
- Le domaine public doit-il encore être protégé ?
- La distinction domaine privé/domaine public a-t-elle encore un sens ?

14 La responsabilité de l'administration face à la judiciarisation de la société

Historiquement, l'élaboration du droit de la responsabilité administrative a offert au juge administratif l'occasion d'affirmer la particularité du droit administratif et son caractère dérogatoire au droit commun. Mais la reconnaissance de la possibilité d'engager la responsabilité de l'administration constitue, en même temps, la traduction concrète de la limitation de la puissance publique. L'irresponsabilité originelle des personnes publiques a progressivement reflué pour, depuis l'arrêt Blanco du Tribunal des Conflits du 8 février 1873, laisser la place à une extension permanente du champ d'application de la responsabilité administrative. La judiciarisation de la société, qui peut être définie comme l'évolution conduisant, de la part des supposées victimes, à une recherche plus systématique d'un responsable devant les juridictions[1], offre en outre l'occasion au juge de préciser et de développer sa jurisprudence relative au droit de la responsabilité administrative.

Historique

La possibilité d'engager la responsabilité de l'administration, qui paraît aujourd'hui banale, ne va pourtant pas de soi. Historiquement, le principe a même longtemps été inverse : le roi, et l'État, ne pouvaient « mal faire » ; l'État souverain ne pouvait être considéré comme responsable car le souverain est « *celui qui n'a pas besoin d'avoir raison pour valider ses actes* » (Jurieu). Laferrière relevait également que « *le propre de la souveraineté est de s'imposer à tous, sans qu'on puisse réclamer d'elle aucune compensation* ». Hormis les rares hypothèses jurisprudentielles (responsabilité civile contractuelle) et légales (loi du 28 pluviôse an VIII sur les travaux publics par exemple) de reconnaissance de responsabilité, l'État souverain est resté juridiquement irresponsable en tant que personne morale titulaire de la puissance publique jusqu'à la fin du Second Empire. Et lorsque l'arrêt Blanco (TC 8 février 1873) a reconnu le principe de l'engagement de la responsabilité de l'État, le pas franchi était aussitôt restreint par une formule demeurée célèbre : la responsabilité de l'administration « *n'est ni générale, ni absolue ; elle a ses règles spéciales qui varient suivant les besoins du service et la nécessité de concilier les droits de l'État avec les droits privés* ».

Cette limitation de la responsabilité de l'État était d'autant plus contestable que l'article 15 de la DDHC dispose que « *la société a le droit de demander compte*

1. Dont on peut donner deux exemples récents particulièrement révélateurs :
   - par un jugement du 25 juin 2019, le tribunal administratif de Montreuil a retenu la faute de l'État du fait de l'insuffisance des mesures prises en matière de qualité de l'air pour remédier au dépassement, entre 2012 et 2016, dans la région Ile-de-France, des valeurs limites de concentration de certains gaz polluants ;
   - quatre associations, dans le cadre de ce qu'à grand renfort médiatique elles ont appelé « l'affaire du siècle », ont saisi en décembre 2018 l'État d'une demande préalable tendant à l'engagement de sa responsabilité en raison de sa carence fautive en matière de lutte contre les changements climatiques. Devant le silence des autorités, elles ont saisi le tribunal administratif de Paris le 14 mars 2019.

à tout agent public de son administration », formule qui peut être interprétée comme fondant le droit de la responsabilité de l'État.

Malgré cela, des textes excluaient expressément ou restreignaient la possibilité d'engager la responsabilité des personnes publiques. Ainsi l'article 75 de la Constitution de l'an VIII subordonnait-il l'engagement de la responsabilité des agents publics devant le juge judiciaire pour des faits relatifs à leurs fonctions à une autorisation préalable du Conseil d'État (système dit de la garantie des fonctionnaires). Rarement mis en œuvre, cet article fut abrogé dès la chute du Second empire par un décret du 19 septembre 1870, ce qui a rendu le principe de responsabilité effectif en ce qui concerne les agents publics.

L'évolution du droit de la responsabilité administrative allait désormais être marquée par un assouplissement permanent des conditions d'engagement de la responsabilité de l'administration, que doublait une amélioration croissante des conditions d'indemnisation des victimes. Au point qu'aujourd'hui, la logique même de la responsabilité s'atténue peu à peu devant la recherche systématique de réparation du préjudice : il s'agit moins de trouver un responsable que d'indemniser une victime (phénomène de « victimisation »), et ceci tant devant les juridictions judiciaires qu'administratives.

Connaissances de base

La responsabilité de l'ensemble des personnes publiques est susceptible d'être engagée

La possibilité de mettre en cause la responsabilité de la puissance publique s'est étendue rapidement à toutes les personnes publiques qui sont dotées de prérogatives de puissance publique : l'État, les collectivités locales (TC 29 février 1908, Feutry), les établissements publics, les personnes privées chargées d'un service public lorsque le dommage qu'elles ont causé est lié à l'exercice de leurs prérogatives de puissance publique (CE 23 mars 1983, SA Bureau Veritas, confirmé par CE 21 décembre 2007, Lipietz, arrêt important par lequel le Conseil d'État rappelle que juge administratif n'est compétent pour connaître de conclusions tendant à mettre en jeu la responsabilité pour faute d'une personne morale de droit privé que si le dommage se rattache à l'exercice par celle-ci de prérogatives de puissance publique qui lui ont été conférées pour l'exécution de la mission de service public dont elle a été investie, et juge, sur ce fondement, qu'il appartient au seul juge judiciaire de connaître de l'action en responsabilité intentée contre la SNCF pour son rôle dans la déportation des Juifs durant la Seconde Guerre mondiale).

Le champ matériel du principe de responsabilité est régulièrement étendu

- **L'engagement de la responsabilité de l'administration pour ses activités matérielles**

Toute action fautive de l'administration est susceptible de donner lieu à réparation dès lors qu'elle a causé un préjudice. Le Conseil d'État a admis de plus en plus largement l'engagement de la responsabilité de l'administration pour les dommages liés à ses activités.

La plupart des activités administratives matérielles sont susceptibles de donner lieu à l'engagement de la responsabilité de l'administration, qu'il s'agisse d'activités régaliennes (police (CE 10 février 1905, Tomaso Greco), services fiscaux (CE 1913, Compagnie parisienne des Tramways)) ou non (récemment, et parmi les très nombreux exemples qu'offre l'infinie variété des situations contentieuses: condamnation de l'État employeur public pour tabagisme passif sur les lieux de travail: CE 30 décembre 2011, M. Renard; pour méconnaissance de l'obligation de scolarisation des enfants handicapés: CE 8 avril 2009, M. et Mme L.; pour défaut d'adoption des mesures propres à éviter les dangers liés à une exposition de salariés à l'amiante: CE 9 novembre 2015, SAS Constructions mécaniques de Normandie; pour avoir laissé une jeune fille inscrite au fichier des personnes recherchées et faisant l'objet d'une interdiction judiciaire de quitter le territoire national prendre un vol à destination de la Syrie: CE 26 avril 2017, M. et Mme A.-D; pour résiliation unilatérale d'un contrat administratif pour motif d'intérêt général: CE 3 mars 2017, Société Leasecom; pour délivrance d'un certificat d'urbanisme illégal: CE 18 février 2019, Commune de L'Houmeau; pour un refus de concours de la force publique en vue de l'expulsion de marins grévistes bloquant le navire d'une société de transport dans un port: CE 30 septembre 2019, Compagnie La Méridionale; pour une carence de Pôle emploi dans le suivi des chômeurs: CE 28 décembre 2018, M. A., etc.).

Les activités de l'administration peuvent également être soumises à un régime de responsabilité sans faute, lorsque, bien que nécessaires, elles font courir un risque particulier aux administrés et que ce risque se réalise. La responsabilité pour risque recouvre des domaines variés:

- activités dangereuses (CE 28 mars 1919, Regnault-Desrozier);
- collaborateurs occasionnels du service public (CE 22 novembre 1946, Commune de Saint-Priest-La-Plaine; CE 12 octobre 2009, Mme Chevillard, précisant qu'il n'est pas exigé une collaboration « directe » au service public);
- dépôt d'armes à feu (CE 24 juin 1949, Lecomte);
- santé: l'indemnisation du dommage consécutif à un aléa thérapeutique avait été consacrée par la décision CE 9 avril 1993, Bianchi, que l'acte médical dommageable ait été accompli à des fins thérapeutiques ou non (CE 3 novembre 1997, Hôpital Joseph-Imbert d'Arles), avant que la loi du 4 mars 2002 ne vienne modifier en profondeur le droit de la responsabilité hospitalière et, notamment, unifier les jurisprudences judiciaire et administrative sur la question, par le développement de la solidarité nationale (en

cas d'aléa thérapeutique et d'infections nosocomiales graves) et la restriction des hypothèses de responsabilité objective aux infections nosocomiales de faible gravité et aux défauts des produits de santé.

- **L'engagement de la responsabilité de l'État pour ses activités juridictionnelles**

La loi du 17 juillet 1970 permet d'accorder des indemnités en cas de détention provisoire abusive. Celle du 5 juillet 1972 dispose que « *l'État est tenu de réparer les dommages causés par le fonctionnement défectueux de la justice* ». Le Conseil d'État a appliqué cette disposition aux juridictions administratives, en exigeant d'abord une faute lourde (CE 29 décembre 1978, Darmont). Après de nombreuses condamnations de la France pour la lenteur de sa justice par la CEDH, le Conseil d'État a reconnu, par l'arrêt CE 28 juin 2002, Magiera, que l'engagement de la responsabilité de l'État, sur le fondement de l'article 6 § 1, pour la lenteur de la justice administrative nécessitait une faute simple (en revanche, en ce qui concerne le fond du droit, une faute lourde continue en principe d'être exigée – cf. *infra* le paragraphe sur le maintien de la faute lourde).

Afin d'assurer une bonne administration des contentieux liés à l'engagement de la responsabilité de l'État pour délai excessif de jugement, le décret du 28 juillet 2005 donne compétence au Conseil d'État pour statuer en premier et dernier ressort, pour connaître des « *actions en responsabilité dirigées contre l'État pour durée excessive de la procédure devant la juridiction administrative* », qui a connu une première application avec l'arrêt CE 25 janvier 2006, SARL Potchou, condamnant l'État, pour une procédure ayant duré dix-huit ans, à verser 18 000 euros à l'intéressé. Le Conseil d'État admet sur ce fondement la réparation des dommages tant matériels que moraux (CE 29 octobre 2007, M. A.). Le caractère raisonnable d'un délai est apprécié globalement, c'est-à-dire en prenant en compte l'ensemble de la procédure, mais également de manière particulière, c'est-à-dire degré de juridiction par degré de juridiction. Ainsi, la caractérisation de la durée excessive de jugement peut résulter d'une seule étape de la procédure même si la durée globale n'est pas excessive en elle-même (CE 17 juillet 2009, Ville de Brest). En revanche, le délai raisonnable de jugement s'apprécie litige par litige. Un requérant ne peut donc pas se prévaloir de la durée de l'ensemble des procédures initiées par diverses demandes contentieuses.

Le délai pris en compte correspond à celui de la phase strictement juridictionnelle de l'affaire augmenté de celui du recours administratif préalable, lorsqu'il est obligatoire (CE 6 mars 2009, Le Helloco ; CE 17 juillet 2009, Ville de Brest), ainsi que, le cas échéant, de la durée de la procédure d'exécution du jugement (CEDH 19 mars 1997, Hornsby c/Grèce), même si le Conseil d'État a récemment rappelé sa jurisprudence CE 26 mai 2010, M. Mafille en jugeant que le retard dans l'exécution d'une décision de justice engage la responsabilité de la personne chargée de cette exécution et non celle de l'État (CE 23 juin 2014, M. Wespeleare).

Enfin, l'appréciation du caractère raisonnable du délai tient aussi compte du comportement des parties (attitude dilatoire notamment), de la complexité de l'affaire, de ses implications en termes jurisprudentiels (excluant la durée excessive pour une affaire ayant nécessité un jugement par l'assemblée du contentieux :

CE 30 janvier 2015, Dahan), de son enjeu (l'appréciation est ainsi plus sévère si les droits fondamentaux ou la vie du requérant sont en jeu : CEDH 31 mars 1992, X. c. France, à propos d'un requérant séropositif dont l'espérance de vie était faible, ou si la demande en justice tend à l'indemnisation d'un préjudice : CE 30 octobre 2014, Palmero c. France). Ainsi, dans l'affaire Le Helloco, une durée totale de 9 ans et 4 mois (recours préalable compris) a été jugée, compte tenu de l'absence de difficulté ou d'enjeu particulier, excessive.

Ces principes sont également appliqués par le Tribunal des Conflits lorsqu'il a à connaître de recours en réparation dirigés contre l'État pour délai excessif de jugement d'une affaire ayant nécessité l'introduction de recours devant les deux ordres de juridiction, cette nouvelle compétence lui ayant été confiée par la loi du 16 février 2015 relative à la modernisation et à la simplification du droit et des procédures dans les domaines de la justice et des affaires intérieures. Il juge ainsi que le caractère excessif du délai de jugement d'une affaire doit s'apprécier en tenant compte des spécificités de chaque affaire et en prenant en compte sa complexité, les conditions de déroulement des procédures et le comportement des parties tout au long de celles-ci, ainsi que l'intérêt qu'il peut y avoir, pour l'une ou l'autre partie au litige, à ce que celui-ci soit tranché rapidement (TC 9 décembre 2019, M. Brasseur).

- **L'engagement de la responsabilité de l'administration pour l'activité normative de l'État**

Toute illégalité est fautive et, par suite, susceptible d'engager la responsabilité de l'administration dès lors qu'elle a causé un préjudice (CE 26 janvier 1973, Driancourt, CE 6 juillet 2016, M. Napol). Le Conseil d'État juge depuis longtemps, sur le fondement de la définition de la faute proposée par Planiol selon laquelle « *la faute est un manquement à une obligation préexistante* », que lorsque l'administration édicte des règlements ou des décisions individuelles contraires aux lois ou aux normes internationales, elle engage sa responsabilité (CE 14 septembre 2007, Commune de Villeurbanne, pour une application liée à la responsabilité de l'État pour avoir illégalement imposé par décret aux communes la gestion de la délivrance des passeports et des cartes d'identité). Il en va de même lorsque l'administration ne respecte pas la norme contractuelle qu'elle s'est imposée en s'engageant (pour une illustration : CE 21 décembre 2007, Région du Limousin). La responsabilité de l'État peut également être engagée, en raison des exigences inhérentes à la hiérarchie des normes, pour réparer les dommages qui résultent de l'application d'une loi méconnaissant la Constitution ou les engagements internationaux de la France, à condition toutefois que la loi en cause ait été déclarée contraire à la Constitution par le Conseil constitutionnel (CE 24 décembre 2019, Société hôtelière Paris Eiffel Suffren).

Le droit de l'Union européenne organise également les conditions d'engagement de la responsabilité des États membres du fait de la méconnaissance des normes qu'il édicte. La principale hypothèse d'engagement de la responsabilité des États membres est liée à l'absence de transposition des directives, lorsque cette absence a causé un préjudice à un citoyen (CJCE 19 novembre 1991, Francovich). Par un arrêt CJCE 5 mars 1996, Brasserie des pêcheurs, la CJUE juge que la responsabilité de l'État peut être engagée en cas de persistance dans l'ordre juridique national d'une loi contraire au droit de l'Union. Elle juge par ailleurs que la méconnaissance de ce droit par les juridictions nationales statuant en dernier ressort est susceptible d'engager la responsabilité de l'État (CJCE 30 septembre 2003, Köbler, confirmée par CJCE 12 novembre 2009, Commission c/Espagne, où, pour la première fois, la Cour reconnaît la méconnaissance du droit de l'Union par une décision d'une juridiction suprême, le Tribunal supremo espagnol). La CJUE reconnaît, dans ces hypothèses, une responsabilité pour faute du législateur ou du juge.

En revanche, l'absence de faute n'implique pas nécessairement absence de responsabilité : lorsque la préservation de l'égalité devant les charges publiques l'exige, les administrés qui subissent un préjudice du fait de l'adoption d'une norme régulière peuvent obtenir réparation. La responsabilité sans faute du fait des lois a ainsi été reconnue (CE 14 janvier 1938, Société des produits laitiers La Fleurette), puis celle du fait des règlements légaux (CE 22 février 1963, Commune de Gavarnie), du fait des traités internationaux (CE 30 mars 1966, Cie générale d'énergie radioélectrique, confirmé positivement pour la première fois par CE 29 décembre 2004, Almayrac, puis par CE 11 février 2011, Mlle Susilawati), du fait de la coutume internationale (CE 14 octobre 2011, Mme S.), du fait de la Constitution (CAA Paris 8 octobre 2003, Demaret), ainsi que du refus d'exécution d'une décision de justice (CE 30 novembre 1923, Couitéas – jurisprudence consacrée par la loi du 9 juillet 1991 portant réforme des procédures civiles d'exécution (aujourd'hui codifiée à l'article L. 153-1 du code des procédures civiles d'exécution) et qui n'a été remise en cause ni par la CEDH [CEDH 19 mars 1997, Hornsby c/Grèce] ni par le Conseil constitutionnel [CC 29 juillet 1998, Lutte contre les exclusions]).

On relèvera toutefois que le Conseil d'État n'a pas souhaité étendre la responsabilité de l'État du fait des lois dans l'hypothèse où le requérant invoquait l'imprécision de la loi. Dans cette affaire, le requérant avait opté pour une interprétation alors que la Cour de cassation avait retenu une autre interprétation. Le Conseil d'État a rejeté la requête en relevant que le requérant ne critiquait ainsi pas la loi elle-même mais la portée qui lui a été ultérieurement conférée par la jurisprudence (CE 23 juillet 2014, Société d'éditions et de protection route).

Les conditions d'engagement de la responsabilité de l'administration ont été assouplies

L'engagement de la responsabilité d'une personne publique (ou privée d'ailleurs, les règles sont largement identiques), suppose la réunion de trois éléments :

- un fait générateur, qui peut être fautif (responsabilité pour faute) ou non (responsabilité sans faute) ;
- un dommage subi par celui qui réclame l'indemnisation de son préjudice : on prendra garde à cet égard à ne pas confondre dommage (qui est, très concrètement, les conséquences immédiates du fait générateur : par exemple, l'effondrement d'une maison provoquée par des travaux publics, la perte de la fonction locomotrice à la suite d'un accident médical, le refus de concours de la force publique, etc.) et préjudice (qui recouvre les conséquences financières

du dommage que le juge évaluera : l'obligation de louer un logement en attendant la reconstruction, les coûts de reconstruction ; la perte de l'emploi, la douleur morale, le préjudice d'agrément, le *pretium doloris* ; l'impossibilité de percevoir des loyers, etc.) ;
- un lien de causalité entre le fait générateur et le dommage : le juge retient la théorie dite de la « causalité adéquate »[1].

- **L'abandon progressif de l'exigence d'une faute lourde**

Par principe, la responsabilité d'une personne publique est engagée pour faute. Mais celle-ci fait elle-même l'objet d'une qualification : la faute peut être « d'une exceptionnelle gravité », « lourde », « simple », « inexcusable », « dolosive », « grave », etc. Le Conseil d'État avait, au début du siècle, exigé pour engager la responsabilité de l'administration dans certains domaines une faute d'une « exceptionnelle gravité ». Puis une faute lourde, dont on constate depuis une vingtaine d'années un déclin régulier qui traduit une prévalence accordée aux droits des victimes sur les intérêts de l'administration. Ainsi, pour reprendre les termes du professeur Chapus, « *l'histoire de la faute lourde est celle de son recul* ». L'exigence d'une faute lourde a été abandonnée s'agissant des actes médicaux (CE 10 avril 1992, Époux V., revenant sur CE 8 novembre 1935, Veuve Loiseau), des activités de secours et de sauvetage (SAMU : CE 20 juin 1997, Theux ; secours en mer : CE 13 mars 1998, Améon ; organisation et fonctionnement du service de lutte contre l'incendie : CE 29 avril 1998, Commune de Hannappes), du recouvrement de l'impôt (CE 27 juillet 1990, Bourgeois s'agissant des activités ne présentant pas de difficultés particulières, jurisprudence étendue à toutes les opérations d'établissement et de recouvrement de l'impôt, quelle que soit leur difficulté, par CE 21 mars 2011, M. K.), des activités de contrôle (CE 9 avril 1993, D., G., B. : contrôle de la transfusion sanguine), de la police des édifices menaçant ruine (CE 27 décembre 2006, Commune de Baalon), des décisions de suspension des permis de conduire, même prises en urgence (CE 2 février 2011, M. Radix), du recouvrement des créances non fiscales (CE 10 février 2014, M. Chiahou).

La responsabilité de l'État du fait des services pénitentiaires s'inscrit dans ce mouvement d'abandon de la faute lourde. Son actualité mérite quelques développements. Exigée initialement à l'occasion d'une « faute manifeste et d'une particulière gravité » (CE 4 janvier 1918, Mineur Zulemaro), puis d'une faute lourde (CE 3 octobre 1958, Rakotoarivony), la responsabilité de l'administration à l'occasion des activités des services pénitentiaire relève dorénavant, pour l'essentiel, d'un régime de faute simple. La première évolution est venue avec l'arrêt Chabba du 23 mai 2003 à propos du suicide d'un détenu : mais la particularité des faits de l'espèce et le niveau de la formation de jugement à l'origine de l'arrêt pouvaient faire douter de la généralité de la solution ainsi consacrée. Confirmation devait pourtant en être donnée :

1. Selon laquelle seul le comportement fautif ayant conduit directement au préjudice peut engager la responsabilité de son auteur. Cette théorie, selon le professeur Terré, « *s'efforce de rattacher le dommage à celui de ses antécédents qui, normalement, d'après la suite naturelle des événements, était de nature à le produire* ».

- s'agissant du suicide par l'arrêt CE 9 juillet 2007, Delorme (voir aussi CE 28 décembre 2017, Mérabet, qui précise que dans cette hypothèse la responsabilité de l'administration pénitentiaire ne peut être engagée que si elle n'a pas pris, compte tenu des informations dont elle disposait, en particulier sur les antécédents de l'intéressé, son comportement et son état de santé, les mesures que l'on pouvait raisonnablement attendre de sa part pour prévenir le suicide) ;
- s'agissant de l'atteinte aux biens des détenus (vols dans une cellule), par l'arrêt CE 9 juillet 2008, Boussouar ;
- s'agissant du décès d'un détenu à la suite d'un incendie provoqué par un co-détenu imputable à un défaut de surveillance, par l'arrêt CE 17 décembre 2008, Zaouiya ;
- s'agissant des conditions de détention caractérisant une atteinte à la dignité humaine (promiscuité, défaut d'intimité, hygiène insuffisante), permettant l'indemnisation du préjudice moral subi, par l'arrêt CE 13 janvier 2017, M. Coesnon, confirmé par CE 3 décembre 2018, Bermond, fixant à 200 euros par mois le montant de l'indemnisation pour la première année, et 300 pour les suivantes.

La responsabilité de l'administration pénitentiaire est ainsi engagée pour faute simple qu'il s'agisse de l'atteinte aux biens ou à l'intégrité des détenus.

Les raisons de ces évolutions sont connues. Le climat général est au déclin de la faute lourde, appelée à se raréfier (pour des hypothèses de maintien de la faute lourde, cf. *infra*). La jurisprudence de la CEDH pèse également sur les solutions retenues par le juge administratif, notamment celle relative à l'obligation de surveillance des détenus (CEDH 16 octobre 2008, Renolde c/ France). Enfin le droit pénitentiaire connaît une évolution importante destinée à assurer un meilleur contrôle de l'activité des services (notamment depuis l'arrêt Marie du 17 février 1995 qui consacre l'abandon de la notion de mesure d'ordre intérieur s'agissant des décisions concernant les détenus) à laquelle ne pouvait échapper les conditions d'engagement de la responsabilité de l'administration.

- **La multiplication des hypothèses de présomption de faute, de causalité et de préjudice**

La présomption de faute

Si, en principe, la responsabilité pour faute ne peut être engagée qu'en cas de faute prouvée, la jurisprudence a parfois recours, pour soulager la victime du fardeau de la preuve, à la technique de la présomption de faute. Dans un tel cas, la faute de l'administration est présumée ; c'est à elle de s'exonérer en établissant qu'il n'y a pas eu faute. C'est le cas en matière d'accidents dont peuvent être victimes les **usagers des ouvrages publics** (CE 24 avril 1963, Dame Abelsom, le « défaut d'entretien normal » de l'ouvrage étant présumé – c'est bien dire que la responsabilité de l'administration pour défaut d'entretien normal de l'ouvrage public est une responsabilité pour faute et non, comme on le lit parfois, une responsabilité sans faute). C'est également « une faute dans l'organisation du service » que « révèle » la survenance de certains faits dont l'origine n'est pas certaine mais dont le juge acquiert la certitude qu'ils ne peuvent être dépourvus de tout lien avec ladite organisation : ainsi d'un enfant noyé dans une piscine municipale dans des circonstances non élucidées (CE 7 décembre 1984, Addichane), et, avant la loi du 4 mars 2002, des **conséquences dommageables anormales des soins** qui faisaient présumer une « faute commise dans l'organisation ou le fonctionnement du service » (CE 7 mars 1958, Dejous, sur les conséquences anormales des vaccinations obligatoires). Ce régime avait été étendu aux préjudices causés par des actes de soins courants (CE 23 février 1962, Meier), aux maladies nosocomiales (CE 9 décembre 1988, Cohen, avant l'intervention de la loi du 4 mars 2002 – cf. *infra*), ou encore pour permettre l'imputation d'une hépatite B aux traitements par injections effectuées à l'hôpital (CE 31 mars 1999, Assistance publique à Marseille).

La présomption de causalité

L'hypothèse est différente : il s'agit de présumer, lorsque le fait générateur est établi, que celui-ci est à l'origine du dommage subi. L'engagement de la responsabilité suppose en effet, outre l'existence d'une faute, qu'un dommage soit subi et que celui-ci soit en lien avec la faute, c'est-à-dire qu'un lien de causalité existe entre cette faute et ce dommage. La loi du 4 mars 2002 consacre ainsi une présomption de causalité entre le fonctionnement du service médical et l'**infection nosocomiale**. Les établissements publics de santé (EPS) « *sont responsables des dommages résultant d'infections nosocomiales, sauf s'ils rapportent la preuve d'une cause étrangère* » (article L. 1 142-1 du code de la santé publique) : il appartient à l'EPS de prouver l'absence de lien entre l'intervention médicale et l'infection nosocomiale contractée, c'est-à-dire, en fait, que l'infection « a une autre origine que la prise en charge » au sein du service (CE 23 mars 2018, Bazizi). C'est ainsi non pas un régime de responsabilité sans faute qui est instauré, mais un régime de responsabilité objective, c'est-à-dire qu'il y ait eu ou non faute. La différence est importante puisque l'engagement de la responsabilité sans faute suppose en principe la démonstration du caractère spécial et anormal du dommage, alors que ces conditions ne sont pas exigées dans un régime de responsabilité objective.

La responsabilité médicale connaît de nombreux exemples de présomption de causalité. Par exemple, la loi a introduit une présomption d'imputabilité de la contraction du **VHC** aux transfusions sanguines : ce n'est que si la probabilité d'une contraction résultant d'une origine étrangère est manifestement plus élevée que l'origine transfusionnelle que celle-ci sera niée. Le Conseil d'État a également eu récours à une telle présomption à propos du lien entre la vaccination contre l'hépatite B et la **myofasciite** à **macrophage**, dès lors qu'il ne ressortait pas des pièces du dossier qu'un tel lien soit « très faible » : il suffit donc qu'une possibilité de causalité, même assez éloignée, existe, pour présumer le lien de causalité (CE 21 novembre 2012, Ville de Paris).

Le juge administratif consacre assez rarement explicitement un régime de présomption de causalité. En revanche, ainsi que le relève le professeur Truchet, « *il est infiniment probable que le juge présume la causalité [dans certains cas], sans le dire. Il paraît clair que la présomption de faute s'accompagne fréquemment d'une présomption implicite de causalité, notamment en cas de contamination hospitalière, qui semble devoir être sa terre d'élection : car pour condamner l'hôpital, il faut non seulement supposer une faute de sa part, mais, bien souvent, supposer que cette faute est la cause du dommage. Le juge fait alors prévaloir l'équité sur une analyse juridique stricte, et, par empirisme, la vraisemblance – ou la plausibilité – sur la certitude, en présence de dossiers qui montrent des dommages graves, anormaux et inexpliqués »*. La volonté de réparer prime clairement celle de sanctionner.

La loi a également recours à ce type de présomption de causalité : par exemple, la loi du 5 janvier 2010 relative à la reconnaissance et à l'indemnisation des victimes des essais nucléaires français, modifiée sur ce point par la loi du 28 février 2017 relative à l'égalité réelle outre-mer, dispose que lorsque les conditions d'indemnisation sont réunies (qui tiennent notamment à la présence de l'intéressé à certaines époques à proximité du lieu des essais), « *l'intéressé bénéficie d'une présomption de causalité* » entre l'exposition aux rayonnements ionisants et la survenance de sa maladie. Cette présomption peut être renversée si l'administration établit que la pathologie résulte exclusivement d'une cause étrangère (CE avis 28 juin 2017, Pharamond dit D'Costa).

La présomption de préjudice

Le Conseil d'État a également parfois recours à la présomption de préjudice : ainsi du préjudice moral subi par le patient qui n'avait pas été informé des risques liés à l'intervention subie et qui se sont réalisés. Dans un tel cas, l'intéressé n'a pas à prouver la douleur morale éprouvée : celle-ci est présumée, et donnera automatiquement lieu à réparation (CE 16 juin 2016, M. Champeaux).

L'amélioration des conditions de réparation du préjudice subi

• Une conception large du préjudice réparable

a. Le principe de la réparation intégrale du préjudice[1]

Pour être indemnisé, le préjudice subi doit cependant être certain, direct et personnel. « *Certain, né et actuel* » : CE 30 avril 1965, Roblin. « *Direct et certain* » : CE 15 avril 2016, Commune de Longueville. Ces caractères ont toutefois été interprétés avec souplesse : le caractère direct autorise l'indemnisation des héritiers et des proches (concubin notamment, même s'agissant du préjudice moral : CE 3 mars 1978, Dame Muësser ; proches de la victime d'un dommage corporel, même s'ils n'en sont pas ayants droit, c'est-à-dire, héritiers au sens strict : CE 3 juin 2019, Mme F.-D.) ; le caractère certain autorise l'indemnisation des frais futurs s'ils apparaissent devoir être exposés de façon suffisamment certaine (CE 5 décembre 2008, Caisse de mutualité sociale agricole de l'Aisne, à propos de dépenses médicales qui devront être exposées à l'avenir).

Peuvent être indemnisés, naturellement, le préjudice matériel et le préjudice corporel (même esthétique). Par ailleurs, après avoir longtemps refusé d'indemniser

1. On retiendra cette appellation consacrée, bien qu'en stricte orthodoxie lexicale on **répare** un dommage et on **indemnise** un préjudice.

le préjudice purement moral sur le fondement d'un raisonnement selon lequel les larmes ne se monnayent pas, le Conseil d'État a accepté de réparer la douleur morale, directement subie (CE 24 novembre 1961, Consorts Letisserand) ou par ricochet (CE 3 mars 1978, Dame Muësser, pour les concubins). Ce préjudice moral inclut le préjudice d'inquiétude que peut ressentir la victime d'une contamination transfusionnelle par le virus de l'hépatite C (VHC) entre la date du diagnostic et celle de sa guérison, alors même que, durant cette période, la maladie ne s'était pas déclarée (CE 27 mai 2015, M. Cogez). Il inclut également le préjudice, différent, lié à l'anxiété de contracter une maladie en raison de l'exposition à des facteurs de risques (pour l'hypertension artérielle pulmonaire à la suite de l'absorption de Médiator : CE 9 novembre 2016, Bindjouli ; pour les pathologies résultant de l'exposition à l'amiante : CE 3 mars 2017, Pons). S'agissant des personnes morales, le Tribunal des Conflits juge qu'une commune peut être indemnisée du préjudice moral occasionné par la durée excessive des procédures, lié à une situation prolongée d'incertitude (TC 8 juin 2020, Commune de Saint-Esprit).

Peut aussi être indemnisée la perte de chance, c'est-à-dire la perte de la possibilité de réaliser un projet, de prendre une décision ou d'éviter la réalisation d'un dommage. On distingue la perte de chance en matière hospitalière et dans les autres domaines.

Dans les autres domaines, il faut d'abord établir que la chance perdue ait été sérieuse : ainsi par exemple de la perte de la chance de gagner un appel d'offres (CE 8 février 2010, Commune de La Rochelle), d'obtenir une autorisation (CE 19 mai 2010, Draussin), d'obtenir la titularisation (CE 30 décembre 2009, Peccoux) ou une affectation (CE 6 novembre 2002, Guisset) pour un fonctionnaire, de se maintenir dans les lieux pour un locataire (CE29 septembre 2009, Commune de Courtenay), d'obtenir la cassation d'un arrêt (CE 2 octobre 2006, Rouffilange), etc.

Une fois le caractère sérieux de la chance perdue établie, c'est-à-dire en fait une fois le dommage établi, l'évaluation du préjudice est simple : c'est le manque à gagner résultant de la perte de chance. Par exemple le bénéfice net attendu d'un marché public (décision Commune de La Rochelle de 2010 précitée), le manque à gagner en matière de rémunération d'un fonctionnaire ayant perdu une chance sérieuse d'être titularisé, par exemple en raison de la publication tardive d'un décret d'application d'une loi de titularisation (CE 10 juin 2011, Erouart et CE 10 juin 2011, Feydeau) : il appartient à l'administration d'apprécier le caractère sérieux de la chance de l'intéressé d'avoir été intégré si le décret d'application d'une loi de titularisation avait été adopté à temps. Une fois la perte de la chance sérieuse admise, le préjudice est réparé dans son intégralité : rappel de tous les salaires, primes, etc., sauf celles directement liées à l'exercice des fonctions et qui sont destinées à couvrir des frais que par hypothèse l'intéressé n'a pas exposés (par exemple l'indemnité de résidence des fonctionnaires du ministère des Affaires étrangères en poste à l'étranger destinée à couvrir le coût de la vie, les frais de scolarisation des enfants, etc. : il est évident que puisque, par hypothèse, l'intéressé n'a pas été en poste, il n'a pas exposé lesdits frais). Cette jurisprudence a été étendue au cas du fonctionnaire irrégulièrement évincé, qui a droit, lors de sa réintégration, à « la perte du traitement ainsi que celles des primes et indemnités dont il avait une chance sérieuse de bénéficier » (CE 6 décembre 2013, Commune d'Ajaccio).

En matière hospitalière, le raisonnement du juge est différent : le préjudice résultant directement de la faute commise par l'établissement et qui doit être intégralement réparé n'est pas le dommage corporel constaté, mais la perte d'une chance d'éviter la survenance de ce dommage. Le juge en déduit que la réparation qui incombe à l'hôpital doit alors être évaluée à une fraction du dommage corporel déterminée en fonction de l'ampleur de la chance perdue. Cela est valable en cas de défaut d'information (CE 5 janvier 2000, Consort Telle – défaut d'information médicale ayant interdit au patient un choix éclairé et lui ayant ainsi fait perdre la chance de refuser l'intervention) ou d'erreur de diagnostic, de retard de prise en charge, etc. (CE 21 décembre 2007, Centre hospitalier de Vienne – erreur médicale ayant entraîné la perte de chance d'éviter la cécité ; CE 18 février 2010, Consorts Ludwig – erreur commise par un établissement public de santé ayant entraîné la perte de chance de survivre à une opération ultérieure pratiquée dans une clinique privée).

Le caractère sérieux de la chance perdue est nécessaire à la reconnaissance du dommage, alors qu'en matière hospitalière, la perte de chance est utilisée pour assouplir le lien de causalité entre le fait générateur et le dommage.

b. L'exigence, cependant, de l'atteinte à un droit

Le Conseil d'État rappelle que l'engagement de la responsabilité de l'administration suppose l'existence d'un dommage, c'est-à-dire d'une atteinte à un droit. La victime d'une infraction ne disposant pas d'un droit au procès pénal, lequel n'a pour but que de permettre à l'État, par la manifestement de la vérité et le prononcé d'une peine, d'assurer la rétribution de la faute commise par l'auteur de l'infraction et le rétablissement de la paix sociale, elle ne peut donc demander réparation du préjudice lié à l'impossibilité de tenir un tel procès à la suite du suicide de l'auteur présumé (CE 19 juillet 2011, M. et Mlle Bégnis).

De la même manière, aucun engagement international de la France, ni aucune règle ou principe n'impose que la victime d'un manquement à une interdiction posée par la loi disposerait d'un droit propre à l'incrimination pénale d'un tel manquement. Il s'ensuit que nul ne peut se prévaloir d'un préjudice de nature à ouvrir droit à indemnité du fait que la loi du 23 février 2005 portant reconnaissance de la Nation et contribution nationale en faveur des Français rapatriés n'a pas assorti de sanction pénale l'interdiction qu'elle édicte de toute injure ou diffamation commise envers une personne ou un groupe de personnes en raison de leur qualité vraie ou supposée de harki, d'ancien membre des formations supplétives ou assimilés (CE 24 octobre 2019, Association générations mémoire Harkis).

- **Le barème d'indemnisation se rapproche de celui du juge judiciaire**

Le juge administratif, à l'instar du juge judiciaire, applique au calcul des intérêts la règle des anatocismes fixée par les articles 1153 et 1154 du Code civil : les intérêts produisent eux-mêmes des intérêts. S'agissant de la date de l'évaluation du dommage, le juge administratif s'est également aligné sur le juge judiciaire s'agissant de celui subi par les personnes (CE 21 mars 1947, Veuve Aubry). En revanche, il se place au jour des faits pour les dommages subis par les biens (CE 21 mars 1947, Veuve Pascal, solution contraire à celle du juge judiciaire et contestable). La règle du forfait de pension, qui limitait l'indemnisation de l'agent public victime d'un accident imputable à la personne publique dont il relève à la pension d'invalidité à laquelle il a droit, a enfin été abandonnée par l'arrêt CE 4 juillet 2003, Moya-Caville.

L'existence, en matière de responsabilité médicale, de barèmes différents utilisés par le juge administratif et le juge judiciaire, si elle conduit il est vrai à des montants d'indemnisation accordés par ce dernier peut-être un peu plus élevés, n'est cependant pas de nature à méconnaître le principe d'égalité : d'une part, ainsi qu'on l'a vu, le juge administratif assouplit toujours plus largement les conditions d'engagement de la responsabilité hospitalière et, d'autre part, une indemnisation juste ne se confond pas avec une indemnisation élevée.

- **La reconnaissance de la possibilité d'engager la responsabilité de l'administration en cas de faute de ses agents**

Peu après l'abrogation du système de la garantie des fonctionnaires, le Tribunal des Conflits a élaboré une jurisprudence protégeant à la fois le fonctionnaire et la victime. Par un arrêt TC 30 juillet 1873, Pelletier, il distingue la faute de service de la faute personnelle, et permet à la victime de rechercher la responsabilité de l'État en cas de faute de service, laquelle a été de plus en plus largement reconnue. La faute personnelle de l'agent est celle qui révèle « *l'homme avec ses faiblesses, ses passions, ses imprudences* » (Laferrière) et engage la responsabilité de celui-ci devant le juge judiciaire, alors que la faute de service est celle qui révèle « *un administrateur plus ou moins sujet à erreur* » et engage la responsabilité de l'administration devant le juge administratif.

Le Conseil d'État a, pour la première fois, systématisé les hypothèses de fautes personnelles, par une décision CE 11 février 2015, Craighero, par laquelle il juge que doit être qualifiée de faute personnelle la « *faute d'un agent de l'État qui, eu égard à sa nature, aux conditions dans lesquelles elle a été commise, aux objectifs poursuivis par son auteur et aux fonctions exercées par celui-ci est d'une particulière gravité* ».

Le juge a établi des possibilités de cumul de fautes, puis de responsabilités, qui permettent de rechercher la responsabilité de l'administration à la place de celle du fonctionnaire, garantissant ainsi à la victime une meilleure réparation (l'État étant *a priori* plus solvable que le fonctionnaire) :

- Cumul de fautes : un même dommage est causé par deux faits, qui s'assimilent à deux fautes différentes (CE 3 février 1911, Anguet). La victime peut alors attaquer soit le service, soit l'agent (mais elle ne peut percevoir deux indemnisations pour le même préjudice – principe *non bis in idem*).
- Cumul de responsabilités : on décèle dans un même fait une faute personnelle et une faute de service, par exemple lorsque la faute personnelle a été commise dans le service ou à l'occasion du service (CE 26 juillet 1918, Lemonier). Le juge administratif a ensuite étendu ce cas aux fautes commises hors du service mais « *non dépourvues de tout lien avec le service* ».

- Faute non dépourvue de tout lien avec le service : le Conseil d'État a créé une sorte de sous-catégorie de la faute personnelle, celle « non dépourvue de tout lien avec le service », qui permet l'engagement de la responsabilité de l'État (CE 18 novembre 1949, Dlle Mimeur, CE 18 novembre 1988, Époux Raszewski). La conception de cette faute est particulièrement souple : le Conseil d'État juge que la faute grave et personnelle du maire a pu être commise avec « *l'autorité et les moyens que lui conféraient ses fonctions* » et que, par suite, alors même que la gravité de la faute commise lui conférait le caractère d'une faute personnelle détachable du service, elle n'était pas dépourvue de tout lien avec celui-ci (CE 2 mars 2007, Société banque française commerciale de l'océan Indien).

Dans tous ces cas, l'administration pourra le cas échéant exercer une action récursoire contre l'agent ou le service fautif (CE 28 juillet 1951, Laruelle-Delville), mais l'engagement de telles actions récursoires est peu fréquent. Si le régime de l'engagement de la responsabilité personnelle des agents publics est donc pour eux plutôt protecteur, il ne faut pas perdre de vue qu'il est organisé de sorte à assurer une meilleure indemnisation des victimes, lesquelles pourront se retourner contre la puissance publique. La responsabilité est donc, ici comme ailleurs, plus recherchée pour ses vertus réparatrices que pour sa fonction punitive.

La loi du 10 août 2018 pour un État au service d'une société de confiance consacre ces jurisprudences en ajoutant un alinéa à l'article 11 de la loi du 13 juillet 1983 portant droits et obligations des fonctionnaires aux termes duquel « *sauf en cas de faute personnelle détachable de l'exercice de ses fonctions, la responsabilité civile du fonctionnaire ne peut être engagée par un tiers devant les juridictions judiciaires pour une faute commise dans l'exercice de ses fonctions* ».

- **La possibilité reconnue au juge de la responsabilité d'enjoindre à l'administration de mettre un terme au comportement fautif à l'origine du dommage subi**

Par une décision du 27 juillet 2015, M. Baey, le Conseil d'État juge que lorsque le juge administratif statue sur un recours indemnitaire tendant à la réparation d'un préjudice imputable à un comportement fautif d'une personne publique et qu'il constate que ce comportement et ce préjudice perdurent à la date à laquelle il se prononce, il peut, en vertu de ses pouvoirs de pleine juridiction et lorsqu'il est saisi de conclusions en ce sens, enjoindre à la personne publique en cause de mettre fin à ce comportement ou d'en pallier les effets.

Développant cette jurisprudence, le Conseil d'État juge que lorsqu'il condamne une personne publique responsable de dommages qui trouvent leur origine dans l'exécution de travaux publics ou dans l'existence ou le fonctionnement d'un ouvrage public, le juge peut, saisi de conclusions en ce sens, s'il constate qu'un dommage perdure à la date à laquelle il statue du fait de la faute que commet, en s'abstenant de prendre les mesures de nature à y mettre fin ou à en pallier les effets, la personne publique, enjoindre à celle-ci de prendre de telles mesures (CE 6 décembre 2019, Syndicat des copropriétaires du Monte Carlo Hill – y compris en référé : CE 5 juin 2020, Syndicat intercommunal des eaux de la Vienne).

Bilan de l'actualité

Il oscille entre l'engagement croissant de la responsabilité et le rappel de certains principes tendant à freiner ce mouvement.

La création de nouveaux régimes de responsabilité

La judiciarisation de la société soumet le juge à des espèces toujours plus originales et lui offre l'occasion d'enrichir sa jurisprudence relative au droit de la responsabilité administrative.

- **L'évolution récente du droit de la responsabilité du fait des lois inconventionnelles**

Parce que le législateur incarne la souveraineté nationale et que le juge administratif est juge du pouvoir exécutif et non du pouvoir législatif, le Conseil d'État s'est toujours refusé à juger le législateur fautif. Malgré des évolutions récentes, cette position reflète encore aujourd'hui l'état de sa jurisprudence. Lorsqu'il le peut, il fonde l'engagement de la responsabilité de l'État sur la faute commise par l'administration dans le cadre des mesures d'application de la loi (CE 28 février 1992, Société Arizona Tobacco Products). Et lorsqu'il ne le peut pas, il se bornait jusqu'à récemment à faire jouer le régime de la responsabilité sans faute, qui limite sensiblement la possibilité d'obtenir une indemnisation (la victime doit établir l'existence d'un préjudice spécial et anormal).

Malgré l'orientation d'une partie de la doctrine appelant à la reconnaissance d'une responsabilité pour faute du législateur (René Chapus, Ghislaine Alberton par exemple), le Conseil d'État a maintenu sa position. Mais, sensible à l'exigence d'indemnisation de la victime, il a aligné les conditions de l'engagement de la responsabilité sans faute du législateur du fait des lois sur celles de la responsabilité pour faute. L'arrêt CE 8 février 2007, Gardedieu, crée ainsi un régime de responsabilité de l'État du fait des lois inconventionnelles «*sui generis, de nature objective, qui n'est ni un régime de responsabilité pour faute, ni un régime de responsabilité sans faute, mais est fondé sur une cause juridique distincte de ces deux autres régimes*» (conclusions de Luc Derapas). Le commissaire du Gouvernement souligne toutefois que ce nouveau régime ne s'appliquera que lorsqu'aucun acte administratif n'aura été pris sur le fondement de la loi. Si tel est le cas, c'est, classiquement, sur le fondement de la faute commise par le pouvoir réglementaire que sera engagée la responsabilité de l'État.

Il existe donc aujourd'hui trois hypothèses de responsabilité du fait des lois: soit un décret d'application a été pris, auquel cas la responsabilité du pouvoir exécutif sera engagée; soit aucun décret n'existe et la loi n'est pas inconventionnelle, auquel cas le régime classique de la responsabilité sans faute s'applique; soit aucun décret n'existe et la loi est inconventionnelle, auquel cas, sans dire que le législateur a commis une faute, la victime sera indemnisée selon les conditions de la responsabilité pour faute.

Pourtant, la conception française classique de la faute est de nature objective : est une faute le manquement à une obligation préexistante ; la méconnaissance par le législateur d'une norme supérieure à la loi entre bien dans cette définition. Le législateur commet une faute lorsqu'il vote une loi contraire à la Constitution (CE 24 décembre 2019, Société hôtelière Paris Eiffel Suffren) ; il en commet une autre lorsque la loi méconnaît la norme internationale. Rappelons en outre que la loi inconventionnelle est écartée par le juge ordinaire : cela n'est-il pas aussi grave que de reconnaître la possibilité d'indemniser une victime sur le fondement de cette inconventionnalité ? Cette réticence à reconnaître que le législateur a commis une faute n'avait pas été éprouvée par l'un des plus éminents théoriciens du droit administratif. On rappellera ces mots du professeur Hauriou, admettant que l'État législateur puisse être reconnu fautif : « [...] *ou bien le législateur est en faute d'avoir fait sa loi ; cette hypothèse paraît invraisemblable ; mais elle ne le serait pas dans un pays qui admettrait l'inconstitutionnalité des lois, car une loi inconstitutionnelle peut être une faute* », in La Jurisprudence administrative de 1892 à 1929, t. 1er, Librairie du Recueil Sirey, 1929 (nouveau tirage 1931), p. 504.

- **La responsabilité du fait d'autrui**

S'inspirant, comme souvent en matière de droit de la responsabilité, du droit privé, le Conseil d'État a récemment consacré deux hypothèses de responsabilité du fait d'autrui, jusqu'alors inconnues en droit public.

La responsabilité pour mauvais usage du droit de garde

Il s'agit d'un nouveau cas de responsabilité sans faute, qui s'ajoute à ceux de la responsabilité pour risque et pour rupture d'égalité devant les charges publiques. Il a été créé par l'arrêt CE 11 février 2005, GIE Axa courtage, lorsqu'un enfant placé en assistance éducative par décision de justice dans un établissement relevant de l'État (ou d'une autre personne publique : CE 26 mai 2008, Département des Côtes d'Armor, pour un Conseil général) a causé un dommage à des tiers (auparavant était appliqué un régime de responsabilité pour faute présumée). Cette jurisprudence a été étendue à l'hypothèse où le mineur est placé non par une décision de justice mais par une décision du conseil départemental (CE 1er juillet 2016, Société Groupama Grand Est). Par un arrêt CE 13 février 2009, Département de Meurthe-et-Moselle, le Conseil d'État juge que la responsabilité de l'État du fait des dommages causés par un mineur placé sous sa garde « *n'est susceptible d'être atténuée ou supprimée que dans le cas où elle est imputable à un cas de force majeure ou à une faute de la victime* ». Cette responsabilité est encourue même lorsque le mineur est hébergé chez ses parents, dès lors qu'aucune décision judiciaire n'a suspendu ou interrompu la mission éducative confiée à l'État (CE 3 juin 2009, Société Gan Assurances)[1]. Elle l'est, de la même manière, lorsque l'État accepte de garder le mineur alors même

1. Il peut paraître choquant que la responsabilité de la personne publique soit engagée alors même que le préjudice a été causé alors que le mineur se trouvait – temporairement (droit de visite) – sous la garde de ses parents. Il faut voir dans cette déresponsabilisation des parents l'une des manifestations de l'évolution que connaît actuellement le droit de la responsabilité plus axé sur la recherche de l'indemnisation de la victime que sur la punition d'un coupable (cf. *infra*).

qu'aucune décision du juge des enfants ne lui en a confié la garde : CE 1er février 2012, Garde des Sceaux c/Groupama.

La jurisprudence GIE Axa courtage ne remet toutefois pas en cause la jurisprudence antérieure (CE 3 février 1956, Thouzellier) fondée sur le risque que présentent les mineurs délinquants (ce que ne sont pas les mineurs placés au titre de l'assistance éducative) : CE 26 juillet 2007, Jaffuer. Elle ne remet pas non plus en cause la jurisprudence Thouzellier en tant qu'elle ne vise que les tiers au service public de l'assistance éducative, et non les usagers de ce service : un dommage causé par un mineur placé à un autre mineur placé ne relève pas de cette jurisprudence, puisque les usagers « *ne se trouvent pas, face à un tel risque, dans une situation comparable à celle des tiers* » (CE 17 décembre 2010, garde des Sceaux).

Le Conseil d'État s'est également fondé sur la notion de garde pour engager la responsabilité sans faute d'une personne publique maître d'ouvrage du fait de dommages accidentels de travaux publics (CE 3 mai 2006, Commune de Bollène).

La responsabilité des clubs sportifs du fait de leurs supporters

Par un arrêt CE 29 octobre 2007, Société sportive professionnelle « Losc Lille Métropole », le Conseil d'État juge que la Fédération française de football peut sanctionner les clubs affiliés du fait des agissements de leurs supporters, alors même que les clubs ne peuvent exercer aucun pouvoir disciplinaire à leur encontre. Il s'agit d'un cas de responsabilité disciplinaire du fait d'autrui.

- **La multiplication des régimes légaux de responsabilité**

Le rôle de la loi en matière de responsabilité s'accroît régulièrement. Afin d'unifier le contentieux et de poser les principes généraux gouvernant l'engagement de la responsabilité dans l'hypothèse considérée, le législateur a multiplié les régimes légaux (loi du 5 avril 1937 sur la responsabilité civile des instituteurs, confiée au juge judiciaire, loi du 31 décembre 1957 sur les dommages causés par un véhicule (juge judiciaire), loi du 30 octobre 1968 relative à la responsabilité civile dans le domaine de l'énergie nucléaire (compétence judiciaire), loi du 9 janvier 1986 sur la responsabilité de l'État du fait des attroupements), qui impliquent l'engagement de la responsabilité de l'administration en cas de préjudice, avec nécessaire réparation de celui-ci. Ces régimes ont pour objet d'organiser les conditions de la mise en œuvre de la responsabilité de l'administration.

Il en est d'autres dont l'objectif est moins la recherche d'un responsable que l'indemnisation de la victime. Un certain nombre de fonds d'indemnisation ont ainsi été créés, qui interviennent en tant qu'assureurs, qu'une faute ait été ou non commise. La loi du 13 juillet 1982 relative à l'indemnisation des victimes de catastrophes naturelles l'illustre. Le fonds de garantie des victimes des actes de terrorismes et d'autres infractions a été créé par la loi du 9 septembre 1986. Les personnes ayant été contaminées par le virus du sida lors d'un acte médical peuvent, depuis la loi du 31 décembre 1991, saisir un fonds d'indemnisation en charge d'assurer la réparation intégrale du préjudice subi. La loi du 23 décembre 2000 institue un fonds d'indemnisation des victimes de l'amiante. La loi du 30 décembre 2006 sur l'eau et les milieux aquatiques crée un fonds de garantie des risques liés à l'épandage agricole des boues d'épuration urbaines et industrielles. La loi du 5 mars 2007 instituant le droit au logement opposable crée un fonds de garantie universelle des risques locatifs destiné à indemniser les propriétaires acceptant de louer leur immeuble à des personnes économiquement fragiles en cas de non-paiement des loyers. Les fonds ainsi créés sont subrogés dans les droits des victimes indemnisées.

En matière médicale, mentionnons le régime permettant l'indemnisation des dommages subis du fait des vaccinations obligatoires (issu de la loi du 1er juillet 1964), qui instaure une responsabilité sans faute, non de l'établissement public de santé (EPS) pratiquant la vaccination, mais de l'État. Depuis la loi du 4 mars 2002, c'est l'Office national d'indemnisation des accidents médicaux (Oniam, qui est un EPA) qui assure, pour le compte de l'État, cette réparation. L'article L. 1222-9 du Code de la santé publique dispose par ailleurs que « *l'Établissement français du sang assume, même sans faute, la responsabilité des risques encourus par les donneurs à raison des opérations de prélèvement* ». La loi instaure enfin des régimes particuliers de responsabilité sans faute, concernant les dommages subis par les personnes se livrant à des expériences médicales (art. L. 1121-7 CSP, qui instaure la responsabilité du promoteur de la recherche) ou encore les préjudices liés à la perte ou au vol d'effets personnels dans les hôpitaux (L. 1113-1 CSP, responsabilité de l'EPS).

La loi du 4 mars 2002 charge par ailleurs l'Oniam de réparer les dommages subis par les victimes d'accidents médicaux, d'affections iatrogènes et d'infections nosocomiales. L'article L. 1 142-1-II CSP dispose qu'un accident médical, une affection iatrogène ou une infection nosocomiale ouvre droit à la réparation des préjudices du patient au titre de la solidarité nationale, lorsqu'ils sont directement imputables à des actes de prévention, de diagnostic ou de soins et qu'ils ont eu pour le patient des conséquences anormales au regard de son état de santé comme de l'évolution prévisible de celui-ci et présentent un caractère de gravité. L'introduction d'un mécanisme de solidarité nationale faisant reposer la charge de l'indemnisation sur l'État et non sur l'établissement de santé ne peut qu'être approuvée : le maintien de la responsabilité sans faute des EPS les contraignait à souscrire des assurances dont les primes étaient toujours plus élevées, ce qui contribuait à grever leurs budgets. Ce régime n'exclut pas la responsabilité des EPS en cas de faute.

En matière d'environnement, la loi du 1er août 2008 relative à la responsabilité environnementale est venue créer un régime spécifique permettant l'engagement de la responsabilité des pollueurs.

La loi pénitentiaire du 24 novembre 2009, dispose, en son article 44, que « *même en l'absence de faute, l'État est tenu de réparer le dommage résultant du décès d'une personne détenue causé par des violences commises au sein d'un établissement pénitentiaire par une autre personne détenue* ».

Signalons également la loi n° 2010-2 du 5 janvier 2010 relative à la reconnaissance et à l'indemnisation des victimes des essais nucléaires français, qui a créé un régime de responsabilité particulier visant à la réparation des dommages subis par les personnes s'étant trouvées en Polynésie française entre le 2 juillet 1966 et le 31 décembre 1998 et « *souffrant d'une maladie radio-induite résultant d'une exposition à des rayonnements ionisants dus aux essais nucléaires français* », dès lors que la maladie en cause est inscrite sur une liste fixée par décret.

Si les régimes d'indemnisation répondent au souci d'indemnisation des victimes, leur existence contribue toutefois à occulter la recherche d'un responsable et donc le principe de responsabilité lui-même.

Certains principes permettent d'atténuer la responsabilité de l'administration

- **Le maintien de la faute lourde dans certaines hypothèses**

L'administration peut être amenée à entreprendre des activités présentant des risques importants ou un degré de difficulté particulier qui justifie leur soustraction au droit commun de la responsabilité administrative qui est une responsabilité pour faute simple.

C'est ainsi que les activités de police menées « dans le feu de l'action » (CE 13 mars 1925, Clef), l'exercice de la tutelle de l'État sur les collectivités locales (CE 21 juin 2000, Commune de Roquebrune-Cap-Martin – hypothèse du déféré préfectoral, CE 30 mars 2011, Ministre de l'intérieur c/Sivom Cinarca Liamone, qui juge que la seule abstention du préfet de déférer un acte d'un syndicat intercommunal n'est pas susceptible d'engager la responsabilité de l'État pour carence dans l'exercice du contrôle de légalité des actes de ce syndicat ; CE 18 novembre 2005, Société fermière de Campoloro – hypothèse de la substitution d'action pour assurer l'exécution d'une décision de justice ; CE 25 juillet 2007, Société France Télécom – hypothèse de la substitution d'action en matière de police), l'exercice du contrôle de l'État sur les activités des personnes privées soumises à une réglementation particulière (CE 30 novembre 2001, Kechichian – hypothèse du contrôle de la Commission bancaire sur les établissements de crédit), continuent d'être soumis au régime de la faute lourde.

Continue également à relever de la faute lourde l'exercice de la fonction juridictionnelle (CE 18 juin 2008, Gestas, CE 19 octobre 2011, M. Robert A.), à l'exception des hypothèses de violations manifestes des règles de droit de l'Union européenne ayant pour objet de conférer des droits aux particuliers (mêmes arrêts) et des délais de jugement (CE 28 juin 2002, Magiera – cf. *supra*), ainsi que les conditions d'engagement de la responsabilité de l'État à l'égard des victimes de terrorisme en raison des carences des services de renseignement dans la surveillance d'un individu ou d'un groupe d'individus (CE 18 juillet 2018, Mme Monet).

L'idée qui gouverne le maintien de la faute lourde réside, outre dans la reconnaissance de la difficulté technique de certaines activités (exercice de la fonction juridictionnelle, activité de contrôle) dans la volonté de ne pas soumettre l'administration à des menaces permanentes de procès en responsabilité qui seraient de nature à entraîner une paralysie des services concernés lorsque la matière présente un degré de complexité certain : ne rien faire, c'est toujours ne pas se tromper. Ainsi le commissaire du Gouvernement ayant conclu sur l'affaire Clef estimait que l'exigence de faute lourde était nécessaire pour que la police « *ne soit pas énervée par des menaces permanentes de complications contentieuses* ».

Mais au-delà des hypothèses de faute lourde, il faut prendre conscience que même lorsqu'il retient une faute simple, le juge administratif se montre parfois exigent quant à la reconnaissance d'une faute de nature à engager la responsabilité de l'administration : il apprécie les conditions de fonctionnement du service, la difficulté de la mission assurée et, de manière générale, les circonstances de l'affaire dont il est saisi avant de reconnaître cette responsabilité. Ainsi en matière de responsabilité médicale, de délais de jugement, d'activités de secours et de sauvetage, d'activités de contrôle, le juge administratif apprécie-t-il de façon minutieuse l'existence d'une faute, d'un dommage et d'un lien de causalité. Faute simple n'est pas synonyme d'engagement automatique de la responsabilité de l'administration. Cette appréciation *in concreto* des conditions d'engagement de la responsabilité administrative pose la question de la pertinence du maintien de la faute lourde.

- **Les causes d'exonération**

Elles sont, comme en droit civil, au nombre de trois, et jouent sur le lien de causalité : l'attitude de la victime, le fait du tiers et la force majeure.

- **L'attitude de la victime**

  Il faut tenir compte de l'exception d'illégalité et de celle de « risque accepté ». Un arrêt CAA Marseille 21 février 2005, Compagnie Axa France, rappelle, s'agissant de la première, que l'occupation illégale du domaine public maritime ne confère aucun droit et ne permet pas d'exiger réparation en cas de destruction d'un bien par l'administration lorsque celui-ci était irrégulièrement implanté (affaire de la paillote « Chez Francis »). S'agissant de l'exception de risque accepté, ne saurait prétendre à réparation celui dont le préjudice est lié au non-respect, par exemple, des conditions de sécurité (lutte contre l'incendie) imposées par l'administration. Il en va de même de celui qui, volontairement, se met en situation de risque (par exemple en empruntant un chemin qu'il sait dangereux : CE 20 juin 2007, M. B.). L'appréciation de l'exception d'illégalité ou du risque accepté est affaire d'espèce, et peut conduire le juge à exonérer totalement la personne publique de sa responsabilité, ou à l'atténuer (50 % dans l'arrêt cité par exemple). Cette appréciation par le juge peut être souple : par un arrêt CE 11 février 2011, Mlle Susilawati, le Conseil d'État juge qu'un salarié ne peut être réputé avoir par avance accepté le risque résultant de la protection diplomatique dont bénéficiait son employeur. Ce salarié peut donc être indemnisé du préjudice lié à la non-exécution de sa condamnation, en raison de cette protection, par cet employeur.

- **Le fait du tiers** est également de nature à exonérer partiellement l'administration de sa responsabilité, du moins en matière de responsabilité pour faute : il est en effet jugé de façon constante que ce fait du tiers n'est pas exonératoire en cas de responsabilité sans faute (pour un rappel : CE 10 février 2014, Mme Chavent : en responsabilité sans faute, seule la faute de la victime ou la force majeure peuvent être de nature à exonérer l'administration de sa responsabilité).

L'administration supportera alors l'intégralité de l'indemnisation, à charge pour elle de se retourner, ensuite, contre le co-auteur.

- **La force majeure**, c'est-à-dire un événement imprévisible, irrésistible et extérieur.

- **Des îlots d'irresponsabilité demeurent**
Ils sont de nature variée.

Le Conseil d'État juge par exemple, à rebours de l'orientation actuelle, que les opérations militaires sont, « par nature », insusceptibles d'engager la responsabilité de l'État, y compris sur le fondement de la rupture d'égalité devant les charges publiques (CE 23 juillet 2010, Société Touax). Seule une loi pourrait donc faire échec à cette jurisprudence, au demeurant conforme à la ConvEDH (CEDH 14 décembre 2006, Markovic). De façon générale, le juge administratif est incompétent pour connaître des dommages liés à la conduite des relations diplomatiques, du moins de ceux qui ne sont pas détachables de cette conduite (CE 13 novembre 2002, Société Hélitransport : une faute ne peut engager la responsabilité de la France que si elle est détachable de la conduite de ces relations).

S'agissant des conditions d'engagement de la responsabilité, il est jugé que la responsabilité sans faute de l'État du fait des traités ne peut être engagée que si le traité a été régulièrement incorporé dans l'ordre juridique interne (CE 11 février 2011, Mlle Susilawati, revenant sur CE 29 décembre 2004, Almayrac, et renouant avec la jurisprudence Compagnie générale d'énergie radioélectrique de 1966).

Aux termes d'une jurisprudence constante, le Conseil d'État continue de juger que la victime de la faute d'un fonctionnaire n'a pas intérêt à agir contre la sanction à lui infligée par l'administration et qu'elle ne peut par suite se prévaloir d'un préjudice, même moral, lié à cette sanction (CE 2 juillet 2010, Consorts Bellanger – il s'agit de l'hypothèse où la modestie de la sanction administrative est manifestement disproportionnée à la gravité de la faute commise – ici trois mois de suspension dont deux avec sursis pour un fonctionnaire dont la conduite en état d'ivresse a causé le décès d'un membre de la famille des requérants).

S'agissant des modalités d'appréciation de l'importance du préjudice subi, le Conseil d'État maintient, malgré la multiplication des critiques doctrinales, le principe selon lequel l'évaluation des dommages portés aux biens se fait à la date du jour des faits, et non à celle du jugement comme c'est le cas pour les dommages subis par les personnes (CE 21 mars 1947, Veuve Pascal). Cette solution, contraire à celle du juge judiciaire qui traite indifféremment les personnes et les biens, est contestée en doctrine.

Afin de ne pas grever excessivement les finances publiques, le Conseil d'État juge, aux termes d'une jurisprudence constante, non susceptible d'être réparés les préjudices liés aux modifications apportées à la circulation générale et résultant soit de changements effectués dans l'assiette ou la direction des voies publiques, soit de la création de voies nouvelles. De la même façon, l'article L. 160-5 du Code de l'urbanisme exclut de l'indemnisation les servitudes d'urbanisme imposées pour l'intérêt général aux particuliers (implantation de poteaux électriques sur un terrain, installation de canalisations souterraines, etc.). Le Conseil d'État estime que cette disposition ne méconnaît pas l'article 1er du 1er protocole additionnel à la ConvEDH relatif au droit aux biens, sous réserve toutefois que l'atteinte portée au droit de propriété ne soit pas constitutive d'une « charge spéciale et exorbitante » (CE 3 juillet 1998, Bitouzet). Cette jurisprudence a été confirmée s'agissant des servitudes applicables aux terrains situés dans la bande de cent mètres du rivage (CE 27 juin 2007, M. Mielle), mais atténuée s'agissant de l'accès à la voie publique : lorsque les modifications apportées à la circulation générale ont pour conséquence d'interdire ou de rendre excessivement difficile l'accès des riverains à la voie publique, le préjudice grave et spécial subi peut être réparé (CE 11 février 2015, Mme Vallée).

Enfin, en cas de pluralité d'auteurs du fait générateur, le Conseil d'État, contrairement à la Cour de cassation, n'applique pas la condamnation *in solidum* : le juge doit toujours tenir compte de la responsabilité du tiers et ne condamner l'administration qu'à hauteur de sa responsabilité dans la survenance du dommage (pour un rappel récent de cette solution ancienne : CE 19 juillet 2017, Commune de Saint-Philippe ; voir aussi CE 9 novembre 2016, Mme Faure, à propos de l'affaire du Médiator engageant la responsabilité de l'État pour défaut de contrôle des laboratoires Servier à hauteur seulement de la faute commise). Le fondement de cette jurisprudence critiquée en doctrine réside dans la volonté de préserver les finances publiques : « *admettre le principe d'une condamnation solidaire devant le juge administratif conduirait nécessairement, compte-tenu de la solvabilité des personnes publiques, à un transfert de charge vers les personnes morales de droit public* […] *et aurait des conséquences systémiques difficiles à mesurer en alimentant une forme de déresponsabilisation collective pour les personnes susceptibles d'être désormais garanties par l'État ou d'autres personnes morales de droit public* » (conclusions de Laurence Marion sur la décision Commune de Saint-Philippe).

Les exceptions sont toutefois nombreuses : lorsque le dommage trouve sa cause dans le fonctionnement d'un service public, la responsabilité des personnes publiques ou privées qui concourent à son fonctionnement peut être recherchée, pour le tout, auprès de l'une d'elles, à charge pour elle d'exercer les recours récursoires auprès des co-auteurs (par exemple CE 15 avril 2001, AP-HP) ; il en va de même lorsque chacune des fautes commises portait en elle-même l'entier dommage (CE 2 juillet 2010, Madranges), ou lorsque l'enchevêtrement des responsabilités rend illusoire l'identification d'un quantum de responsabilité (CE 26 avril 1968, Ville de Cannes, en matière de dommages de travaux publics).

- **Des appréciations strictes de l'engagement de la responsabilité perdurent**

L'engagement de la responsabilité sans faute est subordonné à la reconnaissance d'un préjudice spécial et anormal, c'est-à-dire ne concernant qu'un nombre limité de victimes et étant particulièrement important. Jugeant ainsi que la dévalorisation du franc CFA suite à une convention conclue par la France avec d'autres États touche un nombre important de personnes et ne présente donc pas un caractère spécial susceptible d'ouvrir droit à réparation sur le fondement de la responsabilité sans faute du fait des traités : CE 26 mars 2003, Santinacci.

Toutefois, le Conseil d'État a abandonné une jurisprudence ancienne relative à la responsabilité sans faute de laquelle il résultait que l'entrée en vigueur d'une loi visant à réprimer des activités frauduleuses, à mettre fin à des activités dangereuses ou prise dans un intérêt économique et social d'ordre général ne pouvait en aucun cas donner lieu à réparation (CE 15 juillet 1949, Ville d'Elbeuf). Par un arrêt CE 2 novembre 2005, Société coopérative agricole Ax'ion, le Conseil d'État juge réparable un préjudice directement lié à l'entrée en vigueur d'une loi d'intérêt général. En l'espèce, il s'agissait d'un exploitant d'une installation classée dont la fermeture avait été ordonnée sur le fondement de la loi du 19 juillet 1976 en raison des dangers qu'elle représentait. Une nouvelle application a été faite de cette jurisprudence par la décision CE 9 mai 2012, Société Godet Frères, à propos du déplacement d'une exploitation de chais installés en 1782 et se trouvant, à la date du décret exigeant leur fermeture, en zone urbanisée. Par la décision CE 12 octobre 2016, Fonds départemental d'indemnisation des dégâts de sangliers du Bas-Rhin, le Conseil d'État juge que la responsabilité de l'État peut être recherchée par ces fonds d'indemnisation, sur le fondement de la rupture d'égalité devant les charges publiques, au titre d'un préjudice financier grave et spécial causé par des décisions légales de l'administration, telles que celles ayant pour objet d'interdire l'exercice de la chasse dans une réserve naturelle.

- **Le régime de recouvrement des créances nées de l'engagement de la responsabilité des personnes publiques demeure défavorable aux administrés**

La règle de la prescription quadriennale, posée par la loi du 31 décembre 1968 relative à la prescription des créances sur l'État, les départements, les communes et les établissements publics, est applicable : une victime, dès lors qu'elle a connaissance de son préjudice et de la naissance de la créance corrélative à l'encontre de l'administration, doit saisir celle-ci d'une demande en indemnité dans un délai de quatre ans à compter de cette date. Une action ultérieure ne serait cependant pas nécessairement vouée à l'échec : la prescription n'étant pas d'ordre public, ce n'est que si l'administration l'invoque expressément que le juge pourra la retenir.

En outre, les voies d'exécution de droit commun, permettant d'obtenir le paiement des sommes dues malgré l'inaction du débiteur, ne s'appliquent pas aux personnes publiques : il n'est pas possible de saisir les biens leur appartenant (y compris un EPIC : Cass. civ. I, 21 décembre 1987, BRGM). La seule solution s'offrant à l'intéressé est la saisine du juge, judiciaire ou administratif selon la nature de la créance.

Perspectives

On abordera la question de l'obligation pour la victime de minimiser son propre préjudice (1) avant d'évoquer quelques orientations plus générales sur l'avenir de la responsabilité administrative (2).

1. Vers une obligation pour la victime de minimiser son préjudice ?

a. Une des questions d'actualité en droit de la responsabilité est celle de l'obligation pour la victime de minimiser son préjudice, c'est-à-dire, après le dommage, d'adopter un comportement de nature à en atténuer les conséquences indésirables.

C'est en outre un des domaines où les jurisprudences du Conseil d'État et de la Cour de cassation divergent partiellement.

S'agissant des dommages corporels, la position est identique : une victime d'un tel dommage n'a pas l'obligation d'adopter un comportement particulier. La victime d'un accident médical ne peut être obligée de se soumettre à des examens médicaux ou de subir une intervention chirurgicale, même si cela aurait pour conséquence de limiter les conséquences du préjudice subi (CE 3 décembre 2010, Gandia, n° 334622 ; Cass. Civ. 2, 19 juin 2003 : au visa de l'article 1382 du code civil (devenu 1240 avec la réforme entrée en vigueur le 1er octobre 2016) : « *attendu que l'auteur d'un accident est tenu d'en réparer toutes les conséquences dommageables ; que la victime n'est pas tenue de limiter son préjudice dans l'intérêt du responsable* »).

En matière de dommage matériel, si la Cour de cassation adopte la même position, celle du Conseil d'État est plus nuancée, qui admet que le montant du préjudice soit réduit à proportion de l'attitude de la victime dont l'inaction a contribué à son aggravation : obligation pour la victime de minimiser son dommage, par exemple en réalisant des travaux de consolidation d'un immeuble de nature à prévenir son effondrement : CE 5 janvier 1972, Époux Desplanques, n° 78575.

b. La question de l'obligation de minimisation du préjudice de la victime peut néanmoins être posée de façon plus générale, notamment à la lumière des exemples étrangers et des évolutions récentes de la réflexion sur le sujet.

En Grande-Bretagne, en Allemagne, en Suisse, en Italie, pèse en effet sur la victime l'obligation, dans certaines conditions, de se comporter de façon à réduire les conséquences du dommage subi, c'est-à-dire le montant des préjudices (par exemple, réaliser des travaux pour éviter une aggravation des dommages subis par une construction). Si la victime s'abstient, l'aggravation du préjudice subi sera considérée comme dépourvue de lien de causalité avec le fait générateur dont seules les conséquences immédiates seront indemnisées.

En France, les mentalités évoluent : l'article 1373 de l'avant-projet de réforme du droit des obligations et du droit de la prescription, dit « avant-projet Catala », remis au ministre de la justice en 2005, dispose que « *lorsque la victime avait la possibilité, par des moyens sûrs, raisonnables et proportionnés, de réduire l'étendue de son préjudice ou d'en éviter l'aggravation, il sera tenu compte de son abstention par une réduction de son indemnisation, sauf lorsque les mesures seraient de nature à porter atteinte à son intégrité physique* ». Le groupe de travail de l'Institut dirigé par le professeur Terré a également fait des propositions en ce sens, en suggérant une formulation plus ramassée et élégante : « *sauf en cas d'atteinte à l'intégrité physique ou psychique de la personne, le juge pourra réduire les dommages et intérêts lorsque le demandeur n'aura pas pris les mesures sûres et raisonnables propres à limiter son préjudice* » (rapport remis au ministre de la justice en 2010, publié chez Dalloz, coll. Thèmes et commentaires).

Par un arrêt du 24 novembre 2011, la deuxième chambre civile de la Cour de cassation a cassé un arrêt de cour d'appel qui n'avait pas « *caractérisé la faute de l'assuré ayant causé l'aggravation de son préjudice matériel* » : la Cour admet donc qu'une telle faute, de nature à aggraver le préjudice subi, puisse être retenue contre la victime pour réduire son droit à indemnisation. En l'espèce, un assuré s'était vu illégalement refuser le bénéfice de son contrat d'assurance concernant son véhicule, l'empêchant ainsi de l'utiliser. La Cour estime qu'il appartenait à l'intéressé de chercher à conclure un contrat avec un autre assureur, afin de limiter l'aggravation du préjudice résultant de l'impossibilité d'utiliser son véhicule (voir le commentaire éclairant de cet arrêt dans l'article de H. Adida-Canac, « Mitigation of damage » : une porte entrouverte ?, Dalloz, 2012, n° 2, p. 141 et s.). Cette solution n'a pas été réitérée à ce jour.

c. Cet état du droit pourrait ne pas durer : l'article 1263 du projet de réforme de la responsabilité civile présentée en mars 2017 par le ministère de la Justice prévoit que « *sauf en cas de dommage corporel, les dommages et intérêts sont réduits lorsque la victime n'a pas pris les mesures sûres et raisonnables, notamment au regard de ses facultés contributives, propres à éviter l'aggravation de son préjudice* ».

Cet article réserve certes l'hypothèse du dommage corporel, mais consacre, contrairement à la jurisprudence de la Cour de cassation, celle de l'obligation de minimiser les dommages matériels. S'agissant du dommage corporel toutefois, si la décision Gandia précitée semble devoir refléter pendant encore longtemps l'état du droit, il n'est pas certain que des hypothèses spécifiques ne donnent pas lieu à des décisions différentes. Ainsi le rapporteur public Jean-Philippe Thiellay admettait, dans ses conclusions sur cette décision, qu'il était « *possible de distinguer selon que la décision et le comportement de la victime a aggravé le dommage, par une action positive qui, si elle n'avait pas eu lieu, aurait laissé le dommage en l'état, et selon que cette décision a conduit à ne pas réduire le dommage initial, resté identique et éventuellement aggravé du fait de son évolution naturelle. Si la première cause partiellement exonératoire nous semble envisageable, la seconde nous paraîtrait plus choquante dès lors en particulier qu'elle passe par un consentement forcé à d'autres interventions chirurgicales* ».

Sans doute cette distinction permet-elle d'expliquer l'arrêt de la CAA de Nancy du 13 juin 2013, CPAM de la Haute-Marne, n° 12NC01478, qui juge, après avoir considéré qu'une patiente n'avait pas été prise en charge dans les règles de l'art à la suite d'une blessure de la face palmaire des 4e et 5e doigts de la main droite et que les fautes commises étaient de nature à engager la responsabilité du centre hospitalier, d'une part, que, compte tenu de sa gravité, la blessure initiale aurait, dans tous les cas, laissé des séquelles à la requérante et, d'autre part, que

« les conséquences dommageables de la blessure ont également été aggravées par l'attitude de Mme G., qui n'a pas respecté les consignes strictes d'immobilisation des doigts préconisées par le chirurgien; qu'il sera, dans ces conditions, fait une juste appréciation de la part de responsabilité du centre hospitalier de Troyes en la fixant à 40 % des préjudices subis par l'intéressée »: la circonstance que l'immobilisation de la main ait été nécessitée par la faute initialement commise n'est pas de nature à exonérer la victime de toute participation active à sa propre guérison.

2. Remarques sur l'avenir de la responsabilité administrative

La jurisprudence et la loi interviennent parallèlement dans un domaine où les questions sont de plus en plus complexes, les exigences de réparation de plus en plus pressantes de la part des victimes et l'attention des médias croissante. L'avenir du droit de la responsabilité administrative devrait être caractérisé par le maintien de son caractère dérogatoire et la recherche d'un équilibre entre engagement de la responsabilité de l'administration et développement des mécanismes de solidarité nationale lorsque l'engagement de cette responsabilité est inapproprié.

Le maintien du caractère dérogatoire du droit de la responsabilité de l'administration est justifié par les spécificités de son action: qu'il s'agisse de la difficulté que celle-ci représente dans certains cas, des risques qu'impose la vie en société que doivent supporter, dès lors qu'ils ne sont pas excessifs, les administrés, de la nécessité de préserver les deniers publics, les raisons ne manquent pas pour fonder l'attitude d'un juge administratif veillant à maintenir une certaine particularité au droit de la responsabilité administrative.

L'extension croissante de l'engagement de la responsabilité de l'administration et l'assouplissement des conditions de cette responsabilité ont en effet pour conséquence de transformer l'administration en une sorte d'assureur multirisque de la population, couvrant tous les événements susceptibles de se produire à l'occasion de la vie en société indépendamment de toute faute. Le risque est celui d'une paralysie de l'action de l'administration et la menace d'une déresponsabilisation des agents publics, notamment des professionnels de santé.

La question de l'avenir de la responsabilité administrative rejoint celle du développement du risque dans les sociétés modernes et de l'attitude à adopter en termes de réparation des préjudices qui en résultent. Le Conseil d'État a consacré son rapport 2005 au thème « Responsabilité et socialisation du risque ». Il y relève que la tendance générale qui caractérise la société française est l'extension de la couverture des risques de plus en plus variés (amiante, risques alimentaires, écologiques, aléa thérapeutique, terrorisme, etc.). La tendance est d'y répondre par le biais de la responsabilité sans faute, qui met en avant le dommage et moins la faute et le lien de causalité, et de la socialisation du risque, qui fait porter la charge de sa réparation sur la collectivité.

Cette évolution, qui fait de l'indemnisation de la victime la priorité et qui tend à réduire les notions de faute et de responsabilité, répond certes à la moindre tolérance de la société aux aléas de la vie en commun (voire à une certaine forme de fatalité) mais soulève des difficultés liées au fait que les administrations et l'État ne peuvent seuls assumer la charge que la judiciarisation de la société engendre. Si le recours à des fonds d'indemnisation financés par l'impôt est sans doute préférable à l'engagement de la responsabilité sans faute de l'administration concernée (hôpital par exemple dans le cas de l'aléa thérapeutique), la socialisation du risque ainsi induite ne saurait être étendue à l'ensemble des risques auxquels les progrès des sciences et des techniques exposent les administrés, sauf à porter le... risque de grever lourdement les finances publiques.

Face à ces évolutions, plusieurs orientations sont possibles.

Doit être d'abord recherchée la prévention des risques. C'est l'objet de la consécration constitutionnelle du principe de précaution par la Charte de l'environnement insérée le 1er mars 2005 dans le préambule de la Constitution du 4 octobre 1958. Il s'agit d'un principe général du droit communautaire (TPICE 26 novembre 2002, Artedogan) appliqué par le Conseil d'État (CE 3 mars 2004, ministre de l'Emploi et de la Solidarité : condamnation pour faute de l'État pour carence en matière de prévention des risques). La pleine valeur constitutionnelle de tous les articles de la Charte a été reconnue par une décision du Conseil constitutionnel du 19 juin 2008, Loi relative aux OGM, décision traduite au sein de l'ordre juridictionnel administratif par l'arrêt CE 26 septembre 2008, Commune d'Annecy jugeant que les dispositions de l'article 7 de la Charte, « *comme l'ensemble des droits et devoirs définis dans la Charte de l'environnement, et à l'instar de toutes celles qui procèdent du Préambule de la Constitution, ont valeur constitutionnelle [et] s'imposent aux pouvoirs publics et aux autorités administratives dans leurs domaines de compétence respectifs* ». En matière d'urbanisme, le Conseil d'État a par exemple été conduit à renoncer au principe de l'indépendance des législations qui gouvernait jusque-là les relations entre le droit de l'urbanisme et le droit de l'environnement (CE 20 avril 2005 Bouygues Télécom) pour juger que le principe de précaution, tel qu'il résulte de l'article 5 de la Charte, était invocable à l'appui d'un recours dirigé contre une décision d'urbanisme autorisant l'implantation d'une antenne de téléphonie mobile (CE 19 juillet 2010, Association du quartier « Les Hauts de Choiseul ») ainsi que contre une déclaration d'utilité publique (CE 12 avril 2013, Association coordination interrégionale stop THT). C'est sur le fondement de ce principe qu'a été interdite « *la mise en culture des variétés de maïs génétiquement modifié* » (article unique de la loi du 2 juin 2014 relative à l'interdiction la mise en culture des variétés de maïs génétiquement modifié).

Naturellement, la socialisation est nécessaire pour faire face aux risques imprévisibles, ou dont les conséquences rendent difficile la couverture par le recours traditionnel à l'assurance (terrorisme, catastrophes naturelles, pandémies animales ou humaines, aléa thérapeutique). Les fonds d'indemnisation se sont multipliés au cours des vingt-cinq dernières années (cf. *supra*).

La recherche de la responsabilité de l'administration doit demeurer, naturellement, en cas de faute, et, s'agissant de la responsabilité sans faute, en cas de rupture d'égalité devant les charges publiques et, en ce qui concerne la responsabilité pour risques, lorsque la réparation du préjudice subi ne saurait raisonnablement être regardée comme devant relever de la solidarité nationale (par exemple pour les dommages modérés dus à un aléa thérapeutique, ainsi qu'en dispose la loi du 4 mars 2002).

Enfin, ces mécanismes de responsabilités administrative ou nationale doivent être combinés, chaque fois que cela est possible, avec la part de prévoyance individuelle que l'on peut raisonnablement faire peser sur l'administré. Ce raisonnement est au fondement de l'existence des régimes légaux d'assurance obligatoire (transport, habitation, assurance médicale, assurance construction, etc.).

Ouvrages récents

- J.-B. Auby, « Le Droit administratif dans la société du risque », *EDCE* 2005, p. 351.
- F. Ewald, « L'État de précaution », *EDCE* 2005, p. 359.
- « Responsabilité et socialisation du risque », Rapport du Conseil d'État, *EDCE* 2005.
- I. da Silva, « La rénovation du régime de responsabilité de l'État du fait des services pénitentiaires », *AJDA* 2009, p. 416 et *s.*
- C. Maugüé, J.-P. Thiellay, *La responsabilité du service public hospitalier*, LGDJ, Système, 2010.
- H. Adida-Canac, « Mitigation of damage » : une porte entrouverte ?, *Dalloz*, 2012, n° 2, p. 141 et *s.*
- P. Jourdain, « Les préjudices d'angoisse », *JCP* G 2015, n° 25, p. 1221 et *s.*
- C. Lantero, Le recours banalisé aux présomptions dans le contentieux de la responsabilité, *AJDA* 2018, p. 2067 et s.
- H. Belrhali et A. Jacquement-Gauché, Trop ou trop peu de responsabilité ? Deux voix critiquent deux voies, *AJDA* 2018, p. 2056 et s. Ce dialogue entre deux universitaires aux conceptions divergentes met en lumière les évolutions récentes du droit de la responsabilité administrative de façon particulièrement vivante.
- Dossier AJDA Les procès climatiques, *AJDA* 2019, p. 1849 et s.
- C. Malverti et C. Beaufils, « La responsabilité de l'État du fait des lois inconstitutionnelles », *AJDA* 2020, p. 509 et s.

Exemples de sujets

- La responsabilité de l'administration n'est-elle « ni générale, ni absolue » ?
- Le déclin de la faute lourde.
- Responsabilité administrative et socialisation du risque.

15 Le développement des pouvoirs du juge administratif

L'histoire de la justice administrative tient en cette évolution paradoxale : la « défense itérative », érigée en principe révolutionnaire, faite aux juridictions de connaître de l'activité de l'administration a abouti, deux siècles plus tard, à la constitutionnalisation d'une juridiction administrative présentant des caractères d'indépendance et d'impartialité identiques à ceux de la juridiction judiciaire et exerçant un contrôle approfondi de l'action administrative[1]. L'objet du présent chapitre est de présenter, après un rappel de ses pouvoirs traditionnels, les évolutions récentes des pouvoirs du juge administratif.

Historique

À l'origine : l'administration est son propre juge

Au lendemain de la Révolution, la loi des 16-24 août 1790 place l'administration hors du champ de compétence des juges judiciaires. Elle énonce que les fonctions judiciaires sont distinctes et demeureront séparées des fonctions administratives. Le décret du 16 fructidor de l'an III complète ce texte en faisant « défense itérative » au juge de connaître des actes d'administration, ainsi soustraits à tout contrôle juridictionnel. La création du Conseil d'État par la Constitution de l'an VIII ne devait pas modifier en profondeur la théorie dite du ministre-juge selon laquelle c'est le ministre qui tranche les litiges auxquels son administration est partie. Mais au moins se prononcerait-il dorénavant sur proposition d'un « Conseil ». Dans les faits, le ministre ne s'écartait que rarement de la solution proposée par le Conseil d'État. Mais si celui-ci conseillait sur le droit à appliquer, c'est le ministre qui, formellement, disait le droit et tranchait le litige ; ses décisions n'étaient susceptibles que d'un recours gracieux.

De la justice retenue à la justice déléguée

L'évolution qui allait conduire à reconnaître un rôle majeur au juge dans la résolution des litiges administratifs se fit en deux temps. Par la loi du 24 mai 1872, le passage d'une justice retenue par le ministre à une justice déléguée au Conseil d'État était consacré. Toutefois, les principes de la théorie du ministre-juge restaient en vigueur. C'est par l'arrêt Cadot (13 décembre 1889) que le Conseil d'État abandonnait cette théorie en jugeant directement une affaire sans en référer au préalable au

1. Et dans une variété croissante de domaines : conséquence de la judiciarisation de la société, le juge administratif est appelé à se prononcer sur les sujets les plus divers : à titre d'exemple, récemment, sur la question de savoir si un médecin doit mettre un terme aux soins apportés à un patient en état pauci relationnel (CE 24 avril 2019, M. Lambert), si le Premier ministre peut légalement imposer l'emploi du masculin dans les textes réglementaires et proscrire l'écriture dite inclusive (CE 28 février 2019, Association Groupement d'information et de soutien sur les questions sexuées et sexuelles), si le ministre de l'Éducation nationale peut inscrire au programme d'histoire du collège l'enseignement du « génocide des Arméniens » (CE 4 juillet 2018, Association pour la neutralité de l'enseignement de l'histoire turque dans les programmes scolaires), etc.

ministre concerné. Le changement était considérable : le litige était tranché en droit non plus par le ministre mais par le Conseil d'État lui-même qui devenait dès lors juge de première et dernière instance de l'ensemble des litiges administratifs.

Cette conception particulière qui faisait de l'administration son propre juge était largement tributaire de la conviction que juger l'administration, c'est encore administrer, qu'il y a donc une particularité à juger l'administration. Cela ne va pourtant pas de soi : outre que ce principe s'explique principalement par des considérations historiques, il n'est pas universellement reconnu (des États ignorent le concept de justice administrative).

La France fonctionne néanmoins toujours sur l'idée qu'il faut donner à l'administration des juges qui sont proches d'elle : non pour que l'administration se juge elle-même, mais pour qu'elle soit jugée par des personnes qui la connaissent. Le juge administratif ne doit pas simplement être spécialisé en matière administrative, mais encore avoir « l'esprit de l'administrateur » (Chapus). Le risque est évidemment qu'il soit soupçonné de complaisance à l'égard de l'administration, et il l'a été. Mais aujourd'hui, n'en déplaise à ceux qui, même au plus haut niveau de l'ordre judiciaire, continuent à adresser un tel reproche au juge administratif[1], les liens originaux qui unissent l'administration à ses juges demeurent.

La conception française d'une juridiction destinée à juger l'administration a été consacrée par le Conseil constitutionnel. Par une décision CC 22 juillet 1980, Lois de validation, il crée le PFRLR d'indépendance du juge administratif ; par une décision CC 23 janvier 1987, Conseil de la concurrence, il consacre, se fondant sur « la conception française de la séparation des pouvoirs », un noyau dur de compétences relevant exclusivement du juge administratif constitué par l'annulation ou la réformation des décisions prises, dans l'exercice des prérogatives de puissance publique, par les autorités exerçant le pouvoir exécutif. La réforme constitutionnelle du 23 juillet 2008 inscrit enfin dans la Constitution la juridiction administrative (article 61-1, à propos de l'exception d'inconstitutionnalité).

Il est enfin intéressant de relever que, contrairement à une idée reçue, l'existence d'une justice administrative distincte des justices civile et pénale n'est pas une particularité française : sur les 28 États membres de l'Union européenne, 15 connaissent un système semblable au système français. La moitié des autres États ont, au sein d'un ordre juridictionnel unique, des chambres spécialisées en matière administrative. En revanche, il est vrai que ce qui distingue le modèle français, c'est le cumul de fonctions consultatives et contentieuses au sein d'un même organisme : seuls cinq États présentent une telle configuration : la France, la Belgique, l'Italie, la Grèce et les Pays-Bas.

---

1. Alors au demeurant que la spécialisation n'est pas l'apanage des juges administratifs : les tribunaux de commerce, les prud'hommes, les tribunaux pénaux, les tribunaux de la sécurité sociale, ceux des baux ruraux témoignent aussi de la nécessaire familiarité avec le domaine considéré qu'impose l'exercice de la fonction juridictionnelle. La structure de la Cour de cassation en témoigne également, puisqu'elle est composée de chambres spécialisées en matières civile, commerciale, sociale et pénale.

Connaissances de base

Conseil d'État, cours administratives d'appel, tribunaux administratifs : structure, composition, compétence

1. Structure et composition

Le Conseil d'État a été créé dans sa forme moderne, qui fait de lui à la fois le conseiller du Gouvernement et le juge administratif suprême, par la Constitution du 22 frimaire an VIII (article 52). Cet article définit ses fonctions : « *résoudre les difficultés qui s'élèvent en matière administrative* ». Plongeant ses racines dans l'histoire, certains voyants en lui le successeur direct du Conseil du Roi de l'Ancien Régime – apparu avec Philippe le Bel (1285-1314) –, il est composé d'auditeurs (recrutés par la voie de l'ENA), de maîtres des requêtes et de conseillers d'État (environ 300 personnes, dont 200 en activité au Conseil). Leur inamovibilité est garantie par la pratique plus que par les textes. Les obligations déontologiques auxquelles ils sont tenus ont été précisées par la loi du 20 avril 2016 relative à la déontologie et aux droits et obligations des fonctionnaires (également applicables aux autres magistrats administratifs) et par l'ordonnance du 13 octobre 2016 portant dispositions statutaires concernant le Conseil d'État, codifiées au sein du code de justice administrative.

La structure du Conseil d'État correspond à sa dualité de fonctions : six sections administratives (intérieur, finances, travaux publics, sociale, administration, rapport et études) et une section contentieuse, subdivisée en 10 chambres (depuis la loi du 20 avril 2016 relative à la déontologie et aux droits et obligations des fonctionnaires ; on parlait auparavant de « sous-sections »). Il existe quatre types de formations de jugement : la chambre siégeant en formation de jugement, plusieurs chambres réunies (deux, trois ou quatre, depuis le décret du 22 février 2010), la section du contentieux, l'assemblée du contentieux.

Les cours administratives d'appel ont été créées par la loi du 31 décembre 1987, principalement pour décharger le Conseil d'État d'un afflux de dossiers venant, en appel, des tribunaux administratifs. Aujourd'hui au nombre de 8, la dernière a été créée à Versailles en 2004. Une neuvième cour sera installée à Toulouse en 2021. Les tribunaux administratifs (TA) ont été créés par le décret-loi du 30 septembre 1953, qui transforme les ex-conseils de préfecture (créés par loi du 28 pluviôse an VIII, présidés par le préfet jusqu'en 1926). Le corps des TA et CAA accueille les « magistrats » (appellation légale depuis la loi du 12 mars 2012 relative notamment à l'accès à l'emploi titulaire) qui y exercent leurs activités juridictionnelles. Ils sont recrutés par la voie de l'ÉNA et, depuis le début des années quatre-vingt, par un « concours complémentaire », qui fournit aujourd'hui la majorité des nouveaux magistrats.

Signalons ici l'adoption à la fin de l'année 2011 d'une charte de déontologie des membres de la juridiction administrative, rappelant les exigences d'indépendance, d'impartialité, de secret et de discrétion professionnelle, le devoir de réserve dans l'expression publique, fixant les principes de prévention des conflits d'intérêts et créant un collège de déontologie chargé de se prononcer sur des cas particuliers ou d'émettre des recommandations générales. Il a rendu ses premiers avis en juin 2012.

Ses bilans annuels sont consultables sur le site internet du Conseil d'État. La loi du 20 avril 2016 relative à la déontologie et aux droits et obligations des fonctionnaires ayant instauré à l'article L. 131-4 du code de justice administrative l'obligation d'adoption d'une telle charte, une nouvelle charte a été adoptée le 14 mars 2017 par le Vice-président du Conseil d'État. Sa légalité a été reconnue par une décision CE 25 mars 2020, M. Le Gars.

2. Compétence

a. Premier ressort

En premier ressort, la compétence de droit commun revient aux 42 tribunaux administratifs (le dernier a ouvert à Montreuil en 2009). De nombreuses exceptions existent.

Le Conseil d'État conserve une compétence de juge de premier et dernier ressort d'exception pour les matières énumérées à l'article R. 311-1 du CJA (modifié en dernier lieu par le décret du 13 août 2013) : recours contre les ordonnances non ratifiées, contre les décrets, contre les actes réglementaires et les circulaires et instructions de portée générale des ministres et des autres autorités à compétence nationale, contre les actes d'une liste limitative d'autorités administratives indépendantes, contre les décisions relatives au recrutement et à la discipline des agents publics nommés par décret du président de la République, actions en responsabilité dirigées contre l'État pour durée excessive de la procédure devant la juridiction administrative, recours en interprétation et des recours en appréciation de légalité des actes dont le contentieux relève en premier et dernier ressort du Conseil d'État et recours dirigés contre les décisions ministérielles prises en matière de contrôle des concentrations économiques.

Le Conseil d'État est également compétent en premier et dernier ressort pour les requêtes concernant la mise en œuvre des techniques de renseignement mentionnées au code de la sécurité intérieure. Une formation spécialisée est alors compétente, dont les membres sont habilités au secret de la défense nationale (L. 773-2 CJA). Les exigences de la contradiction sont adaptées à celle de ce secret : concrètement, le Conseil d'État pourra se prononcer au vu de documents non soumis au principe du contradictoire. Le juge peut soulever d'office tout moyen (L. 773-5). Les décisions rendues ne sont pas motivées. Par une décision du 19 octobre 2016, la première rendue sur le fondement de ces dispositions, le Conseil d'État a jugé qu'elles ne méconnaissaient aucun droit ni liberté garantie par la ConvEDH et rejeté, au fond, la requête de l'intéressé. Par une décision du 5 mai 2017, le Conseil d'État a au contraire ordonné l'effacement de données concernant le requérant figurant illégalement dans un fichier tenu par la Direction du renseignement et de la sécurité de la défense.

Le décret du 22 février 2010 supprime sa compétence en premier ressort s'agissant des actes dont le champ d'application s'étend au-delà du ressort territorial d'un seul TA. Dorénavant, ces actes relèvent de la compétence du tribunal administratif dans le ressort duquel a son siège l'autorité qui a signé l'acte. Lorsque l'acte a été signé par plusieurs autorités, le TA compétent est celui dans le ressort duquel a son siège la première des autorités dénommées dans cet acte.

Les CAA ont également des compétences de premier ressort (articles R. 311-3 et 5, modifié en dernier lieu par le décret du 29 novembre 2018). Toutes le sont pour connaître des litiges relatifs aux décisions prises par la Commission nationale d'aménagement commercial et aux décisions prises par la Commission nationale d'aménagement cinématographique.

La CAA de Paris s'est vue attribuer une compétence de premier et dernier ressort concernant cinq contentieux : celui des arrêtés du ministre chargé du travail relatifs à la représentativité des organisations syndicales et patronales, celui de certaines décisions du CSA relatives notamment à l'attribution de fréquences radioélectriques pour les services de radio et de télévision, celui des visas d'exploitation cinématographique délivrés par le ministre de la culture, celui de certaines décisions de l'autorité polynésienne de la concurrence et, depuis le décret du 26 décembre 2018, celui lié à l'organisation des Jeux olympiques à Paris en 2024 (article R. 311-2).

Enfin, la CAA de Nantes est compétente, depuis le décret du 8 janvier 2016, pour connaître, en premier et dernier ressort, des litiges portant sur les décisions relatives aux installations de production d'énergie renouvelable en mer et leurs ouvrages connexes mentionnés à l'article R. 311-4.

b. Appel

En appel, la compétence de droit commun relève des cours administratives d'appel. Le Conseil d'État demeure compétent pour l'appel des jugements des tribunaux administratifs relatifs au contentieux des élections municipales et cantonales.

c. Cassation

En cassation, le Conseil d'État est naturellement le seul juge compétent. Traditionnellement, il s'est toujours reconnu compétent comme juge de cassation des juridictions administratives spécialisées (CE 8 juillet 1904, Botta, pour la Cour des comptes par exemple), comme il a consacré le PGD selon lequel toute décision juridictionnelle administrative doit pouvoir faire l'objet d'un recours en cassation (CE 7 février 1947, d'Aillières). Il s'agit dorénavant de son activité principale, sur laquelle il se concentre : à rebours d'une pratique longtemps en vigueur, qui consistait, après avoir cassé une décision juridictionnelle, à régler lui-même au fond le litige, il « renvoie » dorénavant quasi-systématiquement l'affaire à la cour administrative d'appel dont elle émane, qui devra se prononcer à nouveau, en tenant compte de la décision rendue par le Conseil d'État (par laquelle elle est liée : CE 1er janvier 1967, Cabrol : contrairement à ce qu'il en est devant le juge judiciaire, la cour administrative d'appel de renvoi est tenue par la solution tranchée en cassation par le Conseil d'État et ne peut donc s'en écarter).

Le contrôle juridictionnel exercé par le juge administratif : éléments fondamentaux

- **La distinction des contentieux**

On distingue en contentieux administratif deux types de recours principaux : les recours de plein contentieux (PC) et les recours pour excès de pouvoir (REP), qui se distinguent par les pouvoirs du juge. Dans les recours de plein contentieux, dits aussi de pleine juridiction, le juge dispose des pouvoirs les plus étendus : il peut annuler l'acte attaqué, mais également le remplacer par sa propre décision. Il se placera pour ce faire à la date à laquelle il statue, en prenant donc en considération les changements qui ont pu affecter l'état du droit et/ou les circonstances de fait (mais attention : en matière de plein contentieux objectif, et sauf quelques exceptions législatives (environnement notamment), il ne se place à cette date que s'il s'agit pour lui de se prononcer après l'annulation de la décision attaquée ; en revanche, pour apprécier la légalité de cette décision, il se place à la date à laquelle elle a été prise : CE 11 décembre 2009, Mme Hamsi, pour un rappel de ce principe souvent oublié). Relèvent du PC le contentieux de la responsabilité (contractuelle et extracontractuelle), le contentieux fiscal (le juge peut modifier le montant de l'imposition contestée), le contentieux électoral (le juge peut rectifier le résultat du scrutin), etc. À l'inverse, dans le REP, le juge se place à la date de la décision attaquée pour en apprécier la légalité, et ne peut rien faire d'autre que d'annuler cette décision (le cas échéant en assortissant cette annulation d'une injonction et en modulant les effets dans le temps de cette annulation : cf. *infra*).

Plusieurs décisions récentes sont venues tempérer cette distinction quant à la date à laquelle le juge doit se placer. Par une décision CE 19 juillet 2019, Association des Américains accidentels, le Conseil d'État juge que lorsqu'il est saisi de conclusions aux fins d'annulation du refus d'abroger un acte réglementaire, le juge de l'excès de pouvoir est conduit à apprécier la légalité de l'acte réglementaire dont l'abrogation a été demandée au regard des règles applicables à la date de sa décision. La raison en est que l'effet utile de l'annulation d'un refus d'abrogation d'un acte réglementaire est l'injonction de procéder à cette abrogation. Or cette injonction peut ne pas être encourue si, illégal à la date de son adoption, l'acte réglementaire est, à la date à laquelle le juge statue, devenu légal par l'effet d'une modification normative (en l'espèce, suppression de l'exigence d'un décret ayant eu pour effet d'assurer la compétence d'un ministre ayant pris un arrêté).

Même solution s'agissant saisi d'un recours contre le refus de la Commission nationale de l'informatique et des libertés de mettre en demeure l'exploitant d'un moteur de recherche de procéder au déréférencement de liens vers des pages web : dans la mesure où l'effet utile de l'annulation du refus réside dans l'injonction de procéder à une telle mise en demeure, le juge de l'excès de pouvoir est conduit à apprécier la légalité du refus au regard des règles applicables et des circonstances prévalant à la date de sa décision (CE 6 décembre 2019, Mme X).

La décision CE 7 février 2020, Confédération paysanne adopte la même solution s'agissant d'un refus du Premier ministre de prendre des mesures de prévention des risques liés à l'utilisation de certaines variétés de plantes, pour les mêmes raisons tenant aux pouvoirs d'injonction du juge.

Par la décision CE 18 mars 2020, Région Ile-de-France, le Conseil d'État juge que la légalité du refus opposé à une demande de récupération d'aides d'État lorsqu'elles n'ont pas fait l'objet d'une notification préalable à la Commission européenne, dépend de l'appréciation par cette dernière, sous le contrôle du juge communautaire, de la compatibilité de ces aides avec le marché intérieur. La légalité de ce refus, afin de tirer les conséquences d'une décision de la Commission et du juge communautaire susceptibles d'être postérieures à ce refus, doit, dès lors, être appréciée par le juge national au regard des règles applicables et des circonstances prévalant à la date de sa décision.

De la même manière, le juge de l'excès de pouvoir apprécie la légalité du refus d'abroger le décret d'extradition (CE 10 juin 2020, Zdancewicz) ainsi que celle du refus de consultation anticipée des archives publiques (CE 12 juin 2020, Graner), ou celle relative à la date de convocation en préfecture d'un étranger demandant un titre de séjour (CE 1er juillet 2020, Labassi), à la date à laquelle il statue.

Voir, pour un développement sur cette évolution de l'office du juge de l'excès de pouvoir, l'article cité en bibliographie de Clément Malverti et Cyrille Beaufils, Dynamique ou dynamite ? L'appréciation de la légalité à la date à laquelle le juge statue.

- **Les motifs de l'illégalité d'un acte**

Une décision peut être illégale pour des motifs de forme (illégalité externe : incompétence, vice de procédure, défaut de motivation), ou de fond (illégalité interne : erreur de droit, erreur de fait, erreur sur la qualification juridique des faits, illégalité en raison du but de l'acte (détournement de pouvoir : l'auteur de l'acte a agi dans un but autre que la satisfaction de l'intérêt général, par exemple motif personnel, vengeance, etc.)).

- **L'intensité du contrôle exercé par le juge sur la décision attaquée**

Elle dépend du type de pouvoir détenu par l'administration. Celle-ci peut d'abord détenir un pouvoir discrétionnaire qui lui permet de choisir entre deux (au moins) comportements ou décisions également légaux, par exemple choisir si, en cas de faute d'un fonctionnaire, elle engagera des poursuites disciplinaires ou non. À l'opposé, l'administration peut être en situation de compétence liée, lorsqu'aucun choix ne lui est ouvert (abroger un règlement devenu illégal, ou délivrer le récépissé d'une déclaration d'association). Dans tous les cas, le contrôle porte sur la légalité externe de l'acte et la plupart des éléments de sa légalité interne (erreur de droit, erreur de fait (CE 14 janvier 1916, Camino) et détournement de pouvoir (CE 26 novembre 1875, Pariset)). Il s'agit d'un contrôle normal.

La variabilité de l'intensité du contrôle ne porte que sur la qualification juridique des faits (CE 4 avril 1914, Gomel), c'est-à-dire sur la question de savoir si les faits considérés par l'administration sont de nature à justifier la décision adoptée. Le contrôle peut être inexistant, restreint, normal ou approfondi. Il demeure quelques îlots de matière dans lesquelles le juge se refuse à contrôler l'administration : appréciations sur la valeur des copies ou des candidats portées par les jurys de concours et d'examens, choix de gérer un service public en régie ou de le déléguer.

Le juge exerce un contrôle restreint, c'est-à-dire un contrôle de l'erreur manifeste d'appréciation (EMA), lorsqu'il estime que l'administration doit disposer d'une marge de manœuvre substantielle (notation des fonctionnaires, contenu des plans locaux d'urbanisme, mise à l'isolement d'un détenu, contenu des programmes scolaires, etc.).

Normal, le contrôle l'est par principe, chaque fois qu'il n'est pas assuré autrement par le juge. La question est alors de savoir si les faits ont été de nature à justifier la décision prise (par exemple, l'atteinte à l'intérêt des lieux avoisinants par un projet de construction est-elle de nature à justifier le refus de permis de construire ?). Ce contrôle inclut celui dit de proportionnalité, exercé par exemple en matière de police (CE 19 mai 1933, Benjamin) ou d'éloignement des étrangers (CE 19 avril 1991, Belgacem et Babas (deux affaires)).

Enfin, le contrôle est dit approfondi, ou du bilan, lorsque le juge, non seulement recherche si les faits en cause étaient de nature à justifier la décision, mais encore si cette décision présente plus d'avantages que d'inconvénients : c'est la théorie du bilan en matière d'expropriation (CE 28 mai 1971, Ville nouvelle Est : les atteintes à la propriété, le coût, les inconvénients d'ordre social ou économique ne doivent pas être excessifs eu égard à l'intérêt de l'expropriation), qui existe également en droit du licenciement des salariés protégés (où l'administration peut refuser le licenciement de l'intéressé, même dans l'hypothèse où il serait fondé, dès lors que ce licenciement porterait notamment atteinte à l'intérêt des autres salariés par exemple privés de représentation : CE 5 mai 1976, Safer d'Auvergne) et en matière d'équipement commercial (où le juge apprécie si un projet est de nature à compromettre, dans la zone de chalandise, l'équilibre recherché par le législateur entre les différentes formes de commerce, et, dans l'affirmative, si cet inconvénient est compensé par les effets positifs que peut présenter le projet au regard notamment de l'emploi, de l'aménagement du territoire, de la concurrence, etc. : CE 27 mai 2002, SA Guimatho).

Il ne faut pas confondre contrôle de proportionnalité, qui est un contrôle normal, et contrôle du bilan. Lorsqu'il exerce un contrôle de la proportionnalité, le juge ne cherche pas si la décision qui lui est soumise présente plus d'avantages que d'inconvénients : il vérifie, minutieusement, que les faits étaient de nature à justifier les décisions, mais ne se demande pas si les avantages induits par la décision sont supérieurs à ses inconvénients (par exemple, il ne recherche pas si la mesure de police ou si la présence de l'étranger en France présente plus d'avantages que d'inconvénients, mais seulement si les faits pouvaient légalement fonder la mesure de police ou la décision d'éloignement). C'est en revanche à un véritable bilan social de la décision litigieuse qu'il se livre lorsqu'il exerce un contrôle du bilan, en pesant le pour et le contre et en en déduisant, seulement dans un second temps, la légalité – ou non – de l'acte contesté. C'est ainsi, en réalité, l'objet du contrôle qui est différent : moins un contrôle de conformité juridique qu'un contrôle de l'opportunité sociale du projet d'expropriation. Mais ce contrôle de l'opportunité sociale est lui-même un contrôle restreint : l'analyse de la jurisprudence montre que les décisions censurant une DUP sur le fondement de Ville Nouvelle Est sont assez rares (il a par exemple récemment rejeté le recours dirigé contre le projet de liaison ferroviaire directe CDG Express entre Paris et l'aéroport de Paris-Charles de Gaulle, estimant son utilité établie : CE 22 octobre 2018, Commune de Mitry-Mory). Les décisions ayant annulé une décision d'envergure nationale sont celles du 10 juillet 2010, Association interdépartementale et intercommunale pour la protection du lac de Sainte-Croix, qui annule la DUP relative à l'implantation d'une ligne électrique aérienne surplombant les gorges du Verdon, et celle du 15 avril 2016, Fédération nationale des associations d'usagers des transports, qui annule la DUP relative au projet tendant à relier Poitiers à Limoges par une ligne ferroviaire à grande vitesse d'une longueur de 112 km. Bertrand Seiller relève ainsi qu'en pratique, « *le juge ne peut que s'en remettre à une appréciation superficielle, grossière, et n'annule qu'en cas de déséquilibre patent* » (Droit administratif, 2. L'action administrative, Champs université, Flammarion, 3e édition, p. 248).

Bilan de l'actualité

Le développement des pouvoirs du juge administratif se concrétise de diverses manières. On les présentera en examinant la question de l'accès au juge (ouverture de nouvelles voies de recours), puis, une fois le recours admis, celle de son intervention en urgence et celle de son office.

L'ouverture de nouvelles voies de recours

- **Le recul régulier des mesures d'ordre intérieur**

Elles sont des décisions prises dans l'intérêt du service mais dont la faible importance ne justifie pas que l'on vienne s'en plaindre en justice. Elles illustrent le principe selon lequel « *de minimis non curat praetor* » : le préteur n'a cure de ce qui est mineur. Elles concrétisent l'existence d'une sorte de pouvoir de police interne à l'administration destiné à maintenir un certain ordre intérieur. Leur histoire est celle de leur recul. Le juge administratif ouvre de plus en plus souvent le recours pour excès de pouvoir aux mesures d'ordre intérieur, leur retirant de fait cette qualification : la mesure d'ordre intérieur demeure celle qui n'est pas susceptible de recours. Les sanctions disciplinaires infligées dans les établissements pénitentiaires et dans les armées ont ainsi perdu leur nature de mesure d'ordre intérieur (CE 17 février 1995, Hardouin et Marie), de même que la mise à l'isolement d'un détenu (CE 30 juillet 2003, Remli).

Par deux arrêts, le Conseil d'État a restreint encore cette catégorie de mesures et précisé le raisonnement permettant de les identifier. Pour apprécier si une décision est susceptible de recours pour excès de pouvoir, il convient d'apprécier sa nature et l'importance de ses effets sur la situation des intéressés. Dans la première affaire, le Conseil d'État juge qu'eu égard à sa nature et à l'importance de ses effets sur la situation des détenus, le changement d'affectation d'un établissement pour peines à une maison d'arrêt constitue un acte susceptible de REP et non une mesure d'ordre intérieur. En revanche, la décision inverse (refus de déplacement à la suite d'une demande), ou celle décidant le déplacement vers un établissement pénitentiaire de même catégorie n'est pas susceptible de recours, sous réserve toutefois que ne soient pas en cause des libertés et des droits fondamentaux des détenus (CE 14 décembre 2007, Boussouard, confirmé par CE 9 avril 2008, M. A. et CE 27 mai 2009, M.M. : absence d'atteinte au droit au respect de la vie privée et familiale d'un détenu transféré à 800 km de son lieu initial de détention, rendant les visites de sa famille plus difficiles, en raison de la suspicion de son implication dans les préparatifs d'une tentative d'évasion ; CE 13 novembre 2013, M. A. : l'objectif de réinsertion sociale des détenus n'est pas au nombre des droits et libertés fondamentaux des détenus) ni que la nouvelle affectation s'accompagne d'une modification du régime de détention entraînant une aggravation des conditions de détention (CE 13 novembre 2013, M. P.).

Dans la seconde affaire, le Conseil d'État juge qu'une décision de déclassement d'emploi d'un détenu est susceptible de recours. Tel n'est pas le cas en revanche des refus opposés à une demande d'emploi, sous réserve que ne soient pas en cause des libertés et des droits fondamentaux des détenus (CE 14 décembre 2007, Planchenault).

Le Conseil d'État a également jugé qu'une mesure d'isolement prise par l'administration pénitentiaire, à titre préventif ou à titre provisoire, pouvait faire l'objet d'un recours pour excès de pouvoir alors même que sa durée ne peut excéder 48 heures (CE 17 décembre 2008, Section française de l'OIP).

Il en va de même de la décision par laquelle un directeur de centre pénitentiaire organise le droit de visite au parloir d'un détenu (CE 26 novembre 2010, M. Bompard).

Poursuivant son œuvre de réduction des mesures d'ordre intérieur, le Conseil d'État a jugé par un arrêt M. T. du 24 septembre 2010 que la décision préfectorale d'autorisation de sortie d'essai d'une personne hospitalisée d'office était dorénavant susceptible de recours pour excès de pouvoir. Cette solution a été retenue, eu égard à la « nature et l'importance des effets » des refus d'autorisation de sortie d'essai sur la situation des intéressés et de leur entourage.

Relèvent encore de la catégorie des mesures d'ordre intérieur la mise au piquet d'un élève, l'affectation dans une classe, les heures de « colle », le changement de cellule d'un prisonnier, les sanctions légères dans l'armée (corvées diverses), le refus d'autorisation d'absence pour convenance personnelle sans retenue sur traitement (CE 11 mai 2011, Caisse des dépôts et consignations), le changement d'affectation et la modification des tâches d'un agent public (CE 25 septembre 2015, Mme Bourjolly), le contrôle par l'administration pénitentiaire des équipements informatiques des détenus (CE 9 novembre 2015, M. Dos Santos Pedro – en revanche, la décision distincte de retenue de ces équipements est susceptible de REP (même décision)). Dans l'ensemble de ces cas cependant, l'exception d'atteinte aux droits et libertés fondamentaux des intéressés doit être réservée.

- **La création de nouvelles voies de recours contre les contrats**

Aussi longtemps attendue que reportée, l'ouverture d'un recours direct des tiers contre les contrats administratifs a enfin été permise par l'arrêt CE 16 juillet 2007, Société Tropic Travaux Signalisation, étendu par l'arrêt CE 4 avril 2014, Département de Tarn-et-Garonne.

1. Un rappel de la jurisprudence antérieure est utile pour apprécier la portée de ces arrêts. Afin de contourner la difficulté liée au refus de reconnaître un recours direct des tiers contre le contrat (CE 11 juin 1961, Barbaro), le juge administratif a développé la théorie – complexe – de l'acte détachable, qui lui permet, à l'occasion d'un recours dirigé contre une décision détachable du contrat, d'apprécier la légalité dudit contrat. Ces décisions peuvent être relatives à la conclusion du contrat (CE 8 avril 1911, Commune d'Ousse-Suzan), auquel cas tant les parties (CE 11 décembre 1903, Commune de Gorre) que les tiers (CE 4 août 1905, Martin) sont admis à en contester la légalité. Elles peuvent également être relatives à l'exécution du contrat, auquel cas seuls les tiers sont recevables à former un recours à leur encontre (CE 24 avril 1964, Société LIC), les parties disposant d'un recours direct devant le juge du contrat (CE 19 février 1958, Société Air-Tahiti).

La nullité de l'acte détachable n'emporte toutefois pas par elle-même celle du contrat. C'est seulement si l'acte détachable a été annulé en raison de l'illégalité des stipulations contractuelles que le contrat sera nul (CE 1er octobre 1993, Yacht-Club de Bormes-les-Mimosas). Encore faut-il préciser que le juge de l'excès de pouvoir se refuse à prononcer lui-même cette nullité, laquelle devra être demandée par le tiers à l'administration. Si celle-ci refuse de reconnaître la nullité du contrat, le tiers devra alors saisir le juge du contrat (CE 7 octobre 1994, Époux Lopez).

Cette jurisprudence complexe et insuffisamment protectrice du droit des tiers (concurrents évincés notamment) a fait l'objet d'aménagements annonciateurs de l'arrêt Tropic travaux. Les lois des 4 janvier 1992 et 29 janvier 1993 ont instauré un référé précontractuel (articles L. 551-1 et L. 551-2 CJA) permettant de prévenir rapidement les – seuls – manquements aux règles de publicité et de mise en concurrence, les plus grands pouvoirs étant néanmoins reconnus au juge administratif : il peut enjoindre l'administration de se conformer à ses obligations en matière de concurrence, annuler certaines clauses du contrat, annuler la délibération en autorisant la signature. Situation tout à fait remarquable (car dérogeant au principe lui interdisant de statuer *ultra petita*), il peut mettre en œuvre ces pouvoirs même lorsque cela ne lui est pas demandé expressément par les parties (CE 15 décembre 2006, Société Corsica Ferries).

La possibilité de déférer au juge de l'excès de pouvoir les clauses réglementaires des contrats (CE 10 juillet 1996, Cayzeele ; la décision CE 9 février 2018, Communauté d'agglomération Val d'Europe agglomération, précise que « *revêtent un caractère réglementaire les clauses d'un contrat qui ont, par elles-mêmes, pour objet l'organisation ou le fonctionnement d'un service public* »), celle pour le préfet de déférer les contrats soumis au contrôle de légalité, la reconnaissance d'un recours direct de l'excès de pouvoir contre les contrats des agents publics (CE 30 octobre 1998, Ville de Lisieux, confirmé par CE 2 février 2015, Commune d'Aix-en-Provence) constituent par ailleurs autant de brèches à la théorie de l'acte détachable et à l'étanchéité de la séparation entre juge de l'excès de pouvoir et juge de plein contentieux. Les critiques adressées par la doctrine à la position du Conseil d'État ont sans doute achevé de le convaincre de modifier sa jurisprudence et de reconnaître la possibilité d'un recours direct des tiers contre le contrat.

2. L'arrêt Tropic travaux avait ainsi ouvert la possibilité de former un recours de plein contentieux contestant la validité d'un contrat administratif ou de certaines de ses clauses qui en sont divisibles, dans un délai de deux mois à compter de l'accomplissement des mesures de publicité appropriées, à « *tout concurrent évincé de la conclusion d'un contrat administratif ayant nécessité l'organisation d'une procédure de publicité préalable (marché public, délégation de service public notamment)* ». L'arrêt Tropic travaux ne concernait toutefois que le « concurrent évincé ». Pour les autres tiers, les jurisprudences antérieures demeuraient applicables : recours contre l'acte détachable, puis le cas échéant contre le juge du contrat. Par un avis du 11 avril 2012, le Conseil d'État confère toutefois à la notion de concurrent évincé une acception large : « *cette qualité est reconnue à tout requérant qui aurait eu intérêt à conclure le contrat, alors même qu'il n'aurait pas présenté sa candidature, qu'il n'aurait pas été admis à présenter une offre ou qu'il aurait présenté une offre inappropriée, irrégulière ou inacceptable* ».

Le Conseil d'État a franchi le pas par un arrêt CE 4 avril 2014, Département du Tarn-et-Garonne, par lequel il juge que « *tout tiers à un contrat administratif susceptible d'être lésé dans ses intérêts de façon suffisamment directe et certaine par sa passation est recevable à former devant le juge du contrat un recours de pleine juridiction contestant la validité du contrat ou de certains de ses clauses non réglementaires qui en sont divisibles* ».

Saisi sur le fondement de cette jurisprudence, le juge administratif dispose des pouvoirs les plus étendus : il peut ordonner la résiliation du contrat, la modification de certaines de ses clauses (ce qui constitue un pouvoir peu commun), la poursuite de son exécution, l'octroi d'indemnités aux concurrents évincés. Il peut même aller jusqu'à l'annulation (rétroactive) du contrat, avec le cas échéant un effet différé (en application de la jurisprudence Association AC ! – cf. *infra*).

La jurisprudence Tarn-et-Garonne a été étendue à l'hypothèse dans laquelle le tiers demande qu'il soit mis fin à l'exécution du contrat (CE 30 juin 2017, Syndicat mixte de promotion de l'activité transmanche).

Les motivations du revirement ainsi opéré tiennent à trois séries de considération : la complexité de la jurisprudence actuelle, l'exigence européenne d'assurer un recours effectif du concurrent évincé et ce que le commissaire du Gouvernement ayant conclu sur l'arrêt Tropic travaux a appelé « *une forme d'épuisement de la théorie des actes détachables* », incapable d'assurer un respect suffisant des droits des tiers en même temps que la sécurité juridique des cocontractants.

3. Dans la lignée de la jurisprudence Tarn-et-Garonne, l'arrêt CE 28 décembre 2009, Commune de Béziers, renforce encore les pouvoirs du juge du contrat. Saisi cette fois par l'une des parties (et non par un tiers, ce qui est l'hypothèse de la jurisprudence

Tropic travaux), le juge du contrat pourra dorénavant, s'il constate une irrégularité entachant la formation du contrat ou son exécution, en permettre néanmoins la poursuite, le cas échéant après avoir ordonné des mesures de régularisation. Auparavant, la nullité ou la résolution du contrat (sa disparition rétroactive) était quasi-systématiquement prononcée, ce qui n'était guère satisfaisant et source de grande complexité en raison de la rétroactivité attachée à l'annulation du contrat. Le juge pourra aussi, si la poursuite de la relation contractuelle n'est pas possible, résilier (faire disparaître pour l'avenir) ou, en cas d'irrégularité particulièrement grave, résoudre ou annuler le contrat, selon la nature de l'irrégularité (qu'elle concerne l'exécution du contrat ou les conditions de sa formation). Par un arrêt CE 12 janvier 2011, Manoukian, le Conseil d'État précise que le contrat ne pourra être annulé que dans trois hypothèses principales : illicéité du contrat, vice d'une particulière gravité entachant le consentement des parties, manquement particulièrement grave aux règles de passation du contrat. En revanche, en principe, un simple manquement à ces règles ne doit pas entraîner l'annulation du contrat, qui continuera de lier les parties, notamment en vertu du principe de « loyauté des relations contractuelles » (même arrêt). Enfin, par un arrêt du 21 mars 2011, Commune de Béziers (rendu sur le même litige que l'arrêt du même nom du 28 décembre 2009 et dit « Béziers II »), le Conseil d'État, revenant sur une jurisprudence plus que séculaire (CE 20 février 1868, Goguelot), juge que dorénavant le cocontractant de l'administration pourra obtenir l'annulation de la décision de résiliation du contrat et, sous certaines conditions (tenant notamment à la gravité de l'illégalité de la résiliation et à l'intérêt général qui s'attache à la poursuite du contrat), la reprise des relations contractuelles, alors qu'il ne pouvait auparavant qu'obtenir réparation du préjudice causé par la résiliation (CE 6 novembre 1970, Vallée du Lautaret).

L'amélioration de l'efficacité des procédures d'urgence

- La loi du 30 juin 2000 sur les procédures d'urgence a très sensiblement modifié le contentieux administratif de l'urgence. Si le principe de l'effet suspensif des recours n'a pas été retenu (alors qu'il existe par exemple en Allemagne), les conditions de la suspension de l'acte contesté dans le cadre d'une procédure de référé en engagée sur le fondement de l'article L. 521-1 CJA sont assouplies. À l'exigence d'un « moyen sérieux » de nature à justifier l'annulation de l'acte succède celle de « moyen propre à créer un doute sérieux » sur la légalité de la décision : la suspension pourra être prononcée, par précaution, quand il y aura un doute, même léger, sur la légalité de l'acte. L'efficacité de l'action administrative tend ainsi à passer après celle de la garantie des droits des requérants. La loi de 2000 permet ainsi, également, la suspension d'une décision de rejet revenant sur la jurisprudence Amoros (CE 23 janvier 1970).

L'exigence des « conséquences difficilement réparables » qu'entraînerait l'exécution de l'acte est par ailleurs abandonnée au profit de celle d'urgence, reconnue « *lorsque la décision administrative contestée préjudicie de manière suffisamment grave et immédiate à un intérêt public, à la situation du requérant ou aux intérêts qu'il entend défendre* » (CE 19 janvier 2001, Radios libres). Sur ce fondement, la suspension des décisions à caractère financier peut être accordée (même arrêt), ce qui n'était pas le cas avant la réforme.

Le Conseil d'État présume dans certaines hypothèses l'existence de l'urgence (renversant ainsi la charge de la preuve : il appartient alors à l'administration de démontrer l'absence d'urgence). Ainsi des recours dirigés contre un permis de démolir (CE 18 novembre 2009, Société La Méridionale des bois et matériaux), contre un arrêté de cessibilité (CE 5 décembre 2014, Consorts Le Breton), contre un arrêté préfectoral modifiant la répartition des compétences entre une collectivité territoriale et un groupement de collectivités territoriales (CE 17 mars 2017, Communauté de communes du Cordais et du Causse), contre la mise à l'isolement d'un détenu (CE 7 juin 2019, Mme Madani – mais cette présomption d'urgence n'est pas retenue si le recours est exercé sur le fondement du référé-liberté (L. 521-2 CJA) : CE 20 novembre 2019, M. Gerihanov).

Les pouvoirs du juge de l'urgence peuvent être accrus dans l'hypothèse où le droit communautaire est en cause. La CJCE a en effet jugé que le juge interne peut prononcer la suspension d'un acte national pour permettre l'application du droit communautaire, même si la loi ne lui a pas accordé ce pouvoir (CJCE 19 juin 1990, Factortame), et que le juge national peut ne pas appliquer un acte national pris pour l'application d'un acte communautaire qu'il estime contraire au TCE (le juge interne doit alors saisir la CJCE qui statuera : CJCE 21 février 1991, Zuckerfabrik). Dans la lignée de ces jurisprudences, le Conseil d'État a ouvert l'office du juge des référés en matière de droit de l'Union européenne en lui permettant d'accueillir le moyen tiré de l'inconventionnalité de la loi applicable au litige, à rebours de sa jurisprudence Carminati (voir le chapitre sur la hiérarchie des normes).

- La réforme de 2000 a introduit une nouvelle voie de recours destinée à préserver les droits fondamentaux des citoyens, le référé-liberté (L. 521-2 CJA). Cette procédure permet à tout intéressé de saisir le juge de l'urgence afin qu'il ordonne « toutes mesures nécessaires à la sauvegarde d'une liberté fondamentale » à laquelle l'administration aurait, dans l'exercice de ses pouvoirs (ce qui distingue cette procédure de la voie de fait), porté une atteinte grave et manifestement illégale. Le juge administratif a élaboré une jurisprudence fournie relative à la notion de « liberté fondamentale » au sens de cet article. En font notamment partie :
  - le caractère pluraliste de l'expression des courants de pensée et d'opinion (CE 24 février 2001, Tibéri) ;
  - le droit de propriété (CE 23 mars 2001, Société Lidl) ;
  - le droit à une vie familiale normale (CE 30 octobre 2001, Mme Tbila) ;
  - la liberté d'aller et venir (CE 9 janvier 2001, Deperthes) ;
  - le droit de grève (CE 9 décembre 2003, Mme Aguillon) ;
  - le droit au respect de la vie privée (CE 25 octobre 2007, Mme Y) ;
  - le droit de l'enfant handicapé d'accéder à une scolarisation adaptée (CE 15 décembre 2010, ministre de l'Éducation nationale) ;

- les libertés d'expression et de réunion des usagers du service public de l'enseignement supérieur (CE 7 mars 2011, École normale supérieure) ;
- le droit au respect de la vie (CE 16 novembre 2011, Ville de Paris) ;
- le droit à un hébergement d'urgence pour toute personne sans abri qui se trouve en situation de détresse médicale, psychique et sociale (CE 10 février 2012, Fofana) ;
- le droit du patient de consentir à un traitement médical et de ne pas subir un traitement qui serait le résultat d'une obstination déraisonnable (CE 14 février 2014, Mme Lambert) ;
- le droit de propriété des personnes publiques (CE 9 octobre 2015, Commune de Chambourcy) ;
- le droit à un recours effectif (CE 19 janvier 2016, Association El Fath) ;
- le droit, dans certaines hypothèses, de bénéficier du concours de la force publique en vue de l'exécution d'une décision de justice (CE 1er juin 2017, SCI La Marne Fourmies) ;
- le droit de ne pas être soumis à des traitements inhumains ou dégradants (CE 31 juillet 2017, Commune de Calais) ;
- le droit de recevoir les traitements et soins appropriés à son état de santé (CE 13 décembre 2017, M. Pica-Picard) ;
- le libre exercice du mandat parlementaire (CE 2 juin 2020, M. Bernalicis).

S'agissant des pouvoirs qu'il détient, le juge du référé-liberté dispose d'une très grande liberté d'action : il peut ordonner « toutes mesures nécessaires », sous réserve, en principe, de leur caractère provisoire (compte tenu de l'office du juge de l'urgence). Toutefois, il a été jugé que, lorsqu'aucune mesure de caractère provisoire n'était susceptible de mettre fin à l'atteinte portée à la liberté en cause, le juge pouvait prendre des mesures ne présentant pas ce caractère (CE 30 mars 2007, Ville de Lyon : le juge peut enjoindre un maire d'autoriser une association à louer une salle municipale lorsqu'il estime illégale la décision du maire de refuser la tenue d'une réunion d'une association).

Le juge apprécie l'urgence qu'il y a à faire droit à la réclamation du requérant objectivement et globalement et tient compte de l'ensemble des intérêts en présence, et notamment celui de tiers, la protection de l'ordre public, la continuité du service public ou la protection de l'environnement. C'est ainsi « *compte-tenu du contexte marqué par une recrudescence des actes antisémites* » que le ministre de l'intérieur a pu légalement ordonner l'expulsion en urgence absolue pour menace grave à l'ordre public d'une personne souffrant d'importants troubles mentaux et ayant à plusieurs reprises essayé de porter atteinte à des lieux appartenant à la communauté juive (CE 7 mai 2015, M. Ould Braham).

Par une décision novatrice, le Conseil d'État a également accepté, alors même que l'article L. 521-2 du CJA limite sa compétence aux atteintes commise par l'administration « dans l'exercice de ses pouvoirs », cette formule ayant pour objet de distinguer cette procédure de celle de la contestation de la voie de fait qui doit être portée devant les juridictions judiciaires, que le juge du référé-liberté puisse mettre fin à une voie de fait : CE 23 janvier 2013, Commune de Chirongui. Le bon sens et le souci de simplicité et de rapidité ont présidé à l'adoption de cette solution bienvenue.

On relèvera enfin que c'est principalement par la voie du référé-liberté que le Conseil d'État a été saisi des contestations dirigées contre les mesures gouvernementales adoptées à la suite de la déclaration de l'état d'urgence sanitaire imposé par la lutte contre l'épidémie de covid-19 au printemps 2020 (loi du 23 mars 2020 d'urgence pour faire face à l'épidémie de covid-19). Il a ainsi par exemple jugé que l'absence d'édiction de mesures visant à la mise en place d'un confinement total de la population ne portait pas atteinte à une liberté fondamentale, au regard des moyens dont dispose l'administration et de la nécessité de maintenir certaines activités vitales (CE 22 mars 2020, Syndicat Jeunes Médecins). Ne porte pas non plus une telle atteinte le refus de fermer les centres de rétention administrative (CE 27 mars 2020, Gisti), le refus d'édiction de mesures visant à permettre la prescription, la production et à la constitution de stocks d'hydroxychloroquine et d'azithromycine (CE 4 avril 2020, CHU de la Guadeloupe), ou encore l'adaptation des règles de procédure civile à la situation d'état d'urgence sanitaire (CE 10 avril 2020, Conseil national des barreaux).

Une conception plus extensive de « l'office du juge »

« L'office du juge » est l'expression dorénavant consacrée par laquelle on désigne les pouvoirs procéduraux reconnus au juge, ou, plus souvent d'ailleurs, qu'il se reconnaît lui-même, afin de trancher les litiges dont il est saisi. Depuis une quinzaine d'années, le juge administratif a profondément renouvelé son office, se dotant d'un arsenal destiné à affiner le contrôle qu'il exerce sur l'activité administrative, se montrant plus tolérant aux irrégularités vénielles et approfondissant son contrôle sur le fond des affaires dont il est saisi. Une partie de la doctrine critique ces orientations, estimant l'équilibre entre légalité et sécurité juridique rompu (cf. le dossier AJDA en bibliographie).

On présentera l'évolution de cet office en distinguant les aspects relatifs aux relations entre les parties (1), aux modalités de son contrôle de l'administration (2), à la portée des annulations prononcées (3) et à l'exécution de ses décisions (4).

- **Office du juge et relations entre les parties**

Le juge s'efforce de ne pas prendre les parties « par surprise » et de les mettre à même de présenter leurs observations sur les pouvoirs relevant de son office qu'il s'apprête à mettre en œuvre : ainsi de la communication obligatoire des moyens d'ordre public (article R. 611-7 CJA), de l'information des parties qu'il s'apprête à procéder à une substitution de base légale (CE 3 décembre 2003, El Bahi), du recueil de leurs observations lorsqu'il s'apprête à appliquer la jurisprudence AC ! relative à la modulation dans le temps des effets de l'annulation contentieuse, de l'obligation qui pèse sur lui d'avertir les parties qu'il s'apprête à trancher le litige sur un terrain juridique dont elles n'ont pu débattre en raison de l'évolution de la jurisprudence entre la clôture de l'instruction et le jour de l'audience (CE 19 avril 2013,

CCI d'Angoulême). Se dégage ainsi ce que les responsables du centre de recherches et de diffusions juridiques du Conseil d'État désignent comme « *un parfum inavoué de principe général de procédure d'organisation par le juge de la loyauté des débats* » (cf. bibliographie). Ce principe a trouvé une traduction concrète s'agissant des modalités de la preuve, la décision CE 16 juillet 2014, Ganem, consacrant une « obligation de loyauté » de l'employeur public vis-à-vis de ses agents de laquelle découle l'interdiction de fonder une sanction disciplinaire sur des documents obtenus en méconnaissance de cette obligation (recours à un détective privé, jugé toutefois légal en l'espèce).

- **Office du juge et modalités du contrôle de l'administration**

a. Au regard des conclusions des parties

Par deux arrêts importants, le Conseil d'État a jugé, dans le cadre du référé précontractuel, que le juge pouvait, indépendamment de ce que lui demandaient les parties, mettre en œuvre l'ensemble des pouvoirs qu'il détient en vertu des articles L. 551-1 et suivants CJA (CE 20 octobre 2006, Commune d'Andeville ; CE 15 décembre 2006, Société Corsica Ferries). Le principe fondamental selon lequel le juge ne peut statuer que sur les conclusions dont il est saisi par les parties en cause (CE 8 août 1918, Delacour – interdiction de statuer *ultra petita*) connaît donc une limite importante motivée par la volonté du juge de mettre pleinement en œuvre les pouvoirs qu'il détient d'un texte normatif.

b. Au regard des moyens des parties

- **La reconnaissance de la substitution de base légale**

Le juge administratif accepte de procéder à la modification du fondement légal d'une décision lorsque le fondement retenu par l'administration est erroné mais qu'il existe un fondement de nature à assurer la légalité de la décision prise. Par la décision CE 3 décembre 2003, El Bahi, le Conseil d'État juge que « *lorsqu'il constate que la décision contestée devant lui aurait pu être prise, en vertu du même pouvoir d'appréciation, sur le fondement d'un autre texte que celui dont la méconnaissance est invoquée, le juge de l'excès de pouvoir peut substituer ce fondement à celui qui a servi de base légale à la décision attaquée, sous réserve que l'intéressé ait disposé des garanties dont est assortie l'application du texte sur le fondement duquel la décision aurait dû être prononcée* ». « *Une telle substitution relevant de l'office du juge, celui-ci peut y procéder de sa propre initiative, au vu des pièces du dossier, mais sous réserve, dans ce cas, d'avoir au préalable mis les parties à même de présenter des observations sur ce point* ». Deux conditions donc à la substitution de base légale, dont la consécration est expressément liée à l'office du juge : que la décision administrative relève du même pouvoir d'appréciation de l'administration (il s'agit du pouvoir discrétionnaire ou de la compétence liée : CE 7 juillet 2010, EARL des Noëls) et que la substitution ne prive pas l'intéressé d'une garantie (ce qui peut être le cas lorsque le texte destiné à être substitué au fondement erroné prévoit une procédure de consultation par exemple). L'administration peut donc utilement invoquer le moyen tiré de ce que sa décision est légalement fondée sur un autre texte que celui initialement invoqué, ce pouvoir étant aussi reconnu au juge qui peut, d'office, procéder à une substitution, sous réserve de mettre les parties à même de présenter leurs observations. À noter enfin que cette possibilité existe aussi en plein contentieux : CE 22 mai 2012, Mari, à propos des sanctions de l'AMF.

- **La reconnaissance de la substitution de motifs**

Par l'arrêt CE 6 février 2004, Hallal, le Conseil d'État, revirant sa jurisprudence CE 23 juillet 1976, URSSAF du Jura, reconnaît la possibilité à l'administration d'invoquer devant lui de nouveaux motifs permettant de fonder légalement la décision attaquée, alors que ces motifs n'avaient pas été invoqués dans la décision litigieuse. L'administration (et elle seule : une autre partie au litige, par exemple le bénéficiaire de la décision attaquée, ne peut pas demander au juge une telle substitution : CE 5 février 2014, Société Pludis) peut ainsi invoquer des motifs nouveaux devant le juge qu'elle n'avait pas portés à la connaissance de l'intéressé (sans que le juge soit contraint de procéder à la substitution demandée : il s'agit d'une simple faculté). Cette jurisprudence s'inscrit dans la lignée de celle relatives à la « neutralisation » des motifs illégaux fondant une décision lorsque d'autres motifs également invoqués dans la décision suffisent à en assurer la régularité (CE 12 janvier 1968, Dame Perrot) et dans celle, plus audacieuse encore, permettant à l'administration, en contentieux de l'urbanisme, non d'invoquer un nouveau motif, mais de modifier sa décision en cours d'instance contentieuse afin de la rendre légale (CE 2 février 2004, Société La Fontaine de Villiers, qui permet la « correction » en cours d'instance d'un permis de construire par la délivrance d'un permis modificatif, conduisant le juge à écarter le moyen tiré de l'irrégularité originelle ainsi purgée ; solution étendue aux autorisations de défrichement : CE 17 décembre 2018, Société Clairsienne).

Sur le fondement de la jurisprudence Hallal, le juge administratif a ainsi « sauvé » une décision du ministre de l'Économie autorisant une concentration d'une annulation contentieuse qui était « certaine » selon le commissaire du Gouvernement (CE 20 juillet 2005, Société Fiducial Informatique).

Par une décision CE 27 septembre 2006, Mme Pillods, le Conseil d'État, tirant les conséquences de cette jurisprudence, a jugé que lorsque la légalité d'une décision est subordonnée à la satisfaction de plusieurs conditions et que l'administration a omis d'examiner l'une d'elles, elle peut faire valoir pour la première fois devant le juge le motif tiré de ce que cette condition était, en réalité, remplie à la date de la décision attaquée.

Les substitutions de motifs sont aujourd'hui très régulièrement pratiquées, notamment par les juges du fond.

Ces jurisprudences sont fondées sur des considérations pratiques liées à la simplification de l'action administrative : il est inutile d'annuler une décision pour un motif ou un fondement erroné, alors qu'existe par ailleurs un autre motif ou une autre base légale sur lequel fonder en droit cette décision. Le sauvetage de l'acte attaqué permet ainsi d'éviter l'adoption d'une décision identique mais différemment motivée ou fondée. Si cette inflexion fait donc gagner du temps aux services comme au justiciable, elle se révèle particulièrement favorable à l'administration, laquelle n'a dorénavant plus à exposer les motifs réels de ses décisions que devant le juge.

Les substitutions de motifs, de base légale, l'intervention en cours d'instance d'un permis modificatif relèvent des techniques dites de régularisation *a priori*, c'est-à-dire avant l'intervention du juge. Pour les régularisations *a posteriori*, cf. *infra* « office du juge et portée de l'annulation ».

- **La possibilité de soulever d'office un moyen**

Encore très encadrés en droit interne, où la stabilité des moyens d'ordre public contraste avec la créativité du juge dans d'autres domaines, c'est le droit communautaire qui contribue, ici, à étendre l'office du juge. Par un arrêt CJCE 7 juin 2007, Van der Weerd, la Cour précise les pouvoirs que le juge national détient pour soulever d'office un moyen tiré de la méconnaissance du droit communautaire. Après avoir rappelé sa jurisprudence fondée sur le principe d'autonomie procédurale des États membres selon laquelle le juge interne n'a pas, en principe, à soulever d'office un tel moyen (CJCE 14 décembre 1995, Van Schijndel), la CJUE instaure une double réserve liée au nécessaire respect des principes d'équivalence et d'effectivité. Le premier impose que le juge soulève d'office le moyen si la règle communautaire méconnue porte sur des matières qui justifient, en droit interne, la reconnaissance de ce pouvoir. Le second principe, dit d'effectivité, consiste à examiner si une disposition nationale est de nature à rendre impossible ou excessivement difficile l'invocation de la règle communautaire. Si tel est le cas, alors le juge pourra soulever d'office le moyen tiré de la méconnaissance de cette règle.

- **La possibilité d'écarter d'office un moyen**

Le juge peut écarter un moyen soulevé auquel il n'est pas répondu par la partie adverse dès lors qu'il constate que ce moyen ne peut prospérer; ce faisant, il ne soulève aucun moyen d'ordre public et n'est pas tenu d'avertir les parties de ce qu'il s'apprête à utiliser cette faculté (CE 2 juin 2010, Fondation de France).

- **La possibilité de ne pas faire produire ses effets à une illégalité constatée**

Il s'agit de la jurisprudence selon laquelle une illégalité n'est pas invariablement de nature à entraîner l'annulation de la décision adoptée à l'issue d'une procédure irrégulière ; nous mentionnons ici pour rappel la jurisprudence Danthony et renvoyons, pour un développement sur celle-ci, au chapitre consacré à la sécurité juridique.

- **Le devoir du juge d'épuiser son office en matière de plein contentieux**

On signalera ici une jurisprudence intéressant le plein contentieux de la responsabilité, et très favorable au requérant, par laquelle il est jugé que « *le juge qui reconnaît la responsabilité de l'administration et ne met pas en doute l'existence d'un préjudice ne peut, sans méconnaître son office ni commettre une erreur de droit, rejeter les conclusions indemnitaires dont il est saisi en se bornant à relever que les modalités d'évaluation du préjudice proposées par la victime ne permettent pas d'en établir l'importance et de fixer le montant de l'indemnisation. Il lui appartient d'apprécier lui-même le montant de ce préjudice, en faisant usage, le cas échéant, de ses pouvoirs d'instruction* » (CE 15 décembre 2010, GIE Garde ambulancière).

- **L'obligation de tenir compte de la hiérarchisation des moyens soulevés par le requérant**

Par une décision importante appelée à une postérité certaine, le Conseil d'État, revenant sur le principe dit de l'économie des moyens, qui permettait au juge, lorsqu'il annulait une décision, de retenir le moyen de son choix, lui impose désormais, lorsque le requérant hiérarchise ses moyens, de retenir en priorité ceux invoqués à titre principal qui seront, le plus souvent, les moyens de légalité interne (CE 21 décembre 2018, Société Eden). Lorsque l'annulation est prononcée pour un motif de légalité externe, le juge fera apparaître par une formule que les moyens de légalité interne soulevés n'étaient pas de nature à fonder en droit l'annulation demandée. Il en va de même lorsque, sans hiérarchiser ses moyens, le requérant présente des conclusions en injonction tendant à la délivrance de l'autorisation refusée : dans une telle hypothèse, le juge doit examiner prioritairement les moyens qui seraient de nature, étant fondés, à faire droit à cette demande, qui sont les moyens de légalité interne (même décision). Cette décision a été étendue au plein contentieux objectif, à l'occasion d'un litige portant sur le contentieux des titres exécutoires : lorsque le requérant choisit de présenter, outre des conclusions tendant à l'annulation d'un tel titre, des conclusions à fin de décharge de la somme correspondant à la créance de l'administration, il incombe au juge administratif d'examiner prioritairement les moyens mettant en cause le bien-fondé du titre qui seraient de nature, étant fondés, à justifier le prononcé de la décharge (CE 5 avril 2019, Société Mandataires Judiciaires Associés). Pour un développement sur ces questions, voir F. Roussel, La jurisprudence Société Eden, un an après, *AJDA* 2020, p. 868 et *s.*

c. Au regard de la nature du contentieux dont il est saisi : le développement du plein contentieux

- La loi précise, de plus en plus souvent, la nature du contentieux dont pourra être saisi le juge administratif en cas de recours contre une décision administrative.

Cela est particulièrement net s'agissant des recours dirigés contre les décisions adoptées par les autorités administratives indépendantes, qui font l'objet d'un contentieux de pleine juridiction. Dans l'état actuel du droit, tel que rappelé notamment par l'article L. 311-4 du Code de justice administrative s'agissant des AAI, ce n'est que par un recours de pleine juridiction que peuvent être contestées devant le Conseil d'État les sanctions infligées par le Conseil supérieur de l'audiovisuel (CSA), l'Autorité des marchés financiers (AMF), la Commission de régulation de l'énergie (CRE), etc. Les sanctions prononcées directement par les ministres peuvent également être soumises au plein contentieux : c'est le cas des sanctions pécuniaires imposées à certaines associations par le ministre chargé du logement, des sanctions infligées par le ministre de l'Intérieur aux entreprises de transport ayant manqué aux obligations que leur impose la législation sur l'entrée des étrangers en France, etc. Citons également l'ouverture du recours de pleine juridiction contre certaines sanctions infligées par le préfet en application de la législation de la pêche maritime, pour contraventions à la législation de la publicité et des enseignes, etc.

- La jurisprudence supplée le cas échéant l'absence de loi et le juge peut, de lui-même, décider de faire basculer dans le champ du plein contentieux ce qui relevait jusque-là de l'excès de pouvoir[1].

Les sanctions administratives infligées aux administrés non usagers d'un service public relèvent ainsi du plein contentieux depuis l'arrêt d'assemblée du 16 février 2009, Société Atom. En revanche, ont été maintenus dans le giron de l'excès de pouvoir : les sanctions infligées aux professionnels exerçant une activité contrôlée (CE 12 octobre 2009, Petit), les sanctions prononcées à l'encontre des agents publics, qui entretiennent avec l'administration des liens tels qu'il ne paraît pas opportun que le juge s'immisce avec trop d'acuité dans leurs relations (CE 13 novembre 2013, Dahan), les sanctions infligées aux détenus (CE 4 février 2013, garde des Sceaux), ou encore aux militaires (CE 25 janvier 2016, Parent).

Par un arrêt CE 18 décembre 2009, Société Ramig, le Conseil d'État fait basculer les recours contre les arrêtés de périls dans le domaine du plein contentieux, alors qu'ils relevaient auparavant en partie de l'excès de pouvoir. L'arrêt CE 9 juillet 2010, Mme Lembezat, fait de même s'agissant de la nature des recours en interprétation, qui relèvent du plein contentieux et non de l'excès de pouvoir. Poursuivant cette politique jurisprudentielle visant à développer les recours de plein contentieux, le Conseil d'État a abandonné sa jurisprudence Commune de Sainte-Marie de la Réunion du 26 juillet 1991, qui rangeait le déféré préfectoral dirigé contre un contrat parmi les REP, pour le faire basculer dans le champ du plein contentieux, par la décision CE 23 décembre 2011, Ministre de l'intérieur. De la même manière, et après il est vrai une phase d'incertitude, le Conseil d'État a définitivement rangé les recours dirigés contre les retraits de points du permis de conduire parmi les recours de pleine juridiction (CE 9 juillet 2010, Berthaud). Relèvent également dorénavant du plein contentieux les demandes de démolition d'un ouvrage public irrégulièrement implanté (CE 29 novembre 2019, M. Pinault).

Par quatre décisions du 3 juin 2019, le Conseil d'État a harmonisé l'office du juge dans les contentieux sociaux (aide ou d'action sociale, de logement ou au titre des dispositions en faveur des travailleurs privés d'emploi, hors droit au logement) et décidé qu'ils relevaient tous dorénavant du plein contentieux.

Ce recours croissant au contrôle de plein contentieux s'explique d'abord par l'influence européenne : la CEDH exige que le juge détienne une compétence de pleine juridiction sur les matières qui relèvent de la compétence de la cour (CEDH 23 octobre 1995, Gradinger). Même s'il est vrai que la notion de « pleine juridiction » au sens où l'entend la CEDH ne recouvre pas exactement celle du droit français, en ce qu'elle fait plus référence à l'intensité du contrôle exercé par le juge qu'aux pouvoirs qu'il peut mettre en œuvre après la reconnaissance de l'illégalité, l'influence de la CEDH est indéniable. Le régime du recours de plein contentieux a également « les honneurs du droit communautaire » (Chapus) : les règlements du Conseil peuvent

1. Le choix entre plein contentieux et excès de pouvoir relève d'une « *considération concrète et pragmatique : celles de donner au juge des moyens adaptés à sa mission, pour une bonne administration de la justice, et la prise en compte des intérêts du justiciable et des prérogatives de l'administration* » (conclusions Isabelle de Silva sur CE 23 novembre 2001, Cie nationale Air France).

attribuer à la CJUE une compétence de pleine juridiction en ce qui concerne les sanctions prévues par ces règlements (art. 261 TFUE).

Il faut ainsi voir dans ce recours plus systématique au plein contentieux la volonté d'accroître les pouvoirs du juge en lui permettant, outre d'annuler la décision attaquée, de statuer sur l'ensemble du litige dont il est saisi et, le cas échéant, de substituer sa propre décision à la décision annulée.

d. Au regard de l'intensité du contrôle exercé

Le développement des pouvoirs du juge administratif passe aussi par l'évolution de l'intensité du contrôle qu'il exerce sur la qualification juridique des faits. L'actualité témoigne du souci du juge de soumettre l'activité administrative à un contrôle normal de l'appréciation qu'elle porte sur les faits à l'origine des décisions qu'elle prend, en contrepoint implicite, mais bien réel, aux orientations jurisprudentielles plus favorables à l'administration (El Bahi, Hallal, AC !, etc.).

Le Conseil d'État est ainsi passé à un contrôle normal :

- des actes de police concernant les publications étrangères : CE 9 juillet 1997, Association Ekin ;
- des décisions de police économique : CE 27 juin 2007, Syndicat de défense des conducteurs du taxi parisien ;
- des décisions de refus de changement de nom patronymique : CE 31 janvier 2014, Retterer ;
- de la délimitation de l'aire géographique d'une appellation d'origine contrôlée : CE 10 février 2014, Syndicat viticole de Cussac-Fort-Médoc ;
- des mesures portant assignation à résidence : CE 11 décembre 2015, M. Domenjoud ;
- des décisions relatives à des nominations d'agents publics subordonnées à des conditions fixées par des textes : CE 14 juin 2019, M. Moatti ;
- des décisions de suspension d'un permis de conduire : CE 23 octobre 2019, ministre de l'intérieur ;
- des décisions de refus de consultation anticipée des archives publiques : CE 12 juin 2020, Graner.

L'exemple des sanctions administratives est à cet égard éclairant. Par une décision de principe du 9 juin 1978, Lebon, le Conseil d'État avait jugé que, en matière de fonction publique, l'adéquation de la sanction à la faute ne pouvait faire l'objet que d'un contrôle restreint (étant rappelé que le juge exerce un contrôle normal sur la question de savoir si les faits tels qu'ils ont été établis sont fautifs ou non : CE 1er février 2006, Touzard). Une première brèche était intervenue avec la décision Ligue islamique du Nord du 27 novembre 1996, par laquelle le juge passait à un contrôle normal dans le contentieux disciplinaire des élèves. Depuis, les exceptions se sont multipliées : les sanctions prononcées à l'encontre des bénéficiaires des allocations chômage (CE 21 mars 2007, Mme Waltz-Gasser), celles infligées aux commissaires aux comptes (CE 12 octobre 2009, M. Petit), aux magistrats du parquet (CE 27 mai 2009, Hontang), aux maires (CE 2 mars 2010, M. Dalongeville – hypothèse de la révocation) et celles prononcées par les fédérations sportives en matière de dopage (CE 2 mars 2010, Fédération française d'athlétisme) relèvent désormais du contrôle normal.

Le Conseil d'État a finalement abandonné la jurisprudence Lebon par son arrêt CE 13 novembre 2013, M. Dahan, par lequel il synthétise la jurisprudence dorénavant applicable : « *il appartient au juge de l'excès de pouvoir, saisi de moyens en ce sens, de rechercher si les faits reprochés à un agent public ayant fait l'objet d'une sanction disciplinaire constituent des fautes de nature à justifier une sanction et si la sanction retenue est proportionnée à la gravité de ces fautes* ». Les expressions « fautes de nature à » et « proportionnée à » signifient que le juge exerce un contrôle normal sur les qualifications en cause.

Dans la lignée de cette jurisprudence, le Conseil d'État était passé à un contrôle normal des sanctions proposées par l'instance de recours saisie par un fonctionnaire ayant fait l'objet d'une sanction disciplinaire (CE 16 février 2015, Commune de Saint-Dié-des-Vosges).

Ne relevaient encore du contrôle de l'erreur manifeste que les sanctions infligées aux personnes détenues par l'administration pénitentiaire : CE 4 février 2013, Garde des Sceaux. Cette dernière digue a cédé par une décision CE 1er juin 2015, M. Boromée.

- **Office du juge et portée de l'annulation**

Le juge de l'excès de pouvoir conçoit de moins en moins son office de façon binaire (annulation ou rejet). Au contraire, il cherche, lorsque cela est possible, à « sauver » la décision dont il est saisi en acceptant d'atténuer la portée de l'annulation encourue.

Il a à cet égard depuis longtemps recours à la technique de la divisibilité, qui lui permet, lorsque cela est possible, d'annuler certaines parties seulement de la décision attaquée.

L'article L. 600-5 du code de l'urbanisme lui permet également, alors même que l'élément illégal d'un permis de construire n'est pas divisible du reste du permis, de ne l'annuler que partiellement en accordant un délai à l'administration pour délivrer un permis modificatif (CE 1er mars 2013, Fritot).

Hors du contentieux de l'urbanisme, le Conseil d'État avait eu recours à une technique proche dans la décision CE 27 juillet 2001, Titran, par laquelle il avait accepté d'accorder un délai de deux mois à l'administration pour adopter les mesures nécessaires à assurer la légalité d'un acte illégal.

Cette technique de régularisation *a posteriori* (qui ne doit pas être confondue avec les hypothèses de régularisation *a priori* que sont les substitutions de motifs, de base légale, les permis de construire modificatifs, etc.), s'est récemment développée, notamment en contentieux contractuel.

La décision Commune de Béziers du 28 décembre 2009 juge ainsi que si le juge du contrat qui constate une irrégularité doit en apprécier l'importance et les conséquences, il peut soit décider que la poursuite de l'exécution du contrat est possible, éventuellement sous réserve de mesures de régularisation prises par la personne publique ou convenues entre les parties, soit prononcer, le cas échéant avec un effet différé, après avoir vérifié que sa décision ne portera pas une atteinte excessive à l'intérêt général, la résiliation du contrat ou, le cas échéant, son annulation.

Par exemple, la décision juridictionnelle peut prévoir qu'il ne sera mis fin à la relation contractuelle que si aucune mesure de régularisation n'intervient dans le délai qu'elle fixe (trois mois pour l'autorisation de signature du marché : CE 28 janvier 2013, Syndicat mixte Flandre Morinie).

- **Office du juge et exécution de ses décisions**

Par une décision CC 6 mars 2015, M. Jean de M., le Conseil constitutionnel juge, sur le fondement de l'article 16 de la DDHC, « *qu'est garanti par cette disposition le droit des personnes à exercer un recours juridictionnel effectif qui comprend celui d'obtenir l'exécution des décisions juridictionnelles* ». Le droit d'obtenir l'exécution d'une décision de justice acquiert ainsi expressément valeur constitutionnelle.

a. L'injonction

Le prononcé d'injonction par le juge administratif à l'administration était, en principe, impossible : CE 27 janvier 1933, Le Noire, alors que rien ne s'opposait à ce qu'il en prononçât à l'encontre de personnes privées : CE 4 février 1976, Elissonde. Le fondement de la prohibition des injonctions résidait dans le refus du juge de s'ingérer dans le fonctionnement de l'administration. Le Conseil d'État s'était toutefois reconnu le pouvoir de prononcer certaines injonctions : demande de documents (pouvoirs d'instruction), répression des contraventions de grande voirie. Le référé précontractuel permettait également au juge de prononcer des injonctions. Mais il a fallu attendre la loi du 8 février 1995 pour que ce pouvoir soit généralisé et étendu à l'ensemble de la juridiction administrative, tant pour les décisions qui tranchent le fond d'un litige (injonction préventive) que pour assurer l'exécution d'une décision de justice (injonction *a posteriori*). Le but des injonctions préventives (L. 911-1 et 2 CJA) est d'expliciter et concrétiser ce que doit être le comportement de l'administration pour que les obligations que la chose jugée lui impose soient respectées. Ce pouvoir constitue un « changement spectaculaire » (Chapus).

Ce pouvoir est toutefois encadré : il faut que le jugement implique nécessairement qu'une mesure d'exécution soit prise dans un sens déterminé ou que l'administration prenne une nouvelle décision après une nouvelle instruction. Le juge peut assortir son injonction d'une astreinte. Si ce pouvoir est en principe conditionné par une demande expresse des parties, la loi du 23 mars 2019 de programmation 2018-2022 et de réforme de la Justice a prévu la possibilité pour le juge de prescrire d'office une mesure d'injonction (pour une première application : CE 5 juillet 2019, Fédération française du transport de personnes sur réservation).

En pratique, le juge, et notamment de première instance, a largement recours à l'injonction. Ont notamment pu être enjoints le remplacement provisoire d'un maire démissionnaire (CE 26 mai 1995, Etna), la nomination d'un fonctionnaire (CE 11 mai 1998, Mlle Aldige), l'exercice du pouvoir réglementaire par le Premier ministre pour l'application d'une loi (CE 26 juillet 1996, Association lyonnaise de protection des locataires), l'abrogation d'un règlement illégal (CE 21 septembre 1997, Calbo), l'adoption d'un code de déontologie (des infirmiers : CE 20 mars 2015, Conseil national de l'ordre des infirmiers), que soit mis un terme au comportement fautif d'une personne publique (CE 27 juillet 2015, M. Baey), la délivrance d'un permis de construire (CE avis 25 mai 2018, Préfet des Yvelines).

Une jurisprudence a en outre contribué à renforcer encore la portée des pouvoirs d'injonction du juge administratif : lorsqu'il statue sur une demande d'injonction, le juge de l'excès de pouvoir se mue en juge de plein contentieux et statue en fonction de la situation de fait et de droit en vigueur à la date du jugement (CE 4 juillet 1997, Leveau).

b. La modulation dans le temps des effets de l'annulation contentieuse

Par l'arrêt CE 11 mai 2004, Association AC !, le Conseil d'État a reviré sa jurisprudence selon laquelle l'annulation d'un acte administratif revêtait toujours une portée rétroactive, c'est-à-dire avait pour conséquence d'effacer l'acte, et les effets qu'il avait produits, de l'ordonnancement juridique, imposant la reconstitution de cet ordonnancement tel qu'il aurait été si l'acte n'avait jamais existé (rejoint en cela par le Tribunal des Conflits : TC 9 mars 2015, Mme Rispal). Cette théorie de la rétroactivité de l'annulation juridictionnelle était fondée sur l'office même du juge de l'excès de pouvoir : procès fait à un acte, recours d'ordre public, le REP ne pouvait conduire, en cas d'annulation, qu'à la disparition rétroactive de l'acte attaqué. Cette rétroactivité pouvait parfois avoir des conséquences excessives en raison des effets que l'acte a produits et des situations qui ont pu se constituer lorsqu'il était en vigueur. L'intérêt général justifiait des aménagements au principe, que consacre l'arrêt Association AC ! : soit le maintien définitif de certains des effets de l'acte (l'annulation s'apparentant alors à une abrogation), soit le maintien temporaire de ses effets (l'annulation ne prenant alors effet qu'à une date que le juge détermine). Le juge de l'excès de pouvoir fait ainsi entrer dans son office la responsabilité de veiller à « l'après-jugement », ce qui était, alors, assez nouveau pour lui. Le Conseil d'État s'est fondé sur trois considérations pour faire évoluer sa jurisprudence :

- d'abord, il a relevé qu'aucun texte ni aucun principe n'impose la rétroactivité de l'annulation juridictionnelle d'un acte ;
- ensuite, il s'est implicitement référé aux pouvoirs que détiennent d'autres juges, notamment la CJUE : l'article 264 TFUE lui confère en effet le pouvoir de décider si ses décisions d'annulation ont un effet rétroactif ou ne jouent que pour l'avenir (si d'impérieuses considérations de sécurité juridique l'exigent) ;
- enfin, le Conseil d'État a été guidé par un souci d'équilibre entre respect de la légalité et exigence de stabilité des situations juridiques.

L'utilisation de la possibilité ouverte par l'arrêt Association AC !, qui devait rester exceptionnelle, n'est pas rare.

L'arrêt CE 25 février 2005, France Télécom, en fait une application pour assurer l'effectivité du droit communautaire. Par un arrêt CE 12 décembre 2007, M. Sire, le Conseil d'État juge que l'annulation de la nomination d'un magistrat, qui est de nature à entraîner la nullité des jugements et procédures auxquels il a concouru, ne prendra effet, compte tenu de l'atteinte manifestement excessive au fonctionnement du service public de la justice que sa rétroactivité occasionnerait, qu'à l'expiration d'un délai d'un mois à compter de la date de l'arrêt. Cet arrêt étend la solution de la jurisprudence Association AC ! aux effets de l'annulation d'une décision individuelle.

Le Conseil d'État a également fait application de ce pouvoir dans le contentieux dirigé contre le décret modifiant le siège et le ressort des tribunaux de commerce : entaché d'un vice de forme, l'annulation du décret en cause n'est prononcée qu'à l'issue d'un délai de six mois à compter de la décision et ses effets antérieurs à l'annulation sont regardés comme définitifs (CE 8 juillet 2009, Commune de Saint Dié des Vosges et autres). Il s'agissait de préserver la recevabilité des requêtes présentées aux tribunaux de commerce dont la compétence territoriale avait été modifiée, un retour brutal et rétroactif à l'état antérieur du droit entraînant leur irrecevabilité. Le Conseil d'État a également supprimé l'effet rétroactif de l'annulation du décret qui relevait de 4 000 à 20 000 euros le seuil des marchés dispensés de toute publicité et mise en concurrence, en raison de l'insécurité juridique qui aurait pesé sur les marchés conclus sous son empire et qui se seraient trouvés dépourvus de fondement légal (CE 10 février 2010, M. Perez). Par une décision du 19 juillet 2017, Association nationale des opérateurs détaillants en énergie, il module dans le temps l'annulation du décret du 16 mai 2013 relatif aux tarifs réglementés de vente du gaz naturel et regarde les effets passés regardés comme définitifs, sous réserve des actions contentieuses déjà engagées. Le Conseil d'État module également les effets dans le temps de l'annulation d'un décret fondée sur l'inconventionnalité de la loi sur le fondement de laquelle il a été pris (CE 31 juillet 2019, Association La Cimade).

Depuis 2004, on dénombre une cinquantaine d'arrêts mettant en œuvre ce nouveau pouvoir. Mais la moitié concerne le même contentieux du transfert aux collectivités locales des missions de recrutement et de gestion des personnels techniques, ouvriers et de service (TOS) exerçant dans les collèges et les lycées et jusque-là gérées par l'État. L'annulation immédiate, pour vice de forme, du décret d'application de la loi prévoyant ce transfert aurait entraîné une atteinte manifeste à la sécurité juridique des personnels ayant exercé leur droit d'option (demeurer fonctionnaire d'État ou devenir fonctionnaire territorial) ; le Conseil d'État n'en prononce donc l'annulation qu'à l'issue d'un délai de six mois permettant aux pouvoirs publics de prendre les mesures nécessaires à la préservation de cette sécurité (CE 16 mai 2008, Département du Val de Marne, pour l'arrêt inaugural).

Au total, on dénombre environ 25 utilisations positives de la jurisprudence AC ! depuis 2004, soit 2 par an en moyenne. C'est assez peu, mais c'est sans compter les décisions des juges du fonds, également enclins à mettre en œuvre cette jurisprudence. Bertrand Seiller s'est ainsi formalisé, dans une tribune parue à l'AJDA en mai 2018 intitulée « Assez d'AC ! » (p. 937), du recours croissant du juge administratif à cette jurisprudence.

L'évolution rédactionnelle opéré par la décision CE 23 décembre 2013, M6, qui abandonne la mention, dans le considérant de principe, du caractère « exceptionnel » de la dérogation à l'effet rétroactif des annulations contentieuses, peut expliquer ce recours croissant et ne sera certainement pas de nature à le tarir.

c. Le contrôle exercé sur les effets des revirements de jurisprudence

À l'instar de l'annulation d'un acte administratif, le revirement de jurisprudence revêt une portée rétroactive. Même nouvelle, la solution dégagée par le juge s'appliquait à l'instance qui lui donnait l'occasion du revirement, alors même que les parties avaient respecté le droit en vigueur à l'époque des faits. Le Conseil d'État, par un arrêt CE 16 juillet 2007, Société Tropic Travaux Signalisation, a modifié cette approche et jugé que la solution consacrée par cet arrêt (créant une nouvelle voie de recours contre les contrats – cf. *supra*) ne s'appliquerait, outre à cette affaire et à celles engagées devant les juridictions, qu'aux contrats signés après sa date de lecture. Le Conseil d'État s'est fondé sur des motifs de sécurité juridique tenant au respect des droits acquis en vertu des contrats passés antérieurement à cette date : leur appliquer la nouvelle voie de recours ainsi consacrée aurait en effet conduit à une remise en cause potentielle de nombreux contrats publics.

Les revirements de jurisprudence (qui doivent faire l'objet d'une motivation renforcée : CEDH 14 janvier 2010, Atanasovski) peuvent donc dorénavant ne s'appliquer que pour l'avenir ; ils n'ont plus nécessairement un effet rétroactif. Le commissaire du Gouvernement Didier Casas, qui a proposé cet aménagement dans le temps des effets des revirements de jurisprudence, a pourtant pris soin de préciser dans ses conclusions qu'il s'agissait là d'une exception au principe, qui doit demeurer, du caractère rétroactif du revirement, seul à même d'assurer le respect de l'article 5 du Code civil prohibant les arrêts de règlement : reconnaître au juge le pouvoir de déterminer la date à laquelle la nouvelle jurisprudence s'applique, c'est en effet lui permettre de statuer par voie générale, le litige qu'il est censé trancher ne servant finalement que de « *support fortuit [à] une construction intellectuelle autonome* ». On retrouve ici l'idée soutenue par Jean Rivero, selon lequel on « *ne saurait concevoir une dissociation entre création et application [de la norme juridique]* » (Sur la rétroactivité de la règle jurisprudentielle, AJDA 1968, p. 15), ou celle formulée par Jean Carbonnier, pour qui « *le revirement jurisprudentiel est rétroactif par nature* » (*Introduction au droit civil*, PUF, « Thémis », 2002).

Cette brèche dans le principe de rétroactivité des revirements de jurisprudence rejoint les pratiques des juges judiciaire et européens. L'Assemblée plénière de la Cour de cassation a en effet jugé, par un arrêt du 21 décembre 2006, qu'un revirement de jurisprudence imposant un délai de prescription d'une action juridictionnelle ne pouvait être opposé à l'intéressé qui, au jour où il a introduit cette action n'était enfermé, en vertu de la jurisprudence antérieure, dans aucun délai. La Cour de cassation relève qu'il y aurait méconnaissance du droit à un procès équitable : on ne saurait reprocher à un justiciable de n'avoir pas introduit son action dans des délais qui n'existaient pas le jour où il l'a introduite.

On relève par ailleurs que les cours européennes (CEDH, CJUE) admettent d'atténuer les effets de leurs revirements (CEDH 10 octobre 2006, Pessino ; CJCE 27 février 1985, Société des produits du maïs, où elle affirme qu'elle se réserve le droit de moduler dans le temps les effets de ses revirements, « à titre exceptionnel » et pour « d'impérieuses considérations de sécurité juridique »).

Il faut toutefois relativiser la portée de ce nouveau pouvoir reconnu au juge administratif. Exceptionnel par hypothèse, il n'a trouvé aujourd'hui d'application positive que dans trois affaires concernant le droit au recours juridictionnel, qui constitue la terre d'élection de sa mise en œuvre. Outre l'arrêt inaugural, le Conseil d'État a, par une décision du 6 juin 2008, Conseil départemental de l'ordre des chirurgiens-dentistes de Paris, jugé que ne s'appliquerait que pour l'avenir la voie de droit ouverte par cette décision aux professionnels attraits devant une juridiction ordinale leur permettant de formuler devant cette juridiction des conclusions reconventionnelles, afin de préserver le droit au recours des professionnels qui, ignorant cette possibilité de formuler ces conclusions directement devant la juridiction ordinale, avaient saisi le juge administratif. Par une décision du 13 mars 2020, Société Hasbro, il juge que le revirement concernant le point de départ d'un délai de recours en matière fiscale ne s'applique pas aux recours exercés contre des interprétations fiscales émises entre le 10 septembre 2012 et le 31 décembre 2018 avant l'expiration d'un délai de deux mois suivant la date de cette décision.

Le Conseil d'État n'a en revanche à ce jour pas consacré la non-rétroactivité d'un revirement portant sur le fond ; il s'est au contraire refusé à le faire dans un arrêt par lequel il a d'ailleurs pris soin de rappeler que le principe demeurait celui de l'effet rétroactif des revirements de jurisprudence et que cet effet ne méconnaissait pas stipulations de l'article 6-1 de la ConvEDH relatives au droit à un procès équitable (CE 7 octobre 2009, Société d'équipement de Tahiti et des îles). C'est que le « revirement pour l'avenir » ne saurait en principe être justifié qu'en cas d'atteinte « *à la substance même du droit au recours* » (selon l'expression d'Anne Courège dans ses conclusions sur CE 31 octobre 2008, Mme Bensaadoune) qui inclut, semble-t-il, la sécurité juridique (en lien avec ce droit), et le droit à un procès équitable.

C'est d'ailleurs l'orientation retenue par la Cour de cassation qui, par un arrêt du 11 juin 2009, a jugé que « *la sécurité juridique* […] *ne saurait consacrer un droit acquis à une jurisprudence figée, dès lors que la partie qui s'en prévaut n'est pas privée du droit à l'accès au juge* » : c'est dire clairement que la non-rétroactivité des revirements ne concerne que les hypothèses dans lesquelles serait méconnu le droit au recours juridictionnel. En revanche, le revirement des règles de fond demeure rétroactif. Cette conception restrictive est contestable. En l'espèce, il s'agissait d'un médecin qui n'avait pas respecté en 1981 une obligation d'information de son patient créée de façon prétorienne en 1999. Mais comment reprocher à un médecin de ne pas avoir respecté en 1981 une jurisprudence adoptée en 1999 ? La Cour de cassation n'a pas été arrêtée par cette considération, et a préféré condamner le médecin pour avoir méconnu une obligation qui n'existait pas à la date des faits, plutôt que de percer une deuxième brèche dans le dogme de la rétroactivité des revirements de jurisprudence.

Une adaptation des règles procédurales en cas d'urgence

L'ordonnance du 25 mars 2020 portant adaptation des règles applicables devant les juridictions de l'ordre administratif prévoit des dérogations au fonctionnement des juridictions administratives motivées par les nécessités de la lutte contre l'épidémie de covid-19. Ainsi la composition des formations de jugement (assouplie), les règles de communication des actes de procédure (qui peut être faite par tous moyens), l'organisation des audiences (à huis clos ou à distance par télécommunication audiovisuelle), le rôle du rapporteur public (qui peut être dispensé de prononcer ses conclusions), les règles de lecture et de signature des décisions, font l'objet de dispositions dérogatoires au droit commun applicables jusqu'à la fin de l'état d'urgence sanitaire fixée du 10 juillet 2020. L'ordonnance prévoit également la prorogation des délais de recours, des délais impartis par des mesures d'instruction et des délais de jugement expirant durant la période d'état d'urgence.

Perspectives

Les limites à l'intervention du juge administratif

a. Des retenues persistantes

Ces limites sont plus difficilement identifiables à mesure que les pouvoirs du juge se développent et se rapprochent de ceux que détient le juge judiciaire, notamment dans le traitement de l'urgence et de l'exécution des décisions. Il reste quelques îlots dans lesquels le juge administratif se refuse toujours à intervenir (mesures d'ordre intérieur, actes de gouvernement), quelques privilèges, au demeurant justifiés, qu'il continue de consentir à l'administration (maintien de la faute lourde dans certaines hypothèses, refus d'engager sa responsabilité dans certains cas particuliers), ou dont elle bénéficie en vertu de la loi (prescription quadriennale des créances publiques par exemple).

b. Des délais de jugement stables

Il n'est pas jusqu'à sa lenteur longtemps dénoncée qui n'ait fait l'objet d'améliorations substantielles, malgré l'augmentation de 47 % en dix ans du nombre d'affaires enregistrées (6 % par an en moyenne depuis 20 ans devant les TA et 10 % devant les CAA). En 2019, le délai moyen de jugement hors procédures d'urgence et affaires soumises à un délai de jugement spécifique était, pour les TA, d'un an et huit mois, pour les Cours, d'un an et deux mois, et pour le Conseil d'État, d'un an. Des efforts très sensibles ont été accomplis et continueront de l'être par l'affectation de moyens supplémentaires au cours des prochaines années, notamment aux tribunaux administratifs. Un nouveau tribunal administratif a ainsi été créé à Montreuil en 2009, pour soulager les autres tribunaux de la région parisienne, après ceux de Nîmes en 2007 et Toulon en 2008. Une neuvième CAA verra le jour à Toulouse en 2021.

c. Le développement des modes alternatifs de règlement des litiges

Il s'agit d'une limite objective, qui vise à prévenir le contentieux par la recherche d'un accord amiable entre les parties.

L'exercice d'un recours administratif préalable, obligatoire ou non, le recours, encore timide, à la transaction (aujourd'hui prévu par l'article L. 423-1 CRPA, auquel le Conseil d'État a donné une portée importante en jugeant qu'aucune norme ni aucun PGD ne s'opposait à ce que l'administration et ses agents concluent des transactions pour mettre un terme au litige (en l'espèce admission à la retraite pour invalidité non imputable au service) les opposant, y compris lorsque par celle-ci, l'intéressé renonce à tout recours pour excès de pouvoir et à toute action indemnitaire : CE 5 juin 2019, Centre hospitalier de Sedan), l'action du Défenseur des droits (L. 424-1 CRPA), la possibilité de recourir à une conciliation ou une médiation dans un cadre non juridictionnel (articles L. 421-1 et L. 421-2 CRPA), les comités consultatifs de règlement amiable des litiges relatifs aux marchés publics, les procédures de conciliations particulières (en matière fiscale, ou hospitalière notamment), se conjuguent pour développer la prévention des conflits ou leur résolution extra-juridictionnelle.

La loi du 18 novembre 2016 de modernisation de la justice du XXIe siècle franchit un nouveau pas en remplaçant dans le code de justice administrative la mission de conciliation que le juge pouvait exercer (article L. 211-4) par le recours à la médiation, définie comme « *tout processus structuré, quelle qu'en soit la dénomination, par lequel deux ou plusieurs parties tentent de parvenir à un accord en vue de la résolution amiable de leurs différends, avec l'aide d'un tiers, le médiateur, choisi par elles ou désigné, avec leur accord, par la juridiction* » (article L. 213-1). La médiation peut porter sur tout ou partie du litige (R. 213-1). Le juge peut homologuer et donner force exécutoire à l'accord issu de la médiation (L. 213-4). Le recours à la médiation peut être à l'initiative des parties, ou bien à celle du juge, à laquelle elles devront donner leur accord.

Cette loi a prévu qu'à titre expérimental pour une durée de quatre ans, les recours contentieux formés par les agents publics dans certains domaines et les requêtes relatives aux prestations, allocations ou droits attribués au titre de l'aide ou de l'action sociale, du logement ou en faveur des travailleurs privés d'emploi feront l'objet d'une médiation préalable obligatoire (MPO) dont les conditions ont été définies par le décret du 1er avril 2018. Les premiers médiateurs désignés sont notamment les délégués du Défenseur des Droits, les centres de gestion de la fonction publique territoriale et le médiateur national et les médiateurs régionaux indépendants relevant de Pôle emploi.

Le Conseil d'État a fixé comme objectif à l'horizon 2021 que 1 % des dossiers, soit environ 2000, fassent l'objet d'une médiation. Un article publié à l'AJDA 2019, p. 2158 s., relève que « *au titre de l'année 2018, 664 médiations ont été prescrites à l'initiative du juge dont 425 étaient terminées au 31 décembre 2018. Sur ces 425 médiations, 313 ont abouti à un accord entre les parties, soit 73,7 %. Au titre de la même période, 122 médiations ont été lancées à l'initiative des parties dont 64 sont au jour de l'écriture de la présente étude terminées. Parmi celles-ci, 16 procédures se sont soldées par un accord et 48 n'ont pas abouti, soit un taux d'accord beaucoup plus faible de 25 % qu'il est difficile, à ce stade, d'expliquer* [...]. *Les matières les plus propices à la médiation sont, pour l'heure, la fonction publique avec 152 médiations prescrites, les marchés et contrats avec 73 médiations, la santé publique avec 272 médiations, l'urbanisme avec 105 médiations, les travaux publics avec 35 médiations, le domaine et la voirie avec 36 médiations et le droit des collectivités territoriales avec 23».*

- **Les réformes de la juridiction administrative**

La juridiction administrative est entrée en 2007 dans un vaste chantier de réformes initiées par le vice-président du Conseil d'État, Jean-Marc Sauvé. Priorité devait être accordée à trois sujets: le renforcement de l'oralité des procédures, le développement des garanties du procès équitable et l'amélioration de la mise en état des affaires. Conscient des difficultés qui attendent la juridiction administrative, qui doit faire face à un nombre croissant de requêtes avec des moyens qui, eux, n'évolueront pas sensiblement, de nouveaux groupes de réflexion ont été lancés au premier semestre de l'année 2015.

Ce sont les résultats travaux issus de cette dizaine d'années de réflexion qui sont ici présentés, tels qu'ils résultent, notamment, des décrets des 22 février 2010 relatif au fonctionnement et aux compétences des juridictions administratives, 23 décembre 2011 modifiant le code de justice administrative, 13 août 2013 portant modification du code de justice administrative, et 2 novembre 2016 portant modification du code de justice administrative (dit décret «Jade» pour «justice administrative de demain», dont la légalité a été reconnue par la décision CE 13 février 2019, Syndicat de la juridiction administrative) et relatif à l'utilisation des téléprocédures devant le Conseil d'État, les cours administratives d'appel et les tribunaux administratifs (deux textes).

1. Facilitation des rapports entre le justiciable et le juge

a. La dématérialisation des procédures

Le développement des «téléprocédures», c'est-à-dire la dématérialisation des échanges entre les juridictions et les parties, est au cœur de la modernisation de la juridiction administrative. En 2005, les juridictions franciliennes expérimentaient cette pratique en contentieux fiscal. Depuis le 1er septembre 2013, les parties peuvent, si elles le désirent, et pour tous les contentieux devant toutes les juridictions, adresser leurs écritures par voie informatique via l'application dite «Télérecours». Le décret du 2 novembre 2016 rend obligatoire, à compter du 1er janvier 2017, et à peine d'irrecevabilité, l'utilisation de cette application pour toutes les requêtes présentées par un avocat, les personnes morales de droit public autres que les communes de moins de 3 500 habitants et les personnes privées chargées de la gestion permanente d'un service public. La même obligation s'impose si ces personnes sont défendeurs ou intervenants.

Pour les autres parties (communes de moins de 3 500 habitants, personnes physiques, personnes morales de droit privé ne recourant pas aux services d'un avocat), le décret du 6 avril 2018 relatif à l'utilisation d'un téléservice introduit la faculté d'adresser leur requête à la juridiction par voie électronique au moyen d'un téléservice accessible par le réseau internet distinct de Télérecours, dit Télérecours-citoyen, opérationnel depuis le 30 novembre 2018. La saisine de la juridiction par courrier reste cependant possible.

b. L'action de groupe et l'action en reconnaissance de droits

La loi du 18 novembre 2016 a introduit dans le code de justice administrative deux procédures collectives permettant à un ensemble de personnes représentées par des associations agréées d'agir de concert pour mettre un terme à la méconnaissance d'un droit, obtenir réparation d'un dommage ou se voir reconnaître un droit : l'action de groupe et l'action en reconnaissance de droits. Ces actions visent à faciliter l'exercice de l'action juridictionnelle dans les hypothèses, de plus en plus nombreuses, où le comportement de certains acteurs, notamment en matière environnementale, sanitaire, de traitement des données informatiques ou de lutte contre les discriminations, cause un dommage à un nombre important de personnes.

- l'action de groupe (L. 77-10-1 et s. CJA) est ouverte aux personnes, placées dans une situation similaire, qui subissent un dommage causé par une personne morale de droit public ou un organisme de droit privé chargé de la gestion d'un service public ayant pour cause commune un manquement de même nature à ses obligations légales ou contractuelles. Elle se fonde sur des cas individuels présentés par le demandeur. Elle peut avoir pour objet de faire cesser le manquement à l'origine d'un dommage et/ou d'obtenir la réparation des préjudices résultant de ce dommage.

À ce jour, elle ne peut être exercée que dans quatre domaines : la lutte contre les discriminations (notamment dans le milieu professionnel), la cession des manquements et la réparation des dommages matériels et corporels en matière d'environnement (article L. 142-3-1 du code de l'environnement), l'indemnisation des préjudices résultant des dommages corporels subis par les usagers du système de santé dans certaines hypothèses (article L. 1143-1 et suivants du code de la santé publique), la cessation des manquements aux règles relatives à la protection des données à caractère personnel par un responsable de traitement de ces données (article 43 ter de la loi n° 78-17 du 6 janvier 1978 relative à l'informatique, aux fichiers et aux libertés).

L'action de groupe n'est ouverte qu'aux associations agréées dans les domaines où elle peut être mise en œuvre. Celles-ci doivent appuyer leurs requêtes sur des situations concrètes effectivement subies par des personnes physiques.

En cas de succès de l'action de groupe, toute personne estimant relever des critères d'appartenance au groupe en question déterminés par le juge peut demander directement, sur le fondement de la décision juridictionnelle rendue, l'indemnisation de son préjudice ou la cessation du comportement incriminé à son égard.

Les trois actions de groupe enregistrées devant les tribunaux administratifs ont fait l'objet de rejet pour irrecevabilité pour deux d'entre elle, et d'un désistement pour la troisième.

- l'action en reconnaissance de droits (L. 77-12-1 et s. CJA) permet à une association ou à un syndicat professionnel de déposer une requête tendant à la reconnaissance de droits individuels résultant de l'application de la loi ou du règlement en faveur d'un groupe indéterminé de personnes ayant le même intérêt, à la condition que leur objet statutaire comporte la défense dudit intérêt. Elle peut tendre au bénéfice d'une somme d'argent légalement due ou à la décharge d'une somme d'argent illégalement réclamée. Son champ d'application n'est pas limité à certaines matières, comme l'action de groupe, mais elle ne peut tendre à la reconnaissance d'un préjudice. Le « groupe d'intérêt » est uniquement caractérisé par l'identité de la situation juridique des personnes. Il est nécessairement délimité par les personnes morales de droit public ou les organismes de droit privé chargés de la gestion d'un service public mis en cause.

Le juge qui fait droit à l'action en reconnaissance de droits détermine les conditions de droit et de fait auxquelles est subordonnée la reconnaissance des droits. Toute personne qui remplit ces conditions peut se prévaloir, devant toute autorité administrative ou juridictionnelle, des droits reconnus par la décision ainsi passée en force de chose jugée.

Au 1er juillet 2020, huit actions en reconnaissance de droits avaient été rejetées, deux ont été accueillies totalement ou partiellement, et treize étaient pendantes devant la juridiction administrative (source : site internet du Conseil d'État, Ressources/Actions collectives). À titre d'exemples, le syndicat CGT des territoriaux de l'Opéra de Bordeaux a demandé au juge de reconnaître le droit de chaque agent contractuel de voir leur rémunération augmentée de 3 % au moins tous les trois ans, le syndicat SNUDI-FO 01 a demandé au juge de reconnaître le droit à la mise en place d'un service de médecine de prévention médicale au sein des écoles de l'Ain (satisfaction).

c. L'harmonisation des règles de recevabilité des requêtes

Le décret Jade avait pour objet, sur ce point, de généraliser la règle de la décision préalable, étendue au contentieux des travaux publics et à celui de la responsabilité, afin d'offrir une chance à une conciliation pré-juridictionnelle. Par une décision discutable, le Conseil d'État a néanmoins jugé que la nouvelle rédaction de l'article R. 421-1 du code de justice administrative n'imposait pas que la décision de l'administration rejetant la demande préalable intervînt nécessairement avant la saisine du juge (CE 27 mars 2019, Consorts Rollet) : l'objectif recherché par les auteurs du décret Jade n'est donc pas, sur ce point, pleinement atteint. L'obligation du ministère d'avocat est étendue aux contentieux des travaux et du domaine public. En revanche, la dispense concerne dorénavant l'ensemble des contentieux sociaux, du logement et des prestations dont bénéficient les travailleurs privés d'emploi.

2. Amélioration de l'efficacité de l'instruction

a. Une instruction plus dynamique

- Les décrets présentés offrent au juge une panoplie d'instruments lui permettant une conduite plus fine de l'instruction.
- Il est dorénavant possible, une fois qu'elle est close, de ne la rouvrir qu'en ce qui concerne certains éléments ou pièces demandés en vue de compléter l'instruction (R. 613-1-1) ; il est aussi possible, lorsque le juge aura informé les parties de la date prévisionnelle d'enrôlement des dossiers, de procéder à des clôtures à effet immédiat : l'objectif est de mieux gérer la durée de vie d'un

dossier au sein de la juridiction, avec un partage des responsabilités : le juge s'engage sur une date de jugement, en contrepartie de quoi les paries sont fortement incitées à produire leurs écritures dans les délais impartis (R. 611-11).

- Afin s'assurer de l'intérêt que conserve pour son auteur une requête, par exemple ancienne ou introduite dans un environnement juridique ou factuel qui a évolué, le juge peut demander au requérant de confirmer expressément le maintien de ses conclusions, à défaut de quoi il sera réputé s'être désisté (R. 612-5-1). Si le juge n'a pas à motiver sa demande (CE 19 mars 2018, SAS Roset), le Conseil d'État contrôle néanmoins l'abus du recours à cette procédure (conforme aux articles 6 et 13 de la ConvEDH : CE 13 novembre 2019, M. Cissé) lorsque le silence de l'intéressé ne pouvait pas être interprété comme un tel désistement (CE 17 juin 2019, Mme El Bouatmani).
- S'agissant des moyens de la requête, il est désormais possible, d'une part, d'en demander la récapitulation au requérant dans un mémoire unique, sous la même sanction du désistement (R. 611-8-1, dont l'utilisation n'a pas à être motivée par le juge : CE 25 juin 2018, Société l'Immobilière groupe Casino) et, d'autre part, de fixer une date à partir de laquelle il ne sera plus possible de soulever de nouveaux moyens (R. 611-7-1). Destinée à empêcher l'invocation de moyens nouveaux tardifs et, souvent, opportunistes voire dilatoires, alors que l'affaire est en état d'être jugée, cette cristallisation des débats (qui fonctionne instance par instance : une cristallisation en première instance n'interdit pas au requérant de soulever des moyens nouveaux en appel : CE avis 13 février 2019, Société Active immobilier) obligera les requérants à mieux penser, dès leur introduction, leur requête ; le travail juridictionnel ne peut que gagner en sérénité. Reste cependant à savoir comment ce nouveau pouvoir sera articulé avec la jurisprudence Intercopie : donner au juge le pouvoir de fixer la période au cours de laquelle des moyens nouveaux pourront être invoqués n'implique-t-il pas, en contrepartie, l'abandon de cette jurisprudence ?

b. Un juge mieux informé

- les procédures de constat et d'expertise sont améliorées, notamment dans un sens tendant à leur accélération, afin qu'au délai de la procédure contentieuse *stricto sensu* ne vienne pas s'ajouter celui d'une expertise dont le bon déroulement serait perturbé par le comportement dilatoire d'une partie ou les difficultés rencontrées par l'expert. La juridiction peut en outre dorénavant avoir recours à une simple consultation, lorsque la nature des questions techniques n'impose pas le recours à une expertise. L'avis du consultant est communiqué aux parties. Le juge pourra aussi convoquer un « amicus curiae » (professeur de droit, médecin, philosophe, expert, etc.) qui lui offrira un éclairage sur la solution à donner au litige sur des questions qui ne présentent pas nécessairement un aspect technique mais qui soulèvent des difficultés d'ordre plus général (bioéthique, conciliation des libertés avec le maintien de l'ordre public, etc.). Un premier usage de recours à un amicus curiae a eu lieu à l'occasion de la décision Kandyrine du 23 décembre 2011 relative à l'articulation des traités internationaux entre eux (cf. le chapitre sur la hiérarchie des normes), l'opinion de M. Gilbert Guillaume, ancien président de la Cour internationale de justice, ayant été sollicitée ; un second à l'occasion de l'affaire Lambert, à l'occasion de laquelle le Conseil d'État a demandé leurs avis à l'Académie nationale de médecine, au Comité consultatif national d'éthique, au Conseil national de l'Ordre des médecins et à M. Jean Leonetti (CE 14 février 2014, Lambert). Lorsqu'il recourt à un amicus curiae, le juge ne peut que poser des questions d'ordre général, déconnectées des circonstances de l'espèce ; il ne peut pas charger l'amicus curiae d'une mission qui porterait sur les données mêmes du litige et qui s'assimilerait à une sorte d'expertise juridique (CE 6 mai 2015, M. Caous).

3. Accélération des procédures

- le développement du juge unique est opéré par le décret du 13 août 2013, qui prévoit le recours à cette formation de jugement, pour les contentieux sociaux : ceux-ci (contentieux du droit au logement opposable, du revenu de solidarité active, etc.) seront donc tranchés par un juge seul, à l'instar d'un certain nombre d'autres contentieux (notation des fonctionnaires, pensions, communication de documents administratifs, refus de concours de la force publique, permis de conduire, etc.).
- Le décret Jade étend les possibilités de recourir à des ordonnances pour rejeter des requêtes insusceptibles de prospérer, notamment celles « *manifestement dépourvues de fondement* » en appel (R. 222-1) ou en cassation (R. 822-5). Certaines juridictions se sont pleinement saisies de ce nouveau pouvoir critiqué par la doctrine.

4. Renouvellement du rôle du rapporteur public

- Le décret du 23 décembre 2011 pose le principe de l'inversion de l'ordre de prise de parole entre les parties et le rapporteur public, qui prononce ses conclusions avant que la parole leur soit donnée. L'objectif est d'améliorer l'oralité de la procédure administrative contentieuse, de vivifier le déroulement de l'audience et d'éclairer le cas échéant la formation de jugement sur une difficulté dont le rapporteur public aura pu se faire l'écho. Cette réforme contribue ainsi à déchoir le rapporteur public du piédestal sur lequel il prononçait ses conclusions pour le ramener dans l'arène où se déploie le débat contentieux, qui gagne en animation ce que le rapporteur public perd en sérénité. Contraint d'anticiper les éventuelles objections des parties, il doit se faire meilleur pédagogue et s'attacher tout autant à l'exposé des faits qu'à celui du droit.
- La loi du 17 mai 2011 de simplification et d'amélioration de la qualité du droit permet au rapporteur public d'être dispensé, sur sa proposition, par le président de la formation de jugement de prononcer des conclusions, « *eu égard à la nature des questions à juger* », c'est-à-dire « *lorsque la solution de l'affaire paraît s'imposer ou ne soulève aucune question de droit nouvelle* » (CC 12 mai 2011, Loi de simplification et d'amélioration de la qualité du droit). Le décret du 23 décembre 2011, modifié par celui du 13 août 2013, a dressé la liste des affaires concernées (R. 732-1-1) : il s'agit des permis de conduire,

des refus de concours de la force publique pour exécuter une décision de justice, des naturalisations, des mesures relatives à l'entrée, au séjour et à l'éloignement des étrangers à l'exception des expulsions, des naturalisations, de certains impôts et des contentieux sociaux.

5. Des décisions juridictionnelles plus lisibles

Une réflexion sur la rédaction des décisions juridictionnelles a été engagée. À la suite d'une phase d'expérimentation et de vives discussions internes longues de plusieurs années, l'abandon du « considérant » a finalement été décidée au profit du style direct. Un « vade-mecum sur la rédaction des décisions de la juridiction administrative », applicable depuis le 1er janvier 2019, expose les principes rédactionnels nouveaux. Il est disponible en ligne sur le site internet du Conseil d'État. Il encourage une meilleure motivation des décisions, l'abandon de termes et formules désuets (susmentionné, s'évincer, irrépétible, *infra/ultra petita*, etc.), la taille mesurée des paragraphes et des phrases.

Conclusion

L'actualité est marquée par une série de lois et d'arrêts importants renouvelant en profondeur les pouvoirs du juge de l'excès de pouvoir, notamment en ce qui concerne les effets de sa décision. Certes, ce juge ne peut aller au-delà de l'annulation de la décision attaquée, et c'est bien ce qui continue de distinguer le contentieux de l'excès de pouvoir du plein contentieux. Mais il serait erroné de croire pour autant que le juge de l'excès de pouvoir est toujours aussi démuni qu'il l'était dans les années cinquante, lorsque le Huron de Jean Rivero admirait la beauté théorique d'un instrument contentieux dont les effets concrets étaient sinon nuls du moins très limités (Jean Rivero, Le Huron au Palais-Royal, D. 1962, chron. p. 37-40). Des arrêts récents (Association AC !, Hallal, Société Tropic) ont démenti avec vigueur la prétendue impuissance du juge de l'excès de pouvoir à assurer la correcte exécution de ses décisions. Paradoxalement, ces évolutions se sont faites au détriment de la spécificité du contentieux de l'excès de pouvoir et d'un rapprochement avec le plein contentieux. Ce mouvement est accentué par le développement législatif des cas de recours de plein contentieux. Les appels à « *trancher le nœud gordien de la distinction des contentieux* » (Jean-Marie Woehrling, *AJDA* 2007, p. 1777) ont donc pu se développer. Jean-Marie Woehrlin évoque ainsi une distinction qui a toujours été « *délicate et insatisfaisante* » entre recours pour excès de pouvoir et recours de pleine juridiction et qui est aujourd'hui, selon lui, « *proprement archaïque* ». Cette distinction disparaîtra peut-être un jour, avec la fusion des deux types de recours, par absorption de l'un (le REP) par l'autre (le PC). Cette disparition n'est pourtant pas imminente, et son intervention n'est peut-être pas inéluctable : il n'est pas souhaitable que, quel que soit le domaine, le juge administratif décide à la place de l'administration. Les ajustements que connaît aujourd'hui le REP devraient ainsi être lus plus comme les gages de sa survie que comme les signes annonciateurs de sa disparition.

Ouvrages récents

- B. Seiller, « Le Juge administratif officialise enfin son propre pouvoir normatif », *JCP* G 2007, II 10160.
- D. Truchet, B. Odent, *La justice administrative*, PUF, coll. « Que sais-je ? », 2008.
- D. Botteghi et A. Lallet, « Le plein contentieux et ses faux-semblants », *AJDA* 2011, p. 156 et *s.*
- « Les mutations de la juridiction administrative » (dossier, avec des articles, notamment, de J.-M. Sauvé et B. Stirn), *AJDA* 2012, p. 1193 et *s.*
- X. Domino et A. Bretonneau, « De la loyauté dans le procès administratif », *AJDA* 2013, n° 1276 et *s.*
- J.-M. Sauvé, « Un corridor de Vasari au Palais-Royal, Autoportraits du juge en son office », *AJDA* 2013, p. 1669 et *s.*
- J.-M. Sauvé, « La médiation et la conciliation devant la juridiction administrative », Discours prononcé le 17 juin 2015, disponible sur le site internet du Conseil d'État.
- F. Poulet, « La justice administrative de demain selon les décrets du 2 novembre 2016 », *AJDA* 2017, p. 279 et *s.*
- « Rédiger une décision de justice au XXIe siècle », dossier, *AJDA* 2018, p. 378 et *s.*
- Jade, le juge et les droits existants, dossier, *AJDA* 2019, p. 1017 et s.
- Légalité et sécurité juridique, un équilibre rompu ?, dossier, *AJDA* 2019, p. 1086 et s.
- C. Malverti et C. Beaufils, « Dynamique ou dynamite ? L'appréciation de la légalité à la date à laquelle le juge statue », *AJDA* 2020, p. 722 et *s.*
- C. Malverti et C. Beaufils, « Le référé en liberté », *AJDA* 2020, p. 1154 et *s.*
- Dossier *RFDA* Le justiciable face à la justice administrative, *RFDA* 2019, n° 4, p. 669 et *s.*, et n° 5, p. 785 et *s.*
- Dossier *AJDA* Vingt ans de référé, *AJDA* 2020, p. 1329 et *s.*

Exemples de sujets

- L'influence du droit européen sur les pouvoirs du juge administratif.
- Le juge administratif et l'urgence.
- Le recours pour excès de pouvoir a-t-il un avenir ?
- Le juge du contrat.
- Contentieux de l'excès de pouvoir et contentieux de pleine juridiction.

Libertés publiques

16 Le développement des droits fondamentaux : aspects procéduraux

Si la proclamation d'un droit est une condition nécessaire à sa protection, elle n'est souvent pas suffisante : encore faut-il qu'existent des procédures efficaces permettant d'en assurer un respect effectif. Ces procédures sont, la plupart du temps, de nature juridictionnelle. Mais le recours au juge n'est pas la seule solution de protection des droits. Ce chapitre traite du développement des techniques juridictionnelles et non juridictionnelles de protection des droits.

Historique

Le recours au juge : un droit progressivement reconnu

Les garanties procédurales et les voies d'action devant le juge permettent la réalisation concrète des droits substantiels que détiennent les individus, sans laquelle ces droits seraient purement déclaratoires et ne pourraient pas être protégés en cas de violation. En France, les droits substantiels proclamés par la déclaration des droits de l'homme et du citoyen du 26 août 1789 sont longtemps demeurés, en l'absence de juge en assurant l'effectivité, de pures abstractions.

La loi des 16-24 août 1790 sur l'organisation judiciaire et ale décret du 16 fructidor de l'an III, textes qui sont encore en vigueur, avaient interdit aux juges « à peine de forfaiture » de « troubler, de quelque manière que ce soit, les opérations des corps administratifs, ni citer devant eux les administrateurs pour raison de leurs fonctions. ». L'éviction du juge judiciaire auquel il est « fait défense [...] de connaître des actes des administrations » résultait de la nécessité pour le nouveau régime de se prémunir de la justice exercée par les parlements de l'ancien régime comme une charge par des membres de l'aristocratie. Mais la soustraction des pouvoirs publics issue de la révolution au contrôle du juge judiciaire a créé un vide juridictionnel. Ce vide n'a été comblé qu'en partie par la création des conseils de préfecture par la loi du 28 pluviôse de l'an VIII qui ont eu dès l'origine le pouvoir de statuer souverainement dans leur domaine d'attribution qui recouvrait les travaux publics, certains litiges fiscaux, le contentieux domanial, les contraventions de grande voirie et l'expropriation. Une loi du 3 mars 1849 (article 6) avait conféré au Conseil d'État de pouvoir de « statuer en dernier ressort sur le contentieux administratif », mais le second empire a mis fin à cette expérience de justice déléguée et c'est l'article 9 de la loi du 24 mai 1872 qui a prévu que le Conseil d'État statue souverainement sur les recours en matière contentieuse et sur les demandes d'annulation en excès de pouvoir. Par son arrêt Cadot du 13 décembre 1889, le Conseil d'État, qui n'avait reçu une justice déléguée que si un texte prévoyait un recours devant lui, s'est reconnu une compétence pour statuer même sans texte sur un recours en annulation formé à l'encontre d'une décision administrative. En abandonnant la théorie du ministre-juge, le Conseil d'État a réalisé une avancée considérable dans la construction de l'État de droit, qui se définit comme la soumission de l'État (comprendre, principalement, le Gouvernement et l'administration ; le législateur bien plus tard) au droit (ce « miracle » évoqué par Prosper Weil).

Par une décision du 17 février 1950 – ministre de l'Agriculture c/ Dame Lamotte, le Conseil d'État a érigé en principe général du droit le principe selon lequel toute décision administrative peut faire l'objet d'un recours pour excès de pouvoir

En vertu d'une loi du 17 août 1940 attribuant aux préfets le pouvoir de concéder à des tiers les exploitations abandonnées ou incultes depuis plus de deux ans aux fins de mise en culture immédiate, les terres de Madame Lamotte avaient fait l'objet d'un arrêté préfectoral de concession. Cet arrêté avait été annulé par deux fois par le Conseil d'État. Une loi du 23 mai 1943, dont le but manifeste était de contourner la résistance des juges à l'application de la loi de 1940, avait prévu que l'octroi de la concession ne pouvait « faire l'objet d'aucun recours administratif ou judiciaire ». Par un arrêté du 10 août 1944, le préfet de l'Ain avait de nouveau concédé les terres en cause. Le Conseil d'État a estimé que cette loi n'a pu exclure la possibilité d'un recours pour excès de pouvoir, en raison d'un principe général du droit selon lequel toute décision administrative peut faire l'objet, même sans texte, d'un recours pour excès de pouvoir.

Le Conseil d'État a appliqué le même raisonnement pour le pourvoi en cassation applicable sans texte (CE, ass., 7 février 1947, d'Aillières, p. 50) et a restreint le domaine des décisions administratives insusceptibles de recours (mesures d'ordre intérieur et actes de Gouvernement).

Mais, une telle disposition se heurterait aux stipulations du droit international relatives aux droits des individus à exercer un recours effectif contre les décisions administratives. La Cour de justice des communautés européennes en a fait un principe général du droit communautaire (15 mai 1986, Johnston, n° 222/84, p. 1651).

Le droit au recours est aussi une des dimensions du droit au procès équitable prévu à l'article 6 et découle de l'article 13 de la Convention européenne de sauvegarde des droits de l'homme et des libertés fondamentales : « *Toute personne dont les droits et libertés reconnus dans la présente Convention ont été violés a droit à l'octroi d'un recours effectif devant une instance nationale, alors même que la violation aurait été commise par des personnes agissant dans l'exercice de leurs fonctions officielles* ». Le droit au recours est aussi une des dimensions du droit au procès équitable prévu à l'article 6 sous la forme d'un « droit d'accès à un tribunal » (CEDH, 21 février 1975, Golder c/ Royaume Uni).

Une telle loi risquerait aussi de ne pas être conforme à la garantie des droits de l'article 16 de la Déclaration des droits de l'homme et du citoyen en vertu de laquelle « Toute société dans laquelle la garantie des droits n'est pas assurée, ni la séparation des pouvoirs déterminée, n'a point de Constitution ». Le Conseil constitutionnel a reconnu au droit à un recours effectif une valeur constitutionnelle (DC n° 96-373 du 9 avril 1996 ; DC 93-335 21 janvier 1994, p. 40 ; DC n° 99-411 du 16 juin 1999) en rattachant à l'article 16 de la Déclaration des droits de l'homme et du citoyen le droit des individus à un recours effectif devant une juridiction en cas d'atteintes substantielles à leurs droits.

Le Conseil d'État a reconnu au droit au recours une valeur constitutionnelle.C.E., 29 juillet 1998, Syndicat des avocats de France : « *le paragraphe I de l'article 5 du décret attaqué insère dans le code des tribunaux administratifs et des cours administratives d'appel un article R. 122-1 aux termes duquel : "La notification du jugement ou de l'ordonnance rejetant une demande de sursis à exécution d'une décision administrative en raison de l'absence de moyens sérieux d'annulation informe le requérant que s'il ne présente pas dans le délai de deux mois à compter de cette notification un mémoire confirmant les fins de sa requête à fin d'annulation, il sera réputé s'être désisté" ; que cette disposition a pour seul objet d'inviter l'auteur d'une requête dont les conclusions à fins de sursis à exécution ont été rejetées faute de moyen sérieux d'annulation, à confirmer par écrit qu'il maintient sa demande à fin d'annulation ; que le désistement prévu par cette disposition ne pouvant être prononcé qu'à la condition que la notification du rejet des conclusions à fin de sursis à exécution comporte expressément l'indication des conséquences pouvant résulter pour le requérant de l'absence de confirmation de ses conclusions à fin d'annulation, les dispositions contestées ne méconnaissent ni le principe à valeur constitutionnelle du droit d'exercer un recours juridictionnel, ni le droit d'accès à un juge consacré par les stipulations de l'article 6 de la convention européenne de sauvegarde des droits de l'homme et des libertés fondamentales* ».

Connaissances de base

Le recours au juge : un droit sans cesse renforcé

Le droit au recours juridictionnel fait l'objet d'une protection accrue de la part des juridictions tant internes qu'européennes.

C'est au nom du respect du droit au recours que le Conseil d'État s'est reconnu pour la 1re fois le pouvoir de limiter dans le temps les effets de ses revirements de jurisprudence. Dans sa décision d'Assemblée du 16 juillet 2007, Société Tropic Travaux Signalisation, le Conseil d'État a ouvert un recours devant le juge du contrat aux candidats évincés qui n'ont pas été retenus pour l'attribution d'un marché public, mais il leur a corrélativement fermé la voie du recours pour excès de ouvert contre les actes détachables du contrat comme la délibération autorisant la signature du contrat ou la signature du contrat (CE Martin du 4 août 1905). Comme ces tiers ne pouvaient anticiper le revirement de jurisprudence « Tropic » et ne pouvaient savoir qu'ils auraient dû attaquer directement le contrat, l'application immédiate de la nouvelle jurisprudence rendait irrecevables tous les recours pour excès de pouvoir présentés avant le 16 juillet 2017 par les candidats évincés et les privait de tout recours effectif puisqu'ils ne pouvaient avoir saisi dans le délai de recours le juge du contrat qui leur était jusqu'à présent fermé.

En raison de cette atteinte substantielle au droit au recours, le Conseil d'État a décidé que sa nouvelle jurisprudence ne s'appliquait par aux recours pour excès de pouvoir formés contre les actes détachables avant la lecture de la décision « Tropic » et que le nouveau recours « ne pourra être exercé qu'à l'encontre des contrats dont la procédure de passation a été engagée postérieurement à cette date ».

La Cour de justice s'est reconnue ce pouvoir de modulation des effets de ses revirements de jurisprudence par un arrêt Denkavit de 1980 (CJCE, 27 mars 1980, Denkavit italiana SRL, aff. 61/79), en dehors du recours en annulation pour lequel un tel pouvoir était prévu par les traités.

Le Conseil constitutionnel a déclaré contraire à la constitution une loi portant atteinte à la substance du droit au recours, ce qui entraîne l'abrogation de lois limitant son exercice (CC 24 mai 2016, Section française de l'observatoire international des prisons, jugeant contraire à la Constitution l'article 145-4 du code de procédure pénal limitant le droit au recours des détenus contre les décisions de refus de visite). La CEDH s'assure qu'un mineur puisse utilement contester devant un juge son placement en centre de détention (CE 19 mai 2016, D.L. c/ Bulgarie).

L'accès au juge n'est pas sans limites justifiées par la bonne administration de la justice et le principe de sécurité juridique

Un accès illimité au juge risque de perturber la vie économique en renchérissant le coût des initiatives économiques et des projets de construction ou d'exploitation. Un accès illimité au juge peut aussi aboutir à un engorgement des tribunaux qui se trouver noyés sous des requêtes qui présentent peu d'intérêt ou n'ont aucune chance de prospérer, alors que par ailleurs des procédures relatives à des permis de construire des milliers de logements collectifs ou l'autorisation d'exploiter une installation classée portant sur une usine employant des milliers de personnes peuvent être bloquées dans la masse du contentieux.

C'est pour cette raison que des limitations au droit au recours peuvent être instaurées en vue d'une bonne administration de la justice. La possibilité de disposer d'outils permettant de statuer rapidement sur les requêtes dont le sort paraît manifestement scellé, qui permet encore une fois d'allouer davantage de temps aux autres requêtes, a été reconnue comme légitime par l'arrêt de la Cour EDH De Souza Ribeiro c/ France.

La Cour européenne édicte des limites à la restriction du droit d'accès à un tribunal. Celles-ci sont au nombre de trois (CEDH, 4 décembre 1995, Bellet c/ France) :

- la limitation au droit d'accès à un tribunal ne doit pas porter une atteinte substantielle au recours,
- elle doit être proportionnelle,
- le recours doit rester effectif et concret.

La préoccupation d'une bonne administration de la justice a été consacrée par Conseil Constitutionnel, dans sa décision n° 2009-595 DC du 3 décembre 2009, en tant qu'objectif de valeur constitutionnelle résultant des articles 12, 15 et 16 de la Déclaration des droits de l'homme et du citoyen de 1789 (considérant n° 4). Le conseil constitutionnel a jugé qu'en instaurant une contribution pour l'aide juridique de 35 euros perçue par instance, le législateur a poursuivi des buts d'intérêt général. Eu égard à leur montant et aux conditions dans lesquelles ils sont dus, la contribution pour l'aide juridique et le droit de 150 euros dû par les parties en instance d'appel n'ont pas porté une atteinte disproportionnée au droit d'exercer un recours effectif devant une juridiction ou aux droits de la défense; décision n° 2012-231/234 QPC du 13 avril 2012.

Dans ses décisions concernant le décret réformant la carte judicaire mettant en œuvre géographique mettant l'accès au juge 19 février 2010, le Conseil d'État a admis des limitations à l'accès au juge en raison de la bonne administration de la justice, dans les affaires n° 315813 et 316060 Ordre des Avocats du Barreau de Moulins et Commune de Moulin.

Le Conseil d'État a jugé, que la possibilité de rejeter sans audience par ordonnance certaines requêtes ne méconnaissaient pas l'article 6 § 1 de la convention EDH, dès lors notamment que les cas dans lesquels l'application de ces dispositions conduit à prendre, en première instance comme en appel, une ordonnance, donc à statuer sans audience, sont ceux « limitativement énumérés à l'article R. 222-1 du CJA, qui correspondent aux cas exceptionnels pour lesquels la tenue d'une audience publique en première instance n'apporterait aucun élément utile à la solution de l'affaire, au nombre desquels ne figurent pas les demandes qui ne sont manifestement pas susceptibles d'entraîner l'annulation de la décision attaquée » (CE 4 juillet 2012, USMA, n° 338829).

En statuant sur le recours dirigé contre le décret n° 2016-1480 du 2 novembre 2016 portant modification du CJA dit « décret JADE » (406606, 410872, 419467 du 13 février 2019), il a jugé, s'agissant de la modification des hypothèses dans lesquelles il est possible de statuer par ordonnance, que « *ces dispositions ont été prises aux fins de garantir le respect du droit à un délai raisonnable de jugement et dans un objectif de bonne administration de la justice, en permettant de porter en priorité, devant les formations collégiales des cours administratives d'appel, les affaires présentant les plus grandes difficultés* ».

Afin d'assurer un équilibre entre l'accès au juge et le respect des exigences de la sécurité juridique, des jurisprudences et des règles normatives peuvent limiter dans le temps l'exercice du droit au recours ou instaurer la nécessité d'un lien entre les moyens invoqués et le droit dont se prévaut le requérant en matière de marchés publics.

Par sa décision du 4 avril 2014, Département du Tarn-et-Garonne, le Conseil d'État ouvre à tous les tiers justifiant d'un intérêt lésé par un contrat administratif la possibilité de contester sa validité devant le juge du contrat. Cette décision revient sur une jurisprudence ancienne réservant cette voie de recours aux parties au contrat et aux concurrents évincés lors de sa passation. Elle ne correspond pas, pour autant, à une ouverture à tous les tiers du droit de contester toutes les illégalités affectant les contrats administratifs. En effet, afin de concilier le principe de légalité, auquel est soumise l'action administrative, avec la préoccupation de stabilité des relations contractuelles, d'une part, seuls certains tiers seront recevables à former un tel recours, et d'autre part, seuls certains moyens, tirés d'illégalités particulièrement graves ou en rapport direct avec l'intérêt lésé des tiers requérants, seront susceptibles d'être soulevés. Traditionnellement, seules les parties signataires du contrat pouvaient en contester directement la validité devant le juge du contrat. Les tiers au contrat ne pouvaient contester, pour leur part, que les actes administratifs dits « détachables » du contrat, c'est-à-dire les actes préalables à sa conclusion, qui l'ont préparée et rendue possible (CE, 4 août 1905, Martin, p. 749). L'annulation d'un acte « détachable » illégal ne débouchait qu'exceptionnellement sur l'annulation par ricochet du contrat lui-même. Cette distinction était justifiée par la nécessité de préserver la stabilité des relations contractuelles en empêchant que des tiers puissent obtenir l'annulation des contrats alors que ceux-cisont en cours d'exécution. Pour pouvoir saisir le juge du contrat, les tiers doivent justifier que leurs intérêts sont susceptibles d'être lésés de manière suffisamment directe et certaine. Sur le fond, ils ne peuvent se plaindre que des vices du contrat en rapport direct avec l'intérêt lésé dont ils se prévalent ou de ceux d'une gravité telle que le juge devrait les relever d'office. Le juge apprécie l'importance de ces vices et les conséquences à en tirer. Il peut, selon les cas, soit décider que la poursuite de l'exécution du contrat est possible, soit inviter les parties à le régulariser. Ce n'est qu'en présence d'irrégularités qui ne peuvent être couvertes par une mesure de régularisation et qui ne permettent pas la poursuite de l'exécution du contrat, et après avoir vérifié que sa décision ne portera pas une atteinte excessive à l'intérêt général, que le juge résilie le contrat ou, si ce dernier a un contenu illicite ou se trouve affecté d'un vice d'une particulière gravité, en décide l'annulation totale ou partielle. Enfin, le juge peut dans certains cas condamner les parties à verse rune indemnité à l'auteur du recours qui a subi un préjudice.

Avant même l'affaire Société KPMG, le Conseil d'État avait reconnu la « sécurité juridique des collectivités publiques » comme l'un des fondements de la prescription quadriennale : cf. CE, 5 décembre 2005, Mme Tassius, n° 278183). Aucune raison objective ne permet de considérer que la sécurité juridique serait réservée aux particuliers dans leurs relations avec l'administration. De plus, les décisions administratives se situent souvent dans un rapport triangulaire et bénéficient à un titulaire d'une autorisation tout en pouvant préjudicier à d'autres personnes tierces à cette autorisation : un concurrent, un voisin, un fonctionnaire du même grade.

Pratiquement, le délai de deux mois est perpétuel, lorsque les voies et délais de recours ne figurent pas sur la décision ou lorsque la preuve de la notification n'a pas été conservée. L'administration se trouve en effet confrontée, pour tous les actes relativement anciens, au dépérissement des preuves : le débiteur d'une obligation ne peut être contraint de conserver au-delà d'une durée raisonnable la preuve qu'il s'est bien acquitté de celle-ci. Or, la règle de l'article R. 421-5 fait peser, de fait, sur l'administration, une obligation de conserver la preuve de la notification régulière des actes individuels jusqu'au décès de leurs destinataires et parfois même, pour les pensions, jusqu'au décès des ayants droit de leurs destinataires. Dans le cas de figure des actes non notifiés ou dont la preuve de notification n'a pas été conservée, ou notifiés avec une information incomplète sur les voies et délais de recours, la règle de l'article R. 421-5 aboutit à conférer un recours juridictionnel perpétuel.

Le Conseil d'État a jugé que le principe de sécurité juridique fait obstacle à ce qu'une décision puisse être indéfiniment contestée, devant le juge, par son destinataire, dès lors qu'il est établi que celui-ci en a eu connaissance. Certes, en l'absence d'information sur les voies et délais de recours conforme aux exigences de l'article R. 421-5, le délai de deux mois ne lui sera pas opposable. Mais le Conseil d'État a instauré une limitation du recours à un délai raisonnable qu'il a fixé à un an pour le recours pour excès de pouvoir (CE 387763 M. CZABAJ du 13 juillet 2016).

La création d'un recours administratif préalable obligatoire est un aménagement du droit au recours qui ne prote pas atteinte à sa substance. Le Conseil d'État a adapté la jurisprudence CZABAJ au cas où est organisé un recours administratif préalable obligatoire, dans une décision de Section 389842 ministre des finances et des comptes publics c/M. Amar du 31 mars 2017.

Le développement des référés d'urgence

Avant 2001, la décision étant exécutoire, la seule façon d'obtenir la suspension de l'exécution d'une décision était la procédure de sursis à exécution qui était conditionnée à l'existence d'un moyen sérieux et d'un préjudice difficilement réparable. La loi n° 2000-597 du 30 juin 2000 relative au référé devant les juridictions administratives a bouleversé les actions à la disposition des administrés pour obtenir une cessation des effets d'une décision administrative ou pour faire cesser une action portant atteinte à une liberté fondamentale.

Faute d'efficacité des actions en référés, les requérants recouraient au juge civil des référés qui procédait à une extension de la voie de fait qui lui attribuait une compétence pour statuer sur une action de l'administration (V. en particulier l'affaire des clandestins du port de Honfleur : T. confl. 12 mai 1997, Préfet de police de Paris c/ TGI de Paris, Rec. CE, p. 528, AJDA 1997.635).

La loi du 30 juin 2000 relative au référé devant les juridictions administratives a attribué au juge des référés des pouvoirs beaucoup plus importants en créant une référé liberté ou injonction (article L. 521-2 du code de justice administrative) : « *Saisi d'une demande en ce sens justifiée par l'urgence, le juge des référés peut ordonner toutes mesures nécessaires à la sauvegarde d'une liberté fondamentale à laquelle une personne morale de droit public ou un organisme de droit privé chargé de la gestion d'un service public aurait porté, dans l'exercice d'un de ses pouvoirs,* ***une atteinte grave et manifestement illégale****. Le juge des référés se prononce dans un délai de quarante-huit heures* ».

Par exemple dans sa décision commune de Galluis 347345 du 14 mars 2011, le Conseil d'État a jugé que le libre accès des riverains à la voie publique constitue un accessoire du droit de propriété, lequel a le caractère d'une liberté fondamentale au sens de l'article L. 521-2 du code de justice administrative et que la privation de tout accès à la voie publique est susceptible de constituer une atteinte grave et manifestement illégale à cette liberté, pouvant justifier le prononcé, par le juge administratif des référés saisi au titre de cet article L. 521-2, de toute mesure nécessaire de sauvegarde.

La pose de bacs contenant des arbustes sur une voie publique en face du garage des requérants faisait obstacle au passage de tout véhicule automobile sur la portion de la rue sur laquelle ils ont été disposés. Dans cette affaire, le Conseil d'État a jugé qu'en faisant procéder dans les circonstances de l'espèce à l'installation des bacs en cause sur la voie publique, le maire de Galluis a porté une atteinte grave et manifestement illégale au droit de propriété.

Si le Conseil d'État exerce depuis une décision du 19 mai 1933 Benjamin un contrôle maximum sur les atteintes portées par le pouvoir de police à la liberté de réunion et a annulé l'interdiction par le maire de Nevers d'une conférence littéraire à Nevers sur le thème « Deux auteurs comiques : Courteline et Sacha Guitry. » M. Benjamin n'a pas pu tenir en 1930 sa conférence et a obtenu une annulation purement symbolique en 1933.

La création d'une voie efficace de droit pour protéger les libertés fondamentales permet désormais au juge de sécuriser la liberté de réunion. Ainsi, le Conseil d'État a validé une ordonnance du juge des référés du tribunal administratif de Nantes qui avait jugé que l'interdiction d'un spectacle de « Dieudonné » constituait une atteinte grave et manifestement illégale à la liberté d'expression et avait enjoint au maire de respecter la convention de location de la salle Odyssée, afin de permettre la tenue du spectacle de l'artiste Dieudonné (Conseil d'État 336837commune d'Orvault du 26 février 2010).

Le référé suspension prévu à l'article article L. 521-1 qui remplace le sursis à exécution permet de suspendre la mise en œuvre d'une décision qui est en principe immédiateté exécutoire et de prononcer une injonction sur le fondement de l'article L. 911-1 afin d'obliger l'administration à prendre des mesures provisoires d'exécution qui peuvent par exemple conduire le juge du référé suspension à suspendre l'exécution du refus d'un permis de construire et d'assortir cette suspension d'une injonction de délivrer un permis de construire si aucun autre motif de refus ne peut être opposé au demandeur de l'autorisation d'urbanisme pour justifier légalement un refus de permis (CE, avis, 25 mai 2018, n° 417350). Dans l'affaire qui a donné lieu à l'avis du Conseil d'État le juge des référés du tribunal administratif de Versailles a jugé que : « *eu égard aux moyens retenus par la présente ordonnance de référé, relatifs aux deux motifs de refus contenus dans la décision attaquée, comme paraissant en l'état de l'instruction propre à créer un doute sérieux quant à la légalité de la décision attaquée,* ***la suspension prononcée par la présente ordonnance de référé implique nécessairement que le maire de Mantes-la-Ville délivre le permis de construire demandé*** *à l'association des musulmans de Mantes Sud, à titre provisoire au sens de la décision de Section du Conseil d'État du 7 octobre 2016, n° 395211 ; qu'il y a donc lieu, en application de l'article L. 911-1 du code de justice administrative, d'enjoindre à la commune de Mantes-la-Ville de délivrer provisoirement à l'association des musulmans de Mantes Sud le permis de construire refusé par la décision attaquée, avant le 30 juin 2017, sous astreinte de 100 euros par jour de retard* » (Ordonnance du 7 juin 2017 1703214 préfet des Yvelines).

Si la dualité de juridictions peut induire des complications procédurales, le contrôle exercé sur les lois de validation, la réforme du règlement des conflits et le recul du champ de l'obligation de poser une question préjudicielle à l'autre juridiction en atténue les effets.

- **Le dualisme juridictionnel**

1. Les inconvénients de la dualité de juridictions sont à relativiser dans leurs conséquences pratiques

L'existence de deux ordres parallèles et distincts, d'un dualisme juridictionnel, prête encore à discussion malgré son ancienneté. Si, pour Bernard Stirn, « devant les besoins d'aujourd'hui, la dualité des ordres de juridiction est un atout, presque une évidence », d'autres voix s'élèvent régulièrement pour plaider en faveur de la suppression de la dualité, comme celle de Didier Truchet. La critique de la dualité de juridictions repose d'abord sur la complexification de la procédure qui peut faire intervenir deux juges pour une même action. Par exemple, l'éloignement d'un étranger suppose de faire comparaître l'étranger devant au moins deux juges : le juge de la liberté et de la détention pour la mesure de rétention administrative et ses prolongations et le juge administratif pour le recours contre l'obligation de quitter de territoire français. L'autre motif de critique vise l'existence d'un juge administratif distinct, dont les caractéristiques ne permettraient pas d'assurer un contrôle efficace de l'administration et le droit public, et avec lui, d'une certaine conception de l'État, comme personne soumises à un droit et à un juge spécial. C'est pourquoi des points de vue idéologiques plus ou moins marqués peuvent aussi se cacher derrière les raisonnements juridiques. Ainsi, selon François Burdeau, « le rejet de la dualité de juridictions exprime une haine de l'étatisme ».

Il est vrai que, dans certaines matières, la dualité juridictionnelle peut présenter une complexité facteur de lenteur et de coûts supplémentaires pour le justiciable :

- ainsi en matière d'expropriation, le juge administratif est compétent pour contrôler la régularité de l'opération, tandis que le transfert de propriété et l'indemnisation relèvent du juge judiciaire ;
- en matière de permis de conduire, le juge judiciaire est seul compétent pour se prononcer sur les circonstances de l'infraction, alors que le contentieux du retrait de points relève du seul juge administratif ;
- en matière de permis de construire, la légalité des décisions relève du juge administratif, mais seul le juge judiciaire peut le cas échéant ordonner la destruction d'une construction irrégulièrement édifiée ; pareillement, si le juge administratif est compétent pour apprécier la légalité du permis au regard des distances d'implantation par rapport aux limites séparatives déterminées par le plan local d'urbanisme, seul le juge judiciaire peut apprécier la régularité de l'implantation au regard des servitudes d'éloignement fixées par le code civil ;
- en droit des étrangers, la contestation du placement en rétention administrative relève du juge judiciaire, alors que la légalité de la décision de l'obligation de quitter le territoire français administratif relève du juge administratif ;
- dernier exemple, en matière de téléphonie mobile, si les actions tendant à l'interruption de l'émission, à l'interdiction de l'implantation, à l'enlèvement ou au déplacement d'antennes relais relèvent du juge administratif, seul le

juge judiciaire peut connaître des actions en responsabilité dirigées par les particuliers contre les opérateurs de téléphonie mobile (TC 14 mai 2012, Société Orange France).

À chaque fois, pour obtenir l'entier respect de ses droits, le justiciable devra introduire deux actions, l'une devant le juge judiciaire, l'autre devant le juge administratif, même si désormais les questions préjudicielles sont adressées directement de juge à juge en application des articles 47 et 48 du décret du 27 février 2015 relatif au Tribunal des conflits et aux questions préjudicielles, alors qu'auparavant cette obligation était à la charge des parties. Désormais, l'article 49 du code de procédure civile prévoit que « Lorsque la solution d'un litige dépend d'une question soulevant une difficulté sérieuse et relevant de la compétence de la juridiction administrative, la juridiction judiciaire initialement saisie la transmet à la juridiction administrative compétente en application du titre Ier du livre III du code de justice administrative. Elle sursoit à statuer jusqu'à la décision sur la question préjudicielle ». L'article R. 771-2 du code de justice administrative prévoit que : « *Lorsque la solution d'un litige dépend d'une question soulevant une difficulté sérieuse et relevant de la compétence de la juridiction judiciaire, la juridiction administrative initialement saisie la transmet à la juridiction judiciaire compétente. Elle sursoit à statuer jusqu'à la décision sur la question préjudicielle* ».

En pratique toutefois, la répartition des compétences entre deux ordres de juridiction n'entraîne pas de difficultés excessives. Yves Robineau souligne ainsi que la cinquantaine d'affaires soumises chaque année au Tribunal des Conflits « *ne peut être regardée que comme une heureuse surprise par tous ceux qui en sont restés à l'idée que la dualité des ordres de juridiction impose au justiciable un inextricable parcours du combattant* ». En outre, la loi du 16 février 2015 relative à la modernisation et à la simplification du droit et des procédures dans les domaines de la justice et des affaires intérieures, qui supprime la présidence du Tribunal des Conflits par le Garde des Sceaux, permet aux juges du fond de saisir directement le Tribunal d'une question préjudicielle de compétence, sans attendre que naissent les conditions d'un conflit ou que l'affaire soit examinée par le Conseil d'État ou la Cour de cassation.

Par ailleurs, les critiques sur la moindre efficacité de l'intervention du juge administratif par rapport à celle du juge judiciaire, notamment en ce qui concerne la protection des droits et l'exécution de ses décisions, ou sur sa prétendue complaisance à l'égard de l'administration, ne sont plus fondées depuis l'extension des pouvoirs du juge des référés et l'approfondissement du contrôle du juge. Ces critiques pourraient d'ailleurs se retourner contre le juge judiciaire dont l'actualité démontre tous les jours les conséquences néfastes sur les justiciables et sur l'application effective de la loi républicaine de sa lenteur à instruire et juger des affaires sensibles ou quotidiennes, faute de création de régulations permettant de rationaliser les procédures. La Cour de cassation a jugé le 8 mars 2012, M. C., que « *l'accès aux juridictions des deux ordres et les garanties offertes au justiciable [sont] équivalentes* ».

Aussi les quelques complexités induites par le dualisme juridictionnel ne devraient-elles pas trouver leur résolution dans la fusion des deux ordres mais dans la création de blocs de compétence par la voie législative comme a été opéré au profit du juge judiciaire l'unification du contentieux de la responsabilité de l'État en raison des accidents scolaires (loi du 5 avril 1937), ou du contentieux des accidents automobiles (loi du 31 décembre 1957). Il paraît inconcevable de maintenir cette séparation dans le contentieux du recouvrement de l'impôt dont la compétence juridictionnelle dépend des moyens invoqués dans la requête. L'attribution au juge judiciaire des droits d'enregistrement, alors que les autres impôts et contributions relèvent du juge administratif, apparaît comme une complication inutile sans aucune justification. Ainsi une plus-value immobilière peut générer deux contentieux parallèles devant deux juges pour deux impôts qui dépendent d'une même question relative au calcul de cette plus-value. Pire encore, un litige relatif à la TVA perçue à l'importation par l'administration des douanes relève du juge judiciaire, alors que la même TVA douanière imputée sur la TVA due à raison d'autres opérations relève du juge administratif. La création d'un bloc de compétence fiscale en faveur du juge principalement intéressé, c'est-à-dire dire le juge administratif, apparaît comme la seule conforme au principe de bonne administration de la justice.

2. Principes

Au juge judiciaire la contestation des actes de droit privé, au juge administratif celui des actes administratifs.

Un recours en annulation d'une décision administrative même prise par une personne privée relève par voie d'action du juge administratif en vertu d'un principe fondamental reconnu par les lois de la République qui réserve une compétence exclusive au juge administratif concernant l'annulation ou la réformation des décisions prises, dans l'exercice des prérogatives de puissance publique, par les autorités relevant du pouvoir exécutif, leurs agents, les collectivités territoriales de la République ou les organismes publics placés sous leur autorité ou leur contrôle. (Cons. const., déc. n° 86-224 DC, 23 janv. 1987, « Conseil de la concurrence »).

Cette compétence s'étend au-delà de cette compétence constitutionnelle irréductible. Le Tribunal des conflits juge que : « En vertu du principe de séparation des autorités administratives et judiciaires posé par l'article 13 de la loi des 16-24 août 1790 et par le décret du 16 fructidor an III, sous réserve des matières réservées par nature à l'autorité judiciaire et sauf dispositions législatives contraires, il n'appartient qu'à la juridiction administrative de connaître des recours tendant à l'annulation ou à la réformation des décisions prises par l'administration dans l'exercice de ses prérogatives de puissance publique. De même, le juge administratif est en principe seul compétent pour statuer, le cas échéant par voie de question préjudicielle, sur toute contestation de la légalité de telles décisions, soulevée à l'occasion d'un litige relevant à titre principal de l'autorité judiciaire ».

En revanche les solutions sont plus complexes lorsque la légalité d'un acte administratif est invoquée par voie d'exception au cours d'un litige principal se déroulant devant le juge judiciaire. Le juge répressif bénéfice d'une plénitude de compétence en vertu de l'article 111-5 du Code pénal pour interpréter les actes administratifs, réglementaires ou individuels et pour en apprécier la légalité, « quand de cet examen, dépend la solution du procès pénal qui leur est soumis ».

En vertu de la jurisprudence « Septfonds » (T. confl., 7 juin 1923 : Rec. CE 1923, p. 498), même si la compétence constitutionnelle de la juridiction administrative est limitée au contentieux de l'action, le juge judiciaire non pénal est en principe incompétent pour apprécier la légalité d'un acte administratif, mais il peut interpréter un acte administratif réglementaire. En revanche, ce même pouvoir d'interprétation lui est refusé s'agissant d'un acte individuel tout comme il lui est impossible d'apprécier la légalité de tout acte administratif réglementaire ou individuel (T. confl., 2 juin 1910, Abbé Mignon : Rec. CE 1910, p. 442). Lorsque la résolution d'un litige porté devant un ordre de juridiction suppose la résolution d'une question relevant en principe de l'autre ordre, celui-là doit poser une question préjudicielle à celui-ci en interprétation ou en appréciation de légalité.

3. Évolutions

Plusieurs évolutions tendant à pallier les conséquences les plus indésirables du dualisme juridictionnel.

a. La jurisprudence SCEA du Chéneau

Par son arrêt du 17 octobre 2011, SCEA du Chéneau, le Tribunal des conflits a apporté deux modifications très importantes à la jurisprudence « Septfonds » en vertu du principe selon lequel tout justiciable a droit à ce que sa demande soit jugée dans un délai raisonnable.

Il a d'abord limité l'obligation pour le juge judicaire de transmettre une question préjudicielle au juge administratif lorsque la solution est certaine en jugeant que « *si, en cas de contestation sérieuse portant sur la légalité d'un acte administratif, les tribunaux de l'ordre judiciaire statuant en matière civile doivent surseoir à statuer jusqu'à ce que la question préjudicielle de la légalité de cet acte soit tranchée par la juridiction administrative, il en va autrement lorsqu'il apparaît manifestement, au vu d'une jurisprudence établie, que la contestation peut être accueillie par le juge saisi au principal* ».

Il a ensuite conféré au juge judiciaire une plénitude de compétence pour statuer sur les moyens tirés de la conformité de l'acte réglementaire à une norme du droit de l'Union européenne (et seulement à ce droit : les autres normes internationales continuent de relever de la jurisprudence Septfonds), sans renvoi préjudiciel au juge administratif en jugeant que : « *s'agissant du cas particulier du droit de l'Union européenne, dont le respect constitue une obligation, tant en vertu du traité sur l'Union européenne et du traité sur le fonctionnement de l'Union européenne qu'en application de l'article 88-1 de la Constitution, il résulte du principe d'effectivité issu des dispositions de ces traités, telles qu'elles ont été interprétées par la Cour de justice de l'Union européenne, que le juge national chargé d'appliquer les dispositions du droit de l'Union a l'obligation d'en assurer le plein effet en laissant au besoin inappliquée, de sa propre autorité, toute disposition contraire. À cet effet, il doit pouvoir, en cas de difficulté d'interprétation de ces normes, en saisir lui-même la Cour de justice à titre préjudiciel ou, lorsqu'il s'estime en état de le faire, appliquer le droit de l'Union, sans être tenu de saisir au préalable la juridiction administrative d'une question préjudicielle, dans le cas où serait en cause devant lui, à titre incident, la conformité d'un acte administratif au droit de l'Union européenne* » (Tribunal des Conflits 17 octobre 2011 SCEA du Chéneau c/ INAPORC et Cherel et autres c/ CNIEL C3828).

La jurisprudence « SCEA du Chéneau » suppose d'identifier ce qu'est une « jurisprudence établie » et une illégalité « manifeste » d'un règlement, ce qui peut conduire à des saisines du Tribunal des Conflits pour statuer sur ces deux notions pour déterminer l'ordre juridictionnel compétent. La Cour de cassation a fait une première application dans un arrêt du 24 avril 2013, Commune de Sancoins, d'une « *jurisprudence établie du juge administratif* » pour trancher elle-même une question en matière de contrat administratif.

Le Conseil d'État a rendu une jurisprudence symétrique à celle du Tribunal des conflits « SCEA du Chéneau » dans le cas où le juge administratif doit en sens inverse surseoir à statuer et renvoyer au juge judiciaire la question de la validité ou des difficultés d'interprétation d'actes de droit privé comme des titres de propriété qui conditionnent l'appartenance au domaine public (CE 1997 Carbonel). Dans sa décision Fédération sud santé sociaux du 23 mars 2012, il a jugé qu'il n'y a pas lieu d'adresser une question préjudicielle au juge judiciaire : « s'il apparaît manifestement, au vu d'une jurisprudence établie, que la contestation peut être accueillie par le juge saisi au principal » et que « s'agissant du cas particulier du droit de l'Union européenne (…) le juge administratif doit pouvoir, en cas de difficulté d'interprétation de ces normes, en saisir lui-même la Cour de justice à titre préjudiciel ou, lorsqu'il s'estime en état de le faire, appliquer le droit de l'Union européenne, sans être tenu de saisir au préalable l'autorité judiciaire d'une question préjudicielle, dans le cas où serait en cause devant lui, à titre incident, la conformité d'une convention ou d'un accord collectif au droit de l'Union européenne ». Le Conseil d'État a fait des applications concrètes de cette possibilité de se fonder sur une « jurisprudence établie » : CE 19 novembre 2013, Société Credemlux international, à propos des contrats de cautionnement de droit privé conclus par les communes ; CE 27 juillet 2015, M. Smalto, à propos de la contestation de la régularité des opérations de visites domiciliaires en matière fiscale.

b. La redéfinition de la voie de fait et de l'emprise irrégulière

Jusqu'à récemment, le juge administratif était compétent pour constater l'existence d'une voie de fait, mais seul le juge judiciaire peut y mettre fin et allouer une indemnité ; de même, le juge administratif était compétent pour connaître des litiges liés à l'emprise régulière de l'administration sur la propriété alors que seul le juge judiciaire l'est en cas d'emprise irrégulière.

Par trois décisions du Conseil d'État et du Tribunal des Conflits, la jurisprudence a évolué dans le sens d'une réduction de cas d'empiétement sur la compétence administrative par le juge judiciaire. Elle s'inscrit dans un contexte marqué par l'essor du référé administratif à la suite de l'adoption de la loi du 30 juin 2000. Le référé s'est en effet imposé comme un instrument efficace de protection des libertés fondamentales par le juge administratif, couvrant un large spectre de droits et de libertés, et lui permettant de prendre toutes les mesures utiles pour faire cesser l'atteinte qu'il constate.

Le Conseil d'État a d'abord jugé, par un arrêt CE 23 janvier 2013, Commune de Chirongui, que le juge du référé liberté était compétent pour faire cesser une atteinte grave et manifestement illégale au droit de propriété, « *quand bien même cette atteinte aurait le caractère d'une voie de fait* ».

Surtout, le Tribunal des Conflits, par un arrêt TC 17 juin 2013, M. Bergoend, a redéfini la notion de voie de fait qui, par exception au principe de séparation des autorités administratives et judiciaires, donne compétence des juridictions de l'ordre judiciaire pour ordonner la cessation ou la réparation des atteintes subies du fait d'une action ou d'une décision administrative. L'ancienne définition de la voie de fait résultait de sa décision du 8 avril 1935, Action française (TC, 8 avril 1935, L'action française c/ M X., n° 00822). La décision M. Bergoend c/ Société ERDF Annecy Léman ne remet pas entièrement en cause cette jurisprudence : le Tribunal des conflits maintient les deux cas différents de voie de fait. La première correspondait aux cas d'exécution forcée, dans des conditions irrégulières, d'une décision, même régulière (TC, 2 décembre 1902, Société immobilière de Saint-Just). La seconde catégorie couvrait les cas dans lesquels l'administration a pris une décision manifestement insusceptible d'être rattachée à un pouvoir appartenant à l'autorité administrative (TC, 22 juin 1998, Préfet de la Guadeloupe c/ Tribunal de grande instance de Basse-Terre, n° 03105). Mais dans ces deux cas, l'administration devait avoir porté une atteinte grave au droit de propriété ou à une liberté fondamentale. Les anciens critères étaient bien résumés dans une décision du 23 octobre 2000, dans laquelle le Tribunal des conflits rappelait que le juge judiciaire est incompétent hormis le cas « où l'administration, soit a procédé à l'exécution forcée, dans des conditions irrégulières, d'une décision, même régulière, portant une atteinte grave au droit de propriété ou à une liberté fondamentale, soit a pris une décision ayant l'un ou l'autre de ces effets à la condition toutefois que cette dernière décision soit elle-même manifestement insusceptible d'être rattachée à un pouvoir appartenant à l'autorité administrative » (TC, 23 octobre 2000, M B. c/ Ministre des affaires étrangères, n° 3227).

La décision M. Bergoend c/ Société ERDF Annecy Léman maintient les deux catégories de voie de fait : d'une part, d'exécution forcée, dans des conditions irrégulières, d'une décision, même régulière et, d'autre part, d'une décision manifestement insusceptible d'être rattachée à un pouvoir appartenant à l'autorité administrative, **mais ne se réfère plus la notion d'atteinte grave au droit de propriété ou à une liberté fondamentale à laquelle est substituée la notion « d'atteinte à la liberté individuelle ou aboutissant à l'extinction d'un droit de propriété ».** Tout d'abord, là où toute atteinte grave à une liberté fondamentale suffisait, il faut désormais que soit en jeu une atteinte à la liberté individuelle. Or le champ de la liberté individuelle est bien plus restreint que celui des libertés fondamentales. Il couvre principalement la sûreté et la liberté d'aller et venir. Ensuite, l'atteinte au droit de propriété doit être tellement grave qu'elle aboutisse, en réalité, à l'extinction de ce droit. Le Tribunal des conflits recentre la voie de fait sur le cœur de compétence reconnu au juge judiciaire en matière d'expropriation. L'un des domaines les plus concernés par la voie de fait, à savoir l'emprise irrégulière, se trouve ainsi particulièrement réduit. Tous les contentieux concernant des empiétements, des atteintes partielles au droit de propriété comme l'occupation, ou, pour les biens meubles, la confiscation, se trouvent en effet redirigés vers le juge administratif.

La nouvelle définition de la voie de fait est la suivante : « *il n'y a voie de fait de la part de l'administration, justifiant, par exception au principe de séparation des autorités administratives et judiciaires, la compétence des juridictions de l'ordre judiciaire pour en ordonner la cessation ou la réparation, que dans la mesure où l'administration soit a procédé à l'exécution forcée, dans des conditions irrégulières, d'une décision, même régulière,* ***portant atteinte à la liberté individuelle ou aboutissant à l'extinction d'un droit de propriété****, soit a pris une décision qui a les mêmes effets d'atteinte à la liberté individuelle ou d'extinction d'un droit de propriété et qui est manifestement insusceptible d'être rattachée à un pouvoir appartenant à l'autorité administrative ; que l'implantation, même sans titre, d'un ouvrage public sur le terrain d'une personne privée ne procède pas d'un acte manifestement insusceptible de se rattacher à un pouvoir dont dispose l'administration* ». (TC 3911 M. Bergoend c/ Société ERDF Annecy Léman du 17 juin 2013). La Cour de cassation a entériné cette nouvelle conception de l'emprise irrégulière par une décision Cass. Civ. 1 9 décembre 2015, Communauté d'agglomération de Saint-Quentin-en-Yvelines.

Dans cette espèce, M. Bergoend, propriétaire depuis 1990 d'une parcelle sur laquelle Électricité de France avait implanté un poteau en 1983, sans se conformer à la procédure applicable, ni conclure une convention avec lui a assigné la société ERDF devant le tribunal de grande instance, afin que soit ordonné le déplacement du poteau litigieux, sous astreinte, aux frais de la société qui s'est déclaré incompétent. Le tribunal des conflits a jugé qu'un poteau électrique, qui est directement affecté au service public de la distribution d'électricité dont la société ERDF est chargée, a le caractère d'un ouvrage public et que l'implantation, même sans titre, d'un tel ouvrage public de distribution d'électricité ne procède pas d'un acte manifestement insusceptible de se rattacher à un pouvoir dont dispose la société chargée du service public, n'aboutit pas, en outre, à l'extinction d'un droit de propriété et que, dès lors, elle ne saurait être qualifiée de voie de fait. Le TC désigne la juridiction administrative comme seule compétente pour statuer sur des conclusions tendant à ce que soit ordonné le déplacement ou la suppression d'un ouvrage public.

Tirant la conséquence de cette évolution, le Tribunal des Conflits a abjuré la jurisprudence attribuant au juge judiciaire la compétence pour statuer sur la réparation des conséquences d'une emprise irrégulière issue de l'arrêt du TC, 17 mars 1949, Société Hôtel du Vieux Beffroi, n° 1077, p. 592. Par un arrêt du 9 décembre 2013, Époux Panizzon, le Tribunal des conflits a jugé, que le juge administratif est compétent pour connaître d'une action en réparation du préjudice résultant d'une emprise irrégulière, dès lors que cette emprise n'a pas emporté l'extinction du droit de propriété du bien sûr lequel elle a été exercée : « *sauf dispositions législatives contraires, la responsabilité qui peut incomber à l'État ou aux autres personnes morales de droit public en raison des dommages imputés à leurs services publics administratifs est soumise à un régime de droit public et relève en conséquence de la juridiction administrative* ; [...] ; *que,* ***dans le cas d'une décision administrative portant atteinte à la propriété***

privée**, le juge administratif, compétent pour statuer sur le recours en annulation d'une telle décision et, le cas échéant, pour adresser des injonctions à l'administration,* ***l'est également pour connaître de conclusions tendant à la réparation des conséquences dommageables de cette décision administrative, hormis le cas où elle aurait pour effet l'extinction du droit de propriété ».

En l'espèce, le TC a reconnu que l'occupation de la parcelle de terrain appartenant à M. et Mme Panizzon par la commune de Saint-Palais-sur-Mer, au-delà de la durée de 4 ans stipulée à la convention de mise à disposition d'un terrain pour y aménager une aire de sport, a porté atteinte au libre exercice de leur droit de propriété sur ce bien, mais n'a pas eu pour effet de les en déposséder définitivement. Il a na déduit que le tribunal administratif, compétent pour se prononcer sur la décision du maire refusant de libérer cette parcelle et pour enjoindre à la commune d'y procéder, l'est également pour statuer sur leurs conclusions tendant à l'indemnisation des conséquences dommageables de cette occupation irrégulière.

c. L'unification du contentieux

Le Conseil constitutionnel reconnaît au législateur la possibilité de procéder à des transferts de compétence d'un ordre de juridiction à l'autre, afin d'unifier et simplifier le contentieux. « *Lorsque l'application d'une législation ou d'une réglementation spécifique pourrait engendrer des contestations contentieuses diverses qui se répartiraient, selon les règles habituelles de compétence, entre la juridiction administrative et la juridiction judiciaire, il est loisible au législateur, dans l'intérêt d'une bonne administration de la justice, d'unifier les règles de compétence juridictionnelle au sein de l'ordre juridictionnel principalement intéressé* » (Décision n° 86-224 DC du 23 janvier 1987 Loi transférant à la juridiction judiciaire le contentieux des décisions du Conseil de la concurrence).

Ainsi la loi du 5 juillet 2011 relative aux droits et à la protection des personnes faisant l'objet de soins psychiatriques et aux modalités de leur prise attribue dorénavant la compétence pour connaître des décisions administratives d'admissions en soins psychiatriques aux juridictions judiciaires.

• La cristallisation du débat contentieux

Le Conseil d'État a, par un arrêt CE 21 mars 2007, Garnier, abandonné sa jurisprudence selon laquelle on ne pouvait formuler devant le juge des moyens autres que ceux qui avaient été développés dans le cadre d'un recours administratif préalable obligatoire (illustrant cet état du droit : CE 29 mai 1970, Granger). La règle dite de la « cristallisation du débat contentieux » au stade du recours préalable obligatoire est donc abandonnée : l'intéressé pourra soulever, dans le cadre du recours juridictionnel, tout moyen qu'il aurait omis de présenter à l'administration à l'occasion du recours préalable.

Mais l'ouverture du prétoire ne doit pas non plus conduire à un exercice abusif de ce droit. S'inspirant de l'article. 600-4 du code de l'urbanisme, le décret n° 2016-1480 du 2 novembre 2016 portant modification du code de justice administrative a crée un nouvel l'article R. 611-7-1 au code de justice administrative qui permet de fixer, par ordonnance et sans clôturer l'instruction, la date à compter de laquelle les parties ne peuvent plus invoquer de moyens nouveaux.

La protection des droits par la CEDH

- **Face au succès de la CEDH, le Conseil de l'Europe a régulièrement modifié ses modes d'intervention**

Avant l'entrée en vigueur du protocole n° 11 le 1er novembre 1998, la procédure devant les organes du Conseil de l'Europe était marquée du sceau de la complexité. La requête initiale devait être déposée devant la Commission européenne des droits de l'homme compétente pour examiner les plaintes et chercher un accord amiable. En l'absence d'un tel accord, l'affaire était traitée soit par la CEDH, soit, si elle n'avait pas été saisie dans les délais, par le Comité des ministres. Si le bilan de la CEDH au cours de cette période a été largement positif, l'augmentation du nombre d'États membres et de celui, corrélatif, des requêtes devait rapidement conduire à un engorgement de la cour qui rendait nécessaire une réforme des modalités de sa saisine.

Avec l'entrée en vigueur du protocole n° 11, le Comité des ministres se voit retirer toute compétence juridictionnelle et est cantonné dans un rôle de surveillance de l'exécution des arrêts, la commission est supprimée et une nouvelle cour créée, qui comprend plusieurs formations de jugement : des « comités » de trois juges chargés d'examiner la recevabilité des requêtes individuelles, des « chambres » de sept juges chargées d'examiner la recevabilité des requêtes présentées par les États et de statuer au fond, et une « grande chambre » de dix-sept juges compétente pour rendre les arrêts les plus importants. Les juges qui composent la cour sont en nombre égal à celui des États membres (47). Les juges sont élus par l'Assemblée parlementaire du Conseil de l'Europe sur une liste présentée par les États membres pour une durée de six ans renouvelables.

Est entré en vigueur le 1er juin 2010 le protocole additionnel n° 14, destiné à réformer la procédure devant la CEDH afin de diminuer les délais de jugement : un juge unique peut statuer sur la recevabilité des requêtes (il en fallait au moins trois) ; un comité composé de trois juges peut rendre des arrêts au fond dans des espèces ne soulevant pas de difficulté et dont la jurisprudence applicable est bien établie ; enfin, la recevabilité des requêtes individuelles est subordonnée à l'existence d'un « préjudice important ».

Cette réforme n'a toutefois pas réglé le problème de la durée de la procédure en raison de l'engendrement de la Cour. Le stock des affaires pendantes devant une formation judiciaire s'établissant au 31 décembre 2019 à 59 800, soit 6 % de plus que fin 2018 pour 44 500 nouvelles requêtes attribués, soit 3 % de plus pour 8 800 requêtes préjudicaires pendantes (–10 %). Les requêtes jugées s'établissent sur un an au 31 décembre 2019 à 40 667, soit 5 % de moins qu'en 2018.

Par ailleurs, pour améliorer la célérité des délais de jugements, la Cour a mis en place en 2009 une politique de « priorisation » du traitement des requêtes avec une hiérarchisation destinée à prendre en compte la gravité de l'atteinte aux droits invoquée. En 2011, ce sont deux nouvelles procédures qui ont été introduites : un mécanisme de filtrage des requêtes en provenance des cinq États les plus pourvoyeurs de requêtes, à savoir la Russie, la Turquie, la Roumanie, l'Ukraine et la Pologne, qui totalisent à eux seuls plus de la moitié des requêtes pendantes ; et la procédure de l'arrêt pilote, qui pourra être automatiquement appliqué aux affaires soulevant des questions identiques à celles résolues par l'arrêt.

Le 20 avril 2012 s'est enfin achevée la conférence de Brighton sur l'avenir de la CEDH, dont le communiqué final fait état des projets de réduction des délais de saisine de la Cour (qui passeraient de six à quatre mois), d'élargissement des hypothèses d'irrecevabilité (notamment en l'absence de préjudice important) et d'introduction dans le préambule de la Convention des principes de subsidiarité et de marge d'appréciation réservée aux États. Depuis le 1er janvier 2019, la Cour expérimente une nouvelle pratique qui prévoit une phase spéciale, non contentieuse, pour tous les États contractants. Elle a décidé de poursuivre l'expérimentation de cette pratique pendant une année supplémentaire, en 2020, au bout de laquelle elle décidera s'il y a lieu ou non de continuer. Auparavant, ces deux phases étaient conduites parallèlement : les gouvernements avaient seize semaines pour produire leurs observations sur la recevabilité et le fond d'une affaire et, pendant les huit premières semaines, ils étaient tenus de dire à la Cour s'ils étaient disposés à conclure un règlement amiable. Dorénavant, le greffe ne fait pas de proposition de règlement amiable dans chaque cas : il y a des exceptions, comme les affaires soulevant des questions nouvelles jamais examinées par la Cour, ou les affaires dans lesquelles, pour une raison particulière, proposer un règlement amiable peut se révéler inapproprié.

Le 1er août 2018, la ratification par la République française du protocole n° 16 à la Convention européenne des droits de l'homme France a déclenché son entrée en vigueur et son applicabilité pour les pays suivants : Albanie, Arménie, Estonie, Finlande, France, Géorgie, Lituanie, Saint-Marin, Slovénie et Ukraine. Ce protocole permet aux juridictions suprêmes des États (pour la France : Conseil d'État, Cour de cassation et Conseil constitutionnel) d'adresser à la Cour européenne des droits de l'homme des demandes d'avis sur des questions relatives à l'interprétation ou à l'application des droits et libertés définis par la Convention ou ses protocoles.

- **Les conditions de recevabilité des recours**

Les recours sont recevables, après épuisement des voies de recours internes, dans les six mois de la décision devenue définitive et s'ils ne sont pas manifestement mal fondés. En 2019, 38 480 requêtes sur 8 595 140. 667 ont été déclarées irrecevables ou radiées, soit 94,6 %, seules 2 187 requêtes, soit 5,4 % ont été clôturées par un arrêt.

La CEDH apprécie souplement l'exigence d'épuisement des voies de recours internes. Elle admet ainsi les requêtes fondées sur la durée excessive de la procédure contentieuse si elle constate cette excessivité, alors même que la procédure interne n'est pas achevée : le seul fait que les délais raisonnables de jugement soient déjà dépassés suffit à rendre la requête recevable (CEDH 31 mars 1992, X. c/France). Par ailleurs, elle peut dispenser le requérant d'exercer un recours interne si son issue est, par le fait de l'application d'une jurisprudence constante et certaine : l'intéressé pourra alors directement saisir la cour (CEDH 21 décembre 1999, Demirtepe). Fait original, le Conseil d'État s'est reconnu compétent pour apprécier les chances de recevabilité d'une requête par la CEDH au regard de l'exigence de l'épuisement des voies de recours internes, en lieu et place de la Cour donc, dans une espèce où une faute de l'administration avait empêché le requérant de saisir la CEDH dans les délais prescrits (CE 6 avril 2007, Bernardet).

Une fois le recours déclaré recevable, la Cour cherche une solution amiable. En cas d'échec, ce qui est relativement fréquent, la Cour statue au terme d'une procédure publique et contradictoire, à la majorité des juges présents.

- **La portée des arrêts de la CEDH**

Les arrêts de la Cour ne sont pas exécutoires ; en revanche, ils sont obligatoires. La Cour a précisé, par la décision Marckx du 13 juin 1979, que ses arrêts ont un caractère « déclaratoire », c'est-à-dire qu'ils déclarent qu'il y a eu violation des droits, sans pour autant abroger la norme, annuler l'arrêt ou remettre en cause la pratique qui en est à l'origine.

Le Conseil d'État a ainsi jugé que la condamnation de la France par la CEDH n'avait pas pour effet de rouvrir la procédure juridictionnelle (CE 11 février 2004, Chevrol). Mais si la violation constatée par la CEDH concerne une sanction administrative devenue définitive, il incombe à l'autorité compétente, lorsque la sanction continue de produire ses effets, d'apprécier si la poursuite de l'exécution de cette sanction méconnaît les exigences de la convention et, dans ce cas, d'y mettre fin en tout ou partie (CE 30 juillet 2014, Vernes). Le Conseil d'État juge par la même décision qu'il appartient à l'État d'adopter les mesures individuelles et, le cas échéant, générales nécessaires pour mettre un terme à la violation constatée.

La Cour EDH peut condamner les États membres à indemniser le requérant des préjudices (moraux et matériels) subis du fait de la violation de ses droits. La Cour a même tendance à développer cet aspect indemnitaire de son office (voir, pour une indemnisation de plus de 7 millions d'euros, CEDH 24 février 2009, Dacia SRL c/Moldova). Les sommes auxquelles la Cour condamne les États au titre de la réparation du préjudice subi sont, en général, versées à l'intéressé.

Par ailleurs, pour pallier la relativité de la portée des décisions qu'elle rend, la Cour a forgé une théorie, dite des « obligations positives », en vertu de laquelle elle se reconnaît le pouvoir d'imposer une évolution de la législation des États afin de faire respecter les droits de l'homme, « *au besoin jusque dans les relations interindividuelles* » (CEDH 21 juin 1988, Ärtze für das Leben). Elle a par exemple, par une décision CEDH 26 juillet 2005, Siliadin c/France, imposé la « criminalisation » des pratiques de servitudes domestiques (aujourd'hui non criminalisées en tant que telles), sur le fondement de l'article 4 de la convention qui interdit les travaux forcés. Elle a, par un arrêt CEDH 20 janvier 2009, Slawomir Musial c/Pologne, enjoint à cet État d'adopter les mesures nécessaires afin de garantir aux détenus souffrants de troubles mentaux graves des conditions de détention décentes. Elle a également condamné un État pour n'avoir pas suffisamment protégé une manifestation contre l'homophobie perturbe par des contre-manifestants homophobes et violents (CEDH 12 mai 2015, Identoba c/ Géorgie).

La CEDH s'est également estimée compétente pour censurer non plus la loi adoptée par le législateur mais l'absence de loi : elle a ainsi condamné la Géorgie pour s'être abstenue pendant une durée excessivement longue d'édicter les mesures nécessaires à l'indemnisation des victimes de la répression politique menée par l'ancienne République fédérative de Géorgie soviétique, après qu'une autre loi eut posé le principe du droit à indemnisation (CEDH 2 février 2010, Kiladze c. Géorgie).

- **La protection par la CJUE**

La protection des droits de l'homme ne fait pas l'objet d'une action spécifique devant la CJUE. C'est au travers de la jurisprudence qu'elle rend dans le cadre des recours en manquement intentés par la Commission, des recours en annulation d'actes communautaires, des recours en carence et des questions préjudicielles qu'elle a étoffé l'arsenal normatif de protection communautaire des droits de l'homme. La CJUE a notamment élevé au rang de PGD communautaire le droit au recours juridictionnel (CJCE 15 mai 1986, Johnston).

On relèvera toutefois que, contrairement à la censure d'une décision juridictionnelle par la CEDH, celle résultant d'un arrêt de la CJUE a pour effet de contraindre l'État membre à réexaminer la décision en cause, nonobstant l'autorité de la chose jugée qui s'y attache (CJCE 13 janvier 2004, Kühne et Heitz). Par ailleurs, l'autorité de la chose jugée ne saurait faire obstacle à la complète mise en œuvre du droit communautaire. La CJUE juge ainsi que cette autorité ne peut être opposée par l'État membre pour refuser de récupérer une aide d'État déclarée illégale par la Commission (CJCE 18 juillet 2007, Ministero dell'Industria, del Commercio e dell'Artigianato).

Bilan de l'actualité

On peut distinguer les techniques juridictionnelles (1) et non juridictionnelles (2) de protection des droits.

Le renforcement des techniques juridictionnelles de protection des droits et leurs limites

Seront successivement abordés certains principes gouvernant le déroulement de l'instance juridictionnelle et les relations qu'entretiennent entre elles les principales juridictions (Conseil constitutionnel, Conseil d'État, CJUE, CEDH).

L'extension croissante du champ d'application de l'article 6 § 1 de la ConvEDH

- **L'application de l'article 6 § 1 aux juridictions**

Le Conseil d'État a étendu le champ d'application de cet article aux litiges administratifs portés devant des juridictions administratives spéciales : contentieux des prestations d'aides sociales (CE 29 juillet 1994, Département de l'Indre), contentieux des sanctions disciplinaires infligées par les juridictions ordinales (CE 14 février 1996, Maubleu, revenant sur la jurisprudence CE 11 juillet 1984, Subrini), contentieux des sanctions administratives (CE avis 23 septembre 1999, Rouxel, sur le retrait de points du permis de conduire).

- **L'application de l'article 6 § 1 à d'autres organismes que des juridictions**

Après un refus d'appliquer cet article aux procédures suivies par des autorités administratives (CE 1er mars 1991, Le Cun, pour le Conseil des bourses de valeur, CE 19 octobre 1996, Association Ici et maintenant, pour le CSA), le Conseil d'État, suivant la CEDH (et la Cour de cassation, qui a soumis la Commission des opérations de bourse à l'article 6 § 1 dans un arrêt du 5 février 1999), a modifié sa jurisprudence et accepté de soumettre à cet article des institutions administratives qui, en droit interne, ne sont pas des tribunaux, mais qui exercent néanmoins des pouvoirs de sanction (en revanche, inapplicabilité de l'article 6 § 1 lorsqu'elles statuent en matière civile). On peut citer, à titre d'exemple :

- CE 3 décembre 1999, Didier, pour le Conseil des marchés financiers ;
- CE 28 octobre 2002, Laurent, pour la Commission de contrôle des assurances ;
- CE 29 juillet 2002, Association Radio deux couleurs pour le Conseil supérieur de l'audiovisuel ;
- CE 27 octobre 2006, Parent, pour l'Autorité des marchés financiers ;
- CE 19 février 2009, G., pour l'Agence française de lutte contre le dopage ;
- CE 23 avril 2009, Cie Blue Line, pour l'Autorité de contrôle des nuisances sonores aéroportuaires ;
- CE 8 juillet 2009, A., pour le Haut Conseil du commissariat aux comptes.

La notion de tribunal n'est ainsi pas identique en droit européen et en droit interne, mais le Conseil d'État fait une application des principes dégagés par la CEDH.

Il faut toutefois préciser que la méconnaissance des exigences de l'article 6 § 1 n'est pas invariablement de nature à entraîner l'annulation de la décision adoptée par l'institution administrative en cause : ce n'est que dans l'hypothèse où le vice l'entachant ne pourrait être « purgé » par la procédure contentieuse ultérieure que cette annulation sera encourue. Ainsi, le défaut de mention des membres de l'institution ayant siégé lors de la séance au cours de laquelle la sanction a été prononcée (CE 23 mars 2005, Société financière Hottinguer), l'absence de lecture publique de la décision (CE 10 mai 2004, Crédit du Nord), le défaut de publicité des débats (même arrêt), ou encore l'absence d'audition de l'intéressé (CE 23 avril 2009, Cie Blue Line) ne sont pas de nature à caractériser une méconnaissance de l'article 6 § 1, dès lors que la procédure contentieuse permettra de combler ces lacunes. La CEDH adopte une position identique : CEDH 4 mars 2014, Grande Stevens, à propos de l'autorité italienne de régulation des services financiers.

L'exigence d'impartialité renforcée

L'impartialité est au fondement de l'activité juridictionnelle. Le Conseil d'État en a fait un principe général du droit (à une époque où cette appellation était inconnue) par l'arrêt CE 17 juin 1927, Vaulot. Par un arrêt CE 30 juillet 2003, Mme Chatin-Tsai, il juge que le moyen tiré de l'irrégularité qui entache la composition de la juridiction ayant rendu la décision attaquée devant lui au regard des principes d'équité et d'impartialité est d'ordre public.

Le principe d'impartialité s'applique non seulement aux juridictions et aux « tribunaux » au sens de la CEDH (administrations exerçant un pouvoir de sanction), mais également à des organes hors champ d'application de l'article 6 § 1 (organe purement administratif comme la CNIL ou organe ne statuant ni sur des droits civils ni sur des accusations pénales comme la Cour des comptes : CE 23 février 2000, Société Labor Métal). Le principe d'impartialité connaît un nombre important de déclinaisons. Les principales sont ici mentionnées.

- **La question du cumul des fonctions du Conseil d'État**

Par un arrêt CEDH 28 septembre 1995, Procola, la CEDH avait jugé que l'exercice consécutif de fonctions consultatives et juridictionnelles au sein d'une même institution pouvait, dans certaines circonstances, soulever la question de l'impartialité de l'organe considéré. L'arrêt, porteur d'une remise en cause potentielle de la structure duale du Conseil d'État, avait suscité un émoi que l'on peut regarder rétrospectivement comme exagéré. Dès l'année suivante, le Conseil juge, par un arrêt CE 5 avril 1996, Syndicat des avocats de France, que le membre de la juridiction qui a émis un avis sur un projet de texte ne peut siéger dans la formation de jugement appelée à se prononcer sur ce texte. Par une décision CEDH 6 mai 2003, Kleyn, la Cour reconnaît la conventionnalité de la structure duale du Conseil d'État hollandais, après s'être assurée que les personnes appelées à se prononcer sur un projet de texte ne pouvaient, par la suite, en connaître au contentieux. Par une décision CEDH 9 novembre 2006, Sacilor-Lormines, elle tient un raisonnement similaire s'agissant du Conseil d'État français. La controverse inaugurée par l'arrêt Procola est donc aujourd'hui apaisée, ainsi que l'a encore confirmé, de façon cette fois parfaitement explicite, la CEDH dans son arrêt CDH 30 juin 2009, Union fédérale des consommateurs Que Choisir ?, par lequel elle juge que dès lors que les membres qui se prononcent sur l'affaire en formation consultative ne sont pas les mêmes qui ceux appelés à en connaître au contentieux, le vice de partialité objective ne saurait, en tout état de cause, être reconnu.

Afin de parachever cet apaisement, le décret du 6 mars 2008 relatif à l'organisation et au fonctionnement du Conseil d'État codifie une pratique existante et prévoit que dorénavant les membres du Conseil d'État ne peuvent participer au jugement des recours dirigés contre les décisions qui ont été préparées par les sections auxquelles ils appartiennent, s'ils ont pris part à la délibération, reprenant ainsi l'article 20 de la loi du 24 mai 1872. Le requérant qui en fait la demande peut en outre obtenir communication de la liste des membres ayant participé à la délibération. Par ailleurs, le décret supprime la présence des représentants des sections consultatives aux formations de jugement. La séparation accrue des fonctions contentieuses et consultatives du Conseil d'État est directement influencée par la CEDH.

- **La participation du juge des référés à la formation de jugement statuant au fond**

Le Conseil d'État a, par un arrêt CE 12 mai 2004, Commune de Rogerville, estimé conforme à l'article 6 § 1 la participation à la formation statuant au fond du juge ayant eu à apprécier la légalité d'un acte dans le cadre de ses pouvoirs de juge du référé-suspension, juge unique. Le Conseil rejoint ainsi la Cour de cassation (arrêt du 6 novembre 1998, Guillotel). La solution ne vaut toutefois pas en matière de référé-provision, puisque le juge doit alors statuer sur le caractère non sérieusement contestable d'une obligation et prendre de fait partie sur le fond de l'affaire (Cass. 6 novembre 1998, Société Bord Na Mona ; CAA Paris 6 février 2007, Société Wisslog France). Elle vaut en revanche en matière de sursis à exécution d'une décision juridictionnelle, le juge ayant prononcé ce sursis pouvant légalement siéger dans la formation de jugement statuant au fond (CE 26 novembre 2010, Société Paris Tennis).

- **La participation du rapporteur au délibéré d'un organisme collégial exerçant des pouvoirs de sanction**

Le Conseil d'État juge au cas par cas, au regard des dispositions régissant les fonctions du rapporteur (quels types de pouvoirs ? impartialité objective) et de la manière dont il les a remplies (liens éventuels avec les intéressés, intérêts personnels dans l'affaire ? impartialité subjective) : CE 3 décembre 1999, Didier.

- **La composition des organismes collégiaux**

Un organisme ou un agent ayant pris position sur une question ne peut ensuite prendre une décision, ni *a fortiori* un jugement, sur la même question : CE 23 février 2000, Labor Métal : l'impartialité fait obstacle à ce qu'un arrêt soit rendu par une formation composée de magistrats qui ont déjà donné un avis public sur l'affaire (Cour des comptes en l'espèce). Dans une telle hypothèse, il appartient à la Cour des comptes de transmettre l'affaire au Conseil d'État (CE 17 octobre 2003, Dugoin). En revanche, la participation au délibéré d'une personne extérieure à la formation décisionnaire ne méconnaît pas l'exigence d'impartialité lorsque cette personne ne participe pas au vote (CE 19 février 2009, G.).

Systématisant sa jurisprudence, le Conseil d'État juge que même en l'absence de texte, lorsqu'un membre d'une commission administrative à caractère consultatif est en situation de devoir s'abstenir de siéger pour l'examen d'une question, il est de bonne pratique qu'il quitte la salle où se tient la séance pendant la durée de cet examen. Toutefois, la circonstance que l'intéressé soit resté dans la salle n'entraîne l'irrégularité de l'avis rendu par la commission que si, en raison notamment de son rôle dans celle-ci, de l'autorité hiérarchique, scientifique ou morale qui est la sienne ou de la nature de ses liens d'intérêt, sa simple présence pendant les délibérations a pu influencer les positions prises par d'autres membres de l'instance (CE 22 juillet 2015, Société Zambon France).

- **Les pouvoirs des organismes collégiaux**

L'appréciation de l'impartialité d'une autorité soumise à l'article 6 § 1 peut être source de divergence. Le Conseil d'État avait ainsi estimé que les modalités d'exercice des pouvoirs de sanction de la Commission bancaire ne soulevaient pas de difficulté au regard du principe d'impartialité (CE 30 juillet 2003, Dubus). La CEDH a eu une position différente : par une décision CEDH 11 juin 2009, Dubus, elle juge que, compte tenu de la procédure conduisant à la prise d'une sanction, l'intéressé avait pu avoir l'impression qu'il avait été poursuivi puis jugé par les mêmes personnes. Faisant application de la théorie des apparences, elle condamne l'État français pour méconnaissance de l'exigence d'impartialité.

L'égalité des armes

Les relations entre le Conseil d'État et la CEDH sont aujourd'hui apaisées à la suite du changement de dénomination du commissaire du gouvernement rebaptisé rapporteur public, de sa participation silencieuse au délibéré et de la possibilité de notes en délibéré. Le Conseil d'État a toujours jugé que le rapporteur public (anciennement commissaire du gouvernement), membre de la juridiction, n'est pas membre de la formation de jugement ni partie à l'instance et qu'il expose ses conclusions en toute indépendance et impartialité (CE 10 juillet 1957, Gervaise). Sa participation au délibéré de la formation de jugement ne saurait être de nature à exercer sur celle-ci une influence qui profiterait à la partie en faveur de laquelle il a conclu.

Par un arrêt CEDH 30 octobre 1991, Borgers, la Cour juge pourtant contraire à l'article 6 la présence au délibéré du ministère public devant la Cour de cassation belge. Et par un arrêt CEDH 31 mars 1998, Reinhardt, elle étend cette condamnation à la Cour de cassation française, sur le motif que les parties ne peuvent avoir accès aux conclusions de l'avocat général. Enfin, par l'arrêt CEDH 7 juin 2001, Kress, qui intervint après que le Conseil d'État avait rappelé son attachement à l'institution du rapporteur public par l'arrêt CE 29 juillet 1998, Esclatine, la CEDH précise le statut du rapporteur public. Elle en admet d'abord le principe. Mais elle précise qu'il doit communiquer ses conclusions, avant de les prononcer, aux parties qui en font la demande, et que les parties doivent pouvoir répliquer à ces conclusions par une « note en délibéré » (dont le statut a été précisé par CE 12 juillet 2002, Leniau). En outre, elle condamne la « participation » du rapporteur public au délibéré de la formation de jugement. Ce faisant, le Conseil d'État en a déduit que sa « présence » silencieuse était admise. La CEDH a condamné cette interprétation : CEDH 27 novembre 2003, Slimane : même la présence de l'avocat général de la Cour de cassation est interdite. La solution a été transposée au rapporteur public par l'arrêt CEDH 5 juillet 2005, Loyen.

Deux décrets ont tenté de mettre un terme à cette épineuse question. Le décret du 19 décembre 2005 introduit un article R. 731-7 CJA nouveau aux termes duquel « Le rapporteur public assiste au délibéré. Il n'y prend pas part ». Il doit donc rester silencieux, c'est-à-dire dire ne pas prendre la parole, spontanément ou en réponse à une question. Voilà un pas en direction de la CEDH, mais de portée limitée : le rapporteur public continue d'assister au délibéré. Le même décret adopte d'autres mesures de nature à rassurer le CEDH : la note en délibéré, jusqu'ici simple pratique, est consacrée par un texte (R. 731-5) ; les modalités de nomination du rapporteur public changent : jusqu'alors nommés par décret, ils le sont désormais par arrêté du vice-président du Conseil d'État, afin d'offrir des garanties d'impartialité supplémentaires. La CEDH a jugé cette avancée insuffisante et de nouveau exprimé l'interdiction de toute présence – silencieuse ou non – du commissaire au délibéré (CEDH 12 avril 2006, Martinie, CEDH 13 juillet 2006, Farange SA).

Un second décret, en date du 1er août 2006, est alors intervenu, qui instaure un mécanisme complexe : devant les tribunaux administratifs et les cours administratives d'appel, le rapporteur public n'assiste plus au délibéré. Devant le Conseil d'État, il y assiste par principe, à moins – c'est l'exception – qu'une partie s'y oppose par écrit. Implicitement donc, une partie peut être amenée à renoncer à un droit consacré par la ConvEDH. Le Conseil d'État a jugé que le mécanisme ainsi instauré était conforme aux stipulations de l'article 6 § 1 (CE 25 mai 2007, Courty), suivi en cela par la CEDH (CEDH 15 septembre 2009, Mme Étienne c/France).

La CEDH a également jugé que la circonstance que la note et le projet de jugement du rapporteur d'une affaire soient transmis au rapporteur public et non aux parties n'était pas de nature à caractériser une violation de l'article 6-1 : CEDH 4 juin 2013, M. Marc-Antoine c/ France.

L'exigence d'un délai raisonnable

Il s'agit de l'un des apports majeurs de la CEDH au droit processuel. L'article 13 de la Convention européenne des droits de l'homme stipule que « *Toute personne dont les droits et libertés reconnus dans la présente convention ont été violés a droit à l'octroi d'un recours effectif devant une instance nationale* ».

1. Cet article fonde la solution de l'arrêt CEDH 26 octobre 2000, Kudla, par lequel la CEDH juge que la responsabilité d'un État membre peut être engagée en cas de délai de jugement excessif, « *l'interprétation correcte de l'article 13 [étant] que cette disposition garantit un recours effectif devant une instance nationale permettant de se plaindre d'une méconnaissance de l'obligation, imposée par l'article 6 § 1, d'entendre les causes dans un délai raisonnable* ». Les condamnations de la France par la CEDH pour dépassement du délai raisonnable de jugement ont été, de fait, nombreuses (CEDH 26 oct. 1989, H. c/France, CEDH 31 mars 1992, X. c/France, CEDH 15 oct. 2002, Vieziez c/France, CEDH 20 novembre 2008, Gunes c/France, alors que dans cette dernière affaire le Conseil d'État avait estimé la durée de la procédure raisonnable : CE 21 juin 2006, Gunes).

2. L'arrêt Kudla est à l'origine d'une double évolution du contentieux administratif français.

Le Conseil d'État a d'abord, par un arrêt « Magiera » du 28 juin 2002, abandonné sa jurisprudence Darmont du 29 décembre 1978 en tant qu'elle subordonnait l'engagement de la responsabilité de l'État pour fonctionnement défectueux du service public de la justice à une faute lourde. Désormais, une faute simple suffit pour engager cette responsabilité lorsqu'est en cause la durée excessive de la procédure, et ce en vertu des « *principes généraux qui gouvernent le fonctionnement de la justice administrative*». L'exigence, posée par l'arrêt Kudla, d'un «recours effectif» permettant au justiciable d'obtenir réparation du préjudice subi du fait de la durée excessive de la procédure était ainsi satisfaite.

Le décret n° 2005-911 du 28 juillet 2005 a par ailleurs modifié le code de justice administrative pour donner au Conseil d'État compétence pour connaître en premier et dernier ressort des actions en responsabilité dirigées contre l'État pour une durée excessive de la procédure devant la juridiction administrative (article R. 311-1-7°). À la durée de la procédure initiale ne s'ajoutera donc pas celle engagée en réparation du préjudice subi, le Conseil d'État s'efforçant de statuer rapidement sur les requêtes dont il est saisi en application de cet article.

Le fait générateur de responsabilité est la faute que constitue le dépassement d'un délai «raisonnable» de jugement. Au fil de ses décisions, le Conseil d'État, prenant en compte les évolutions de la jurisprudence de la CEDH, a établi une grille d'analyse permettant d'apprécier ce caractère raisonnable (voir le chapitre sur la responsabilité de l'administration), étant entendu que l'exigence d'un délai raisonnable est fondée sur la recherche d'efficacité de la Justice: trancher un litige plusieurs années après sa naissance ne présente souvent plus qu'un intérêt théorique et, au mieux, une satisfaction morale pour la partie dont les droits ont été reconnus.

Cette exigence de délai raisonnable a également été reconnue par la CJUE qui, par un arrêt CJCE 16 juillet 2009, Duales System Deutschland GmbH a, pour constater que le Tribunal de première instance n'avait pas respecté un délai de jugement raisonnable (5 ans et 10 mois en l'espèce), expressément cité l'article 6 § 1 de la ConvEDH. Elle a tiré les conséquences de cette décision en termes de responsabilité par une décision CJUE 26 novembre 2013, Gascogne Sack Deutschland GmbH: la méconnaissance du délai raisonnable de jugement est, en elle-même, sans incidence sur la régularité de la décision juridictionnelle, mais ouvre droit à réparation, pour faute simple.

Les relations entre les juridictions

- **La hiérarchie des décisions juridictionnelles**

En matière de droits de l'homme, la question de la valeur respective des décisions juridictionnelles rendues par les nombreuses cours compétentes revêt une importance particulière. Les décisions du Conseil constitutionnel s'imposent aux autres juridictions, qu'il s'agisse du dispositif ou des motifs qui en sont le soutien nécessaire (CC 16 janvier 1962, Loi d'orientation agricole). Le Conseil d'État se fonde ainsi sur les interprétations du Conseil constitutionnel pour annuler les actes dont il a à connaître (CE 26 juin 2006, Mlle Anfian). Les décisions de la CJUE s'imposent également en droit aux juridictions nationales (CJCE 27 mars 1963, Da Costa); le Conseil d'État s'y réfère donc (CE 30 juillet 2003, Association Avenir de la langue française).

En revanche, les arrêts de la CEDH ne sont pas exécutoires sur le territoire des États membres du Conseil de l'Europe. Le Conseil d'État a ainsi jugé que la condamnation de la France par la CEDH n'avait pas pour effet de rouvrir la procédure juridictionnelle (CE 11 février 2004, Chevrol). Les décisions de la CEDH ne sont donc revêtues que de « *l'autorité de la chose interprétée* » (Jean-Pierre Marguénaud). Mais la portée de cette « autorité » est bien plus importante que la modestie de son intitulé pourrait laisser à penser : le refus d'alignement expose la juridiction nationale à une nouvelle saisine de la CEDH par la partie perdante, et à une nouvelle condamnation de l'État pour non-respect de la ConvEDH. Dans ses conclusions sur l'affaire CE 24 février 2006, Levenez, revirement, suite à la décision CEDH 6 octobre 2005, Draon, de l'arrêt CE 6 décembre 2002, Draon, le rapporteur public Théry Olson appelait le Conseil d'État à refuser « la guerre des juges » et à s'aligner sur la solution retenue par la CEDH : si, en effet, ses décisions ne lient pas juridiquement les États, une autre attitude n'aurait « *d'autre effet que d'alimenter inutilement les contentieux, en exposant la France à toujours plus de condamnations pécuniaires* ».

Les relations entre Conseil constitutionnel et Conseil d'État et entre celui-ci et les Cours européennes sont ainsi gouvernées par le principe hiérarchique. Il n'en va pas de même s'agissant des relations entre CEDH et CJUE : leurs divergences ne peuvent être résolues que par l'alignement de l'une sur l'autre. Ce fut le cas par exemple s'agissant de la question de savoir si les locaux commerciaux devaient être protégés au même titre que le domicile privé. Après avoir répondu par la négative (CJCE 21 septembre 1989, Hoescht), la CJCE s'est alignée, par un arrêt CJCE 22 octobre 2002, Roquettes Frères, sur la jurisprudence de la CEDH qui apporte une réponse positive à la question (CEDH 16 décembre 1992, Niemitz). Certaines divergences persistent néanmoins, par exemple sur la portée du principe du contradictoire, que la CJUE refuse d'étendre pleinement à son avocat général (CJCE 4 février 2000, Emese Sugar), se trouvant en porte-à faux avec la décision CEDH 20 février 1996, Vermeulen ; ou encore de la question du droit de ne pas témoigner contre soi-même : la CJUE le dénie (CJCE 7 janvier 2004, Aalborg Portland), la CEDH le reconnaît (CEDH 25 février 1993, Funke c/France).

- **Les questions préjudicielles**

L'article 267 du traité sur le fait le fonctionnement de l'Union européenne stipule que :

« *La Cour de justice de l'Union européenne est compétente pour statuer, à titre préjudiciel :*

a) sur l'interprétation des traités,

b) sur la validité et l'interprétation des actes pris par les institutions, organes ou organismes de l'Union.

Lorsqu'une telle question est soulevée devant une juridiction d'un des États membres, cette juridiction peut, si elle estime qu'une décision sur ce point est nécessaire pour rendre son jugement, demander à la Cour de statuer sur cette question. Lorsqu'une telle question est soulevée dans une affaire pendante devant une juridiction nationale dont les décisions ne sont pas susceptibles d'un recours juridictionnel de droit interne, cette juridiction est tenue de saisir la Cour. »

L'article 267 TFUE confère à CJCE un monopole de l'interprétation du droit de l'Union, les juridictions internes doivent saisir la Cour lorsqu'elles sont confrontées à une difficulté d'interprétation. En outre, seules les cours suprêmes sont tenues, en cas de difficultés d'interprétation, de surseoir à statuer et de saisir la CJUE ; les autres juridictions le peuvent (il s'agit d'un pouvoir souverain : CE 1er juin 1994, Letierce).

Sans consacrer la théorie de l'acte clair développée par le Conseil d'État, la CJCE a jugé dans son arrêt Cilfit (CJCE 6 octobre 1982, CILFIT) que les juridictions nationales « ne sont, dès lors, pas tenues de renvoyer une question d'interprétation de droit communautaire soulevée devant elles si la question n'est pas pertinente, c'est-à-dire dire dans les cas où la réponse a cette question, quelle qu'elle soit, ne pourrait avoir aucune influence sur la solution du litige. Par contre, si elles constatent que le recours au droit communautaire est nécessaire en vue d'aboutir a la solution d'un litige dont elles se trouvent saisies, l'article 177 leur impose l'obligation de saisir la cour de justice de toute question d'interprétation qui se pose. »

Mais surtout, la Cour a jugé en 1982 que l'article 177 « doit être interprété en ce sens qu'une juridiction dont les décisions ne sont pas susceptibles d'un recours juridictionnel de droit interne est tenue, lorsqu'une question de droit communautaire se pose devant elle, de déférer à son obligation de saisine, **à moins qu'elle n'ait constate que l'application correcte du droit communautaire s'impose avec une telle évidence qu'elle ne laisse place** à **aucun doute raisonnable** ; l'existence d'une telle éventualité doit être évaluée en fonction des caractéristiques propres au droit communautaire, des difficultés particulières que pressente son interprétation et du risque de divergences de jurisprudence a l'intérieur de la communauté. »

Le système permet d'assurer l'unité d'interprétation du droit de l'Union, étant entendu que les juridictions nationales doivent statuer sur la base de l'interprétation donnée par la CJUE. Le Conseil d'État fut longtemps réticent à jouer pleinement le jeu des questions préjudicielles. Entre l'arrêt inaugural en la matière (CE 10 juillet 1970, Synacomex) et 1988, il n'adressa… qu'une question préjudicielle !

Par ailleurs, s'inscrivant toujours plus dans le concert des juges, le Conseil d'État a changé sa jurisprudence selon laquelle il n'était lié que par les considérations de la CJUE strictement liées à la résolution des questions posées. Par l'arrêt CE 11 décembre 2006, Société De Groot, il juge en effet que la réponse donnée par la CJUE s'impose au juge national, même en ce qui concerne les éléments complémentaires qu'elle porte à sa connaissance et qui ne sont pas nécessaires à la résolution de la question posée.

C'est paradoxalement au moment où le Conseil d'État a accompli un effort très important de rapprochement avec la CJUE que celle-ci lui a porté un coup dans un arrêt du 4 octobre 2018, Commission c. France (C-416/17).

La Cour de Justice de l'Union européenne a, pour la première fois, constaté le manquement d'un État membre imputable à l'une de ses juridictions suprêmes pour ne pas l'avoir saisie à titre préjudiciel, sur la base de l'article 267 TFUE sanctionnant le fait que le Conseil d'État ne lui a pas adressé une 2e question préjudicielle dans une affaire de restriction injustifiée à la liberté d'établissement qui concernait le fait que la loi française ne fasse pas bénéficier du précompte mobilier les résidents d'un autre État de l'Union européenne qui percevait des dividendes versés par des sociétés françaises. Dans cette affaire, le montant des restitutions en cause est évalué à environ 5 milliards d'euros.

Le Conseil d'État avait interrogé en 2010, la CJUE quant à l'interprétation des articles 43 et 56 TFUE dans le cadre d'un litige opposant le ministre du Budget à la société Accor, celle-ci demandant la restitution du « précompte mobilier » qu'elle a dû acquitter lors de la redistribution de dividendes à ses actionnaires au titre des années 1999 à 2001. La réponse de la Cour, le 15 septembre 2011, dans son arrêt Accor SA (C-310/09) n'a porté que sur la question de l'existence d'une restriction injustifiée à la liberté d'établissement et ne tranchait pas la question de l'impôt acquitté par les sous-filiales alors que le mécanisme applicable aux sous-filiales établies en France permettait à celles-ci de verser à la société intermédiaire bénéficiaire des dividendes exemptés du coût de l'impôt qui les frappaient. La commission a lancé une procédure en manquement en estimant que le Conseil d'État aurait dû adresser une question complémentaire concernant l'imposition subie par les sous-filiales établies dans un État membre autre que la France. Dans ses conclusions du 25 juillet 2018, l'avocat général a énoncé que la responsabilité d'un État membre au regard de l'article [258 TFUE] est engagée, quel que soit l'organe de l'État dont l'action ou l'inaction est à l'origine du manquement, même s'il s'agit d'une institution constitutionnellement indépendante. La Cour a constaté une différence de traitement née du refus de prendre en compte l'imposition subie par les sous-filiales établies dans un État membre autre que la France.

Elle le rappelle dans son point 110 la jurisprudence Cilfit : « certes, une telle obligation n'incombe pas à cette juridiction lorsque celle-ci constate que la question soulevée n'est pas pertinente ou que la disposition du droit de l'Union en cause a déjà fait l'objet d'une interprétation de la part de la Cour ou que l'application correcte du droit de l'Union s'impose avec une telle évidence qu'elle ne laisse place à aucun doute raisonnable, l'existence d'une telle éventualité devant être évaluée en fonction des caractéristiques propres au droit de l'Union, des difficultés particulières que présente son interprétation et du risque de divergences de jurisprudence à l'intérieur de l'Union (voir, en ce sens, arrêts du 6 octobre 1982, Cilfit e.a., 283/81, EU:C:1982:335, point 21 ; du 9 septembre 2015, Ferreira da Silva e Brito e.a., C160/14, EU:C:2015:565, points 38 et 39, ainsi que du 28 juillet 2016, Association France Nature Environnement, C379/15, EU:C:2016:603, point 50).

La Cour de justice estime qu'« en n'interrogeant pas la Cour, le Conseil d'État a créé un risque de divergences de jurisprudence au sein de l'Union incompatible avec l'obligation de renvoi préjudiciel qui pesait sur lui, en tant que juridiction dont les décisions ne sont pas susceptibles de recours, au titre de l'article 267, troisième alinéa, TFUE » (pt 113). Le président de la section du contentieux pointe le risque d'engorgement de Cour de justice et d'allongement drastique des procédures (JD Combrexelle, Sur l'actualité du dialogue des juges, AJDA 15 octobre 2018) si le doute raisonnable est interprété strictement.

Le renforcement des techniques non juridictionnelles de protection des droits de l'homme

Bien qu'il en constitue la principale, le recours au juge n'est pas la seule technique permettant d'assurer la protection des droits de l'homme. Il ne faut pas, en la matière, négliger la pression exercée par quelques grandes organisations non gouvernementales dont les rapports alertent l'opinion sur les violations commises par certains États, ni le soutien qu'apportent des associations aux personnes fragiles, notamment dans le cadre de la contestation juridictionnelle des décisions administratives les concernant (le GISTI pour les étrangers par exemple).

Par ailleurs, plusieurs organisations internationales, veillant à la protection des droits fondamentaux mais dépourvues d'organes juridictionnels, dénoncent dans des rapports annuels les violations qui leur ont été signalées. Le respect de la Charte sociale européenne, entrée en vigueur en 1965, est ainsi assuré par des rapports d'experts indépendants (le Comité européen des droits sociaux) sur le fondement desquels le Comité des ministres du Conseil de l'Europe peut adresser des recommandations aux États. Dans un rapport de décembre 2007, le Comité européen des droits sociaux constate un certain nombre de violations par la France des stipulations de la Charte, relatives notamment à la durée hebdomadaire de travail autorisée pour les cadres, jugée excessive, à la protection en matière de santé et de sécurité des travailleurs indépendants, jugée insuffisante, etc.

En France, la protection non juridictionnelle des droits de l'homme se concrétise, depuis une trentaine d'années, par le développement d'autorités administratives indépendantes chargées de veiller au respect par les pouvoirs publics et les opérateurs d'un secteur des droits des citoyens. La Commission nationale de l'informatique et des libertés, le Comité consultatif national d'éthique, le Conseil supérieur de l'audiovisuel, la Commission d'accès aux documents administratifs, le Médiateur de la République, le Défenseur des droits (cf. *infra*), etc. développent ainsi des actions préventives ou répressives en cas de méconnaissance des dispositions protégeant ces droits. La formule de l'AAI en matière de protection des droits de l'homme a récemment été à nouveau utilisée.

La loi du 30 octobre 2007 institue un Contrôleur général des lieux de privation de liberté (CGLPL), « *autorité indépendante chargée [...] de contrôler les conditions de prise en charge et de transfèrement des personnes privées de liberté, afin de s'assurer du respect de leurs droits fondamentaux* » (article 1er). Il peut visiter à tout moment tout lieu où des personnes sont privées de leur liberté (établissements pénitentiaires, locaux de garde à vue, centres éducatifs fermés, centres hospitaliers habilités à recevoir les patients hospitalisés sans leur consentement, etc.), d'office ou saisi d'une plainte. Il formule des observations et peut demander que soit mis un terme aux violations des droits constatées, et saisir le procureur le cas échéant. Il peut recommander des évolutions normatives et émettre tout avis dans son domaine de compétences. Le CGLPL a remis son septième rapport en mars 2015. Il a fait l'objet, en 2014, d'un peu plus de 4 000 saisines (nombre stable depuis 2011 ; la grande majorité des saisines provient des établissements pénitentiaires), ce qui porte à environ 20 000 le nombre total de saisines depuis sa création. Au cours de la même année 2014, 137 visites ont été opérées dans des prisons, des locaux de garde à vue, des hôpitaux psychiatriques, des centres de rétention.

Les institutions indépendantes chargées d'assurer un meilleur respect des droits fondamentaux existent également en Europe. L'Institut européen pour l'égalité entre les hommes et les femmes, dont le siège sera à Vilnius, a ainsi été créé par un règlement du 20 décembre 2006. La création de cet institut a été motivée par la constatation régulièrement rappelée par la Commission dans ses rapports sur l'égalité entre les femmes et les hommes que les progrès accomplis dans ce domaine demeurent lents et que des obstacles persistent. L'Agence européenne des droits fondamentaux de l'UE, créée par le règlement du 15 février 2007, a un objet plus large : compétente pour l'ensemble des droits fondamentaux, elle est chargée de collecter et d'analyser les informations sur la protection des droits fondamentaux et d'élaborer des outils permettant une meilleure comparaison des États membres en la matière.

Perspectives

Vers un développement des techniques non juridictionnelles de protection des droits fondamentaux : la création du Défenseur des droits

Le Comité de réflexion et de proposition sur la modernisation et le rééquilibrage des institutions de la Ve République, créé à l'été 2007 et dont le rapport a été remis au président de la République en octobre 2007, avait suggéré la création d'une nouvelle institution, le défenseur des droits fondamentaux, qui reprendrait tout ou partie des attributions du médiateur de la République, de la HALDE, du défenseur des enfants, de la CNIL et du contrôleur général des lieux de privation de liberté. Son existence serait inscrite dans la Constitution. Son rôle serait de veiller au respect des droits des citoyens, qui pourraient le saisir directement. Le comité avait également suggéré la création d'un Conseil du pluralisme, qui regrouperait les attributions du CSA, de la Commission des sondages et de la Commission nationale de contrôle de la campagne pour l'élection présidentielle.

S'il n'a pas été suivi sur cette seconde proposition, son idée de regrouper au sein d'une autorité unique dédiée à la défense des droits plusieurs autorités administratives indépendantes a été retenue, avec un périmètre toutefois différent. La révision constitutionnelle du 23 juillet 2008 inscrit ainsi un titre XI Bis dans la Constitution dont l'unique article dispose que « *Le Défenseur des droits veille au respect des droits et libertés par les administrations de l'État, les collectivités territoriales, les établissements publics, ainsi que par tout organisme investi d'une mission de service public, ou à l'égard duquel la loi organique lui attribue des compétences. Il peut être saisi, dans les conditions prévues par la loi organique, par toute personne s'estimant lésée par le fonctionnement d'un service public ou d'un organisme visé au premier alinéa. Il peut se saisir d'office [...]* ».

La loi organique du 29 mars 2011 et une loi ordinaire du même jour sont venues préciser les attributions du Défenseur des droits. Qualifié d'« autorité constitutionnelle indépendante » par la loi organique, sans qu'il faille déduire une quelconque spécificité de cette appellation, le Défenseur des droits étant une autorité administrative indépendante « classique » dont la seule particularité se trouve d'avoir été hissée au rang constitutionnel (CC 29 mars 2011, Loi organique relative au Défenseur des droits), le Défenseur des droits regroupe les compétences du Médiateur de la République, du Défenseur des enfants, de la Halde et de la Commission nationale de déontologie de la sécurité. Nommé par décret en Conseil des ministres pour un mandat de six ans ni renouvelable ni révocable, il est assisté d'un collège regroupant quatre adjoints responsables respectivement des compétences des autorités fusionnées. Il peut se saisir d'office ou être saisi directement par toute personne intéressée. Le filtre qui conditionnait la saisine du Médiateur à l'intervention d'un parlementaire disparaît. Les parlementaires peuvent néanmoins le saisir eux-mêmes directement d'une question qui leur paraît appeler son intervention. Il est associé, à sa demande, aux travaux de la CNIL et de la CADA, un embryon de coopération entre AAI étant ainsi instauré.

Les moyens d'action du Défenseur des Droits sont étendus : disposant de 250 collaborateurs au siège et d'un réseau de quelque 400 délégués territoriaux, il peut demander des explications à toute personne physique ou morale mise en cause devant lui, exiger la production de tous documents et procéder à des vérifications sur place. À l'issue de l'instruction du dossier, le Défenseur des droits peut faire toute recommandation qu'il juge utile, et notamment de régler en équité la situation de la personne dont il est saisi. À défaut de règlement, une mise en demeure peut être adressée. En l'absence d'effet, un rapport est rédigé, qui est rendu public. Le Défenseur peut également régler lui-même, à l'amiable, par voie de médiation, les différends qui lui sont soumis. Il exerce également une activité de terrain, notamment par la pratique des « tests de discrimination », en matière d'accès à l'emploi ou au logement. Ces tests ont lieu la plupart du temps par téléphone ; ils sont parfois pratiqués sur le terrain.

Il peut faire toute proposition de nature législative ou réglementaire, et être consulté sur tout projet de loi ou sur toute question relevant de sa compétence. Au cours de l'année 2015, le Défenseur des droits a été auditionné à 29 reprises par le Parlement, soit deux fois plus qu'en 2014, notamment avant l'adoption de la loi du 24 juillet 2015 relative au renseignement, la loi du 29 juillet 2015 relative à la réforme du droit d'asile, ou encore la loi du 20 novembre 2015 relative à l'état d'urgence.

Son intervention devant les juridictions dans le cadre de litiges relevant de sa compétence est de droit. En 2015, il est intervenu à plus de 100 reprises devant les juridictions. Il peut également répondre à des demandes d'avis adressées par les juridictions, notamment administratives. Il n'est pas pour autant intervenant à l'instance, mais simple observateur : il ne peut formuler des conclusions propres, faire appel, soulever de moyens propres.

Il rédige un rapport annuel exposant son activité et rend un rapport spécifique consacré aux droits de l'enfant à l'occasion de la journée internationale qui leur est consacrée. En 2015, plus de 75 000 cas ont été instruits, dont une large majorité (90 %) concerne les relations entre les usagers des services publics et les administrations. Le constat est toutefois dressé d'une forte progression des saisines pour des cas de discrimination (principalement à l'embauche, en raison de l'origine ou du handicap), de déontologie de la sécurité et de protection de l'enfance.

Cependant, force est de constater que la création du Défenseur des droits, si elle permet une rationalisation de l'action d'autorités intervenant dans des domaines proches, n'innove guère : les pouvoirs accordés au Défenseur des droits sont peu ou prou identiques à ceux détenus par les autorités regroupées, ses méthodes d'instruction des dossiers et ses moyens d'action également. Aussi l'originalité de cette nouvelle autorité indépendante doit-elle plutôt être recherchée dans la consécration constitutionnelle dont elle a fait l'objet : si une simple loi pouvait supprimer le Médiateur de la République ou la Halde, il faudra une modification de la Constitution pour supprimer le Défenseur des droits : c'est donc l'indépendance du Défenseur qui est hissée au niveau constitutionnel, plus que son autorité.

Vers un meilleur respect de la jurisprudence de la CEDH

Par une décision d'Assemblée CE 30 juillet 2014, Vernes, le Conseil d'État redéfinit les obligations qui s'imposent à la France dans le cadre de l'exécution des arrêts de la CEDH. Il juge qu'il résulte des stipulations de l'article 46 de la ConvEDH que la complète exécution d'un arrêt de la CEDH condamnant un État implique, en principe, que cet État prenne toutes les mesures qu'appellent, d'une part, la réparation des conséquences que la violation de la convention a entraînées pour le requérant et, d'autre part, la disparition de la source de cette violation. Eu égard à la nature essentiellement déclaratoire des arrêts de la Cour, il appartient à l'État condamné de déterminer les moyens de s'acquitter de l'obligation qui lui incombe ainsi. L'autorité qui s'attache aux arrêts de la Cour implique en conséquence non seulement que l'État verse à l'intéressé les sommes que lui a allouées la Cour au titre de la satisfaction équitable prévue par l'article 41 de la convention mais aussi qu'il adopte les mesures individuelles et, le cas échéant, générales nécessaires pour mettre un terme à la violation constatée.

Lorsque la violation constatée par la Cour dans son arrêt concerne une sanction administrative devenue définitive, l'exécution de cet arrêt n'implique pas, en l'absence de procédure organisée à cette fin, que l'autorité administrative compétente réexamine la sanction. Elle ne peut davantage avoir pour effet de priver les décisions juridictionnelles, au nombre desquelles figurent notamment celles qui réforment en tout ou en partie une sanction administrative dans le cadre d'un recours de pleine juridiction, de leur caractère exécutoire.

En revanche, le constat par la Cour d'une méconnaissance des droits garantis par la convention constitue un élément nouveau qui doit être pris en considération par l'autorité investie du pouvoir de sanction. Il incombe en conséquence à cette autorité, lorsqu'elle est saisie d'une demande en ce sens et que la sanction prononcée continue de produire des effets, d'apprécier si la poursuite de l'exécution de cette sanction méconnaît les exigences de la convention et, dans ce cas, d'y mettre fin, en tout ou en partie, eu égard aux intérêts dont elle a la charge, aux motifs de la sanction et à la gravité de ses effets ainsi qu'à la nature et à la gravité des manquements constatés par la Cour.

Vers une meilleure articulation des compétences respectives des juridictions ?

La protection des droits de l'homme au niveau interne a atteint sa maturité. Bien qu'évolutives, et influencées par celles de la CJUE et de la CEDH, les jurisprudences du Conseil constitutionnel et du Conseil d'État ainsi que les relations qu'entretiennent ces deux juridictions entre elles sont caractérisées par une certaine stabilité et fondées sur des principes qui en rendent les évolutions prévisibles. Le Conseil d'État continuera de donner leur plein effet aux jurisprudences constitutionnelles et européennes ; le Conseil constitutionnel devra de plus en plus tenir compte des décisions rendues à Strasbourg et à Luxembourg, notamment dans le cadre de la QPC, qui entraînera un accroissement de son activité. C'est ce qu'il a fait en posant pour la première fois une question préjudicielle à la CJUE dans le cadre d'une QPC par la décision CC 4 avril 2013, M. Jérémy F.

Pour sa part, la CEDH sera amenée, une fois le 15e protocole entré en vigueur, à mieux prendre en compte, ce qu'elle fait déjà, la « marge d'appréciation » dont disposent les États. Le 15e protocole additionnel introduit en effet cette notion, et celle de subsidiarité, au sein du préambule de la CEDH.

Il ne faut pas non plus négliger l'impact potentiel du protocole n° 16 additionnel à la ConvEDH, signé en 2013, qui permettra, une fois entrée en vigueur[1], aux juridictions suprêmes de saisir la CEDH de questions préjudicielles en interprétation. Pour Frédéric Sudre, le Conseil constitutionnel, qui devra s'emparer de ce nouvel outil, pourra y trouver un fondement, sinon à l'abandon, du moins à l'atténuation de la jurisprudence IVG de 1975 (voir article cité en bibliographie et le sujet consacré à la hiérarchie des normes).

S'agissant des relations entre la CJUE et la CEDH, le rapprochement de leurs jurisprudences aurait pu préfigurer la situation qui aurait résulté de l'adhésion de l'Union européenne au Conseil de l'Europe au lendemain de l'entrée en vigueur du traité de Lisbonne. Malgré quelques divergences persistantes (cf. *supra*), la CJUE a longtemps fait référence à la jurisprudence de la CEDH, au point parfois de se borner à relever que l'attitude d'un État membre était impliquée par l'exécution d'un arrêt de la CEDH et, partant, de juger l'absence de violation du droit en cause (CJCE 12 septembre 2006, Espagne c/Royaume-Uni, fondé sur et citant expressément CEDH 18 décembre 1999, Matthews c/Royaume-Uni, s'agissant de la reconnaissance à une ressortissante britannique domiciliée à Gibraltar du droit de vote aux élections européennes).

Cette utilisation par la CJUE de la ConvEDH s'est toutefois récemment tarie. Elle a jugé, en grande chambre, que la CDFU s'applique telle qu'elle l'interprète, et non nécessairement, donc, à la lumière de la jurisprudence de la ConvEDH (CJUE 26 février 2013, Melloni). Plus généralement, la Charte est devenue en quelques années « *l'instrument de référence du contrôle de légalité du droit de l'Union* » (L. Burguorgue-Larsen), la CJUE délaissant la référence à la ConvEDH au profit d'un texte dont elle est l'unique interprète.

La CEDH a pour sa part développé une jurisprudence audacieuse l'érigeant en juge du droit de l'Union européenne. Par l'arrêt CEDH 30 juin 2005, Bosphorus, la CEDH reconnaît sa compétence pour contrôler la conformité à la ConvEDH d'un acte national pris en application d'un règlement communautaire. Elle contrôle ainsi la réglementation communautaire elle-même, et notamment le degré de protection des droits fondamentaux qu'elle offre (notion de « protection équivalente », que l'on retrouve dans les jurisprudences Loi pour l'économie numérique du Conseil constitutionnel et Arcelor du Conseil d'État). Ce faisant, elle ne s'interdit pas de prendre en compte la façon dont la CJUE avait pu se prononcer sur l'affaire dont elle est saisie. Par un arrêt CEDH 12 avril 2006, Stec c/ Royaume-Uni, elle relève « *qu'il y a lieu d'attacher un poids particulier à la valeur hautement persuasive de la conclusion à laquelle a abouti la CJCE* ». Autrement dit, la CEDH exerce effectivement un contrôle de conformité du droit communautaire, mais ne néglige pas la position qu'a pu prendre la CJUE sur le point de droit à trancher, limitant ainsi les tentations de *forum shopping* qui pourraient poindre chez certains justiciables mécontents de la solution retenue par la CJUE.

L'aboutissement de ces liens toujours plus étroits entre CJUE et CEDH, qui entretiennent un dialogue permanent facilité autant qu'encouragé par la proximité matérielle des textes et principes dont elles assurent l'application, aurait pu être l'adhésion de l'Union européenne à la ConvEDH. La CJUE se serait alors clairement trouvée sous l'autorité directe de la CEDH, laquelle se transformera en Cour européenne suprême des droits de l'homme.

Il n'est plus certain que cette adhésion soit d'actualité : par un avis du 18 décembre 2014, la CJUE a émis de sérieuses réserves sur l'adhésion de l'Union à la ConvEDH et estimé qu'en l'état une telle adhésion n'était pas possible. Elle a notamment souligné que cette adhésion portait en germe le risque d'une méconnaissance de sa jurisprudence relative au niveau de protection des droits fondamentaux de l'Union qui ne peuvent être mieux protégés par les États membres qu'à certaines conditions (absence de méconnaissance de la primauté, de l'unité et de l'effectivité du droit de l'UE notamment) qui n'existent pas en droit de la ConvEDH. Par ailleurs, le principe de confiance mutuelle, qui impose qu'un État membre de l'UE ne vérifie pas le niveau de protection garanti par les autres États membres, pourrait être contrarié par cette adhésion, la CEDH ayant posé la possibilité, dans certains cas, pour l'État de s'assurer qu'un autre État membre de la ConvEDH assure un niveau de protection équivalent (par exemple s'agissant des conditions d'accueil d'un étranger demandeur d'asile : CEDH 5 novembre 2014, Tarakhel c. Suisse). Enfin, la CJUE s'inquiète de ce que la mise en œuvre du protocole additionnel n° 16 à la ConvEDH, qui permettra aux juridictions suprêmes des États membres de poser des questions préjudicielles à la CEDH, ne conduise à méconnaître son monopole de l'interprétation des normes de l'Union, au premier rang desquelles la Charte des droits fondamentaux de l'Union (CDFU).

Après avoir relevé d'autres incompatibilités plus techniques, la CJUE impose donc une nouvelle négociation et rédaction de l'accord d'adhésion de l'UE à la ConvEDH.

Bibliographie

- A. Berramdane, La Cour européenne des droits de l'homme juge du droit de l'Union européenne, *RDUE* 2/2006, p. 243 et *s*.
- A. Tizzano, La Protection des droits fondamentaux en Europe : la Cour de justice et les juridictions constitutionnelles nationales, *RDUE* 1/2006, p. 9 et *s*.
- A. Van Lang (dir.), Le Dualisme juridictionnel, Limites et mérites, Dalloz, coll. « Thèmes et commentaires », 2007.
- A. Roblot-Troizier, L'impact de la révision constitutionnelle sur les droits et libertés, *AJDA*, 2008, p. 1866 et *s*.
- G. Eveillard, L'application de l'article 6 de la ConvEDH à la procédure administrative non contentieuse, *AJDA* 2010, p. 531 et *s*.
- O. Dord, Le Défenseur des droits ou la garantie rationalisée des droits et libertés, *AJDA*, 2011, p. 958.
- F. Sudre, De QPC en Qpc… ou le Conseil constitutionnel juge de la Convention EDH, *JCP* G 2014, n° 41, p. 1799 et *s*.
- H. Labayle et F. Sudre, L'avis 2/13 de la Cour de justice sur l'adhésion de l'Union européenne à la Convention européenne des droits de l'homme : pavane pour une adhésion défunte ? *RFDA* 2015, n° 1, p. 3 et *s*.
- J.-M. Sauvé, L'ordre juridique national en prise avec le droit européen et international : questions de souveraineté ?, Discours prononcé le 10 avril 2015 disponible sur le site internet du Conseil d'État. Particulièrement axé sur l'articulation des protections des droits aux niveaux national et européens, ce discours aborde clairement une matière de plus en plus complexe.

Exemples de sujets

- Le droit au juge.
- La CEDH est-elle une cour suprême ?
- La réception par le Conseil d'État de la jurisprudence de la CEDH.
- CEDH et CJUE.

17 Le développement des droits fondamentaux : aspects substantiels

Une fois l'accès au juge garanti et effectif (cf. chapitre précédent), la question du fond se pose. Elle se dédouble : y a-t-il un droit ? a-t-il été méconnu ? Ces questions renvoient à la composition du bloc des droits fondamentaux faisant l'objet d'une protection et au degré de contrôle juridictionnel exercé sur l'action de l'institution accusée de violation des droits. Tant ce bloc que l'intensité du contrôle font l'objet d'une extension régulière. L'objet de ce chapitre est de l'illustrer.

Historique

Les textes initiaux consacrés à la protection des libertés

La notion de libertés publiques est apparue en Europe à la fin du XVIIIe siècle. L'Angleterre fait figure d'État pionnier, avec de célèbres textes moyenâgeux : la Grande Charte de 1215, l'Habeas Corpus de 1679, le Bill of Rights de 1689. Mais il s'agit de textes de circonstances, qui ne concernent que les citoyens anglais ; ils se présentent comme des concessions que le roi a faites au Parlement en fonction de la conjoncture historique. La Déclaration d'indépendance des États-Unis (4 juillet 1776) et les dix premiers amendements adoptés en 1791 sont à portée plus générale que les textes anglais, mais demeurent marqués par l'esprit juridique anglais : ils mettent en place des procédures de mise en protection des libertés ; ils ne concernent qu'un nombre limité d'individus.

Tranchant avec l'inscription des déclarations des droits dans une époque et un contexte donnés, la Déclaration des droits de l'homme et du citoyen (DDHC) du 26 août 1789, fruit d'une œuvre collective, élaborée dans un consensus réel, se présente comme un texte à vocation universelle : les droits de l'homme sont transcendants, parce que naturels, ils préexistent à l'homme, c'est pourquoi on ne fait que les « déclarer » : la DDHC concerne tous les droits de tous les hommes, sans limitation géographique ni temporelle.

Définitions

Il est difficile de définir les diverses notions auxquelles les auteurs ont recours pour évoquer les droits des individus : droits de l'homme, droits fondamentaux, libertés fondamentales, libertés publiques.

- Les droits de l'homme ne sont pas une notion juridique à proprement parler. Ils renvoient plutôt à un concept moral et philosophique permanent et universel, qui correspond à l'existence d'un droit naturel dont bénéficie l'être humain parce qu'il est homme. C'est en ce sens que la Déclaration des droits de l'homme et du citoyen doit être comprise.
- Les libertés publiques sont au contraire une notion juridique. Il s'agit de l'ensemble des droits et libertés reconnus à l'homme par la puissance publique

et juridiquement protégés contre celle-ci en un certain état du droit positif. Elles sont consacrées par le droit positif, la loi le plus souvent, la Constitution de plus en plus ; elles sont opposables à l'État. On trouve sous ce vocable la plupart des grandes libertés consacrées sous la IIIe République : liberté de réunion, de la presse, d'association, religieuse, syndicale, d'aller et venir, etc. On y trouve également les droits économiques et sociaux : droit de propriété, liberté du commerce et de l'industrie, liberté du travail, droit de grève, droit à la santé, etc.

- Les droits fondamentaux ou libertés fondamentales (les deux expressions semblent synonymes) sont des droits juridiquement consacrés qui se distinguent des libertés publiques en ce qu'ils ont reçu une consécration à un rang supérieur à la loi (Constitution, droit international). L'interdiction de la peine de mort, consacrée constitutionnellement par la révision du 23 février 2007 (article 66-1), en est une illustration récente.

Le plus souvent, ces trois notions se recoupent (ainsi de la liberté de pensée par exemple). Il existe toutefois des droits de l'homme qui ne sont pas des libertés publiques (droit à la culture, à l'emploi, etc.) et des libertés publiques qui ne sont ni des droits de l'homme ni des droits fondamentaux (le droit d'accès aux documents administratifs internes par exemple qui, s'il constitue, aux termes de l'arrêt CE 29 avril 2002, Ullmann, l'une « *des garanties fondamentales accordées aux citoyens pour l'exercice des libertés publiques* », n'est pas consacré en tant que tel au niveau constitutionnel ou international).

Les différentes générations de droits

L'histoire des Droits de l'homme est celle de leur renforcement et de leur extension. Le « noyau dur » est constitué des droits dits de première génération proclamés par la DDHC, en 1789 : droits civils (de propriété notamment) et politiques, libertés individuelles principalement.

La deuxième « génération » (il ne s'agit que d'une expression utilisée par la doctrine juridique) a été consacrée au lendemain de la Seconde Guerre mondiale. Il s'agit des droits économiques et sociaux, tels que proclamés par le préambule de la Constitution de 1946 (les « principes particulièrement nécessaires à notre temps » : droit au travail, liberté syndicale, droit de grève, détermination collective des conditions de travail, droit à la santé, à la formation professionnelle) et par la Déclaration universelle des droits de l'homme (DUDH). Ces droits de deuxième génération sont dits « droits-créances », par opposition aux « droits-libertés » de la première. Ils ont notamment pour caractéristique d'opposer les libertés en question à des groupes privés, et non plus seulement à l'État : le droit de grève doit ainsi être garanti tant par l'État que par l'employeur.

Dans les années soixante-dix/quatre-vingt est apparue la troisième génération des droits, principalement constituée des droits des administrés dans leurs rapports avec l'administration : accès aux documents administratifs, accès aux archives, transparence (obligation de motivation des actes administratifs).

Enfin, depuis le milieu des années quatre-vingt-dix éclot la quatrième génération des droits, moins homogène que les précédentes, liés aux évolutions technologiques et sociales : droit à l'environnement, droit au logement, droit bioéthique, liberté de communication audiovisuelle (émergence de l'Internet), etc.

Connaissances de base

La hiérarchisation des droits

- Hiérarchisation en fonction de leur régime : on distingue trois régimes juridiques principaux : le régime répressif, le plus libéral, malgré son nom : aucune restriction n'est apportée à l'exercice d'une liberté (expression, association, réunion), la sanction n'intervenant qu'*a posteriori* ; le régime déclaratif, dans lequel l'exercice du droit est subordonné à la déclaration que l'on doit faire au préalable à l'administration, qui ne peut en interdire l'exercice que pour préserver l'ordre public (manifestation : déclaration au préfet du jour, du trajet, etc. ; grève : préavis) ; le régime d'autorisation préalable, le plus contraignant : l'administration doit accorder l'autorisation d'exercer le droit : communication audiovisuelle, cinéma, associations étrangères jusqu'à la loi du 9 octobre 1981, certains aspects de la liberté d'aller et de venir (permis de conduire), certains aspects du droit de propriété (permis de construire).
- Hiérarchie en fonction de la protection accordée par le Conseil constitutionnel : bien qu'en théorie il n'existe pas de hiérarchie entre les droits constitutionnellement consacrés, le Conseil les soumet à des régimes différents, de telle sorte qu'il est possible de distinguer des libertés de premier rang et de second rang. Trois critères de distinction existent :
  - certaines libertés supportent un régime d'autorisation préalable, d'autres non : la liberté d'association ne peut relever que du régime répressif (CC 16 juillet 1971, Liberté d'association) ; en revanche, la vente de certaines propriétés agricoles peut être subordonnée à une autorisation préalable de transfert de la propriété (CC 26 juillet 1984, Contrôle des structures des exploitations agricoles) ;
  - certaines libertés bénéficient de l'« effet cliquet », garantie consistant à juger inconstitutionnelle toute loi qui abaisserait le niveau de protection dont elles font l'objet (par exemple en instaurant un régime d'autorisation préalable là où il y avait simple déclaration préalable) : presse, communication, droit d'asile, enseignement notamment. En revanche, le droit d'accès et de séjour sur le territoire pour les étrangers peut être plus strictement encadré : le Conseil constitutionnel le rappelle dans une décision CC 20 juillet 2006, Loi relative à l'immigration et à l'intégration, sur le durcissement des conditions du regroupement familial. Le droit au mariage des étrangers en France peut également faire l'objet d'une réglementation plus sévère (CC 9 novembre 2006, Loi relative au contrôle de la validité des mariages, augmentant les pouvoirs du procureur de s'opposer à des mariages forcés ou de complaisance) ;

- La dimension nationale de certains droits implique qu'ils ne puissent être mis en œuvre de façon inégale sur le territoire national. Le Conseil constitutionnel censure ainsi une loi qui aurait permis aux collectivités locales de déterminer le montant des subventions accordées aux établissements d'enseignement privés (CC 18 janvier 1985, Loi Chevènement; CC 13 janvier 1994, Révision de la loi Falloux). En revanche, le droit de propriété peut faire l'objet de contraintes différentes selon la partie du territoire sur laquelle on se trouve (montagne, littoral, communes plus ou moins urbanisées, etc.).

Les niveaux de la protection

Parallèlement aux protections traditionnelles, deux mouvements ont accru la protection des droits: la constitutionnalisation et l'internationalisation.

- **Les protections traditionnelles: loi et jurisprudence administrative**

Le niveau législatif demeure un niveau fondamental de proclamation et de mise en œuvre des droits. L'article 34 de la Constitution dispose que « *la loi fixe les règles concernant les droits civiques et les garanties fondamentales accordées aux citoyens pour l'exercice des libertés publiques* ». Rares sont les libertés dont le régime n'est pas défini et encadré par une loi. Si le rôle du législateur ne s'est pas démenti (les lois récentes sur les étrangers, les mineurs, la lutte contre les discriminations, l'éducation, la laïcité, la bioéthique, la protection de l'identité, la lutte contre le terrorisme, etc. l'illustrent), la qualité du travail accompli fait l'objet de critiques et peut, parfois, nuire à la stabilité des situations juridiques que les intéressés sont en droit d'attendre (voir le chapitre sur les mutations de la norme). Le Conseil d'État rappelle toutefois que le législateur est en principe seul compétent pour réglementer l'exercice des libertés publiques: par un arrêt CE 7 mai 2013, Fédération CFTC de l'agriculture, il rappelle ainsi que « *le législateur est seul compétent, tant dans les matières définies notamment par l'article 34 de la Constitution que dans celles relevant du pouvoir réglementaire en application de l'article 37, pour adopter les règles destinées à favoriser l'égal accès des femmes et des hommes* » aux mandats électoraux, aux fonctions électives et aux responsabilités professionnelles et sociales.

Le rôle du juge administratif en matière de protection des droits et libertés s'est historiquement concrétisé par le développement de la notion de principes généraux du droit (PGD). L'article 4 du Code civil dispose que le juge ne peut refuser de juger « *sous prétexte du silence, de l'obscurité ou de l'insuffisance de la loi* ». Le PGD est donc avant tout le fruit d'une nécessité juridique, principe utilisé pour trancher un litige en cas de vide juridique. Le développement des PGD remonte à l'arrêt CE 26 octobre 1945, Aramu. Des principes avaient toutefois été déjà dégagés auparavant, mais pas sous cette appellation formelle: CE 5 mai 1944, Dame Veuve Trompier-Gravier (sur les droits de la défense). Le contenu des PGD couvre un vaste domaine: principe d'égalité devant le service public (CE 9 mars 1951, Société des concerts du conservatoire), principe de non-rétroactivité des actes administratifs (CE 25 juin 1948, Société du journal l'Aurore), droit au recours juridictionnel (CE 17 février 1950, Dame Lamotte), principe de continuité du SP (CE 7 juillet 1950, Deheane).

Les PGD s'imposent aux autorités administratives même en l'absence de dispositions législatives, c'est-à-dire, notamment, dans l'exercice du pouvoir réglementaire autonome (CE 26 juin 1959, Syndicat général des ingénieurs-conseils), mais également dans celui exercé en vertu de l'article 38 de la Constitution (CE 24 novembre 1961, Fédération nationale des syndicats de police) ou, ce qui était plus délicat à reconnaître, en vertu d'une délégation consentie par une loi adoptée par référendum (CE 19 octobre 1962, Canal, Robin et Godot). Selon le professeur Chapus, les PGD ont ainsi une valeur infra-législative et supra-décrétale.

Aujourd'hui, la source des PGD est loin d'être tarie : ont dans les trois dernières décennies été dégagés le principe de respect de la dignité de la personne humaine après la mort (CE 2 juillet 1993, Milhaud), celui du libre choix du médecin par le malade (CE 27 avril 1998, Syndicat des médecins libéraux), celui de la liberté contractuelle (CE 27 avril 1998, Cornette de Saint-Cyr), le principe de l'obligation de publier les règlements (CE 12 décembre 2003, Syndicat des commissaires et hauts fonctionnaires de la police nationale), celui de la prescription trentenaire applicable à la remise en état des installations classées (CE 8 juillet 2005, Société Alu-Suisse), celui de sécurité juridique (CE 24 mars 2006, KPMG, qui n'a toutefois pas valeur constitutionnelle : CC 11 février 2011, M. Pierre L.), celui selon lequel l'administration doit garantir ses agents contre les dommages qu'ils peuvent subir dans l'accomplissement de leur service (CE avis 1er mars 2012, Mme Chandonay), celui qui impose à l'administration de chercher, avant le licenciement, à reclasser l'agent contractuel recruté en vertu d'un CDI dont l'emploi qu'il occupe est affecté à un fonctionnaire (CE avis 25 septembre 2013, Mme Sadlon).

- **Le développement du droit constitutionnel des droits de l'homme**

Il est historiquement daté : par la décision CC 16 juillet 1971, Liberté d'association, le Conseil constitutionnel consacre la valeur juridique du préambule de la Constitution de 1958, et dégage le premier principe fondamental reconnu par les lois de la république (PFRLR, l'expression est contenue dans le préambule de la Constitution de 1946), celui de la liberté d'association. Il y ajoutera :

- d'autres PFRLR : en dernier lieu CC (QPC) 5 août 2011, Société Somodia, qui consacre le PFRLR de l'existence d'un droit local dans les départements d'Alsace-Moselle, neuf ans après CC 29 août 2002, Loi d'orientation et de programmation pour la justice, qui consacre le PFRLR de l'existence d'une justice spéciale pour les mineurs ; en revanche, la décision CC 12 mai 2010, Loi relative à l'ouverture à la concurrence des jeux d'argent en ligne juge qu'il n'existe pas de PFRLR prohibant les jeux d'argent et de hasard ; la décision CC 17 mai 2013, Loi ouvrant le mariage aux couples de personnes de même sexe, juge qu'il n'existe aucun PFRLR limitant le mariage à l'union d'un homme et d'une femme ;
- des principes constitutionnels ;
- des objectifs à valeur constitutionnelle.

Le pouvoir constituant dérivé y ajoutera quant à lui une Charte de l'environnement (révision constitutionnelle du 28 mars 2005).

- **Le Conseil de l'Europe et la Convention européenne de sauvegarde des droits de l'homme et des libertés fondamentales**

Le statut fondateur du Conseil de l'Europe a été adopté le 5 mai 1949 : il a pour but de réaliser une union plus étroite entre ses membres afin de sauvegarder et de promouvoir les idéaux et les principes qui sont leur patrimoine commun. Le Conseil de l'Europe s'est régulièrement étendu et compte aujourd'hui la quasi-totalité des États européens (47, regroupant 800 millions de personnes), notamment les anciens États de l'ancien bloc de l'Est (Russie, Hongrie, Pologne, Bosnie-Herzégovine, etc.). Ses institutions se composent d'un Comité des ministres, qui réunit les ministres des Affaires étrangères des États membres, avec pouvoir décisionnel, d'une Assemblée consultative, émanation des parlements nationaux, sans réels pouvoirs, et d'un secrétariat général.

Il est l'auteur de plus de 170 conventions relatives aux droits de l'homme, à l'éducation, aux sciences, etc. Citons à titre d'exemple la Charte sociale européenne, entrée en vigueur en 1965 ; la Convention pour la protection de la dignité humaine à l'égard de la biomédecine, adoptée en 1997 à Oviedo (ratifiée en France le 13 décembre 2011 et entrée en vigueur le 1er avril 2012), qui concerne tant l'individu que l'espèce humaine ; la Convention sur la lutte contre la traite des êtres humains entrée en vigueur le 1er février 2008. La plus importante convention est naturellement la Convention européenne de sauvegarde des droits de l'homme et des libertés fondamentales signée le 4 janvier 1950.

Cette dernière convention est entrée en vigueur en 1953. Elle protège les droits civils et politiques. Quatorze protocoles additionnels l'ont complétée. Des règles de fond (droit à la vie, interdiction de la torture, droit à la sûreté, droit au respect de sa vie privée et familiale) côtoient des règles de procédure dont l'importance reflète l'influence anglo-saxonne (droit au recours juridictionnel, droit à un juge indépendant et impartial, à une justice rendue dans des délais raisonnables, interdiction des lois pénales rétroactives, droit au respect du principe *non bis in idem*, etc.).

La logique du système de la Convention européenne de sauvegarde des droits de l'homme et des libertés fondamentales, qui fait des juridictions des États parties les premières garantes des droits conventionnellement protégés, sous le contrôle, après épuisement des voies de recours interne, de la Cour européenne des droits de l'homme implique un dialogue des juges. À la suite de la Déclaration de Brighton de 2012, les États parties à la Convention ont adopté un protocole d'amendement (protocole n° 15) qui prévoit d'ajouter, à la fin du Préambule de la Convention, un considérant qui explicite cette répartition des rôles : dans l'attente de la ratification de ce protocole, la Déclaration de Copenhague de 2018 a mis en avant la notion de « responsabilité partagée » pour décrire les liens entre la Cour européenne et les États parties, en particulier, les cours nationales.

- **Le développement du droit communautaire des droits de l'homme**

Les Pères fondateurs de la Communauté européenne (aujourd'hui Union européenne) n'ont pas intégré à leur projet la protection des droits de l'homme : d'une part, le processus même de construction européenne devait conduire à la création d'un espace pacifié ; d'autre part, l'existence du Conseil de l'Europe faisait craindre au mieux une redondance, au pire une concurrence entre ces deux organisations internationales. C'est la CJUE qui, par sa jurisprudence, a consacré leur respect, en tant que principes généraux du droit communautaire, puis en faisant référence aux traditions constitutionnelles des États membres et à la ConvEDH, avant que leur protection ne soit effectivement inscrite au traité et que ne soit proclamée à Nice le 7 décembre 2000 la Charte des droits fondamentaux de l'Union (CDFU).

S'agissant des PGD, une seule mention en est faite dans le traité (article 215-2 selon lequel la réparation en matière de responsabilité extracontractuelle de la Communauté doit se faire conformément aux PGD des États membres). La CJUE a par la suite distingué :

- les PGD inhérents à tout système juridique organisé (principes de procédure essentiellement : droit au recours juridictionnel : CJCE 15 mai 1986, Johnston, respect des droits de la défense : CJCE 13 février 1979, Hoffmann-Laroche, principes de sécurité juridique et de confiance légitime) ;
- les PGD communs aux droits des États membres (conditions de mise en œuvre de la responsabilité extracontractuelle des agents de la Commission : CJCE 10 juillet 1969, Sayag, conditions de retrait de l'acte administratif : CJCE 12 juillet 1957, Algera, principe de précaution : TPICE 28 janvier 2003, Laboratoires Servier) ;
- les PGD déduits de la nature même des communautés (principe de proportionnalité, qui implique l'examen de l'adéquation d'une action de la Communauté aux objectifs du traité, l'examen du caractère nécessaire d'une action et celui de la proportion entre intérêt général et droits des particuliers (CJCE 17 décembre 1970, Internationale Handelgesellschaft) ; égalité, sur le fondement de l'article 12 TCE : non-discrimination à raison de la nationalité, etc.).

Les droits fondamentaux ont été reconnus par la CJUE au début des années soixante-dix : « le respect des droits fondamentaux fait partie intégrante des principes généraux du droit dont la Cour de justice assure le respect » (CJCE 17 décembre 1970, Internationale Handelsgesellschaft). La CJUE a d'abord évoqué indirectement la CEDH (CJCE 14 mai 1974, Nold, qui évoque les « instruments internationaux auxquels les États membres ont coopéré ou adhéré »), avant de la viser explicitement (CJCE 28 octobre 1975, Rutili).

Parallèlement, les droits fondamentaux font l'objet d'une reconnaissance progressive dans les traités : déclaration commune des Conseil, Parlement et Commission du 5 avril 1977 relative au nécessaire respect des droits fondamentaux, référence dans le préambule de l'Acte unique européen à la Charte sociale européenne adoptée dans le cadre du Conseil de l'Europe en 1961, adoption par le Parlement le 12 avril 1989 d'une déclaration des droits et libertés fondamentaux, proclamation de la Charte communautaire des droits sociaux fondamentaux des travailleurs du 9 décembre 1989 (signée par tous les États membres de la Communauté, à l'exception du Royaume-Uni), l'article 6-2 du Traité sur l'UE reprend la formulation de la CJCE : l'Union respecte les droits fondamentaux tels qu'ils sont garantis par la CEDH et les traditions constitutionnelles des États membres. Enfin, la Charte des droits fondamentaux de l'Union (CDFU) a été adoptée au Conseil européen de Nice du 7 décembre 2000; en six chapitres, « Dignité, Libertés, Égalité, Solidarité, Citoyenneté, Justice », elle énonce des principes et des droits qui forment un socle démocratique. Si ses formulations reprennent souvent celles de la Convention européenne des droits de l'homme son champ, qui couvre, outre les droits civils et politiques, les droits économiques et sociaux est plus large. Plus récente, elle traite aussi de sujets qui n'étaient pas présents dans les esprits en 1950, comme la bio-éthique, la protection des données personnelles ou la préservation de l'environnement. Sa valeur juridique contraignante est consacrée par le traité de Lisbonne du 13 décembre 2007 (cf. *infra*). La Cour de justice de l'Union a précisé que les règles nationales devaient la respecter lorsqu'elles entrent dans le champ d'application du droit de l'Union et non pas seulement lorsqu'ils le mettent en œuvre (26 février 2013, Aklagaren). Elle contrôle le droit dérivé au regard de ses prescriptions (8 avril 2014, Digital Rights Ireland). Son rôle ne cesse de croître : dans son rapport de 2014 sur l'application de la CDFU, la Commission relève qu'en 2014, 210 décisions rendues par les juridictions de l'Union citaient la Charte, contre 114 en 2013. La Charte est invoquée devant le juge administratif. À la mi-septembre 2019, on comptait ainsi 158 décisions du Conseil d'État qui se prononçaient sur son application, dont 10 fichées au recueil Lebon, et 301 qui en faisaient simplement mention. Toutefois, à ce jour, aucune décision du Conseil d'État n'a accueilli favorablement un moyen tiré d'une méconnaissance de la Charte. Il semble que seul un jugement du tribunal administratif de Paris du 15 juin 2017, société Otjiaha, ait, à l'occasion d'un contrôle de conventionnalité in concreto, fait droit à une requête sur le fondement de la Charte.

Appliquant les dispositions des articles 7 (respect de la vie privée et familiale), 8 (protection des données à caractère personnel) et 47 (droit à un recours effectif), la CJUE a rendu le 6 octobre 2015 un arrêt Schrems remarqué par lequel elle a invalidé l'accord dit « Safe Harbor » passé entre la Commission et le département de commerce du gouvernement américain, estimant que cet accord ne protégeait pas suffisamment les données à caractère personnel transférées à partir des États membres de l'Union européennes vers les États-Unis lors de l'utilisation de sites internet tel Facebook, Google, Yahoo, etc. La Cour estime que les États-Unis ne garantissent pas un niveau de protections adéquates de ces données.

À noter enfin l'extension des pouvoirs du juge europénе puisque dans une décision C-791/19R Commission c/Pologne la CJUE s'est autorisée à enjoindre à un État membre de suspendre sans délai l'application des dispositions nationales relatives aux compétences de la chambre disciplinaire de la Cour suprême, intervenant ainsi, au nom de la défense de l'impartialité et de l'indépendance des juridictions, sur des éléments fondamentaux de l'État de droit.

- **Le développement du droit international des droits de l'homme**

L'internationalisation de la protection des droits de l'homme s'est développée depuis 1945. On distingue les instruments à vocation universelle des instruments à vocation régionale.

Au nombre des premiers figure la Déclaration universelle des droits de l'homme et du citoyen, adoptée le 10 décembre 1948. Rédigée par René Cassin, non ratifiée par la France, elle est dépourvue d'effet en droit interne (CE 3 février 1999, Nodière) ; Pacte des Nations unies relatifs aux droits civils et politiques (16 décembre 1966, ratifié et publié en 1981 et par suite invocable en droit interne : CE 15 avril 1996, Mme Doukouré) ; Pactes contre l'esclavage (15 septembre 1926), contre la torture (10 décembre 1984), contre la traite des êtres humains (2 décembre 1949), etc.

Au nombre des seconds, on trouve la ConvEDH (cf. *supra*), ainsi que la Convention américaine relative aux droits de l'homme du 22 novembre 1969 (à laquelle les États-Unis ne sont pas partie), la Charte africaine des droits de l'homme et des peuples (26 juin 1981), la déclaration des droits de l'homme en Islam du 5 août 1990, etc., autant de textes imprégnés des environnements historique, culturel, social et religieux dans lesquels ils ont été adoptés.

Bilan de l'actualité

Établir un bilan de l'actualité en matière de droits de l'homme est une tâche rendue complexe par la diversité des domaines couverts et la multiplication des instruments et institutions de protection. On se concentrera donc ici sur les déclinaisons récentes de quelques droits fondamentaux existants et sur la présentation de droits récemment apparus.

Les déclinaisons récentes des droits existants

Il s'agit ici de présenter quelques manifestations récentes de droits connus qui évoluent dans leurs implications au gré des mutations sociales.

- **Le droit de propriété**

Les développements européens : l'article premier du premier protocole additionnel relatif au droit de propriété (dit 1P1) renforce la protection dont bénéficie ce droit. La CEDH a en effet adopté une conception autonome de la notion de « biens » protégés par l'article 1P1. S'alignant sur sa jurisprudence, le Conseil d'État juge ainsi par un arrêt CE 11 juillet 2001, Préaud, que l'atteinte à un bien, qui peut être une créance financière (une allocation de retraite par exemple), est contraire à 1P1. Par l'arrêt CE 30 novembre 2001, Diop, le Conseil d'État estime que le principe de non-discrimination posé par la CEDH et le respect aux biens s'opposent à ce que soient cristallisées les pensions versées aux ressortissants des pays placés sous souveraineté française avant leur indépendance. Par un arrêt CE 3 juillet 1998, Bitouzet, il juge que le principe de non-indemnisation des servitudes d'urbanisme posé par l'article L. 160-5 du Code de l'urbanisme est conforme à 1P1, mais réserve le cas où la charge imposée est exorbitante et hors de proportion avec l'objectif d'intérêt général suivi. Il confirme cette jurisprudence s'agissant des servitudes applicables aux terrains situés dans la bande de cent mètres du rivage (CE 27 juin 2007, M. Mielle). La CEDH a par ailleurs jugé, en matière d'expropriation, que le refus des autorités nationales d'indemniser des propriétaires dont les terrains ont subi une

« dépréciation substantielle » du fait de la construction à proximité d'une ligne de TGV est contraire à 1P1 (CEDH 9 février 2006, Athanasiou). L'indemnité d'expropriation doit en outre, quand elle est versée, être « raisonnablement en rapport avec la valeur du bien » (CEDH 29 mars 2006, Scordino). En cette même matière, il a aussi été jugé que l'inutilisation par la personne publique pendant une longue durée du terrain exproprié pouvait causer un préjudice lorsque la valeur de ce terrain avait, par ailleurs, « notablement augmenté ». La perte de ce gain non justifiée par l'utilité publique (puisque le terrain était resté inutilisé) constitue une atteinte au droit de propriété garanti par 1P1 (CEDH 2 juillet 2002, Motais de Narbonne c/France – cet arrêt est une incitation bienvenue aux bénéficiaires d'expropriation de s'assurer, en amont, de la faisabilité du projet justifiant l'expropriation et, en aval, de sa réalisation concrète dans des délais raisonnables ; cela n'a toutefois pas empêché le Conseil constitutionnel de juger conforme à la Constitution les dispositions de l'article L. 12-6 du code de l'expropriation permettant à l'autorité administrative de faire obstacle à la rétrocession d'un bien exproprié pour un projet non réalisé en se bornant à requérir une nouvelle déclaration d'utilité publique : CC 15 février 2013, Mme Suzanne P.-A.). Le droit de propriété doit toutefois être concilié avec d'autres principes. La CEDH juge ainsi que ne portent pas atteinte à 1P1 les décisions obligeant les propriétaires de constructions bâties sur le domaine public maritime depuis plusieurs dizaines d'années à les quitter, compte tenu du principe d'inaliénabilité du domaine public (CEDH Depalle C/France, 29 mars 2010).

Les suites de l'arrêt Perruche donneront à la CEDH l'occasion de préciser une jurisprudence audacieuse, aux termes de laquelle les créances **potentiellement** détenues par un justiciable en vertu d'une jurisprudence établie constituent un bien au sens de 1P1 (la cour évoque « l'espérance légitime » de créance que détient le justiciable en vertu de ladite jurisprudence). Dans ces conditions, une loi s'appliquant aux instances en cours et prévoyant une indemnisation moindre que celle qui aurait résulté de l'application de la jurisprudence en cause porte atteinte au droit de propriété et méconnaît l'article 1P1 (CEDH 6 octobre 2005, Draon). Cette jurisprudence, initiée par la décision CEDH 29 novembre 1991, Pine Valley Developpements, a été étendue à l'hypothèse où l'espérance légitime ne porte pas sur une créance financière, mais sur l'exercice d'un droit : par une décision CEDH 18 novembre 2010, Consorts Richet et Le Ber C/France, la Cour juge que la promesse faite par l'État aux propriétaires de terrains de pouvoir y implanter des constructions, en échange de la cession d'autres terrains, avait conféré à ces propriétaires des droits de construire et qu'ils étaient par suite titulaire d'une espérant légitime de pouvoir les exercer. Par suite, le refus de délivrer les autorisations d'urbanisme nécessaires constitue une violation de 1P1. Le Conseil d'État a également jugé qu'une disposition fiscale pouvait constituer une espérance légitime constitutive d'un bien au sens de cet article (CE 9 mai 2012, Ministre du budget). En revanche, la protection du droit aux biens n'a pas d'incidence, par elle-même, sur la conventionnalité de la prescription quadriennale des créances publiques : CE 17 juillet 2013, Ministre du Budget (relevant que le délai de prescription de quatre ans « ne présente pas en tant que tel un caractère exagérément court »).

Les développements constitutionnels : le droit de propriété connaît des déclinaisons plus nombreuses à mesure que des biens nouveaux sont créés. La consécration de la protection constitutionnelle dont bénéficient, depuis la décision CC 27 juillet 2006, Loi relative aux droits d'auteur, « les droits de propriété intellectuelle et notamment le droit d'auteur et les droits voisins » ne saurait surprendre. Ces droits constituent des « biens » au sens de 1P1. Mais en les consacrant, le Conseil constitutionnel affirme leur nécessaire conciliation avec d'autres droits, et notamment le droit à l'information. Les auteurs peuvent donc se voir contraints de révéler certains secrets de fabrication, en l'espèce les techniques servant à protéger certains logiciels, pour assurer un accès large du public à ces logiciels (en permettant une lecture possible sur différents supports informatiques). C'est également dans un but de conciliation de l'intérêt général et des droits privés que le Conseil constitutionnel a admis la constitutionnalité des servitudes administratives imposant aux propriétaires de forêts d'établir des servitudes de passage et d'aménagement pour assurer la continuité des voies de défense contre l'incendie, à condition toutefois que les propriétaires puissent au préalable faire valoir leurs observations (CC 14 octobre 2011, M. Pierre T.). Même recherche de conciliation entre l'intérêt public et l'intérêt privé par la décision précitée CC 15 février 2013, Mme Suzanne P.-A., qui juge que l'article L. 12-6, en tant qu'il permet à l'administration de s'opposer à la rétrocession d'un bien exproprié pour un projet non réalisé dès lors qu'existe à la date de la demande un nouveau projet. Cette logique de conciliation se retrouve dans le dernier état de la jurisprudence en matière de protection des libertés individuelles.

- **La conciliation de la protection des libertés individuelles avec la sauvegarde de l'ordre public ou de droits individuels**

Par des décisions récentes, le Conseil constitutionnel et le Conseil d'État ont étoffé leurs jurisprudences relatives à la conciliation des libertés individuelles avec la préservation de l'ordre public :

- la lutte contre le terrorisme justifie ainsi la reconnaissance aux autorités de police administrative du pouvoir de se faire communiquer les données techniques relatives à l'identification des numéros d'abonnement ou de connexion à Internet, l'extension de la procédure de réquisition aux fournisseurs d'accès et fournisseurs d'hébergement, ou encore l'autorisation donnée aux gendarmes et policiers de prendre et d'enregistrer les photographies des plaques numérologiques des véhicules et des passagers (CC 19 janvier 2006, Loi relative à la lutte contre le terrorisme) ;
- la sauvegarde de l'ordre public, en l'espèce la lutte contre la délinquance des mineurs, fonde aussi la jurisprudence selon laquelle le secret professionnel des personnels de l'action sociale peut être délié pour leur permettre de communiquer au maire les informations concernant les familles et enfants en difficulté. Cette autorisation ne méconnaît pas le droit au respect de la vie privée (CC 3 mars 2007, Loi relative à la prévention de la délinquance) ;

- cet objectif fonde également la constitutionnalité de la loi prévoyant la déchéance de la nationalité française pour les Français d'acquisition condamnés pour acte de terrorisme (CC 23 janvier 2015, M. Ahmed S.).
- on peut également signaler deux intéressantes décisions du Conseil constitutionnel. La première censure la législation relative à l'hospitalisation d'office des personnes atteintes de troubles mentaux présentant un danger pour elles-mêmes ou pour autrui, qui autorisait la prolongation sans limite de la détention sans intervention juridictionnelle (CC 9 juin 2011, Abdelatif B.). La loi du 5 juillet 2011 relative aux droits et à la protection des personnes faisant l'objet de soins psychiatriques leur permet dorénavant, ou à leur représentant légal, de saisir à tout moment le juge des libertés et de la détention. La seconde est relative à la conciliation entre respect de la vie privée et sauvegarde de l'ordre public. Le Conseil constitutionnel censure une disposition de la loi relative à la protection de l'identité permettant aux forces de l'ordre de consulter le fichier centralisant les éléments d'information figurant sur les documents d'identité électronique (nom, domicile, photographie, taille, couleur des yeux, empreintes digitales) à des fins autres que la vérification de l'identité d'une personne et la lutte contre la fraude documentaire, cette possibilité n'étant pas nécessaire pour assurer l'efficacité du dispositif de contrôle de l'identité des personnes (CC 22 mars 2012, Loi relative à la protection de l'identité). L'existence du fichier à cette fin, et la réalisation de documents d'identité électronique contenant les informations citées, sont en revanche validées. Quelques mois auparavant, le Conseil d'État avait également annulé des dispositions réglementaires portant constitution d'un traitement automatisé centralisé des données à caractère personnel recueillies lors de l'établissement ou du renouvellement des passeports et portant sur la collecte des empreintes de huit doigts, alors que la collecte des empreintes de deux doigts permet d'atteindre les objectifs visés de vérification de l'identité de la personne et de lutte contre la fraude (CE 26 octobre 2011, Association pour la promotion de l'image). Cette décision a d'ailleurs donné l'occasion au Conseil d'État de faire évoluer le contenu du contrôle de proportionnalité exercé sur les mesures de police, en recherchant désormais si la mesure en cause est « *adaptée, nécessaire et proportionnée à la finalité qu'elle poursuit* » ;
- en termes normatifs, cet effort de conciliation entre protection de la liberté individuelle et impératifs de sécurité publique s'est retrouvé dans les textes récemment adoptés relatifs notamment à la lutte contre le terrorisme. La loi du 21 décembre 2012 relative à la sécurité et à la lutte contre le terrorisme, la loi du 13 novembre 2014 renforçant les dispositions relatives à la lutte contre le terrorisme, le décret du 5 février 2015 relatif au blocage des sites provoquant à des actes de terrorisme ou en faisant l'apologie, la loi du 24 juillet 2015 relative au renseignement, la loi du 20 novembre 2015 prorogeant l'application de la loi du 3 avril 1955 relative à l'état d'urgence et renforçant l'efficacité de ses dispositions, la loi du 3 juin 2016 renforçant la lutte contre le crime organisé, le terrorisme et leur financement, et améliorant l'efficacité et les garanties de la procédure pénale, cherchent à concilier ces

objectifs seulement partiellement contradictoires et témoignent de cet effort d'équilibre recherché par le pouvoir normatif ;

- cet effort de conciliation entre protection de la liberté individuelle et la sauvegarde de l'ordre public a également guidé la réflexion de la CJUE dans un arrêt CJCE 29 janvier 2008, Productores de Musica de Espana, par lequel la Cour énonce, sans réellement trancher la question d'ailleurs, que si le droit communautaire n'impose pas aux États membres de prévoir une obligation pesant sur les fournisseurs d'accès à Internet de révéler aux compositeurs l'identité d'utilisateurs de sites d'échanges de fichiers musicaux, il convient néanmoins que les États assurent « un juste équilibre entre les différents droits fondamentaux protégés par le droit communautaire », au rang desquels figure le droit d'auteur.

- **Le principe d'égalité**

Au fondement de l'organisation sociale depuis 1789, le principe d'égalité offre régulièrement au juge l'occasion de rappeler ses conditions d'application

- **le Conseil constitutionnel** a ainsi rappelé que les différences de traitement peuvent être fondées sur des différences objectives de situation et que tel est le cas pour les jeunes sans diplôme ayant des difficultés à trouver un emploi sur le marché du travail (CC 30 mars 2006, Loi pour l'égalité des chances, sur le contrat première embauche). Ces différences peuvent également être justifiées par des motifs d'intérêt général en rapport avec leur objet. Rappelant cette dérogation connue, le Conseil constitutionnel juge non conforme à la Constitution la loi organique relative à la Polynésie permettant aux membres de son assemblée d'obtenir plus aisément la suspension d'un acte émanant de cette collectivité : ce faisant, « *le législateur a instauré une différence de situation entre les représentants à l'Assemblée de Polynésie française et les autres justiciables qui n'est pas justifiée au regard de l'objectif de contrôle juridictionnel des actes administratifs* » (CC 6 décembre 2007, Loi organique tendant à renforcer la stabilité des institutions et la transparence de la vie politique en Polynésie française). Le principe d'égalité est fréquemment appliqué par le Conseil constitutionnel dans le cadre de la QPC, puisqu'il s'agit du principe le plus souvent invoqué par les justiciables. La première QPC a d'ailleurs été rendue sur son fondement, la décision du 28 mai 2010, Cristallisation des pensions, jugeant contraire à ce principe le régime des pensions militaires des anciens combattants établis à l'étranger dont le montant variait selon la nationalité de l'intéressé ;
- **le Conseil d'État** rappelle le principe selon lequel une différence de traitement ne peut, au regard de situations égales, être justifiée que par un motif d'intérêt général (CE 3 septembre 2007, USMA : absence d'un tel motif permettant de distinguer entre magistrats administratifs recrutés à l'issue de l'ÉNA et magistrats recrutés par le concours complémentaire s'agissant du mode de calcul d'une indemnité forfaitaire). Il a eu l'occasion de décliner ces principes concernant notamment les discriminations fondées sur l'âge et le sexe :

- *s'agissant de l'âge*, il a par une décision CE 22 mai 2013, M. Kriss, jugé que constitue un motif d'intérêt général « *la politique nationale visant à promouvoir l'accès à l'emploi par une meilleure distribution de celui-ci entre les générations* », qui permet de justifier une différence de traitement fondée sur l'âge en ce qui concerne l'accès à l'emploi, c'est-à-dire de fixer un âge de départ à la retraite obligatoire pour les fonctionnaires. En revanche, annulation d'une décision empêchant un maître de conférence d'accéder au corps des professeurs d'université au seul motif qu'il n'a pas encore atteint l'âge requis, cette discrimination par l'âge n'étant pas justifiée (CE 26 janvier 2015, M. Slama) ;
- *s'agissant du sexe*, il a jugé légale la bonification de pension accordée aux femmes ayant eu au moins trois enfants, cette circonstance ayant sur le déroulement de leur carrière des incidences plus défavorables que sur la carrière des hommes placés dans la même situation (CE 27 mars 2015, M. Quintanel) ;

- **la CEDH** juge qu'une législation conduisant à la nomination en tant que juré d'un nombre nettement plus important d'hommes que de femmes ne poursuit aucun but d'intérêt général et méconnaît par suite le principe d'égalité (CEDH 20 juin 2006, Zarb Adami c/Malte) ;
- enfin, **la CJUE** admet, par un arrêt CJCE 16 octobre 2007, Félix Palacios de la Villa, la validité des clauses de mise à la retraite d'office dès lors que cette mesure « *est objectivement et raisonnablement justifiée, dans le cadre du droit national, par un objectif légitime relatif à la politique de l'emploi et au marché du travail* », qui est un objectif d'intérêt général. De telles clauses ne méconnaissent donc pas le principe de non-discrimination. Elle rappelle d'ailleurs régulièrement que « *des situations comparables ne sauraient être traitées de manière différente à moins qu'une différenciation ne soit objectivement justifiée* » (CJCE 17 janvier 2008, Josefa Velasco Navarro). C'est ainsi qu'elle juge contraire au principe d'égalité la réglementation espagnole limitant l'accès du père au « congé d'allaitement », ces restrictions étant de nature « *à perpétuer une distribution traditionnelle des rôles entre hommes et femmes en maintenant les hommes dans un rôle subsidiaire à celui des femmes en ce qui concerne l'exercice de la fonction parentale* » (CJUE 30 septembre 2010, Pedro Manuel Roca Alvarez). En revanche, elle admet l'existence d'une discrimination indirecte à l'encontre des femmes lorsqu'il est démontré qu'un nombre beaucoup plus élevé de femme que d'hommes sont désavantagés par la réglementation en cause (CJUE 14 avril 2015, Lourdes Cachaldora Fernandez). Cette condition n'est toutefois pas aisément reconnue : en l'espèce, refus de reconnaître une telle discrimination à l'encontre de femmes s'agissant du calcul d'une pension d'invalidité réduite en cas d'interruption d'activité après une activité à temps partiel. La CJUE a également jugé contraire au principe d'égalité la possibilité offerte par la directive du 13 décembre 2004 mettant en œuvre le principe d'égalité de traitement des hommes et des femmes dans l'accès aux biens et services de faire varier le montant des primes d'assurance demandées aux hommes et aux femmes, lorsqu'il est établi que le risque présenté,

notamment médical, n'est pas identique (CJUE 1er mars 2011, Association belge des consommateurs), adoptant une conception formelle de l'égalité en délicatesse avec la réalité scientifique : est-ce méconnaître l'égalité entre les hommes et les femmes que de relever que, statistiquement, ils ou elles peuvent être plus exposés à certains types de maladie ?

L'invocation du principe d'égalité permet également d'importantes avancées sociales

- **le Conseil d'État**, dans un arrêt CE 15 juillet 2004, Leroy, interprète ainsi, compte tenu « *du changement dans les circonstances survenues depuis sa publication* », la règle selon laquelle un couple de fonctionnaires mariés ne peut cumuler le bénéfice de l'indemnité d'éloignement comme s'appliquant également aux concubins. Il juge également, par un arrêt CE 22 octobre 2010, Mme Bleitrach, que la responsabilité de l'État sur le fondement de la rupture d'égalité devant les charges publiques peut être engagée à raison du défaut de réalisation des travaux permettant aux auxiliaires de justice (un avocat handicapé en l'espèce) un accès adapté aux palais de justice ;
- **la CEDH**, dans un arrêt remarqué CEDH 22 janvier 2008, E.B. c/France (revirant CEDH 26 février 2002, Fretté), condamne la France pour avoir refusé à une femme homosexuelle vivant en concubinage le droit d'adopter au seul motif de son homosexualité. La Cour de cassation a par la suite reconnu cette possibilité (avis du 23 septembre 2014). La CEDH juge aussi discriminatoire le refus d'accorder à un militaire masculin un droit au congé parental identique à celui accordé aux femmes (CEDH 22 mars 2012, Konstantin Markin c/Russie). En revanche, n'est pas discriminatoire le refus opposé à la partenaire d'un pacte civil de solidarité d'adopter l'enfant conçue par l'autre partenaire (CEDH 15 mars 2012, Gas et Dubois c/France) ;
- **le Conseil constitutionnel** se fonde enfin sur le principe d'égalité pour juger conforme à la Constitution la loi interdisant la dissimulation du visage dans l'espace public, en estimant que « *les femmes dissimulant leur visage, volontairement ou non, se trouvent placées dans une situation d'exclusion et d'infériorité manifestement incompatible avec les principes constitutionnels de liberté et d'égalité* » (CC 7 octobre 2010, Loi interdisant la dissimulation du visage dans l'espace public).

L'actualité du principe d'égalité est également marquée par son évolution vers une prise en compte croissante de l'équité

La « discrimination positive » permet, par l'introduction d'une inégalité juridique entre deux groupes de personnes, de rétablir entre elles une égalité réelle. Aussi appelée égalité sociale, ou égalité par la loi, elle a pour objectif la correction des inégalités de fait. Le droit français ne l'ignore pas : la progressivité de l'impôt, qui brise l'égalité mathématique des contribuables, ressortit de cette technique mais est admise par le Conseil constitutionnel (CC 28 décembre 1990, Loi de finances pour 1991), à l'instar de la mise sous condition de ressources des prestations familiales (CC 23 juillet 1987, Prestations familiales) ; il existe de nombreuses zones spéciales destinées à rétablir une égalité des chances rompue en créant des droits différenciés (les zones d'éducation prioritaires, créées par loi 10 juillet 1989, disposent davantage de crédits pédagogiques, le nombre d'élèves par classe y est moins élevé, les professeurs sont mieux rémunérés ; les zones franches fiscales dans certains quartiers défavorisés permettent aux entreprises qui s'y installent de bénéficier de crédits d'impôts, etc.).

Consacrant, en droit électoral, le principe de discrimination positive, la révision constitutionnelle du 8 juillet 1999 introduit un article 3 dans la Constitution aux termes duquel « la loi favorise l'égal accès des femmes et des hommes aux mandats électoraux et aux fonctions électives ». Cette disposition a été transférée à l'article 1er par la révision constitutionnelle du 23 juillet 2008 qui procède également à son extension, puisque cet égal accès concerne aussi dorénavant les « responsabilités professionnelles et sociales ». C'est la première atteinte de taille au principe d'égalité dans sa conception républicaine. La loi du 6 juin 2000 traduit ces principes en imposant la parité pour tous les scrutins de liste et en instaurant des sanctions pour les partis politiques qui ne présentent pas autant de femmes que d'hommes aux élections législatives. La loi du 31 janvier 2007 étend la parité à l'ensemble des membres des exécutifs municipaux et régionaux (les conseillers généraux sont élus au scrutin de liste dans les cantons) et renforce les sanctions pour les élections législatives.

La loi du 12 mars 2012 relative notamment à la lutte contre les discriminations comprend diverses mesures visant à renforcer dans la fonction publique l'égalité entre hommes et femmes, en ce qui concerne la composition des jurys et comités de sélection (qui doivent comprendre au moins 40 % de personnes de même sexe), celle des commissions administratives paritaires (même pourcentage) et celle des conseils d'administration des établissements publics (même pourcentage), le maintien des droits à avancement en cas de congé parental, l'accès aux emplois à la discrétion du gouvernement (préfets, ambassadeurs, directeurs d'administration centrale, etc.), qui doivent de la même manière comprendre au moins 40 % de personnes de même sexe.

La loi du 4 août 2014 pour l'égalité réelle entre les femmes et les hommes impose notamment la recherche d'une parité au sein des commissions administratives placées auprès du Premier ministre et des ministres et autorise le Gouvernement à prendre par ordonnance des mesures tendant à cette fin s'agissant de la composition des autorités administratives indépendantes et des autorités publiques indépendantes.

Par une décision CC 15 mars 1999, Statut de la Nouvelle-Calédonie, le Conseil constitutionnel a reconnu la constitutionnalité d'une loi accordant priorité pour l'accès aux emplois tant publics que privés aux citoyens de Nouvelle-Calédonie sur ce territoire. Par une décision CC 14 août 2003, Loi portant réforme des retraites, le CC a accepté que le législateur ne réserve qu'aux femmes le bénéfice d'une bonification de cotisation retraite de deux ans par enfant élevé, prenant en compte « les inégalités de fait dont les femmes ont jusqu'à présent été l'objet » (interruption de l'activité pour élever les enfants plus fréquente que les hommes, durée moyenne d'assurance inférieure de onze années à celle des hommes, etc.).

La CEDH admet également le recours à la discrimination positive pour corriger des inégalités de fait. Dans une décision CEDH 12 avril 2006, Stec, elle valide une différence de traitement entre les femmes et les hommes quant à l'âge légal de départ à la retraite, « censée corriger une inégalité financière entre les sexes ».

L'évolution de la conception du principe d'égalité se reflète également en droit de l'Union européenne. La CJUE développe en effet une conception aux termes de laquelle des situations différentes doivent être traitées différemment (CJCE 17 juillet 1963, Italie c/Commission), alors que le juge français se refuse toujours à souscrire à une telle vision (CE 20 avril 2005, Union des familles en Europe : le principe d'égalité n'oblige pas « à traiter différemment des personnes se trouvant dans des situations différentes », confirmé par CE 14 octobre 2009, Commune de Saint-Jean-d'Aulps).

- **La liberté de religion**

Elle est garantie par la DDHC et les textes internationaux (CEDH, CDFU). Elle n'est pourtant ni sans limite ni sans nuances, que traduisent notamment les divergences d'interprétation des juridictions. On en donnera quelques exemples récents.

a. La question du voile intégral

Dans une décision importante, le Conseil constitutionnel juge que par la loi interdisant la dissimulation du visage dans l'espace public, le législateur avait « *estimé que de telles pratiques peuvent constituer un danger pour la sécurité publique et méconnaissent les exigences minimales de la vie en société ; qu'il a également estimé que les femmes dissimulant leur visage, volontairement ou non, se trouvent placées dans une situation d'exclusion et d'infériorité manifestement incompatible avec les principes constitutionnels de liberté et d'égalité* », validant ensuite la position ainsi exprimée (CC 7 octobre 2010, Loi interdisant la dissimulation du visage dans l'espace public). Ce qui paraît « manifeste » au Conseil constitutionnel ne l'avait pourtant pas été pour le Conseil d'État, qui avait estimé, dans un rapport publié sur cette question la même année, que ni le principe de dignité ni celui d'égalité ne permettait de fonder l'interdiction du voile intégral.

À noter que la CJUE, 14 mars 2017, C-157/15 et C-188/15 a considéré que le règlement intérieur d'une entreprise pouvait interdire le port du voile pour autant que cette mesure est justifiée par la poursuite d'un objectif légitime par l'employeur tel qu'une politique de neutralité à l'égard de ses clients et qu'elle n'aboutit pas à un désavantage professionnel pour les personnes concernées par l'interdiction.

b. La question de la religion à l'école

Nous rappelons (cf. le chapitre sur le service public) que le principe d'égalité a trouvé une dimension nouvelle à travers celui de neutralité qui en est une déclinaison : le service public doit fonctionner en tenant compte, exclusivement, des exigences de l'intérêt général.

Au sein de l'école En matière religieuse, le Conseil d'État a fixé les principes applicables au port de signes religieux à l'école par un avis CE 27 novembre 1989 : si le port d'insignes religieux n'est pas, par lui-même, incompatible avec la laïcité (liberté d'expression religieuse), il ne saurait toutefois constituer un acte de prosélytisme ou être porté de façon ostentatoire, ni perturber l'organisation des activités d'enseignement. Ces principes ont été déclinés au contentieux. Par un arrêt CE 2 novembre 1992 Kherouaa est ainsi jugée illégale une interdiction du port du foulard formulée dans des termes généraux et absolus. À l'inverse, l'arrêt CE 10 mars 1995 Aoukili juge légale une expulsion justifiée par les manifestations estimées prosélytes du père des élèves exclues. C'est à cette forme de conciliation entre liberté individuelle et préservation de l'ordre public, dans sa dimension laïque, que le Conseil d'État s'est livré par deux arrêts du 5 décembre 2007, M. Singh et M. et Mme Ghazal, par lesquels il estime fondée l'exclusion d'un élève sikh et d'une élève musulmane ayant refusé de quitter, respectivement, un turban traditionnel et un bandana couvrant les cheveux. Interprétant strictement la loi du 15 mars 2004 sur la laïcité dans les écoles, qui interdit le port de tout signe religieux ostensible dans les établissements d'enseignement élémentaire et secondaire, le Conseil d'État juge que le port de signes religieux manifestant ostensiblement une appartenance religieuse est interdit, ainsi que ce port qui ne manifeste ostensiblement une telle appartenance qu'en raison du comportement de l'élève.

Des réflexions sur l'autorisation de la manifestation de croyances religieuses au sein des universités comme au sein des crèches sont en cours : une proposition de loi visant à étendre l'obligation de neutralité aux structures privées en charge de la petite enfance et à assurer le respect du principe de laïcité a été adoptée en première lecture par l'Assemblée nationale le 13 mai 2015. S'appliquant tant aux personnes publiques qu'aux institutions privées, elle prévoit notamment que « *les établissements et services accueillant des enfants de moins de six ans gérés par une personne morale de droit public ou par une personne morale de droit privé chargée d'une mission de service public sont soumis à une obligation de neutralité en matière religieuse* ».

La CEDH a pour sa part jugé, s'agissant de la présence des crucifix dans les écoles publiques italiennes, d'abord que cette présence était incompatible avec l'article 9 de la ConvEDH relatif à la liberté de conscience et de religion (CEDH 3 novembre 2009, Lautsi c/Italie), avant de juger exactement l'inverse, en formation de grande chambre (CEDH 18 mars 2011, Lausti c/Italie).

- La question des sorties scolaires

Le tribunal administratif de Montreuil a fondé sur le principe de neutralité l'interdiction du port du voile pour les parents accompagnateurs de sorties scolaires (TA Montreuil, 22 novembre 2011, Mme O.).

Une circulaire du 27 mars 2012, toujours applicable, estime de la même manière que les principes de laïcité de l'enseignement et de neutralité des services publics permettent d'empêcher que les parents d'élèves ou tout autre intervenant manifestent, par leur tenue ou leur propos, leurs convictions religieuses, politiques ou philosophiques lorsqu'ils accompagnent les élèvent lors des sorties et voyages scolaires.

La « Charte de la laïcité », annexée à la circulaire du 6 septembre 2013, reprend l'idée selon laquelle « *le port de signes ou tenues par lesquels les élèves manifestent ostensiblement une appartenance religieuse est interdit* ». Elle n'aborde en revanche pas directement la question des accompagnateurs, sinon par la mention selon laquelle la laïcité « *protège de tout prosélytisme et de toute pression qui empêcheraient [les élèves] de faire leurs propres choix* », formule qui peut être interprétée comme invitant les autorités compétentes et les parents accompagnateurs à prendre conscience du nécessaire respect de la laïcité même en dehors des murs de l'école.

Dans une étude remise au Défenseur des droits le 19 décembre 2013 relative à la neutralité religieuse dans les services publics, le Conseil d'État estime que si les collaborateurs occasionnels (ce que sont les parents accompagnateurs lors des sorties scolaires) au service public ne sont en principe pas soumis au principe de neutralité, « *les exigences liées au bon fonctionnement du service public de l'éducation peuvent [toutefois] conduire l'autorité compétente, s'agissant des parents d'élèves qui participent à des déplacements ou des activités scolaires, à recommander de s'abstenir de manifester leur appartenance ou leurs croyances religieuses* ». On comprend qu'il s'agira d'une question d'espèce : pas d'interdiction de principe, mais une interdiction qui pourra résulter des circonstances dans lesquelles l'appartenance ou les convictions religieuses sont manifestées.

c. La question de la religion en prison

Le Conseil d'État juge que la liberté de religion n'implique pas de fournir aux détenus une alimentation conforme à leurs convictions : CE 25 février 2015, M. Stojanovic. Il a précisé par une décision CE 10 février 2016, M. Khadar, que l'administration pénitentiaire n'est pas tenue de garantir aux personnes détenues, en toutes circonstances, une alimentation respectant leurs convictions religieuses ; elle doit seulement permettre, dans toute la mesure du possible eu égard aux contraintes matérielles propres à la gestion des établissements pénitentiaires et dans le respect de l'objectif d'intérêt général du maintien du bon ordre de ces établissements, l'observance des prescriptions alimentaires résultant des croyances et pratiques religieuses.

d. La question de la religion à l'hôpital

L'usager du service public n'est pas soumis à l'exigence de neutralité religieuse qui s'impose d'abord aux collectivités publiques et à leurs agents. À l'hôpital cette obligation de neutralité s'impose bien entendu aux agents de la fonction publique hospitalière mais aussi aux étudiants et aux stagiaires.

La prise en compte des particularismes religieux a déjà conduit, depuis 1905, à la mise en place d'aumôneries dans les hôpitaux et à des adaptations pour la restauration.

Le sujet est devenu récemment plus prégnant avec l'entrée en conflit des convictions religieuses et de l'acte médical.

Dès 2003, le rapport Stasi avait mis en évidence les difficultés auxquelles étaient confrontées les établissements de santé face aux choix fréquemment exprimés des maris ou des pères qui refusaient que l'opération ou l'accouchement de leur épouse ou fille soit réalisé par un soignant masculin.

La loi a reconnu au patient le droit de choisir son praticien (article L. 1110-8 du code de la santé publique et Conseil d'État, 18 février 1998, section locale du

Pacifique Sud de l'Ordre des médecins). À noter que seul le patient, et non l'un des membres de sa famille, peut prendre cette décision, qui est limitée au médecin ou au spécialiste et ne s'étend pas à l'ensemble du personnel soignant.

Toutefois ce libre choix doit être guidé par des raisons médicales ou personnelles et non pas dicté par des considérations religieuses (voir CAA de Paris, 27 mai 2013, 12PA01842).

Le patient n'a pas non plus le droit d'exiger un acte médical non indispensable pour des raisons religieuses.

Enfin, si le corollaire du consentement au soin est le droit de le refuser et si le médecin ne peut légalement imposer un acte de soin à son patient, il doit toutefois tout mettre en œuvre pour le convaincre d'accepter les soins indispensables. Le juge administratif a ainsi admis qu'en raison du caractère sacré de la vie le médecin puisse, dans certaines circonstances exceptionnelles, méconnaître la volonté du patient et ne pas respecter ses convictions religieuses afin de lui sauver la vie (CE, 26 octobre 2001, Mme S.), jurisprudence qui a été maintenue après l'adoption de la loi du 4 mars 2002 (CE, 16 août 2002, Mme F.).

e. La question de l'accès à la nationalité française

Si un motif d'ordre religieux ne peut à l'évidence constituer un fondement légal à un refus d'octroi de la nationalité française, le Conseil d'État admet de prendre en compte le comportement de personnes qui, invoquant leurs convictions religieuses, ont adopté des positions et des comportements contraires aux « valeurs essentielles » de la société française.

Il admet ainsi la légalité d'un décret refusant l'octroi de la nationalité française fondé sur la pratique radicale de la religion se manifestant notamment par le port du voile intégral, pratique « *incompatible avec les valeurs essentielles de la communauté française* » (CE 27 juin 2008, Mabchour), ou part le refus d'accepter « *les valeurs essentielles de la société française et notamment l'égalité entre les hommes et les femmes* » (CE 27 novembre 2013, M. A.).

Le Conseil constitutionnel a quant à lui jugé conforme à la Constitution la loi prévoyant la déchéance de la nationalité française pour les Français d'acquisition condamnés pour acte de terrorisme (CC 23 janvier 2015, M. Ahmed S.).

f. La question de la manifestation des opinions religieuses des agents publics

Elle est plus simple que celle des élèves ou des parents accompagnateurs, et la jurisprudence du Conseil d'État rejoint celle de la CEDH.

Le Conseil d'État estime qu'il « *n'y a pas lieu d'établir une distinction entre les agents selon ou non qu'ils sont chargés de fonctions d'enseignement. Si les agents du service de l'enseignement public bénéficient comme tous les autres agents publics de la liberté de conscience qui interdit toute discrimination dans l'accès aux fonctions comme dans le déroulement de la carrière qui serait fondée sur la religion, le principe de laïcité fait obstacle à ce qu'ils disposent, dans le cadre du service public, du droit de manifester leurs croyances religieuses. Par suite, le fait pour un agent du service de l'enseignement public de manifester dans l'exercice de ses fonctions ses croyances religieuses, notamment en portant un signe destiné à marquer son appartenance à une religion, constitue un manquement à ses obligations* » (CE avis 3 mai 2000, Mlle Marteaux).

La CEDH juge, de la même manière, qu'un État peut interdire la manifestation de leurs opinions religieuses à ses agents publics lorsque sont en jeu les droits des usagers : ainsi le Royaume-Uni a-t-il pu licencier un agent qui, invoquant ses convictions religieuses, refusait de célébrer des unions civiles de couples homosexuels (CEDH 15 janvier 2013, Eweida c. Royaume-Uni). Elle avait par ailleurs jugé, s'agissant plus spécifiquement des enseignants, qu'« *il semble difficile de concilier le port du foulard islamique avec le message de tolérance, de respect d'autrui et surtout d'égalité et de non-discrimination que dans une démocratie tout enseignant doit transmettre à ses élèves* » (CEDH 15 février 2001, Mme Dahlab c./ Suisse). Par un arrêt CEDH 26 novembre 2015, Ebrahimian c/ France, elle juge conforme à la ConvEDH l'interdiction du port de tout signe religieux par les agents publics français, quel que soit le service public dans lequel ils exercent leurs fonctions.

On relèvera cependant que la Cour de cassation a strictement circonscrit ce principe à la sphère publique, jugeant que « *le principe de laïcité n'est pas applicable aux salariés des employeurs de droit privé qui ne gèrent pas un service public* » (Cass. Soc. 19 mars 2013, Mme X. c/ Association Baby-Loup). C'est à cette jurisprudence que vise à répondre la proposition de loi visant à étendre l'obligation de neutralité aux structures privées en charge de la petite enfance et à assurer le respect du principe de laïcité adoptée en première lecture par l'Assemblée nationale le 13 mai 2015 (cf. *supra* « au sein de l'école »).

g. La question de l'intervention des collectivités publiques dans la sphère religieuse

- Par une série de cinq décisions du 19 juillet 2011, le Conseil d'État a apporté des précisions importantes sur l'interprétation de la loi du 9 décembre 1905 concernant la séparation des églises et de l'État.

Il juge ainsi que si la loi de 1905 interdit toute aide à l'exercice d'un culte, elle prévoit des dérogations ou doit être articulée avec d'autres législations qui y apportent des tempéraments.

Par ailleurs, si les collectivités publiques peuvent prendre des décisions ou financer des projets en rapport avec des édifices ou des pratiques cultuels, c'est à la condition de répondre à un intérêt public local, de respecter le principe de neutralité à l'égard des cultes et d'exclure toute libéralité, donc toute aide à un culte. Ainsi une commune peut-elle participer à l'achat d'un orgue dans une église dès lors qu'un intérêt public local (cours de musique, concerts) le justifie et qu'un accord entre l'église et la commune encadre l'opération (Commune de Trézalé). Une commune peut également ponctuellement mettre à la disposition d'un culte une salle communale dès lors que les conditions financières de cette mise à disposition excluent toute libéralité (Commune de Montpellier). Un refus de mise à disposition temporaire d'une telle salle peut constituer une atteinte à une liberté fondamentale au sens de l'article L. 521-1 du code de justice administratif (CE 23 septembre 2015, Association des musulmans de Mantes Sud, à propos du refus de mettre à disposition pour une durée de deux heures une salle destinée à accueillir une manifestation religieuse). Enfin, c'est le CGCT qui organise la possibilité pour une commune de conclure un bail emphytéotique de 99 ans portant sur une dépendance communale destinée à accueillir un lieu de culte, en contrepartie d'une redevance modique et de l'intégration, au terme du bail, de l'édifice dans son patrimoine (Mme V.).

En revanche, la prise en compte par les collectivités publiques du phénomène religieux connaît des limites, dans les deux sens et, parfois, au prix de distinctions d'une subtilité qui nuit à la lisibilité des décisions :

- le Conseil d'État juge légal un règlement municipal obligeant les commerçants titulaires d'emplacement de vente à ouvrir, malgré leur conviction religieuse, le samedi, l'octroi de la dérogation qu'ils avaient demandé portant une atteinte excessive au bon fonctionnement du marché, puisqu'elle aurait entraîné la fermeture, pour tous les samedis de l'année et pour toute la journée, de plus d'un tiers de ses emplacements de vente (CE 23 décembre 2011, M. Gilles A.) ;
- il reste interdit aux collectivités publiques de participer au financement de cérémonies religieuses, même si elles revêtent également un caractère traditionnel, populaire, culturel ou touristique : CE 15 février 2013, Association Grande confrérie de Saint-Martial : il s'agissait de l'affaire des « ostensions septennales », qui consistent en la présentation, dans certaines communes du Limousin, par des membres du clergé catholique, de reliques de saints qui ont vécu dans la région ou qui y sont particulièrement honorés. Le Conseil d'État juge contraire à la loi de 1905 la subvention accordée par la région Limousin à cette manifestation ;
- à l'inverse, une collectivité publique peut légalement ne pas interdire le recours à l'abattage rituel, en vertu du respect dû aux croyances : CE 5 juillet 2013, Œuvre d'assistance aux bêtes d'abattoir ;
- une crèche peut être autorisée dans une mairie quand, notamment en raison de l'ancienneté de cette pratique, elle présente un caractère culturel, artistique ou festif « sans exprimer la reconnaissance d'un culte ou marquer une préférence religieuse » (CE, 9 novembre 2016, Commune de Melun) ;
- Le Conseil d'État (CE, 25 octobre 2017, Fédération morbihannaise de la libre pensée et autres) juge que si l'arche surplombant une statue du pape Jean-Paul II, érigée sur une place publique d'une commune ne saurait par elle-même être regardée comme un signe ou emblème religieux au sens de l'article 28 de la loi du 9 décembre 1905 concernant la séparation des Églises de l'État, il en va différemment, eu égard à ses caractéristiques, de la croix reposant sur cette arche

L’apparition de nouveaux droits

Le président de la République a, le 8 janvier 2008, estimé que « *le moment est venu d’ajouter aux droits fondamentaux qui forment le socle de notre République les nouveaux droits que notre époque appelle* ». Il souhaitait que le préambule de la Constitution soit « *complété pour garantir l’égalité de l’homme et de la femme, pour assurer le respect de la diversité, pour rendre possibles de véritables politiques d’intégration ou pour répondre aux défis de la bioéthique* ». À cette fin, un décret du 9 avril 2008 crée un comité de réflexion sur le Préambule de la Constitution chargé d’étudier si et dans quelle mesure les droits fondamentaux reconnus par la Constitution doivent être complétés par des principes nouveaux. Le comité est présidé par Simone Veil. Il n’était pas certain que les principes existant ne permettaient pas déjà de répondre à la plupart de ces objectifs. C’est d’ailleurs ce qu’a répondu le comité Veil dans son rapport remis au président de la République le 17 décembre 2008 dans lequel il préconise simplement un ajout à l’article 1er de la Constitution pour y introduire un principe d’égale dignité de chacun. Pour le reste, le comité a estimé que les droits de l’homme en France souffraient moins d’un manque de protection que d’une relative méconnaissance, et qu’en réalité la Constitution recelait une grande richesse inexploitée qu’il était préférable de mobiliser avant de créer de nouveaux droits artificiels ou non consensuels.

Cela dit, il est indéniable que certains droits sont récemment apparus ou appelés à connaître des évolutions importantes dans les années à venir.

- **Le droit à un environnement sain**

La révision constitutionnelle du 1er mars 2005 introduisant la Charte de l’environnement au sein du bloc de constitutionnalité marque une étape importante dans la reconnaissance des droits et des devoirs liés à la protection de l’environnement. Son article 1er dispose ainsi que « *chacun a le droit de vivre dans un environnement équilibré et respectueux de la santé* ». Les autres articles instaurent surtout des devoirs (de préserver l’environnement, de prévenir les atteintes qui lui sont portées, de les réparer le cas échéant). La pleine valeur constitutionnelle de tous les articles de la Charte a été reconnue par une décision du Conseil constitutionnel du 19 juin 2008, Loi relative aux OGM, décision traduite au sein de l’ordre juridictionnel administratif par l’arrêt CE 26 septembre 2008, Commune d’Annecy jugeant que les dispositions de l’article 7 de la Charte, « *comme l’ensemble des droits et devoirs définis dans la Charte de l’environnement, et à l’instar de toutes celles qui procèdent du Préambule de la Constitution, ont valeur constitutionnelle [et] s’imposent aux pouvoirs publics et aux autorités administratives dans leurs domaines de compétence respectifs* ».

Des arrêts ont précisé les conditions de l’invocabilité de la Charte. Par un arrêt CE 19 juin 2006, Association eau et rivières de Bretagne, le Conseil d’État juge que lorsqu’une loi met en œuvre la Charte, on ne peut invoquer à l’appui d’un recours dirigé contre un acte administratif fondé sur cette loi son inconstitutionnalité (hypothèse classique de la loi-écran). Toutefois, dans l’hypothèse où la loi en cause est antérieure à la Charte, le juge examine alors sa conformité à celle-ci, non sur le fondement d’un pouvoir qui lui serait reconnu de contrôler la constitutionnalité des lois, mais sur celui l’invitant à constater l’abrogation implicite de la loi par la charte contraire, en application de la jurisprudence CE 16 décembre 2005, Syndicat national des huissiers.

Par ailleurs, s'agissant du principe de précaution consacré par la Charte, le Conseil d'État, dans un arrêt CE 6 avril 2006, Ligue pour la protection des oiseaux, le juge directement invocable. Il est probable qu'il s'agisse du seul article de la Charte directement invocable, les autres n'étant pas suffisamment précis pour créer directement des droits dans le patrimoine des particuliers. Il faut toutefois relativiser la portée de cette jurisprudence : le Conseil d'État avait déjà reconnu l'invocabilité directe du principe de précaution formulé à l'article L. 110-1 du Code de l'environnement (CE 25 septembre 1998, Association Greenpeace France) ; d'autre part, pour l'instant, ce principe n'a guère permis de censurer l'action de l'administration (pour un exemple : CE 9 octobre 2002, Union nationale de l'apiculture française : annulation sur le fondement du principe de précaution d'un refus ministériel d'abroger l'autorisation de mise sur le marché des produits Gaucho et Régent, compte tenu de l'incertitude des risques quant à leur nocivité). On relèvera simplement que le Conseil d'État a accepté de revirer sa jurisprudence consacrant l'impossibilité d'invoquer le principe de précaution à l'appui d'un recours dirigé contre une autorisation d'occupation du sol (antenne de téléphonie mobile en l'espèce) par un arrêt CE 19 juillet 2010, Association du quartier « Les Hauts de Choiseul », qui revient sur la jurisprudence Bouygues Télécom du 20 avril 2005. De la même manière, il juge désormais que le principe de précaution est invocable à l'appui d'un recours dirigé contre une déclaration d'utilité publique (CE 12 avril 2013, Association coordination interrégionale Stop THT).

La Charte de l'environnement élève également au rang constitutionnel un droit, celui de participer à la prise de décision en matière environnementale. Son article 7 dispose ainsi que « *toute personne a le droit* [...] *de participer à l'élaboration des décisions publiques ayant une incidence sur l'environnement* ». Cet article, à la portée juridique incertaine, n'est toutefois pas directement applicable ; il nécessitera la médiation de lois pour être pleinement appliqué. Certaines lois relatives à la participation du public en matière environnementale existent toutefois déjà, qui devront être lues à la lumière de l'article 7 (loi du 12 juillet 1983 relative à la démocratisation des enquêtes publiques et à la protection de l'environnement, qui impose la conduite d'enquête publique préalablement à la réalisation de travaux ayant un impact sur l'environnement, article L. 300-2 du Code de l'urbanisme qui impose la participation du public à l'élaboration des principaux documents d'urbanisme).

Cette dimension participative modifie la conception française de l'action administrative selon laquelle l'administration agit seule face à des administrés passifs qui ne disposent guère que du recours contentieux pour manifester leur désaccord. Le Conseil d'État s'assure de l'effectivité de cette participation en exerçant sur son respect un contrôle normal (CE 11 janvier 2008, M. L.). La loi du 27 décembre 2012 relative à la mise en œuvre du principe de participation du public défini à l'article 7 de la Charte de l'environnement, qui prévoit la mise à disposition du public des projets d'actes réglementaires ayant une incidence sur l'environnement et lui permettent de faire valoir ses observations dans un délai au moins égal à vingt-et-un jours, assure la pleine effectivité du principe en cause.

Cette dimension participative de la protection de l'environnement est consacrée également au niveau européen. Par un arrêt CEDH 2 novembre 2006, Giacomelli, la Cour laisse aux États membres une « marge d'appréciation étendue » sur la question du droit de vivre dans un environnement sain, mais s'assure que les intéressés ont été suffisamment associés dans le processus décisionnel (qui a conduit par exemple à l'installation d'une usine de traitement des déchets dangereux à proximité de leur domicile). À mesure que les exigences environnementales s'accroîtront, la CEDH examinera plus attentivement les décisions des États relatives au droit à un environnement sain.

La loi du 12 juillet 2010 portant engagement national pour l'environnement (dite « Grenelle 2 ») contribue à renforcer encore un peu les droits environnementaux des citoyens. Au titre du droit à vivre dans un environnement sain, la loi comporte de très nombreuses dispositions tendant à l'amélioration énergétique des bâtiments, au développement des transports en commun, à la réduction des consommations d'énergie, à la préservation de la biodiversité, à la lutte contre les nuisances sonores et lumineuses, et à renforcer la participation des citoyens à la prise de décision en la matière, en procédant à des consultations systématiques sur toutes les réglementations nationales ayant un impact direct et significatif sur l'environnement.

- **L'attention portée à certaines catégories de bénéficiaires**

L'une des particularités du développement actuel des droits de l'homme consiste en une forme de sectorisation, les instruments de protection généraux faisant place à des outils destinés à protéger les droits de certaines catégories de personnes (les minorités régionales, ethniques, sexuelles, les réfugiés demandeurs d'asile, les personnes handicapées, etc.). Le volume du présent ouvrage nous interdit de tous les aborder. Nous prendrons pour illustrer cette idée l'exemple de la protection des droits des enfants, de ceux des détenus et de la notion de « groupe vulnérable » dégagée par la CEDH.

a. L'exemple des droits de l'enfant

Dotée de 54 articles, signée dans le cadre onusien le 20 novembre 1989, ratifiée par la France le 26 janvier 1990, la Convention internationale relative aux droits de l'enfant (CIDE) constitue le premier effort international de formalisation de la protection des droits de l'enfant. Elle se présente comme un texte classique, abordant tous les types de droits (dignité, liberté d'expression, de pensée, de religion, d'association, d'accès à la culture, etc.). Comme il est fréquent s'agissant de textes protégeant une catégorie de personnes, la convention est rédigée en termes généraux, les articles directement applicables étant peu nombreux. L'article le plus fréquemment invoqué devant le juge administratif est néanmoins l'article 3-1, imposant la prise en compte de « l'intérêt supérieur de l'enfant » pour toutes les décisions qui le concernent. Sur ce fondement a été annulé un arrêté de reconduite à la frontière d'une mère dont l'enfant né en France était atteint d'une maladie nécessitant un traitement n'existant pas dans le pays de renvoi

(CE 10 décembre 2003, Mme Mbaya). En revanche, rejet du recours contre un refus de visa opposé à trois enfants vivant au Ghana dès lors qu'il n'est pas établi que le père demeurant en France est dans l'impossibilité de s'y rendre (CE 30 mars 2005, M. K.). Par une décision du 25 juin 2014, M. Ngombé Ewola, le Conseil d'État juge que les stipulations de l'article 3-1, qui peuvent être utilement invoquées à l'appui d'un recours pour excès de pouvoir, sont applicables non seulement aux décisions qui ont pour objet de régler la situation personnelle d'enfants mineurs mais aussi à celles qui ont pour effet d'affecter, de manière suffisamment directe et certaine, leur situation. Il en va ainsi des décisions d'éloignement concernant leurs parents.

D'autres instruments internationaux ont été adoptés qui visent également à protéger les droits de l'enfant. Ainsi de la Convention européenne sur l'exercice des droits de l'enfant, adoptée dans le cadre du Conseil de l'Europe et ratifiée par la France par le décret du 10 janvier 2008, qui tend à assurer les droits procéduraux de l'enfant. Dans ce même cadre a été signée par vingt-cinq États dont la France le 25 octobre 2007 la Convention sur la protection des enfants contre l'exploitation et les abus sexuels, ratifiée par la loi du 7 juin 2010, qui sanctionne pénalement la maltraitance à caractère sexuel et comporte certaines mesures tendant à restreindre ces risques de maltraitance. Cette convention, dite de Lanzarote, a fait l'objet d'un premier rapport présenté par le Conseil de l'Europe le 7 décembre 2015, qui recense les différentes législations nationales applicables en la matière. L'Union européenne a introduit un certain nombre des mesures de la convention de Lanzarote dans la directive du 13 décembre 2011 relative à la lutte contre les exploitations et les abus sexuels des enfants ainsi que la pédopornographie, qui harmonise les infractions pénales relatives aux abus sexuels commis contre des enfants, à l'exploitation sexuelle des enfants ainsi qu'à la pédopornographie. Elle fixe également des sanctions minimales et comporte des dispositions visant à combattre la pédopornographie en ligne et le tourisme sexuel. Elles visent en outre à priver les pédophiles déjà condamnés de la possibilité d'exercer des activités professionnelles impliquant des contacts réguliers avec des enfants.

Les droits de l'enfant sont également pris en compte par la CEDH : dans un arrêt CEDH 10 janvier 2008, Kearns c/France, la cour rappelle sa jurisprudence selon laquelle, lorsque plusieurs intérêts sont en jeu, l'intérêt supérieur de l'enfant doit primer. Le Parlement européen a par ailleurs adopté une initiative sur la protection des droits de l'enfant en janvier 2008 qui demande notamment l'adhésion de l'UE à la CIDE et aux conventions du Conseil de l'Europe en la matière.

En France, l'actualité de la protection des droits de l'enfant est marquée par l'adoption de la loi du 5 mars 2007 réformant la protection de l'enfance, qui donne un fondement législatif à la notion de protection de l'enfance dans le respect de la CIDE, renforce le dispositif d'alerte et d'évaluation des risques de danger pour l'enfant et améliore les modes d'intervention auprès des enfants pour mieux répondre à leurs besoins. La loi du 9 mai 2014 permettant le don de jours de repos à un parent d'un enfant gravement malade introduit un article L. 1225-65-1 dans le code du travail permettant à un salarié, sur sa demande et en accord avec l'employeur, de renoncer anonymement et sans contrepartie à tout ou partie de ses jours de repos non pris, qu'ils aient été affectés ou non sur un compte épargne temps, au bénéfice d'un autre salarié de l'entreprise qui assume la charge d'un enfant âgé de moins de vingt ans atteint d'une maladie, d'un handicap ou victime d'un accident d'une particulière gravité rendant indispensables une présence soutenue et des soins contraignants.

Illustrant le caractère permanent que revêt l'exigence de protection de l'enfant, une nouvelle loi relative à la protection de l'enfant a été adoptée le 14 mars 2016. Elle crée notamment un Conseil national de la protection de l'enfance, transforme l'observatoire national de l'enfance en danger en Observatoire national de protection de l'enfance, prévoit la possibilité de réaliser des examens radiologiques osseux pour déterminer l'âge d'enfants, notamment immigrés, dont la date de naissance est inconnue (sur décision du juge judiciaire et après accord de l'intéressé), et réintroduit dans le code pénal la notion d'inceste après que le Conseil constitutionnel ait censuré la rédaction précédente, insuffisamment précise, de l'article en cause (CC 16 septembre 2011, Claude N.).

Le 20 novembre 2014, le 3e protocole de la Convention des Droits de l'enfant a été signé par la France. Lorsque ce texte aura été ratifié par le Parlement français, tout enfant – ou son représentant – estimant que l'un de ses droits fondamentaux protégé par la Convention a été violé pourra, si sa plainte n'a pas abouti devant les juridictions nationales, saisir directement le Comité des droits de l'enfant de l'ONU.

b. L'exemple des droits du détenu

« *Le juge administratif est entré en prison* » écrit Christian Vigouroux dans un article figurant au dossier consacré par l'AJDA à « La construction d'un nouveau droit pénitentiaire par le juge administratif » (cf. bibliographie en fin de chapitre), illustrant l'attention croissante portée à la condition des détenus, tant par le juge que par le législateur d'ailleurs.

Le juge veille de plus en plus au respect des droits fondamentaux des détenus. Le Conseil d'État a d'abord sensiblement ouvert son prétoire aux détenus, leur permettant de contester des décisions qui jusque-là relevaient de la catégorie des mesures d'ordre intérieur. L'arrêt Marie, du 17 février 1995 a ainsi reconnu la possibilité de contester les sanctions disciplinaires. La mise à l'isolement d'un détenu (CE 30 juillet 2003, Remli), le changement d'affectation d'un établissement pour peines à une maison d'arrêt (CE 14 décembre 2007, Boussouard, confirmé par CE 9 avril 2008, M. A. et CE 27 mai 2009, M.M.), la décision de déclassement d'emploi d'un détenu (CE 14 décembre 2007, Planchenault), les rotations de sécurité (CE 14 décembre 2007, Payet), la décision de pratiquer des fouilles sur un détenu (CE 14 novembre 2008, El Shennawy), la mise à l'isolement d'un détenu (CE 17 décembre 2008, Section française de l'OIP), la décision d'inscrire un détenu au registre des « détenus particulièrement signalés » (CE 30 novembre 2009, Kehli), la décision par laquelle un directeur de centre pénitentiaire organise le droit de visite au parloir d'un détenu (CE 26 novembre 2010, M. Bompard), la décision instituant un régime de fouilles corporelles intégrales de tous les détenus sortant du parloir (CE 6 juin 2013, Section française de l'observatoire international des prisons) sont dorénavant susceptibles de recours pour excès de pouvoir. Dans l'ensemble de ces hypothèses, le Conseil d'État procède à une balance entre les exigences liées au maintien de l'ordre pénitentiaire et celles destinées à préserver les droits des détenus. Le Conseil d'État veille également aux conditions de détention, et notamment à ce que ces conditions ne portent pas atteinte à la dignité des détenus (CE 5 juin 2015, Langlet), et exerce un contrôle normal sur la proportionnalité des sanctions qui leur sont infligées (CE 1er juin 2015, Boromée, revirant une précédente jurisprudence de 2011).

Récemment (CE, 7 juin 2019, Mme M., 426772), le Conseil d'État a jugé qu'en référé-suspension la condition d'urgence était présumée remplie dans la cas d'une de demande de suspension d'une mesure de placement à l'isolement.

La CEDH veille également à la préservation de la dignité des détenus. Après avoir, sur le fondement de l'article 6 de la ConvEDH, consacré le droit au recours juridictionnel du détenu (CEDH 21 février 1975, Golder c/Royaume-Uni), elle a ainsi posé, sur le fondement de l'article 3 de la ConvEDH prohibant les traitements inhumains et dégradants, le principe selon lequel le détenu a droit à « des conditions de détention conformes au respect de la dignité humaine » (CEDH 26 octobre 2000, Kudla c/Pologne). Elle contrôle ainsi les conditions d'isolement du détenu, vérifiant si l'impératif de sécurité justifie la « torture blanche » qu'il peut constituer (CEDH 4 juillet 2006, Ramirez Sanchez c/France). Une même balance préside à l'examen de la nécessité et du déroulement des fouilles corporelles visant à assurer la sécurité du pénitentiaire (CEDH 12 juin 2007, Frérot c/France). Le CEDH veille également à la santé physique et mentale du détenu (CEDH 7 octobre 2008, Bogumil c/Portugal). Elle a ainsi condamné la France pour les insuffisances de soins apportés à un détenu, ainsi que pour le suicide d'un détenu (CEDH 16 octobre 2008, Renolde c/France). Fondé sur les dispositions de l'article 8 relatives au droit au respect de la vie privée et familiale, la CEDH a également consacré une obligation de non-ingérence de l'État dans la vie privée du détenu, dont la liberté et le secret de la correspondance doivent, en principe, être assurés (CEDH 25 mars 2008, Vitan c/Roumanie).

Le législateur a également récemment accru la protection des droits dont doivent bénéficier les détenus. La loi du 30 octobre 2007 institue un Contrôleur général des lieux de privation de liberté (CGLPL), « *autorité indépendante chargée* […] *de contrôler les conditions de prise en charge et de transfèrement des personnes privées de liberté, afin de s'assurer du respect de leurs droits fondamentaux* » (article 1er). Il peut visiter à tout moment tout lieu où des personnes sont privées de leur liberté (établissements pénitentiaires, locaux de garde à vue, centres éducatifs fermés, centres hospitaliers habilités à recevoir les patients hospitalisés sans leur consentement, etc.), d'office ou saisi d'une plainte. Il formule des observations et peut demander que soit mis un terme aux violations des droits constatées, et saisir le procureur le cas échéant.

L'adoption de l'importante loi pénitentiaire du 24 novembre 2009 constitue une nouvelle étape dans la protection des droits des détenus. Son article 22, inséré dans un chapitre intitulé « dispositions relatives aux droits et aux devoirs des personnes détenues », dispose que « l'administration pénitentiaire garantit à toute personne détenue le respect de sa dignité et de ses droits ». La loi procède ensuite à l'élaboration d'un véritable statut du détenu, lui garantissant l'accès à une information adaptée, la liberté de communication avec son avocat et son droit à « la liberté d'opinion, de conscience et de religion » (article 26). La loi liste ensuite, dans une section trois du même chapitre, les « droits civiques et sociaux » des détenus : possibilité d'élire domicile auprès de l'établissement pénitentiaire, garantie d'un revenu minimum pour les détenus exerçant une activité en vertu d'un « acte d'engagement » signé par le détenu et l'administration pénitentiaire, droit au maintien des relations avec les familles, liberté de correspondance, droit à l'image, droit à la confidentialité des documents personnels, droit à la protection de l'intégrité physique, droit à la santé, encadrement de la possibilité de pratiquer des fouilles.

Le mécanisme de la question prioritaire de constitutionnalité est aussi l'occasion de certains ajustements : ainsi, par sa décision QPC n° 2018-715 du 22 juin 2018, le CC a déclaré contraires au droit au recours juridictionnel garanti par l'article 16 de la déclaration de la DDHC de 1789 les dispositions du premier alinéa de l'article 40 de la loi pénitentiaire du 24 novembre 2009 qui reconnaissent aux personnes placées en détention provisoire le droit de correspondre par écrit avec toute personne de leur choix, « sous réserve que l'autorité judiciaire ne s'y oppose pas » dès lors qu'aucun texte ne permet de contester devant une juridiction une décision qui refuserait l'exercice de ce droit.

c. La notion de « groupe vulnérable »

La CEDH a créé la notion de « groupe vulnérable » afin de mieux protéger les droits de certaines minorités ou groupes ayant par le passé fait l'objet d'exclusion ou de discrimination. L'arrêt fondateur est l'arrêt CEDH 18 janvier 2001, Chapman, qui concernait la communauté Rom, par lequel la Cour a indiqué que dorénavant, « *elle tiendra compte dans son analyse du fait que, par son histoire, la minorité rom était un type particulier de minorité vulnérable ayant besoin d'une protection spéciale* ». La Cour a par la suite qualifié de groupe vulnérable, notamment, les personnes porteuses du VIH (CEDH 3 octobre 2013, I. B. c/ Grèce), les personnes atteintes de handicap psychique (CEDH 20 mai 2010, Alajos Kiss c/ Hongrie), les demandeurs d'asile (CEDH 7 juillet 2015, V.M. c/ Belgique). La reconnaissance de cette qualité a pour conséquence de réduire la marge d'appréciation des États leur permettant de restreindre les droits fondamentaux des individus pour des motifs d'intérêt général.

• La consécration de nouveaux droits par la CDFU

La CFDU se présente comme un texte visant à protéger la quasi-intégralité des droits de l'homme jusqu'à présent identifiés. À côté des droits civils et politiques classiques, des droits liés à la personne humaine (dignité, respect de la vie privée, droit à une vie familiale normale), elle évoque les droits de nature économique et sociale (droit à l'éducation, droit d'accès au service de placement, protection en cas de licenciement injustifié), ainsi que les droits de troisième génération (droit à une bonne administration, principe de confiance légitime) et de quatrième génération (protection de l'environnement). Elle consacre également des droits plus inattendus dans un texte de cette nature : liberté des arts et des sciences, droit à l'accès aux services d'intérêt économique général, etc. Ces droits ne seront toutefois probablement pas directement invocables.

La valeur juridique de la CDFU est consacrée par le traité de Lisbonne du 13 décembre 2007 (entré en vigueur au 1er décembre 1999). Elle était toutefois déjà appliquée tant par la Commission (qui, par une communication du 13 mars 2001, s'est fixée comme principe de vérifier la compatibilité de toutes les propositions d'acte normatif avec la CDFU) que par la CJUE, qui par un arrêt CJCE 27 juin 2006, Parlement européen c/Conseil de l'UE, confronte, parce qu'elle la mentionnait dans ses considérants, les dispositions d'une directive à celles de la CDFU. La Charte peut donc acquérir une valeur juridique par la mention qui en est faite dans un texte normatif, mention qui manifeste, pour la CJUE, la volonté du législateur communautaire de s'assurer du respect des principes qu'elle pose.

Lutte contre la pandémie de Coronavirus : les droits fondamentaux à l'épreuve de l'État d'urgence sanitaire.

Le 23 mars 2020 le Parlement a voté la loi ° 2020-290 du 23 mars 2020 d'urgence pour faire face à l'épidémie de covid-19 qui a instauré un état d'urgence « spécial », sanitaire, à côté de l'état d'urgence de droit commun issu de la loi du 3 avril 1955 et complétant les pouvoirs de police sanitaire détenus par le ministre de la santé en application de l'article L. 3131-1 du code de la santé publique.

Le Conseil constitutionnel, saisi de cette loi et de la loi du 11 mai 2020 le prolongeant a estimé que la Constitution n'excluait pas la possibilité pour le législateur de prévoir un état d'urgence sanitaire mais qu'il lui appartenait, dans ce cadre, d'assurer la conciliation entre l'objectif de valeur constitutionnelle de protection de la santé et le respect des droits et libertés reconnus à tous ceux qui résident sur le territoire de la République, dont la liberté d'aller et de venir, le droit au respect de la vie privée, la liberté d'entreprendre et le droit d'expression collective des idées et des opinions.

Conclusion

En Europe, les droits de l'homme connaissent depuis le lendemain de la Seconde Guerre mondiale une vigueur qui ne se dément pas. Toujours renforcés, étendus, leur respect est assuré aussi bien par les autorités administratives que juridictionnelles. Le tableau, partiel, qui vient d'en être dressé montre que les risques d'une atteinte grave et impunie aux droits fondamentaux sont aujourd'hui quasi inexistants.

Bibliographie

- « Les Autorités administratives indépendantes », Rapport annuel du Conseil d'État 2001, *EDCE* n° 52.
- J.-M. Maillot, « La Théorie administrativiste des principes généraux du droit », Dalloz, 2003.
- J.-P. Costa, « L'Apport de 45 ans de jurisprudence de la CEDH », *Gaz. Pal.* 12 juin 2007, p. 7 et *s.*
- D. Roman, « "À corps défendant", la protection de l'individu contre lui-même », D. 2007, chron. p. 1284 et *s.*
- « La construction d'un nouveau droit pénitentiaire par le juge administratif », dossier *AJDA*, 2009, p. 403 et *s.*
- P. Ségur, « Le terrorisme et les libertés sur l'internet », *AJDA* 2015, p. 160 et *s.*
- Y. Jégouzo, « La Charte de l'environnement, dix ans après », *AJDA* 2015, p. 487 et *s.*
- J. Andriantsimbazovina, « Étroite est la porte, resserré le chemin... La ConvEDH et la neutralité imposée aux agents publics », *AJDA* 2016, p. 528 et *s.*
- On lira avec profit la chronique d'« Actualité de la convention européenne des droits de l'homme » tenue dans l'*AJDA* par Laurence Burgorgue-Larsen.

Exemples de sujets

- Le principe d'égalité aujourd'hui.
- Administration et libertés publiques.
- Faut-il consacrer de nouveaux droits de l'homme ?

18 Le droit des étrangers

Sont considérées comme étrangers au sens du Code de l'entrée et du séjour des étrangers et du droit d'asile, les personnes qui n'ont pas la nationalité française, soit qu'elles aient une nationalité étrangère, soit qu'elles n'aient pas de nationalité (elles sont alors apatrides). Depuis une trentaine d'années, les réformes du droit des étrangers et du droit d'asile se succèdent en fonction des alternances politiques, mais surtout pour tenir compte des engagements européens et internationaux de la France. L'application du droit au respect de sa vie privée et familiale garanti par l'article 8 de la Convention de sauvegarde des droits de l'homme et des libertés fondamentales, tel qu'il est interprété de façon très libérale par le Conseil d'État et de façon plus restrictive par la cour européenne des droits de l'homme, contrarie les tentatives d'application effective des lois encadrant le séjour des étrangers en France.

Historique

Préambule de la Constitution de 1946

Le 4ᵉ alinéa de ce préambule dispose que « tout homme persécuté en raison de son action en faveur de la liberté a droit d'asile sur les territoires de la République ». Ces dispositions constituent la source constitutionnelle du droit d'asile.

Ordonnance du 2 novembre 1945

Au lendemain de la guerre, cette ordonnance rassemble pour la première fois les lois organisant la délivrance de titres de séjour et l'éloignement des étrangers. De 1980 à 2006 interviennent vingt-six réformes complexifiant sans cesse les procédures en raison de changements de majorité mais aussi d'intervention de directives et règlements de l'Union européenne illustrant la logorrhée normative dénoncée par le Conseil d'État dans son rapport public pour 2006 (Sécurité juridique et complexité du droit).

Le Code de l'entrée et du séjour des étrangers et du droit d'asile (CESEDA)

La loi n° 2003-1119 du 26 novembre 2003 a habilité le Gouvernement à procéder par ordonnance à une codification du droit des étrangers. C'est sur le fondement de cette habilitation qu'a été adopté le Code de l'entrée et du séjour des étrangers et du droit d'asile (CESEDA). Les dispositions législatives du code sont entrées en vigueur au 1er mars 2005, les dispositions réglementaires en 2006. Cette codification concourt à l'objectif de valeur constitutionnelle d'accessibilité et d'intelligibilité du droit reconnu par le Conseil constitutionnel (Décision n° 99-421 DC du 16 septembre 1999, Codification), même si le droit des étrangers demeure l'un des droits les plus complexes à appréhender.

Engagements internationaux de la France applicables aux ressortissants étrangers

La Convention européenne de sauvegarde des droits de l'homme et des libertés fondamentales (CEDH), signée à Rome le 4 novembre 1950 et ses protocoles « ne consacrent pas le droit pour un individu d'entrer ou de séjourner dans un État dont il n'est pas le ressortissant ni le droit d'y travailler » (CEDH 26 avril 2005, Müslim c/ Turquie), mais les articles 3 (interdiction de la torture et des peines et traitements inhumains ou dégradants) et 8 (droit au respect de la vie privée et familiale) sont directement invocables par les étrangers devant les tribunaux français à l'occasion des litiges relatifs aux refus de titres de séjour et les mesures d'éloignement depuis les décisions M. Belgacem et Mme Babas (CE Ass, 19 avril 1991, M. Belgacem, Rec. 152, n° 107470 ; CE Ass, 19 avril 1991, Mme Babas, Rec. 280, n° 117680). L'article 8 de la Convention a entièrement pris le relais, dans cette matière, du principe général du droit de mener une vie familiale normale dégagé par l'arrêt d'assemblée du contentieux GISTI du 8 décembre 1978.

Est aussi directement invocable à l'encontre des décisions d'éloignement et de refus de titre de séjour l'article 3-1 de la convention de New York du 26 janvier 1990 relative aux droits de l'enfant (CE 22 septembre 1997, Mlle Cinar) qui stipule que : « *dans toutes les décisions qui concernent les enfants, qu'elles soient le fait des institutions publiques ou privées de protection sociale, des tribunaux, des autorités administratives ou des organes législatifs, l'intérêt supérieur de l'enfant doit être une considération primordiale* ».

En matière d'asile, la convention de Genève du 28 juillet 1951 relative au statut des réfugiés est applicable « à toute personne qui, craignant avec raison d'être persécutée du fait de sa race, de sa religion, de sa nationalité, de son appartenance à un certain groupe social ou de ses opinions politiques, se trouve hors du pays dont elle a la nationalité et qui ne peut ou, du fait de cette crainte, ne veut se réclamer de la protection de ce pays ».

L'accord de Schengen du 14 juin 1985 permet l'application par les État volontaires sur une partie du territoire de l'Union européenne d'une politique européenne en matière d'immigration et d'asile. Communautarisée par le traité d'Amsterdam du 2 octobre 1997, cette politique s'est traduite par l'adoption de plusieurs directives, en particulier pour harmoniser les procédures d'examen et d'octroi de l'asile, notamment la directive 2013/32/UE du 26 juin 2013, relative aux procédures d'asile communautaires. L'objectif demeure, à terme, l'instauration d'un « régime d'asile européen commun », énoncé pour la première fois au Conseil européen de Tampere les 15 et 16 octobre 1999. Le règlement dit de Dublin 604/2013 du 26 juin 2013 établit les critères et mécanismes de détermination de l'État membre responsable de l'examen d'une demande de protection internationale introduite dans l'un des États membres par un ressortissant de pays tiers ou un apatride. Il organise un transfert des demandeurs d'asile vers l'État responsable du traitement de la demande qui est en principe celui dont la frontière a été franchie irrégulièrement et en provenance d'un État tiers, par voie terrestre, maritime ou aérienne.

Connaissances de base

Le statut des ressortissants étrangers en France

Si l'étranger n'est par définition par un citoyen français, le code civil et la loi française ne réservent pas la jouissance des droits reconnus par la loi aux seuls citoyens français.

L'article 3 du code civil prévoit : « *Les lois de police et de sûreté obligent tous ceux qui habitent le territoire* », alors que l'article 11 du code civil prévoit : « *L'étranger jouira en France des mêmes droits civils que ceux qui sont ou seront accordés aux Français par les traités de la nation à laquelle cet étranger appartiendra* ».

L'article 14 prévoit : « *L'étranger, même non résidant en France, pourra être cité devant les tribunaux français, pour l'exécution des obligations par lui contractées en France avec un Français ; il pourra être traduit devant les tribunaux de France, pour les obligations par lui contractées en pays étranger envers des Français* ».

Dès lors que les lois de police et de sûreté s'appliquent aux étrangers, le Conseil constitutionnel juge ainsi de manière constante qu'« aucun principe non plus qu'aucune règle de valeur constitutionnelle n'assure aux étrangers des droits à caractère général et absolu d'accès et de séjour sur le territoire national » (voir, par exemple, CC 20 juillet 2006, n° 2006-539 DC).

Les ressortissants communautaires bénéficient d'une citoyenneté européenne et des droits attachés à la libre circulation des personnes. Le droit qui leur est applicable n'est pas celui de celui des ressortissants étrangers. Ces dispositions spécifiques du CESEDA leur sont consacrés qui ne sont que la transposition souvent au mot près des traités et des directives de l'Union européenne. Les étrangers autorisés à séjourner pour une longue durée sur le territoire d'un des pays de l'Union européenne bénéficient aussi d'une liberté de circulation de moins de 3 mois sur le territoire d'un autre État membre.

S'agissant des droits économiques et sociaux des étrangers en situation irrégulière, la CJUE a jugé que le principe d'égalité ne s'oppose pas à ce qu'un État membre subordonne l'accès à des allocations familiales aux règles du droit au séjour (CJUE 14 juin 2016, Commission contre Royaume-Uni), étendant sa jurisprudence relative aux prestations d'assistance aux prestations de sécurité sociale.

Enfin, les étrangers font l'objet d'une police administrative spéciale, la « police des étrangers », aujourd'hui largement codifiée dans le CESEDA. À ce titre, ils peuvent notamment faire l'objet de certaines atteintes spécifiques aux libertés individuelles. C'est le cas du placement en rétention administrative, qui peut être décidé notamment en vue de l'éloignement d'un étranger en situation irrégulière. La décision initiale de placement en rétention, pour une durée de 48 h incombe à l'administration et peut être prolongée de 28 jours par le juge de la liberté et de la détention, puis de 30 jours. Deux nouvelles prolongations de 15 jours sont possibles dans la limite de 90 jours en cas d'obstruction à l'éloignement, d'examen médical ou de demande d'asile présentée en rétention.

Face à ces limitations dans l'exercice de leurs droits, les ressortissants étrangers, même lorsqu'ils sont en situation irrégulière, bénéficient toutefois d'un socle de droits individuels, à valeur constitutionnelle, que ceux-ci soient procéduraux, tels le droit au recours ou les droits de la défense, ou matériels, tel le droit à l'éducation ou le droit au salaire et aux congés payés (voir, en particulier, la décision du Conseil constitutionnel du 13 août 1993, posant les fondations de ce statut).

Coût élevé et taux d'exécution très faible des mesures d'éloignement

La multiplication des possibilités de recours devant le juge judiciaire et le juge administratif, la subsidiarité de la rétention administrative par rapport à l'assignation à résidence et la nécessité de recueillir un laisser passer de réadmission de l'État de nationalité de l'étranger rendent en pratique très difficile et coûteuse l'éloignement effectif d'un étranger en situation irrégulière. Dans un rapport publié en 2015, la Cour des comptes a estimé que la politique de demande d'asile était mal « maîtrisée ». Selon le document signé du premier président de la Cour, Didier Migaud, la longueur de la procédure contribue à ce que « in fine plus de 96 % des personnes déboutées resteraient en France » en s'appuyant sur des chiffres de la Direction générale des étrangers en France (DGEF), faisant état de 1 432 éloignements sur 40 206 personnes déboutées en 2014.

D'après le rapport de l'Assemblée nationale du député M. GIRAUD déposé le 5 juin 2019, le taux d'exécution des mesures d'éloignement est très variable selon leur nature. Si le taux d'exécution des mesures d'expulsion (85 %) et d'interdiction du territoire français (99 %) est élevé, celui des obligations de quitter le territoire français est très limité (12,40 %). S'agissant du coût des mesures d'éloignement, il est évalué à 14 000 euros pour un éloignement forcé (soit 468,45 M€ pour 33 960 éloignements forcés en 2018) et entre 2 500 € et 4 000 euros par retour aidé (soit 26,79 M€ pour un nombre de retours aidés compris entre 6 845 et 10 676 en 2018).

Le Code de l'entrée et du séjour des étrangers et du droit d'asile régit les conditions du séjour des ressortissants étrangers

Aux termes des dispositions de son article L. 111-1, « *sont considérées comme étrangers au sens du présent code les personnes qui n'ont pas la nationalité française, soit qu'elles aient une nationalité étrangère, soit qu'elles n'aient pas de nationalité* ». Le CESEDA s'applique, sous réserve des accords bilatéraux conclus dans ce domaine entre la France et certains États. Ainsi, l'accord franco-algérien du 27 décembre 1968, modifié par plusieurs avenants, régit ainsi « d'une manière complète les conditions dans lesquelles les ressortissants algériens peuvent être admis à séjourner en France et y exercer une activité professionnelle, ainsi que les règles concernant la nature des titres de séjour qui peuvent leur être délivrés et leur durée de validité, et les conditions dans lesquelles leurs conjoints et leurs enfants mineurs peuvent s'établir en France » (CE Ass 5 mars 2003, Aggoun).

En suivant le CESEDA, le parcours des ressortissants étrangers peut se découper en plusieurs phases :

- L'entrée sur le territoire français présuppose, sauf exceptions, de disposer de l'un des trois types de visa (visa de transit aéroportuaire, visa de court séjour, visa de long séjour).
- Le séjour des étrangers en France suppose, pour être régulier, que le ressortissant étranger dispose d'un titre de séjour. En plus des titres de séjour, octroyés à titre précaire et généralement valable un an, le code permet la délivrance d'une carte de résident de longue durée de 10 ans, en particulier, aux étrangers résidant en France de manière régulière et ininterrompue depuis cinq ans au moins. La loi du 7 mars 2016 relative au droit des étrangers en France permet la délivrance d'un titre de séjour pluriannuel valable pour une durée de 2 à 4 ans., après un an de séjour en France, à échéance de la carte de séjour annuelle ou du visa long séjour valant titre de séjour.
- La sortie du territoire national peut être volontaire, lorsque l'étranger décide de son propre gré de quitter la France, ou forcée, lorsque le départ intervient en vertu d'une décision administrative.

Les titres de séjour sont délivrés en fonction de motifs différents dont il découle un régime différent :

- L'immigration de travail comprend les stagiaires (article L. 313-7-1 du code), les scientifiques (article L. 313-8), les professions artistiques et culturelles (article L. 313-9) et les étrangers exerçant une activité professionnelle (article L. 313-10 du code) sont régis par des régimes spécifiques.
- Les étudiants (carte de séjour temporaire portant la mention « étudiant », définie à l'article L. 313-7 du CESEDA).
- L'immigration familiale : des titres de séjour « vie privée et familiale » (article L. 313.11 7°du code) peuvent ainsi être délivrés pour des motifs personnels et familiaux. De même, un étranger résidant de manière régulière en France peut demander l'admission, au titre du regroupement familial, de son conjoint et de ses enfants mineurs à la date de la demande.
- L'immigration politique : l'asile est une protection accordée par un État à des ressortissants étrangers persécutés ou risquant d'être persécutés dans leur pays d'origine, que ces persécutions relèvent des autorités officielles de son État (statut de réfugié) ou d'agents non étatiques (protection subsidiaire). Les étrangers demandant l'admission en France à ce titre s'adressent à l'Office français de protection des réfugiés et apatrides (OFPRA), établissement public administratif. L'OFPRA peut reconnaître deux types de statuts.

En premier lieu, la qualité de réfugié, est accordée dans trois hypothèses : soit à toute personne sur laquelle le Haut-commissariat aux Réfugiés (HCR) exerce son mandat ; soit encore à toute personne « craignant avec raison d'être persécutée du fait de sa race, de sa religion, de sa nationalité, de son appartenance à un certain groupe social ou de ses opinions politiques [...] », conformément aux stipulations de l'article 1er de la convention de Genève du 28 juillet 1951 ; soit enfin à toute personne

« persécutée pour son action en faveur de la liberté », conformément à l'alinéa 4 du préambule de la Constitution de 1946. Le Conseil d'État a, en outre, dégagé un principe général du droit d'unité de la famille du réfugié, en vertu duquel l'octroi du statut de réfugié implique la reconnaissance de cette qualité aux membres de la famille (CE Ass. 2 décembre 1994, Mme Agyepong), c'est-à-dire au conjoint ou au concubin du réfugié, ainsi qu'à ses enfants mineurs à leur date d'entrée sur le territoire français. En second lieu, l'OFPRA peut admettre au bénéfice de la protection subsidiaire « toute personne qui ne remplit pas les conditions d'octroi du statut de réfugié [...] et qui établit qu'elle est exposée dans son pays à l'une des menaces graves suivantes » : la peine de mort, la torture ou des peines ou traitements inhumains ou dégradants et, s'agissant d'un civil, « une menace grave, directe et individuelle contre sa vie ou sa personne en raison d'une violence généralisée résultant d'une situation de conflit armé interne ou international » (article L. 712-1 du CESEDA). Les décisions de l'OFPRA peuvent faire l'objet d'un recours devant une juridiction administrative spécialisée, la Cour nationale du droit d'asile (CNDA). En principe, le recours devant la CNDA contre un rejet de l'OFPRA est suspensif : l'étranger ne pas être renvoyé avant 48 h suivant la lecture du jugement de la CNDA.

Mais ce recours n'est pas suspensif et le droit au maintien est refusé dans certains cas qui sont énumérés à l'article L. 743-2 du CESEDA dans sa version issue de la loi n° 2018-778 du 10 septembre 2018 pour une immigration maîtrisée et un droit d'asile effectif :

- l'Ofpra prend une décision d'irrecevabilité tiré de l'article L. 723-11
- intervention d'une décision définitive d'extradition,
- demande de réexamen irrecevable (Ceseda, art. L. 743-2,4°) ou rejetée après entretien (Ceseda, art. L. 723-2, I)
- décision de rejet fondée sur l'appartenance à un pays considéré comme d'origine sûre ou si la présence en France constitue une menace grave pour l'ordre public, la sécurité publique ou la sûreté de l'État (Ceseda, art. L. 743-2, °7 et art. L. 723-2 – I et 5° du III) ;
- si le rejet ou l'irrecevabilité de la demande d'asile est prise au motif d'une mesure d'expulsion), d'une peine d'interdiction du territoire ou d'une interdiction administrative du territoire (Ceseda, article L.743-2, 8°).

Dans son avis n° 394206 du 15 février 2018 rendu sur le projet de loi pour une immigration maîtrisée et un droit d'asile effectif, le Conseil d'État a estimé que : « Rien ne s'oppose dans le droit de l'Union à ce choix, qui est compatible avec l'article 46 de la directive 2013/32/UE du Parlement européen et du Conseil en date du 26 juin 2013. Mais il ne peut satisfaire aux exigences constitutionnelles et conventionnelles que si l'étranger dispose d'un recours juridictionnel pour obtenir, lorsqu'une mesure d'éloignement a été décidée, sa suspension le temps que la CNDA statue ».

L'article L. 743-3 prévoit qu'un demandeur qui ne bénéficie plus du droit de se maintenir sur le territoire français en application de l'article L. 743-2 et qui ne peut être autorisé à demeurer sur le territoire à un autre titre doit quitter le territoire français, sous peine de faire l'objet d'une mesure d'éloignement prévue au titre Ier du livre V et, le cas échéant, des pénalités prévues au chapitre Ier du titre II du livre VI.

Cette loi a créé au 2e alinéa de l'article L. 743-3 une voie de recours devant le tribunal administratif contre un refus de l'OFPRA opposé en application des 4° bis ou 7° de l'article L. 743-2 qui est examiné par le juge de la procédure dite 96 heures de l'article L. 512-1 en même temps que le recours contre l'obligation de quitter le territoire français. Le juge peut alors suspendre l'exécution de la mesure d'éloignement jusqu'à l'expiration du délai de recours devant la Cour nationale du droit d'asile ou, si celle-ci est saisie, soit jusqu'à la date de la lecture en audience publique de la décision de la cour, soit, s'il est statué par ordonnance, jusqu'à la date de la notification de celle-ci. Il est « *fait droit à la demande de l'étranger lorsque celui-ci présente des éléments sérieux de nature à justifier, au titre de sa demande d'asile, son maintien sur le territoire durant l'examen de son recours par la cour* ». Par cette voie de recours, le tribunal administratif devient juge de l'asile et empiète sur la compétence de la CNDA juge administratif spécialisé (voir avis Conseil d'État).

Les décisions de la CNDA peuvent faire l'objet d'un pourvoi en cassation devant le Conseil d'État.

Le Code de l'entrée et du séjour des étrangers et du droit d'asile régit également les conditions de l'éloignement des ressortissants étrangers

Les articles L. 511-1 et suivants du code de l'entrée et du séjour des étrangers et du droit d'asile prévoient ainsi les cas dans lesquels un étranger peut faire l'objet d'une obligation de quitter le territoire français et d'une interdiction de retour sur le territoire français. La loi du 24 juillet 2006 a mis en place une nouvelle mesure administrative, l'obligation de quitter le territoire français (OQTF) qui s'est substituée aux arrêtés de reconduite à la frontière. Une décision prise sur une demande de titre de séjour peut être assortie d'une obligation de quitter le territoire français, mais aussi de deux autres décisions : celle qui fixe le pays de destination et d'une interdiction de retour pour une durée déterminée. La loi du 7 mars 2016 relative au droit des étrangers en France transposant sur ce point définitivement la directive retour fixe au I de l'article L. 511-1 les cas dans lesquels le préfet peut prendre une obligation de quitter le territoire français et prévoit qu'en principe un étranger qui fait l'objet d'une obligation de quitter le territoire français bénéfice d'un de délai volontaire d'un mois. Mais le II de cet article prévoit expressément les cas dans lesquels est exclu un délai de départ volontaire. L'OQTF est sans délai en cas de menace pour l'ordre public, en cas de demande manifestement infondée ou frauduleuse, ou s'il existe un risque que l'étranger se soustraie à cette obligation qui est établi notamment si l'étranger, qui ne peut justifier être entré régulièrement sur le territoire français, n'a pas sollicité la délivrance d'un titre de séjour, s'il s'est soustrait à l'exécution d'une précédente mesure d'éloignement, s'il a contrefait, falsifié ou établi sous un autre nom que le sien un titre de séjour ou un document d'identité ou de voyage et s'il ne présente pas de garanties de représentation suffisantes. Le II de l'article L. 511-1 impose au préfet de prononcer d'office une interdiction de retour de l'étranger s'il a refusé à l'étranger de lui accorder un délai de départ volontaire.

Parallèlement aux obligations de quitter le territoire français, le ministre ou le préfet peuvent prononcer l'expulsion d'un étranger majeur, en situation régulière ou non, dont la présence sur le territoire est constitutive d'une menace grave à l'ordre public (article L. 521-1 du CESEDA). La décision d'expulsion est précédée de l'avis d'une commission, sauf en cas d'urgence absolue.

Les mesures prises en matière de droit des étrangers sont placées sous le contrôle du juge

D'une manière générale, les décisions de l'administration prises en matière de droit des étrangers peuvent faire l'objet d'un recours pour excès de pouvoir qui est régi par un régime spécifique, prévu aux articles L. 512-1 et suivants du CESEDA.

En premier lieu, la saisine du tribunal a un effet suspensif de l'exécution de l'obligation de quitter le territoire français. Le CESEDA déroge ainsi au principe du caractère non suspensif des recours figurant à l'article L. 4 du code de justice administrative et au caractère immédiatement exécutoire des décisions administratives.

La loi du 7 mars 2016 a réécrit l'article L. 512-1 du code relatif au contentieux des OQTF en instituant des délais de recours et de jugement variables. La loi du 10 septembre 2018 a allongé le délai dont dispose le juge administratif pour se prononcer sur les OQTF assorties d'une mesure de surveillance (assignation à résidence ou rétention administrative), qui passe de soixante-douze heures à quatre-vingt-seize heures à compter de l'expiration du délai de recours.

Trois situations sont à distinguer :

- Le délai de recours est de 30 jours pour saisir le tribunal administratif à compter de la notification de la décision et le délai de jugement est de trois mois pour les OQTF **fixant un délai de départ volontaire** prises sur le fondement de l'article L. 511-1, 3°, 5°, 7° et 8° ou de l'article L. 511-3-1 c'est-à-dire dire contre le refus de titre de séjour assorti d'une obligation de quitter le territoire français.
- Le délai de recours devant le président du tribunal administratif (ou son délégué) est de quinze jours et le délai de jugement de six semaines (art. L. 511-1, I bis) en cas d'OQTF assorti d'un délai de départ volontaire fondée sur les 1° (entrée irrégulière), 2° et 4° (maintien dans la clandestinité) et 6° (suite d'un refus définitif de reconnaissance de la qualité de réfugié ou de bénéfice de la protection subsidiaire).
- Le délai de recours est de 48 heures contre l'OQTF et les décisions accompagnant cette mesure d'éloignement lorsque l'étranger est placé en rétention ou assigné à résidence. Le juge unique statue sans rapporteur public dans un délai de 96 heures à compter de l'expiration du délai de recours en communiquant le dispositif du jugement à l'audience. L'audience fait une large part à l'oralité puisque, contrairement à la procédure contentieuse de

droit commun en matière de recours pour excès de pouvoir, l'instruction n'est close qu'à l'issue de l'audience. La loi a permis une visio-audience qui peut se tenir dans la salle d'audience située à proximité du lieu de rétention. Dans ce cas, le juge siège au tribunal dont il est membre, relié à la salle d'audience, en direct, par un moyen de communication audiovisuelle qui garantit la confidentialité de la transmission. La loi du 10 septembre 2018 ne requiert plus de recueillir le consentement de l'étranger pour pratiquer une vidéo-audience.

La décision du préfet de placement en rétention administrative voit sa durée réduite de 5 à 2 jours. Surtout, la loi du 24 juillet 2006 avait confié au juge administratif la compétence pour statuer sur les placements en rétention administrative et avait ainsi inversé l'ordre d'intervention des juges : le juge administratif statuait sur le placement initial en rétention administrative et la mesure d'éloignement avant que le juge de la liberté et de la détention ne se prononce sur la prolongation de la rétention administrative. Le Conseil constitutionnel a déclaré cette disposition conforme à la Constitution, en considérant « qu'en organisant ainsi le contentieux, le législateur a eu pour but de garantir l'examen prioritaire de la légalité de ces mesures et, dans l'intérêt d'une bonne administration de la justice, de permettre un traitement plus efficace des procédures d'éloignement des étrangers en situation irrégulière ».

Le III de l'article L. 512-1 issu de la loi du 7 mars 2016 inverse l'ordre d'intervention des juges en confiant au juge judiciaire la compétence pour statuer sur le placement initial en rétention administrative. Le juge administratif intervient donc désormais en second et seulement pour statuer sur la mesure d'éloignement, la décision fixant le pays de destination, le refus de délai de départ volontaire et l'interdiction de retour. Il prévoit que « La décision de placement en rétention ne peut être contestée que devant le juge des libertés et de la détention, dans un délai de quarante-huit heures à compter de sa notification », dans une audience où il statue à la fois sur le placement initial en rétention et sa prolongation éventuelle.

L'étranger faisant l'objet d'une décision d'assignation à résidence prise en application de l'article L. 561-2 peut demander au président du tribunal administratif l'annulation de cette décision.

La loi du 7 mars 2016 consacre une évolution notable en transférant au JLD la compétence pour statuer sur le placement en rétention dans un délai de 48 heures intervenant avant que le juge administratif statue sur la mesure d'éloignement.

La loi du 7 mars 2016 instaure une priorité à l'assignation à résidence sur le placement en rétention administrative conformément à la directive Retour 2008/115/CE du 16 décembre 2008 relative aux normes et procédures communes applicables dans les États membres au retour des ressortissants de pays tiers en séjour irrégulier. L'assignation à résidence devient la mesure de droit commun et est prononcée pour une durée maximale de six mois (renouvelable une fois pour la même durée et par une nouvelle décision motivée) à l'égard de l'étranger qui, d'une part, ne peut quitter immédiatement le territoire français et, d'autre part, dont l'éloignement demeure une perspective raisonnable dans sept cas de figure (CESEDA, art. L. 561-2).

Toutefois, le placement en rétention administrative peut être prononcé (CESEDA, art. L. 551-1), lorsqu'il apparaît qu'un étranger assigné à résidence ne présente plus de garanties de représentation effectives propres à prévenir le risque prévu dans le code (CESEDA, art. L. 511-1, II, 3°) pour une durée limitée à 48 heures qui peut être prolongée de 28 jours par le juge des libertés et de la détention (JLD), puis de 15 jours par le même juge.

Le décret n° 2018-1159 du 14 décembre 2018 porte diverses modifications relatives à la lutte contre l'immigration irrégulière et à la réglementation applicable à l'enregistrement et au traitement des demandes d'asile. Il fixe notamment le régime contentieux des recours permettant aux demandeurs d'asile ne bénéficiant plus du droit de se maintenir sur le territoire à compter de la notification de la décision de rejet de l'Office français de protection des réfugiés et apatrides (OFPRA) de demander au juge administratif la suspension de l'exécution de la mesure d'éloignement dans l'attente de la décision de la Cour nationale du droit d'asile. Le directeur général de l'office arrête la liste des langues dans lesquelles un demandeur d'asile peut être entendu lors de l'entretien personnel. Lorsque le requérant conteste la langue dans laquelle il a été entendu par l'office, il indique dans le délai de recours la langue qui a sa préférence. Si sa demande ne peut pas être satisfaite, il est entendu dans une langue « dont il est raisonnable de penser qu'il la comprend », précise le décret. Celui-ci réglemente également les modalités de notification des convocations et décisions de l'OFPRA par voie électronique. La décision est réputée notifiée à l'intéressé à la date de sa première consultation. À défaut de consultation par l'intéressé, la décision est réputée avoir été notifiée à l'issue d'un délai de quinze jours à compter de sa mise à disposition.

Bilan de l'actualité

La multiplication des procédures différentes engendre une confusion généralisée

La loi du 16 juin 2011 relative à l'immigration, à l'intégration et à la nationalité a apporté de nouvelles modifications au droit applicable. Elle procède à la transposition de trois directives européennes : la directive du 16 décembre 2008 relative aux normes et procédures communes applicables dans les États membres au retour des ressortissants de pays tiers en séjour irrégulier, dite « directive retour » ; la directive du 25 mai 2009 relative aux conditions d'entrée et de séjour des ressortissants de pays tiers aux fins d'un emploi hautement qualifié, dite « directive carte bleue » ; et la directive du 18 juin 2009 relative aux sanctions et mesures à l'encontre des employeurs de ressortissants de pays tiers en séjour irrégulier, dite « directive sanctions ».

Sur le fond, cette loi a prévu que :

- le droit au séjour sur le territoire tout comme l'obtention de la nationalité française sont davantage conditionnés au contrat d'accueil et de solidarité.

Le préfet pourra ainsi se fonder sur le non-respect des engagements contenus dans ce contrat, concernant notamment la présence aux formations, pour ne pas renouveler un titre de séjour ;

- la nationalité française peut être obtenue au terme de deux ans de présence sur le territoire français lorsque les conditions d'assimilation sont manifestement remplies par l'étranger, lequel devra signer une charte des droits et des devoirs du citoyen français au moment d'accéder à la nationalité française ;
- le droit au séjour pour raison de santé ne peut être accordé qu'en cas d'absence du traitement pertinent dans le pays d'origine, sans prise en compte de l'accès effectif à ce traitement. Le Conseil constitutionnel a jugé dans sa décision du 9 juin 2011, n° 2011-631 DC, cette disposition conforme à la Constitution, le législateur ayant entendu « mettre fin aux incertitudes et différences d'interprétation nées de l'appréciation des conditions socio-économiques dans lesquelles l'intéressé pouvait effectivement bénéficier d'un traitement approprié dans son pays d'origine ; il a en outre jugé qu'« en réservant le cas d'une circonstance humanitaire exceptionnelle, il a souhaité que puissent être prises en compte les situations individuelles qui justifient, nonobstant l'existence d'un traitement approprié dans le pays d'origine ou de renvoi, le maintien sur le territoire français de l'intéressé ».
- les régimes d'éloignement du territoire français sont modifiés. En premier lieu, l'obligation de quitter le territoire français (OQTF), analysée ci-dessus, peut être assortie d'une interdiction de retour valable sur le territoire de l'Union européenne, pour une durée maximale de cinq ans ; en deuxième lieu, un étranger, même européen, présent en France depuis moins de trois ans peut faire l'objet d'une décision d'éloignement en cas de menaces à l'ordre public, notamment pour mendicité agressive, vol ou occupation illégale d'un terrain ; en troisième lieu, un ressortissant d'un autre État européen peut être éloigné du territoire français en cas d'abus de court séjour, par la multiplication d'allers et retours pour des durées de moins de trois mois afin de se maintenir ainsi sur le territoire ou s'il fait peser une charge déraisonnable sur le système d'assurance sociale ;
- un assouplissement intervient pour les étrangers qualifiés, avec la création de la carte bleue européenne qui facilite l'accès au marché du travail et harmonise les droits au séjour dans l'Union européenne ;
- les sanctions contre les employeurs d'étrangers en situation irrégulière sont renforcées.

La loi du 7 mars 2016 relative au droit des étrangers en France a généralisé la délivrance d'un titre de séjour pluriannuel pour l'ensemble des étrangers (après un an de séjour en France), la durée de validité de cette carte ne pouvant pas être supérieure à quatre ans. Elle prévoit également la création d'un nouveau titre de séjour à destination des investisseurs, chercheurs, artistes et salariés qualifiés. Il s'agit d'une carte de séjour pluriannuelle portant la mention « passeport talent » dont la durée maximale de validité est également de quatre ans. Cette loi réforme en profondeur l'article L. 313-11 du CESEDA concernant l'admission des étrangers pour raison de santé. Applicable depuis le 1er janvier 2017, la nouvelle carte de séjour temporaire « vie privée et familiale » est délivrée à l'étranger malade « dont le défaut de prise en charge pourrait avoir des conséquences d'une exceptionnelle gravité » (CESEDA, art. L. 313-11, 11°) qui ne peut avoir accès effectivement au traitement approprié dans son pays d'origine, cette protection s'étendant à l'hypothèse d'une impossible obligation de quitter le territoire français (OQTF) dans ce cas de figure (CESEDA, art. L. 511-1, 10°). La loi est plus protectrice en remplaçant la notion introduite en juin 2011 d'inexistence de traitement approprié dans le pays d'origine par celle d'effectivité des traitements.

En outre, la loi remplace l'avis du médecin de l'agence régionale de santé par celui d'un collège de médecins du service dédié de l'OFII, dans les conditions précisées par le décret n° 2016-1456 du 28 octobre 2016. La loi pose le nouveau principe de la délivrance obligatoire (et non plus discrétionnaire) d'une autorisation provisoire de séjour (APS) aux deux parents (et non plus un seul) d'un enfant malade dès lors qu'ils remplissent les conditions de séjour (CESEDA, art. L. 311-12). Cette APS ouvre également droit, à compter du 1er janvier 2017, à l'exercice d'une activité professionnelle. Enfin, cette loi fait de l'assignation à résidence (par opposition au placement en centre de rétention) la mesure de droit commun en matière de privation de liberté des étrangers en France. Cette loi transfère au juge de la liberté et de la détention la compétence pour statuer sur les décisions de placement en rétention administrative.

S'agissant des ressortissants de l'Union européenne, la loi du 7 mars 2016 permet de prendre à leur encontre une OQTF (L. 511-3-1) s'ils ne justifient plus d'un droit au séjour ou son comportement personnel constitue, du point de vue de l'ordre public ou de la sécurité publique, une menace réelle, actuelle et suffisamment grave à l'encontre d'un intérêt fondamental de la société (L. 511-3-1, 3°). Mais l'exécution effective d'une obligation de quitter le territoire français contre la volonté d'un ressortissant communautaire de ne pas y déférer est obérée par la quasi-impossibilité de ne pas accorder un délai de départ volontaire d'un mois, sauf urgence.

La loi n° 2016-274 du 7 mars 2016 crée, en s'inspirant de l'interdiction administrative de retour, une mesure complémentaire à l'OQTF visant uniquement les citoyens de l'UE ou de l'Espace économique européen (CESEDA, art. L. 511-3-2) qui consiste à interdire de circulation sur le territoire français pour trois ans au plus un citoyen de l'Union non national éloigné en raison d'un abus de droit ou d'une menace à l'encontre d'un intérêt fondamental de la société française. (sur cette notion CE 1er oct. 2014, n° 365054).

La loi « Collomb » n° 2018-778 du 10 septembre 2018 pour une immigration maîtrisée a de nouveau réformé les procédures d'asile et d'éloignement. L'exposé des motifs cite des objectifs d'accélération de la procédure d'asile, de sécurisation et la simplification du droit au séjour des bénéficiaires de la protection internationale et des étrangers en situation régulière et de renforcement de la lutte contre l'immigration irrégulière. La loi prévoit le recours à la vidéo-audience. La retenue pour vérification du droit au séjour (art. L. 611-1-1) fait l'objet d'aménagements. La durée maximale de la mesure de rétention passe de 16 à 24 heures, ce qui la rapproche de la garde à vue. Parallèlement, les pouvoirs de police sont étendus : la fouille des bagages et des effets personnels de la personne retenue est possible avec l'accord de celle-ci ou, à défaut, après information du procureur de la République.

Concernant les demandeurs d'asile déboutés, l'article L. 311-6 prévoit que le demandeur d'asile est invité à solliciter son admission au séjour en invoquant les différents fondements envisageables.

La loi ajoute des hypothèses dans lesquelles une OQTF peut être prononcée sans qu'un délai de départ volontaire ne soit accordé à l'intéressé. La notion de risque de fuite est étendue pour avoir fait usage de faux documents de séjour ou d'identité, ou de vrais documents établis sous un autre nom, pour être considéré comme présentant un risque de fuite. Il en va de même si l'étranger est entré irrégulièrement sur le territoire d'un autre État de l'espace Schengen, y a fait l'objet d'une décision d'éloignement exécutoire ou s'y est maintenu sans justifier d'un droit de séjour.

S'agissant de l'interdiction de retour assortissant une obligation de quitter le territoire français, la loi rend le droit français conforme à la jurisprudence de la Cour de justice, selon laquelle la durée de l'interdiction de retour doit être calculée à partir de la date à laquelle l'intéressé a effectivement quitté le territoire (date de l'exécution de l'OQTF), et non à laquelle l'interdiction a été notifiée à l'intéressé, ce qui opère indirectement un allongement de la durée. En revanche, la durée de l'interdiction de retour a été ramenée de trois à deux ans dans l'hypothèse où l'étranger avait initialement bénéficié d'un délai de départ volontaire qu'il n'a pas respecté.

La loi du 10 septembre 2018 crée de nouveaux cas permettant d'assigner à résidence un demandeur d'asile dont le droit de séjour sur le territoire français a pris fin. Par ailleurs, elle permet une assignation à résidence (ou un placement en rétention) des demandeurs d'asile dont la demande est toujours en cours d'examen, mais qui font l'objet d'une mesure d'expulsion, ou d'une peine ou mesure d'interdiction du territoire.

Le juge administratif est seul compétent pour statuer sur le recours contre la décision d'éloignement. De son côté, le juge judiciaire est seul compétent pour statuer sur le recours contre la décision de placement en rétention, ainsi que sur la demande de prolongation de celle-ci. Le délai de recours est, dans les deux cas, de 48 heures à compter de la notification de la décision contestée. Le juge judiciaire dispose désormais d'un délai de 48 heures pour statuer, alors que le juge administratif doit prendre sa décision dans un délai de 96 heures (au lieu de 72 h avant cette loi) à compter de l'expiration du délai de recours, ce qui permet au juge judiciaire de se prononcer en principe avant le juge administratif. Afin d'assurer une meilleure coordination entre les deux juridictions qui sont saisies concomitamment, il est prévu que le juge des libertés et de la détention informe sans délai le juge administratif du sens de sa décision relative à la rétention. Si ce dernier annule l'OQTF alors que le juge judiciaire avait ordonné la prolongation de la rétention, il y est immédiatement mis fin.

Le législateur est intervenu également pour sanctionner sévèrement (trois ans d'emprisonnement) le délit de soustraction à une décision d'éloignement ou de transfert qui s'étend au refus de se soumettre aux modalités de transport et concerne les « dublinés ».

Un contrôle juridictionnel toujours plus approfondi

Le degré de contrôle du juge administratif s'est approfondi, celui-ci exerçant désormais un contrôle normal, par exemple s'agissant de la menace à l'ordre public opposée au ressortissant étranger demandant un titre de séjour (CE 17 octobre 2003, Bouhsane) ou faisant l'objet d'une expulsion (CE 12 février 2014, ministre de l'intérieur c/ Barane). Il en est de même du contrôle exercé sur les mesures de déchéance de nationalité (s'agissant d'un décret portant déchéance de nationalité d'une personne condamnée pour des actes de terrorisme : CE 8 juin 2016, M. T.).

Le juge judiciaire, enfin, se trouve également saisi de questions qui ne sont pas sans lien avec le droit au séjour des étrangers. La Cour de cassation a ainsi rendu, le 5 juin 2012, un avis au terme duquel un ressortissant d'un État tiers à l'Union européenne ne peut être placé en garde à vue à l'occasion d'une procédure diligentée du seul chef de séjour irrégulier, en tirant les conséquences de la jurisprudence de la Cour de justice de l'Union européenne (cf. CJUE 6 décembre 2011, Achughbabian, jugeant que le délit de séjour irrégulier est contraire au droit de l'Union, au regard notamment de la directive 2008/115/CE du 16 décembre 2008 dite directive « retour », lorsqu'aucune procédure d'éloignement n'a été mise en œuvre à l'encontre de l'intéressé). En conséquence, la loi du 31 décembre 2012 relative à la retenue pour vérification du droit au séjour a supprimé le délit de séjour irrégulier. En réponse à une question préjudicielle posée par la Cour de cassation, la CJUE a récemment étendu cette jurisprudence au délit d'entrée irrégulière (CJUE 7 juin 2016, Sélina Affum).

Perspectives

La loi « Collomb » n° 2018-778 du 10 septembre 2018 pour une immigration maîtrisée, un droit d'asile effectif et une intégration réussie est la dix-septième loi majeure réformant le droit des étrangers depuis 1980. Au moment de la présentation du projet de loi en février 2018, certaines mesures issues de la précédente réforme n'étaient applicables que depuis moins d'un an. Le Conseil d'État a estimé dans son avis que : « s'emparer d'un sujet aussi complexe à d'aussi brefs intervalles rend la tâche des services chargés de leur exécution plus difficile, diminue sensiblement la lisibilité du dispositif et risque d'entraîner à son tour d'autres modifications législatives pour corriger l'impact de mesures qui, faute de temps, n'a pu être sérieusement évalué ».

Malgré la cadence des réformes, aucune simplification du droit n'est entreprise, conduisant le Conseil d'État à regretter que la réforme « ne soit pas l'occasion d'une simplification drastique des dispositifs qui, au fil de la sédimentation des dispositions, se multiplient [...] sans que cette sophistication n'entraîne un surcroît d'efficacité » Les illustrations citées sont parlantes ; il existe neuf catégories différentes de mesures d'éloignement (avec des sous-catégories), six catégories de régimes d'assignation à résidence, dix-sept mentions différentes sur les titres de séjour délivrés en France, et des « difficultés inextricables qui envahissent [...] la définition des compétences respectives du juge de l'asile [...] et du juge administratif de droit commun », auxquelles il faut encore ajouter les compétences du juge des libertés et de la détention. Le trouble s'étend à la matérialisation de la frontière : au-delà de la distinction essentielle au regard des accords de Schengen entre les frontières intérieures et les frontières extérieures de l'espace Schengen, différentes règles supposent de distinguer entre les frontières terrestres et les autres frontières.

Ouvrages récents

- Vincent Tchen, *Droit des étrangers*, LexisNexis, 2020.
- Le site de la Cour nationale du droit d'asile : http://www.cnda.fr
- « La loi du 7 mars 2016 : le changement en droit des étrangers, c'est maintenant ? », Emmanuel Aubin, *AJDA* 2017.
- La loi Immigration et asile, une nouvelle occasion manquée ? Xavier Vandendriessche, *AJDA* 2018 p. 2234

Exemples de sujets

- L'étranger en droit public français.
- Le droit des étrangers, entre protection et précarité.
- Convention européenne de sauvegarde des droits de l'homme et des libertés fondamentales et droit des étrangers.

19 Laïcité, religion et République

L'organisation des relations entre l'État et les Églises en France repose sur deux principes. Le premier est que la religion relève de la sphère privée; le second est que l'État doit à la fois assurer son indépendance et sa neutralité à l'égard des institutions religieuses et garantir le libre exercice des religions.
La liberté religieuse ne se borne pas à la liberté de croire ou de ne pas croire dans son for intérieur. Elle implique aussi une extériorisation de l'exercice du culte et l'expression – individuelle ou collective – d'une croyance religieuse. La République doit assurer la conciliation entre l'intérêt général et l'ordre public, d'une part, la liberté de religion et son expression, d'autre part. C'est cet équilibre mouvant qui constitue le principe de laïcité dont il appartient au juge administratif d'assurer une fonction de régulateur selon l'expression de Marceau Long, ancien Vice-président du Conseil d'État. En principe, lorsque la neutralité de l'État est invoquée, l'expression des convictions des agents publics est interdite. Lorsqu'il est en revanche question de la liberté religieuse des citoyens et usagers du service public, le principe est la libre manifestation des convictions religieuses qui peut seulement être limitée et encadrée par la loi et par les nécessités de protection de l'ordre public.
La loi du 9 décembre 1905 est avant tout une loi de liberté. Son article 1er dispose ainsi que: « La République assure la liberté de conscience. Elle garantit le libre exercice des cultes sous les seules restrictions édictées ci-après dans l'intérêt de l'ordre public ». Aristide Briand, rapporteur de la loi devant l'Assemblée nationale, affirme que: « Le juge saura, grâce à l'article placé en vedette de la réforme, dans quel esprit tous les autres ont été conçus et adoptés. Toutes les fois que l'intérêt de l'ordre public ne pourra être légitimement invoqué dans le silence des textes ou le doute sur leur exacte application, c'est la solution libérale qui sera la plus conforme à la pensée du législateur ».

Historique

Les textes et principes de valeur constitutionnelle

Le principe de laïcité n'est un principe constitutionnel que depuis la Constitution du 27 octobre 1946. La laïcité est mentionnée à son article 1 et dans son Préambule, au nombre des principes politiques, économiques et sociaux particulièrement nécessaires à notre temps. Il est prévu que « l'organisation de l'enseignement public gratuit et laïque à tous les degrés est un devoir de l'État ». Le principe de laïcité est protégé au même niveau le principe de liberté d'expression religieuse.

Aux termes de l'article 2 de la Constitution du 4 octobre 1958: « La France est une République indivisible, laïque, démocratique et sociale. Elle assure l'égalité devant la loi de tous les citoyens sans distinction d'origine, de race ou de religion. Elle respecte toutes les croyances ».

Le Conseil d'État a érigé la laïcité en principe de valeur constitutionnelle en tant que principe fondamental reconnu par les lois de la République (CE, 6 avril 2001, Syndicat national des enseignants du second degré, n° 219379).

La laïcité est également consacrée à propos de l'enseignement dans le 13e alinéa du Préambule de la Constitution de 1946, qui fait de « l'organisation de l'enseignement public gratuit et laïque à tous les degrés un devoir de l'État ».

L'article 10 de la Déclaration des Droits de l'Homme et du Citoyen du 26 août 1789 consacre la liberté d'expression religieuse : « Nul ne doit être inquiété pour ses opinions, même religieuses, pourvu que leur manifestation ne trouble pas l'ordre public établi par la loi ».

Le Conseil d'État évoque, pour sa part, « un principe constitutionnel de liberté d'expression religieuse » (CE, 27 juin 2008, Mme Mabchour, n° 286798). Ainsi un décret par lequel le gouvernement s'oppose pour défaut d'assimilation autre que linguistique à l'acquisition de la nationalité française par le conjoint étranger d'un conjoint de nationalité français en vertu de l'article 214 du code civil « n'a ni pour objet ni pour effet de porter atteinte à la liberté religieuse de l'intéressée ; que, par suite, il ne méconnaît ni le principe constitutionnel de liberté d'expression religieuse, ni les stipulations de l'article 9 de la convention européenne de sauvegarde des droits de l'homme et des libertés fondamentales ».

La liberté de conscience est consacrée par le Conseil constitutionnel comme principe fondamental (77-87 DC du 23 novembre 1977, Loi relative à la liberté de l'enseignement).

Le principe de liberté de culte a été qualifié de liberté fondamentale au sens de l'article L. 521-2 du code de justice administrative, ce qui permet au juge du référé liberté de faire cesser une atteinte grave et manifestement illégale à cette liberté dans un délai de 48 heures (JRCE, 6 mai 2008, M. Bounemcha, T. p. 734, 739 sur les conditions dans lesquelles une salle doit être mise à disposition des étudiants pour l'exercice du culte par le CROUS ; JRCE, 25 août 2005, Commune de Massat, Rec. p. 386) et fait partie de la « liberté religieuse » (CE, Assemblée, 14 avril 1995, Consistoire central des israélites de France, Rec. p. 171).

En revanche, le Conseil constitutionnel n'a jamais consacré le principe de non-subventionnement ou le principe de « non-reconnaissance » qui résultent de la loi du 9 décembre 1905 concernant la séparation des Églises et de l'État comme des principes constitutionnels.

Conventions internationales

La Convention européenne de sauvegarde des droits de l'Homme (convention EDH) garantit la liberté de religion dans plusieurs de ses articles. Son article 9 – (dont le contenu est repris par l'article 10 de la Charte des droits fondamentaux de l'Union européenne) – stipule que « toute personne a droit à la liberté de pensée, de conscience et de religion ; ce droit implique le droit de changer de religion ou de conviction, ainsi que le droit de manifester sa religion ou sa conviction, individuellement ou collectivement, en public ou en privé, par le culte, l'enseignement, les pratiques et l'accomplissement des rites. » Son article 14 interdit les discriminations, notamment celles fondées sur la religion, tandis que l'article 2 du premier protocole additionnel à la convention EDH prévoit le droit pour les parents d'assurer l'éducation et l'enseignement de leurs enfants conformément à leurs convictions religieuses.

La convention européenne de sauvegarde des droits de l'homme et des libertés fondamentales affirme que la liberté religieuse implique à la fois le droit d'avoir des convictions religieuses et de les manifester et elle contrôle si les ingérences qui lui sont portées sont nécessaires dans une société démocratique à la sécurité publique, à la protection de l'ordre, de la santé ou de la morale publique ou à la protection des droits et libertés d'autrui. La jurisprudence de la Cour européenne des droits de l'homme (Cour EDH) fait d'ailleurs de la liberté consacrée à l'article 9 un élément essentiel pour le fonctionnement des sociétés démocratiques. Elle juge ainsi traditionnellement : « Telle que la protège l'article 9, la liberté de pensée, de conscience et de religion représente l'une des assises d'une « société démocratique » au sens de la Convention. Elle figure, dans sa dimension religieuse, parmi les éléments les plus essentiels de l'identité des croyants et de leur conception de la vie, mais elle est aussi un bien précieux pour les athées, les agnostiques, les sceptiques ou les indifférents. Il y va du pluralisme – chèrement conquis au cours des siècles – consubstantiel à pareille société » (ex : CEDH, 25 mai 1993, Kokkinakis c. Grèce).

Dans un arrêt du 4 décembre 2008 Dogru c. France, la Cour a validé l'exclusion du collège de deux élèves qui refusaient d'ôter leur voile lors des cours d'éducation physique et sportive avant l'adoption de l'article L. 141-5-1 du code de l'éducation par la loi du 15 mars 2004. La cour a examiné si l'ingérence dans la liberté religieuse était justifiée et proportionnée en reprenant les principes dégagés notamment dans la jurisprudence Leyla Sahin concernant la Turquie (Grande Chambre, 10 novembre 2005, requête n° 44774/98) (§ 63 et 64). La cour invoque la spécificité « du modèle français de laïcité » (§ 71) et son importance dans l'histoire et le droit de l'État défendeur (§ 72 – voir aussi § 17 à 22 pour la longue analyse préliminaire du « concept de laïcité en France »). De plus, la Cour réaffirme « la marge d'appréciation qui doit être laissée aux États membres dans l'établissement des délicats rapports entre l'État et les églises, la liberté religieuse ainsi reconnue et telle que limitée par les impératifs de la laïcité paraît légitime au regard des valeurs sous-jacentes à la Convention » (§ 72). Dans ce cadre, il est jugé que l'appréciation « des autorités françaises selon laquelle le port d'un voile, tel le foulard islamique, n'est pas compatible avec la pratique du sport pour des raisons de sécurité ou d'hygiène, n'est pas déraisonnable » (§ 73) et que la sanction n'était pas disproportionnée, notamment au regard de la possibilité pour les élèves de poursuivre leurs cours par correspondance (§ 75).

Dans l'affaire CEDH 30 juin 2009 Aktas, c. France, la cour a reconnu la conventionnalité de l'interdiction des signes ou tenues manifestant ostensiblement une appartenance religieuse telle qu'elle résulte de la loi du 15 mars 2004.

Dans l'affaire Cedh SAS c. France 1er juillet 2014, la cour a estimé que la loi n° 2010-1192 du 11 octobre 2010, qui interdit de dissimuler son visage dans l'espace public n'est pas contraire aux articles 8 et 9 de la Convention eu égard notamment au regard de l'ampleur de la marge d'appréciation dont disposait l'État défendeur. Elle constate que l'État défendeur entend protéger une modalité d'interaction entre les individus, essentielle à ses yeux pour l'expression non seulement du pluralisme, mais aussi de la tolérance et de l'esprit d'ouverture, sans lesquels il n'y a pas de société démocratique. Il apparaît ainsi que la question de l'acceptation ou non du port du voile intégral dans l'espace public constitue un choix de société. Or, dans un tel cas de figure, la Cour se doit de faire preuve de réserve dans l'exercice de son contrôle de conventionnalité dès lors qu'il la conduit à évaluer un arbitrage effectué selon des modalités démocratiques au sein de la société en cause. L'interdiction que pose la loi du 11 octobre 2010 est proportionnée au but poursuivi, à savoir la préservation des conditions du « vivre ensemble » en tant qu'élément de la « protection des droits et libertés d'autrui ». La restriction litigieuse peut donc passer pour « nécessaire dans une société démocratique ».

La loi du 9 décembre 1905 concernant la séparation des Églises et de l'État

Jusqu'en 1905, les rapports entre les Églises et l'État étaient organisés, en France, par le Concordat conclu entre Napoléon Ier et Pie VII en 1801, après une première séparation des églises et de l'État en 1795. Ce régime reposait sur la reconnaissance des cultes : outre la religion catholique, qualifiée de « religion de la majorité des Français », étaient aussi reconnus les cultes réformés, calviniste et israélite. Ces quatre cultes reconnus étaient érigés en services publics et les ministres du culte rémunérés sur le budget des cultes. La propriété et la gestion des lieux de culte relevaient d'« établissements publics du culte » locaux.

La loi du 9 décembre 1905 a mis fin à ce régime sauf en Alsace-Moselle en fondant la neutralité de l'État en matière religieuse.

Malgré l'absence de référence explicite à la laïcité, la loi du 9 décembre 1905 concernant la séparation des Églises et de l'État en constitue la « clé de voûte ». Son article 1 prévoit : « *La République assure la liberté de conscience. Elle garantit le libre exercice des cultes sous les seules restrictions édictées ci-après dans l'intérêt de l'ordre public* ». La loi de 1905 ne consacre pas uniquement l'indifférence de l'État à l'égard du phénomène religieux, elle lui impose aussi de garantir l'effectivité de la liberté de culte pour assurer la liberté de conscience.

Le régime concordataire reste toutefois en vigueur dans les départements du Haut-Rhin, du Bas-Rhin et de la Moselle. Les prêtres, pasteurs et rabbins qui y officient sont ainsi rémunérés sur les deniers publics. Saisi d'une question prioritaire de constitutionnalité sur ce point, le Conseil constitutionnel a jugé que le maintien du régime concordataire dans ces territoires ne méconnaît pas l'exigence constitutionnelle de laïcité (CC, 21 février 2013, Association pour la promotion et l'expansion de la laïcité, n° 2012-297 QPC).

Pour parvenir à cette conclusion, le Conseil constitutionnel a d'abord jugé que l'article 3 de l'ordonnance du 15 septembre 1944 relative au rétablissement de la légalité républicaine dans les départements du Bas-Rhin, du Haut-Rhin et de la Moselle avait maintenu en vigueur le régime des cultes antérieur à la date du 16 juin 1940. Était contesté l'article VII des articles organiques des cultes protestants de la loi du 18 germinal an X relative à l'organisation des cultes qui prévoit la prise en charge sur fonds publics du traitement des pasteurs des églises consistoriales au regard du principe constitutionnel de laïcité et la règle de non-subventionnement et de non-reconnaissance des cultes.

Le conseil constitutionnel reconnaît d'abord que le principe constitutionnel de laïcité implique que la République ne salarie aucun culte, mais estime : « *toutefois, qu'il ressort tant des travaux préparatoires du projet de la Constitution du 27 octobre 1946 relatifs à son article 1er que de ceux du projet de la Constitution du 4 octobre 1958 qui a repris la même disposition, qu'en proclamant que la France est une « République... laïque », la Constitution n'a pas pour autant entendu remettre en cause les dispositions législatives ou règlementaires particulières applicables dans plusieurs parties du territoire de la République lors de l'entrée en vigueur de la Constitution et relatives à l'organisation de certains cultes et, notamment, à la rémunération de ministres du culte* », ce qui lui permet d'écarter le grief tiré de ce que l'article VII des articles organiques des cultes protestants de la loi du 18 germinal an X relative à l'organisation des cultes serait contraire au principe de laïcité.

L'article 2 de la loi du 9 décembre 1905 prévoit : « *La République ne reconnaît, ne salarie ni ne subventionne aucun culte. En conséquence, à partir du 1er janvier qui suivra la promulgation de la présente loi, seront supprimées des budgets de l'État, des départements et des communes, toutes dépenses relatives à l'exercice des cultes (...)* ».

L'équilibre qu'elle définit repose sur deux principes fondamentaux pour la neutralité de l'État en matière cultuelle :

- d'une part, la liberté de conscience, et plus précisément le libre exercice du culte (art. 1er) ;
- d'autre part, le principe de séparation dans sa double composante :
  - principe de non-reconnaissance des cultes par l'État et
  - principe de non subventionnement des cultes. Ce dernier principe n'est cependant pas absolu et connaît de forts tempéraments dans la loi de 1905 elle-même.

Distinction loi de 1905 et principe constitutionnel de laïcité

Contrairement à ce qu'on lit parfois, le principe de laïcité et la loi de 1905, ne se superposent pas entièrement. Même si elle constitue la « clé de voûte » du principe de laïcité, selon l'expression des Considérations générales pour 2004 du Conseil d'État, la loi de 1905 est à la fois plus restreinte et plus précise : plus restreinte, parce qu'elle porte essentiellement sur les principes de non-reconnaissance et de non-subventionnement, le principe de liberté – désormais constitutionnellement garanti – n'étant, en quelque sorte, que la clé de lecture du dispositif. Mais aussi plus précise, parce qu'elle confère au principe de neutralité de l'État une portée spécifique par l'interdiction de subvention aux cultes. Or, la neutralité de la puissance publique résultant du seul principe de laïcité ne signifie pas nécessairement, par elle-même, l'absence de soutien aux cultes, mais implique simplement un traitement égal – « neutre » – des différents cultes en présence, qu'il s'agisse d'autoriser des subventions, ou de les interdire comme le fait la loi de 1905.

C'est d'ailleurs ce qu'a jugé le Conseil constitutionnel sur la participation des collectivités publiques au financement des établissements d'enseignement privé sous contrat d'association : « *il résulte des règles ou principes à valeur constitutionnelle*

(…) que le principe de laïcité ne fait pas obstacle à la possibilité pour le législateur de prévoir, sous réserve de fonder son appréciation sur des critères objectifs et rationnels, la participation des collectivités publiques au financement du fonctionnement des établissements d'enseignement privés sous contrat d'association selon la nature et l'importance de leur contribution à l'accomplissement de missions d'enseignement (CC, décision n° 2009-591 DC du 22 octobre 2009, Loi tendant à garantir la parité de financement entre les écoles élémentaires publiques et privées sous contrat d'association).

Dans sa décision n° 77-87 DC du 23 novembre 1977, le Conseil constitutionnel a jugé que « *l'affirmation par le même Préambule de la Constitution de 1946 que « l'organisation de l'enseignement public gratuit et laïque à tous les degrés est un devoir de l'État » ne saurait exclure l'existence de l'enseignement privé, non plus que l'octroi d'une aide de l'État à cet enseignement dans des conditions définies par la loi* » (cons. 4), après avoir précisé que le principe de la liberté de l'enseignement, « qui a notamment été rappelé à l'article 91 de la loi de finances du 31 mars 1931, constitue l'un des principes fondamentaux reconnus par les lois de la République, réaffirmés par le Préambule de la Constitution de 1946 et auxquels la Constitution de 1958 a conféré valeur constitutionnelle » (cons. 3). En l'espèce, le Conseil a considéré que « *si la loi prévoit la prise en charge par l'État de dépenses relatives au fonctionnement d'établissements d'enseignement privés et à la formation de leurs maîtres, elle ne contient aucune disposition contraire à la Constitution ou à l'ordonnance du 2 janvier 1959 portant loi organique relative aux lois de finances* » (cons. 7).

C'est également ce que le Conseil d'État a jugé, s'agissant d'un territoire sur lequel ne s'applique pas la loi de 1905, en considérant que le principe de laïcité n'interdit pas, par lui-même, l'octroi dans l'intérêt général et dans les conditions définies par la loi, de certaines subventions à des activités ou des équipements dépendant des cultes (CE, 16 mars 2005, Ministre de l'outre-mer c/ Gouvernement de la Polynésie française, Rec. p. 168).

Connaissances de base

Les implications du principe de laïcité

Dans une décision du 21 février 2013 n° 2012-297 QPC, le Conseil constitutionnel a jugé que : « *le principe de laïcité figure au nombre des droits et libertés que la Constitution garantit; qu'il en résulte la neutralité de l'État; qu'il en résulte également que la République ne reconnaît aucun culte ; que le principe de laïcité impose notamment le respect de toutes les croyances, l'égalité de tous les citoyens devant la loi sans distinction de religion et que la République garantisse le libre exercice des cultes ; qu'il implique que celle-ci ne salarie aucun culte* ».

La laïcité et la neutralité religieuse imposent aux personnes publiques des obligations d'abstention (CE 9 novembre 2016 n° 395223) eu vue de ne pas privilégier une croyance par rapport à une autre ou la non croyance, mais implique aussi pour les pouvoirs publics une obligation d'intervention pour garantir le libre exercice des cultes et la liberté de pratiquer sa religion.

Les principales implications du principe de laïcité tel que résultant de la Constitution et de la loi de 1905 sont :

- la neutralité des agents publics et du service public à l'égard des cultes (principe constitutionnel)
- la non reconnaissance et non subventionnement (principes législatifs).
- la liberté de conscience et la garantie du libre exercice du culte et la liberté d'expression religieuse (principe constitutionnel).

I. La neutralité du service public

Le principe de laïcité de l'État, qui intéresse les relations entre les collectivités publiques et les particuliers, et le principe de neutralité des services publics, corollaire du principe d'égalité qui régit le fonctionnement des services publics, sont la source d'une exigence particulière de neutralité religieuse de ces services.

Cette exigence se traduit notamment par l'interdiction des subventions publiques pour l'exercice des cultes et l'encadrement de la liberté de religion des agents publics. L'article 25 de la loi n° 83-634 du 13 juillet 1983 portant droits et obligations des fonctionnaires dans sa version modifiée par la loi n° 2016-483 du 20 avril 2016 a codifié la jurisprudence du Conseil d'État et prévoit désormais : « *Le fonctionnaire exerce ses fonctions avec dignité, impartialité, intégrité et probité. Dans l'exercice de ses fonctions, il est tenu à l'obligation de neutralité. Le fonctionnaire exerce ses fonctions dans le respect du principe de laïcité. À ce titre, il s'abstient notamment de manifester, dans l'exercice de ses fonctions, ses opinions religieuses. Le fonctionnaire traite de façon égale toutes les personnes et respecte leur liberté de conscience et leur dignité.* »

En imposant la neutralité du service public, la laïcité a une double conséquence pour les agents publics.

En premier lieu, elle les protège en interdisant que leur mérite soient appréciées en fonction de convictions religieuses.

En deuxième lieu, en considérant que l'agent public est l'incarnation de l'État, elle lui interdit toute expression de ses convictions religieuses pour éviter que l'usager soit conduit à penser que sa foi entre en ligne de compte dans ses rapports avec l'administration. Comme le dit Rémy Schwartz dans ses conclusions sur l'avis du 3 mai 2000, n° 217017, Marteau, il s'agit donc « d'une garantie donnée tant aux agents qu'aux administrés ».

Le principe de neutralité des services publics justifie que des restrictions soient apportées à la liberté d'expression religieuse des agents publics dans l'exercice des fonctions sans pour autant permettre de discriminations à raison de leurs convictions religieuses.

Cette exigence s'applique en principe à tous les services publics mais ne trouve pas à s'appliquer, en tant que telle, en dehors de ces services (CE, 3 janvier 1962, ministre des Armées c/ Hocdé)

En l'état actuel du droit, ces obligations s'appliquent donc aux agents des personnes publiques et aux employés des personnes morales de droit privé auxquelles a été confiée la gestion d'un service public, que celui-ci soit administratif ou industriel et commercial. Cette application de l'exigence de neutralité religieuse dans le service public doit toutefois être conciliée avec le principe de proportionnalité au regard duquel la Cour européenne des droits de l'homme apprécie les restrictions portées à la libre manifestation des convictions religieuses.

- **L'interdiction faite aux agents de manifester leur religion dans leurs fonctions**

Le Conseil d'État a ainsi précisé que le principe de laïcité fait obstacle à ce que les agents disposent, dans le cadre du service public, du droit de manifester leurs croyances religieuses (CE avis Marteau, 3 mai 2000, n° 217017).

Le juge administratif est généralement saisi de ces questions dans le cadre du contentieux disciplinaire. Le Conseil d'État a ainsi confirmé la légalité de la sanction prise à l'encontre d'un agent public qui faisait apparaître son adresse électronique professionnelle sur le site d'une association cultuelle (CE, 15 octobre 2003, M. O., n° 244428) ou encore qui avait distribué aux usagers des documents à caractère religieux à l'occasion de son service (CE, 19 février 2009, M. B., n° 311633). Le service public de l'enseignement fait l'objet d'une attention toute particulière compte tenu des risques de prosélytisme (CE, 8 décembre 1948, Demoiselle Pasteau, n° 91.406, rec. p. 463; 3 mai 1950, Demoiselle Jamet, n° 98.284, Rec. p. 247; CE Ass., Avis, 21 septembre 1972, n° 309354).

Le fait que le service public soit confié à une personne privée ne change pas la nature des obligations inhérentes à l'exécution du service public (CE, Sect., 31 janvier 1964, *CAF de l'arrondissement de Lyon*, Rec. p. 76).

Dans son arrêt CEdh 26 novembre 2015 Ebrahimian, la Cour a jugé que l'obligation de neutralité des agents publics est justifiée dans son principe : l'État qui emploie la requérante au sein d'un hôpital public peut juger nécessaire qu'elle ne fasse pas état de ses croyances religieuses dans l'exercice de ses fonctions pour garantir l'égalité de traitement des malades. La Cour rappelle que si la liberté de conscience des agents publics est totale, il leur est cependant interdit de manifester leurs croyances religieuses dans l'exercice de leurs fonctions. Une telle restriction trouve sa source dans le principe de laïcité de l'État, et de celui de neutralité des services publics, principes dont la Cour a déjà approuvé une stricte mise en œuvre lorsqu'il s'agit d'un principe fondateur de l'État. Elle a relevé que l'interdiction du port du voile, si elle constitue une ingérence dans la liberté de l'agent de manifester sa religion (art 9 Cedh) poursuit le but légitime qu'est la protection des droits et libertés d'autrui. De façon plus générale, elle affirme que la « sauvegarde de la laïcité constitue un objectif conforme aux valeurs sous-jacentes de la convention » reconnaissant qu'il ne lui appartient pas d'apprécier le principe de laïcité-neutralité lorsque, comme c'est le cas en France, il s'agit d'un principe fondateur de l'État.

Il existe cependant des exceptions aux exigences découlant normalement des principes de laïcité de l'État et de neutralité des services publics.

En vertu du principe fondamental reconnu par les lois de la République de liberté d'enseignement, avec lequel doit être concilié le caractère laïque de l'enseignement public, les établissements d'enseignement privé peuvent conserver un « caractère propre », notamment religieux, que les enseignants qu'ils emploient doivent respecter, de même que les élèves qu'ils accueillent. C'est également le cas du régime des cultes en Alsace-Moselle, départements dans lesquels les ministres du culte sont rémunérés par l'État au titre d'un service public du culte.

D'autres exceptions à l'exigence de neutralité religieuse sont fondées sur l'obligation d'assurer le libre exercice du culte des personnes qui, comme dans les hôpitaux ou encore les prisons, ne peuvent l'exercer librement par elles-mêmes, le service public y faisant obstacle. C'est le sens du deuxième alinéa de l'article 2 de la loi du 9 décembre 1905 concernant la séparation des Églises et de l'État qui, par dérogation, autorise dans ces cas particuliers les dépenses publiques relatives à des services d'aumônerie. Si les aumôniers des établissements pénitentiaires sont simplement agréés sur le fondement des articles R. 57-9-4 et D. 439 du code de procédure pénale, les aumôniers militaires, qui ont le statut de « militaires servant en vertu d'un contrat » en application de l'article 1er du décret n° 2008-1524 du 30 décembre 2008, sont des agents publics, de même que ceux des établissements publics hospitaliers qui sont recrutés comme agents contractuels.

- **Le droit des agents publics au respect de leurs convictions religieuses**

Les exigences relatives à la laïcité de l'État et à la neutralité des services publics ne doivent pas conduire à la négation de la liberté de conscience dont les agents publics peuvent se prévaloir au même titre que les autres administrés. La liberté d'opinion notamment religieuse est d'ailleurs rappelée par l'article 6 de la loi du 13 juillet 1983 portant droits et obligations des fonctionnaires.

S'agissant des agents publics, le Conseil d'État juge ainsi que ni l'appartenance à une religion, ni sa pratique à titre privé, même connue par les autres agents du service, ne peut être inscrite dans le dossier d'un agent ou justifier une mesure défavorable à son encontre, comme une mauvaise appréciation sur une feuille de notation, une sanction ou, a fortiori, un licenciement. De même l'accès d'un agent au statut d'ecclésiastique ne permet pas non plus son exclusion pour ce seul motif. De manière générale, la pratique d'une religion ne doit en aucun cas constituer un critère discriminant à l'encontre d'un candidat (CE, 25 juillet 1939, Demoiselle Beis, rec. p. 524) ou d'un agent contractuel prétendant à la titularisation (CE, 3 mai 1950, Demoiselle Jamet, précité). Un concours d'officiers de police a ainsi été annulé en raison des questions que le jury avait posées à un candidat sur son origine et sur ses pratiques confessionnelles ainsi que sur celles de son épouse (CE, 10 avril 2009, M. E.H., n° 311888).

Dans son avis Mlle Marteaux du 30 mai 2000 le Conseil d'État prohibe toute discrimination fondée sur la religion dans l'accès aux fonctions et le déroulement de carrière. Les convictions religieuses, surtout lorsqu'elles sont notoires, doivent être indifférentes au recrutement des fonctionnaires et agents publics. Dans une décision célèbre (CE, 10 mai 1912, Abbé Bouteyre, n° 46.027, Rec. p. 561), le CE avait validé la décision du ministre d'écarter du concours d'agrégation de philosophie l'abbé Bouteyre, déclarant que les textes avaient pu légalement donner au ministre la possibilité de réserver ce concours aux candidats agréés par l'autorité administrative. Cette jurisprudence a été remise en cause par un avis de l'Assemblée du Conseil d'État du 21 septembre 1972 selon lequel aucun texte n'écarte plus désormais des fonctions de l'enseignement secondaire les personnels non laïcs.

Certains aménagements du temps de travail des agents publics sont également autorisés au nom de la liberté religieuse dans la mesure où ces aménagements restent compatibles avec le bon fonctionnement du service public (JRCE, 16 février 2004, M. B., précité : autorisation d'absence refusée à raison des nécessités de service public). Une circulaire peut ainsi légalement déterminer la liste des fêtes religieuses pour lesquelles les agents peuvent solliciter une autorisation d'absence sans que cette dernière puisse être regardée comme exhaustive (CE, 12 février 1997, Melle H., n° 125893).

II. L'interdiction de principe d'un financement public des cultes et ses aménagements

L'article 2 de la loi du 9 décembre 1905 dispose : « La République ne reconnaît, ne salarie ni ne subventionne aucun culte (…) ». Une collectivité publique ne peut ainsi légalement apporter son soutien financier à une association cultuelle quand bien même cette dernière aurait également des activités sociales et culturelles (CE Sect., 9 octobre 1992, Commune de Saint-Louis c/ association « Siva Soupramanien de Saint-Louis », n° 94455).

Mais ce principe doit être concilié avec l'obligation pour les collectivités publiques d'assurer la conservation et l'entretien des bâtiments affectés au culte dont elles sont propriétaires et n'exclut pas dans certaines hypothèses la possibilité ou même l'obligation, pour la puissance publique, d'organiser activement l'exercice de la liberté religieuse, voire d'apporter des financements à des activités en rapport avec l'exercice du culte.

Exceptions :

Le deuxième alinéa de l'article 2 de la loi de 1905 prévoit lui-même des exceptions en permettant de financer des services d'aumônerie destinées à assurer le libre exercice des cultes dans les établissements publics tels que lycées, collèges, écoles, hospices, asiles et prisons.

La puissance publique doit intervenir positivement pour assurer le libre exercice du culte des personnes qui, comme dans les hôpitaux, les armées ou les prisons, constituent un public captif et ne peuvent l'exercer librement par elles-mêmes (pour les hôpitaux, CE, Section, 28 janvier 1955, Sieurs 1 Aubrun et Villechenoux, Rec.

p. 503 ; pour les aumôneries dans l'enseignement public : Section, 28 janvier 1955, Association professionnelle des aumôniers de l'enseignement public, Rec. p. 51).

Comme le souligne le rapporteur public Édouard Geffray dans ses conclusions sur la décision Commune de Trélazé, « chaque fois que la puissance publique est confrontée à un public que l'on pourrait qualifier, au sens large, de « captif », c'est-à-dire dire comme n'étant pas en mesure d'exercer son culte où et quand il le souhaite, faute de pouvoir quitter à sa guise des lieux dont l'administration a la charge, celle-ci, non seulement peut, mais même doit, contribuer à assurer le libre exercice du culte au nom de la garantie de la liberté de culte posée à l'article 1er, contribuer à assurer le libre exercice du culte » (CE 19 juillet 2011 n° 308544 Commune de Trézalé).

Faute de prendre les mesures permettant de garantir la liberté d'exercice du culte de ces publics se trouvant dans une situation particulière, la personne publique peut engager sa responsabilité. Le Conseil d'État a ainsi mis en cause de la responsabilité de l'État pour ne pas avoir agréé des ministres du culte en nombre suffisant pour permettre à toute personne détenue la pratique du culte qu'elle revendique (CE, 16 octobre 2013, Garde des Sceaux c/ M. F. et autres, n° 351115, s'agissant d'une personne détenue, témoin de Jéhovah).

L'article 13 de la loi de 1905 permet aux collectivités publiques de financer les dépenses d'entretien et de conservation des édifices servant à l'exercice d'un culte dont elles sont demeurées ou devenues propriétaires (art L'article 19 de la loi de 1905 prévoit la possibilité de subvention aux associations cultuelles pour concours pour des travaux de réparation aux édifices affectés au culte, qu'ils soient ou non classés monuments historiques).

L'entretien des édifices cultuels nationalisés en 1789, c'est-à-dire dire la grande majorité des édifices catholiques qui sont demeurés la propriété de l'État, des départements et des communes et sont laissés gratuitement à la disposition des associations cultuelles par la loi de 1905, est ainsi pris en charge par la puissance publique.

Concrètement, les édifices du culte construits antérieurement à la promulgation de la loi de 1905 sont la propriété de personnes publiques, alors que les édifices construits postérieurement à cette date sont la propriété de personnes privées. L'article 13 de la loi prévoit toutefois que les édifices servant à l'exercice public du culte, ainsi que « les objets mobiliers les garnissant », seront laissés gratuitement à la disposition des établissements publics du culte, puis des associations dites « cultuelles ».

Les subventions se rapportant à des cérémonies cultuelles demeurent prohibées quand bien même ces dernières présenteraient un intérêt culturel et économique et qu'en marge de ces processions sont organisées des manifestations à caractère culturel ou historique (CE, 15 février 2013, Association Grande confrérie de Saint Martial et autres, n° 347049, s'agissant de l'organisation des ostensions septennales dans le Limousin).

D'autres lois ont apporté des dérogations ou des tempéraments à l'interdiction de subvention des cultes. La plus substantielle est sans aucun doute la possibilité ouverte aux départements et aux communes, ainsi qu'à l'État pour les associations à caractère national, de garantir « les emprunts contractés pour financer la construction dans les agglomérations en voie de développement d'édifices répondant à des besoins collectifs de caractère religieux par des groupements locaux ou par des associations cultuelles » par l'article 11 de la loi n° 61-825 du 19 juillet 1961 de finances rectificative pour 1961, désormais codifié aux articles L. 2252-4 et L. 3231-5 du code général des collectivités territoriales. Il s'agit d'une dérogation majeure à la loi de 1905, puisqu'en cas de carence de l'association ou du groupement en cause, c'est la collectivité qui, de fait, assure le remboursement de l'emprunt qui a servi à financer la construction du lieu de culte. (Sur la possibilité de conclure un Bail emphytéotique CE 19 juillet 2011 Patricia Vayssière).

En rendant 5 décisions en juillet 2011, le Conseil d'État a ouvert la possibilité d'un financement en cas d'intérêt public local en jugeant :

- d'une part, si les dispositions de la loi de 1905 interdisent en principe tout aide à l'exercice du culte, elle prévoit elle-même expressément des dérogations ou doit être articulée avec d'autres législations qui y dérogent ou y apportent des tempéraments.
- d'autre part, si les collectivités territoriales peuvent prendre des décisions ou financer des projets en rapport avec des édifices ou des pratiques cultuels, elles ne peuvent le faire qu'à la condition que ces décisions répondent à un intérêt public local, qu'elles respectent le principe de neutralité à l'égard des cultes et les principes et qu'elles excluent toute libéralité et, par suite, toute aide à un culte.

Dans l'affaire Commune de Trézalé, le Conseil d'État a jugé compatible avec la loi de 1905 l'acquisition d'un orgue placé dans un lieu de culte (bien mixte acquis par la collectivité) qui peut être utilisé dans le but de développer l'enseignement artistique et d'organiser des manifestations culturelles et en même temps par le desservant, pour accompagner l'exercice du culte. Le Conseil d'État demande simplement que des engagements soient pris afin de garantir une utilisation de l'orgue par la commune conforme à ses besoins et une participation de l'affectataire ou du propriétaire de l'édifice, dont le montant soit proportionné à l'utilisation qu'il pourra faire de l'orgue afin d'exclure toute libéralité et, par suite, toute aide à un culte (CE commune de Trézalé 19 juillet 2011).

Dans la décision du 19 juillet 2011 n° 308817 fédération de la libre pensée et de l'action sociale du Rhône, le juge administratif a estimé qu'une collectivité publique pouvait participer au financement de la construction d'un ascenseur destiné à faciliter l'accès des personnes à mobilité réduite à la basilique Notre-Dame de Fourvière compte tenu de l'intérêt public local, lié notamment à l'importance de l'édifice pour le rayonnement culturel ou le développement touristique et économique de son territoire, sous réserve toutefois, d'une part, que cet équipement ne soit pas destiné à l'exercice du culte et, d'autre part, que la participation financière de la collectivité ne soit pas versée à une association cultuelle et qu'elle soit exclusivement affectée au financement du projet, ce dernier point étant garanti par un engagement contractuel.

III. Liberté d'expression religieuse des usagers et des tiers au service public

Les normes constitutionnelles et conventionnelles rappellent que la liberté de religion ne saurait avoir une portée absolue. Des restrictions à la liberté de religion sont autorisées, principalement, en vue de la protection de l'ordre public, mais aussi pour la préservation de la liberté d'autrui. Le juge administratif contrôle la légalité des restrictions apportées à la libre expression des convictions religieuses et veille à leur stricte nécessité.

- **Les limitations au titre de l'ordre public ou du fonctionnement du service**

Le juge administratif contrôle la légalité des mesures restreignant la libre expression des convictions religieuses ou refusant la reconnaissance des associations cultuelles à raison de la protection de l'ordre public.

L'encadrement des manifestations religieuses relève principalement du pouvoir de police administrative du maire, notamment compétent pour réglementer les cérémonies, processions et autres manifestations extérieures d'un culte, comme les sonneries des cloches. La police du culte à l'intérieur de l'édifice est en revanche prise en charge par les autorités affectataires (CE, 24 mai 1938, Abbé Touron, Rec. p. 462).

Conformément à la jurisprudence Benjamin, le juge administratif s'assure toutefois que les mesures prises sont strictement nécessaires au maintien de l'ordre public. Le Conseil d'État a ainsi annulé l'arrêté d'un maire qui avait interdit au clergé revêtu d'habits sacerdotaux d'accompagner à pied des convois funèbres (CE, 19 février 1909, Abbé Olivier, n° 27355, au recueil) ou encore l'arrêté préfectoral interdisant toute cérémonie et tout office religieux dans un bâtiment à l'intention, notamment, des personnes y ayant leur résidence (CE, 14 mai 1982, Association internationale pour la conscience de Krisna, n° 31102).

Des considérations d'ordre public peuvent également justifier le rejet d'une demande de reconnaissance du statut d'association cultuelle. Conformément aux articles 1er, 18 et 19 de la loi du 9 décembre 1905, les associations qui revendiquent le statut d'association cultuelle, en premier lieu, doivent avoir exclusivement pour objet l'exercice d'un culte, en deuxième lieu, ne peuvent mener que des activités en relation avec cet objet telles que l'acquisition, la location, la construction, l'aménagement et l'entretien des édifices servant au culte ainsi qu'à l'entretien et la formation des ministres et autres personnes concourant à l'exercice du culte et, en troisième lieu, ne peuvent bénéficier de ce statut si certaines des activités de l'association peuvent porter atteinte à l'ordre public.

Ce statut présente certains avantages notamment en matière fiscale qui incite les religions dites nouvelles ou les sectes à en réclamer le bénéfice. Le Conseil d'État a été amené à juger de la qualité d'association cultuelle (CE, Ass., 1er février 1985, Association chrétienne Les témoins de Jéhovah de France, n° 46488, au recueil) mais aussi de la légalité de décisions de refus prises au motif de l'existence de troubles à l'ordre public. Le juge administratif a ainsi confirmé le refus de l'État de conférer le statut d'association cultuelle au mouvement du « Vajra triomphant » à raison des procédures pénales engagées contre son fondateur et contre certaines associations dont elle était proche (CE, 28 avril 2004, Association cultuelle du Vajra Triomphant, n° 248467). Dans d'autres cas d'espèce, il a admis le caractère cultuel de certains associations (CE, 23 juin 2000, Ministre de l'économie, des finances et de l'industrie c/ Association locale pour le culte des témoins de Jéhovah de Clamecy, n° 215109).

- **Dans les relations avec les usagers du service public**

La neutralité du service public est le corollaire du principe d'égalité qui régit le fonctionnement des services publics et implique notamment l'égal accès des usagers au service public et leur égal traitement. Elle garantit tout à la fois la liberté de conscience, de religion et l'absence de discrimination.

L'usager du service public n'est pas, en principe, soumis à l'exigence de neutralité religieuse. Cette qualité d'usager n'implique, en elle-même, aucune limitation à la liberté d'opinion et de croyance, ni à la possibilité de les exprimer. Dans le cadre de la laïcité, les usagers du service public peuvent donc exprimer leurs opinions religieuses, à la condition que cette expression ne soit pas constitutive d'un trouble à l'ordre public ou au bon fonctionnement du service.

Ainsi, en l'absence de dispositions particulières dans le code de procédure civile, le code de procédure pénale et le code de justice administrative, les personnes assistant à une audience juridictionnelle ne sont pas soumises à l'exigence de neutralité religieuse du service. Il en va de même des personnes amenées à témoigner lors d'une telle audience.

Des restrictions à la liberté des usagers des services publics de manifester leur conviction peuvent toutefois être envisagées. Elles résultent alors soit de textes particuliers soit de considérations liées à l'ordre public ou au bon fonctionnement du service public.

L'exemple le plus significatif est l'article L. 141-15-1 du code de l'éducation, créé par la loi du 15 mars 2004 encadrant, en application du principe de laïcité, le port de signes ou de tenues manifestant une appartenance religieuse dans les écoles, collèges et lycées publics qui interdit aux élèves de ces établissements, usagers du service, le port de signes ou tenues qui manifestent ostensiblement une appartenance religieuse (ex : voile, kippa, grande croix) ou ceux dont le port manifeste ostensiblement une appartenance religieuse en raison du comportement de l'élève.

La Cour européenne des droits de l'homme a admis la conventionnalité de sanctions d'exclusion de classe intervenues avant la loi (CEDH 4 déc 2008 Dogru) ou en vertu de cette loi (CEOH 30 juin 2009, Aktas).

L'obligation de neutralité en matière d'enseignement scolaire est justifiée par la nécessité de sanctuariser les élèves des déterminismes extérieurs et de préserver « jeunes gens dont l'esprit n'a pas encore la maturité nécessaire pour juger en toute impartialité de l'enseignement qui leur est donné et qui n'ont pas encore le pouvoir de juger les doctrines qui lui sont soumises » pour reprendre les conclusions de M. Helbronner prononcées en 1912. (concl. sur CE, 10 mai 1912, Abbé Bouteyre : D. 1914, 3, p. 74).

Antérieurement à cette loi, le Conseil d'État, dans un avis adopté par son assemblée générale le 27 novembre 1989, avait estimé que le port par les élèves de signes par lesquels ils entendaient manifester leur appartenance à une religion n'était pas, par lui-même, incompatible avec le principe de laïcité. Appelé à statuer au contentieux sur le même problème, le Conseil d'État s'était prononcé dans le même sens en censurant des mesures d'interdiction à caractère général et absolu (Conseil d'État 2 nov. 1992, Kherouaa). Il avait jugé à l'inverse que n'était pas illégale l'exclusion d'un établissement d'élèves qui, lors d'un enseignement d'éducation physique, avaient refusé d'ôter le foulard qu'elles portaient en signe d'appartenance religieuse (CE 20 oct. 1999. Ministre de l'éducation nationale c M. et Mme Aît Ahmad, Rcë).

Il a été reproché à cette jurisprudence d'abandonner les chefs d'établissement en les laissant gérer seuls les conséquences des offensives de pratiques de prosélytisme religieux. D'ailleurs, une attitude de fermeté et de soutien aux chefs d'établissement et enseignants du ministre de l'éducation Jean-Pierre Chevènement avait permis en 1985 de mettre rapidement fin aux affaires de port du voile dans les établissements scolaires. Les enseignants déploraient aussi de devoir passer une partie substantielle des cours à devoir négocier avec les élèves concernés la question de la tenue portée en classe et des activités compatibles avec ces tenues au détriment des activités d'enseignement et de la scolarité de l'immense majorité des élèves.

Depuis l'adoption de cette loi, il est constaté une extinction des frictions posées par cette question dans le réel quotidien des établissements scolaires. Saisi d'un des rares cas qui ne s'est pas résolu de lui-même par le dialogue et la fermeté, le Conseil d'État a notamment confirmé la sanction prise à l'encontre d'une jeune femme qui avait systématiquement refusé de retirer un bandana et ainsi donné à ce dernier le caractère d'un signe manifestant de manière ostensible son appartenance religieuse (CE, 5 décembre 2007, M. et Mme G., n° 295671). Il a également jugé que le « keshi » sikh, bien qu'il soit d'une dimension plus modeste que le turban traditionnel et de couleur sombre, ne peut être qualifié de signe discret et que, par suite, le seul port de ce signe manifeste ostensiblement l'appartenance à la religion sikhe de celui qui le porte (CE, 5 décembre 2007, M. S., n° 285394).

S'agissant du service public de l'éducation, il a ainsi été jugé que les élèves des établissements publics d'enseignement du second degré ne peuvent bénéficier individuellement d'autorisations d'absence nécessaires à l'exercice d'un culte ou la célébration d'une fête religieuse que dans les cas où ces absences sont compatibles avec l'accomplissement des tâches inhérentes à leurs études et avec le respect de l'ordre public dans l'établissement.

Par ailleurs, le principe de laïcité interdit « à quiconque de se prévaloir de ses croyances religieuses pour s'affranchir des règles communes régissant les relations entre les collectivités publiques et les particuliers » (Conseil constitutionnel, 19 novembre 2004, Traité établissant une Constitution pour l'Europe, n° 2004-505 DC). Le Conseil d'État considère ainsi que ni les dispositions de l'article 10 de la déclaration des droits de l'Homme et du citoyen ni les stipulations de l'article 9 de la convention européenne de sauvegarde des droits de l'homme ne justifie qu'un individu puisse être dispensé, compte tenu de ses pratiques religieuses, de figurer tête nue sur les photographies destinées à l'établissement de la carte nationale d'identité (CE, 15 décembre 2006, Association United Sikhs et Mann Singh, n° 289946; CE, 27 juillet 2001, Fonds de défense des Musulmans en justice, n° 216903).

Les contraintes inhérentes aux missions du service public hospitalier et aux conditions dans lesquelles il est assuré expliquent également, comme le rappelle une circulaire du ministre des solidarités, de la santé et de la famille, que si elle est garantie, l'expression des convictions religieuses au sein des établissements de santé ne doit pas porter atteinte : « à la qualité des soins et aux règles d'hygiène ». Le malade doit accepter la tenue vestimentaire imposée compte tenu des soins qui lui sont donnés.

- **La question des parents d'élèves**

Entre l'agent public et l'usager, le Conseil d'État n'a pas reconnu une catégorie de « collaborateurs » ou « participants », qui serait soumise en tant que telle à l'exigence de neutralité religieuse. Dans une étude rendue à la demande du Défenseur des droits le 23 décembre 2013, le Conseil d'État a estimé que les mères voilées accompagnant des sorties scolaires ne sont pas soumises, par principe, à la neutralité religieuse, mais que « les exigences liées au bon fonctionnement du service public de l'éducation peuvent conduire l'autorité compétente, s'agissant des parents qui participent à des déplacements ou des activités scolaires, à recommander de s'abstenir de manifester leur appartenance ou leurs croyances religieuses ».

Les nécessités de l'ordre public et du bon fonctionnement du service, qui résultent de la lettre même de l'article 10 de la Déclaration de 1789, peuvent fonder des restrictions à la liberté d'expression des convictions religieuses au sein des services publics. Elles impliquent de « s'abstenir de toute forme de prosélytisme et de tout comportement de nature à perturber le bon fonctionnement du service ».

Mais la question des obligations imposées aux parents d'élèves ne se limite pas à celle de l'accompagnement des sorites scolaires. Se pose aussi la question des obligations qui peuvent être imposées aux parents qui interviennent en classe dans le cadre d'une activité d'enseignement à laquelle la cour administrative d'appel de Lyon a apporté une réponse le 23 juillet 2019 dans un arrêt n° 17LY04351, Mme Bahija DOUDINE épouse HASSANI, Mme Mounia MILLARD qui tient compte de la reconnaissance législative de la participation des parents aux missions de l'école de la République.

Selon l'article L. 111-4 du code de l'éducation, les parents sont membres de la communauté éducative qui participe dans son ensemble à l'accomplissement des missions de l'établissement scolaire. En effet, l'article L. 111-3 prévoit : « *Dans chaque école, collège ou lycée, la communauté éducative rassemble les élèves et tous ceux qui, dans l'établissement scolaire ou en relation avec lui, participent à l'accomplissement de ses missions. Elle réunit les personnels des écoles et établissements, les parents d'élèves, les collectivités territoriales ainsi que les acteurs institutionnels, économiques et sociaux, associés au service public de l'éducation* ».

Si les élèves, qui bénéficient directement du service public de l'éducation, ont la qualité d'usagers du service public, les parents qui en bénéficient indirectement ont aussi cette qualité (CE, 22 mars 1941, Union des parents l'enseignement libre: Lebon 1941, p. 49). Or les usagers ne sont pas être astreints par la loi à une obligation de neutralité, ce qu'a jugé le tribunal administratif de Nice s'agissant de parents d'élèves (TA Nice, 9 juin 2015, n° 1305386). Comme nous l'avons déjà dit, pour le Conseil d'État, la notion de collaborateur occasionnel du service public n'est qu'une catégorie fonctionnelle créée spécifiquement et uniquement pour permettre une indemnisation des personnes qui prêtent utilement leur concours au service public pouvant s'appliquer à la réparation des conséquences d'un accident d'un parent d'élève accompagnant survenu à l'occasion d'une sortie scolaire (CE, 13 janv. 1993, Galtié: Lebon, p. 11). Mais pour le Conseil d'État, « ces personnes n'en deviennent pas pour autant des agents du service public auxquels pourraient être imposées des obligations ou des sujétions statutaires » (étude du 19 décembre 2013).

Pour autant, les parents d'élèves lorsqu'ils participent, dans l'enceinte scolaire, à des activités pédagogiques dans le cadre d'une mission reconnue à l'article L. 111-3 du code de l'éducation ne peuvent pas être assimilée à de simples usagers du service public, puisqu'ils participent activement à une activité scolaire dans l'établissement. Le bon fonctionnement du service public impose dans le cadre une obligation d'abstention d'arborer un signe manifestant leur appartenance ou leurs croyances religieuses.

Dans cette affaire, trois mères d'enfants scolarisés en maternelle, CE1 et CM2, à l'école Condorcet à Meyzieu, ont demandé leur participation à des ateliers se déroulant dans l'école et pendant le temps scolaire pour des activités de lecture, d'informatique, de jardinage et de cuisine. Le directeur d'établissement puis le recteur ont refusé leur participation en raison d'un article du règlement de cette école qui permet la participation des parents d'élèves volontaires à ces divers ateliers, mais leur impose une neutralité en prohibant le port de tout signe ostentatoire d'appartenance politique ou religieuse. Le recteur a justifié cette restriction par les exigences du bon fonctionnement du service public. Les parents ont alors saisi le tribunal administratif de Lyon d'une demande d'annulation de ces décisions de refus de participation à ces ateliers et de leur confirmation par le recteur au motif que des parents d'élève ne peuvent pas légalement se voir opposer un refus fondé sur la neutralité religieuse dès lors qu'elles ont la qualité d'usager du service public. Le tribunal administratif de Lyon a confirmé ces décisions de refus en estimant que les parents d'élèves participaient au service public de l'éducation dans le cadre de ces ateliers et peuvent être soumis à des restrictions de manifestation de leurs croyances religieuses et politiques.

Dans son arrêt n° 17LY04351 du 23 juillet 2019, Mme HASSANI, la cour administrative d'appel de Lyon a jugé que : « *Le principe de laïcité de l'enseignement public, qui est un élément de la laïcité de l'État et de la neutralité de l'ensemble des services publics, impose que l'enseignement soit dispensé dans le respect, d'une part, de cette neutralité par les programmes et par les enseignants et, d'autre part, de la liberté de conscience des élèves.* ***Ce même principe impose également que, quelle que***

soit la qualité en laquelle elles interviennent, les personnes qui, à l'intérieur des locaux scolaires, participent à des activités assimilables à celles des personnels enseignants, soient astreintes aux mêmes exigences de neutralité ». En l'espèce, l'exigence de neutralité imposée aux parents d'élèves ne trouve à s'appliquer que lorsque ces derniers participent à des activités qui se déroulent à l'intérieur des classes et dans le cadre desquelles ils exercent des fonctions similaires à celles des enseignants. Elle a jugé les seuls parents concernés par l'exigence d'arborer une tenue neutre rappelée par la décision de la rectrice de l'académie de Lyon sont ceux qui, à l'intérieur des classes de l'école Condorcet de Meyzieu, se livrent à des activités assimilables à des activités d'enseignement et que les requérantes ne sont, dès lors, pas fondées à soutenir que cette décision est entachée d'illégalité.

La Cour de Lyon distingue donc les sorties scolaires et la participation des parents d'élèves à des activités d'enseignement réalisées dans l'enceinte de l'établissement et sur le temps scolaire dans la mesure où les parents jouent un rôle actif dans le cadre d'activités à visée pédagogique au sein de l'établissement scolaire. Le refus du Conseil d'État de reconnaître une 4e catégorie s'ajoutant à celle d'agent public, de tiers et d'usager doit céder quand la loi elle-même fait participer les parents à la communauté éducative et aux missions d'enseignement sur le temps scolaire et dans les salles de classe.

Le rapporteur public de la Cour, Samuel Deliancourt, estime que « *lorsque les parents interviennent dans le cadre d'activités récréatives au sein même de l'établissement scolaire, ils sont vus comme des enseignants, la qualité de tiers comme celle d'usager ne correspondent plus, ni à la réalité, ni d'ailleurs à la perception éventuelle des enfants. La neutralité scolaire exigée et sur laquelle est fondée l'école depuis le XIXe siècle tend à "sanctuariser" ces dépendances pour les épargner de toutes pressions et convictions. La neutralité est ainsi logiquement imposée lorsqu'il s'agit des locaux scolaires. Aussi, si le principe est que les locaux communaux peuvent être utilisés par les associations ou partis politiques qui en font la demande (CGCT, art. L. 2144-3), il en va différemment des locaux abritant les locaux scolaires et dont l'occupation est régie par l'article L. 212-15 du Code de l'éducation relatif à l'utilisation des locaux scolaires pour les activités susceptibles de s'y dérouler en dehors des heures de classe (pour une réunion publique autorisée dans une cantine d'un établissement scolaire, V. CE, 8 juill. 1970, Cne Hermitage : Lebon 1970, p. 469). Selon cette disposition, "le maire peut utiliser les locaux et les équipements scolaires dans la commune pour l'organisation d'activités à caractère culturel, sportif, social ou socio-éducatif pendant les heures ou les périodes au cours desquelles ils ne sont pas utilisés pour les besoins de la formation initiale et continue. Ces activités doivent être compatibles avec la nature des installations, l'aménagement des locaux et le fonctionnement normal du service. Elles doivent également respecter les principes de neutralité et de laïcité". Il s'agit de préserver ces endroits de toute influence religieuse comme politique.* [...] *Dès lors que les parents en leur qualité de membres de la communauté éducative exercent des fonctions comparables, similaires ou semblables à l'enseignant au sein d'enceintes scolaires, ils sont tenus de respecter le principe de neutralité scolaire. Nous vous proposons ainsi, sur le fondement de ce double critère matériel tiré de la nature des activités exercées par les parents avec les enfants et du lieu d'exercice de celles-ci, de confirmer le jugement de rejet».*

Bilan de l'actualité

La question de l'application de la neutralité religieuse appliquée aux étudiants

Dans une décision du 28 juillet 2017, n° 390740, Mme Boutaleb, le Conseil d'État a été amené à examiner la question de vêtements ou de signes manifestant l'appartenance à une religion d'élèves-infrimiers qui ont à la fois les qualités d'usager et de stagiaire de la fonction publique dans le cadre des études dans un institut de formation en soins infirmiers.

Un arrêté du 21 avril 2007 relatif aux conditions de fonctionnement des instituts de formation paramédicaux a imposé un règlement intérieur type de ces instituts de formation dont une clause interdit les signes et les tenues qui manifestent ostensiblement l'appartenance à une religion dans tous les lieux affectés à l'institut de formation.

Saisi par des élèves d'un institut de formation en soins infirmiers d'un recours contre cette restriction, le Conseil d'État a constaté son illégalité en tant qu'elle pose une interdiction de caractère général, sans distinguer selon les situations dans lesquelles peuvent se trouver les élèves : usagers du service public de l'enseignement supérieur lorsqu'ils suivent leur formation dans un établissement d'enseignement supérieur lors de leur formation théorique et pratique, mais stagiaires dans un établissement public de santé lors de leur formation clinique.

En effet si, en application de l'article L. 811-1 du code de l'éducation, les étudiants disposent de la « liberté [...] d'expression à l'égard des problèmes politiques, économiques, sociaux et culturels [...], dans des conditions qui ne portent pas atteinte aux activités d'enseignement et de recherche et qui ne troublent pas l'ordre public » et sont donc, « sauf lorsqu'ils suivent un enseignement dispensé par un lycée public [compte tenu des dispositions de l'article L. 141-5-1 du code de l'éducation], libres de faire état de leurs croyances religieuses, y compris par le port de vêtement ou de signes manifestant leur appartenance à une religion, sous réserve de ne pas perturber le déroulement des activités d'enseignement et le fonctionnement normal du service public, notamment par un comportement revêtant un caractère prosélyte ou provocateur » (C.E., 26 juillet 1996, Université de Lille-II, n° 170106, aux tables du Recueil Lebon), il n'en va pas de même lorsqu'ils effectuent leur formation clinique sous forme de stage dans un établissement de santé.

Dans ce dernier cas, le Conseil d'État a rappelé « que lorsqu'ils effectuent un stage dans un établissement de santé chargé d'une mission de service public, les élèves infirmiers doivent respecter les obligations qui s'imposent aux agents du service public hospitalier ; que s'ils bénéficient de la liberté de conscience qui interdit toute discrimination fondée sur la religion, le principe de laïcité fait obstacle à ce qu'ils manifestent leurs croyances religieuses dans le cadre du service public ; que, lorsque les élèves infirmiers effectuent leur stage dans un établissement n'ayant aucune mission de service public, ils doivent respecter, le cas échéant, les dispositions du règlement intérieur de cet établissement qui fixent les conditions dans lesquelles ses agents peuvent faire état de leurs croyances religieuses ».

Par cette décision, le Conseil d'État a également précisé que, dans le cas où leur formation théorique se déroule dans un lycée public, les élèves des instituts de formation paramédicaux sont soumis aux obligations posées par l'article L. 141-5-1 du code de l'éducation, aux termes duquel : « Dans les écoles, les collèges et les lycées publics, le port de signes ou tenues par lesquels les élèves manifestent ostensiblement une appartenance religieuse est interdit », faisant ainsi prévaloir la nature de l'établissement où sont dispensés les cours sur le principe de liberté d'expression dont disposent les élèves en leur qualité d'étudiants de l'enseignement supérieur.

Sur ce dernier point, cette décision du Conseil d'État est à rapprocher de l'arrêt de la cour administrative d'appel de Paris n° 16PA01319 du 20 juin 2017, qui a également fait prévaloir la nature de l'établissement (lycée) sur celle des formations (exclusivement d'enseignement supérieur) dispensées par l'école nationale de commerce de Paris, établissement ayant le statut d'établissement public local d'enseignement qui « entre dès lors dans le champ d'application de l'article L. 141-5-1 précité, sans que puisse lui être opposée la circonstance qu'elle ne dispenserait que des formations préparant soit aux grandes écoles, soit à l'obtention d'un brevet de technicien supérieur ».

Cette décision du Conseil d'État conforte également les réponses apportées par la direction des affaires juridiques du minsitère à des questions relatives au port de tenues ou signes religieux par les élèves des écoles supérieures du professorat et de l'éducation (ESPE). Pendant leur stage en ESPE qui comporte des périodes de mise en situation professionnelle dans un établissement scolaire et des périodes de formation dans les locaux de l'école, les personnels enseignants et d'éducation stagiaire exercent leurs fonctions de fonctionnaires stagiaires et sont, à ce titre, soumis aux obligations qui s'imposent aux agents publics, qu'ils soient ou non en contact avec le public. Par conséquent, ils ne peuvent porter un signe ou une tenue manifestant ostensiblement leur appartenance religieuse. Il n'en va toutefois pas de même pour les étudiants qui suivent une formation dans ces mêmes ESPE sans avoir la qualité de fonctionnaires stagiaires et, par conséquent, sans être agents de la fonction publique.

La neutralité des personnes publiques

La neutralité des personnes publiques est concrétisée à l'article 28 de la loi du 9 décembre 1905 qui interdit, à l'avenir, d'élever ou d'apposer aucun signe ou emblème religieux sur les monuments publics ou en quelque emplacement public que ce soit, à l'exception des édifices servant au culte, des terrains de sépulture dans les cimetières, des monuments funéraires, ainsi que des musées ou expositions.

Cet article ménage des exceptions pour les cimetières et les expositions. En outre, en prévoyant que cette interdiction ne s'appliquerait que pour l'avenir, le législateur a préservé les signes et emblèmes religieux existant à la date de l'entrée en vigueur de la loi de 1905.

Le conseil d'État en déduit que ces dispositions, qui ont pour objet d'assurer la neutralité des personnes publiques à l'égard des cultes, s'opposent à l'installation par celles-ci, dans un emplacement public, d'un signe ou emblème manifestant la reconnaissance d'un culte ou marquant une préférence religieuse, sous réserve des exceptions qu'elle ménage. Pour aboutir à cette conclusion, le CE s'appuie notamment sur les travaux préparatoires de la loi de 1905 et les mentions évoquant les objets mixtes. Si les députés avaient essentiellement discuté d'installations pérennes et immobilières, ils avaient envisagé l'hypothèse d'objets mixtes, à travers le cas de statues d'hommes religieux. Aristide Briand, rapporteur de la loi, s'était alors exprimé en ces termes : « Je vous indique que par ces mots « emblèmes, signes religieux », nous entendons désigner des objets qui ont un caractère nettement symbolique, qui ont été érigés moins pour rappeler des actions d'éclat accomplies par les personnages qu'ils représentent que dans un but de manifestation religieuse. [...] Une commune pourra toujours honorer la mémoire d'un de ses enfants en lui érigeant une statue sans donner à ce monument le caractère marqué d'une manifestation religieuse ». Ainsi, dès 1905, le législateur avait conçu qu'une même représentation puisse, selon l'objet qui lui est donné et la façon dont elle est faite, constituer un emblème religieux prohibé ou respecter le principe de neutralité.

Le conseil d'État a eu récemment l'opportunité de préciser ce qui pouvait constituer un signe ou emblème manifestant la reconnaissance d'un culte ou marquant une préférence religieuse.

Dans sa décision du 9 novembre 2016 n° 395223 Fédération de la libre pensée de Vendée concernant l'installation des crèches, il n'a pas appliqué à la lettre l'article 28 de la loi du 9 décembre 1905 qui interdit les signes ou emblèmes religieux sur les monuments publics ou en quelque emplacement public. Il a jugé que « Une crèche de Noël est une représentation susceptible de revêtir une pluralité de significations. Il s'agit en effet d'une scène qui fait partie de l'iconographie chrétienne et qui, par là, présente un caractère religieux. Mais il s'agit aussi d'un élément faisant partie des décorations et illustrations qui accompagnent traditionnellement, sans signification religieuse particulière, les fêtes de fin d'année ».

Eu égard à cette pluralité de significations, l'installation d'une crèche de Noël, à titre temporaire, à l'initiative d'une personne publique, dans un emplacement public, n'est légalement possible que lorsqu'elle présente un caractère culturel, artistique ou festif, sans exprimer la reconnaissance d'un culte ou marquer une préférence religieuse. Pour porter cette dernière appréciation, il y a lieu de tenir compte non seulement du contexte, qui doit être dépourvu de tout élément de prosélytisme, des conditions particulières de cette installation, de l'existence ou de l'absence d'usages locaux, mais aussi du lieu de cette installation. À cet égard, la situation est différente, selon qu'il s'agit d'un bâtiment public, siège d'une collectivité publique ou d'un service public, ou d'un autre emplacement public.

Dans l'enceinte des bâtiments publics, sièges d'une collectivité publique ou d'un service public, le fait pour une personne publique de procéder à l'installation d'une crèche de Noël ne peut, en l'absence de circonstances particulières permettant de lui reconnaître un caractère culturel, artistique ou festif, être regardé comme conforme aux exigences attachées au principe de neutralité des personnes publiques.

À l'inverse, dans les autres emplacements publics, eu égard au caractère festif des installations liées aux fêtes de fin d'année notamment sur la voie publique, l'installation à cette occasion d'une crèche de Noël par une personne publique est possible, dès lors qu'elle ne constitue pas un acte de prosélytisme ou de revendication d'une opinion religieuse.

Eu égard au caractère mixte de la crèche il faut tenir compte des conditions particulières d'installation, de l'existence ou de l'absence d'usages locaux et du lieu de cette installation. Dans le cadre de cette appréciation, si la crèche est installée au siège d'une collectivité publique ou d'un service public, l'atteinte au principe de neutralité est présumée, sauf circonstances particulières permettant de lui reconnaître un caractère culturel, artistique ou festif. À l'inverse si la crèche n'est pas installée au siège d'une collectivité publique ou d'un service public, la présomption est inverse c'est-à-dire qu'il n'y a pas d'atteinte au principe de neutralité sauf si l'installation de la crèche révèle un acte de prosélytisme ou de revendication d'une opinion religieuse.

Dans une espèce où une statue du pape Jean-Paul II a été érigée en 2006 sur une place publique de la commune de Ploërmel surplombée d'une croix de grande dimension reposant sur une arche, le Conseil d'État a distingué la situation de la statue et de l'arche d'une part, et celle de la croix d'autre part.

Il a jugé que : « Si l'arche surplombant la statue ne saurait, par elle-même, être regardée comme un signe ou emblème religieux au sens de l'article 28 précité de la loi du 9 décembre 1905, il en va différemment, eu égard à ses caractéristiques, de la croix. Par suite, l'édification de cette croix sur un emplacement public autre que ceux prévus par l'article 28 de la loi du 9 décembre 1905 précité méconnaît ces dispositions, sans que la commune et l'association intervenante en défense soient utilement fondées à se prévaloir ni du caractère d'œuvre d'art du monument, ni de ce que la croix constituerait l'expression d'une forte tradition catholique locale, ni de la circonstance, au demeurant non établie, que la parcelle communale sur laquelle a été implantée la statue aurait fait l'objet d'un déclassement postérieurement aux décisions attaquées. En outre, sont sans incidence sur la légalité des décisions attaquées la circonstance que l'installation de la statue aurait fait l'objet d'une décision de non-opposition à déclaration de travaux au profit de la commune devenue définitive ainsi que les moyens tirés de l'intérêt économique et touristique du monument pour la commune et de ce que le retrait de tout ou partie de l'œuvre méconnaîtrait les engagements contractuels la liant à l'artiste ».

Mise à disposition d'une salle municipale

Dans une importante décision du 7 mars 2019 commune de Valbonne n° 417629, le Conseil d'État est revenu sur la décision d'Assemblée du 19 juillet 2011, Commune de Montpellier, n° 313518, p. 398 et a donné une nouvelle interprétation de l'article L. 2144-3 du code général des collectivités territoriales qui permet aux communes de mettre à disposition des locaux communaux des associations, syndicats ou partis politiques qui en font la demande en fixant en tant que de besoin, la contribution due à raison de cette utilisation ». Sont regardés comme des locaux communaux, au sens et pour l'application de ces dispositions, les locaux affectés aux services publics communaux.

Il a jugé que ces dispositions permettent à une commune, en tenant compte des nécessités qu'elles mentionnent, d'autoriser, dans le respect du principe de neutralité à l'égard des cultes et du principe d'égalité, l'utilisation pour l'exercice d'un culte par une association d'un local communal, dès lors que les conditions financières de cette autorisation excluent toute libéralité et, par suite, toute aide à un culte.

Il en déduit qu'une commune ne peut rejeter une demande d'utilisation d'un tel local au seul motif que cette demande lui est adressée par une association dans le but d'exercer un culte, alors que la jurisprudence commune de Montpellier interdisait la location d'une salle communale en vue de l'exercice d'un culte.

L'apport de cette décision est que les collectivités territoriales peuvent donner à bail, et ainsi pour un usage exclusif et pérenne, à une association cultuelle un local existant de leur domaine privé sans méconnaître les dispositions précitées de la loi du 9 décembre 1905 dès lors que les conditions, notamment financières, de cette location excluent toute libéralité. Ainsi une association du culte musulman, qui ne dispose pas de lieux de cultes antérieurs à la loi de 1905, peut louer une salle communale pour cet objet si elle appartient au domaine privé de la commune.

Ouvrages récents

- Rapport public du Conseil d'État de l'année 2004 : Considérations générales ; Un siècle de laïcité.
- Le domaine (privé) des dieux, Clément Malverti et Cyrille Beaufils, responsable du centre de recherches et de diffusion juridiques du Conseil d'État, *AJDA* 2019, p. 980.
- La crèche entre dans les Tables – Louis Dutheillet de Lamothe – Guillaume Odinet, *AJDA* 2016, p. 2375.

Exemples de sujets

- La neutralité du service public.
- La loi de 1905 doit-elle être réformée ?

QCM

1. Qu'est-ce qui ne peut faire l'objet d'une révision dans la Constitution de la Vᵉ République ?

- ☐ **A.** Élection du président de la République au suffrage universel direct
- ☐ **B.** Forme républicaine du gouvernement
- ☐ **C.** Nature démocratique du régime politique
- ☐ **D.** Participation de la France à la construction européenne

2. Combien de fois la Constitution de la Vᵉ République a-t-elle été révisée jusqu'à présent ?

- ☐ **A.** 6 fois
- ☐ **B.** 12 fois
- ☐ **C.** 18 fois
- ☐ **D.** 24 fois

3. Qui peut prendre l'initiative d'une révision de la Constitution (plusieurs réponses possibles) ?

- ☐ **A.** Conseil constitutionnel
- ☐ **B.** Parlement
- ☐ **C.** Peuple par le biais d'une initiative populaire
- ☐ **D.** président de la République

4. Comment la révision de la Constitution doit-elle être adoptée (plusieurs réponses possibles) ?

- ☐ **A.** Le projet de révision est soumis au Parlement convoqué en Congrès qui doit l'adopter à la majorité des 3/5 des suffrages exprimés
- ☐ **B.** Le projet ou la proposition de révision doit être approuvé directement par référendum
- ☐ **C.** Le projet ou la proposition de révision doit être examiné et adopté par chacune des assemblées à la majorité des 2/3
- ☐ **D.** Le projet ou la proposition de révision est examiné et voté par les deux assemblées, puis doit être approuvé par référendum

5. Comment appelle-t-on en France l'ensemble des normes de référence que les lois se doivent de respecter ?

- ☐ **A.** Bloc de constitutionnalité
- ☐ **B.** Constitution
- ☐ **C.** Norme juridique de référence
- ☐ **D.** Normes juridiques suprêmes

6. Lequel ou lesquels des textes suivants sont intégrés par le Conseil constitutionnel dans le bloc de constitutionnalité ?

- ☐ **A.** Déclaration des droits de l'homme et du citoyen de 1789
- ☐ **B.** Déclaration universelle des droits de l'homme
- ☐ **C.** Préambule de la Constitution de 1946 (IVᵉ République)
- ☐ **D.** Principes fondamentaux reconnus par les lois de la République

7. À quoi correspondent les principes fondamentaux reconnus par les lois de la République (une seule réponse possible) ?

- ☐ **A.** Déclaration des droits de l'homme et du citoyen
- ☐ **B.** Jurisprudence du Conseil constitutionnel et du Conseil d'État
- ☐ **C.** Préambule de la Constitution de 1958
- ☐ **D.** Principes énoncés dans le préambule de la Constitution de 1946

8. Quelle norme se situe au sommet de la hiérarchie des normes juridiques en France ?

- ☐ **A.** Les actes administratifs réglementaires : décrets, arrêtés, etc.
- ☐ **B.** La Constitution et le « bloc de constitutionnalité »
- ☐ **C.** Les lois et les textes à valeur législative
- ☐ **D.** Les traités et accords internationaux

9. Comment appelle-t-on une législation dont l'objectif est de préciser les modalités d'organisation et de fonctionnement des pouvoirs publics dans les cas spécialement prévus par la Constitution ?

- ☐ **A.** Décret
- ☐ **B.** Loi ordinaire
- ☐ **C.** Loi organique
- ☐ **D.** Loi référendaire

10. Laquelle ou lesquelles des affirmations suivantes relatives à la loi sont exactes ?

- ☐ **A.** Le Conseil constitutionnel est chargé de veiller à la conformité des lois à la Constitution
- ☐ **B.** Le domaine de la loi n'est pas limité : le Parlement peut donc légiférer dans n'importe quel domaine
- ☐ **C.** La loi est votée par le Parlement
- ☐ **D.** Seuls les parlementaires ont l'initiative en matière législative

11. Retrouvez la procédure d'adoption des lois suivantes : loi constitutionnelle (A), loi de finances (B), loi ordinaire (C), loi organique (D), loi référendaire (E)

- ☐ **1.** Majorité absolue des suffrages exprimés des deux assemblées : A B C D E
- ☐ **2.** Majorité absolue des suffrages exprimés des deux assemblées, voire majorité absolue des membres de l'Assemblée en cas de désaccord entre les deux assemblées et soumission automatique au Conseil constitutionnel : A B C D E
- ☐ **3.** Référendum : A B C D E
- ☐ **4.** Référendum ou 3/5 des suffrages exprimés du Parlement réuni en Congrès : A B C D E

12. Qu'est-ce qu'un projet ou une proposition de loi doit comprendre de façon obligatoire ?

- ☐ **A.** Les amendements déposés par les parlementaires et adoptés par les deux assemblées
- ☐ **B.** Les dispositions législatives rédigées en articles
- ☐ **C.** Une étude d'impact
- ☐ **D.** Un exposé des motifs

13. Laquelle ou lesquelles des affirmations suivantes relatives aux étapes du vote d'une loi sont exactes ?

- ☐ **A.** L'assemblée procède en premier lieu à un examen général du texte
- ☐ **B.** L'assemblée procède en second lieu à un examen détaillé qui se traduit par une discussion du texte article par article et donc par le dépôt d'amendements
- ☐ **C.** L'assemblée procède en troisième lieu au vote, qui ne concerne que l'ensemble du texte
- ☐ **D.** L'examen d'un texte se déroule en séance publique dans l'hémicycle

14. Classez les actes administratifs suivants dans la hiérarchie des normes réglementaires (du plus élevé au moins élevé)

- ☐ **A.** Arrêté : 1 2 3 4
- ☐ **B.** Circulaire : 1 2 3 4
- ☐ **C.** Décret : 1 2 3 4
- ☐ **D.** Ordonnance : 1 2 3 4

15. Classez les décrets suivants dans la hiérarchie des décrets (du plus élevé au moins élevé)

- ☐ **A.** Décrets délibérés en Conseil des ministres et signés par le président de la République : 1 2 3
- ☐ **B.** Décrets du premier ministre obligatoirement soumis pour avis au Conseil d'État : 1 2 3
- ☐ **C.** Décrets simples du premier ministre : 1 2 3

16. En France, quel est le 2e personnage de l'État dans l'ordre protocolaire ?

- ☐ **A.** Premier ministre
- ☐ **B.** Président de l'Assemblée nationale
- ☐ **C.** Président du Conseil constitutionnel
- ☐ **D.** Président du Sénat

17. Classez les personnages de l'État suivants dans l'ordre protocolaire

- ☐ **A.** Premier ministre : 1 2 3 4 5
- ☐ **B.** Président de l'Assemblée nationale : 1 2 3 4 5
- ☐ **C.** Président de la République : 1 2 3 4 5
- ☐ **D.** Président du Conseil constitutionnel : 1 2 3 4 5
- ☐ **E.** Président du Sénat : 1 2 3 4 5

18. Quel personnage figure au 1er rang de l'ordre de préséance lors des cérémonies publiques en région ?

- ☐ **A.** Député
- ☐ **B.** Préfet
- ☐ **C.** Président du Conseil régional
- ☐ **D.** Sénateur

19. Quelle est la nature du régime politique instauré par la Ve République en France ?

- ☐ **A.** Régime d'assemblée
- ☐ **B.** Régime parlementaire
- ☐ **C.** Régime présidentiel
- ☐ **D.** Régime semi-présidentiel

20. En quelle année la fonction de président de la République a-t-elle été instaurée en France ?

- ☐ **A.** 1793
- ☐ **B.** 1848
- ☐ **C.** 1875
- ☐ **D.** 1958

21. En quelle année le principe de l'élection du président de la République au suffrage universel direct a-t-il été instauré durant la Ve République ?

- ☐ **A.** 1958
- ☐ **B.** 1959
- ☐ **C.** 1962
- ☐ **D.** 1965

22. Laquelle ou lesquelles des conditions suivantes sont requises pour pouvoir se présenter à l'élection présidentielle ? Recueillir la signature…

- ☐ **A.** de 500 élus
- ☐ **B.** d'élus à condition que les élus d'un même département ne représentent pas plus de 10 % du nombre de signatures
- ☐ **C.** d'élus qui appartiennent à au moins trois partis politiques différents
- ☐ **D.** d'élus qui appartiennent à au moins 50 départements

23. Laquelle ou lesquelles des affirmations suivantes sont exactes ?

- ☐ **A.** Les dépenses des candidats à l'élection présidentielle ne peuvent dépasser 30 millions d'euros pour les candidats du second tour et 22 millions pour ceux du premier tour
- ☐ **B.** L'État rembourse 5,55 % des dépenses des candidats à la présidentielle qui ont obtenu moins de 5 % des suffrages exprimés et dont les dépenses ne dépassent pas le plafonnement autorisé
- ☐ **C.** L'État rembourse 55 % des dépenses des candidats à la présidentielle qui ont obtenu plus de 5 % des suffrages exprimés au premier tour, comme au second tour et dont les dépenses ne dépassent pas le plafonnement autorisé
- ☐ **D.** Le montant maximal des frais de campagne que l'État est susceptible de rembourser pour les candidats au second tour est de 10,7 millions d'euros

24. Combien de temps le président de la République peut-il exercer ses fonctions ?

- ☐ **A.** Durée illimitée du mandat
- ☐ **B.** 5 ans, soit un mandat non renouvelable
- ☐ **C.** 10 ans, soit deux mandats de 5 ans
- ☐ **D.** 15 ans, soit trois mandats de 5 ans

25. Quelle expression est généralement utilisée pour désigner les secteurs de la politique nationale, plus précisément la défense nationale et la politique étrangère, pour lesquels le président de la République dispose de compétences particulières ?

- ☐ **A.** Compétence exclusive
- ☐ **B.** Domaine privilégié
- ☐ **C.** Domaine réservé
- ☐ **D.** Pouvoirs propres

26. Lequel ou lesquels des pouvoirs suivants relèvent des compétences du président de la République ?

- ☐ **A.** Nomination aux emplois civils et militaires de l'État
- ☐ **B.** Nomination du premier ministre
- ☐ **C.** Possibilité de s'exprimer devant l'Assemblée nationale ou le Sénat
- ☐ **D.** Présidence du Conseil des ministres
- ☐ **E.** Promulgation des lois

27. Lequel ou lesquels des pouvoirs suivants relèvent des compétences du président de la République ?

- ☐ **A.** Détermination et conduite de la politique de la nation
- ☐ **B.** Dissolution de l'Assemblée nationale
- ☐ **C.** Droit de grâce
- ☐ **D.** Possibilité d'organiser un référendum
- ☐ **E.** Saisine du Conseil constitutionnel

28. Qui doit remplacer le président de la République de façon provisoire en cas de démission, de décès ou d'empêchement ?

- ☐ **A.** Premier ministre
- ☐ **B.** Président de l'Assemblée nationale
- ☐ **C.** Président du Conseil constitutionnel
- ☐ **D.** Président du Sénat

29. Laquelle ou lesquelles des affirmations suivantes relatives au président de la République sont exactes ?

- ☐ **A.** Un ancien président de la République peut faire l'objet de poursuites, mais seulement un an après la fin de son mandat
- ☐ **B.** Le président de la République ne peut être requis de témoigner devant une juridiction au cours de son mandat
- ☐ **C.** Le président de la République ne peut faire l'objet d'une instruction ou de poursuite au cours de son mandat
- ☐ **D.** Le président de la République n'est pas responsable juridiquement des actes accomplis en cette qualité au cours de son mandat

30. Laquelle ou lesquelles des affirmations suivantes relatives au Premier ministre sont exactes ?

- ☐ **A.** Le premier ministre et le gouvernement doivent obligatoirement être investis par l'Assemblée nationale
- ☐ **B.** Le premier ministre est le chef du gouvernement
- ☐ **C.** Le premier ministre est libre de composer le gouvernement à sa guise
- ☐ **D.** Le président de la République peut de fait révoquer le premier ministre

31. Classez les ministres suivants dans l'ordre hiérarchique

- ☐ **A.** Ministres à portefeuille, c'est-à-dire à la tête d'un département ministériel : 1 2 3 4 5 6
- ☐ **B.** Ministres délégués auprès d'un ministre : 1 2 3 4 5 6
- ☐ **C.** Ministres délégués auprès du premier ministre : 1 2 3 4 5 6
- ☐ **D.** Ministres délégués non rattachés à un ministre : 1 2 3 4 5 6
- ☐ **E.** Ministres d'État : 1 2 3 4 5 6
- ☐ **F.** Secrétaires d'État, qu'ils soient autonomes ou rattachés à un ministre : 1 2 3 4 5 6

32. Lequel ou lesquels des cas de figure suivants ne se sont jamais produits jusqu'à présent durant la Ve République ?

- ☐ **A.** Le gouvernement est contraint de démissionner après avoir engagé sa responsabilité
- ☐ **B.** Le gouvernement est contraint de démissionner parce qu'il n'a pas obtenu la confiance de l'Assemblée nationale
- ☐ **C.** Le gouvernement est contraint de démissionner suite au vote d'une motion de censure par l'Assemblée nationale
- ☐ **D.** Une démission collective du gouvernement

33. Quelles sont les principales fonctions du Parlement (Assemblée nationale et Sénat) ?

- ☐ **A.** Contrôle de l'action du gouvernement
- ☐ **B.** Évaluation des politiques publiques
- ☐ **C.** Investiture du gouvernement
- ☐ **D.** Vote de la loi

34. Combien y a-t-il de députés à l'Assemblée nationale ?

- ☐ **A.** 537
- ☐ **B.** 557
- ☐ **C.** 577
- ☐ **D.** 597

35. Laquelle ou lesquelles des affirmations suivantes relatives aux élections législatives sont exactes ?

- ☐ **A.** Un candidat doit nécessairement résider dans la circonscription dans laquelle il se présente
- ☐ **B.** Les candidats sont remboursés d'une partie de leurs frais de campagne par l'État s'ils recueillent au moins 5 % des suffrages exprimés
- ☐ **C.** Les circonscriptions électorales pour les élections législatives ont été redécoupées en 2010
- ☐ **D.** C'est le Conseil constitutionnel qui est chargé de contrôler le bon déroulement et la régularité des élections législatives
- ☐ **E.** Les dépenses de campagne sont plafonnées à un montant forfaitaire par candidat quelle que soit sa circonscription

36. Laquelle ou lesquelles des affirmations suivantes relatives à l'Assemblée nationale et aux députés sont exactes ?

- ☐ **A.** L'Assemblée nationale compte 6 vice-présidents
- ☐ **B.** Les députés votent uniquement à l'aide d'un boîtier électronique
- ☐ **C.** L'organe de l'Assemblée nationale qui est chargé de préparer l'organisation des travaux parlementaires s'appelle le Bureau de l'Assemblée nationale
- ☐ **D.** Les questeurs sont des députés élus par leurs pairs qui sont chargés du fonctionnement administratif et financier de l'Assemblée nationale

37. Laquelle ou lesquelles des affirmations suivantes relatives aux sessions parlementaires sont exactes ?

- ☐ **A.** Dans certaines circonstances, le parlement peut se réunir de plein droit
- ☐ **B.** Le Parlement peut se réunir en session extraordinaire à la demande des présidents des deux assemblées
- ☐ **C.** Le Parlement se réunit habituellement en session ordinaire
- ☐ **D.** Une session parlementaire correspond à la période durant laquelle le Parlement se réunit

38. Qui sont les membres de la Conférence des présidents de l'Assemblée nationale (AN) ?

- ☐ **A.** Président de l'AN
- ☐ **B.** Présidents des commissions permanentes de l'AN
- ☐ **C.** Présidents des groupes politiques de la majorité à l'AN
- ☐ **D.** Vice-présidents de l'AN

39. Quelles sont les modalités de vote possibles à l'Assemblée nationale ?

- ☐ **A.** Scrutin secret
- ☐ **B.** Vote à main levée
- ☐ **C.** Vote collectif par groupe politique
- ☐ **D.** Vote par boîtier électronique

40. Quel est le seuil minimal de députés pour pouvoir constituer un groupe politique à l'Assemblée nationale ?

- ☐ **A.** 15
- ☐ **B.** 20
- ☐ **C.** 25
- ☐ **D.** 30

41. Combien y a-t-il de sénateurs au Sénat ?

- ☐ **A.** 318
- ☐ **B.** 348
- ☐ **C.** 378
- ☐ **D.** 408

42. Quelle est la durée du mandat d'un sénateur ?

- ☐ **A.** 4 ans
- ☐ **B.** 5 ans
- ☐ **C.** 6 ans
- ☐ **D.** 9 ans

43. Comment les sénateurs sont-ils élus ?

- ☐ **A.** Ils sont élus directement par le peuple au suffrage universel direct
- ☐ **B.** Ils sont élus par les collectivités territoriales
- ☐ **C.** Ils sont élus par un ensemble d'élus et donc au suffrage universel indirect
- ☐ **D.** Une partie des sénateurs est élue par le peuple et une autre partie est désignée par les différentes institutions de la République

44. Qui compose le collège électoral désignant les sénateurs à l'échelle départementale ?

- ☐ **A.** Conseillers généraux
- ☐ **B.** Conseillers régionaux de la section départementale correspondante
- ☐ **C.** Députés
- ☐ **D.** Maires des municipalités de plus de 9 000 habitants

45. Comment le Sénat est-il renouvelé ?

- ☐ **A.** Une fois tous les 6 ans
- ☐ **B.** Par moitié tous les 3 ans
- ☐ **C.** Par tiers tous les 2 ans
- ☐ **D.** Par tiers tous les 3 ans

46. Laquelle ou lesquelles des affirmations suivantes relatives au cumul des mandats sont exactes ?

- ☐ **A.** Il est interdit de cumuler deux mandats électifs nationaux
- ☐ **B.** Il est interdit de cumuler un mandat électif national et un portefeuille ministériel
- ☐ **C.** Il est possible de cumuler un mandat électif national et deux mandats électifs locaux
- ☐ **D.** Il est possible de cumuler un mandat électif national et un mandat local

47. À quoi correspond l'article 49-3 de la Constitution de la Ve République ?

- ☐ **A.** Investiture du gouvernement par l'Assemblée nationale
- ☐ **B.** Motion de censure
- ☐ **C.** Motion de censure « provoquée »
- ☐ **D.** Question de confiance posée par le premier ministre sur le vote d'un texte

48. À quoi correspond le Congrès du Parlement en France ?

- ☐ **A.** Une chambre formée de représentants de l'Assemblée nationale et du Sénat
- ☐ **B.** Un organe collégial composé des présidents et des vice-présidents de l'Assemblée nationale et du Sénat
- ☐ **C.** La réunion de l'Assemblée nationale et du Sénat
- ☐ **D.** La réunion du Bureau de l'Assemblée nationale et du Bureau du Sénat

49. À quelle occasion le Congrès du Parlement est-il réuni ?

- ☐ **A.** Lors de la formation d'un nouveau gouvernement
- ☐ **B.** Pour autoriser l'adhésion d'un État à l'Union européenne
- ☐ **C.** Pour entendre une déclaration du président de la République
- ☐ **D.** Pour ratifier une révision de la Constitution

50. Quelles sont les principales fonctions du Conseil constitutionnel (plusieurs réponses possibles) ?

- ☐ **A.** Contrôler la conformité des lois et des engagements internationaux de la France à la Constitution
- ☐ **B.** Statuer sur la régularité de l'élection présidentielle et des procédures de référendum et en cas de contestation sur la régularité de l'élection des députés et des sénateurs
- ☐ **C.** Statuer sur la répartition des compétences entre le pouvoir législatif et le pouvoir réglementaire de l'exécutif
- ☐ **D.** Trancher les litiges relatifs aux actes des administrations en tant que juridiction administrative suprême

51. Combien de membres le Conseil constitutionnel comptait-il en 2014 ?

- ☐ **A.** 9
- ☐ **B.** 12
- ☐ **C.** 16
- ☐ **D.** 20

52. Quelle est la durée du mandat des membres du Conseil constitutionnel (plusieurs réponses possibles) ?

- ☐ **A.** Mandat à vie pour les membres de droit
- ☐ **B.** Mandat de 3 ans renouvelable deux fois pour les membres nommés
- ☐ **C.** Mandat de 5 ans renouvelable une fois pour les membres nommés
- ☐ **D.** Mandat de 9 ans non renouvelable pour les membres nommés

53. Comment les membres du Conseil constitutionnel sont-ils nommés ?

- ☐ **A.** Ils sont désignés par le Parlement
- ☐ **B.** Ils sont désignés par le premier ministre après consultation des présidents des assemblées
- ☐ **C.** Ils sont désignés par le président de la République après avis conforme des présidents des assemblées
- ☐ **D.** Ils sont désignés par tiers, respectivement par le président de la République, le président du Sénat et le président de l'Assemblée nationale

54. **Pour lequel ou lesquels des textes juridiques suivants le contrôle du Conseil constitutionnel est-il obligatoire ?**

- ☐ **A.** Loi constitutionnelle
- ☐ **B.** Loi organique
- ☐ **C.** Loi référendaire (article 11 de la Constitution)
- ☐ **D.** Règlement des assemblées

55. **Qui peut saisir directement le Conseil constitutionnel (plusieurs réponses possibles) ?**

- ☐ **A.** 60 députés ou 60 sénateurs
- ☐ **B.** Citoyens
- ☐ **C.** Conseil constitutionnel lui-même (autosaisine)
- ☐ **D.** Premier ministre
- ☐ **E.** Président de l'Assemblée nationale ou président du Sénat
- ☐ **F.** président de la République

56. **Laquelle ou lesquelles des affirmations suivantes relatives à la Question prioritaire de constitutionnalité (QPC) sont exactes ?**

- ☐ **A.** Il existe un double « filtre » avant la saisine du Conseil Constitutionnel (CC) : la juridiction du procès en cours doit procéder à un examen avant de saisir le Conseil d'État ou la Cour de cassation qui doit suivre la même procédure avant la saisine du CC
- ☐ **B.** La QPC ne permet de contester la constitutionnalité d'une disposition législative qu'à partir du moment où celle-ci a été adoptée durant la législature en cours, et pas celle d'une disposition législative antérieure
- ☐ **C.** Si le Conseil constitutionnel déclare la disposition contestée contraire à la Constitution, celle-ci doit être abrogée
- ☐ **D.** Une fois saisi le Conseil constitutionnel doit rendre sa décision en trois mois

57. **En quelle(s) année(s) les grandes lois de décentralisation ont-elles été votées ?**

- ☐ **A.** 1982
- ☐ **B.** 1986
- ☐ **C.** 1992
- ☐ **D.** 2003

58. **Laquelle ou lesquelles des collectivités suivantes sont définies comme collectivités territoriales de la République dans l'article 72 de la Constitution suite à la révision constitutionnelle de 2003 ?**

- ☐ **A.** Collectivités à statut particulier
- ☐ **B.** Collectivités d'outre-mer
- ☐ **C.** Communes
- ☐ **D.** Départements
- ☐ **E.** Départements d'outre-mer
- ☐ **F.** Régions

59. **Comment les conseillers régionaux sont-ils actuellement élus (au 1er juillet 2014) ?**

- ☐ **A.** Scrutin de liste pour 5 ans
- ☐ **B.** Scrutin de liste pour 6 ans
- ☐ **C.** Scrutin uninominal majoritaire à deux tours pour 5 ans
- ☐ **D.** Scrutin uninominal majoritaire à deux tours pour 6 ans

60. Comment s'appellent actuellement les élus du département ?

- ☐ **A.** Conseillers cantonaux
- ☐ **B.** Conseillers départementaux
- ☐ **C.** Conseillers généraux
- ☐ **D.** Conseillers territoriaux

61. Comment les élus départementaux sont-ils actuellement élus ?

- ☐ **A.** Ils sont élus par moitié au suffrage universel direct tous les trois ans
- ☐ **B.** Ils sont élus par moitié au suffrage universel direct tous les six ans
- ☐ **C.** Ils sont tous élus au suffrage universel direct
- ☐ **D.** Ils sont tous élus au suffrage universel indirect

62. Laquelle ou lesquelles des affirmations suivantes relatives à la loi de décentralisation du 27 janvier 2014 sont exactes ?

- ☐ **A.** Création de la métropole du Grand Paris
- ☐ **B.** Élaboration d'un nouveau statut pour les métropoles
- ☐ **C.** Fusion d'un certain nombre de régions pour former de grandes régions
- ☐ **D.** Rétablissement de la clause générale de compétence pour les régions et les départements qui étaient appelés à disparaître en 2015

63. Laquelle ou lesquelles des fonctions suivantes ne sont pas exercées par le maire d'une commune ? Le maire...

- ☐ **A.** est l'agent de l'État à l'échelle de la commune (au même titre que le préfet dans le département)
- ☐ **B.** est l'autorité déléguée en charge de la défense à l'échelle de la commune
- ☐ **C.** est chargé de l'exécution des décisions du Conseil municipal
- ☐ **D.** est chargé de maintenir l'ordre public
- ☐ **E.** est le chef de l'administration communale
- ☐ **F.** exerce les fonctions judiciaires d'officier d'état civil et d'officier de police judiciaire

64. Comment les conseillers municipaux des communes de plus de 1 000 habitants sont-ils élus ?

- ☐ **A.** Scrutin uninominal majoritaire à deux tours pour 5 ans
- ☐ **B.** Scrutin uninominal majoritaire à deux tours pour 6 ans
- ☐ **C.** Combinaison du scrutin majoritaire et du scrutin proportionnel pour 5 ans
- ☐ **D.** Combinaison du scrutin majoritaire et du scrutin proportionnel pour 6 ans

65. À quoi correspond ce que l'on appelle la « municipalité » ?

- ☐ **A.** L'agglomération en tant que telle
- ☐ **B.** L'ensemble des membres du Conseil municipal
- ☐ **C.** Le maire et ses adjoints
- ☐ **D.** Les membres de la majorité municipale

66. Comment appelle-t-on les différentes formes de coopération qui existent entre les communes ?

- ☐ **A.** Agglomération
- ☐ **B.** Intercommunalité
- ☐ **C.** Métropole
- ☐ **D.** Pays

67. Retrouvez la collectivité territoriale qui est compétente dans les domaines suivants (au 1er juillet 2014) : commune (A), département (B), région (C)

- ☐ **1.** Collèges : A B C
- ☐ **2.** Écoles publiques : A B C
- ☐ **3.** Lycées : A B C
- ☐ **4.** Plans locaux d'urbanisme : A B C
- ☐ **5.** Ports de plaisance (création, aménagement, exploitation), ports de commerce et de pêche (aménagement et exploitation), aérodromes civils (aménagement, entretien et gestion) : A B C
- ☐ **6.** Prestations d'aide sociale (aide sociale à l'enfance, aide aux handicapés, aide aux personnes âgées) : A B C

68. À quoi correspond une activité d'intérêt général qui vise à satisfaire des besoins collectifs et qui est prise en charge par une personne publique ou une personne privée sous le contrôle d'une personne publique ?

- ☐ **A.** Administration
- ☐ **B.** Fonction publique
- ☐ **C.** Secteur public
- ☐ **D.** Service public

69. Laquelle ou lesquelles des affirmations suivantes relatives à l'administration sont exactes ? L'administration…

- ☐ **A.** correspond à l'ensemble des personnes morales et physiques dont l'activité vise à répondre aux besoins d'intérêt général de la population
- ☐ **B.** dispose de pouvoirs de commandement spécifiques par le biais des prérogatives de puissance publique
- ☐ **C.** est rattachée au pouvoir exécutif
- ☐ **D.** est soumise au droit commun

70. Retrouvez la définition des services suivants qui composent un ministère : administration centrale (A), cabinet (B), services déconcentrés (C)

- ☐ **1.** Ensemble des services situés au siège du ministère à Paris composés de fonctionnaires et disposant de compétences nationales : A B C
- ☐ **2.** Services situés en province composés de fonctionnaires et disposant d'une compétence territoriale : A B C
- ☐ **3.** Structure non permanente composée de collaborateurs personnels d'un ministre, qu'ils soient fonctionnaires ou non : A B C

71. Laquelle ou lesquelles des fonctions suivantes sont les fonctions officielles de service public en France ? Services publics…

- ☐ **A.** à caractère économique
- ☐ **B.** à vocation éducative et culturelle
- ☐ **C.** ayant pour but la protection sociale et sanitaire
- ☐ **D.** centraux
- ☐ **E.** des fonctions régaliennes de l'État

72. **Laquelle ou lesquelles des fonctions suivantes sont les fonctions officielles de service public en France ? Services publics…**

- ☐ **A.** d'ordre et de régulation
- ☐ **B.** postaux
- ☐ **C.** de santé
- ☐ **D.** territoriaux
- ☐ **E.** des transports

73. **Quels sont les grands principes du service public en France ?**

- ☐ **A.** Adaptabilité du service public
- ☐ **B.** Continuité du service public
- ☐ **C.** Égalité devant le service public
- ☐ **D.** Universalité du service public

74. **Quelle expression désigne les services publics dans le cadre de l'Union européenne ?**

- ☐ **A.** Services du public de l'Union européenne
- ☐ **B.** Services européens d'intérêt public
- ☐ **C.** Services d'intérêt général
- ☐ **D.** Services publics de l'Union

75. **Combien y a-t-il de fonctions publiques en France ?**

- ☐ **A.** 1
- ☐ **B.** 2
- ☐ **C.** 3
- ☐ **D.** 4

76. **Laquelle ou lesquelles des fonctions publiques suivantes existent en France ?**

- ☐ **A.** Fonction publique des armées
- ☐ **B.** Fonction publique d'État
- ☐ **C.** Fonction publique hospitalière
- ☐ **D.** Fonction publique territoriale

77. **De quand date le dernier statut général de la fonction publique ?**

- ☐ **A.** 1946
- ☐ **B.** 1959
- ☐ **C.** 1983
- ☐ **D.** 1992

78. **En quelle année un service minimum a-t-il été mis en place en cas de grève dans le secteur public des transports ?**

- ☐ **A.** 2002
- ☐ **B.** 2005
- ☐ **C.** 2007
- ☐ **D.** 2009

79. **Quelle fonction publique disposait des effectifs les plus élevés en 2012 ?**

- ☐ **A.** Fonction publique d'État
- ☐ **B.** Fonction publique hospitalière
- ☐ **C.** Fonction publique territoriale

80. Quels étaient les agents les plus nombreux dans les trois fonctions publiques en 2012 ?

☐ **A.** Agents de catégorie A (cadres)
☐ **B.** Agents de catégorie B (professions intermédiaires)
☐ **C.** Agents de catégorie C (employés et ouvriers)

81. Laquelle ou lesquelles des organisations suivantes appartiennent au secteur public en France ?

☐ **A.** Administrations
☐ **B.** Entreprises dont une majorité du capital est détenue par une personne publique
☐ **C.** Établissements publics administratifs chargés de la Sécurité sociale
☐ **D.** Structures associatives ayant une mission d'intérêt public

82. Retrouvez la définition des termes suivants : décentralisation (A), déconcentration (B), démembrement (C), déréglementation (D)

☐ **1.** Délégation de compétences à des agents de l'État ou à des organismes locaux appartenant à l'administration d'État : A B C D
☐ **2.** Processus de démantèlement des règles qui s'imposent aux acteurs de la vie économique et sociale : A B C D
☐ **3.** Tendance de l'État et des collectivités territoriales à confier certaines de leurs fonctions à des institutions de droit privé : A B C D
☐ **4.** Transfert de compétences et de ressources de l'État à des collectivités territoriales qui bénéficient d'une autonomie de décision et d'un budget propre : A B C D

83. Quelles sont les principales fonctions exercées par un préfet (plusieurs réponses possibles) ?

☐ **A.** Contrôle a posteriori des actes des collectivités territoriales
☐ **B.** Dépositaire de l'autorité de l'État dans le département
☐ **C.** Mise en œuvre de l'ensemble de la politique gouvernementale à l'échelle du département
☐ **D.** Responsabilité de l'ordre public

84. Comment appelle-t-on la loi qui détermine, pour une année civile, la nature, le montant et l'affectation des ressources et des charges de l'État ?

☐ **A.** Collectif budgétaire
☐ **B.** Loi budgétaire
☐ **C.** Loi de finances
☐ **D.** Loi financière

85. Combien y a-t-il généralement de lois de finances pour chaque exercice budgétaire ?

☐ **A.** 1
☐ **B.** 2
☐ **C.** 3
☐ **D.** 4

86. Retrouvez la définition des lois de finances suivantes : Loi de finances initiale (A), Loi de finances rectificative (B), Loi de règlement des comptes et rapport de gestion (C), Projet de loi de finances (D)

- ☐ **1.** Projet de budget présenté chaque année par le gouvernement à l'automne qui rassemble l'ensemble des recettes et des dépenses de l'État : A B C D
- ☐ **2.** Texte qui arrête le montant définitif des recettes et des dépenses du budget : A B C D
- ☐ **3.** Texte qui modifie les dispositions de la Loi de finances initiale : A B C D
- ☐ **4.** Texte qui prévoit et autorise pour l'année l'ensemble des ressources (recettes) et des charges (dépenses) de l'État : A B C D

87. Quel domaine est concerné par la LOLF ?

- ☐ **A.** Approfondissement de la décentralisation
- ☐ **B.** Modernisation de l'État
- ☐ **C.** Réforme du budget et des finances de l'État
- ☐ **D.** Réforme des collectivités territoriales

88. Quels étaient les principaux objectifs de la Révision générale des politiques publiques (RGPP) ?

- ☐ **A.** Amélioration de l'efficacité des politiques publiques
- ☐ **B.** Amélioration de la qualité de service des services publics de l'État
- ☐ **C.** Non-remplacement d'un fonctionnaire de l'État sur deux partants à la retraite
- ☐ **D.** Réduction des dépenses de l'État

89. Les dépenses de quelle administration publique étaient-elles les plus élevées en 2013 ?

- ☐ **A.** Administrations de sécurité sociale
- ☐ **B.** Administrations publiques centrales
- ☐ **C.** Administrations publiques locales
- ☐ **D.** État

90. Quel était le premier poste de dépense dans le budget général de l'État voté pour 2014 ?

- ☐ **A.** Défense
- ☐ **B.** Engagements financiers de l'État
- ☐ **C.** Enseignement scolaire
- ☐ **D.** Recherche et enseignement supérieur

91. Comment s'appelle l'organisme chargé de gérer la dette et la trésorerie de l'État en France et notamment de trouver des financements pour couvrir le déficit de son budget ?

- ☐ **A.** Agence France Trésor (AFT)
- ☐ **B.** Autorité des marchés financiers (AMF)
- ☐ **C.** Banque de France
- ☐ **D.** Caisse des dépôts et consignations (CDC)

92. Quelles sont les principales fonctions du Conseil d'État ?

☐ **A.** Conseiller le gouvernement en examinant les projets de loi avant que ceux-ci ne soient soumis au Conseil des ministres, mais aussi les ordonnances et certains décrets

☐ **B.** Contrôler la gestion de toutes les administrations, de tous les organismes publics ou parapublics nationaux

☐ **C.** Juger en tant que juridiction administrative suprême les activités des administrations : pouvoir exécutif, collectivités territoriales, autorités indépendantes, établissements publics, etc.

☐ **D.** Juger en tant que juridiction administrative suprême les litiges relatifs aux actes des administrations entre les particuliers et les personnes publiques (État, collectivités territoriales, établissements publics)

93. Qui peut saisir le Conseil d'État ?

☐ **A.** Gouvernement

☐ **B.** Président de l'Assemblée nationale

☐ **C.** Président du Conseil constitutionnel

☐ **D.** Président du Sénat

94. Dans quel cas la consultation du Conseil d'État est-elle obligatoire ?

☐ **A.** Avis sur une question posant un problème juridique particulier : ex. port du foulard (consultation par le gouvernement)

☐ **B.** Projets de loi avant leur adoption par le Conseil des ministres et leur dépôt devant le Parlement (consultation par le gouvernement)

☐ **C.** Projets d'ordonnance avant leur adoption par le Conseil des ministres (consultation par le gouvernement)

☐ **D.** Propositions de lois d'origine parlementaire (consultation par le président de l'Assemblée nationale ou du Sénat)

95. Laquelle ou lesquelles des affirmations suivantes relatives aux fonctions juridictionnelles du Conseil d'État (CE) sont exactes ?

☐ **A.** Le CE a une compétence de juge de cassation pour juger des pourvois formés contre les arrêts rendus par les cours administratives d'appel

☐ **B.** Le CE a une compétence de juge de premier et de dernier ressort pour juger les requêtes formées notamment contre les décrets, les actes réglementaires des ministres ou le contentieux des élections régionales ou européennes

☐ **C.** Le CE en tant que juge suprême des juridictions administratives assure l'unité de la jurisprudence sur le plan national

☐ **D.** Les décisions du CE statuant au contentieux peuvent faire l'objet d'un appel devant le Conseil constitutionnel

96. Quelle institution est chargée de veiller au « bon emploi des deniers publics », c'est-à-dire à la régularité, à l'efficience et à l'efficacité des dépenses de l'État et de la Sécurité sociale ?

☐ **A.** Conseil économique, social et environnemental

☐ **B.** Cour des comptes

☐ **C.** Direction du Trésor du ministère de l'Économie et des Finances

☐ **D.** Inspection des finances

97. Quelles sont les principales fonctions de la Cour des comptes ? La Cour des comptes est…

☐ **A.** chargée de donner une opinion sur les états financiers de l'État et du régime général de la sécurité sociale

☐ **B.** chargée de procéder au contrôle de la qualité et de la régularité de la gestion des administrations publiques et d'en apprécier les résultats

☐ **C.** chargée de contrôler les seules administrations d'État

☐ **D.** une juridiction administrative dont les membres sont par conséquent des magistrats

98. Laquelle ou lesquelles des affirmations suivantes relatives aux Autorités administratives indépendantes (AAI) sont exactes ?

☐ **A.** Une AAI est une institution de l'État

☐ **B.** Les AAI agissent au nom de l'État, mais sont placées en dehors des structures administratives traditionnelles

☐ **C.** Les AAI sont soumises à l'autorité hiérarchique du ministre relevant de leur compétence

☐ **D.** Le terme est apparu pour la première fois en 1978 avec la création de la Commission nationale de l'informatique et des libertés (CNIL)

99. Laquelle ou lesquelles des affirmations suivantes relatives à l'organisation et aux fonctions des Autorités administratives indépendantes (AAI) sont exactes ?

☐ **A.** Les AAI disposent d'un pouvoir d'avis ou de recommandation, mais pas d'un pouvoir de réglementation et de sanction

☐ **B.** Les AAI interviennent en particulier dans trois domaines : les droits des administrés, la régulation économique de secteurs d'activité, et l'information et la communication

☐ **C.** Les AAI sont chargées d'assurer la régulation, c'est-à-dire le bon fonctionnement, de secteurs pour lequel le gouvernement ne souhaite pas intervenir de façon trop directe

☐ **D.** Les membres des AAI sont nommés par l'exécutif, mais elles sont indépendantes d'un point de vue budgétaire

100. Qu'est-ce qu'une personne morale de droit public qui dispose d'une autonomie administrative et financière pour remplir une mission d'intérêt général sous le contrôle de la collectivité publique dont elle dépend ?

☐ **A.** Autorité administrative indépendante

☐ **B.** Entreprise nationale

☐ **C.** Établissement public

☐ **D.** Groupement d'intérêt public

Réponses

1. Réponse : B. 2.
2. Réponse : D. 3.
3. Réponses : C, D. 4.
4. Réponses : A, D. 5.
5. Réponse : A. 6.
6. Réponses : A, C, D. 7.
7. Réponse : B. 8.
8. Réponse : B. 9.
9. Réponse : C. 10.
10. Réponses : A, C. 11.
11. Réponses : 1 : B, C, 2 : D, 3 : E, 4 : A. 12.
12. Réponses : B, C, D. 13.
13. Réponses : A, B, D. 14.
14. Réponse : A : 3, B : 4, C : 2, D : 1. 15.
15. Réponses : A : 1, B : 2, C : 3. 16.
16. Réponse : A. 17.
17. Réponses : A : 2, B : 4, C : 1, D : 5, E : 3. 18.
18. Réponse : B. 19.
19. Réponse : D. 20.
20. Réponse : B. 21.
21. Réponse : C. 22.
22. Réponses : A, B. 23.
23. Réponse : D. 24.
24. Réponse : C. 25.
25. Réponse : C. 26.
26. Réponses : A, B, D, E. 27.
27. Réponses : B, C, D, E. 28.
28. Réponse : D. 29.
29. Réponses : B, C, D. 30.
30. Réponse : D. 31.
31. Réponses : A : 3, B : 4, C : 2, D : 5, E : 1, F : 6. 32.
32. Réponses : A, B. 33.
33. Réponses : A, B, D. 34.
34. Réponse : C. 35.
35. Réponses : B, C, D. 36.
36. Réponses : A, D. 37.
37. Réponses : A, C, D. 38.
38. Réponses : A, B, D. 39.
39. Réponses : A, B, D. 40.
40. Réponse : A. 41.
41. Réponse : C. 42.
42. Réponse : C. 43.
43. Réponse : C. 44.
44. Réponses : A, B, C. 45.
45. Réponse : B. 46.
46. Réponses : A, B, D. 47.
47. Réponse : C. 48.
48. Réponse : C. 49.
49. Réponses : B, C, D. 50.
50. Réponse : A, B, C. 51.
51. Réponse : B. 52.
52. Réponses : A, D. 53.
53. Réponse : D. 54.
54. Réponses : B, C. 55.
55. Réponses : A, D, E, F. 56.
56. Réponses : A, C, D. 57.
57. Réponses : A, D. 58.
58. Réponses : A, B, C, D, F. 59.
59. Réponse : B. 60.

60. Réponse : C. 61.

61. Réponse : A. 62.

62. Réponses : A, B, D. 63.

63. Réponse : B. 64.

64. Réponse : D. 65.

65. Réponse : C. 66.

66. Réponse : B. 67.

67. Réponses : 1 : B, 2 : A, 3 : C, 4 : A, 5 : A, 6 : B. 68.

68. Réponse : D. 69.

69. Réponses : A, B, C. 70.

70. Réponses : 1 : A, 2 : C, 3 : B. 71.

71. Réponses : A, B, C. 72.

72. Réponses : A. 73.

73. Réponses : A, B, C. 74.

74. Réponse : C. 75.

75. Réponse : C. 76.

76. Réponses : B, C, D. 77.

77. Réponse : C. 78.

78. Réponse : C. 79.

79. Réponse : A. 80.

80. Réponses : C. 81.

81. Réponses : A, B, C. 82.

82. Réponses : 1 : B, 2 : D, 3 : C, 4 : A. 83.

83. Réponses : A, B, D. 84.

84. Réponse : C. 85.

85. Réponse : C. 86.

86. Réponses : 1 : D, 2 : C, 3 : B, 4 : A. 87.

87. Réponse : C. 88.

88. Réponses : A, B, C. 89.

89. Réponse : A. 90.

90. Réponse : C. 91.

91. Réponse : A. 92.

92. Réponses : A, C, D. 93.

93. Réponses : A, B, D. 94.

94. Réponse : B, C. 95.

95. Réponses : A, B, C. 96.

96. Réponse : B. 97.

97. Réponses : A, B, D. 98.

98. Réponses : A, B, D. 99.

99. Réponses : B, C. 100.

100. Réponse : C.

Imprimé en France en septembre 2020
par l'IMPRIMERIE MAURY S.A.S. à Millau (12)
N° d'impression : I20/60051D
Dépôt légal : septembre 2020